JOACHIM G. LEITHÄUSER

VOLTAIRE
LEBEN UND BRIEFE

FRANÇOIS, MARIE,

ARQUET, DE VOLTAIRE.

Né à Paris le 21 Novembre 1694.

Voltaire als junger Mann

JOACHIM G. LEITHÄUSER

VOLTAIRE

LEBEN UND BRIEFE

BERICHT EINES GROSSEN LEBENS
VON JOACHIM G. LEITHÄUSER

BRIEFE, AUSGEWÄHLT UND ÜBERSETZT
VON THEOPHILE SAUVAGEOT

EMIL VOLLMER VERLAG

Der vorliegende Band erscheint mit dem ungekürzten Text der 1961 im
Cotta Verlag Stuttgart erschienenen Biographie von Joachim G. Leithäuser »Er nannte sich Voltaire«.
Die Auswahl der Briefe sowie die Übersetzung wurde von Theophile
Sauvageot aus den großen wissenschaftlichen Gesamtausgaben der Werke Voltaires, die durchschnittlich 15 Bände oder 11 000 Briefe umfassen,
vorgenommen. Die Zahl der nicht erhaltenen Briefe, wie etwa der gesamte Briefwechsel mit der Marquise du Châtelais sind verlorengegangen. Als Casanova im Jahre 1760 Voltaire besuchte, zeigte er ihm eine
Sammlung von 50 000 Briefen, die er persönlich beantwortet hatte. Das
war 18 Jahre vor dem Tode Voltaires.

Gesamtherstellung: Millium Media Management
Printed in Germany

ISBN 3-88851-184-4

Inhalt

Der Weg in die Bastille

Das war eine unangenehme Überraschung. François, der junge Stutzer, stand vor seiner Haustür und kam nicht hinein. Es war kühl. Mit zartem, grauem Schimmer kündete sich bereits der neue Tag an; François, der sich vor Müdigkeit kaum noch auf den Beinen halten konnte, redete auf den verschlafenen Portier ein, versuchte ihm gute Laune zu machen und ihn zum Öffnen der Tür zu bewegen.

Doch jener zuckte nur die Achseln. Er konnte dem jugendlichen Nacht-schwärmer nicht helfen – der gestrenge Herr Vater hatte ein Exempel statuiert, die Tür abzuschließen befohlen und sich den Schlüssel aus-händigen lassen.

Da stand er nun, der Herumtreiber, dessen haltloses Leben und windige Versemacherei den rechtschaffenen Vater Arouet ärgerten, und wußte nicht, wo er sich hinstrecken konnte. Eben noch glanzvoll mit den geist-reichsten Aristokraten von Paris getafelt – und jetzt ausgesperrt und ob-dachlos! Der gutmütige Portier wußte keinen anderen Rat, als auf eine im Hof stehende Sänfte zu weisen, in der sich der junge Lebemann dann auch wohl oder übel niederlegte, die letzten Gedanken vorm Einschlafen an den Vater verschwendend, der morgen wieder seine übliche Drohrede halten würde: Literaten seien unnütz, sie könnten nur Hungers sterben, der Sohn solle sich gefälligst seinen Rechtsstudien widmen, nicht länger die Nächte durchbummeln, nicht auf den unzuverlässigen Abbé de Châteauneuf hören und endlich solide werden – oder er werde ihn aus Paris fortschicken.

Und schon war François Marie Arouet eingeschlafen.

Die Nacht war so anstrengend gewesen, daß der Schlummernde nicht einmal erwachte, als seine Liegestatt in Bewegung gesetzt wurde: Zwei junge Ratsherren des Parlaments hatten ihn im Vorübergehen entdeckt, die Gelegenheit zu einem Streich nicht ungenutzt gelassen, schnell zwei Dienstleute gemietet und sie geheißen, die Sänfte vorsichtig wegzutragen. Wohin mit dem Schlafenden? Natürlich zum Treffpunkt der modischen Müßiggänger, Literaten, Liebhaber, Causeure, Spekulanten: dem Caféhaus, der Börse aller Neuigkeiten, wo man den kostbaren, anregenden Trank schlürfte, der erst vor wenigen Jahrzehnten in Europa bekannt geworden war und den sich nur reiche Leute leisten konnten.

In dem prunkvoll ausgestatteten Café »La Croix de Malte« wurde der schlafende Bonvivant abgesetzt. Wie immer, herrschte hier schon morgens Betrieb: Man las in den ausliegenden Zeitungen, Flugblättern und Gesetzbüchern, spielte Schach und Domino, trank aus wahren Kunstgebilden von Tassen und rauchte teuerste Tabake; vor allem aber diskutierte man mit einer Lautstärke, die endlich den Schläfer weckte, der, nachdem das allgemeine Gelächter verklungen war, zum Mittelpunkt des Trubels wurde.

Der temperamentvolle junge Arouet war in den Caféhäusern von Paris gern gesehen; begann er zu sprechen, so zog er jeden in seinen Bann: Es funkelte und blitzte von überraschenden Einfällen, Witzen, Widersprüchen, Aperçus, Aphorismen, Originalitäten, Bosheiten, Zitaten, Versen ... Ja, Verse: bewundernswert, wie ihm die Verse von den Lippen flossen. In der gleichen Zeit, in der ein anderer einen gewöhnlichen Satz aussprach, konnte er einen wohlgeschliffenen Vers nach klassischem Muster, mit eleganter Gedankenführung, formulieren.

Diese Begabung hatte ihn schon als Knaben in Paris bekannt gemacht, nicht nur bei seinen Lehrern in der berühmtesten Jesuitenschule, dem Gymnasium Louis le Grand, sondern sogar bei Hofe. Ein brotloser Invalide war eines Tages beim Direktor der Schule erschienen und hatte um Hilfe bei der Abfassung einer Bittschrift an den königlichen Hof ersucht;

der Direktor ließ daraufhin den zwölfjährigen François Arouet rufen, der sich hinsetzte und eine wohlgestaltete Ode verfaßte, die dem Invaliden tatsächlich ein Geldgeschenk, dem dichtenden Knaben aber frühen Ruhm eingebracht hatte.

Verskunst und unstillbare Wißbegierde hatten den Jüngling gegenüber seinen Altersgenossen ausgezeichnet und ihm die Schulzeit erleichtert; dann aber sollte er nach dem Wunsch des korrekten Vaters, eines angesehenen Notars, einen seriösen Beruf ergreifen und die Rechtsschule besuchen. Dem Sohn stand indessen der Sinn gar nicht nach derart nüchterner Betätigung; selten war er in der unansehnlichen Scheune zugegen, wo die langweiligen juristischen Vorlesungen der Professoren gehalten wurden. Statt dessen war er um so häufiger an einem anderen Ort zu finden: im Temple, einem stattlichen Gebäude, das früher ein Kloster beherbergt hatte und wo sich nun führende Geister der Aristokratie von ihrem tristen Dasein erholten.

Der Sonnenglanz des königlichen Hofes war nämlich erloschen und seitdem alles geistige und künstlerische Leben gelähmt. Ludwig XIV. hatte zu lange gelebt: Er hatte seine Nachfolger überlebt – Sohn und Enkel – und leider auch sich selbst, den Schöpfer und das Vorbild des absoluten Königtums mit einer Hofhaltung, die für ganz Europa maßgeblich geworden war.

Ein Ideal schien in Versailles leibhaftige Gestalt gewonnen zu haben – kein Hof, der ihm nicht nachgeeifert hätte. Die Pracht und der Stil, wie er sich am Hofe des Sonnenkönigs entwickelt hatte, gab die Vorschrift ab – mochte es sich um Bau und Ausstattung der Schlösser oder die Anlage der Parks und Gärten, um Kleidung oder Benehmen oder die Festlichkeiten, ja, um Sprache und Sprechweise handeln. An der Wiege des höfischen Lebens aber war inzwischen die Stille des Friedhofs eingekehrt. Ludwig hatte fünf Jahrzehnte unumschränkter alleiniger Herrschaft hinter sich gebracht und das Land, das er selbstherrlich nach dem göttlichen Recht der Könige regierte, erst mächtig und dann arm gemacht. Unter seiner Herrschaft war Frankreich gewachsen, hatte sich Lothringen und Elsaß einverleibt, die Pfalz zu erobern versucht (weil Liselotte von der Pfalz mit Ludwigs Bruder, dem Herzog von Orléans, vermählt war) und hätte ganz Europa beherrscht, wenn sich nicht schließlich aus Furcht davor die anderen Staaten miteinander verbündet hätten und im spanischen Erbfolgekrieg gemeinsam gegen Ludwig vorgegangen wären. Die Feldherren Prinz Eugen und John Churchill, Herzog von Marlborough, brachten den französischen Armeen entscheidende Niederlagen bei. So ging der gesamte französische Staatsschatz drauf, um in diesem kostspieligen Krieg wenigstens das zu halten, was früher erobert worden war. Zu allem Unglück wütete auch noch Hungersnot in Frankreich.

Der unvergleichliche, unübertroffene Hofstaat von Versailles war unter diesen Umständen dahingeschwunden. Aus dem strahlenden Sonnenkönig war ein siecher Greis, aus dem bewunderten Liebhaber ein Mucker, aus dem Verschwender ein Geizkragen geworden. Vorüber die Zeit der siegreichen Feldzüge, der Jagden, der kunstreichen Bauten; vorüber Konzerte und Bälle, Schauspiele, Opern, Balletts. Anstelle der liebreichen Kurtisanen und Mätressen schwang die sauertöpfische Madame de Maintenon unerbittlich ihr Zepter. Es wurde gebetet, gebeichtet und zu Hause geblieben; keimfreier Ernst durchzog das Schloß und von ihm aus das ganze Land.

Die Aristokraten und Geistlichen – andere Stände zählten ja nicht mit – vermochten ein beschwingtes Leben nur noch sehr heimlich zu führen. Ihr Zufluchtsort war Le Temple, wo die Tafelrunde von Philippe de Vendôme tagte oder vielmehr nächtigte: eine Versammlung erlauchter Wüstlinge, Spötter und Literaten, darunter der lyrische Poet Abbé de Chaulieu, der lüsterne Abbé Servien, der witzige Abbé de Bussi, die Herzöge von Sully und von Aremberg – sowie eine Reihe sinnverwirrender, nicht unzugänglicher Damen.

Obwohl nur bürgerlicher Herkunft, hatte der junge Arouet Zugang zu diesem illustren Kreis gewinnen können, und zwar durch seinen Paten, den Abbé de Châteauneuf, der einst der Mutter seines Schützlings so nachdrücklich den Hof gemacht hatte, daß dieser sich später die Frage stellte, wer wohl sein wirklicher Vater sei...

Madame Arouet war gestorben, als François, ihr jüngstes Kind, erst sieben Jahre alt war. Seitdem hatte der Abbé auf den Knaben einen Einfluß ausgeübt, der den Prinzipien des pedantischen Vaters Arouet nicht unbedingt gerecht wurde. So konnte Châteauneuf aus seiner eigenen Jugend etwa von einem großen Erlebnis mit Ninon de Lenclos erzählen, jener Liebeskünstlerin, die als Sechzehnjährige von Kardinal Richelieu in die Praxis ihres Berufs eingeweiht und dann zur bewunderten Kurtisane geworden war, aber stets nur dem einen gehörte, den sie gerade auserwählt hatte, und die in ihrer Gutherzigkeit der Liebling aller Armen, mit ihrem Auftreten und Umgangston aber das Vorbild sogar der höfischen Gesellschaft war; die solchen Reiz ausstrahlte, daß sie im Laufe der

Jahre zunächst den Mann der Marquise de Sévigné verführte, später den Sohn, und zu gegebener Zeit den Enkel. Ein junger Liebhaber, den sie nicht erhörte, nahm sich das Leben, nachdem er erfahren hatte, daß er ihr leiblicher Sohn war.

Bei dieser bemerkenswerten Dame hatte also auch François' Pate Erfolg gehabt: Sie bestellte ihn zu einem Rendezvous, allerdings zu einem ganz bestimmten Tag, und als der Abbé gefragt hatte, warum es denn gerade dieser Termin sein müsse, hatte sie erwidert, daß dies ihr sechzigster Geburtstag sei und sie ihn eben auf diese Weise feiern wolle.

François Marie Arouet war also schon als Knabe an den richtigen Mentor für die Runde des Temple geraten, wo er sich dann zu behaupten verstand: Sein überlegener Geist verschaffte ihm sofort Geltung.

Auch nach dem Tode des Abbé blieb der Poet ein beliebter Gast, belebte die Gespräche mit seinen Einfällen, vergeudete seine Zeit, zechte und führte ein Leben, das dem alten Arouet ein ständiges Ärgernis war. Das Geld, das der hoffnungsvolle Sprößling bekam, war stets im Handumdrehen verschwendet; obendrein hatte der frühreife Junge schon mit dreizehn Jahren begonnen, bei Wucherern Schulden zu machen.

Als François eines Tages durch ein Gelegenheitsgedicht in den Besitz einer kleinen Geldsumme gelangt war, konnte er endlich einmal standesgemäß auftreten: Er schlenderte durch die Rue Saint Denis, wo gerade eine Auktion stattfand, beteiligte sich daran, erwarb zwei Pferde, eine Kutsche und einige Livreen, mietete sich Dienstleute dazu und fuhr in ganz Paris umher, bis die Herrlichkeit abends ein Ende fand, weil die Kutsche umfiel und für die Diener kein Geld mehr vorhanden war. Am folgenden Tage mußte der junge Herr seinen ganzen Besitz für die Hälfte dessen, was er gekostet hatte, an einen Lohnkutscher verkaufen.

Der alte Arouet hatte an solchen Vorkommnissen weniger Spaß als sein Sohn und machte jetzt Ernst: Er entfernte ihn aus Paris.

In Caen sollte François in der sittenstrengen Gesellschaft ältlicher Damen zur Raison gebracht werden, doch erregte die erste kleine Kostprobe seiner lockeren Verse dort sogleich solches Ärgernis, daß die anständigen Damen den jungen Literaten aus ihrem Kreis ausstießen. Zu seiner Erleichterung fand der Vater noch eine andere Gelegenheit, den ungeratenen Sohn in die Ferne zu schicken: Der Bruder des verstorbenen Paten Châteauneuf ging als Gesandter nach Den Haag, und er war bereit, den achtzehnjährigen Nichtsnutz im Personal der Gesandtschaft als Pagen oder Attaché zu verwenden.

Die Niederlande waren protestantisch und boten einer großen Zahl französischer Hugenotten Zuflucht, die seit 1685 – nach Aufhebung der Religionsfreiheit, die ihnen im Edikt von Nantes zugesichert worden war – ihre Heimat hatten verlassen müssen. Der junge Arouet, der in Den Haag menschlichen Umgang suchte, konnte also nach Landsleuten Ausschau halten; er fand bald das Richtige, und zwar das vielbesuchte Haus der Madame Dunoyer.

Diese, eine zwar nicht hübsche, aber um so temperamentvollere erotische Abenteurerin, hatte in Frankreich ihren Gatten ruiniert, ihn dann gemeinsam mit ihren beiden Töchtern verlassen, da er katholisch, sie aber protestantisch war, und sich zunächst in England aushalten lassen, ehe sie nach Holland kam. Hier bemühte sie sich, ihre Töchter gut zu verheiraten, und lebte von einer Zeitschrift »La Quintessence«, die die Neugierde der Leser mit Skandal- und Sittengeschichten aus dem Hofleben befriedigte, an denen meist kein wahres Wort war.

Bald hatte die betriebsame Dame ihr Ziel fast erreicht, ihre ältere Tochter im reiferen Kindesalter mit einem reichen alten Kerl gekoppelt und auch für die Jüngere, Olympe, schon einen Bräutigam gefunden, der aber leider, zu wenig seßhaft, soeben nach England entschwunden war.

Kaum sah der junge François die reizende Olympe, als er von der brennendsten Leidenschaft gepackt wurde; auch sie verliebte sich heftig in den schlanken Kavalier mit den lebhaften Augen, der klugen Stirn und dem sprühenden Geist.

Liebe läßt sich schwer verbergen – kein Wunder, daß die aufmerksame Mutter sehr schnell die Gefahr witterte, statt des ersehnten eines schweren Geldsacks einen dichtenden Habenichts zum Schwiegersohn zu bekommen.

Als François gerade glückstrahlend von einem Rendezvous zurückkehrte, wurde er unverhofft zum Gesandten gerufen, der kurz und streng sagte, Arouet möge seine Koffer packen, er sei entlassen und solle noch diese Nacht nach Frankreich zurückfahren.

Madame war nämlich in der Gesandtschaft erschienen und hatte verlangt, daß die täglichen Besuche Arouets aufhören müßten; Châteauneuf fürchtete Komplikationen und etwaige Veröffentlichungen in dem Skandalblättchen der scharfzüngigen Madame Dunoyer – also mußte der störende junge Mann verschwinden.

François, dessen Himmel jäh eingestürzt war, beschwor seinen Chef flehentlich, ihm wenigstens noch einen Tag Galgenfrist zu gewähren;

Châteauneuf willigte schließlich ein, verbot dem unbequemen Liebhaber jedoch, das Haus zu verlassen.

Gebrochen begab François sich in sein Zimmer. Gab es keine Möglichkeit mehr, mit Olympe in Verbindung zu kommen? Sollte die Kraft der Liebe nicht auch den widrigsten Umständen trotzen können?

Am nächsten Morgen wird Madame Dunoyer von einem Händler mit Tabaksdosen aufgesucht, der aus der Normandie kommt – in Wirklichkeit ist es ein zuverlässiger Bediensteter Arouets; der Schuster der Gesandtschaft kommt, seinen Leisten augenfällig zur Schau tragend, zu dem Eingesperrten, um Schuhe zu reparieren. Auf solche Weise wandern heimliche Briefe zwischen den Liebenden hin und her.

Da der Gesandte nicht schnell genug einen Aufpasser findet, der den jungen Feuerkopf nach Frankreich zurückbringt, gewinnt François noch eine weitere Frist für verwegene Versuche. Sollte es nicht möglich sein, mit Olympe zu entfliehen? Er beschwört das junge Mädchen:

»Man kann mir wohl das Leben nehmen, nicht aber die Liebe, die ich für Sie hege. Ja, meine anbetungswürdige Herrin, heute abend sehe ich Sie, und sollte ich dafür den Kopf aufs Schafott legen müssen. Um Gottes willen, sprechen Sie nicht in so verhängnisvollen Ausdrücken zu mir, wie Sie mir schreiben; Sie sollen leben und vorsichtig sein; hüten Sie sich vor Ihrer Frau Mutter wie vor Ihrem schlimmsten Feind. Was sage ich? Hüten Sie sich vor jedermann, trauen Sie niemand; halten Sie sich fertig, sobald der Mond sichtbar wird; ich werde das Haus inkognito verlassen, einen Wagen oder eine Chaise nehmen, wir werden wie der Wind nach Scheveningen fahren; ich werde Papier und Tinte mitbringen; wir werden unsere Briefe schreiben. Wenn Sie mich lieben, so trösten Sie sich, und rufen Sie all Ihre Kraft und Geistesgegenwart zusammen, lassen Sie sich von Ihrer Frau Mutter nichts anmerken ...«

Wie meisterlich der Brief und der Plan auch sein mögen – der junge Liebhaber hat sich kaum verkleidet und will unbemerkt aus dem Gebäude schleichen, als er auch schon von dem Posten vor der Tür der Gesandtschaft erwischt ist und in sein Zimmer zurückgebracht wird.

In der folgenden Nacht will er aus dem Fenster klettern, aber wieder scheuchen ihn die Bewacher zurück. Sein erfindungsreicher Kopf entwickelt ständig neue Pläne: Olympe soll die Dienerin Lisette schicken; diese kommt und erhält ein Paket mit einem seiner Anzüge und einem Mantel. Dies soll Olympe anziehen und ihn besuchen kommen.

Und wirklich tritt wenig später ein fescher junger Kavalier ein, den der

Pförtner arglos passieren ließ. Olympe! Endlich können sie sich sehen, umarmen, küssen, tausend Zärtlichkeiten tauschen, ewige Treue schwören... Nach den Tagen der Verzweiflung sind François zwei Stunden voller Liebe beschert, und sein Herz bleibt noch lange beschwingt, sucht in Briefen und Versen seinem Glück Ausdruck zu verleihen.

Erfreulicherweise wähnt die wachsame Mutter, daß der unerwünschte Galan schon auf dem Wege nach Frankreich sei, und gewährt der Tochter, die die letzten Nächte mit ihr im gleichen Bett schlafen mußte, wieder mehr Bewegungsfreiheit. So können sich die beiden Liebenden wiederum treffen, nachdem sie einen sicheren Ort dafür gefunden haben: die Küche des Schuhmachers, wobei des Schusters Frau Wache steht.

Noch ein weiteres Mal sehen sie sich in der Küche, dann muß François verzweifelten Herzens abreisen; man läßt ihn sicherheitshalber, damit er bestimmt nicht entwischen kann, an Bord eines Segelschiffes nach Frankreich bringen.

Die Rückkehr ins Heimatland freute weder Sohn noch Vater Arouet. Letzterer hatte schon einen Bericht des Gesandten erhalten, war entsetzt über den mißratenen Sprößling, hatte ihn enterbt und wollte ihn durch eine »lettre de cachet« in Sicherheitshaft bringen oder auf die Antillen verbannen lassen (wer genügend Einfluß hatte, konnte eine solche mit königlichem Siegel versehene »lettre« erwirken, die dem Empfänger ohne jedes Verhör oder Urteil befahl, sich ins Staatsgefängnis zu begeben).

Sein Sohn verbarg sich zunächst bei einem Freund und setzte Himmel und Hölle in Bewegung, um mit Olympe vereint zu werden. Er mobilisierte ihren katholischen Vater, die Jesuiten und sogar den Beichtvater des Königs, drängte die Angebetete, nach Paris zu kommen, tat alles, was er konnte – doch umsonst. Die harte Wirklichkeit erwies sich als stärker: manche der heimlichen Briefe wurden abgefangen, es kam zu keiner entscheidenden Tat. Wochen, Monate gingen dahin – dann verliebte sich Olympe in einen anderen jungen Mann und wurde kurz darauf von ihrer Mutter in eine unglückliche Ehe mit dem Grafen Winterfeld getrieben, den sie aber bald wieder verließ.

Inzwischen hatte Louis Urbain de Caumartin, ein früherer Verehrer der Madame Arouet und Mitglied der Runde im Temple, eine Art Burgfrieden in der Familie Arouet hergestellt: Der Vater verzichtete auf Strafmaßnahmen, der Sohn arbeitete fleißig im Rechtsanwaltsbüro des Maître Alain in der Rue Pavée-Saint-Bernard. Nach wie vor war er jedoch fest entschlossen, der Dichtkunst treu zu bleiben, wie wenig angesehen sie auch sein mochte. Er hatte es schon früher abgelehnt, sich durch väterliches Geld in eine Staatsstellung als königlicher Advokat einkaufen zu lassen, hatte nicht einmal einem akademischen Korps angehören wollen und hielt auch jetzt unbeirrt an seinem Ziel fest, ein völlig unabhängiger grand écrivain zu werden.

So schrieb er Verse, bei Tag und Nacht, und versuchte sich auch bald an einem Drama, das aber gleich nach Fertigstellung in Flammen aufging, weil es den strengen Ansprüchen des jungen Poeten nicht genügte.

Da die Zukunftsaussichten für einen Dichter nicht rosig waren, sah François schließlich ein, wie wichtig die im langweiligen Bürodienst erworbenen Rechts- und Geschäftskenntnisse für den späteren Lebensunterhalt werden konnten. Außerdem fand er in der verhaßten Kanzlei einen Leidensgenossen, der schnell sein Freund wurde: den freundlichen Schlingel Nicolaus Claude Thieriot, dem das Faulenzen Herzenssache war. In ihm gewann François bald einen unzertrennlichen Kumpan für jeden Zeitvertreib und alle vertraulichen Angelegenheiten; aus ihrem täglichen Beisammensein erwuchs ein enges Verhältnis, das später für Thieriot von größtem Nutzen werden sollte.

Der junge Arouet hatte daneben aber auch besseren Umgang. Alte Freundschaft verband ihn noch mit vielen seiner früheren Schulkameraden, die – aus den besten Familien des Landes stammend – nun allmählich in bedeutende gesellschaftliche Positionen hineinwuchsen. Da war der Herzog von Fronsac, späterer Herzog und Maréchal de Richelieu, der die Schule damals als Fünfzehnjähriger verlassen hatte, um die Herzogin von Noailles zu heiraten, und schon im gleichen Jahre einige Zeit in der Bastille verbringen mußte, weil er die Herzogin von Bourgogne mit Küssen überrumpelt hatte; seitdem eroberte er Tag und Nacht neue Frauenherzen. Zu Arouets Freunden zählten die beiden Brüder d'Argenson, Söhne des Polizeichefs und späteren Justizministers; besonders herzlich zugetan war er dem Grafen d'Argental und dem späteren Ratsherrn des Parlaments Rouen, Cideville.

Der Bürodienst veränderte Arouet nicht: Er war schnell wieder der Liebling des Temple und der großen Gesellschaft, in der er sich trotz seiner Herkunft wie unter seinesgleichen bewegte. Es gab keinen Menschen, der unterhaltsamer gewesen wäre als dieser adrett gekleidete Anwaltsgehilfe, dieser zierliche, lebhafte Literat mit seinen feurigen Augen, possenhaften Einfällen und scharfsinnigen Bemerkungen; die vornehmsten Häuser begannen sich bald dem erfolgreichen Salonlöwen zu öffnen.

Er aber verkehrte nicht nur in bester, sondern auch in schlechter Gesellschaft. Thieriot war mit Arouet nicht nur in die Caféhäuser, sondern auch ins Theater gegangen – und dort hatte sich des jungen Poeten ganze Leidenschaft für die Bühne entzündet.

Seine Gedanken waren seitdem darauf gerichtet, ein großes Drama von sich aufgeführt zu sehen. Er arbeitete bereits an einem klassischen Stück – »Oedipe« – und mußte, wenn es jemals aufgeführt werden sollte, sich mit den Schauspielern gut stellen, denn diese entschieden darüber, welche Stücke sie einstudieren wollten. Nun war es zwar nicht unangenehm, sich bei den großen und einflußreichen Schauspielerinnen beliebt zu machen, doch haftete solchem Umgang etwas Ehrenrühriges an: Wie sehr man sich in Frankreich auch für das Theater begeisterte, die Darsteller waren dem Gesetz nach ehrlos.

In den vergangenen beiden Jahrhunderten hatte das Theaterspielen durch kirchliche Verfolgungen viel Ansehen eingebüßt. Der asketische Protestantismus Luthers, Melanchtons und Calvins war auch im Vatikan nicht ohne Nachwirkung geblieben; kunstfeindliche Eiferer sprachen über das Theater Verdammungsurteile aus.

In Paris hatten die gestrengen Doktoren der Sorbonne erst zwei Jahrzehnte zuvor, 1694, entschieden, Schauspieler befänden sich durch Ausübung ihres Gewerbes im Zustande der Todsünde; es galt dort auch die Vorschrift, Berufsschauspieler zu exkommunizieren; das Sakrament der Ehe wurde ihnen verweigert, so daß ihnen nur das Konkubinat blieb, und wenn sie starben, wurden sie ohne Einsegnung in ungeweihter Erde verscharrt.

Ein großer Mann wie Molière, Schauspieler und Dichter, war zu seiner Zeit zwar gefeiert worden, genoß aber kein gesellschaftliches Ansehen. Der Graf de la Feuillade war über eine Stelle in »La critique de l'école des femmes« erzürnt gewesen und hatte, als Molière sich im Schloß von Versailles tief vor ihm verbeugte, den König des Theaters am Kopf gepackt und so heftig an den Knopfreihen seines Rockes gerieben, daß Molières Gesicht von Blut troff. Wenn Ludwig XIV. es erlaubt hätte, wäre Molière von dem Aristokraten sogar getötet worden.

Aller gesellschaftlichen Mißachtung zum Trotz näherte sich Arouet le jeune den Damen des Theaters und suchte über sie die Bühne zu erobern. Sein erster Angriff schlug leider fehl: Mademoiselle Duclos, Star des Théâtre Français, schenkte ihre Gunst lieber dem Grafen d'Uzès als dem ehrgeizigen Poeten.

Voltaire als junger Mann

Dafür lächelte ihm aber wenig später das Glück in Gestalt der schönen und hochherzigen Adrienne Lecouvreur.

Sie war mit ihren zweiundzwanzig Jahren zwei Jahre älter als Arouet, der sie zum ersten Mal in der Verborgenheit des literaturfreudigen Temple als Schauspielerin gesehen hatte. Adriennes Vater, ein Hutmacher, wohnte seit 1702 in Paris; seine Wohnung befand sich ganz in der Nähe des Theaters, zu dem sich seine Tochter bereits in ihren Kinderjahren stark hingezogen fühlte. Das Mädchen verblüffte die Erwachsenen mit seiner Kunst, Verse zu rezitieren und Rollen lebensecht zu verkörpern. Ihr Sinnen und Trachten galt einzig der Bühne, und mit fünfzehn Jahren hatte sie bereits eine Gruppe junger Dilettanten dazu gebracht, ein so großes Theaterstück wie Corneilles »Polyeucte« einzustudieren. Es gelang den jungen Leuten sogar, eine Aufführung vorzubereiten: eine Dame der Gesellschaft stellte ihnen einen Saal zur Verfügung; viele vornehme Leute kamen als Zuschauer – doch leider kam auch die Polizei, die das Fehlen der Genehmigung zum Theaterspielen feststellte und die Veranstaltung untersagte.

Später hatte der Großprior von Vendôme ihr erlaubt, im Temple vor der geschlossenen Gesellschaft seiner Tafelfreunde einige Dramen aufzuführen; als Mitglied einer herumreisenden Schauspielertruppe wuchs sie dann zu einer Darstellerin heran, deren natürliche, überzeugende Art das Publikum tief beeindruckte. Als Arouet ihre nähere Bekanntschaft machte, war sie auf dem Wege, die gefeiertste Schauspielerin von Paris zu werden; ihre ausdrucksvollen Züge, ein schlanker Körper, wohlgeformte Schultern und das vielversprechende Dekolleté bezauberten nicht nur auf der Bühne, sondern auch im Boudoir.

Bald konnte Arouet, dessen Liebe zu Olympe noch vom reinsten Herzen genährt war, die verborgenen weiblichen Reize und die Höhen verführerischer Liebeskunst in vollen Zügen genießen. Er dankte es nicht nur mit Zärtlichkeit, sondern auch mit Verehrung und widmete der geliebten Schauspielerin sein erstes größeres Werk: die Verserzählung l'Anti-Gilon, eine beißende Satire gegen einen sehr vornehmen und einflußreichen Herrn, Marquis de Courcillon, der homosexuellen Neigungen frönte.

Die frivolen Dichtungen seines Sohnes gefielen dem älteren Arouet ganz und gar nicht. Es blieb leider nicht bei dieser ersten Verserzählung, sondern es folgten weitere mit reichlich anstößigem Charakter: Le Cadenas und Le Cocuage, und dann eine unziemliche Satire gegen den angesehenen Akademiker de la Motte-Houdart, der verspottet wurde, weil er in einem Wettbewerb der Akademie nicht eine wohlgeformte Ode Arouets preisgekrönt hatte, sondern die hölzerne Reimerei des alten Abbé Dujarry. Diese Polemik entfachte im literarischen Paris gewaltigen Lärm, einerseits, weil der junge Poet im Recht war, andererseits, weil er in seiner Überempfindlichkeit und seinem verletzten Selbstgefühl keine Ruhe geben wollte.

Die schriftstellerischen Umtriebe des Sohnes weckten im Vater den alten Zorn, doch ehe dieser zum Ausbruch kam, konnte Caumartin den alten Arouet besänftigen, indem er den jungen Brausekopf aus Paris entfernte und in sein Schloß Sainte-Angé, das bei Fontainebleau lag, mitnahm.

Der alte Marquis erleichterte dem temperamentvollen Dichter die Ausquartierung aus der Metropole, indem er dessen regen Geist auf die Geschichte Frankreichs lenkte. Der Gastgeber hatte einst hohe Ämter bekleidet und konnte unentwegt über die interessantesten und geheimsten Vorgänge aus der Glanzzeit des Sonnenkönigs erzählen und dabei tausenderlei Indiskretionen über die beteiligten Persönlichkeiten ausplaudern, deren Porträts unterdessen feierlich von den Wänden des Schlosses herabblickten.

Arouet, der sich auch in die große Bibliothek des Schloßherrn vertiefte, spürte, welche unerwarteten Möglichkeiten die Darstellung historischer Stoffe bot, wenn man nur ungeschminkt erzählte, was sich wirklich zugetragen hatte, statt die üblichen verfälschenden und langweilenden Lobhudeleien zu verfassen. Sollte man nicht eines Tages Geschichtsbücher herausbringen können, »aus denen all das Heldenhafte und Wunderbare gestrichen wäre, das unser Volk in so glückseligem Stumpfsinn erhält«?

Das Zeitalter Ludwigs XIV. begann, große Anziehungskraft auf ihn auszuüben, ebenso aber auch ein französischer Herrscher, von dem Caumartin gar nicht aufhören konnte ihm vorzuschwärmen: der milde Heinrich IV.

Der junge Literat hatte jetzt Zeit, zu sich selbst zu kommen, und warf einige kühne Dichtungen aufs Papier – Episteln in Versen, mit denen er den Großen seiner Zeit in schmeichelhafter Verkleidung böse Wahrheiten ins Gesicht sagte. Er war auch mutig genug, tröstende Verse an einen Eingekerkerten zu schicken: den Abbé Servien, einen geistsprühenden Freidenker, einen der lustigsten Teilnehmer der Runde im Temple. Der alte Abbé war so vermessen gewesen, in der Oper während eines Prologs zu Ehren des Königs mißfällig zu grunzen und zu protestieren. Daraufhin hatte eine lettre de cachet ihn in die Provinz verbannt; kaum war er dann wieder nach Paris zurückgekehrt, als eine seiner lasterhaften sexuellen Ausschweifungen ihn für längere Zeit ins Gefängnis brachte. Er gewann die Freiheit erst wieder, als jenes Ereignis eintrat, das alles änderte.

Ludwig XIV. starb seit dem 19. August 1715. Sein Bein verfaulte wie das einer Leiche, während die Ärzte es nur mit Kräuterbädern und Eselsmilch zu behandeln wußten. Schmerzen, Schlaflosigkeit, Durst und Fieber quälten den König, der am 24. beichtete und in der Nacht zum 25. vor seinen Höflingen die Letzte Ölung empfing. Am 26. verabschiedete er sich vom Dauphin, seinem Urenkel, einem fünfjährigen Knaben, und betete, daß er ein christlicher König werden möge; er nahm in Einzelgesprächen Abschied von allen seinen Dienern, Beamten und Beratern und durchlitt noch einige Tage und Nächte, um Erlösung betend, ehe er Madame de Maintenon, die an seinem Bett wachte, bat: Gehen Sie jetzt, Madame, es ist ein zu trauriges Schauspiel, aber ich hoffe, daß es bald zu Ende ist.
Er verlor das Bewußtsein, erlangte es gelegentlich wieder und versuchte die Gebete der Geistlichen mitzumurmeln. Um fünf Uhr morgens – der 1. September brach an – begann er zu röcheln. Um 8.30 Uhr betrat der erste Kammerherr, der Herzog de Bouillon, den Balkon, der auf den Marmorhof führte, und rief: »Le roi Louis XIV. est mort!« Nach kurzer Pause: »Vive le roi Louis XV.!«
Im Nu füllten sich die Gassen von Paris mit erregten Menschen; Geschrei und Trubel, besonders im Zentrum der Stadt, an den Seinebrücken; eilende Boten, jagende Reiter, Sänften kreuz und quer, fröhlicher Lärm aus den Caféhäusern. Noch nie waren auf den Boulevards so viele der vornehmen, unförmigen Karossen, die fahrenden kleinen Häusern glichen, unterwegs gewesen. In den folgenden Tagen bot Paris das Bild einer aus tiefem Schlaf erwachten Stadt; der Jubel über die Todesnachricht pflanzte sich durch das ganze Land fort und führte viele vornehme Herren aus ihren Schlössern in die auflebende Hauptstadt zurück. Die Beisetzung Ludwigs XIV. gab Anlaß zu Gesang und Tanz der verarmten Bevölkerung, zu ungehemmter Fröhlichkeit, die sogar in unsittliche Szenen ausartete.
Der König, der einst den prächtigsten Hof Europas geführt hatte, hinterließ nach den vierundfünfzig Jahren seiner von Gottes Gnaden absolutistischen Regierung ein durch militärische Niederlagen geschwächtes Reich, ein von Adel und Geistlichkeit geknechtetes Volk und eine Staatsschuld von 2000 Millionen.

Alle Hoffnungen richteten sich nun auf den Herzog Philippe von Orléans. Da Ludwig XV. noch ein Kind war, übernahm der Herzog als erster Prinz von Geblüt (er war der Neffe Ludwigs XIV.) die Regentschaft; schon am 2. September setzte er sich an die Spitze eines starken Militäraufgebots, begab sich ins Pariser Parlament und setzte das Testament Ludwigs XIV. in einigen ihm unbequemen Punkten außer Kraft. Die Ratsherren des Parlaments stimmten ihm begeistert zu, da er versprach, sich von ihnen politisch beraten zu lassen – eine Aufgabe, die den Räten vor einem halben Jahrhundert von Ludwig genommen worden war; seitdem hatten sie nur noch als Prozeßrichter fungieren dürfen.

Der Regent war vierzig Jahre alt; man kannte ihn als intelligent, freisinnig und tapfer (er hatte sich während des spanischen Erbfolgekrieges als guter Truppenführer hervorgetan). Seine Sittenstrenge ließ zu wünschen übrig: man sah ihn häufig betrunken, hörte ihn anstößige und unfromme Reden führen, erfuhr, daß er gern in schlechter Gesellschaft verkehrte und viele Bastarde erzeugte.

Dabei war er gar kein großer Trinker; sein Pech war, daß er nichts vertrug und schon vom ersten Glas Wein benebelt wurde. Bedenklicher stand es mit seinem intimen Leben.

Eine schallende Ohrfeige war die Quittung gewesen, als er seiner Mutter mitteilte, wen er heiraten würde: die Herzogin von Blois, eine uneheliche Tochter Ludwigs XIV., die dieser standesgemäß verehelicht sehen wollte. Widerspruch gegen solche Wünsche durfte allerdings niemand wagen, auch nicht die ohrfeigende Mutter Liselotte von der Pfalz.

Die erzwungene Ehe konnte nicht gut gehen: Philippe vertrug sich nicht mit seiner hinterlistigen Frau, die ständig für Madame de Maintenon spionierte. Er tröstete sich mit einer Galerie von Geliebten – Herzoginnen, Gräfinnen, Schauspielerinnen, jungen Mädchen.

Seine größte Zuneigung aber galt seiner Tochter. Ihr Großvater väterlicherseits war der perverse Bruder Ludwigs XIV. gewesen; außerdem stammte sie durch Liselotte von der Pfalz von einem deutschen Fürstengeschlecht ab, in dem der Wahnsinn auch nicht gerade selten war. Unter solchen Voraussetzungen mußte wohl ein eigenartiges Geschöpf entstehen: die Herzogin de Berri war bestrickend schön, extravagant, beispiellos hochmütig, schrankenlos erotisch, sensibel und oft den Tränen nahe. Ein verdorbenes Kammermädchen war ihre erste Erzieherin gewesen; später hatte sie sich ganz an ihren Vater angeschlossen. Sie lebten, tranken und weinten zusammen; als das Mädchen mit vierzehn Jahren in früher Reife stand, hing der Vater ihm mit einer Leidenschaft an, die den schlimmsten Vermutungen Raum gab. Sie regierte ihn und nahm sich außerdem Liebhaber, erst ihren Stallmeister, dann einen fetten Garde-offizier. Als Philippe Regent geworden war, richtete er ihr das Schloß La Muette auf das Kostbarste ein und ließ es vom Hofmaler Watteau mit zahlreichen Bildern ausmalen. So bot sich ein künstlerischer Hintergrund für die bacchantischen Nachtfeste, in denen man kein anderes Kostüm als die eigene Haut zur Schau trug.

Mit der Regentschaft Philippes begann in Paris ein neues Leben. So auch im Temple: Die Tafelrunde konnte sich wieder unter dem Vorsitz ihres Gründers, des Großpriors von Vendôme, zusammensetzen, der viele Jahre aus Paris verbannt gewesen war und nun von neuem das Zepter übernahm. Wie in ihren jungen Jahren zechten und diskutierten die betagten Frei-geister, von denen viele geistliche Ämter innehatten. Scharfzüngige Bos-heiten, philosophisches Lob des Lebensgenusses, pausenloses Trinken, wohlgeschliffene literarische Urteile – und zwischen den alten Kämpen der junge Arouet, der schleunigst den Weg in das veränderte Paris gefunden hatte.

Er saß unter den hohen Herren wie unter seinesgleichen und las ihnen aus seinem Drama »Oedipe« vor, um es nach ihrem Lob und Tadel zu verbessern.

In den Salons der Hocharistokratie wußte sich der gern gesehene junge Dichter zwar auf dem gesellschaftlichen Parkett geschickt zu bewegen, doch geriet er auf dem politischen um so schneller ins Straucheln. Es erwies sich jetzt als ungünstig, daß zu seinen Gönnern die Herzogin von Maine und der mit ihr befreundete Maréchal de Villars zählten; die Herzogin haßte den neuen Regenten von ganzem Herzen, weil er unver-zeihlicherweise mehr Macht als ihr Mann gewonnen hatte, und bekämpfte ihn mit den Waffen heimlichen Ränkespiels und boshafter Nachreden.

Da der Regent trotz seiner Bemühungen um Liberalität nicht der ererbten Staatsschuld und Mißstände Herr werden konnte, fanden die heimlichen Streitschriften, Karikaturen, Verse und Gassenhauer, die planmäßig gegen ihn in Umlauf gesetzt wurden, willige Aufnahme und Verbreitung, nachdem die erste Freude über den Tod des Sonnenkönigs abgeklungen war.

Wie konnte ein junger Dichter größeren Beifall im Schloß der Herzogin ernten, als wenn er geistreiche Verse vortrug, die sowohl dem Witz wie der Rachsucht der Duchesse de Maine genehm waren? Und wie sollte ein junger Mann voller Geltungsdrang und Eitelkeit den Verlockungen großen Erfolges widerstehen?

Bald lief ein Spottgedicht von Mund zu Mund, in welchem der Poet, der seit langem an einer Ödipus-Tragödie arbeitete, die Ödipus-Thematik auf Vater und Tochter – statt Sohn und Mutter – umgemünzt hatte:

> 's ist zwar nicht der Sohn, sondern der Vater,
> 's ist die Tochter, und nicht die Mutter.
> Abgesehen davon geht aber alles bestens,
> schon haben sie Eteokles gezeugt.
> Und wenn's zum Verlust des Augenlichts kommt,
> ist's wahrhaft ein Thema von Sophokles.

Nun hatte zwar die Herzogin von Berri keinen Sohn Eteokles zur Welt gebracht, doch ließ der Hinweis auf das Augenlicht keinen Zweifel, auf wen die Andeutungen zielten: der Regent, der auf einem Auge fast blind war, mußte nämlich gerade um sein gesundes Auge bangen, nachdem er bei einem erotischen Abenteuer von dem Hacken der tugendhaften jungen Madame d'Arpajon ins Gesicht getroffen worden war.

Dem ersten Spottgedicht folgten weitere. So schwirrten einige Verse durch Paris, in denen von der Herzogin de Berri und einem neuen Lot die Rede war; der Autor dieser frivolen Anspielungen wollte zwar anonym bleiben, doch erhielt Arouet, wie lebhaft er auch die Verfasserschaft zu leugnen suchte, eines Tages den Befehl, Paris zu verlassen.

Er erwirkte dabei wenigstens, daß statt der vorgesehenen Verbannung nach Tulle, einer traurigen Kleinstadt, ein anderer Aufenthaltsort bestimmt wurde: Sully-sur-Loire, wo einige Verwandte der Familie Arouet lebten, die, wie der arglose Vater hoffte, dem ungebärdigen Nachwuchs die Flügel stutzen würden.

Doch kaum war François in Sully angelangt, als er auch schon Unterkunft bester Art fand: auf dem Schloß des Herzogs Maximilien de Sully. Dieser gehörte gleichfalls zu der frohen Runde des Temple und hatte sich inzwischen auf seinen schönen Familienbesitz zurückgezogen, nicht ohne die Reize des Rokokolebens mitgenommen und ständig eine ganze Schar unternehmungslustiger, epikureischer Freunde um sich versammelt zu haben.

Besser konnte es sich der ehrgeizige junge Poet nicht wünschen. Ohne es sich seiner Geburt nach leisten zu können und zu dürfen, genoß er nun in vollen Zügen das Dasein der Herrenschicht des Landes, jener 700 mit-

Die Bastille in Paris

einander verwandten Personen, die Frankreich verkörperten und für die die übrige Bevölkerung arbeiten mußte.

Man vertrieb sich die Zeit und die drohende Langeweile auf die angenehmste Weise. Tagsüber ging es auf Jagd, falls man nicht lieber mit den entzückenden Damen promenierte und ihnen gewagte Galanterien zuflüsterte oder sich mit fröhlichem Federballspiel amüsierte, bei dem kokette Bemerkungen hin und her flogen. Abends aber glich Schloß Sully einem Feenpalast; der Park war mit unzähligen Lichtern illuminiert, Tanzveranstaltungen, Maskenbälle und Feste folgten pausenlos aufeinander.

So vergingen die Wochen bei anregender Unterhaltung, erlesenen Tafelfreuden, Gesang und Musik und dem belebenden Umgang mit den sorgsam gepuderten und geschminkten zierlichen, püppchenhaften Damen, deren Leben und Lieben ein kunstvolles Spiel mit vielerlei Abwechslungen, aber auch festen Regeln war, zu denen der gepflegte Stil des Ehebruchs gehörte.

Arouet, der seine Zuneigung zunächst erfolglos der Herzogin von Sully

24

gewidmet hatte, lernte nach einiger Zeit die Nichte des Bürgermeisters kennen, das arrogante und schnippische Fräulein Suzanne de Livry, ein lebendes Porzellanfigürchen von frischer Hautfarbe, auffallender Schönheit, mit schlankem Hals und zerbrechlichen Gliedern. Sie hatte ein übersprudelndes Temperament, durch das sie später einmal zum Tagesgespräch wurde, als sie in feuriger Diskussion einem Gesprächspartner ihren winzigen Schuh an den Kopf geworfen und mit diesem Argument gesiegt hatte. Dem berühmt werdenden Dichter Arouet le Jeune gegenüber war sie indessen sanft und entgegenkommend, sollte er ihr doch zur Erfüllung ihres Traumes verhelfen: große Rollen im Theater spielen zu dürfen.

Glücklicherweise befand sich im ersten Stockwerk des Schlosses eine Bühne, so daß Arouet am passenden Ort mit seiner Lehrtätigkeit beginnen konnte. Er unterwies seine begierige Schülerin eifrig im richtigen Sprechen, in Haltung, Gang, Mimik und Gestik und bald noch in viel mehr.

In der Liebe war der hoffnungsvolle Poet nun also glücklich. Seine Arbeit machte ihm Freude: das Drama »Oedipe« wurde immer weiter verbessert, gleichzeitig entstanden aber auch die ersten Verse einer Dichtung über Heinrich IV.; las der sorgfältig gekleidete junge Mann daraus vor, so erhielt er nicht weniger Beifall als bei den kleinen von ihm einstudierten Theaterstücken.

Was sollte er sich noch wünschen? Vom zweifelnden Fragen lenkten ihn die Zerstreuungen und die Festlichkeiten ab – und doch mochte er auf die Dauer nicht bleiben. Alle Freuden dieses sorglosen Lebens hatten einen bitteren Beigeschmack: Arouet wollte nicht so lange von Paris, dem unvergleichlichen Mittelpunkt des Geistes und der Künste, entfernt bleiben.

Er schrieb Bittbriefe an den Regenten und widmete ihm, den er verunglimpft hatte, schmeichelhafte und unterwürfige Gedichte, bis der gutmütige Philippe, dem die Schmähverse recht gleichgültig waren, Gnade walten ließ: nach acht Monaten, die er im goldenen Käfig gesessen hatte, durfte der flatterhafte Poet wieder nach Paris zurückkehren.

In Paris sah das Leben anders aus. Alles mußte man selbst bezahlen, sofern man sich nicht gerade im Temple oder in einem Salon aufhielt; die heißgeliebte Suzanne, der François in der Hauptstadt den Weg zum Theater ebnen sollte, teilte seine kärglichen Mahlzeiten, fuhr mit ihm in den billigsten Mietkutschen und ließ ihn die Ärmlichkeit des Daseins im Rausch erfüllter Liebe vergessen. »Ein zärtliches Herz, ein mitreißendes Temperament, ein Busen von Alabaster, die Augen wunderschön«, so schwärmte er noch später, in Erinnerung an diese brennende Leidenschaft, von ihr.

Doch womit sollte er seinen Lebensunterhalt bestreiten? Das Geld des unwilligen Vaters reichte natürlich nicht aus, und mit Versen ließ sich kaum etwas verdienen – die meisten Dichter blieben mausearm, fristeten ein jämmerliches Schmarotzertum in irgendeinem Aristokratenhaushalt oder mußten gar von Tür zu Tür betteln gehen. Selbst der große Corneille hatte seinen Lebensabend in elender Armut verbringen müssen. Dem jungen Arouet aber stand der Sinn gar nicht danach, er wollte reich und unabhängig werden und begann, seine guten Verbindungen und sein geschäftliches Talent zu nutzen.

Seine Beziehungen waren die besten, die es überhaupt geben konnte: nicht nur zu Aristokraten, die in maßgeblichen Staatsstellungen saßen, sondern auch zu den schnell aufsteigenden bürgerlichen Finanzleuten, die angesichts der Geldnöte des Staates bald ein derartiges Ansehen gewannen, daß sie sich anstandslos inmitten der herrschenden Hofkreise einnisten konnten. Unter den Bankiers, Steuerpächtern, Spekulanten und Handelsherren verstand Arouet wertvolle Bekanntschaften anzuknüpfen, aus denen sich bare Münze schlagen ließ; so kam der rührige junge Mann zunächst durch kleinere Transaktionen, Vermittlungen und Verpachtungen zu Geld.

Die größeren Geschäfte mußten erst noch angebahnt werden, doch entwickelten sich günstige Voraussetzungen dafür, seit der weltkundige Poet näheren Umgang mit den Brüdern Pâris aufnahm, vier äußerst unternehmungslustigen und geschickten Finanzmännern, die besonders erfolgreich in Heereslieferungen und komplizierten Geldgeschäften waren.

Diese kalten und klugen Rechner hatten jetzt die kühne, fast aussichtslose Aufgabe übernommen, die leere Staatskasse aufzufüllen. Der einfachste Weg hierfür war allerdings nicht gangbar: man hätte nur diejenigen zu besteuern brauchen, die das meiste Geld besaßen. Doch das waren die beiden herrschenden Stände, Adel und Geistlichkeit, bei denen der Reichtum und Grundbesitz konzentriert war und die den Vorzug der Steuerfreiheit genossen; niemand anders als sie selbst hatten aber im Pariser Parlament, das für die Steuergesetze zuständig war, darüber zu befinden, ob ihr Vorrecht aufgehoben werden sollte... Kein Wunder, daß die Brüder Pâris für die Idee einer Steuerreform bei den Parlamentsherren nicht die geringste Begeisterung hatten wecken können.

Ein anderer Versuch, den Finanzen aufzuhelfen, war schnell gescheitert: die Überprüfung der früheren Staatsanleihen hatte erschreckende Mißstände wie 400prozentige Verzinsung, falsche Buchführung und Unterschlagungen zutage gefördert, doch ließ sich auch hier nichts ändern, weil in jeden faulen Fall hohe Herrschaften verwickelt waren.

Nur einen einzigen größeren Erfolg konnten die Brüder Pâris erringen: durch allgemeine Revision der Wert- und Zinspapiere ließ sich die staatliche Verschuldung auf die Hälfte senken.

Mit ihnen gewann der Salonlöwe Arouet ein gutes Einvernehmen, doch ehe geschäftlicher Nutzen daraus gezogen werden konnte, wurden beide Seiten daran gehindert: die Brüder Pâris fielen in Ungnade, weil ihr Konkurrent, der Schotte John Law, mit ungewöhnlichen Methoden einen überraschenden Aufschwung des gesamten Wirtschaftslebens in Gang gebracht hatte. Und Arouet fiel nicht nur in Ungnade, er kam sogar ins Gefängnis.

Wenn auch der junge Dichter nach seiner Verbannung vom Regenten in einer Audienz freundlich empfangen worden war, so vermochte er seine geheime Wut auf den Herrscher, der ihn aus Paris vertrieben hatte, doch nicht zu zähmen. Wo er nur konnte, führte er unvorsichtige und respektlose Reden.

Und so brüstete er sich eines Tages mit dem ganzen Geltungstrieb eines Nachwuchsdichters, er habe neue französische und lateinische Spottverse gegen den Regenten verfaßt. Er saß mit einem Freund, dem Offizier Beauregard, im Caféhaus und rühmte sich eines lateinischen Gedichts – das tatsächlich von ihm stammte – und eines französischen, das in ganz Paris kursierte. Die Polizei forschte vergeblich nach dem unbekannten Autor, der sich wohlweislich nicht zu erkennen gab, während der eitle Arouet die Gelegenheit nutzte, sich mit fremden Federn zu schmücken.

Es bekam ihm schlecht, denn sein Gegenüber war ein Spitzel und lieferte der Polizei einen genauen Rapport über das Geständnis des vermeintlichen Verfassers.

Am Pfingstmorgen – Arouet hatte in Paris noch keine fünf Monate der Freiheit genossen – drangen zwei Polizisten in sein Schlafgemach ein, wiesen eine lettre de cachet des Regenten vor und schafften den erschrockenen Dichter in das Staatsgefängnis, die Bastille.

Nichts war ihm widerwärtiger als die Beschränkung seiner Bewegungsfreiheit – und nun saß er gar in einem engen Raum ohne Sonnenlicht, hinter dreifachen Türen mit dreifachen Schlössern, bei einer Verpflegung, die seinem verwöhnten Gaumen widerstand.

Sofort richtete er einen Hilferuf an den Herzog von Sully: »Monseigneur, Herr de Basin, Gerichtsoffizier, hat mich heute früh verhaftet. Mehr kann ich Ihnen nicht mitteilen. Den Grund kenne ich nicht. Meine Unschuld gibt mir Gewähr für Ihren Schutz. Ich wäre glücklich, wenn ich darauf rechnen dürfte.« Vergeblich – weder dieser noch der Polizeichef d'Argenson, Vater der beiden Schulfreunde, konnten oder wollten dem Gefangenen helfen.

Die Tage vergingen, die Hoffnung auf Befreiung schwand dahin. Während Arouet seine Kerkerwände anstarrte, ging draußen das lustige Treiben in den Salons und Cafés weiter. Am schlimmsten aber war, daß die süße Suzanne sich nun völlig einem anderen widmete, einem gemeinsamen Freund, mit dem sie Arouet schon gelegentlich betrogen hatte.

Ihr Lehrmeister war gescheit genug, um zu wissen, wie man sich nicht unterkriegen läßt: er machte gute Miene zum bösen Spiel. Mit der heiteren Gelassenheit, die der aristokratische Stil des Zeitalters vorschrieb, nahm er die Untreue der Geliebten hin. Allmählich lernte er auch seine Unterkunft mit überlegenem Humor zu betrachten: die Schlösser, Riegel und Eisenstangen vortrefflich für seine Sicherheit, die dicken Mauern zur Kühlung gegen die Sonnenglut, die einsamen Mahlzeiten so beruhigend – niemand trieb zur Eile! Und schließlich begann er zu arbeiten wie noch nie in seinem Leben.

Er hatte sich einige Bücher kommen lassen, in die er sich vertiefte; sie dienten ihm nicht nur zum Lesen, sondern auch zum Schreiben. Es war dem Dichter weder Papier noch Tinte bewilligt worden: so schrieb er mit Bleistift, und zwar zwischen die Zeilen eines dicken Buches.

Die Bilder aus dem Frankreich Heinrichs des Vierten fanden nun ihre wohlgefügte Form: aus den losen Ansätzen und ersten Versuchen entstand in monatelanger Arbeit nach dem Muster von Vergils Aeneis ein Versepos, das von einem schlichten Menschen mit großem Charakter erzählte, einem König, den die Nachkommen über dem glänzenden Pomp des Sonnenkönigs ganz vergessen hatten.

Arouet verbiß sich immer mehr in die Aufgabe, im Gegensatz zu den Kriegshelden einen Herrscher zu zeigen, der seine Untertanen liebte, ihn der unverdienten Vergessenheit zu entreißen und in vielen Szenen, Anekdoten, allegorischen Bildern lebendig werden zu lassen. Dieses Werk nahm ihn so in Anspruch, daß er seine bedrückende Umgebung vergaß; er lernte, daß es neben den Genüssen der Zerstreuung auch eine Lebenserfüllung in Konzentration und Arbeit gab.

Unter solchen Umständen begann der junge Mann sich zu wandeln und etwas Neues von sich zu verlangen. Er wollte als unverwechselbare Persönlichkeit in die Welt hinaustreten und sann darüber nach, sich – wie manch anderer Dichter vor ihm – einen Namen zu geben, der nur ihm allein gehörte. Diesen Namen wollte er dann berühmt machen.

Während Arouet sich in eine glücklichere Vergangenheit Frankreichs versenkte, geriet das Land in den Taumel ungeahnter Finanzspekulationen. Der junge Geschäftemacher hatte Glück, daß die Mauern der Bastille ihn vor der Versuchung bewahrten, sich in die Geldabenteuer zu stürzen, mit denen man draußen zu schnellem Reichtum zu gelangen wähnte.

John Law war wie ein Prophet des Finanzwesens hervorgetreten und hatte 1716 eine eigene Bank und Handelsgesellschaften zur Erschließung der französischen Gebiete im Senegal und am Mississippi, in Kanada und Louisiana gegründet und Aktien ausgegeben, die bald zu heißbegehrten

Geldanlagen wurden und aufsehenerregende Wertsteigerungen erlebten. Im August 1717 wandte sich der Regent hilfesuchend an den erfolgreichen Finanzmann, der seine Bank schon im Dezember zur Staatsbank umwandeln konnte.

John Law brachte nun mit neuartigen Methoden – Wechsel und Aktien, Ausgabe von Papiergeld – das Wirtschaftsleben in Bewegung, entfachte aber zugleich auch ein ungesundes Spekulationsfieber. Die Besitzer seiner Aktien errangen mühelos schnellen Reichtum, immer hitziger verlangte man nach neuen Papieren, immer höher kletterten die Kurse.

Die Folgen des neuen Reichtums nach langer geldarmer Zeit wurden schnell sichtbar. Man kleidete sich luxuriöser denn je, kostbare Bauten wurden errichtet, das Bürgertum ahmte die regierenden Stände, Adel und Geistlichkeit, nach, indem es sich Dienerscharen und teure Equipagen hielt. In der engen Rue Quincampoix vor Laws Bankhaus, wo unter freiem Himmel die Börse abgehalten wurde, drängten sich Käufer und Verkäufer, Bankiers und Spekulanten: Gold gegen Papier, Schmuck gegen Geld, Landbesitz aus der Provinz gegen Aktien, Effekten gegen irrsinnige Geldmengen ... Die Häuser boten nicht Platz genug: die Schreiber, die die Geschäfte registrierten, saßen in jedem Zimmer, auf den Treppen, im Keller, auf dem Dach.

Der allgemeine Rausch steigenden Reichtums förderte Luxus und Leidenschaften: die Mahlzeiten wurden immer kostbarer und raffinierter, die Kleidung prächtiger, die Theaterbegeisterung kannte keine Schranken mehr.

Nicht nur in den unteren Bevölkerungsschichten wuchs die Zügellosigkeit: die Herzogin von Berri ging weiterhin mit schlechtem Beispiel voran. Sie betrank sich, bis sie unterm Tisch lag, und gierte nach Liebhabern. Unter skandalösen Umständen wurde sie schwanger; als künftiger Vater sollte ihr Galan Riom gelten, der sie unter Flüchen und Prügeln durchs Schloß zu treiben pflegte und sie vor der Dienerschaft demütigte, wo er konnte – was sie lustvoll erlitt; ob wirklich er – und nicht der Regent – der Vater sei, fragte ganz Europa. Neben der Neigung zur Erniedrigung frönte die halbverrückte Herzogin aber auch einem beispiellosen Hochmut; sie ließ sich einen Thron mit drei Stufen errichten und erhöhte die Zahl ihrer Beamten und Domestiken auf 800.

Durch Besuche von Freunden erfuhr Arouet alles über das Getriebe der Außenwelt. In der Bastille hatte man nur nachts Einzelhaft in der Zelle; tagsüber konnte man sich mit den anderen Gefangenen unterhalten und

Besucher empfangen. Der Dichter litt nicht körperlich; um so schlimmer aber quälte ihn seelisch der Zustand der Unfreiheit, der sich Monat für Monat hinzog.

Der elfte April 1718 war der große Tag, an dem er endlich wieder das Sonnenlicht genießen und frische Luft atmen durfte.

Paris blieb ihm allerdings verwehrt: wie alle Häftlinge mußte er nach der Entlassung in die Verbannung gehen und begab sich nach Châtenay, wo sein Vater ein kleines Landhaus besaß, in dem er den Sprößling nunmehr in Schranken zu halten hoffte.

Der Dichter brachte sein überarbeitetes Ödipus-Drama mit und seine große, noch nicht vollendete Dichtung über Heinrich IV.... Er kam verwandelt aus der Bastille: mit der Fähigkeit intensiven Arbeitens, einem heftigen Abscheu gegen Freiheitsberaubung und mit einem neuen Namen, den er aus den Buchstaben Arouet l. j. (le jeune) geprägt hatte; da die Orthographie eine Gleichsetzung von u mit v und von j mit i erlaubte, war ihm ein klangvolles neues Wort – Voltaire – geglückt, das er nun nur noch bekannt machen mußte.

In ländlicher Einsamkeit konnte der Verbannte zwar seine Arbeiten unter günstigeren Bedingungen fortsetzen, doch ebenso sehnsüchtig wie auf seine Entlassung aus dem Gefängnis wartete er nunmehr auf die Erlaubnis, nach Paris zurückzukehren, um sein Drama auf der Bühne zu sehen – war es doch von den Schauspielern der Comédie Française angenommen worden, obwohl es vormals wegen Mangel an Liebesszenen vom Théâtre Français abgelehnt worden war. Jetzt verzehrte er sich vor Ungeduld und Angst, bei seiner Premiere etwa abwesend sein zu müssen.

Einflußreiche Freunde legten dem Regenten Bittschriften des jungen Dichters vor, der wenigstens für einige Tage nach Paris kommen wollte; schließlich – am 12. Oktober, als die Proben bereits begonnen hatten – wurde ihm dies erlaubt. Er eilte so schnell er konnte in die Hauptstadt und beteiligte sich mit höchstem Eifer an der Einstudierung seines ersten Bühnenstücks. Aus den wenigen Tagen der Aufenthaltserlaubnis wurden bald Wochen und Monate, nachdem der Poet dem Regenten als »ergebenster Diener und ärmster Sekretär für alberne Späßchen« seinen Ödipus gewidmet hatte.

Die Aufführung des Dramas fand am 18. November 1718 statt; alles deutete darauf hin, daß sie zu einer politischen Sensation führen würde. Konnte es einen besseren Beginn für die Laufbahn eines jungen Dramatikers geben?

31

Theaterpremieren waren aktuelle Ereignisse; mit den Vorgängen und Versen auf der Bühne wurde oftmals – unabhängig von Handlung und Sinn der Stücke – auf Personen und Zustände gezielt, die jedermann kannte. Deshalb hatten sich im Zuschauerraum wie in einer politischen Arena – an der es sonst fehlte – die feindlichen Parteien des Hofes eingefunden: die Anhänger der Herzogin von Maine, voran der alte Maréchal de Villars mit seiner blendend schönen vierunddreißigjährigen Frau, auf der anderen Seite der Regent selbst, der mit seinem schlechten Augenlicht die Vorgänge auf der Bühne kaum noch erkennen konnte, und seine Tochter. Die Herzogin de Berri zog in auffälliger Pracht mit einem Gefolge von dreißig Damen ein und ließ sich auf einem Sitz unter einem Thronhimmel nieder, wie man ihn noch nie in einem französischen Theater gesehen hatte. Ihre weit fortgeschrittene Schwangerschaft tat ein übriges, um sie zum Mittelpunkt der Neugierde zu machen.

Als sich der Vorhang hob, lauschte jeder Zuhörer mit gespannter Aufmerksamkeit, was für Anspielungen auf das fragwürdige Ödipus-Thema von Paris sich der junge Autor wohl geleistet haben mochte. Solche Hintergedanken waren aber bald vergessen, denn man erlebte eine Tragödie, die ganz im Geiste von Sophokles gehalten war und damit dem für die Antike schwärmenden Zeitgeschmack entgegenkam. Der Ödipus, vorzüglich dargestellt, rührte die Herzen; bei der Abschiedsszene zwischen ihm und Jokaste flossen im ergriffenen Auditorium die Tränen, wie es sich bei einem erfolgreichen Stück gehörte. Donnernder Beifall wurde bei einem kühnen Vers laut, der andeutete, daß die Geistlichen die Leichtgläubigkeit des Volkes mißbrauchten.

Ehe der Vorhang sich hob, war schon zu erkennen gewesen, daß die Aufführung ein starkes Echo haben würde, denn das Thema – Blutschande – hatte die mächtigsten Persönlichkeiten des Landes in das Theater gelockt. Der Erfolg des Stückes aber war nicht der politischen Spannung, sondern dem dichterischen Können des Verfassers zuzuschreiben, der das Publikum immer mehr in seinen Bann zog und die feierliche Stimmung auch nicht zerstörte, als er seiner Eulenspiegelnatur die Zügel schießen ließ und sich selbst auf die Bühne wagte, indem er als Page gespreizt über die Bretter stelzte, um die Schleppe des Hohepriesters zu tragen.

Nachdem der Vorhang gefallen war, steigerte sich der Beifall zu einem Begeisterungssturm, um den jungen Dichter zu feiern, dessen erstes Stück sich als Meisterwerk offenbart hatte, das die ruhmvolle Theatertradition Frankreichs fortsetzte.

Der alte Arouet schneuzte sich vor Rührung, murmelte immer wieder: Dieser Schlingel, dieser Schlingel!, und war endlich für alles Ungemach und alle Sorgen entschädigt, die die Flatterhaftigkeit des Sohnes ihm bereitet hatten.

Dieser war unterdessen vom Herrscher belobigt worden und dann, während der Beifall immer noch kein Ende fand, in der Loge des Maréchal de Villars erschienen, wo er von dem alten Herrn beglückwünscht und dann seiner hinreißend schönen Frau vorgestellt wurde, die den begabten Poeten unbedingt kennenlernen wollte. Die Zuschauer, die diese Szene bemerkten, waren nicht ganz zufrieden, winkten, riefen und stimmten schließlich einen rhythmischen Sprechchor an: Aber so küssen Sie ihn doch!, bis sie schließlich nachgab und damit neuen Jubel im Parkett auslöste.

Es blieb nicht bei dem Erfolg dieser Premiere. Die Tragödie erlebte eine Aufführung nach der anderen und brachte es statt der üblichen fünf oder sechs Wiederholungen auf die ganz ungewöhnliche Zahl von zweiundvierzig (mit 27 000 zahlenden Zuschauern); der Regent lud den Dichter zur Tafel, empfing ihn auf das freundlichste und überreichte ihm eine Goldmedaille, wie sie als Trost Personen zu erhalten pflegten, die zu Unrecht festgesetzt worden waren.

Unter solchem Vorzeichen verlief das Essen äußerst harmonisch; der gefeierte Voltaire bemerkte, er sei höchst dankbar für die Beköstigung durch die Königliche Hoheit, bäte den Herrscher aber darum, künftig nicht mehr für Logis zu sorgen.

Der Regent lachte; er liebte solche Späße. Als Beweis seiner Gunst bewilligte er dem Dichter einen jährlichen Ehrensold, der die außerordentliche Höhe von zwölfhundert Livres hatte.

Mit solch hoher Wertschätzung gab er der allgemeinen Auffassung Ausdruck. Als das Drama in gedruckter Form veröffentlicht werden sollte und dem zuständigen Zensor vorlag, der über die Drucklegung zu entscheiden hatte, fühlte dieser sich nicht nur zur Genehmigung gedrängt, sondern auch zu dem Urteil, der Verfasser sei ein würdiger Nachfolger Corneilles und Racines. Paris war das Zentrum des Geistes und der Künste, das Vorbild des guten Geschmacks; ein Erfolg in dieser Stadt war entscheidend. Und so kannte man in aller Welt mit einem Schlage den Namen Voltaire.

Für den Träger dieses Namens aber begann ein Leben, wie er es in seinen hochfliegenden Träumen erhofft hatte. Er kam nicht mehr dazu, auch nur eine einzige Mahlzeit auf seine Kosten einzunehmen; mittags wie abends mußte er ehrenvollen Einladungen Folge leisten, für den Sommer waren Besuche auf verschiedenen Schlössern, vor allem dem des Maréchal de Villars und seiner bezaubernden Frau, verabredet.

Vom beliebten war er zum allseits begehrten Gast avanciert, kein vornehmes Pariser Haus, das ihm nicht offengestanden hätte; darüber hinaus versuchte sogar ein fremder Königshof, ihn an sich zu locken.

Im Haus des schweizerischen Großfinanziers Baron Hoguère, der dem in die Türkei verschlagenen Schwedenkönig Karl XII. Kredit gewährt hatte, traf der Dichter mit dem einflußreichen Minister Baron Görtz zusammen, einem Abenteurer zweifelhaften Ruhmes.

Der Baron fand großes Gefallen an dem berühmten jungen Poeten und suchte ihn für die außergewöhnliche Persönlichkeit Karls XII. zu begeistern, der mit fünfzehn Jahren König des (seit Gustav Adolf) mächtigsten Landes in Nordeuropa geworden war und als achtzehnjähriger Feldherr den Heeren Dänemarks, Polens und Rußlands trotzen mußte. In widersprüchlicher Mischung vereinten sich in diesem Schwedenkönig Führerbegabung und Halsstarrigkeit, Draufgängertum und Versponnenheit. Ein seltsamer Abschnitt Weltgeschichte hatte sich unter seiner entschiedenen Mitwirkung abgespielt: Bündnis der benachbarten Ostseeländer gegen den Knaben auf dem Königsthron, schneller Sieg Karls über Dänemark, Eroberung Livlands, Vernichtung der weitaus stärkeren russischen Armee bei Narwa – all dies im Jahre 1700; sodann Eroberung Polens, Absetzung Augusts des Starken, Einsetzung des polnischen Edelmanns Stanislaus Leszczynsky als König, Friedensverträge – außer mit Rußland. Nachdem Karl die Vorschläge Zar Peters des Großen hochmütig abgelehnt hatte, verlief sein Leben noch dramatischer: 1707 Feldzug zur Eroberung Rußlands, Schreckenswinter mit schweren Verlusten, Marsch auf Moskau, Einfall in die Ukraine, eigensinnige Fortführung des Krieges, entscheidende Niederlage bei Poltawa, Flucht in die Türkei, falsche Hoffnungen, Verlust mehrerer Jahre durch Zaudern und Warten, sechzehntägiger heimlicher Ritt von dem Lager Bender in der Türkei nach der schwedischen Stadt Stralsund ... Seitdem schlug sich der unverzagte König wieder in Nordeuropa mit seinen Feinden herum und versuchte erfolglos, verlorene Gebiete zurückzuerobern.

Baron Görtz hatte nun Voltaires Teilnahme für den unruhigen Schwedenkönig zu wecken vermocht und lud den hochbegabten Dichter, der ihm imponierte, ein, an den Königshof von Stockholm zu kommen.

Voltaire wollte sich nicht so schnell entscheiden; Baron Görtz reiste ab, Karls des Zwölften Geschichte aber nahm jäh ihr Ende: wenige Tage später belagerte er Frederikshall in Norwegen, wurde von einer Kugel getroffen und starb; Görtz wurde sofort verhaftet und nach Stockholm geholt, wo man ihm am Fuße des Stadtgalgens seinen einfallsreichen Kopf abschlug.

Seine Hinterlassenschaft in Paris war für den jungen Dichter nicht gerade erfreulich, denn der rührige Politiker hatte die Ränke nicht lassen können und mit der Herzogin von Maine ein Komplott gegen den Regenten geschmiedet, das entdeckt wurde und sie ins Gefängnis brachte.

Zu dieser Zeit kamen in Paris drei bösartige Gedichte gegen den Regenten in Umlauf; sie nannten sich »Philippiques«, und da sie gut gelungen waren, fiel der Verdacht auf den mit der verhafteten Herzogin befreundeten Voltaire, der daraufhin wieder einmal aus Paris verwiesen wurde.

Erst später fand man den wirklichen Verfasser heraus und rehabilitierte den verdächtigen jungen Mann, der in der Zwischenzeit ein abwechslungsreiches Leben auf den verschiedensten Schlössern des Landes geführt und nach Herzenslust frische Landluft, geistreiche Gesellschaft, vortreffliche Mahlzeiten und rauschende Festlichkeiten genossen hatte.

Und die Liebe ... Die schöne Herzogin Villars war ihm zugetan – wie hätte es anders kommen können, als daß diese vielbewunderte Frau, die ungewöhnlicherweise sogar von ihrem eigenen Mann angebetet wurde und außerdem auch noch einen Liebhaber, den Abbé de Vauréal, hatte, das Dichterherz in helle Flammen versetzte!

Im Schloß Villars vergaß Voltaire die Zeit und selbst seine Arbeit. Die Tage waren angefüllt genug: Theaterproben, Vorlesungen, Glücksspiele, köstliche Mahlzeiten, lange Gespräche mit dem Marschall, einem lebendigen Zeugnis der Zeiten Ludwigs XIV., und abends im Park die Beobachtungen des Sternenhimmels durch Operngläser, weil man hitzig über ein Weltraumbuch diskutieren mußte – »Entretiens sur la pluralité des mondes« von Bernard de Fontenelle, 1686 zum ersten Mal erschienen und seitdem immer wieder in neuen Auflagen herausgekommen.

Dieses Werk berichtete in fesselndem Plauderton von den anderen Gestirnen und auch von den Wesen, die etwa den Merkur oder die Venus bewohnten. Man konnte erfahren, wie sie beschaffen waren, was sie so trieben, und wie die Menschheit mit den Mondbewohnern Verbindung aufnehmen könnte. Die Damen und Herren im nächtlichen Park bemühten sich, irgend etwas von den fremden Welten zu erspähen, wurden sich nicht einig und setzten die anregenden Streitgespräche schließlich paarweise fort.

Der junge Dichter hätte hier ewig bleiben mögen – wenn nur seine Liebe, die ihn krank machte, Erfüllung gefunden hätte. Noch schlimmer: sie fand Erfüllung, aber leider nur als Zwischenspiel. Auch war der kleine, schmächtige Poet nicht für die Rolle des leidenschaftlichen, nimmermüden Liebhabers geschaffen. Bald hatte ihn der erprobte Abbé wieder ausgestochen. Wenn auch die schöne, elf Jahre ältere Herzogin ihn weiterhin umschmeichelte und umsorgte, so mußte er sich doch schmerzlich eingestehen, daß alle Frauen, die er liebte, ihm nach einiger Zeit entwichen und einen anderen Mann vorzogen.

Voltaire rang sich zu der Erkenntnis durch, daß Freundschaft tausendmal wertvoller sei als Liebe, und daß man als Liebender wie als Geliebter doch immer eine ziemlich lächerliche Rolle spiele. Nein, er wollte fortan auf Liebe verzichten.

Und er wollte Schloß Villars verlassen. Doch er vermochte nicht, sich gleich loszureißen; nachdem er schließlich abgereist war, legte er sich ins Krankenbett und ließ sich vom Arzt jede Reise nach Villars verbieten. Zuflucht fand er darauf bei seinem Schulfreund Richelieu. Dessen Schloß, das der Großonkel des Besitzers, der berühmte Kardinal, erbaut hatte, erschien Voltaire als das schönste der ganzen Welt; der Herzog hatte sich zu einem eleganten Weltmann mit starker persönlicher Anziehungskraft entwickelt; an Arroganz stand keiner der beiden Freunde hinter dem anderen zurück. »Alkibiades« nannte Voltaire den Herzog, der die Männer mit seinem Witz oder im Duell mit seinem Degen bezwang, während die Damen des hohen Adels sich nicht eher vollwertig fühlten, als bis sie von ihm erobert worden waren.

Gerade jetzt verdankte Richelieu, der wegen einer landesverräterischen Verschwörung im Gefängnis gesessen hatte, Leben und Freiheit nur der rasenden Liebe, die eine Tochter des Regenten, das Fräulein de Valois, ihm entgegenbrachte.

Nachdem Voltaire bei Richelieu Kräfte gesammelt hatte, reiste er weiter, von Schloß zu Schloß, ließ sich's wohl sein und bemühte sich, die schöne Herzogin endgültig zu vergessen. Seine seit Jahren vertraute ältere Freundin, die Marquise de Mimeure, war ihm dabei behilflich. Ebenso seine Arbeit, die ihn allmählich wieder zu fesseln begann.

Einiges von seinem Seelenleid ging in die Tragödie »Artemire« ein, die jetzt entstand: der Dichter zeigte eine geliebte Frau und einen von ihr ungeliebten Mann, dessen rasende Eifersucht zu den Konflikten des Dramas führte.

Auch die Gesänge seines großen Werkes über Heinrich IV. nahmen an Zahl zu. Er wurde nicht müde, sie im vertrauten Kreis vorzulesen, und fand begeisterte Zustimmung. Eines Abends jedoch, auf dem Schlosse Maisons, hakte sich die Diskussion an einigen stilistischen Schwächen fest. Der junge Dichter war von Natur äußerst reizbar; es bedurfte nur einer Kleinigkeit, um ihn in höchste Erregung zu versetzen. So stritt er zunächst über seine Verse, hörte sich aufmerksam die kritischen Bemerkungen an – denn es war seine Tugend, rücksichtslos alles auszumerzen, was einer strengen Überprüfung nicht standhielt – und wurde dann plötzlich ärgerlich, weil einige der Zuhörer zu starrsinnig auf ihrer Meinung beharrten. In überschäumender Wut schleuderte er die Blätter seines Manuskripts in den Kamin.

Voll Schreck sprang der Schloßherr hinzu und rettete eigenhändig die angesengten Seiten der künftigen Nationaldichtung Frankreichs. Eine Abschrift hatte der Poet, der theatralische Auftritte – ob dramatisch, ob possenhaft – über alles liebte, vorsorglich unter seinen Papieren verwahrt.

In der folgenden Zeit konnte sich Voltaire dem großen Heldengedicht weniger widmen, da ihn die Vorbereitungen für die Aufführung der »Artemire« in Paris zu stark in Anspruch nahmen. Es war ihm geglückt, Adrienne Lecouvreur für das Stück zu begeistern; außerdem hatte er der ehrgeizigen Suzanne de Livry zu einer größeren Rolle verholfen. Mit diesen beiden früheren Geliebten verliefen die Proben am Théâtre Français in schöner Harmonie; am 15. Februar des neuen Jahres 1720 hob sich der Vorhang zur Premiere, und der Dichter saß zitternd vor Aufregung in seiner Loge.

Es kam ganz anders als beim Ödipus-Drama: statt begeisterten Beifalls vernahm man mißfälliges Murren und Unruhe.

Empörter Lärm aber wurde im Publikum laut, als plötzlich unprogrammgemäß ein aufgeregter junger Mann mitten während des Spiels auf der Bühne erschien, Erklärungen abgab und über das Stück zu diskutieren begann. Das Publikum beruhigte sich erst, als sich herumsprach, daß es der Dichter selbst war, der diesen in der Theatergeschichte ungewöhnlichen Auftritt vollzog. Mit seinen gewandten und feurigen Worten stimmte er die Zuhörer um – er und Adrienne Lecouvreur vermochten zum Schluß doch noch Beifall und Erfolg zu erringen, während Suzanne mit steifer, herzloser Darstellung fast das ganze Stück zu Fall gebracht hätte.

Voltaire betrachtete die folgenden Aufführungen sehr kritisch und erkannte bald, daß sein Drama zu schwach war. Obwohl er damit sogar dem Wunsch Liselottes von der Pfalz zuwiderhandelte, zog er nach der siebenten Wiederholung das Stück zurück, um es nie wieder aufführen zu lassen.

Daß sich die »Artemire« überhaupt auf der Bühne gehalten hatte, war allein das Verdienst von Adrienne Lecouvreur, die selbst eine blaß gezeichnete Gestalt mit Leben erfüllen und die Zuschauer mit ihr fühlen und leiden lassen konnte. Voltaire blieb der Schauspielerin dankbar ergeben, obwohl sich die Verbindung mit ihr etwas lockerte, als in den folgenden Monaten der Mann auftrat, dem zu gehören ihr das höchste Glück erschien.

Moritz von Sachsen, einer der 354 Abkömmlinge Augusts des Starken, hatte zur Mutter die berühmte Gräfin Aurora von Königsmarck, die einst aus Schweden nach Deutschland gekommen war, um die Hinterlassenschaft ihres in Hannover unvermutet verstorbenen Bruders zu übernehmen, dabei aber auf Schwierigkeiten gestoßen war, weil sie nicht ahnte, daß man ihn bei unerwünschter Liebschaft mit der Frau Georgs I ertappt und im hannoverschen Leineschloß erstochen hatte. Ratlos war sie darauf nach Dresden gefahren, um August den Starken um Hilfe zu bitten.

Ihre unvergleichliche Anmut und Klugheit hatten den Kurfürsten zu der heftigsten Liebe seines Lebens entbrennen lassen; sie erlag schließlich seiner ungestümen, mit einem nie gesehenen Aufwand unterstützten Werbung. Als sie im Wochenbett lag, wich der Kurfürst nicht von ihrer Seite; ihr Sohn Moritz wurde als erster seiner Bastarde von ihm anerkannt und zum Grafen von Sachsen ernannt. Nach der Geburt verlor sich die Liebe zu der schönen Gräfin, die eine unübersehbare Menge von Nachfolgerinnen hatte, aber bei Hofe als einzige aller Mätressen eine gleichbleibende Achtung genoß.

Moritz, der seinem Vater in Gestalt und Wesen ähnelte, wuchs an einem Hof auf, wo es hoch herging. August liebte nicht nur die Frauen, sondern auch den Krieg; er wurde König von Polen, verlor das Land an den von Karl XII. eingesetzten Stanislaus Leszcsynsky, verjagte nach Karls Niederlage bei Poltawa den jetzt überflüssigen Stanislaus und regierte fortan in aufsehenerregendem Luxus. An den Höfen in Warschau und Dresden wimmelte es von Bastarden, Günstlingen, Tänzerinnen, Kastraten, Zwergen, Goldmachern, polnischen, italienischen und französischen Liebhaberinnen. Wie am französischen Hof konnten auch hier die tollsten Gerüchte wuchern, etwa über die Lieblingstochter, die Gräfin Orselska, der man Liebschaften mit einem Halbbruder und gar mit dem eigenen Vater nachsagte.

Auch an Verschwendung wetteiferte der sächsische Hof mit dem französischen: kurz bevor Moritz nach Frankreich kam, hatte er die Hochzeit des sächsischen Thronfolgers miterlebt, die vier Millionen verschlang, während die Bevölkerung unter Teuerung und Hungersnot litt.

Kein Wunder, daß Moritz frühzeitig verlotterte, mit Spiel und Frauen sein Geld verlor und sogar sein Regiment auflösen mußte, obwohl er mit Leib und Seele Offizier war. Um ein neues Leben zu beginnen, begab er sich nach Frankreich, wo er vom Hof wie von den Damen mit offenen Armen empfangen wurde.

Seine Frau, eine geborene Tugendreich, mit der er im zartesten Alter verheiratet worden war, hatte er wohlweislich in Sachsen zurückgelassen, wo sie ihr skandalöses Leben fortführte, inkognito mit einem entlaufenen Pagen ihres Mannes umherreiste, Orgien mit drei Hornisten veranstaltete und sich somit der Scheidung nicht widersetzen konnte. Dafür gab sie später aus Rache einen Giftmord an ihrem früheren Mann in Auftrag, der glücklicherweise fehlschlug.

Mit der Ankunft in Paris gelang Moritz von Sachsen tatsächlich der Beginn eines neuen Daseins. Er wurde schon im August 1720 zum Maréchal de camp ernannt und konnte sich dank seines hohen Jahresgehalts wieder ein Regiment kaufen. Vorerst war es aber noch ein weiter Weg zu dem großen Siege, der ihn zu einem der berühmtesten Feldherrn des Jahrhunderts machen sollte – vorerst feierte er nur Siege über das schöne Geschlecht.

Adrienne Lecouvreur war ihm vom ersten Augenblick an mit Leib und Seele verfallen. Ihre Liebe war stark genug, darüber hinwegzukommen, daß er sie nicht als einzige Frau haben konnte und mochte. Sie blieb ihm treu, von den ersten Wochen und Monaten des Glücks bis zu dem traurigen Ende ihres Lebens; als er 1726 durch Heirat Herzog von Kurland werden wollte, opferte sie ihr Geld und ihren Schmuck, um ihn zu unterstützen, und als er, aus dem Herzogtum vertrieben, wieder nach Paris zurückkehrte, gehörte sie ihm nicht weniger leidenschaftlich an als in der Zeit des Kennenlernens im Jahre 1720.

Für Voltaire bedeutete kaum ein anderer Mensch so viel wie die Hauptdarstellerin seiner ersten beiden Tragödien. Er verfolgte ihr Leben mit bewundernder Zuneigung. Auch die Öffentlichkeit nahm lebhaft Anteil an den Affären der berühmten Schauspielerin, doch herrschte im Jahre 1720 aus anderem Anlaß eine derart heftige allgemeine Aufregung, daß die Romanze der Aktrice und des Königssohns dagegen völlig zurücktrat. Die gesamte Bevölkerung war nämlich wegen der Aktien des John Law in einen solchen Taumel geraten, daß Voltaire sich fragte, ob sie vermeinten, den Stein der Weisen in den Papiermühlen gefunden zu haben. War dieser Law ein Gott? Ein Spitzbube? Ein Scharlatan, der sich an den Rauschmitteln, die er anbot, selbst berauschte?

Er mußte, um den Reichtum weiter ansteigen zu lassen, immer mehr Aktien ausgeben – das Spekulationsfieber, das er entfacht hatte, riß ihn in den Strudel. Nichts blieb mehr übrig von seinen Grundgedanken, seine Methoden verwandelten sich in die eines Marktschreiers: phantasievolle Kupferstiche und übertriebene Reisebeschreibungen priesen die Fabelschätze der amerikanischen Besitzungen, ein riesiger Preis wurde für den ausgesetzt, der den Smaragdfelsen im Arkansas entdecken würde, von dem überall die Rede war.

Im Vorjahre – 1719 – hatte Law den Höhepunkt erreicht: seine Aktien standen auf dem märchenhaften Kurs von 3600 Prozent, seine vernünftigen Maßnahmen begannen sich vorteilhaft auszuwirken. Nach Abschaffung der innerfranzösischen Zölle waren Korn und Getreide billiger und beweglich geworden, während sie früher in einem Teil des Landes verfaulen konnten, indes in einem anderen Hungersnot herrschte.

Doch der Bogen war überspannt. Zu schwindelnd hoch war das Prinzip des Kredits getrieben worden: der Kurswert aller Aktien betrug das Achtzigfache des umlaufenden Geldes. Raffinierte Spekulanten wurden in wenigen Tagen oder gar Stunden zu Nabobs: ein Kellner gewann 30 Millionen, ein Schornsteinfeger 40, ein Bettler 70, ein Kurzwarenhändler 100. Auch die Mächtigen des Landes wollten ihre Beute: zwanzig Millionen erpreßte allein Madame de Prie, Geliebte des Herzogs von Bourbon, in einem einzigen Monat von John Law.

Es konnte nicht gut gehen: als die ersten Geschäftemacher auf Baisse spekulierten und Aktienpakete verkauften, gerieten die Kurse in heftiges Wanken. Feindliche Bankiers brachten Law obendrein durch plötzliche Umwechslung von Millionen Papiergeld in Gold in Bedrängnis. Als die Aktien erst einmal fielen, brach das ganze Kartenhaus blitzschnell zusammen: Geldentwertung, Konkurse, Panik, Verzweiflung. Zahllose

Menschen wurden im Mai 1720 über Nacht arm, Law, der nicht für seinen eigenen Geldbeutel gesorgt hatte, mußte aus dem Lande fliehen und später im Elend sterben. Im September hatten die Aktien nur noch 40 Prozent ihres ursprünglichen Werts, bei Liquidierung des ganzen Unternehmens nur noch 1 Prozent.

Es ging drunter und drüber. Wer reich war, wurde plötzlich arm, mancher Arme reich, einige konnten auch den durch Law gewonnenen Reichtum retten. Doch es war fast die Hälfte der Bevölkerung, die Verluste erlitt, ob vornehm, ob gering. Man sah, wie die gefeierte Sängerin Mazé in ihrer schönsten Kleidung, sorgsam geschminkt und frisiert, sich graziös von einer Brücke in die Seine stürzte, um den Tod in den Wellen zu finden. Arbeitslosigkeit, Armut und Hunger überall. Das erbarmungswürdige Volk der Bauern sah seine schlimmsten Zeiten wiederkehren, wie etwa unter Ludwig XIV., als bei Blois Kinder und Frauen elend am Rande der Wiesen verreckten, die hungrigen Münder mit Gras gefüllt, oder als die Bauern von Angers umkamen, weil sie nur Brot aus Farnkraut zu essen hatten. Immer traf es die Armen am schlimmsten; erst fünf Jahre war es her, daß etwa sechs Millionen – fast ein Drittel der Landbevölkerung – einer großen Hungersnot zum Opfer gefallen war.

Nur die beiden bevorrechtigten Stände, die über Grundbesitz und Reichtümer verfügten, waren vor dem Untergang sicher. In ihren Schlössern ging bald das gewohnte Leben weiter.

Am 21. November 1723, seinem Geburtstag, mit dem er in das dreißigste Lebensjahr eintreten sollte, lag Voltaire auf den Tod darnieder.

In Paris wüteten die Pocken und rafften den dritten Teil der Einwohner hinweg. Voltaire hielt sich gerade bei einem Jugendfreund im Schloß Maisons auf – dessen Mutter übrigens die ältere Schwester der schönen Marschallin de Villars war –, als sich Anfang November Fieber und Hautausschlag einstellten; bald zeigte es sich, daß es die gefürchteten Pocken waren. Jahraus, jahrein starben in Frankreich 30 000 Menschen an den Pocken, gegen die die Ärzte keinen Rat wußten.

Die Gäste im Schloß Maisons suchten fluchtartig das Weite. Nur eine Besucherin begab sich sofort an Voltaires Krankenlager und wachte die erste Nacht: Adrienne Lecouvreur, die gekommen war, um des Dichters neue Tragödie »Mariamne« kennenzulernen. Nun mußte sie nach Paris zurückkehren ohne zu wissen, ob sie jemals wieder in einem neuen Stück von ihm auftreten würde.

Auf die Nachricht von der schweren Erkrankung kam sofort Intimus Thieriot herbeigeeilt, der mit Voltaire in dessen Pariser Wohnung lebte, die er im Hause der Madame de Bernières gemietet hatte – der blühenden sechsunddreißigjährigen Frau eines Parlamentspräsidenten, die aus ihrer zarten Verbindung mit dem Dichter das Recht zu herrischer Eifersucht herleitete.

Thieriot stand nun Tag und Nacht für die Krankenpflege zur Verfügung. Der Marquis de Maisons hatte den angesehenen Leibarzt des Kardinals von Rohan kommen lassen, damit nichts unversucht bliebe, das Leben des Kranken zu retten. Da die ersten Maßnahmen gegen das Fieber – Aderlässe und Brechmittel – nicht geholfen hatten, versuchte es der Arzt mit einer neuartigen Gewaltkur: Voltaire mußte innerhalb weniger Tage 200 Krüge Limonade trinken.

Wenn dem Leidenden nicht schon die bedenklichen Mienen und die Bemerkungen des Dienstpersonals verraten hätten, wie es um ihn stand, dann tat es der Besuch des Hausgeistlichen, der ihm zartfühlend die Beichte abnahm. Sodann setzte Voltaire sein Testament auf. Es war recht kurz, da er kaum etwas zu vererben hatte.

Mit Wehmut bereitete er sich darauf vor, für immer Abschied von seinen Freunden zu nehmen. Vieles blieb unerledigt zurück – unvollendete Dichtungen, allerlei Pläne, aber auch Händel kleinerer und größerer Art. Sein humorloser rechthaberischer Bruder, mit dem er seit des Vaters Tod einen Erbschaftsprozeß führte, würde nun die fälligen Zahlungen an ihn nie mehr zu leisten brauchen, nachdem er sie so erfolgreich verzögert hatte! Der üble Spion Beauregard, dem er die Haft in der Bastille zu verdanken hat, würde nun ungeschoren davonkommen! Voltaire hatte vor einiger Zeit den Verrat entdeckt, den schmutzigen Denunzianten mit einer scharfen Bemerkung gebrandmarkt und war dann von diesem überfallen und geprügelt worden. Der Prozeß, den Voltaire daraufhin anstrengte, zog sich endlos hin; würde schon ein lebender mißhandelter Dichter kaum Genugtuung erhalten, um wieviel weniger dann ein toter!

Und gegen den charakterlosen Dichter Jean Baptiste Rousseau würde er keinen literarischen Hieb mehr führen können, wie sehr ihn danach auch gelüstete! Als vor drei Jahren die hübsche rotblonde Witwe Gräfin de Rupelmonde, eine vornehme Dame von herausfordernder Sinnlichkeit, den neun Jahre jüngeren Voltaire zu einer herrlichen Reise nach Holland eingeladen hatte, die dieser dann freudigen Herzens genoß, hatte er nur ein einziges unerfreuliches Erlebnis gehabt: den Streit mit dem emigrierten Dichter Rousseau, der zu seiner Pariser Zeit seine literarischen Freunde stets boshaft geschmäht und einen Gegner sogar auf niederträchtige Weise – durch eine falsche Beschuldigung, die ein von Rousseau bestochener Zeuge erhob – ins Gefängnis gebracht hatte. Der Kranke dachte daran, wie er Rousseau dennoch besucht und mit ihm anregende Tage verbracht hatte, bis er ein Gedicht des Kollegen kritisierte. Um dem darüber erzürnten Rousseau Gelegenheit zur Gegenkritik zu geben, las ihm Voltaire daraufhin leichtsinnigerweise ein eben verfaßtes Gedicht vor, die Epistel an Uranie, mit der er seiner Reisegefährtin eine Hilfe bieten wollte, um Klarheit bei ihren religiösen Grübeleien zu gewinnen.

Dieses Gedicht enthielt eine Reihe von Argumenten für und wider den christlichen Glauben. Rousseau, früher frivol, jetzt aber fromm, vernahm erschreckende Fragen des jungen Poeten zur geheiligten biblischen Überlieferung: wieso Gott, der die Menschen erst schafft und schuldig werden läßt, das Recht hat, sie zu strafen? Warum dieser Gott, blind in seinen Wohltaten und blind in seinem Zorn, die Menschen, kaum daß er sie nach seinem Bilde geschaffen hat, gleich wieder mit der Sintflut ertränkt? Und nach dem Tode der Väter für deren Nachkommen sterben will, in Gestalt Jesu Christi, dessen Opfertod aber auch nicht ausreicht, Gottes Zorn zu stillen und die Erbsünde aufzuheben ...

Voltaire möge aufhören, hatte Rousseau unterbrochen, das Gedicht sei eine furchtbare Gottlosigkeit!

Immerhin hatte es die Gräfin Rupelmonde nicht verdorben; sie beherzigte die anderen Argumente des Gedichts, die für den christlichen Glauben sprachen, und ging, nachdem sie ihre besten Jahre genossen hatte, ins Kloster der Karmeliterinnen.

Mit Rousseau hatte Voltaire nur noch am Abend gesprochen. Als jener eine »Ode an die Nachwelt« vorlas, bemerkte er, er fürchte, die Dichtung werde ihre Adresse nicht erreichen.

Das hatte für eine Todfeindschaft genügt. Rousseau schrieb Schmähverse gegen Voltaire, und seitdem hatte sich dieser vorgenommen, den selbstgefälligen Gegner lächerlich zu machen, wo er nur konnte. Schon das wäre ein zwingender Grund gewesen, noch nicht zu sterben ...

Und was würde aus seinem Hauptwerk werden, Henri le Grand – sollte er die Veröffentlichung nicht mehr erleben? Diese Angst peinigte Voltaire, nachdem sogar Lord Bolingbroke einen Krankenbesuch gemacht hatte. Seit zwei Jahren war Voltaire freundschaftlich mit dem großen Staatsmann verbunden, der nach Frankreich ins Exil hatte gehen müssen und seitdem in seinem hübschen Anwesen La Source lebte, das er ständig verschönerte; niemand konnte ahnen, daß er als Vorbild der Figur des »John Bull« eine eigentümliche Art von Unsterblichkeit erringen würde. Voltaire dankte dem Weltmann Bolingbroke einen entscheidenden Zuspruch: als er ihm, selber noch unsicher, zum ersten Mal aus Henri le Grand vorgelesen hatte, war der Lord in äußerste Begeisterung geraten: dies ist die größte Dichtung Frankreichs! Beflügelt von solcher Zustimmung hatte Voltaire das umfangreiche Epos vollendet.

Der Besuch des berühmten Freundes versetzte den Kranken in gute Stimmung, doch später begann er wieder über das Schicksal seines Werkes zu grübeln. Er kämpfte nun schon tagelang um sein Leben in der verzweifelten Hoffnung, seine Arbeiten doch noch fortsetzen zu können. Es ging ihm ja nicht nur um die Dichtung und den Ruhm, den sie bringen sollte – es ging um viel mehr. Die Absicht, mit Heinrich IV. den vorbildlichen, toleranten Herrscher darzustellen, hatte sich inzwischen mit dem Wunsche verbunden, die Menschheit vor Gewalttaten und fanatischen Verirrungen zu warnen. Je mehr sein Epos fortgeschritten war, desto deutlicher kam eine neue, bisher unbekannte Gefühlsstimmung zum Ausdruck: das Mitleid mit dem Menschen, der gequält wird. Eindrucksvoll hatte Voltaire das mahnende Schreckensbild gezeichnet: die abscheuliche Bartholomäusnacht vom 23. auf den 24. August 1572, als der wehrlose, durch ein Attentat verwundete Führer der Hugenotten, Admiral de Coligny, in seinem Bett ermordet wurde und dann die Protestanten überfallen, aus den Fenstern geworfen, durch die Straßen gejagt, erwürgt, erschlagen, niedergemetzelt, verstümmelt wurden – alles im Namen der Religion.

Nachdem in den folgenden Jahren zwei Könige ermordet worden waren, kam Heinrich IV. zur Herrschaft, ein friedliebender Mensch, den Voltaire von diesem blutigen Hintergrund gebührend abhob. Er konnte ihn zunächst im vollen Glorienschein des siegreichen Feldherrn zeigen, dann aber in der Tugend der Mäßigung und Duldsamkeit: wie er das belagerte Paris nicht berannte und aushungerte, schließlich lieber den katholischen Glauben annahm – »Paris ist eine Messe wert« – als weiterhin einen verheerenden Krieg zu führen; wie er mit dem Edikt von Nantes (1598) endlich Religionsfrieden schuf, dann den Wohlstand vermehrte, den Bauern half – jeder sollte »sonntags sein Huhn im Topfe haben« –, Handel und Wandel förderte und zum Dank für alles schließlich auf der Fahrt zu seinem kranken Freund Sully ermordet wurde.

Es war ein Kunstwerk, mit dem Voltaire von all diesen Dingen erzählte, doch sollte es nicht erbauen, sondern die Menschen aufrütteln. Denn den guten Zeiten Heinrichs waren schlimme Jahre voll Haß und Gewalt gefolgt, und sein Edikt von Nantes hatte längst der religiösen Verfolgungswut weichen müssen. Die entrechteten Protestanten hatten, sofern sie in Frankreich blieben, nur noch die Aussicht, ihr Leben als elende Galeerensklaven zu beenden.

Mit seiner Dichtung wollte Voltaire gegen die Grausamkeiten religiöser Unduldsamkeit angehen.

Stieg nicht in Spanien noch immer der infame Gestank verbrannten Menschenfleisches zum Himmel, wenn zu Ehren des wahren Glaubens Autodafés veranstaltet wurden? Sogar die Heimkehr der jugendlichen Prinzessin hatte man auf derart unmenschliche Weise gefeiert: als diese Infantin, die eigentlich Ludwig XV. heiraten und Königin von Frankreich werden sollte, durch neue Umstände diplomatisch nutzlos geworden war und aus Paris in ihre Heimat Spanien zurückkehren mußte, empfing man sie dort festlich mit der Verbrennung von neun lebenden Menschen, Ketzern, deren Schreie die Kleine mit Entsetzen vernahm.

Voltaires Gedanken wanderten in die Zukunft, in die bessere Zukunft der Menschheit, in der vernunftvolle Einsicht herrschen und Haß durch Liebe ersetzt werden sollte . . .

Er würde dafür wirken können. Dem Zustand der Todeserwartung, dem Rückblick auf sein bisheriges Leben folgten nun die Gedanken an Gegenwart und Zukunft – ein untrügliches Zeichen wiederkehrender Gesundheit, die sich nun mit dem Rückgang des Fiebers einstellte.

Zunächst sollte jetzt »Henri le Grand« gedruckt werden. Das Werk mußte in die Öffentlichkeit; Voltaire überlegte schon, ob es die nötigen Genehmigungen erhalten würde: zunächst mußte das Manuskript dem Zensurbüro eingereicht werden, das es entsprechend dem Fachgebiet an einen der siebzig Königlichen Zensoren weitergeben würde, um Gotteslästerungen, Staatsgefährdung oder Sittenverstöße aufzudecken. Da es sich um eine Dichtung zum Ruhme eines französischen Königs handelte, durfte Voltaire mit wohlwollender Beurteilung rechnen. Nach der schriftlichen Approbation des Zensors erhielt man dann ohne Schwierigkeiten die Druckerlaubnis des Polizeipräfekten. Diese wurde noch brieflich vom Kanzler bestätigt – auch nur eine Formalität. Mit diesen drei Genehmi-

gungen konnte dann in der königlichen Buchdruckkammer das Privileg –
die amtliche Druckerlaubnis – in die Register eingetragen werden.

Ende November erhob sich Voltaire von seinem Krankenlager, am
1. Dezember verließ er das Schloß und seine freundlichen Gastgeber;
einige Stunden später brach in dem Krankenzimmer ein großes Feuer
aus und zerstörte es – Voltaire hatte, ohne es zu ahnen, in einer weiteren
Lebensgefahr geschwebt, denn seit einiger Zeit war unbemerkt ein Balken im Gemäuer über dem Kamin ins Glimmen geraten, die Glut hatte
sich unbemerkt immer weitergefressen, glücklicherweise aber nicht früher zu Flammen entfacht.

Am folgenden Tage, dem 2. Dezember 1723, trat ein Ereignis ein, mit
dem in Frankreich niemand gerechnet hatte: der Regent, der sich am
späten Nachmittag die blonde, schnippische Herzogin de Phalaris zur
Unterhaltung hatte kommen lassen, stöhnte plötzlich auf, verlor das
Bewußtsein, fiel zu Boden und war eine halbe Stunde später tot. Er war
nicht älter als 47 Jahre geworden.

Der Herrscher Frankreichs weinte. Der hübsche Knabe, der von seinem
Erzieher zu tadellosem Betragen und vornehmen Bewegungen dressiert
worden war, seit seinem siebenten Jahr ständig Empfänge, Audienzen,
Paraden, Eidesleistungen, Verleihungen mitmachen mußte und vor lauter fremden Gesichtern, Beifall und Volksgeschrei so menschenscheu
geworden war, daß er zeitlebens nach Einsamkeit strebte, liebte den
Regenten, seinen freundlichen Onkel, der ihn in der Führung von Staats-
geschäften unterrichtete und ihm stets mit herzlicher Zuneigung und
Hochachtung entgegentrat. Er hatte, als er 1723 – mit dreizehn Jahren –
für großjährig erklärt und damit König geworden war, dem Regenten
gern die Staatsführung weiterhin überlassen.

Nun war der väterliche Freund, dem er vertraute, tot, und schon verneigte sich vor ihm der häßliche, einäugige Herzog von Bourbon, verlangte die Nachfolge des Toten als Premierminister anzutreten und legte,
nachdem der Knabe stumm genickt hatte, den Treueeid ab.

Voltaire durfte nach der Veränderung bei Hofe neue Hoffnungen nähren.
Es hing alles davon ab, die richtigen Freunde zu haben – und die besaß
er, stand er doch mit Pâris-Duverney und mit Madame de Prie auf gutem
Fuße.

Jene vier Brüder Pâris, mit denen er Geschäfte zu machen pflegte und
seit vielen Jahren freundschaftlich verbunden war, hatten noch erheb-

46

lich an Einfluß gewonnen, nachdem ihr Konkurrent Law – der sie zurückgedrängt hatte – gescheitert war. Sie bekleideten jetzt hohe Posten, vor allem Pâris-Duverney, der Dritte von ihnen; nach dem großen Bankrott kontrollierte er als oberster Finanzdirektor alles Geld und allen Besitz.

So war Voltaire mit dem Mann befreundet, den man den »zweiten Premierminister« nannte, und außerdem mit der Frau, die den Premierminister beherrschte: mit dessen Mätresse.

Der gesundete Voltaire war bald wieder Mittelpunkt fröhlicher Gesellschaften. Als Madame de Prie die Hochzeit einer Verwandten ausrichtete, ging er gemeinsam mit dem Präsidenten Hénault daran, zur Feier des Tages ein übermütiges Lustspiel zu verfassen. Die Hochzeit fand im Landhaus Bélébat bei Fontainebleau statt, das die Marquise de Livry an Madame de Prie abgetreten hatte.

Die Aufführung bildete den Höhepunkt der Festlichkeit; Voltaire selbst spielte vielbelacht die Hauptrolle, einen der Wirklichkeit nachgezeichneten Dorfpfarrer, der betrunken sein Testament machte und alle seine Sünden beichtete. Neben diesem Dorfgeistlichen befaßte sich das Stück auch mit wirklich existierenden Personen, etwa mit Voltaire selbst, zu dessen Ehre der Chor einige Verse rezitierte. Kaum waren sie verklungen, als unerwartet die Marquise de Prie den Dichter mit einem Lorbeerkranz krönte und in einem kleinen Lied zum Ausdruck brachte, daß alle Freude dieses Festes ihm zu danken sei. Als im weiteren Verlauf des Stückes der Chor das Lob der Marquise anstimmte, trat Voltaire noch einmal auf – nunmehr in der Rolle des Voltaire – und versicherte der Dame auf die eleganteste Weise, daß ein Kranz zwar ehrenvoll, ein Kuß von ihr aber viel begehrenswerter sei.

Das Leben war schön. In kurzer Zeit war Voltaire zum unbestritten ersten Dichter Frankreichs emporgestiegen. Seine neue Tragödie »Mariamne« hatte in Paris Erfolg; jetzt ließ er auf geeignete Weise dem jungen König das vollendete Werk über Henri le Grand – mit dem Titel »La Ligue« – vorlegen und bat, ihm diese Dichtung widmen zu dürfen. Die Antwort war ein harter Schlag: entgegen allen Erwartungen lehnte der junge Ludwig XV. ab.

Diese Ablehnung beflügelte nun den zuständigen Zensor, gefährliche Tendenzen in Voltaires Werk zu wittern. War dieser Dichter nicht sattsam für seine lockeren, die Staatsautorität verhöhnenden Verschen bekannt? Und wenn man auch nicht genau wußte, wer die Verfasser der kursierenden Spottgedichte waren, so kamen doch sicherlich die meisten von ihnen auf das Konto eines Poeten, dem die Verse so leicht aus der Feder flossen und der seinem spöttischen Sinn gern freien Lauf ließ!

Wenn man nun in seiner großen Dichtung erst nach versteckten Angriffen suchte, so fand man davon genug: war nicht der Protestant Coligny in viel zu strahlendes Licht gerückt? War nicht der König von Frankreich zu einem schlichten Menschen degradiert worden, statt ihn als ein Wesen von Gottes Gnaden zu zeigen? Was sollte diese herabsetzende Darstellung der Bartholomäusnacht, die doch durch eine päpstliche Gedenkmünze gewürdigt und von den Theologen der Sorbonne gepriesen wurde? Die Veröffentlichung konnte also nicht verantwortet werden.

Schlimmeres hätte Voltaire nicht widerfahren können.

Er wollte sein Werk gedruckt sehen – ging es nicht mit Erlaubnis, dann eben ohne. Es gelang, einen Drucker in Rouen ausfindig zu machen, der das Buch heimlich herstellte; Voltaire, der wieder krank darniederlag, konnte sich auf seinen Schulfreund Cideville und auf die vertraute Madame Bernières verlassen, die mit Geschick und Energie alle Einzelheiten erledigte.

Kaum war »La Ligue« gedruckt, als das Buch auch schon mit größter Begeisterung aufgenommen wurde und unerwartete Erfolge errang. Die ganze Auflage von 4000 Exemplaren sickerte in Paris ein – man sprach von nichts anderem.

Die Mode verlangte, daß solch aufsehenerregendes Buch auf dem Toilettentisch der vornehmen Dame lag; wenn dann die Schönen sich aus ihrem Himmelbett erhoben hatten und die Stunde der Großen Toilette gekommen war, sprachen sie mit ihrem Kavalier eingehend über Voltaires Dichtung, während die Zofen mit der kunstvollen Frisur, dem Puder, der Schminke und den Schönheitspflästerchen beschäftigt waren und dem anwesenden Gast gelegentlich ein Blick durch die Spitzenwolken und Bänder des Morgengewandes auf anmutige Teile des weiblichen Körpers gegönnt wurde.

Es gab keinen Streit über das neuerschienene Werk, sondern nur allgemeine grenzenlose Bewunderung. Die Szenen, Gleichnisse und Sprache der Dichtung waren völlig im herrschenden Geschmack höfischer Zierlichkeit und klassizistischer Unnatur gehalten; ein solcher literarischer Erfolg konnte aber den für Rechtgläubige gefährlichen Charakter des Buches nur erhöhen, und so sah sich der Kardinal de Bissy genötigt, gerichtlich gegen das Buch vorzugehen, da es die Ausübung der päpstlichen Gewalt wie auch Religionsverfolgungen kritisierte, die ketzerische Haltung der englischen Königin Elisabeth in Glaubensfragen aber rühmte.

Voltaire selbst blieb glücklicherweise von Angriffen verschont, denn sein Stern stieg weiter bei Hofe, je einflußreicher Madame de Prie wurde, die in einer entscheidenden Angelegenheit die Zügel in die Hand genommen hatte: bei der Verheiratung des Königs.

Der Jüngling Ludwig XV., schön, elegant und kräftig, früh gereift, brauchte eine Frau.

Es hatte vor kurzem einen Skandal gegeben, als die jungen Herren seiner engsten Umgebung davongejagt werden mußten: sie hatten, während ihre jungen Frauen andere Liebhaber bevorzugten, sich zu intensiv miteinander beschäftigt. Durch eifersüchtige Angeberei kam Licht in die Geheimnisse des jungen Epernon – Enkel Ludwigs XIV. und der Maintenon –, des weibischen Herzogs von Gesvres oder des ersten Kammerherrn, des kleinen Herzogs de La Trémoille, der ständig Bonbons lutschte, Stickereien anfertigte und leider starken Einfluß auf den König ausübte.

Nach dieser peinlichen Entdeckung hatte man Ludwig schleunigst nach Chantilly in die praktische Liebesschule kundiger Sibyllinen gegeben. Doch dabei konnte es nicht bleiben.

In einer Geheimsitzung der mächtigsten Männer, des Herzogs von Bourbon, des Bischofs Fleury und des Maréchal de Villars, faßte der letztere das Ergebnis zusammen: Gott habe dem Land zum Trost aller Franzosen einen so kräftigen König gegeben, daß man schon in einem Jahr mit einem Thronfolger rechnen könne. Also müsse er zur Beruhigung seines Volkes lieber heute als morgen heiraten.

Für Madame de Prie war es entscheidend, ob die künftige Königin im Ränkespiel des Hofes zu ihr halten würde. Als erste Kandidatin kam die hübsche Schwester ihres häßlichen Geliebten, des Herzogs von Bourbon, in Betracht, die in einem Kloster bei Paris erzogen wurde. Madame de Prie besichtigte dieses Kloster inkognito, unterhielt sich freundlich mit der jungen Schwester des Premierministers, klopfte dabei auf den Busch – was sie von Madame de Prie halte? – und hörte entrüstete Vorwürfe gegen den Bruder, der sich mit einer solchen Person abgebe. Damit hatte sie sich ahnungslos um die Aussicht gebracht, Königin zu werden.

Madame de Prie veranlaßte Pâris-Duverney, Gründe gegen diese Kandidatur ausfindig zu machen und vorzutragen. Dann mußte eine andere Braut gesucht werden.

Von einer langen Liste der heiratsfähigen Prinzessinnen blieb nach mancherlei Überlegungen nur noch eine übrig: Maria, die Tochter des kurzfristigen Königs Stanislaus Leszczynsky, der, von August dem Starken aus Polen vertrieben, ein armseliges Haus in Weißenburg bewohnte. Maria, mit ihren 21 Lenzen sechs Jahre älter als Ludwig, hatte ein gutes Herz und einen anständigen Charakter. Sie war keine Schönheit, aber gut gewachsen, mit großen Augen und makellosem Teint.

Als der Herzog von Bourbon am 31. März dem jungen König den Vorschlag unterbreitete, stimmte dieser ohne lange Überlegung zu.

Nun konnte der abgedankte Polenkönig gleich einen großen Kredit aufnehmen und für 13 Millionen Francs den Schmuck seiner Frau auslösen, der bei Frankfurter Wucherern verpfändet war. Seine Tochter hatte freudig der Werbung zugestimmt, war Ludwig doch, wie sie aus Bildern ersehen hatte, ein stattlicher Mann mit aristokratischem Antlitz und Augen von bezwingender Schönheit und Majestät. Auch ohne Königskrone hätte er jedes Frauenherz erobern können.

Die Stellung des Herzogs von Bourbon und der Madame de Prie war nun stärker denn je. Voltaires Weizen blühte: er konnte seine guten Beziehungen geschäftlich vortrefflich verwerten, aber auch auf anderen Gebieten geltend machen. So griff er in eine delikate, sehr unangenehme Affäre ein.

Vor einigen Monaten hatte Thieriot ihm einen literaturbeflissenen Abbé vorgestellt, Francois Guyot Desfontaines, der bereits – ohne daß Voltaire es ahnte – eine unberechtigte Ausgabe der »Ligue« herausgebracht und in das Werk einige bösartige Verse hineingeschmuggelt hatte.

Von diesem fremden Menschen erhielt Voltaire plötzlich einen Hilferuf aus dem Gefängnis. Man hatte ihn festgesetzt, weil zwei Schornsteinfegerjungen ihn angezeigt hatten; schon zuvor war er wegen Vorliebe für Knaben in ein Verfahren verwickelt gewesen, aus dem er aber wegen Mangels an Beweisen glimpflich davongekommen war. Jetzt drohte das Schlimmste, denn in solchen Fällen wurden – außer wenn es sich um hochgestellte Personen handelte – keine Umstände gemacht. Erst vor einem Jahre war ein Eseltreiber wegen dieses Delikts auf einem Holzstoß am Grèveplatz lebendig verbrannt worden.

Mit zahllosen Bittschriften suchte Desfontaines Unterstützung, um dieses Schicksal von sich abzuwenden, doch kümmerte sich niemand um ihn – außer Voltaire, den solch ein Fall sehr wenig anging, da er sich entschieden für die Bevorzugung der Liebe zum anderen Geschlecht erklärt hatte. Dennoch fühlte er sich verpflichtet zu helfen und fuhr trotz einer neuen Erkrankung nach Fontainebleau. Seine Bitten bei Madame de Prie und bei Fleury hatten Erfolg – Desfontaines wurde begnadigt, und selbst die Verbannung aus Paris wurde auf weitere Bemühungen Voltaires bald aufgehoben.

Die Zeit bis zu seiner endgültigen Begnadigung nutzte Desfontaines aus, indem er ein Pamphlet vollendete, das gegen Voltaire gerichtet war. Desfontaines bezichtigte ihn im Zusammenhang mit der Ausgabe der »Ligue« des finanziellen Betruges, weil er zweimal dasselbe verkauft habe. Voltaire hatte in Wirklichkeit das Werk nur einmal drucken lassen, während die beanstandete Ausgabe von niemand anders als Desfontaines selbst stammte, der sich obendrein noch öffentlich über jene Verse entrüstete, die er selbst in die »Ligue« hineingemogelt hatte.

Wenige Monate später veröffentlichte Desfontaines eine weitere Schrift, in der er gegen Voltaires Drama »Mariamne« vorging.

Der Dichter war unterdessen durch die Vorbereitungen zu den großen Hochzeitsfeierlichkeiten bei Hofe stark beschäftigt. Er hatte ein kleines Lustspiel, »L'Indiscret«, verfaßt, in dem gezeigt wurde, wie ein Liebhaber seine Geliebte verliert, weil er sich schwatzhaft ihrer brüstet; dieses Stück widmete er mit galanten Versen der Madame de Prie, die ihn Ende August nach Fontainebleau kommen ließ, damit er sich ganz in der Nähe des Hofes aufhalten könne.

Am 4. September wurde die Ankunft der neuen Königin gemeldet. Ludwig erwartete sie mit seinem Hofstaat auf der Höhe von Froidefontaine. Zu Tausenden waren die Neugierigen zusammengeströmt, wie schon auf dem ganzen Reiseweg der Königin, die mit einem langen Geleit von Karossen, Packwagen, Kutschen, berittenen Polizeioffizieren, Gardetruppen, Ehrendamen und Hofleuten nahte; der Zug hatte eine Länge von einer Meile.

Der Menge der Wartenden spielten überall Geigen auf; der Boden war weit mit Teppichen belegt worden. Endlich traf die Erwartete, mit lautem Jubel begrüßt, ein; man sah, wie Maria Leszczynska in einem Kleid aus Silberbrokat auf den König zuschritt, vor ihm auf die Knie sank, von ihm sofort aufgehoben und auf beide Wangen geküßt wurde. Er begrüßte sie mit herzlichen Worten; dann setzte sich der große Zug unter den Klängen von Pauken und Trompeten wieder in Bewegung.

Am nächsten Tag fand in Fontainbleau die offizielle Hochzeit statt; seit dem 15. August war Maria dem König schon durch Prokuratsehe mit dem Herzog von Orléans angetraut. Nun aber wurde der Bund in einer Pracht ohnegleichen besiegelt. Die Kapelle war auf das kostbarste geschmückt; Maria erschien in einem mit goldenen Lilien bestickten violetten Samtkleid, das mit Hermelin besetzt und vorn mit zahllosen sternengleich blitzenden Diamanten übersät war. Ludwig trug einen Rock aus Goldbrokat und einen Hut mit weißen Federn, dessen breiten Rand an der rechten Seite ein riesiger Diamant hielt.

Feierliche Musik, die Messe, von Kardinal Rohan zelebriert, allgemeine Rührung bei der Trauung, formvollendete Ohnmacht der Braut, kurz genug, um nicht zu stören, und dann das große Festmahl; für das Volk Belustigung mit Musik, Tänzen und Jahrmarkt; nachmittags Theateraufführung für den Hof, draußen Gesänge des Volkes – »unser Unglück wird sich durch die glückliche Ehe ändern« –; abends Feuerwerk mit Raketen und Illumination, die aber wegen des Windes, der die Fackeln verlöschte, mißlang. Der junge Ehemann nahm die Gelegenheit wahr, sich so schnell wie möglich mit seiner Braut zurückzuziehen.

Das königliche Paar verlebte glückliche Flitterwochen. Maria, die von der französischen Aristokratie nicht gerade mit Wohlwollen betrachtet wurde, gewann in ihrer natürlichen Schlichtheit, mit Sanftmut und Höflichkeit manches Herz für sich. Madame de Prie war ständig bei ihr, verwöhnte sie mit Schmeicheleien, Zärtlichkeiten und hilfreichen Diensten; schon bald gelang es ihr auch, Voltaire vorzustellen.

Der Dichter gewann leicht die Sympathie der jungen Königin, die von seiner »Mariamne« ergriffen war und über »L'Indiscret« herzlich lachte. »Mon pauvre Voltaire«, pflegte sie ihn zu nennen, und um dieser Armut abzuhelfen, überraschte sie ihn eines Tages mit einem Geschenk: er sollte fortan jährlich 1500 Livres aus ihrer Zivilliste erhalten.

Auch der König ließ sich endlich bewegen, dem Dichter seine Gunst zu erweisen, und setzte ihm als Belohnung für eine poetische Huldigung eine jährliche Pension von 2000 Francs aus. In dieser Hinsicht also lohnte sich der Aufenthalt im bezaubernden Versailles mit seinen langgestreckten Schloßbauten und den weitläufigen, gepflegten Parkanlagen, den Galerien, Alleen, Grotten, Bassins und Springbrunnen, doch behagte das turbulente höfische Treiben dem kränkelnden Dichter weniger. Er war froh, als er im November wieder nach Paris zurückkehren konnte.

Im Dezember, mitten in der Theatersaison, hatte Voltaire plötzlich ein unangenehmes Erlebnis.

Es war in der Oper, als ihm der Chevalier de Rohan-Chabot, ein zehn Jahre älterer bornierter Militär, vor allem Publikum in beleidigendem Tone zurief: »Monsieur de Voltaire, Monsieur Arouet, welchen Namen haben Sie eigentlich?«

Voltaire schwieg betroffen, dann aber gab er schneidend zur Antwort: »Ich bin der erste meines Namens. Hüten Sie sich davor, nicht der letzte des Ihrigen zu sein!« – wobei das französische »dernier« neben dem »letzten« auch noch die fatale Bedeutung des »geringsten« hatte.

Die Zuhörer erschraken. Das war eine unerhörte Antwort eines Bürgerlichen gegenüber einem Aristokraten.

Wenige Tage später wollte der Chevalier den Dichter stellen. Voltaire saß mit Adrienne Lecouvreur in deren Loge im Théâtre Français, als der Grobian eintrat und seine höhnische Frage nach Voltaires Namen wiederholte. Der Dichter erwiderte, er verweise auf die Antwort, die er bereits in der Oper gegeben habe.

Nun hob der Chevalier wütend seinen Stock und rief, daß er dieses Gespräch nur noch mit Prügeln fortsetzen werde.

Voltaire, der aufgesprungen war, griff zum Degen. In diesem Augenblick beendete die erschrockene Schauspielerin die Szene, indem sie in Ohnmacht fiel.

Paris hatte seinen Gesprächsstoff. Doch kurz darauf trat er in den Hintergrund gegenüber einem Fall, der noch weit mehr Anlaß zu neugierigen Gesprächen bot. Es handelte sich um die überall bekannte Madame de Tencin.

Sie war eine der klügsten, einflußreichsten und abenteuerlichsten Frauen von Paris. Im Alter von 32 Jahren war sie, eine bezaubernde schlanke Gestalt, aus dem Kloster Grenoble entflohen und hatte begonnen, das Leben der Hauptstadt hemmungslos zu genießen. Ihr stürmisches Verhältnis mit dem Chevalier Destouches blieb nicht ohne Folgen; als das Kind zur Welt gekommen war, setzte sie es aus und überließ es achtlos seinem Schicksal – weshalb ihr Sohn später, unter dem Namen d'Alembert weltberühmt, sich auch nicht um die Mutter kümmerte.

Ihr glückte in ihrer Pariser Glanzzeit nach verschiedenen weiteren Liebesverhältnissen ein Meistercoup; als der damals noch lebende Regent sich eines Abends nach dem üblichen Zechgelage zur Ruhe begab, stand sie im Vorraum seines Schlafzimmers auf einem Postament, hüllenlos, als Göttin Venus, und sank dem weinseligen Herrscher sehr irdisch in die Arme.

Sie hatte darauf in geschickter Regie ihren Einfluß durch unterhaltsame Veranstaltungen aller Art zu sichern gewußt: mit nächtlichen Gelagen im Palais Royal oder auch mit Vorführungen in St. Cloud, bei denen der Regent erregende Szenen aus der antiken Sage und Mythologie in nackter Fleischlichkeit zu sehen bekam.

Der einfallsreichen Madame de Tencin Liebhaber wechselten weiterhin, der Kardinal Dubois zählte ebenso zu ihnen wie Lord Bolingbroke.

Ihre Leidenschaft und ihre wahre Liebe gehörte aber nur einem: ihrem Bruder, dem Bischof de Tencin. Für ihn lebte, spionierte, intrigierte und kokettierte sie. Das Verhältnis der Blutschande verteidigte sie lächelnd mit dem Hinweis auf die Liebschaft der Herzogin von Grammont mit dem Herzog von Choiseul, bei denen es sich nicht anders verhielt.

Alles das wurde nicht so sehr tragisch genommen.

Jetzt aber gab es einen Skandal: in dem berühmten Salon der Madame, wo hervorragende Geister wie der Schriftsteller Fontenelle verkehrten, hatte sich vor den Augen der genußfrohen Dame einer ihrer Anbeter, der Ratsherr La Fresnaye, erschossen. Er konnte sich nicht mit den Gepflogenheiten seiner Geliebten abfinden, beliebig viele Liebhaber auszuprobieren und außerdem viel Geld zu leihen, ohne es je wiederzugeben. Seine Leiche gereichte nun dem respektablen Salon nicht zur Zierde, in dem gerade weitreichende Pläne gesponnen wurden: dem Bischof Fleury einen Kardinalshut zu verschaffen und den Einfluß von Madame de Prie zurückzudrängen.

Wohin mit dem Toten?

Madame de Tencin war einflußreich genug, hohe Beamte in Bewegung zu setzen, die den Leichnam in ungelöschten Kalk legen ließen und als Todesursache einen Schlaganfall angaben.

Die Sache wäre damit erledigt gewesen, wenn nicht der Gerichtshof von Châtelet zu gründlich gewesen wäre. Die umsichtige Gastgeberin wurde verhaftet, und Fleury mußte große Mühe aufwenden, um sie aus dem Gefängnis holen und in die vornehmere Bastille bringen zu lassen.

Hier aber traf sie mit Voltaire zusammen, der inzwischen seinem aristokratischen Beleidiger zum Opfer gefallen war.

Es war am 4. Februar 1726 gewesen, als er zum Mittag beim Herzog von Sully eingeladen war, wo er seit zehn Jahren ein und aus ging. Ein Diener meldete ihm, daß jemand ihn am Portal des Palastes sprechen wolle. Der Dichter begab sich in die Vorhalle, stieg die Treppe hinab und schritt auf einen vor dem Tor haltenden Wagen zu.

Zwei Männer kamen ihm entgegen und baten ihn, auf den Wagentritt zu steigen.

Voltaire tat es, um mit dem im Wagen Sitzenden sprechen zu können.

In diesem Augenblick wird er gepackt und festgehalten, während von allen Seiten Stockschläge auf seinen Körper prasseln.

Sechs Lakaien haben ihn umstellt und prügeln um die Wette auf ihn los.

Ein zweiter Wagen, der in der Nähe stand, kommt herangefahren; der Chevalier de Rohan-Chabot beschaut sich genießerisch die Szene und erteilt Befehle.

Eine Menschenmenge sammelt sich schnell an und staunt über das seltsame Schauspiel. Als der Chevalier in der Kutsche die Schlagenden anweist, den Kopf zu schonen, weil der noch dazu tauge, das Publikum zum Lachen zu bringen, rufen die Zuschauer gerührt: Was für ein guter Herr!

Es gelingt Voltaire endlich, sich loszureißen und zurück in den Palast zu stürzen. Flammend vor Empörung ruft er den Herzog auf, zu helfen; nicht nur er, Voltaire, sei beleidigt, sondern ebenso sei die Ehre des Gastgebers besudelt worden, an dessen Tisch er eben gesessen habe. Er möge ihn sofort zum Polizeikommissar begleiten.

Der alte Freund Sully ist ganz plötzlich Aristokrat. Seine Ehre ist keineswegs berührt, ihn geht der Vorfall nichts an. Er lehnt ab.

Man konnte – das war standesgemäß – mit Dichtern Umgang haben. Das bedeutete aber nicht, daß man ihre Angelegenheiten zu seinen eigenen machte, auch nicht, wenn jemand wie Voltaire, mit dem er seit den Temple-Zeiten verbunden war, das Geschlecht der Sully in seiner »Ligue« so eindrucksvoll gerühmt hatte. Rohan-Chabot war schließlich vom Adel, gehörte sogar einer der mächtigsten Familien des Landes an. Schon deshalb wäre es unklug, sich einzumischen.

Voltaire ist entsetzt. Er hatte sich kraft seines Geistes immer als ebenbürtig betrachtet – und nun diese jähe Scheidewand! Eine alte Freundschaft zerbricht. Schlimmer noch als der körperliche Schmerz des Überfalls trifft ihn diese unerwartete Haltung Sullys.

Er eilt davon und fährt in die Oper, weil er dort mit Sicherheit Madame de Prie treffen kann. Sie erschrickt, als sie Voltaire erblickt und von seinem Erlebnis hört. Als einziges Mitglied der höfischen Gesellschaft ist sie erschüttert und verspricht Hilfe – sie ahnt nicht, daß ihre Tage gezählt sind: in wenigen Monaten schon wird sie verbannt sein und ihrem Leben mit Gift ein Ende setzen.

Voltaire erlebt in den nächsten Tagen, daß nicht ein einziger seiner aristokratischen Freunde zu ihm hält. Man speist ihn mit billigen Witzen ab und ist insgeheim der Ansicht, daß Voltaires Bemerkung in der Oper zu unverschämt gegenüber einem Mann von edlem Blut war. Sollte er nur auslöffeln, was er sich eingebrockt hatte.

Voltaire aber lechzt nach Genugtuung. Vergessen alle Kränklichkeit – er zwingt seinem schmächtigen Körper täglich viele Stunden anstrengender Übungen ab. Er nimmt Unterricht im Fechten, führt Übungskämpfe mit Soldaten der Garde aus, hat Umgang mit Raufbolden und Boxern und wechselt ständig seinen Wohnsitz, da er merkt, daß die Polizei ihm auf den Fersen ist.

Vergeblich spürt er dem Beleidiger nach.

Endlich findet er ihn: in der Loge von Adrienne Lecouvreur. Voltaire tritt auf ihn zu und spricht die Hoffnung aus, daß der Chevalier de Rohan-Chabot ihm als Mann begegnen werde.

Aber selbstverständlich. Der Chevalier nimmt die Forderung an, bestimmt Ort – Porte Saint-Martin – und Zeit: am nächsten Morgen um neun Uhr.

Kaum hat Voltaire sich zurückgezogen, als der Aristokrat einige notwendige Vorbereitungen trifft.

In den späten Abendstunden wird Voltaire verhaftet; zwei Taschenpistolen, die er bei sich trägt, werden ihm sofort abgenommen.

Während der Chevalier sich aus Paris davonmacht, wird Voltaire an den Ort geschafft, den er am meisten haßt: in die Bastille.

Englische Freiheit

Der Wahlspruch von Lord Bolingbroke lautete »Nil Admirari«. Dieses alte Wort des Horaz war für seinen abwechslungsreichen Lebenslauf das Richtige: sich über nichts wundern, mochte der Gang der Ereignisse ihn als führenden Tory auch zu den Höhen der Macht und in die Tiefen der Verbannung geführt haben. Seit einiger Zeit durfte Bolingbroke sich wieder in England aufhalten und wohnte auf seinem Landsitz Dawley in Middlesex, manchmal aber auch in seinem Londoner Haus in der prächtigen Pall Mall. Hier war es, wo er an einem Maitag des Jahres 1726 doch in erhebliche Verwunderung geriet, als ihm unerwartet ein Besucher aus dem Ausland gemeldet wurde.

Es war sein Freund Voltaire.

Nach herzlicher Begrüßung überraschte der Dichter den Hausherrn nochmals: er sei nicht etwa nur zu Besuch nach England gekommen, sondern werde hierbleiben. Voltaire erzählte, wie man ihn in die Bastille gebracht habe; die Behandlung dort sei äußerst zuvorkommend gewesen: Mittagsmahl an der Tafel des Direktors, ständig unterhaltsame Besuche von Freunden, und als Nachbarin, Wand an Wand, die charmante Madame de Tencin. Doch Gefangenschaft sei für ihn unerträglich, so hätte er beantragt, nach England gehen zu dürfen; er sei dann auch wirklich unter Bewachung nach Calais gebracht worden, wo er sich einschiffen mußte.

Nachdem man sicher war, ihn loszuwerden, hatte der französische Außenminister ihm sogar Empfehlungsschreiben mitgegeben, die ihm die Häuser hochgestellter Persönlichkeiten öffneten – des Premierministers Walpole, des großen Mäzens Bubb Dodington und anderer.

Gleich in den ersten Tagen seines Londoner Aufenthalts gewann Voltaire Eindrücke, die ihm das Land liebenswert machten. Es erinnerte ihn an Holland, wo er mit der rotblonden Gräfin Rupelmonde gewesen war: der Wald der Schiffsmasten, die Lagerhäuser, das Gewirr der Seeleute und fremden Sprachen, das Getriebe des großen Londoner Hafens stand kaum hinter dem von Amsterdam zurück; die Menschen waren nicht minder frei als in Holland, wo es ihm aufgefallen war, daß sie kein Doppelspalier bildeten, um untertänig einen Prinzen vorbeigehen zu sehen.

Mit Wohlgefallen beobachtete Voltaire am Sonntag an der Themse Tausende vergnügter Leute, wie sie fein herausgeputzt spazieren gingen oder auch ritten; auf dem Fluß glitten die Boote dahin, auf weiten Rasenflächen tummelten sich junge Stutzer im Pferderennen, an anderer Stelle wetteiferte die Jugend in den verschiedensten Sportarten miteinander.

Abends, in der feudalen Gesellschaft bei Lord Bolingbroke, erfuhr er zu seinem Erstaunen, daß die Spaziergängerinnen nur Bauernmädchen oder Bedienstete gewesen seien, die jungen Stutzer lediglich Studenten oder Kaufmannslehrlinge, die sich Pferde mieteten. Die gehobenen Stände aber nähmen keineswegs an solchen Volksbelustigungen teil.

Voltaire, der noch nicht englisch sprechen konnte, verblieb die erste Zeit im Palast Bolingbrokes und war häufig bei dessen Freunden zu Gast. Sein mitgebrachtes Bargeld schmolz dabei schnell zusammen, da es üblich war, in den vornehmen Häusern sehr viel Trinkgeld zu geben. So machte er sich mit einem Kreditbrief über 20 000 Francs, den er in Paris erworben hatte, zu dem Bankier Acosta auf, wo das Geld abzuheben war.

Acosta empfing ihn höflich, aber mit tiefem Bedauern – er hatte gerade am Vortage wegen Konkurses schließen müssen und konnte nur einige wenige Goldstücke herausrücken.

Ein schwerer Schlag! Dieser Kreditbrief war Voltaires gesamter Besitz gewesen – was nun? Heimatlos, und in einer wildfremden Stadt ohne Geld! Außerdem fühlte er sich wieder elend. Das Klima bekam ihm nicht, der Ostwind quälte ihn.

Bolingbroke war ausgerechnet am Abend zuvor in sein Landhaus gereist, dem französischen Gesandten wollte Voltaire keinesfalls in der kläglichen Rolle des Bittstellers gegenübertreten... Doch er brauchte nicht zu verzweifeln. Ein Engländer, den er eben erst kennengelernt hatte, half ihm mit Geld aus, ein anderer, der ihm einmal in Paris begegnet war, nahm sich seiner gründlich an.

Es war dies ein vielseitig interessierter Geist, ein wohlhabender Kaufmann, der sich zur Ruhe gesetzt hatte. Everard Falkener nahm Voltaire ohne viel Federlesens mit in sein Landhaus in Wandsworth, wo er gehegt und gepflegt wurde, in zahllosen Büchern stöberte und englisch sprechen lernte. Als Bolingbroke von der unglückseligen Lage des Dichters erfuhr und ihm schleunigst seine Gastfreundschaft anbot, zog Voltaire es vor, bei Falkener, dem einfachen Bürger, zu bleiben.

Doch die Beziehungen, die der Lord ihm zu den bedeutendsten englischen Dichtern geschaffen hatte, nutzte er nach besten Kräften. So bald wie möglich traf er Alexander Pope, dessen Verse er bewunderte und mit dem er bereits früher schriftliche Artigkeiten ausgetauscht hatte. Die erste persönliche Begegnung verlief trotz aller gegenseitigen Hochschätzung allerdings nicht glücklich, da keiner des anderen Sprache gut genug verstand. Im Laufe der Zeit sollten sie aber noch häufiger zusammenkommen und sich besser miteinander unterhalten. Sie ähnelten sich in mancher Hinsicht und stimmten auch in einigen Ansichten überein: Voltaire erkannte das Harmoniestreben an und die optimistische Auffassung, daß die Welt auf das vollkommenste eingerichtet sei. Wenige Jahrzehnte später allerdings wird er in Erinnerung an Popes Gestalt und im Widerspruch zu diesem Weltbild niederschreiben: Mein armer Pope, mein armer Buckliger, wer hat Dir erzählt, daß Gott Dich nicht auch ohne Buckel hätte schaffen können? –

Vorerst galt es, sich mit ihm und anderen Dichtern fließend unterhalten zu können. Mit Falkeners Hilfe vervollständigte Voltaire seine Sprachkenntnisse, auch fuhr er öfters die wenigen Meilen nach London ins Theater und verfolgte aufmerksam mit einem Textbuch auf den Knien die Aufführungen.

Aus Frankreich kamen unterdessen unangenehme und traurige Nach-

Kardinal Fleury

richten. Seine Schwester, der seine ganze Zuneigung gehörte – während er sich mit seinem nüchternen Bruder nicht verstand –, war gestorben; seine Geliebte, Madame de Bernières, hatte eine Opernvorstellung ausgerechnet mit seinem Beleidiger besucht.

In politischer Hinsicht war nichts Gutes zu erwarten: der Freund Pâris-Duverney hatte bei dem Versuch, die Staatsfinanzen zu retten, Schiffbruch erlitten – er hatte gewagt, auch Adel und Geistlichkeit zu Steuerzahlungen heranzuziehen und außerdem eine Anzahl der früher vom Regenten allzu großzügig gewährten Pensionen zu kürzen. Die Wut der Mächtigen hatte ihn daraufhin gefällt. Auch der Herzog von Bourbon war abgesetzt und hatte in die Provinz gehen müssen, ebenso seine Mätresse, Madame de Prie, die die Trennung vom Hofe nicht überleben mochte und Selbstmord beging.

Pâris-Duverney war schließlich unter dem Jubel seiner Feinde in die Bastille eingeliefert worden. Die Regierungsgewalt übte nun ein listiger und machtlüsterner Starrkopf von 73 Jahren aus, der das Vertrauen des Königs schon seit dessen Kindheit genoß und deshalb in seiner Stellung unangreifbar blieb: Ludwigs früherer Lehrer, der Kardinal Fleury.

In England war, wie Voltaire immer wieder bewundernd erkannte, das politische Klima völlig anders als in seiner Heimat. Die Schriftsteller durften – in Frankreich undenkbar – die Politik des Landes mit Schärfe und Spott angreifen, ohne daß irgend jemand gegen sie vorgegangen wäre. Steuern mußte jedermann, auch Bischöfe und Lords, zahlen. England hatte eine ungewöhnliche Tradition, war es doch gelungen, die Macht des Königs durch Widerstand einzuschränken und eine vernünftige Regierungsform zu entwickeln; ebenso war die Willkürherrschaft der Hocharistokratie gebrochen worden.

Man atmete hier in freierer Luft. Und das galt nicht nur für das politische Dasein, sondern auch für die wissenschaftliche Forschung, die seit Bacon von den Fesseln alter Dogmen befreit worden war.

Voltaire lernte den bescheidenen Samuel Clarke kennen und wurde durch ihn plötzlich in eine andere Geisteswelt versetzt. Tage- und nächtelang saß er nun mit dem neuen Freund zusammen, fragte ihn unermüdlich aus und vertiefte sich sogar in mathematische Berechnungen.

Clarke, zwanzig Jahre älter als Voltaire, hatte erst Mathematik, dann Hebräisch studiert und war Geistlicher geworden. Sein vielseitiges Interesse hatte ihn mit dem Physiker Isaac Newton zusammengeführt, der der erregendste Geist des Zeitalters war: mit seiner Infinitesimalrechnung schuf er eine ungeahnte höhere und leistungsfähigere Art der Mathematik; er zerlegte das Licht und gab verblüffende Erklärungen über dessen Natur; vor allem aber hatte er mit Hilfe eines neuen Denkansatzes Formeln für eine Theorie entwickelt, mit der nicht mehr und nicht weniger als die Existenz eines bisher unbekannten Weltgesetzes behauptet wurde.

Clarke hatte diese Berechnungen studiert und jäh die Gewißheit erlangt, daß hier ein neues, richtigeres Weltbild geformt wurde. Wenn Newtons alles umstürzende Gravitationstheorie den Zeitgenossen fremd, unverständlich und unglaubwürdig schien, so mußte man sie ihnen eben zugänglich machen. Dieser Aufgabe war er seitdem unermüdlich nachgekommen und hatte mit ansteckender Überzeugungskraft dafür gewirkt, daß sich Newtons neue Denkweise allmählich verbreitete.

Clarke fand in dem wißbegierigen Voltaire einen dankbaren Zuhörer und bald auch einen begeisterten Anhänger. Er war überwältigt, wie vor ihm Pope, der, von dem Gedanken erfüllt, daß das Universum naturgesetzlich geordnet sei und von der menschlichen Vernunft begriffen werden könne, die Worte geschrieben hatte: »God said, Let Newton be! And all was light.«

In Frankreich hingegen war an solche Zustimmung noch gar nicht zu denken. Zum Glück hatte Fontenelles Buch über die anderen Gestirne und ihre Bewohner ein so starkes Interesse entfacht, daß wenigstens die Grundlehren der Astronomie weithin anerkannt wurden – sonst hätte man nach wie vor geglaubt, daß die Erde stillstehe, wie es selbst der große Bossuet gelehrt hatte, der erst vor zwei Jahrzehnten gestorben war. In kirchlichen Kreisen galt diese Lehre weiterhin: noch 1723 hatte Eusebius Amort in seinem »Systema planetarium« die Erde stillstehen und die Sonne und Sterne sich um sie bewegen lassen, und der maßgebliche jesuitische Naturphilosoph Boscovich sollte noch viele Jahrzehnte lang daran festhalten, daß die Erde unbeweglich sei.

Fontenelle, mit dem Voltaire seit Jahren in Verbindung stand, hatte sich also große Verdienste um die allgemeine Aufklärung erworben. Neben seinen phantastischen Auskünften über die Bewohner der anderen Welten hatte er die neuesten wissenschaftlichen Erkenntnisse vermittelt, vor allem auch die Wirbellehre von Descartes.

Descartes war in Frankreich größten Schwierigkeiten begegnet: er hatte fliehen müssen, war später sogar in Holland als »Atheist« verfolgt worden und starb fern seiner Heimat in Schweden. Noch Ende des 17. Jahrhunderts war die Lehre des Descartes in Paris an der Sorbonne als gemeingefährlich untersagt; dann aber stimmte die Geistlichkeit seiner Physik zu, und seitdem wurde verfolgt, wer dem Descartes zu widersprechen wagte.

Fontenelle verbreitete also ungehindert die Cartesianische Welterklärung, die Wirbeltheorie: der gesamte Raum des Planetensystems sei gleichmäßig mit Luftpartikeln ausgefüllt und wirbele um die Sonne. In diesem Äther schwämmen die Planeten und würden solchermaßen rund um die Sonne getrieben.

Voltaire erfuhr nun, daß Newton seit Jahrzehnten eine völlig andere Erklärung gab: im Widerspruch zu Descartes und anderen Philosophen glaubte er an eine Schwerkraft mit Fernwirkung und fragte, ob die Bewegung des Mondes vielleicht eine Fallbewegung sei, und ob nicht auch die anderen Weltkörper durch weitreichende Anziehungskraft gelenkt würden?

Voltaire notierte sich, worin die Unterschiede für einen Franzosen, der nach London kam, bestanden: hatte er noch in Paris das Weltall ganz mit Materie erfüllt gesehen, so fand er es in London völlig leer vor; in Paris sah man, wie das Universum aus Wirbeln feinster Substanz besteht, während man in London reinweg nichts davon merkte. Während in Paris der Druck des Mondes Ebbe und Flut bewirkte, tat dies in London umgekehrt seine Anziehungskraft. Die Erde hatte in Paris die Form einer Melone, während sie in London an den Polen abgeplattet war.

Im Januar 1727 wurde Voltaire feierlich in St. James bei Hofe empfangen und konnte sich in gut erlerntem Englisch mit dem König, dem bäuerlichen Hannoveraner Georg I., unterhalten. Der Herrscher zeigte sich sehr freundlich, und Voltaire war überrascht, welche Geltung er sofort am Hofe genoß – Schriftsteller und Gelehrte wurden hier weit höher eingeschätzt als in Versailles.

Es ging ganz anders voran, wenn man vom Königshaus nicht behindert, sondern gefördert wurde. Er hatte die »Ligue« nochmals überarbeitet und wollte sie jetzt – trotz gegenteiliger Warnungen aus Frankreich – offiziell drucken lassen; sie sollte nun den Titel »Henriade« erhalten. Seiner verbessernden Feder war übrigens nebenher der Name Sully zum Opfer gefallen – Voltaire hatte nachträglich und nachtragend sorgsam den Namen des ungetreuen Freundes ausgetilgt; konnte er dem Lebenden nichts anhaben, so mußte eben der Vorfahr dafür büßen.

Da das Werk in kostbarem Einband, in großem Quartformat, herauskommen sollte, konnte es nur durch Subskriptionen finanziert werden. Mit besonderem Eifer sorgte Prinzessin Caroline, die Frau des Thronfolgers, für solche Vorbestellungen und konnte schließlich dem hocherfreuten Dichter eine lange Liste aushändigen, auf der 344 der ersten Namen des Landes und des Hofes verzeichnet waren. Auch Lord Bolingbroke tat, was er konnte, und bestellte allein für sich 20 der teuren Bände.

Am 20. März starb, im Alter von 85 Jahren, Sir Isaac Newton. Um der Beisetzung beizuwohnen, begab sich Voltaire am 8. April in die Westminster Abtei und hatte ein Erlebnis, das ihn tief beeindruckte.

Der Tote war bei allem Ruhm schließlich nur bürgerlicher Herkunft – aber was Voltaire bei dieser Beisetzung sah, war eines Königs würdig. Sechs Herzöge und sechs Grafen, darunter der Lordkanzler von England, trugen den Sarg, ehe er feierlich im Heiligtum des Landes beigesetzt wurde.

Der tiefe Eindruck der Ehrungen, die dem Wissenschaftler Newton in England zuteil wurden, sollte den jungen Voltaire noch lange beherrschen. Erst im hohen Alter wird er die allzumenschlichen Nebenerscheinungen sarkastisch beleuchten:

»In meiner Jugend glaubte ich, Newton habe sein Glück seinem außerordentlichen Verdienst zu verdanken. Ich bildete mir ein, daß Hof und Stadt in London ihn durch Zuruf zum Großmeister der Königlichen Münze erwählt hätten. Durchaus nicht. Isaac Newton hatte eine recht angenehme Nichte, Madame Conduit, die dem Großschatzmeister Halifax sehr gut gefiel. Die Infinitesimalrechnung und die Gravitation hätten ihm ohne die hübsche Nichte kaum genutzt.«

Damals aber sah er die Dinge anders, verspürte er doch am eigenen Leib den Unterschied zwischen Frankreich, das die führenden Geister verfolgte, und England, das sie ehrte.

Welch bewunderungswürdiges Land! Descartes hatte zu Lebzeiten landflüchtig im holländischen Versteck leben müssen, während seine Lehre in mehreren europäischen Ländern verboten war. Ein Newton, Clarke, Locke, auch ein Leibniz würden in Frankreich verfolgt, in Rom gefangengesetzt, in Lissabon verbrannt worden sein – mußte man nicht annehmen, daß die menschliche Vernunft erst in diesem Jahrhundert, und zwar hier in England, geboren wurde, fragte sich Voltaire. Warum war es nicht überall so wie hier?

Man mußte für die Vernunft, und damit für die Freiheit, streiten. Deutlich erkannte Voltaire, daß er nicht lediglich Dichter sein durfte, sondern sich mit der Kraft seines Wortes dieser großen Aufgabe widmen müsse. Gegen einen Wall von Vorurteilen würde er zu kämpfen haben ...

Zeigte das nicht schon der Fall Newtons deutlich genug? Er, der die Wahrheit fand, hätte überall weit eher Verehrung verdient als die Großen der Geschichte, die die Menschen mit Gewalt versklavten! Newton erkannte das Weltall – jene schändeten es! Die Menschheit feierte die falschen Helden, die, von denen sie gequält wurde. Es galt, ihnen Newtons Größe und seine Erkenntnisse deutlich vor Augen zu führen.

Das war nicht leicht, weil es sich um Mathematik und Wissenschaft handelte. Voltaire überlegte, wie man schwierige Fragen klar ausdrücken und dem Verständnis näher bringen könne. Man müßte die Verbindung zum Allgemeinmenschlichen herstellen: er bemühte sich deshalb, von Newtons Nichte, Mrs. Conduit, die er inzwischen kennengelernt hatte, recht viele persönliche Eigenschaften des großen Forschers zu erfahren.

Sie erzählte ihm bereitwillig, was sie wußte: Wie Newton als Zwanzigjähriger Descartes zu lesen begonnen hatte und bei jeder Stelle, die ihm unrichtig erschien, am Rande das Wort »error« notierte; bald hatte er aber so viele Irrtümer vermerkt, daß er das Buch verärgert fortwarf.

Sie erzählte ihm auch die Geschichte von dem Apfel, dessen Fall Newton auf die Idee des Gravitationsgesetzes gebracht hätte; Voltaire fand diese Begebenheit so gleichnishaft und eindrucksvoll, daß er sie festhielt; dank seiner Feder verbreitete sie sich später in der ganzen Welt und blieb im Gedächtnis der Menschen haften. –

Voltaire hatte sich mit dem Gedanken vertraut gemacht, viele Jahre – vielleicht sein ganzes Leben lang – in England bleiben zu müssen. Er beherrschte die englische Sprache bereits soweit, daß er Gedanken auf Englisch fassen und niederschreiben konnte. Würde er mit der Zeit ein englischer Schriftsteller werden, sein Name neben denen der Großen wie Pope, Gay und Swift stehen?

Im April lernte er auch letzteren kennen, der für ein halbes Jahr aus Irland nach England kam. Mit seiner im Vorjahr erschienenen Satire »Gullivers Reisen« hatte er großes Aufsehen erregt; Jonathan Swift und Voltaire schlossen schnell Freundschaft und wohnten ein Vierteljahr lang gemeinsam bei Lord Peterborough. Kein zeitgenössischer Schriftsteller beeindruckte Voltaire jemals so tief wie dieser dämonische, seine wahre Größe verbergende Zeitkritiker mit dem messerscharfen Verstand.

Swift, Doktor, Reverend und Dekan der Kathedrale St. Patrick in Dublin, hatte schon 1704 in seinem »Märchen von der Tonne« scharfe Hiebe gegen die religiöse Intoleranz geführt. Alle drei Kinder – Katholizismus, Luthertum und Calvinismus – erhielten darin (laut Swift) zu Ehren des Vaters hundert Peitschenhiebe, doch argwöhnte Voltaire, der Peitschenstiel könne so lang gewesen sein, daß auch der Vater selbst etwas abbekam.

Es waren aber nicht nur Swifts Gedanken, die Voltaire gefangen nahmen, sondern auch eine neuartige Darstellungsweise, die unvermutete Wirkungen erzielte: der »Gulliver« zeigte, daß man das Gewohnte nur ein wenig in andere Perspektive oder in ungewöhnlichen Abstand zu rücken brauchte – etwa Riesen und Zwerge –, um sofort zum Nachdenken über Dinge zu bewegen, über die man sonst nicht nachzudenken pflegte, da man an sie gewöhnt war. Viele Jahre später wird sich Voltaire selbst dieser Methode bedienen: in seiner philosophischen Erzählung von dem Sirius-Riesen Mikromegas, der sich nicht genug über die törichten Ansichten der winzigen Menschenwesen wundern kann.

Während der Zeit der engsten Verbindung zwischen Swift und Voltaire erhielt England einen neuen Herrscher. Georg I., der sein Kurfürstentum Hannover besuchte, starb auf der Fahrt nach Osnabrück an einem Schlaganfall; im Juni bestieg Georg II. den Thron. Die junge Königin Caroline, die so rührig für die Subskriptionen der »Henriade« gewirkt hatte, konnte bald darauf das erste fertiggestellte Exemplar in den Händen halten – Voltaire hatte ihr die Dichtung gewidmet.

Drei Guineen (davon konnten einfache Leute fast ein halbes Jahr lang leben) kosteten die großen Bände der Liebhaberausgabe, die bei zwei Londoner Buchhändlern verkauft wurden und sofort vergriffen waren. Eine nächste, billige Ausgabe fand noch schnelleren Absatz; nach drei Wochen war bereits die dritte Auflage ausverkauft. Swift sorgte dafür, daß das aufsehenerregende Buch auch in Irland vertrieben wurde, der König schickte dem Dichter eine Ehrengabe von vierhundert Pfund, nach Frankreich wurde ein großer Posten der Bücher geschmuggelt. Wer in Europa Rang und Namen hatte, wollte unbedingt ein Exemplar des begehrten Werkes besitzen.

Endlich kam Voltaire aus den Geldnöten heraus. Ohne die Hilfe seiner reichen Freunde hätte er in England ein äußerst armseliges Dasein fristen müssen, da er seine vom französischen Hof bewilligten Pensionen nicht mehr ausgezahlt erhielt. Nun aber flossen die Gelder in unerwarteter Weise; binnen kurzem nahm Voltaire 150 000 Francs ein, die er kaufmännisch geschickt verwaltete und sich so die Grundlage eines kleinen Vermögens sicherte, das ihn unabhängig machen sollte.

Unter diesen Umständen schmerzte ihn auch ein Geldverlust nicht allzusehr, den er auf läppische Weise erlitt: sein vertrauter Freund Thieriot unterschlug die gesamte Summe, die er als Voltaires Vertrauensmann für achtzig subskribierte Exemplare eingenommen hatte. Thieriot, dem nichts so verhaßt war wie geregelte Arbeit, und der Voltaires Bemühungen, ihm eine Stellung zu verschaffen, deshalb stets scheitern ließ, fand keine andere Erklärung für das Verschwinden des Geldes als einen Diebstahl – ausgerechnet während der Pfingstmesse sei das Geld aus seinem Schrank gestohlen worden. Worauf sein Freund nachsichtig befürchtete, ein solch unangenehmes Erlebnis könne Thieriot das In-die-Messe-gehen verleiden.

Auf merkwürdige Art konnte Voltaire den Verlust, den er um der alten Freundschaft willen nicht wichtig nahm, mehr als wettmachen. Eines Abends, es war auf dem Landsitz des Earls Temple in Fulham, geriet die illustre Gesellschaft, zu der auch Pope zählte, in Streit über die Taufe. Voltaire, der sich lebhaft für die religiösen Sekten in England interessierte – als freier Mensch konnte »jeder Engländer den Weg in den Himmel wählen, der ihm zusagte!« –, liebte besonders die Quäker und verfocht in der Diskussion deren Auffassung, daß Jesus nie getauft habe, und daß sie selbst deshalb auch nicht getauft zu sein brauchten: man werde nicht Christ dadurch, daß der Kopf mit einigen Tropfen Wasser benetzt würde.

Die Anwesenden wandten heftig ein, daß dieser Standpunkt der Quäker falsch sei, während Voltaire behauptete, die Bibel gebe ihnen recht. Als sich die Streitenden nicht einigen konnten, kam es zu einer Wette in der beträchtlichen Höhe von fünfhundert Pfund. Voltaire blätterte in der Bibel bei Paulus nach, konnte aber den Beweis, den er suchte, nicht finden. Nun eilte er hinaus und ließ sich ein Pferd geben, schwang sich hinauf und ritt kurzerhand nach Putney, wo an einer Quäkerschule Edward Higginson als Hilfslehrer tätig war. Mit ihm hatte Voltaire schon bald nach seiner Ankunft, als er in Wandsworth wohnte, endlose Gespräche über religiöse Fragen geführt, und zwar in Latein, da er damals noch nicht englisch sprechen konnte. Nun mußte Higginson Auskunft geben, an welcher Stelle sich das Paulus-Wort befand, er sei »nicht gesandt, um zu taufen«. Dann ritt Voltaire spornstreichs zurück, wies den Text vor und strich von seinen verdutzten Gesprächspartnern die gewonnene Geldsumme ein. –

Nach dem Erfolg der »Henriade« galt Voltaires Arbeitseifer wiederum einem historischen Thema, allerdings nicht in Form einer Dichtung. Er wollte die Geschichte jenes erstaunlichen Schwedenkönigs – Mischung von Alexander und Don Quichotte – schreiben, der das Zarenreich zu erobern versucht hatte. Die Erzählungen von Baron Görtz waren in Voltaires Gedächtnis lebendig geblieben – und nun hatte er die Bekanntschaft eines weiteren wichtigen Zeugen der Geschehnisse machen können: Fabricius, Kammerherr des verstorbenen Königs Georg I., war seit der Schlacht von Poltawa bis zum Tode Karls des Zwölften, sieben Jahre lang, täglich mit dem König zusammengewesen; er gab gern Auskunft und half Voltaire, wo er nur konnte.

Dieser sammelte, sichtete, verbesserte und vervollständigte sein Material gründlich. Er verfügte über Aussagen vieler beteiligter Personen; der polnische Exkönig Stanislaus hatte ihm briefliche Angaben zuteil werden lassen, Moritz, der nach Paris gekommene Sohn Augusts des Starken, hatte ihm manche Einzelheit berichtet, ebenso Siquier, der französische Adjutant Karls. Seine Forschungen führten ihn jetzt zu der Herzogin von Marlborough, die Genaueres über Verhandlungen zwischen dem Schwedenkönig und John Churchill, Herzog von Marlborough, zu berichten wußte, der als hervorragender Feldherr jede Schlacht gewonnen, jede Stadt erobert hatte und zudem ein Meisterdiplomat gewesen war.

Die alte Herzogin nutzte die Gelegenheit, um ihrerseits einen Versuch zur Überrumpelung Voltaires zu unternehmen. Sie wollte dem militärischen Ruhm ihres verblichenen Gatten mittels eines Memoirenwerkes eigenen literarischen Lorbeer beigesellen und dachte sich, daß eine Mitwirkung des bedeutenden Dichters dabei von Gewinn sein könne.

Wie eifrig sich Voltaire auch Notizen über Karl XII. machte, so unproduktiv war er bei Förderung der Schriftstellerei der alten Dame. Als sie ihm wieder einmal ihre Blätter aufgenötigt hatte und er sie unschlüssig hin und her drehte, merkte sie, was er dachte, riß ihm das Manuskript wieder aus den Händen und rief zornig, sie hätte gedacht, es mit einem vernünftigen Menschen zu tun zu haben: »Jetzt sehe ich aber, daß er entweder ein Esel oder ein Philosoph ist!«

Das Werk über Karl XII. nahm in den folgenden Monaten Gestalt an. Voltaire wollte nicht nur ein Porträt des tapferen und halsstarrigen Schwedenkönigs zeichnen, sondern dem Kriegshelden den Zaren Peter gegenüberstellen, der trotz seines barbarischen Charakters die erste Blüte russischer Zivilisation durch Förderung von Baukunst, Technik, Handel und Wissenschaften herbeiführte. Das Buch durfte nichts als die historische Wahrheit enthalten, die Schilderung sollte mit Augenzeugenberichten durchsetzt sein, das Dramatische des Geschehens gebührend hervortreten, Menschen und Umstände lebendig und sachlich dargestellt werden – kurzum, es sollte ein historisches Werk werden, wie es bislang keines gab.

In diesem Zusammenhang hatte das Dichterische keinen Platz mehr: Voltaire ließ sich von dem gleichen unbestechlichen Drang nach Wahrheit regieren, wie er ihn in Newtons Denkweise zu bewundern gelernt hatte und stellte sich mit der Gründlichkeit seiner Nachforschung und kritischen Prüfung in Gegensatz zu den zeitgenössischen Historikern, die es liebten, Fabeln, Wunder und allerlei Ammenmärchen zu berichten.

Soweit Voltaire Dichter blieb, suchte er unterdessen nach neuen Stoffen; er begann ein Drama in englischer Sprache, zu dem ihn Shakespeares »Julius Caesar« und Addinsons »Cato« angeregt hatten: Brutus, die Tragödie des römischen Sagenhelden, der die Könige vertrieb und dann den eigenen, gegen die Republik konspirierenden Sohn zum Tode verurteilte.

Voltaire war gereift. Was immer er schrieb: er verfolgte ein Ziel. »Vergessen Sie die irren Reden meiner Jugend!«, sagte er in einem Brief an Thieriot. Die Zeit der Leichtfertigkeit lag weit hinter ihm.

England hatte ihn verwandelt. Die Freiheit des Schreibens, die Freiheit des Forschens, die Freiheit des sozialen und politischen Daseins hatten ihm die Augen geöffnet, wie rückständig Frankreich, ja ganz Europa noch war. Warum mußten die französischen Bauern wie elende Tiere leben, während sie in England reinlich gekleidet waren, Weißbrot aßen und Haus und Hof vergrößern durften? Warum war es in England möglich, daß auch Adel und Geistlichkeit steuerpflichtig wurden, während dies in Frankreich unerreichbar schien?

In England hatten sich die Menschen nicht blind in ihr Schicksal gefügt, sondern es selbst in die Hand genommen. Das Parlament hatte dem König die Bill of Rights abtrotzen können, später die Habeas Corpus Akte durchgesetzt, die die Freiheit jedes einzelnen Bürgers garantierte – was hier seit Jahrzehnten in Kraft war, durfte in Frankreich nicht einmal gefordert werden! Es galt, in den Lauf der Welt einzugreifen, die Schlafenden wachzurütteln, die Menschen an ihre Rechte zu erinnern.

Voltaire wollte vor Augen führen, wie die Welt sein könne. Man sollte erfahren, wie es in England aussah! Er begann eine lose Reihe von Einzelbeschreibungen zu verfassen, die er als Briefe aus England (Lettres Philosophiques ou Lettres Anglaises) herausbringen wollte.

Es gab so viele Fragen, in denen die Menschen unwissend waren. Eine radikale Änderung der Denkweise war etwa erforderlich, um nur eine praktische Maßnahme wie die Pockenimpfung zu ermöglichen, die in ganz Europa außer England voller Abscheu verurteilt wurde. Voltaire, der selbst unter den Pocken gelitten hatte, wollte dagegen angehen, daß seine Landsleute lieber an der weitverbreiteten Krankheit starben als alte Vorurteile aufzugeben. Niemand klärte sie auf, und die wenigen Ärzte, die es früher einmal versucht hatten, hatten damit nicht den mindesten Erfolg erzielt.

So weckte Voltaire das Verständnis für die Pockenimpfung, indem er ihre Geschichte erzählte: von den Tscherkessinen, die ihre Töchter im Kindesalter impften, damit deren berühmte, in Harems begehrte Schönheit nicht etwa durch Pocken zerstört würde, und von der Königin Caroline von England, die zunächst an Verbrechern Pockenimpfungen erproben und dann an ihren eigenen Kindern vornehmen ließ.

Voltaire unternahm damit einen Vorstoß, um Millionen von Menschen das Leben zu retten. Er ahnte nicht, wie viele Jahrzehnte noch für das Impfen gestritten werden mußte: jahraus, jahrein sollten weiterhin 30 000 Franzosen an den Pocken sterben, theologische und medizinische Fakultäten würden gegen die englische Neuerung Stellung nehmen, der Graf Laroguais würde als Befürworter der Pockenimpfung sogar in die Bastille gesteckt werden und nur dank der Bemühungen seiner Geliebten, der glutäugigen Schauspielerin Arnould, freikommen. Noch 1763 wird auf Antrag von Omer de Fleury das Pariser Parlament die Pockenimpfung verbieten und der nimmermüde alte Voltaire spotten: weil die Sorbonne sage, daß dem Heiligen Augustin vom Impfen nichts bekannt war. –

Wie sehr Voltaire England auch schätzte – allmählich behagte ihm der Aufenthalt doch nicht mehr in dem Maße wie zu Anfang, und so empfand er bald die Beschwerden drückender, die das Klima ihm bereitete. Und wenn er auch die religiöse Toleranz bewunderte: es gab hier, meinte er, dreißig Religionen, aber nur eine einzige Sauce ... Die Erinnerung an Paris wurde jetzt, da er über genug Geld verfügte, sehr lebendig: die Wohnungen waren dort besser, die Möbel, die Bedienung, die Ausstattung ... Im Vergleich zu London verbrauchte man in Paris wohl tausendmal mehr Kerzen, besaß der Bürger fünfhundertmal mehr Silber, aß man an einem einzigen Abend mehr Wild und Geflügel als in einer Woche in London. Er vermißte die gepflegten Umgangsformen, die feine Sprache, die sanfte und leise Musik ...

Schließlich wagte er es. Unter falschem Namen reiste er nach Frankreich und nahm in Rouen Wohnung. Er vergrub sich, ehe er die ersten Verbindungen nach Paris knüpfte, in seine Papiere und vollendete die »Lettres Philosophiques«, die soviel Neuigkeiten für Frankreich bringen sollten: über religiöse Toleranz und parlamentarische Regierungsmethode, über Wirtschaft und Wissenschaft, über Pockenimpfung, englische Philosophie und Literatur, über Bacon, Newton, Pope und andere Dichter, darunter einen gewissen Shakespeare, dessen Stücke zwar nicht nach Voltaires Geschmack waren, den er aber als natürliches Genie pries, wenn er dafür auch mit einem Entrüstungssturm seiner Landsleute rechnen mußte.

Was da unter seiner Feder entstand, war ein revolutionäres Werk – aber nicht die Attacke eines jugendlichen Draufgängers, sondern der Spruch eines gereiften Geistes, der Ideal und Wirklichkeit, Tugend und Schwäche gegeneinander abzuwägen weiß.

Newton gegen Descartes? Nun gut, aber Descartes bleibt trotz seiner widerlegten Irrtümer ein großer Mann. England als Vorbild? Ja, aber man muß auch die Schwächen sehen. Die Quäker sind untadelig und weise – haben aber leicht komischen Anflug. Das Parlament bietet ein Vorbild für politische Freiheit und Friedensliebe – aber es ist nicht gegen Intoleranz gefeit. Und selbst ein Newton ist nicht unfehlbar, sondern gelegentlich sogar abergläubisch.

Voltaire wollte aber etwas anderes sagen, als daß das reine Ideal unerreichbar sei. Scheinbar warf er in unterhaltsamer Darstellung nur einige locker zusammenhängende Bilder hin, voller guter, lehrreicher Beispiele, doch insgeheim sollte der Leser für eine neue Denkweise gewonnen werden. Seht diese saubere, zurückhaltende, vorsichtig wägende, exakte Methode der experimentierenden Naturwissenschaft! Nehmt euch ein Beispiel an dem vernünftigen und gewissenhaften Denken eines John Locke! Laßt euch nicht täuschen, nicht von Scharlatanen, nicht durch Worte und auch nicht von euch selbst!

Wie leicht man sich selbst auf dem Weg zur Wissenschaft von Worten betrügen lassen kann, zeigt jenes neue Wort »Anziehungskraft«: bildet

euch nicht ein, daß es etwas erklärt; es bezeichnet lediglich die verifizier-
baren Folgen, von denen man auf ihre Ursache schließen kann.

La nécessité de s'instruire, die Notwendigkeit, sich zu unterrichten,
erklärte Voltaire zur Grundlage. Auf ihr beruhen Freiheit und Frieden
und jene kosmopolitische Republik des Geistes, von der er träumte, die
von den hommes de lettres gebildet werden soll: von vorurteilslosen,
kritischen Menschen, deren Erkenntnisdrang nicht nur auf Spezialgebiete
beschränkt bleibt.

Das zarte Licht des Frühlings erfüllte die Tuileriengärten und den Park
de Luxembourg, in den Cafés und Spielsalons herrschte munteres Leben,
als Voltaire im April 1729 eine ruhige Wohnung in einem häßlichen
Haus in der Rue Traversière-Saint-Honoré bezog, unweit der Comédie
Française. Die alten Freunde begrüßten ihn auf das herzlichste; Thieriot
war ihm sogar entgegengereist, wohnte schon seit einem Monat mit ihm
zusammen und ließ es sich auf seine Kosten wohl sein.

Voltaire hatte sich im März probeweise in der Nähe von Paris aufhalten
dürfen und dann die Genehmigung zur Rückkehr in die Hauptstadt
erhalten. Die Auszahlung der früher vom König bewilligten Pension
hatte Kardinal Fleury allerdings abgelehnt, doch wurde dank guter
Fürsprache wenigstens der Ehrensold aus der Kasse der Königin wieder
gezahlt. 500 Francs hiervon übertrug Voltaire sogleich an Thieriot, der
in der Zwischenzeit die Kunst des Schmarotzens zu erstaunlicher Vollkommenheit entwickelt und es in allen Salons zum gern gesehenen Gast
gebracht hatte, da er die neuesten Briefe Voltaires, manchmal auch neue
Verse, vorlesen konnte.

Der erste Wunsch Voltaires fand sofort Erfüllung: in der Comédie Française wurde sein »Oedipe« wieder aufgeführt, die Hauptrolle spielte
wiederum die erste Darstellerin Frankreichs, die unvergleichliche Adrienne Lecouvreur. Während sie die Zuhörerschaft mit ihrem natürlichen
Spiel verzauberte, wurde sie aus einer der Logen mit giftigen Blicken
verfolgt: dort saß die zweiundzwanzigjährige Herzogin de Bouillon, die
dem berühmten Geschlecht derer von Guise entstammte und sich als
vierte Frau eines vierzig Jahre älteren Mannes unbefriedigt genug gefühlt hatte, um sich gleichermaßen mit Aristokraten wie mit Schauspielern zu amüsieren und schließlich – wie viele Frauen – in flammende
Liebe zu Moritz von Sachsen zu verfallen. Dieser, nach dem mißglückten
Abenteuer in Kurland zurückgekehrt, erwiderte trotz sonstiger Amouren

ihre Liebe nicht im geringsten. Eifersüchtiger Haß der enttäuschten Herzogin richtete sich daher gegen Adrienne Lecouvreur, mit der Moritz seit nunmehr neun Jahren verbunden war – doch befand sich die Herzogin in einem Irrtum, denn in Wirklichkeit war es die kleine Opernsängerin Carton, die den draufgängerischen Marschall zur Zeit gerade fest im Netz hatte.

Voltaire erfuhr schnell, was es an neuen amourösen Affären in Paris gab. Am stärksten bewegte ihn davon das romantische Schicksal seiner einstigen Geliebten und Schülerin Suzanne de Livry, die jetzt in einem prächtigen Hause in Paris wohnte.

Damals, als sie mit ihrem steifen Spiel in »Artemire« fast einen Mißerfolg verursacht hätte, war ihr Ehrgeiz, eine gefeierte Bühnenkünstlerin zu werden, noch nicht gebrochen. Sie hatte sich weiterhin in Tragödien und Lustspielen versucht, ohne aber den nötigen Erfolg zu erzielen. Schließlich war sie mit einer Schauspielertruppe nach England gegangen, wo das Unternehmen völlig Schiffbruch erlitt und die Truppe sich auflöste.

Suzanne hatte nicht gewußt, wohin. Sie saß Tag für Tag in einem Caféhaus, das ein Landsmann eröffnet hatte und das ein Treffpunkt der Franzosen geworden war; hier erblickte sie der reiche Marquis de la Tour du Pin de Gouvernet, verliebte sich bis über die Ohren in die anmutige, zurückhaltende Person und machte ihr einen Heiratsantrag. Suzanne aber war stolz. Sie lehnte in ihrer mißlichen Lage nicht nur alle Geschenke ab, sondern wollte auch nicht den Verdacht aufkommen lassen, des Geldes wegen geheiratet und den Marquis zu einer Mesalliance verführt zu haben.

Das einzige, was sie ihrem Anbeter einmal gestattete, war, ihr einige Lotterielose zu schenken. Der Marquis packte die Gelegenheit beim Schopf, ließ die Lotterie vorübergehen und bald darauf falsche Gewinnlisten drucken, in denen die Losnummern des Fräulein de Livry mit beträchtlichen Gewinnen erschienen. Nachdem er ihr das Geld zugespielt hatte, konnte er erfolgreich um ihre Hand anhalten, da ihre Armut behoben und ihre Bedenken damit zerstreut waren.

In Paris führte Suzanne jetzt ein großes Haus. Voltaire, der sich über diese glückliche Wendung freute, suchte sie frohgemut auf. Der breitschultrige Schweizer an der Tür ließ ihn zunächst warten, kehrte dann zurück und sagte kurz, daß Voltaire nicht empfangen würde. Er durfte das Haus nicht einmal betreten; wie ein Bettler wurde er draußen abgewiesen und mußte umkehren.

Er kam über seinen Kummer hinweg, indem er ein hübsches Gedicht der Erinnerung schrieb, »Les Vous et les Tus«, das mit dem krassen Gegensatz der Anreden auch die Unterschiede im Verhältnis zu Suzanne schilderte. All ihre Reichtümer und Kunstgegenstände, aller Schmuck und Luxus, Madame – schloß das Gedicht – wiegen nicht einen der Küsse auf, die du in deiner Jugendzeit gabst.

An Freunden mangelte es Voltaire nicht. Er war oft in anregender Gesellschaft, und eines Abends, bei Madame Dufay, brachte ihm der gesellige Umgang auf überraschende Weise sogar einen großen Glückstreffer.

Unter den Gästen befand sich der gescheite Mathematiker und Astronom Charles Marie de La Condamine, ein strebsamer junger Forscher, dem es zu einer großen Laufbahn nur an Geld mangelte. Ja, er könnte schon zu Geld kommen, erzählte er Voltaire, wenn er nur welches hätte. Der Pariser Generalkontrolleur der Finanzen, Lepelletier-Desfort, veranstaltete eine Lotterie, um die Schulden der Stadt zu amortisieren. Er habe sich dabei aber gründlich verrechnet, bewies La Condamine lachend, wenn man nämlich sämtliche Lose aufkaufe, müsse man einen riesigen Gewinn machen.

Er konnte keinen aufmerksameren Zuhörer finden als den geschäftsgewandten Dichter, der das Rechenexempel La Condamines nachprüfte, sich umgehend mit dem finanzgewaltigen Pâris-Duverney, der gerade wieder an Einfluß gewann, in Verbindung setzte und dann sämtliche Lose aufkaufte. Voltaires Gewinn bei dieser Transaktion betrug eine halbe Million Francs, die ihm um so lieber waren, als Fleury nach allen finanziellen Wirrnissen 1726 eine neue Währung in Frankreich eingeführt hatte, die ihren festen Wert behielt.

Gar nicht einverstanden mit Voltaires Geldgewinn war aber der Generalkontrolleur, der zu spät merkte, was für einen Bock er geschossen hatte. Er verklagte den Gewinner, es entstand großes Aufsehen, so daß Voltaire vorsichtshalber Paris verließ, bis der unvorsichtige Lotterieveranstalter mit seiner Klage abgewiesen und obendrein wegen Unfähigkeit entlassen worden war.

Wenig später standen die Brüder Pâris wieder in höchster königlicher Gunst und übernahmen wichtige Ämter; der jüngste von ihnen, Pâris de Montmartel, wurde sogar Schatzmeister und Hofbankier, wodurch er praktisch das gesamte Finanzwesen kontrollierte.

Für Voltaire brachen damit goldene Zeiten an. Er hatte genug Kapital, um es investieren zu können, hatte die richtigen Beziehungen und Informationen, und obendrein geschäftliche Begabung, um verblüffende Gewinne zu machen. Man solle leben, um zu arbeiten, und nicht arbeiten, um zu leben, meinte er, und so rollte sein Geld im Seehandel mit der Berberei wie in Grundstücksspekulationen oder in Heereslieferungen, bei denen er einmal 600 000 Livres auf einen Schlag verdiente.

Von seinen literarischen Arbeiten hätte er nicht leben können. Nicht, daß die Nachfrage und das Interesse dafür gesunken wären – im Gegenteil, jeder Vers, jeder Brief von ihm machte die Runde, wurde abgeschrieben, die Abschriften wiederum abgeschrieben. Nur verkauft wurde nichts: die in London gedruckten Exemplare der »Henriade«, die nach Frankreich geschmuggelt worden waren, konnten nicht abgesetzt werden, weil sie in Calais entdeckt und beschlagnahmt waren, nur einige als Packpapier getarnte Exemplare kamen in die Hände von Käufern; vom neuen Werk über Karl XII. war der erste Band in einer Auflage von 2600 Stück gedruckt und dann beschlagnahmt worden, weil August der Starke durch den Inhalt hätte gekränkt werden können.

In Paris, in Voltaires nächster Umgebung, spielten sich indessen rätselhafte Vorfälle ab, in die Augusts Sohn, Moritz von Sachsen, verwickelt wurde.

Adrienne Lecouvreur ließ diesen rufen und berichtete ihm voller Aufregung, man wolle sie ermorden. Sie hatte einen Zettel erhalten, mit dem sie ein Unbekannter abends zu der großen Terrasse am Luxembourg bat, um sie vor einer Gefahr zu warnen; sie war mit zwei Freunden dorthin gegangen und hatten einen blutjungen, buckligen Abbé angetroffen, der behauptete, man wolle sie vergiften. Näheres habe sie nicht erfahren können, ihn aber in ihre Wohnung bestellt, und Moritz möge ihn jetzt ausfragen.

Der Graf nahm sofort den kleinen ängstlichen Abbé – er hieß Siméon Bouret – ins Verhör und erfuhr nach und nach die Geschichte eines tückischen Ränkespiels: wie der achtzehnjährige Abbé, der leidenschaftlich gern ins Theater ging und außerdem die Kunstakademie besuchte, um sich zum Miniaturenmaler auszubilden, zufällig in Verbindung zu der Herzogin de Bouillon kam und den Auftrag erhielt, ein kleines Porträt von ihr anzufertigen; wie im Laufe der Sitzungen die eifersüchtige Herzogin den Plan entwickelte, er möge als Porträtmaler Zugang zu Adrienne Lecouvreur suchen und ihr einen Liebestrank einflößen, damit sie Moritz von Sachsen vergäße; wie der Plan später geändert wurde und er die Schauspielerin mit Gift aus dem Wege schaffen sollte, und wie er verschiedene Zusammenkünfte mit zwei maskierten Herren hatte, die ihm genaue Anweisungen gaben.

Adrienne und Moritz von Sachsen hießen den Bucklige strengstes Stillschweigen zu wahren. Doch dessen unerfreuliche Erlebnisse nahmen ihren Fortgang: am nächsten Abend traten ihm wieder die beiden vornehmen Herren, in Mäntel gehüllt und maskiert, entgegen, machten ihm heftige Vorwürfe, sie verraten zu haben, und drohten, ihn zu töten. Der kleine Abbé leugnete den Verrat hartnäckig und erklärte sich bereit, das Liebesmittel zur Anwendung zu bringen. Daraufhin geboten ihm die Verschwörer, am nächsten Tage in eine kleine Allee von Taxusbäumen am Pont Tournant zu gehen – am zweiten Baum werde er eine Schachtel finden, in der die vergifteten Pillen enthalten seien. Außerdem möge er ein Bild des Moritz von Sachsen beschaffen: es sollte offensichtlich zu Zauberkünsten dienen, die gegen den Grafen gerichtet waren.

Der arme Bucklige holte das Gift und brachte es zu Adrienne Lecouvreur, die sofort den Polizeidirektor Hénault verständigte. Die Gerechtigkeit nahm nun ihren Lauf – Hénault, einst von Madame de Prie in sein Amt gebracht, nach ihrem Sturz schleunigst zur Gegenseite übergewechselt, ein Freund Voltaires, den er nach der Rohan-Affäre hatte in die Bastille bringen lassen, wußte, daß er es mit dem Hause der Guise und Bouillon nicht verderben dürfe. Also kam der bucklige Abbé ins Gefängnis, wo man ihn verhörte und verdächtigte, die ganze Geschichte erfunden zu haben. Ende Oktober entließ man ihn, was den Zorn der Herzogin de Bouillon derart erregte, daß es sich am 23. Januar des folgenden Jahres so fügte, daß der Abbé wiederum verhaftet wurde, diesmal unter dem Verdacht, Gift besessen zu haben. Der unglückliche Mensch wurde dann ohne Grund zwanzig Monate lang festgehalten und darauf ohne ein Wort der Erklärung entlassen.

Voltaire, den diese Vorgänge bald schlimmer beunruhigen sollten, als er ahnen konnte, hatte anfangs des Jahres eine neues Thema für seine spitze Feder gefunden. Bei einem Abendessen im Hause seines alten, ungestümen Freundes Richelieu war die Rede auf den hochberühmten Dichter Chapelain gekommen, dessen unerträglich langweiliges und geziertes Heldenlied über Johanna von Orléans aus dem Jahre 1656 zwar von bildungsstolzen ältlichen Jungfern mit Verzückung rezitiert zu werden pflegte, am Tische Richelieus aber leider nur Hohngelächter hervorrief. Als Voltaire einige der berühmten Verse Chapelains aus dem Stegreif persiflierte, antwortete ihm brausender Beifall. Die Jungfräulichkeit der achtzehnjährigen, Wunder vollbringenden Kriegerin war um so mehr Zielscheibe des Spotts, als es von der Pucelle hieß, sie sei in Wirklichkeit siebenundzwanzig Jahre alt gewesen und habe als Schankmädchen geflissentlich mit ihren drallen Reizen die Aufmerksamkeit der Bauern erweckt, die im Wirtshaus zu Gast waren.

Die Anwesenden bestürmten Voltaire, sich des Themas anzunehmen. Eine Kellnerin, die fortliefe, um auf dem Scheiterhaufen zu enden – das sei kein Stoff für eine große Ependichtung, meinte Voltaire. Vielleicht könne diese Geschichte aber scherzhaft erzählt werden, etwa im Stil des Orlando Furioso von Ariost . . .

Richelieu drängte, Voltaire möge es doch versuchen, die übrigen stimmten ein, und so ließ sich der Dichter überreden. In den nächsten Tagen schrieb er flott die ersten vier Gesänge nieder, und als er sie bei Richelieu vorlas, wurden sie mit lärmender Begeisterung aufgenommen. Er mußte versprechen, diese komische Dichtung fortzusetzen. Doch ehe sich Voltaire daran begab, trat ein Ereignis ein, das ihm jede Lust zu Späßen nahm.

Am 16. März erkrankte Adrienne Lecouvreur, die tags zuvor noch im »Oedipe« aufgetreten war, auf das schwerste und verfiel in Krämpfe. Voltaire eilte an ihr Krankenlager. In Paris lief sofort das Gerücht um, die beliebte Schauspielerin sei vergiftet worden; er versuchte, dieser Behauptung zu widersprechen – eine solche Untat schien ihm undenkbar, zumal die Verdächtigte, die Herzogin de Bouillon, Schwägerin seines Freundes Richelieu war und von Voltaire einige freundliche Gelegenheitsgedichte empfangen hatte.

Der Streit der Meinungen tobte in Paris hin und her, während Adrienne vier qualvolle Tage lang litt. Voltaire wachte bei ihr, bis sie in seinen Armen starb.

Es waren schwarze Tage. Adriennes kleines Haus war ausgestorben – verschwunden alle die Kavaliere, die im Glanz der Diva ein wenig hatten mitleuchten wollen; geblieben waren nur Voltaire und sein Jugendfreund d'Argental, der Adrienne unglücklich geliebt hatte und von ihr zum Testamentsvollstrecker eingesetzt worden war.

Um die Gerüchte über einen Giftmord zu widerlegen, ließ Voltaire die Leiche öffnen; der Befund – Unterleibsentzündung – vermochte jedoch keine Gewißheit zu schaffen.

Es blieb nur noch die Frage einer würdigen Beisetzung zu klären.

Adrienne hatte sich auf dem Sterbelager geweigert, dem Verlangen der Geistlichkeit zu entsprechen und Reue über das Ärgernis zu bekunden, das ihr Beruf bedeutete. Obwohl sie den Armen des Sprengels eine bedeutende Stiftung hinterlassen hatte, verbot der Pfarrer in Saint-Sulpice, Languet, die Beerdigung in geweihter Erde, da sie ihrem Schauspielerberuf nicht abgeschworen hatte. Als Voltaire und d'Argental die Tote verließen, um am nächsten Tage wiederzukommen, mußten sie überlegen, wie man die Bestattung ohne viel Aufhebens in einem abgelegenen Teil des Friedhofs vornehmen könne – so, wie Molière ohne Weihe der Kirche beigesetzt worden war.

In der Nacht geschah etwas, das Voltaire mit einem Grauen erfüllte, über das er in seinem ganzen Leben nicht mehr hinwegkommen sollte.

Vor Adriennes kleinem Haus in der Rue des Marais-Saint-Germain fuhr eine Droschke vor; zwei Lastträger stießen das Tor auf, packten die Leiche und schafften sie in das Gefährt, das unter Polizeibegleitung zu einem verlassenen Baugelände fuhr. Hier wurden die sterblichen Überreste der Künstlerin, die ihre Zuhörerschaft so oft in höchste Ergriffenheit versetzt hatte, in eine Grube geworfen und mit frischem Kalk bedeckt, um weitere Untersuchungen unmöglich zu machen. Darauf ebnete man die Erde, damit die Stelle nicht gefunden werden könne, und verschwand.

Niemand in Paris wagte zu protestieren, auch nicht der tapfere Kriegsheld Moritz von Sachsen, dem Adriennes letzter Gedanke gegolten hatte. Nur Voltaire stand auf und redete den Schauspielern in flammender Ansprache zu, sich ihr Recht zu erkämpfen: sie sollten so lange nicht auftreten, bis sie mit ihren Mitbürgern gleichgestellt seien. Sie stimmten bewegt zu und unternahmen nichts.

Voltaires Erschütterung und Verbitterung kam in einem Gedicht zum Ausbruch: La Mort de Mlle. Lecouvreur. Es mußte in seiner Anklage gegen die herrschenden Zustände streng geheim bleiben; um so heftiger aber wurde die Empörung Voltaires in den Versen laut: Sie hat die Welt bezaubert, und jetzt behandelt ihr sie wie eine Verbrecherin! Am Ende der Ode stellte er das leuchtende Beispiel der englischen Freiheit vor Augen: dort, wo man Tyrannen und Vorurteile verjagt hatte, wäre Adrienne gebührend geehrt worden! Und wirklich wurde wenig später die gefeierte englische Schauspielerin Anne Oldfield sogar in der Westminster-Abtei beigesetzt.

War auch der Körper Adriennes schimpflich verscharrt worden, so ehrte sie dieses Gedicht würdiger als das schönste Grabmal; später hat ein König – Friedrich II. – es vertont.

Voltaire aber war zum Schweigen verdammt, so lange die Umstände sich nicht änderten. Die Ode auf Adrienne Lecouvreur durfte nicht bekannt werden, die Lettres philosophiques mit den Vorbildern englischer Freiheit hatten keinerlei Aussicht auf Druckgenehmigung. Wenigstens die jüngst verbotenen Werke, die »Henriade« und »Karl XII.«, wollte er jedoch wagen, der Öffentlichkeit zugänglich zu machen – sie mußten heimlich gedruckt werden.

So verabschiedete er sich zu einer Reise nach England, tauchte aber in der Verkleidung eines reisenden Engländers, der ein schreckliches Kauderwelsch aus Französisch und Englisch sprach, in Rouen auf, wo er die Gastfreundschaft seines Schulfreundes Cideville, der Ratsherr im dortigen Parlament war, vorsichtigerweise ablehnte und lieber in einem kleinen Gasthaus mit viel Flöhen, harten Betten und wackeligen Schemeln Quartier nahm.

In Rouen gab es einen jener Buchdrucker, die verbotene Bücher druckten, um große Gewinne aus dem Absatz dieser begehrten Schmuggelware zu ziehen, und dafür auch das Risiko schwerer Bestrafung auf sich nahmen. Er hieß Jore; schon sein Vater hatte dreimal wegen des Verkaufs unerlaubter Bücher ins Gefängnis gemußt. Der Sohn trat in die Fußstapfen seines Vaters und begann gern mit dem Drucken der beiden Werke Voltaires, der nun eine Wohnung in seinem Hause bezog, Korrekturen las und an zwei Tragödien arbeitete: »Eriphyle« und »La Mort de César«.

Der Aufenthalt in diesem Versteck zog sich länger hin als beabsichtigt. Der unzuverlässige Thieriot hatte nämlich in seiner Wichtigtuerei das Gedicht über den Tod der Lecouvreur zu häufig vorgelesen und sogar – entgegen Voltaires Verbot – einige Abschriften erlaubt; Voltaire ließ nun sicherheitshalber erst den Entrüstungssturm abflauen, der im Pariser Ministerium gegen ihn entfacht worden war.

Er mußte, nachdem die Bücher in Rouen gedruckt worden waren, weiter ständig auf der Hut sein und wechselte häufig seinen Wohnsitz: mal in Paris bei der ältlichen, reichen Gräfin Fontaine-Martel, mal in Plombières, dann wieder in Rouen. Seine republikanische Tragödie »Brutus«, die er gemäß den Wünschen der Schauspieler umgearbeitet hatte, wurde im Dezember 1730 aufgeführt, erntete bei der Premiere starken Beifall, verlor dann aber bald die Gunst des Publikums, das die Liebesszenen vermißte; obendrein mußte Voltaire den lächerlichen Vorwürfen seiner literarischen Gegner entgegentreten, er habe ein gleichnamiges Stück abgeschrieben, das vierzig Jahre zuvor von einem Fräulein Bernard verfaßt worden war.

Voltaire ließ sich allzuschnell in literarische Fehden verwickeln und hatte sich deshalb ständig seiner Haut zu wehren; außerdem mußte er auch noch seinen Verleger Jore vor der Bastille retten, als dieser (1731) ein Buch mit einer Vorrede von Desfontaines herausbrachte, in der die Rechtsprechung der Parlamente verhöhnt wurde. Beide, Verfasser wie Drucker, sollten festgesetzt werden, doch gelang es Voltaire, durch seine Freunde eine Rücknahme der lettres de cachet zu erwirken.

So hatte er zum zweiten Male dem boshaften Abbé Desfontaines geholfen, der weiterhin die Gelegenheit nutzte, mit scharfen literarischen Angriffen gegen Voltaire vorzugehen.

Es war aber auch weniger um die Person Desfontaines, als um die Sache gegangen, die Voltaire sympathisch war: die Kritik am Parlament. Das Pariser Parlament war der oberste Gerichtshof und hatte außerdem Steuererlasse gutzuheißen. Seine einstige politische Bedeutung hatte Ludwig XIV. ihm genommen. Die übrigen 12 Parlamente in den Provinzen fungierten seit jeher lediglich als örtlich zuständige Gerichte. Seitdem Voltaire in England gesehen hatte, was ein Parlament als Standesvertretung aufrechter Männer zu erreichen vermag, waren ihm die französischen Körperschaften, in denen meist herrschsüchtige Dummköpfe saßen, die sich die Richterstellen hatten kaufen lassen können, noch mißliebiger als zuvor.

Gerade in diesem Jahre 1731 offenbarte sich wieder einmal die ganze Ohnmacht des obersten Parlaments. Obendrein zeigte es eine unduldsame Geisteshaltung, trat es doch für den Jansenismus ein, eine Glaubensrichtung, die Voltaire nicht etwa nur aus dem Grunde ablehnte, weil sein Bruder fanatischer Jansenist war und er selbst in einer Schule der Gegenpartei, der Jesuiten, erzogen worden war.

Es waren vielmehr die asketische Strenge und die religiösen Wahnvorstellungen der Jansenisten, die Voltaire abstießen. Ursprünglich hatte Jansenius, Bischof von Ypern, nur eine christliche Reinigung bezweckt, als er 1640 seine Lehre mit einer radikalen Wiederbelebung Augustins begründete, vor allem in der konsequenten Auslegung des Dogmas der Erbsünde. Die Jansenisten machten sich das Leben hart und beschuldigten die Jesuiten, die Religion nicht ernst genug zu nehmen.

Jahrzehntelang war gegen die immer stärker werdende Sekte der Jansenisten vorgegangen worden; selbst die polizeiliche Schließung und Zerstörung ihres Hauptquartiers Port-Royal des Champs, die der Vater von Voltaires Freund d'Argenson vornehmen ließ, hatte nichts gefruchtet. Erst nach dem Erlaß einer päpstlichen Bulle im Jahre 1713 konnte der Einfluß der jansenistischen Geistlichen allmählich zurückgedrängt werden. Im Volke aber breitete sich die Sekte weiter aus, wurde unduldsamer und entartete schließlich zu einer gefährlichen Massenhysterie. Nichts konnte Voltaire widerwärtiger sein.

Der Wahnsinn nahm seinen Anfang, als am 1. Mai 1727 in Paris ein jansenistischer Diakon starb, der sich durch untadeligen Lebenswandel hervorgetan hatte: er verteilte sein Geld an die Armen, aß nur Gemüse und schlief ohne Bettlaken. An seinem Totenbett drängten sich die frommen Anhänger und rissen Reliquien an sich: Haupthaare des Toten, kleine Stücke seiner Kleider und seines Mobiliars. Bei der Beerdigung warf sich eine Frau auf seinen Sarg und schrie, sie könne ihren Arm wieder bewegen, der seit 25 Jahren gelähmt war. Damit war der Reigen der Wunderheilungen eröffnet.

Nachdem ein Obsthändler seine offenen Beine mit einem Stück vom Bette des Heimgegangenen geheilt hatte, folgte Wunder auf Wunder. Die Gläubigen pilgerten bei jedem Wetter zum Grabe des Diakons; von fünf Uhr abends bis fünf Uhr früh fand man kaum Zugang, weil die Straßen voller Karossen und Mietskutschen standen und der Friedhof mit Menschenmassen überfüllt war. Wer bis zum Grabe vorzudringen vermochte, konnte sich dort für viel Geld einen Stuhl mieten und miterleben, wie sich Kranke auf den Grabstein legten und sofort Krämpfe bekamen, wie anderen der Schaum vor den Mund trat, und wie die gesamte andächtige Menge allmählich angesteckt wurde und in konvulsivische Zuckungen geriet, bis ihnen der Speichel aus dem Munde troff. Zu manchen Zeiten verfielen an die hundert Menschen in Krämpfe.

Diese Geschehnisse erleichterten dem Kardinal Fleury das Vorgehen gegen die jansenistischen Geistlichen. Er ließ den alten Bischof von Senez von einem Provinzialkonzil unter Vorsitz des Erzbischofs Tencin verurteilen, andere Geistliche wurden eingeschüchtert, die Hartnäckigsten von ihnen kamen in den Kirchenbann.

Als Fleury den entscheidenden Schritt tun und den Jansenismus auch in der Rechtsprechung entmachten und alle seine Schriften verbieten wollte, stimmte das Pariser Parlament jedoch nicht zu. Daraufhin setzte der

Kardinal sein Gesetz durch königlichen Geheimbefehl – »lit de justice« – am 3. April 1730 in Kraft. Jetzt aber rebellierte das Parlament, ließ Gutachten zugunsten der Jansenisten anfertigen, gab zu ihrer Unterstützung einige Verordnungen heraus, die indes vom königlichen Staatsrat wieder außer Kraft gesetzt wurden, und ging, da sie gerade fällig waren, in die Ferien.

Nach deren Ablauf im November 1731 unternahmen fünfzig Präsidenten und Parlamentsräte eine große Demonstration, fuhren in Kutschen zum Schloß nach Marly, klopften an viele Türen, aber vergeblich, und wurden dann vom Herzog de Tresmes nach Hause geschickt.

Am folgenden Tage war das Parlament über diese Blamage wütend und beschloß, dem König einen Abgesandten zu schicken, der ihm sagen sollte, daß das Parlament sich beleidigt fühle und bereit sei, zurückzutreten. Kaum hatte der Abgesandte den Mund geöffnet, als der König ihm den Rücken zukehrte und die Audienz beendete.

Das Parlament fühlte sich dadurch noch mehr gekränkt und wollte nun in seiner Gesamtheit empfangen werden. Am 10. Januar 1732 wurden die Gerichtspräsidenten und Ältesten Räte tatsächlich nach Versailles befohlen. Nachdem ihnen untersagt worden war, nach dem König das Wort zu ergreifen, wurden sie in sein Prunkzimmer geführt und durften sich eine Standpauke anhören: Ludwig sei unzufrieden mit dem ungehorsamen und aufsässigen Parlament. Darauf erklärte ihnen der Siegelbewahrer, daß allein der König die Befugnis habe, Gesetze zu erlassen und auszulegen, und daß das Parlament lediglich für die Befolgung dieser Gesetze zu sorgen habe. Dann konnten sie gehen.

Auch gegen die wundersüchtige Anhängerschaft der Jansenisten ging Fleury jetzt energisch vor. Die Wahnideen hatten überhand genommen, es gab in Paris bereits geheime Bünde mit mehr als 5000 Mitgliedern, die zu Gebeten, Gesängen, Krämpfen, Opfern und Orgien zusammenkamen. In Montpellier ließ sich ein Bruder Augustin als vierte Person der Trinität anbeten und legte sich dabei in der Stellung des unbefleckten Lammes auf den Tisch, in Troyes verkündete der Abbé Vaillant, er sei der wiedererstandene Prophet Elias; es bildeten sich Sekten, die den nahenden Untergang der Welt predigten oder auch durch eigene Unzucht beschleunigen wollten.

Mit Ärzten, die die Schwindelheilungen erbarmungslos bloßstellten, und durch Schließung des Kirchhofs mit dem wundertätigen Grabe konnte Fleury die Verrücktheit allmählich eindämmen. –

Hochgespannt vor Erregung saß Voltaire in seiner Loge im Théâtre Français. Endlich wieder eine Premiere: es ging um seine Tragödie »Eriphyle«. Viel stand für ihn auf dem Spiel – er brauchte dringend wieder einmal einen großen Bühnenerfolg, um den vielen Anfeindungen wirksam zu begegnen und durch erhöhtes Ansehen etwas mehr Schutz vor behördlicher Willkür zu gewinnen. Seit der Rückkehr aus England war es ihm nicht gelungen, die frühere öffentliche Geltung wiederzuerlangen.

Schon der erste Akt zeigte, daß eine Adrienne Lecouvreur nicht zu ersetzen war. Es gab nur mageren Beifall, hauptsächlich bei den Versen, die sich gegen Aberglauben und gegen Fürstenmacht richteten – das Theater war nach wie vor das einzige politische Forum; man stimmte der Tendenz jener Verse zu, nicht aber dem Stück.

Vor kurzem hatte Voltaire im Hause der Gräfin Fontaine-Martel eine Probeaufführung auf deren Bühne veranstaltet und dabei einen Erfolg feiern können. Nun aber erklang nur gelegentlich Beifall; von Akt zu Akt steigerte sich des Autors Unbehagen. Mißtrauisch überwachte er das Publikum. Plötzlich hörte er jemand flüstern. Außer sich vor Zorn sprang er auf: »Ihr Barbaren!«, fuchtelte mit den Armen, brachte die Schauspieler aus der Fassung und verursachte damit Widerspruch und Unruhe im Zuschauerraum, bis die Aufführung ihren Fortgang nehmen konnte.

Das Stück ging seinem Ende zu, während Voltaire wie ein Wachhund auf der Lauer lag und jedes weitere Geräusch im Publikum mit lautem Zischen vergrößerte. Noch beim fünften Akt war ungewiß, ob die Aufführung einen Erfolg bringen würde. Da gab es einen peinlichen Zwischenfall: auf der Bühne, die nach damaligem Brauch von Zuschauern umsäumt war – rechts und links Sitzreihen, im Hintergrund Stehplätze –, mißlang das Auftreten eines Geistes. Bei seinem Erscheinen stolperte er höchst irdisch über die Füße eines Zuschauers – dahin war alle Feierlichkeit, und mit ihr der Erfolg des Stückes.

Voltaire blieb nur der grimmige Entschluß übrig, fortan gegen die Unsitte anzukämpfen und die Bühne von den störenden Zuschauern zu befreien. Den Erfolg, um den er sich mit der mißglückten Vorstellung bemüht hatte, konnte er aber nur mit einem neuen Stück erringen, das er erst noch schreiben mußte.

Der Fehlschlag bedrückte ihn. Wie schwer war es doch in Frankreich, die Existenz eines Schriftstellers zu führen, selbst wenn man – wie er – über genug Geld aus Geschäften anderer Art verfügte! Voltaire hatte

Gelegenheit, sein eigenes Dasein scharf zu beleuchten, als ein hoffnungsvoller junger Dichter ihn um Rat bat und er antwortete:

»Sie täuschen sich sehr, wenn Sie sich einbilden, daß Ihnen ein ruhiges Leben beschieden sein wird. Die Laufbahn eines Schriftstellers, vollends noch die eines Dichters, ist dornenvoller als die eines Glücksspielers. Sollten Sie das Unglück haben, nur Mittelmäßiges zu leisten, so werden Sie sich Ihr Leben lang Gewissensbisse machen; haben Sie Erfolg, so haben Sie auch Feinde: zwischen Verachtung und Haß geht Ihr Weg am Rande eines Abgrunds dahin.

›Aber warum soll man mich denn hassen und verfolgen‹, werden Sie mir erwidern, ›nur weil ich ein gutes Gedicht, ein erfolgreiches Theaterstück, eine hübsche Erzählung gemacht oder mich aufzuklären und andere zu belehren versucht habe?‹ Jawohl, mein Freund, das genügt, um Sie für alle Zeiten unglücklich zu machen. Angenommen, Sie haben ein gutes Werk verfaßt. Dann müssen Sie zunächst einmal die Stille Ihres Arbeitszimmers verlassen und beim Zensor antichambrieren; wenn Ihre Art zu denken nicht mit der seinen übereinstimmt, wenn er nicht der Freund Ihrer Freunde ist, wenn er mit Ihrem Rivalen befreundet oder gar selbst Ihr Rivale ist, wird es Ihnen schwerer fallen, die Druckerlaubnis für Ihr Werk zu erlangen, als einem nicht von Frauen protegierten Mann, eine Anstellung im Finanzministerium zu kriegen. Endlich, nach einem Jahr voll aufregenden und deprimierenden Kuhhandels, darf Ihr Werk gedruckt werden. Jetzt gilt es, die Zerberusse der Literatur entweder zu beschwichtigen oder zu Ihren Gunsten bellen zu lassen. Es gibt ja drei oder vier literarische Zeitschriften in Frankreich, und ebenso viele in Holland: das sind ebenso viele verschiedene Cliquen. Die Verleger dieser Zeitschriften haben ein Interesse daran, daß sie satirisch gehalten sind; die Mitarbeiter dienen also ganz von selbst der Profitgier der Verleger und der Boshaftigkeit des Publikums. Sie wollen nun die Trompeten Ihres Ruhmes erschallen lassen; Sie umschmeicheln also die Schriftsteller, die Mäzene, die Abbés, die Doktoren, die Kolporteure. Aber alle Ihre Bemühungen können nicht verhindern, daß irgendein Journalist Sie verreißt. Sie antworten ihm, er schlägt zurück. Und schon ist die schönste öffentliche Polemik im Gang, bei der das Publikum beide Teile lächerlich findet.

Noch schlimmer, wenn Sie für das Theater schreiben. Das fängt damit an, daß Sie vor dem Aeropag von zwanzig Schauspielern erscheinen müssen, vor Leuten also, deren Beruf, so nützlich und sympathisch er ist, durch die ungerechte, aber unwiderrufliche Grausamkeit des Publikums verdorben worden ist. Diese unglückselige Verfemung macht sie gereizt. Für die Schauspieler sind Sie ein hilfloser Mensch, auf dem sie mit Wonne alle Verachtung abladen, der sie selbst ausgesetzt sind. Sie erwarten von diesen Schauspielern den ersten Urteilsspruch; sie halten über Sie erbarmungslos Gericht. Schließlich nehmen sie sich vielleicht trotzdem Ihres Stückes an. Dann bedarf es nur noch eines hämischen Zuschauers im Parkett, und Ihr Stück fällt durch. Hat es aber Erfolg, so bringen alsbald obskure Vorstadtbühnen Parodien auf Ihr Werk; zwanzig Schmähschriften beweisen Ihnen, daß Sie einen Erfolg gar nicht hätten haben dürfen. Gelehrte Leute, die nur schlecht Griechisch können und überhaupt keine französischen Bücher lesen, verachten Sie oder tun zumindest so.

Zitternd bringen Sie jetzt Ihr Werk zu einer Hofdame; sie gibt es weiter an eine Kammerzofe, die daraus Lockenwickel macht. Der Lakai mit seinen goldenen Litzen, der die Livree des Luxus trägt, blickt spöttisch auf Ihr bürgerliches Gewand, das die Livree der Armut ist.

Es mag so weit kommen, daß der Ruhm Ihres Werkes sogar die Neidhammel zu dem Zugeständnis zwingt, daß Sie nicht ohne Verdienst seien. Das ist aber auch alles, was Sie zu Lebzeiten erreichen können. Aber schon rächt der Neid sich wieder mit neuen Verfolgungen. Man behauptet, daß Sie Schmähschriften verfaßt hätten, die Sie nicht einmal kennen, und Verse, die Ihnen miserabel vorkommen; man schiebt Ihnen Gefühle unter, die Ihnen völlig fremd sind. Sie müssen sich einer Clique anschließen, sonst vereinigen sich alle Cliquen gegen Sie.

Es gibt in Paris eine große Zahl kleiner Zirkel; in jedem präsidiert eine Frau, die, während ihre Schönheit am Untergehen ist, die Morgenröte ihres Geistes um so heller erstrahlen läßt. Ein oder zwei Schriftsteller fungieren als Minister in diesen kleinen Königreichen. Versäumen Sie es, sich hier den Rang eines Höflings zu sichern, so gelangen Sie in den eines Feindes, und man zermalmt Sie. Mittlerweile werden Sie – trotz aller Verdienste mit Schmach und Elend beladen – ein alter Mann. Über die Plätze an der Sonne, die für die Männer der Feder reserviert sind, bestimmt nicht das Talent, sondern die Intrige. Irgendein Hofmeister wird mit Hilfe der Mutter seines Schülers den Posten erhalten, an den Sie nicht einmal zu denken gewagt hätten. Schmarotzer von Höflingen werden Ihnen jedes Amt wegschnappen, für das Sie der geeignete Mann gewesen wären.

Nach Verlauf von vierzig arbeitsreichen Jahren entschließen Sie sich endlich, durch Kabalen das zu erreichen, was dem Verdienst allein nie zuteil wird; Sie intrigieren also wie alle anderen, mit dem Ziel, Mitglied der französischen Akademie zu werden ...«

Gerade das war es, worum Voltaire sich jetzt bemühte, denn durch den Tod eines Mitglieds war wieder einmal ein Platz frei geworden. Wenn es Voltaire gelang, in die Akademie gewählt zu werden, dann durfte er mit ein wenig Schutz gegen Anfeindungen wie auch gegen Beanstandungen und Verbote durch die Zensur rechnen.

So versuchte er, den Spielregeln gemäß alle seine Beziehungen geltend zu machen und begab sich zu diesem Zweck auch in den Salon der Madame Tencin.

Nach all den früheren Affären und ihrem Aufenthalt in der Bastille hatte sie jetzt ein Verhältnis mit Richelieu, genoß infolgedessen wieder beträchtliches Ansehen bei Hofe und bereitete sich auf die Wiederholung ihrer Glanzrolle im Leben des Regenten vor: nunmehr für den König Ludwig XV. liebreizende Kurtisanen ausfindig zu machen. Sie hatten sich in der Rue Saint-Honoré ein hübsches Heim eingerichtet, in dem sich die Schöngeister zusammenfanden, mit denen sie prunken konnte. Die »Sieben Weisen«, ihre vertrauteren Freunde, von Fontenelle über Marivaux, der sie in einem Roman porträtierte, bis zu dem Literaten Duclos, durften sich beim Morgenempfang in den intimeren Gemächern aufhalten, dem mit Teppichen ausgelegten und mit kostbaren Gobelins eingefaßten Schlafgemach oder in dem Toilettenraum mit der zarten Damastbespannung der Fenster, mit seinen Putztischen, Spiegeln und Polstersesseln nahe der Klapptür, hinter welcher die Hausherrin jeden Morgen ihr Bad in einer Kupferwanne nahm.

Voltaire aber, der nachmittags kam, betrat nur das Empfangszimmer. Es war in Weiß und Gold gehalten; lustige chinesische Porzellanfigürchen belebten den Kamin, die Tischchen und das japanische Lackmobiliar. Die Unterhaltung funkelte von Geist und Witz; er fühlte sich äußerst wohl, bis er erfuhr, was zu hören ihm höchst unlieb war: der ständige Sekretär der Akademie, de Boze, hatte erklärt, daß Voltaire niemals als Mitglied in Betracht käme. Und noch mehr Unangenehmes bekam er zu hören: die Anwesenden, besonders Fontenelle und La Motte, rieten ihm lebhaft ab, sich weiterhin der Dichtkunst zu widmen – er solle seine großen Gaben doch lieber auf anderen Gebieten nutzen.

Nach diesen Erfahrungen nahm es Voltaire kaum wunder, daß bei der

Abstimmung in der Akademie nur etwa ein Drittel der Stimmen auf ihn entfiel und ein anderer gewählt wurde.

Er aber wollte das Schicksal zwingen. Er begnügte sich nicht mit seinen üblichen Sticheleien und Spottversen gegen die Akademie, sondern setzte sich hin und schrieb ein neues Drama, »Zaïre«, sein erstes Stück mit einer Liebeshandlung. Noch nie hatte er so schnell gearbeitet; der Stoff packte ihn: nach zweiundzwanzig Tagen war das Werk fertig. In den wohlgeformten, langatmigen Versen nach dem Geschmack der Zeit entstand eine umständliche, aber zu Herzen gehende Handlung: Der edle Sultan Orosman – nach dem Vorbild des großen Saladin gestaltet – liebt die in seinem Harem lebende Sklavin Zaïre, die von christlichen Eltern abstammt, aber mohammedanisch erzogen worden ist. Der Sultan läßt auf ihre Bitten hin gefangene christliche Kreuzritter frei; er liebt seine Sklavin so, daß er sie heiraten und zur Sultanin machen will. Plötzlich findet sie unter den befreiten Christen ihren Vater und ihren Bruder wieder, von denen sie seit ihrer Kindheit getrennt war. Diese drängen sie nun, dem Greuel des Unglaubens zu entsagen. Sie liebt den Sultan und will ihn nicht aufgeben, beschließt jedoch, die Hochzeit aufzuschieben, bis sie sich heimlich hat taufen lassen. Dem Sultan ist der Aufschub unverständlich, er sucht nach Erklärungen und vermutet in jenem christlichen Ritter, der so häufig bei Zaïre weilt, nicht etwa ihren Bruder, sondern einen erfolgreichen Nebenbuhler. Ein aufgefangener Brief deutet an, daß die beiden ein Geheimnis miteinander haben; in aufwallender Eifersucht – Othello-Motiv – tötet der Sultan die Geliebte und dann, als er den wahren Sachverhalt erfährt, zur Sühne sich selbst. –

Wie früher sprach Voltaire auch jetzt das Stück mit den Schauspielern durch, nahm Änderungen vor, wohnte den Proben bei und wartete voller Ungeduld auf die Premiere.

Endlich war es soweit – und endlich errang er seinen Erfolg. Die gerührten Zuschauer dankten mit langem Beifall.

Doch Voltaire war mißtrauisch: die Premiere bedeutete noch nicht viel, und ein großer Teil des Beifalls mochte der entzückenden jungen Darstellerin der Hauptrolle, der Mademoiselle Gaussin, zuzuschreiben sein. Er besuchte auch die folgenden Aufführungen, erlebte, daß sich der Beifall von Tag zu Tag steigerte und er sich am vierten Abend sogar in seiner Loge zeigen mußte, worauf ihm dröhnender Applaus entgegenschlug.

Das Drama brachte ihm einen Triumph ohnegleichen. Jetzt war seine

Stellung in der Öffentlichkeit gesichert, und er hätte die glückliche Wendung genießen können, wenn ihn nicht die Angriffe seiner zahlreichen Neider und Feinde zu stark mitgenommen hätten. Es war im literarisch bewegten Paris eigentlich nur ein Zeichen des Erfolges, wenn Bühnenstücke persifliert wurden, doch konnte es der reizbare Voltaire nicht verwinden, daß gleich zwei Parodien auf sein Drama aufgeführt wurden, »Harlekin auf dem Parnaß« und »Findelkinder«; beide Stücke fielen übrigens durch.

Doch für Voltaire entstand schon wieder neuer Verdruß. Er wurde zum Polizeipräsidenten Hénault gerufen, der ihn schon einmal in die Bastille gebracht hatte und nun in ein strenges Verhör nahm: der Erzbischof von Paris, de Vintimille, hatte Klage über ein Gedicht geführt, das ohne Genehmigung gedruckt worden war und die höchste Entrüstung aller Frommen und Konservativen auslöste. Der Verfasser war nicht genannt, aber es könne doch, seiner ganzen Art nach, nur von Voltaire stammen? Er gelte allgemein als der Autor...

Es handelte sich um jene – schon von Jean Baptiste Rousseau verdammte – Epistel an Urania, die Voltaire vor zehn Jahren für die zwischen Sünde und Kloster schwankende Gräfin Rupelmonde gedichtet hatte. Zu seinem Ingrimm war ein schändlicher Vertrauensbruch begangen worden – irgend jemand mußte eine unerlaubte Abschrift angefertigt und sie, um Geld zu machen, in Druck gegeben haben. Wenn er nicht schon wieder verbannt oder in Haft gesetzt werden wollte, mußte er alles abstreiten – und so erzählte Voltaire dem Präsidenten eine lange Geschichte: gewiß, der Text sei einmal von seiner Feder niedergeschrieben worden (damit hatte er etwaige Zeugen außer Gefecht gesetzt), aber verfaßt habe er ihn keineswegs. Vielmehr sei der Abbé de Chaulieu der Autor, und Voltaire habe diesen das Gedicht oft rezitieren hören und es deshalb auch aufschreiben können. Der Abbé war inzwischen leider, leider selig entschlafen und konnte keine Auskunft geben. Da Hénault ein alter Bekannter – noch aus der Temple-Runde – war, begnügte er sich damit, diese Geschichte zu glauben. Voltaire konnte aufatmen.

Wenig später tobte in Paris ein neuer Sturm der Entrüstung gegen ihn, und diesmal gab es keine Ausrede, denn sein Name zierte das Titelblatt des »Temple du Goût«, eines in Versen und Prosa gehaltenen Werkes mit scharfen literarischen Urteilen, die dem Zeitgeschmack widersprachen: Rabelais und Bayle wegen Weitschweifigkeit getadelt, Molière und

Racine an die Spitze gestellt, Literaten wie Jean-Baptiste Rousseau und Abbé Desfontaines in Grund und Boden kritisiert! Voltaire hatte in ein Wespennest gestochen. Von allen Seiten schoß man Pfeile gegen ihn ab; jetzt hatten auch die Parodien einigen Erfolg: die Marionettenbühne mit ihrer Burleske, in welcher der kranke Policinello ein Abführmittel erhält und ein »Temple du Goût« in Form eines Nachtstuhls auf die Bühne gebracht wird, während das italienische Theater mit einer Posse reüssierte, in der Voltaire in englischer Kleidung erschien und sich wie ein kompletter Narr aufführte.

Voltaire selbst machte seine Witze über diese Stücke und ärgerte sich maßlos. Zum Ausgleich konnte er sich wenigstens über einige finanzielle Gewinne freuen, die er beim Getreidehandel errang. Er wohnte nämlich seit kurzem bei einem Korngroßhändler namens Demoulin und beteiligte sich mit seinem Geld an verschiedenen größeren Geschäften.

Seine gute Hausmutter, die Gräfin Fontaine-Martel, war im Januar 1733 schwer erkrankt. Als ihr Tod nahte, hatte er die unangenehme Aufgabe gehabt, sie über ihren Zustand zu unterrichten, und dann entgegen dem Willen der Sterbenden einen Priester herbeigeholt, damit die letzten Zeremonien in aller Ordnung erledigt würden. Widerwillig hatte sich die Gräfin darein gefügt, danach gefragt, wieviel Uhr es sei, noch bemerkt, wie beruhigt sie darüber wäre, daß in jedem Moment irgend jemand dem Aussterben der Menschheit entgegenwirke, und war sodann entschlafen.

Voltaire hatte sein Leben wieder umstellen müssen: er verlor durch ihren Tod eine Rente von 40 000 Livres, die sie ihm ausgezahlt hatte, und mußte ein schönes Haus verlassen, in dem er Herr gewesen war.

Seit Anfang Mai wohnte er nun bei dem Getreidehändler in dessen Haus in der Rue du Long-Pont. Ein häßliches Viertel mit engen, schmutzigen Gassen, dem Haus gegenüber das schöne Portal von Saint-Gervais; vom Lärm der Glocken fühlte sich Voltaire »mehr betäubt als ein Küster«. Er richtete sich seine Wohnung nach seinem Geschmack ein, füllte sie mit allerlei Gemälden – darunter von Tizian – und chinesischen Porzellanfiguren, ließ sein neues Trauerspiel »Adelaide« abschreiben, das er durchkorrigierte, arbeitete an einem Operntext, um den ihn Rameau gebeten hatte, und fühlte sich bei allem sehr elend und krank. Zeitweilig befürchtete er, überhaupt nicht mehr weiterarbeiten zu können.

Besuche heiterten ihn auf. Oft kamen Freunde zu ihm und brachten ihre Freunde mit; so auch an einem denkwürdigen Abend, als – wie schon öfters – die Herzogin de Saint-Pierre mit ihrem Liebhaber, dem klugen und gelehrten Louis de Brancas, Comte de Forcalquier, überraschend eintrat. Noch überraschender war, daß sie ihre Freundin mitgebracht hatte, die sechsundzwanzigjährige Marquise du Châtelet. Voltaire konnte ihnen kein Abendessen vorsetzen, seine Köchin Marianne hatte gerade Ausgang – zu ihrem Glück, denn es hätte sie sehr aufgeregt, ein Gericht für solch vornehme Herrschaften anzufertigen. Kurz entschlossen nahmen Voltaires lachende Gäste ihn in ein kleines Gasthaus mit, wo man Hühnerfrikassee aß und Champagner trank.

Über Vornehmheit und Dichtkunst ließ sich in dieser aristokratischen Gesellschaft gut scherzen. Voltaire erzählte den literaturbeflissenen Damen von seinem Briefwechsel mit dem Grafen de Caylus, der sich beklagt hatte, im »Temple du Goût« namentlich genannt worden zu sein. Da Voltaire den Grafen, einen bekannten Kunstfreund, nicht etwa getadelt, sondern gelobt hatte, war er etwas verwundert über diesen Hochmut eines Adligen, der keinesfalls als Schriftsteller betrachtet zu werden wünschte, hatte aber höflich erwidert: Ich ziehe das Vergnügen, Ihrem Wunsch zu entsprechen, dem Vergnügen vor, Sie zu rühmen. Und eben war ein Brief vom Grafen gekommen: er danke für solche Artigkeit, und sie erreiche ihren Höhepunkt, wenn er seinen Namen in der nächsten Auflage des Buches nicht wiederfände.

Der »Temple du Goût« bietet genug Stoff zur Unterhaltung. Voltaire lauscht gebannt den Worten der Marquise du Châtelet, versenkt den Blick in ihre dunklen, grün schimmernden Augen – hat ihn jemals eine Frau so gefesselt? Und dabei ist er ihr, von der man in Paris so viel spricht, schon früher begegnet, ohne sie weiter beachtet zu haben! Er hatte ihren Vater recht gut gekannt, sie schon als Kind und später bei der Herzogin von Maine in Sceaux einige Male gesehen . . .

Ihm fällt ein, daß sie bereits im Kindesalter bemerkenswert begabt war: mit fünfzehn Jahren schon hatte sie Vergils Aeneis übersetzt. Eine besondere Vorliebe aber hatte sie seltsamerweise für Mathematik gezeigt. Er bringt das Gespräch auf Newton und England. Kaum irgendwer in Paris kann bei diesem Thema mitreden, weil Newtons Lehre weithin unbekannt ist und von den Fachgelehrten strikt abgelehnt wird. Diese geistsprühende Marquise aber bedrängt ihn mit Fragen und zeigt sich überraschend gut informiert. Ihre Kenntnisse stammen von einem Voltaire wohlbekannten Forscher, mit dem sie befreundet ist: Pierre-Louis Moreau de Maupertuis, vier Jahre jünger als er, kerngesund, gutaussehend, Physiker und Mathematiker. Auch Maupertuis war kürzlich in England gewesen, hatte Newtons Lehre studiert und versuchte nun, sie seinen Landsleuten schmackhaft zu machen.

Voltaire ist von dem Erlebnis dieses Abends fasziniert. Er kann die Marquise nicht vergessen, ihre hohe, gedankenklare Stirn, das tiefschwarze Haar, den ausdrucksvollen Mund, das kräftige Kinn. Sie ist keine Schönheit, ihre Nase war etwas zu groß geraten, aber sie bietet einen bezaubernden Anblick, und wenn sie spricht ... Voltaire kann sich nicht erinnern, jemals einer Frau lieber zugehört zu haben.

Er tat alles, um mit ihr in Verbindung zu bleiben, und auch sie war jäh in Liebe zu dem zierlichen, temperamentvollen Poeten mit den funkelnden Augen, der vorspringenden Nase, dem lächelnden Mund, der ansteckenden Intelligenz entbrannt, dessen gepflegte Kleidung und kunstvolle Perücke nicht darüber hinwegtäuschten, daß er an der Schwelle des vierten Lebensjahrzehntes stand.

Voltaire brachte bald über die Frau, die er liebte, alles in Erfahrung, was er etwa noch nicht wußte. Gabrielle-Emilie war in ihren Liebesaffären höchst leidenschaftlich: als der elf Jahre ältere Marquis du Châtelet, den sie mit neunzehn geheiratet hatte, ihr langweilig geworden war, hatte sie eine hitzige Liebesverbindung mit dem Marquis de Guébriant aufgenommen. Bald aber hatte dieser sich einer anderen zugewandt, und als sie ihn nicht wiedergewinnen konnte, war er von ihr zu einem Abschiedstreffen gebeten worden. Als er sich danach verabschiedet hatte, fand er in seiner Tasche einen Brief, aus dem hervorging, daß sie sich soeben vergiftet hatte. Nur seinem schnellen Eingreifen war es zu verdanken gewesen, daß sie am Leben blieb.

Ihre nächste Liaison verband sie für kurze Zeit mit dem Wunschtraum aller Frauen, mit Richelieu.

Ihr Mann hatte im Gegensatz zu ihr keine geistigen Interessen, sondern war mit Leib und Seele Soldat. In den ersten Jahren der Ehe waren zwei Kinder geboren worden, ein Sohn und eine Tochter, kürzlich war noch ein drittes, ein Junge, gefolgt. Das Ehepaar war selten zusammen, da der Marquis sich meist bei der Truppe aufhielt und sein angestammter Landsitz, das Schloß von Cirey, zu vernachlässigt war, als daß die Familie dort hätte wohnen wollen.

Binnen kurzem wurde das Verhältnis zwischen der Marquise und Voltaire sehr eng. Er war entzückt über ihre schöne Stimme, mit der sie ganze Partien aus Opern zu singen pflegte; so bat er sie zu einer Probe, die auf einer kleinen Bühne stattfand, wo er die Wirkung einer eigenen Oper studieren wollte.

Mit seinem Text – »Samson« – hoffte er das Vorbild für einen neuen Opernstil in Frankreich zu schaffen: statt langweiliger Rezitationen lieber Arien, und weitere Belebung durch Balletteinlagen, dem italienischen Opernstil entsprechend.

Die Marquise war begeistert, auch für die Musik Rameaus. Voltaire hoffte auf einen großen Erfolg der Oper, die in der nächsten Woche aufgeführt werden sollte.

Und dann kam ein Verbot und zerstörte alles: die Oper habe ein biblisches Thema. Das sei unstatthaft.

Damit hatte Voltaire ein für alle Male genug von Opern.

Emilie, die Marquise du Châtelet, lenkte ihn ab und ließ ihn den Kummer über das mißlungene Projekt schnell vergessen. Nicht nur mit der Kunst der Liebe, sondern ebenso durch eine enge geistige Gemeinschaft, in die sie miteinander hineinwuchsen. Emilie war begierig, Englisch zu lernen: er gab ihr Unterricht, und nach drei Monaten sprach sie es fließend. Sie studierte die englische Philosophie, wie Voltaire sie in seinen »Lettres« dargestellt hatte, und drängte ihn heftig, dieses wichtige Buch endlich zu veröffentlichen. Sie las sich sogar in Newton hinein, benötigte dazu aber noch mehr mathematische Kenntnisse, und holte sich diese auf eine Weise, die Voltaire unlieb war: im Algebra-Unterricht bei Maupertuis.

Für sie war es ein Leben nach ihrem Geschmack, von zwei so hervorragenden Männern unterrichtet zu werden. Voltaire fühlte sich geschmeichelt, eine Aristokratin als Schülerin zu haben, nur störte ihn ihr Verhältnis zu Maupertuis. Wenn er diesen auch sehr schätzte, so freute er sich doch gar nicht darüber, daß die unermüdliche Emilie – der er nun jeden Vers widmete, den er niederschrieb – außer den vielen Zusammenkünften mit ihm sich so häufig auch mit jenem in der Oper, im Zoologischen Garten, in Cafés, bei Akademiesitzungen traf und ihn sogar mit zu ihrer alten Mutter nach Creteil nahm.

Daß sie sogar glühende Liebesbriefe an Maupertuis schickte, wußte Voltaire zum Glück nicht.

Ihre Fortschritte in Algebra waren unverkennbar. Sie hatte schon immer durch ihr gutes Kopfrechnen überrascht, war dank dieser Fähigkeit zur »dame de tabouret« der Königin avanciert und die begehrteste Partnerin an den Spieltischen im Versailler Schloß geworden; nun aber, als ihr Verstand die mathematischen Formeln erfaßte, studierte sie am Fernrohr die Bahnen der Gestirne und ergriff entschieden Partei in dem großen wissenschaftlichen Streit, den die jüngere Gelehrtengeneration mit viel Spott gegen die Autoritäten der Akademie führte, die streng an den Lehren des Descartes festhielten.

Voltaire konnte in diesem Kampf einen wichtigen Beitrag leisten, indem er seine »Lettres« wenigstens im freien England selbst erscheinen ließ. Er hatte den Faulpelz Thieriot nach London geschickt, wo dieser auf seine Kosten lebte und die Veröffentlichung überwachte; als die Bücher in englischer Übersetzung im August herauskamen, fanden sie eine so gute Aufnahme, daß die erste Auflage sofort ausverkauft war.

Was aber konnte man in Frankreich tun? Die Kirche, der Klerus, der Adel, die Steuerpächter – alle würden gegen das Buch Stellung nehmen. Blutenden Herzens machte Voltaire sich daran, die anstößigsten Stellen – über John Locke, über die Quäker, über die Presbyterianer – zu streichen. Dann begab er sich in die Höhle des Löwen und las dem allgewaltigen Kardinal Fleury einige Passagen aus seinem Werke vor. Fleury amüsierte sich köstlich, obwohl Voltaire das Bissigste noch unterschlug, da er auf eine Erlaubnis der Drucklegung hoffte.

Er hoffte vergeblich. Schließlich blieb, wenn das Buch wirken sollte, wieder nur der gefährliche Weg, es heimlich herstellen zu lassen. Jore in Rouen, der die »Henriade« unter die Leute gebracht hatte, war bereits im Besitz des Manuskripts und begann nun zu drucken.

Voltaire wußte, daß äußerste Vorsicht geboten war, wenn er nicht wieder in die Bastille geraten wollte. Ausgerechnet jetzt führte aber eine Häufung ungünstiger Umstände zur Erhöhung der Gefahren. Zu spät erhielt er von Thieriot die Nachricht, daß der Londoner Verleger sich ausbedungen hatte, im Verlauf eines Jahres möge keine französische Konkurrenzausgabe der »Lettres« erscheinen. Nun galt es also, den geldgierigen Jore vom Verkauf der fertiggestellten Exemplare abzuhalten, und darüber hinaus die bereits gedruckten Bücher gut zu verbergen, nachdem die Londoner Ausgabe größtes Aufsehen erregt und die französischen Behörden argwöhnisch gemacht hatte.

Voltaire schickte eine gehörige Geldsumme an Jore, damit dieser nicht in Versuchung geriete, und außerdem eine Warnung: der Schatzkammerkanzler wolle einen Polizeispion nach Rouen entsenden, um nach dem Buch zu forschen. Jore möge die Auflage sicherheitshalber bei Voltaires Freund Formont verstecken.

Seitdem lebte er in ständiger Furcht, daß mit den Büchern irgend etwas Unvorhergesehenes geschehen könne, und schrieb immer wieder mahnende Briefe an Jore und Formont.

Der Winter 1733–1734 war schlecht für Voltaire. Er lag wochenlang darnieder; seit den Attacken gegen den »Temple du Goût« wollte er nicht mehr recht gesund werden. Dann folgte ein schlimmes Erlebnis, das ihn niederdrückte: seine Rittertragödie »Adelaide du Guesclin«, die den Erfolg der »Zaïre« fortsetzen sollte, wurde schon im ersten Akt mit Pfiffen bedacht, später kamen Zwischenrufe, Lärm und Lachen – die Empörung gegen den »Temple du Goût« war immer noch heftig genug, um das Bühnenstück seines Verfassers wegen zu Fall zu bringen.

Emilie wiederum verschwendete zuviel Zeit an das Hofleben, die Pariser Gesellschaft, ihre Studien und Maupertius, um sich öfter an seinem Krankenbett aufhalten zu können. Und von seinem Hausgenossen, dem Abbé Linant, hatte Voltaire mehr Verdruß als Aufmunterung.

Dieser Michel Linant genoß unverdientermaßen die stete Hilfe Voltaires, da er mit seinen Versen und der Arbeit an einem nie gelingenden Drama den Anschein eines förderungswürdigen, aber überall mißverstandenen Talents hervorrief. Im Laufe der Zeit hatte Voltaire sich um vielerlei Stellungen für ihn bemüht – als Vorleser oder Sekretär –, doch war der unbeholfene junge Mann immer wieder fortgeschickt worden, bis ihm Voltaire selbst Unterschlupf gab und sogar einen Gesellschafter für ihn engagierte, weil er selbst keine Zeit für Linant hatte und sein Sekretär, Céran, nicht einmal recht zum Abschreiben, geschweige denn zu literarischen Gesprächen taugte.

Es peinigte den kranken Voltaire, daß Linant seine Chancen nicht wahrnahm und faulenzte. Nichts haßte er mehr als Zeitverschwendung; sein Protégé aber trieb sich ruhigen Herzens in den Cafés herum, ging morgens um sieben zu Bett, stand nachmittags auf und verlangte ständig mehr Taschengeld.

Der einzige Erfolg, den Voltaire in dieser trüben Zeit erringen konnte, war die Vermählung Richelieus, der ihn gebeten hatte, nach einer zweiten Frau Ausschau zu halten.

Mit diplomatischem Geschick gelang es Voltaire, einen seiner Schuldner – der Dichter hatte sehr viel Geld an hohe Aristokraten ausgeliehen – dazu zu bewegen, den Herzog von Richelieu als Schwiegersohn zu akzeptieren, obwohl dessen Adel noch reichlich jung war. Richelieu hatte sich aber auf Voltaires Rat bereit erklärt, auf die Mitgift zu verzichten: das gab den Ausschlag. Die vorgesehene Braut, Marie de Guise, verliebte sich schnell in den Draufgänger und Frauenhelden, so daß der Hochzeit nichts mehr im Wege stand, die auf dem Landsitz des Herzogs von Guise, dem Schloß Monjeu in Burgund, ausgerichtet wurde.

Voltaire scheute die lange Reise nicht, um an der Hochzeit teilzunehmen – zu seinem Glück. Vielleicht war es eine Vorahnung, vielleicht eine Geheiminformation, die ihn abreisen ließ und dadurch vor der Bastille bewahrte. Überdies bot die Reise endlich einmal Gelegenheit, ständig mit Emilie, die ihn begleitete, zusammenzusein.

Mit Voltaireschen Gedichten und froher Feier wurde im April 1734 die Hochzeit begangen, über die allerdings die Vettern der Braut, die Prinzen de Lixin und de Fons, die Nase rümpften, weil es sich vom Hause Guise aus gesehen um eine Mißheirat handelte. Sie waren auch nicht erschienen, sondern beim Heer geblieben, das gerade Philippsburg in Baden, das Hauptquartier des greisen Marschalls Prinz Eugen, belagerte. Der Feldzug, der im Gange war, wurde wieder um den Thron Polens geführt: Stanislaus Leszcynsky, nunmehr Schwiegervater Ludwigs XV., war im Vorjahre nach dem Tode Augusts des Starken zum zweiten Male zum König von Polen gewählt und nun zum zweiten Male vertrieben worden, und zwar vom deutschen Kaiser Karl dem Sechsten, der im Bündnis mit Rußland für den Sohn und Nachfolger des Kurfürsten August von Sachsen stritt. Für Stanislaus endete dieser Krieg schließlich damit, daß er Polen aufgeben mußte und dafür Lothringen regieren durfte, das nach seinem Tode wieder an Frankreich fallen sollte. –

Der Herzog von Richelieu hatte nicht viel Zeit, die Freuden seines jungen Ehestandes zu genießen, sondern mußte sich unmittelbar nach der Feier in das Lager von Philippsburg begeben. Voltaire hingegen reiste nicht ab: aus Paris war die Nachricht gekommen, daß seine »Lettres« dort heimlich verkauft würden, offen mit seinem Namen auf dem Titelblatt, und daß es seit langem keine derartige literarische Sensation gegeben habe.

Der Pariser Buchdrucker Josse, dem Voltaire ein einzelnes Exemplar zum Buchbinden anvertraut hatte, war so bedenkenlos gewesen, das Werk nachzudrucken. Er machte ein großes Geschäft: sämtliche 1 500 Exemplare zu dem hohen Preis von zehn Livres waren in wenigen Tagen verkauft. Der Drucker Jore aus Rouen aber wurde daraufhin in die Bastille eingeliefert und plauderte, um seine Haut zu retten, alles aus: daß Voltaire ihm das Manuskript überlassen habe, und daß die Auflage bei Herrn de Formont versteckt worden sei.

Voltaire erhielt eine Warnung von Maupertuis und wenig später einen Brief seines Freundes d'Argental: er möge sofort fliehen, seine Verhaftung stünde bevor.

Seine Pariser Wohnung wurde unterdessen von Polizisten durchsucht, seine Briefe und sein Geld beschlagnahmt. Die Polizei machte in ganz Paris Jagd auf die unerlaubten Bücher.

Traurig nahm er von Emilie Abschied, um Frankreich zu verlassen und sich irgendwo in Lothringen zu verbergen.

Zwei Tage später kam der erwartete Brief aus Paris, der dem Intendanten von Dijon befahl, Voltaire zu verhaften und in die düstere Festung Auxonne bringen zu lassen.

Wieder war er allein und heimatlos, wenn auch nicht mehr ganz ohne Mitstreiter. In Paris hatte sein Buch höchste Erregung bei den führenden Geistern ausgelöst; auf seiner Seite standen Maupertuis und andere Forscher, die Newtons Lehre anerkannten. Ihnen gehörte die Zukunft, aber sie waren nur eine kleine Schar gegenüber den Mächten der Beharrung: der Obrigkeit und dem Klerus sowie den wissenschaftlichen Autoritäten der Akademie, den Anhängern von Descartes und den Jüngern des in Paris dominierenden Astronomen Cassini, der eine andere Auffassung von der Gestalt der Erde lehrte als Newton.

Die Marquise du Châtelet kehrte in die Hauptstadt zurück und setzte sich überall mit solcher Energie für Voltaire ein, daß dieser aus der Ferne erschreckt zur Vorsicht mahnte.

Er selbst beteiligte sich an dem Streit mit unzähligen, in Paris gierig gelesenen und verbreiteten Briefen, die er geschickt über weite Umwege in die Hauptstadt gelangen ließ, so daß niemand seinen Aufenthaltsort erraten konnte.

Doch plötzlich kam er aus seinem lothringischen Schlupfwinkel heraus, als es hieß, sein Freund Richelieu sei lebensgefährlich verwundet. Voltaire machte sich sofort auf die Reise nach Philippsburg.

Richelieu hatte bald nach seinem Eintreffen im Heerlager einen Zusammenstoß mit seiner neuen Verwandtschaft gehabt. Eines Abends machte der Prinz de Lixin, Vetter der Gattin Richelieus, seinem Ärger über die vielen skandalösen Amouren des Herzogs Luft; Richelieu fühlte sich von der Bemerkung des Prinzen beleidigt und forderte ihn zum Duell.

Der Zweikampf zwischen Offizieren war im Heer streng verboten, und so suchten die beiden Gegner mitsamt ihren Sekundanten, Freunden und fackeltragenden Dienern einen abgelegenen Kampfplatz weit vor den Gräben ihres Lagers. Die feindlichen Truppen hatten damit ein gut beleuchtetes Ziel vor sich und begannen heftig zu schießen, während die Duellanten hitzig miteinander fochten. Richelieu erhielt eine tiefe Wunde, bestand aber auf Fortsetzung des Kampfes. Schon wurde einer der Diener von den Geschossen der Deutschen getötet, doch ließ das Duell an Erbitterung nicht nach. Endlich gelang es Richelieu, dem Prinzen den Degen durchs Herz zu rennen. Die Begleiter waren froh, wieder ins Lager zurückkehren zu können, wo der Prinz beerdigt wurde und Richelieu auskuriert werden mußte.

Als Voltaire im Feldlager ankam, erfuhr er, daß die Verletzung nicht so bedenklich gewesen war, wie die Gerüchte besagt hatten. Er traf einen gesundeten Richelieu an, wurde herzlich von ihm begrüßt und erlebte darüber hinaus einen triumphalen Empfang seitens der Offiziere: der blutjunge Prinz von Conti, die Grafen von Charolais und Clermont – alle mit dem Königshaus verwandt – konnten keine willkommenere Abwechslung des Lagerlebens wünschen als den berühmten Poeten zu feiern.

Der fröhliche Trubel, der ihm zu Ehren veranstaltet wurde, lenkte seine Aufmerksamkeit allerdings nicht ab. Die Zelte der Befehlshaber verrieten ihm zu wenig über das soldatische Dasein, und so machte er überall im Lager seine Beobachtungen. Schon schrieb er über das Kriegführen eine spöttische Epistel, die von den 50 000 jungen Alexandern berichtete, welche, mit Dreck und Lorbeer bedeckt, um vier Sous täglich tapfer für das Gaukelbild kämpften, das man Ehre nennt. Die erlauchten Narren von Offizieren und die netten einfachen Leute trotzten zwar auf bewundernswürdige Weise dem Tode und dem Prinzen Eugen, doch bestände ihr Lohn darin, inzwischen von ihren Frauen und Freundinnen gehörnt zu werden.

Das Gedicht war zu frivol, als daß die Regierung es hätte durchgehen lassen. Die Schritte, die gegen Voltaire eingeleitet waren, wurden beschleunigt.

Er streifte unterdessen im Lager und der Umgebung umher – etwas zu leichtsinnig, denn eines Tages griffen ihn Soldaten auf. Wer er wäre? Was er hier zu suchen hätte? Vergebens seine eleganten Reden, seine Beteuerungen – man hatte in diesem Kreise noch nie etwas von einem Dichter Voltaire gehört. Da ein Zivilist an der Front nichts zu suchen hatte, konnte er nur ein Spion sein. Nach kurzem Verhör machte man sich ohne große Umstände daran, ihn aufzuhängen.

In Paris wird gleichzeitig das Todesurteil über die »Lettres Philosophiques« gesprochen.

Das Parlament entscheidet: »Anstößig, der Religion, den guten Sitten und der Achtung vor der Regierung abträglich.« Am 10. Juni wird das Werk vor dem Justizpalast vom Henker zerrissen und verbrannt. Befriedigt sind die bornierten Nationalisten, die keine ausländischen Vorbilder in Literatur, Wissenschaft und Regierungsform brauchen, befriedigt sind die Frommen, daß der Staat kein Werk duldet, in dem die Unsterblichkeit der Seele nicht klar genug bejaht wird. Die Flammen fressen die zerfetzten Seiten und die nachdenklichen Sätze wie: »Wenn es in England nur eine Religion gegeben hätte, wäre ihr Despotismus furchtbar gewesen; wenn es nur zwei gegeben hätte, würden die Menschen sich gegenseitig die Kehlen durchgeschnitten haben; aber es gibt dreißig Religionen, und so leben die Menschen glücklich und in Frieden.«

Voltaire wurde im letzten Moment vor dem Tode bewahrt, da der Prinz Conti vorüberkam und ihn befreien konnte. Im Kriegslager war seines Bleibens jedoch nicht länger, als aus Paris Anordnungen eintrafen, sich nicht mit dem mißliebigen Dichter abzugeben. Nach Frankreich konnte er sich nicht wagen, insbesondere nicht nach Paris, wo die Verbrennung der »Lettres« zu rasender Nachfrage und neuen heimlichen Drucken geführt hatte und das Getöse des Streites nach lauter geworden war. Er erwog, wieder nach London zu gehen, doch hielt ihn der Gedanke an Emilie davon zurück.

Diese vermochte ihrerseits ein geeignetes Versteck vorzuschlagen: den alten verfallenen Landsitz der Châtelets in Cirey, in verlassener Gegend zwischen Bergen verborgen, an der lothringischen Grenze, über die man notfalls zu Fuß entwischen konnte. So fuhr Voltaire nach Cirey, betrachtete das verwahrloste Schloß, das kaum irgendwelches Mobiliar enthielt und allerlei Bauarbeiten benötigte, überzeugte sich, daß man rechtzeitig vor herannahenden Polizisten gewarnt werden könne und entschloß sich, hier seinen endgültigen Wohnsitz zu nehmen.

Er war der verschiedenen gemieteten Stadtwohnungen überdrüssig, Emilie hatte ihm zugesagt, mit ihm gemeinsam in der ländlichen Stille zu leben – mit vierzig Jahren stand es ihm wohl zu, an einem festen

Platz in häuslicher Geborgenheit zu schaffen und seine Jahre in Frieden zu verbringen. Er verspürte ein starkes Bedürfnis nach Ruhe, er war der Verfolgungen müde.

So begann er, das einstöckige, von einem hübschen Park umgebene Haus instand setzen zu lassen. Er freundete sich schnell mit den Nachbarn an, der Madame de la Neuville und der freundlichen runden Madame de Champbonin, die bald hingebungsvoll für ihn tat, was sie nur konnte. In Cirey hielt er Maurer und Steinmetze, Zimmerleute und Schreiner in Bewegung, entwarf Pläne für Umbauten und Einrichtungen, schaffte Möbel und Hausrat an. Für sich selbst richtete er den langgestreckten Flügel ein, der rechtwinkelig zum Hauptteil des Gebäudes stand. Sein Geld gab er großzügig für alles her und notierte sich lediglich die Ausgaben für jene Verschönerungsarbeiten gesondert, die den Familienbesitz der Châtelets wertvoller machten, ohne aber mit einer Zahlung dafür zu rechnen, da der Marquis zu arm war.

Emilie konnte noch nicht nach Cirey kommen, weil ihr jüngstes Kind, das jetzt sechzehn Monate alt war, an einer schweren Krankheit litt. Im September starb es; sie trauerte mehr über den Verlust, als es für gewöhnlich üblich war – man pflegt sich im allgemeinen um seine Kinder wenig zu kümmern.

Emilie kam dann aber immer noch nicht auf den Landsitz, sondern stritt für eine Rehabilitierung Voltaires. Daneben suchte sie immer wieder den Umgang mit Maupertuis. Erst als dieser eine Reise in die Schweiz antrat, packte sie ihre Sachen und fuhr endlich nach Cirey, das aber der gereizte Voltaire nach einem Vierteljahr ungeduldigen Wartens soeben verlassen hatte.

Während sie den Haushalt für sich, ihre Kinder, ihren Mann und Voltaire einrichtete, seine Pläne umstieß und den Räumen eine eigene Note gab, hielt er sich voll Unrast in Belgien auf, schrieb an einer neuen Tragödie – »Alzire« – und kehrte nach wenigen Wochen nach Cirey zurück, um herzliches Wiedersehen mit Emilie zu feiern, vergangene Zerwürfnisse gemeinsam zu vergessen und ein kleines Paradies des Geistes einzurichten.

Das Glück von Cirey

In das alte Gemäuer von Cirey war Leben eingekehrt.

Voltaire hatte sich in seinem Flügel ein Schlafzimmer eingerichtet, in dem einige sehr schöne Gemälde hingen und andere Stücke aus seiner Pariser Wohnung untergebracht waren: lackierte Eckschränke, Porzellanvasen und Figuren, Silberarbeiten, eine Standuhr, die von orientalischen Gestalten getragen wurde. In der anschließenden Galerie der Schrank mit seinen Büchern, daneben als kostbare neue Errungenschaft eine Sammlung physikalischer Apparate und Instrumente für die naturwissenschaftlichen Arbeiten; ferner Uhren, Tische, Schreibtische. Außerdem standen in der Galerie zwei kleinere Statuen, ein Herkules und eine Venus, und auf einer Säule ein Amor, der gerade seinen Pfeil abschoß. Voltaire hatte darunter die Inschrift anbringen lassen:

> Qui que tu sois, voici ton maître!
> Il l'est, le fut, ou le doit être.

(Wer du auch sein magst, dies ist dein Meister! Er ist's, er war's oder sollte es sein.) Die beiden, die von besagtem Pfeile getroffen worden waren, widmeten sich in dieser Galerie aber einer für Liebespaare bislang beispiellosen Beschäftigung: Voltaire und Emilie ergründeten die Lehren Newtons, rechneten seine Formeln nach, beobachteten den Himmel und machten zahlreiche Experimente, besonders mit Lichtbrechung. Newton wurde jetzt auch allmählich in den Pariser Salons Mode; Maupertuis mußte das Gravitationsgesetz mit der rätselhaften »Wirkung in die Ferne« Fürstinnen und Herzoginnen erklären. Emilie war ihnen aber weit voraus und ruhte in ihrem Wissensdrang nicht eher, bis sie jede Einzelheit mathematisch beherrschte. Voltaire verstand bald Newton viel besser als damals in England und begann, die Grundgedanken in eine klare, unkomplizierte Sprache zu fassen. Jeder, der sich mit geistigen Fragen beschäftigte, sollte Newton verstehen – Denken und Philosophieren ohne diese neuen Einsichten wäre unzulänglich. Die Tiegel, Retorten, Waagen und Linsen, mit denen in der Galerie hantiert wurde, dienten der Erweiterung der physikalischen Kenntnisse – eines Tages wird Voltaire unmittelbar vor einer epochalen Entdeckung, der des Sauerstoffs, stehen und nur den letzten winzigen Gedankenschritt versäumen. Als er – entgegen den Forschern seiner Zeit – zu der Ansicht gelangt war, daß die Luft kein Element, sondern ein Gemisch aus »Dämpfen« sei, und daß erhitztes Metall einen Stoff aus der Luft aufnähme, hätte er seine Überlegungen in dieser Richtung nur noch ein wenig fortzusetzen brauchen. Aber er war kein Spezialist, ihm kam es vorwiegend auf die richtige Methode zur Entdeckung der Wahrheit an – darum huldigte er der neuen Naturwissenschaft. Die Instrumentensammlung in seiner Galerie symbolisierte somit die große englische Freiheit der Gedanken. Ihre Unfreiheit rührte von Schranken her, die der Menschengeist sich selbst auferlegt hatte. Voltaire ist sich klar darüber geworden, daß die menschliche Ratio allein, durch Spekulieren und Philosophieren, niemals die Fragen nach dem Aufbau der Welt beantworten kann, wenngleich die großen Systeme eines Spinoza, Descartes oder Leibniz vorgaben, sie gelöst zu haben. Man mußte das Denken von Vorschriften und Vorurteilen befreien, wie sie in den maßgeblichen theoretischen und philosophischen Lehren enthalten waren. In solch neugewonnener Freiheit muß man die Fragen der Experimente an die Natur richten – die Metaphysik durch Physik ersetzen: dann wird man auch Antworten erhalten.

Emilie und Voltaire rechnen, messen, wägen, beobachten, vergleichen, sie lassen keine andere Methode bei der Suche nach der Wahrheit gelten als die experimentelle. Wiederum befindet Voltaire sich im Gegensatz zu den herrschenden Mächten der Zeit.

Wenn Emilie mit tintenbefleckten Fingern die Galerie verläßt und ihre Wohnräume aufsucht, gelangt sie in eine ganz andere Atmosphäre. Durch ihre Bibliothek schreitend, kommt sie zu einer Spiegelglastür, die in ihr Schlafzimmer führt. Hier gibt es nur zwei Farben: hellgelb und hellblau. Die Holzverkleidung der Wände, die Eckschränke, der Arbeitstisch, das Schreibpult, die Bettdecke, selbst das Hundekörbchen sind in einer oder beiden dieser Farben gehalten.

Das anschließende Boudoir ist von einer Kostbarkeit, wie man sie in einem Landsitz an der Grenze nicht vermutet: das Deckengemälde von dem beliebten Maler Martin, alle Felder des Holzgetäfels mit Bildern des Meisters Watteau ausgefüllt. Eine Nische und eine Garderobe mit Marmorfußboden und schönen Kupferstichen an den Wänden schließt diesen Teil des Gebäudes ab.

Cirey ist nicht Paris – Emilie hat ihrem Freund das größte Opfer gebracht: den Verzicht auf das Leben in der höfischen Gesellschaft. Hier in Cirey vermag sie ihn aber vor Verfolgung und auch vor eigenen Unbesonnenheiten zu schützen, die ihn in neue Gefahren bringen könnten.

In der Stille der Natur war Voltaire aufgelebt. Seit langem hatte er sich nicht mehr so voll Schaffenskraft gefühlt wie jetzt, als das geliebte, verzehrende, turbulente, feindliche Paris weit entfernt lag. Er ärgerte sich nicht, nahm nicht mehr teil an dem, was Paris bewegte: mochten dort die literarischen Zänkereien weitergehen, am Hof Klatsch und Intrigen herrschen, mochte der König sich jetzt eine Mätresse halten, die bescheidene, gutmütige Madame de Mailly, eine unansehnliche Nichte Richelieus, die auf wunderschönen Beinen im plumpen Gang eines Hausknechts daherkam ...

Er hatte sich in Muße alten Plänen und unfertigen Arbeiten widmen können und amüsierte sich nun wieder mit den satirischen Versen über die Pucelle von Orléans. Seit dem Tode von Adrienne Lecouvreur war er nicht mehr in der Stimmung gewesen, dieses anstößige Werk fortzusetzen, das ihn sofort in die Bastille gebracht hätte, wenn es jemals bekanntgeworden wäre. Nun aber fühlte er sich unbeschwert genug, um mit solchen Versen die herrschenden menschlichen Dummheiten zu brandmarken: den Glauben an den Teufel, an Hexenmeister und an die Wunderkraft der Jungfräulichkeit; er spottete über Scheiterhaufen, Höflingswirtschaft oder auch über das Verbot Ludwigs XIII., Brechmittel zu verkaufen. Die Komik der lächerlichen Geschehnisse, mit denen Voltaire seine »Pucelle« füllte, wurde durch Nachäffung des hochtrabenden Pathos, mit dem der alte Chapelain die Jungfrau besungen hatte, noch gesteigert. Die Berufung des Mädchens, dessen Jungfräulichkeit Frankreich vor der britischen Armee retten sollte, beschrieb Voltaire mit einer besonders grotesken Szene: Der heilige Dionysius als Schutzpatron Frankreichs hatte keinen Aristokraten, sondern just die dralle Schankmamsell aus dem Dörfchen Domremy zur Rettung Frankreichs auserkoren. Ein zauberkundiger Bettelmönch namens Grisbourdon, ein Engländer, hatte jedoch durch magische Künste die Gefahr erkannt und wollte sein Vaterland retten, indem er Johanna ihre Jungfräulichkeit nahm. Doch war da noch ein Nebenbuhler, ein Bauerntölpel, dem die Jungfrau ihre Gunst zuwenden wollte. Grisbourdon beschwatzte nun diesen, »sich in den Genuß eines so leckeren Bissens friedfertig zu teilen«. Mit einem Zauberbuch beschwor er »den Dämon, den man früher Morpheus nannte und der sich heutzutage bei Anwaltssitzungen, im Parlament und auf dem Schulkatheder stets auf das verdienstvollste betätigt«. Darauf entblößten die beiden Kumpane die schlafende Johanna und würfelten auf ihrem Leib, um zu entscheiden, wer den Anfang machen sollte, als der heilige Dionys rettend dazwischenfuhr und die Sünder vertrieb. Der Heilige tröstete die erwachende Johanna und »verkündet ihr, daß sie das hocherlauchte und auserwählte himmlische Gefäß sei, aus dem Gott die Flut seines Zornes auf die Bedrücker seines vielgeliebten Frankreichs gießen werden. »Gott«, sagte er, »der die Gewalt besitzt, auch aus dem schwächsten Rohr einen Libanon zu türmen, schickt als Vorreiter den Blitz auf deinen Pfad. Und wo immer nun dein Fuß hintreten wird, da streut er lähmendes Entsetzen. Auf, und folge mir«, beschloß er seine Rede mit großartiger Gebärde, »und entsage deinem niederen Wesen! Fürderhin prangt uns dein Name in der Geschichte Heldenzahl.«

Zwar schien es Johanna zunächst bei diesen wohl recht tröstlichen, doch gar zu theologisch gewürzten Worten, als ob jemand mit ihr böhmisch rede. Dann aber bewirkte die Gnade doch die nötige Erleuchtung bei ihr und erfüllte sie in der Tiefe ihres Gemütes mit Himmelsgluten, bis aus der niederen Stallmagd eine kriegerische Seele ward.« –

Neben diesem Spaß, den er sich gönnte, arbeitete er emsig an der Beschaffung historischen Materials für eine Darstellung des Zeitalters Ludwigs XIV. Ähnlich wie für die Naturwissenschaft mußte auch das

Verständnis für die Geschichte geweckt werden. Hatte nicht sogar Emilie, als er sie für Geschichte interessieren wollte, bitter über die abstoßende Langweiligkeit der Historiker geklagt? Es gab aber in der Geschichte so vieles zu sehen und – als Abschreckung oder Ermunterung – für die Zukunft zu nutzen, daß man die Vergangenheit unbedingt lebendig machen mußte. Erkenntnisse – ob in Physik oder Geschichte – konnten doch der Besserung der Zustände dienen und mußten deshalb den Menschen nahegebracht werden!

Das ging aber weder mit Schwerverständlichkeit wie bei Newton noch mit geistiger Öde wie bei den Historikern. Es kam auch hier auf die Darstellungsweise an; um den Leser zu langweilen, gab es ein gutes Mittel: vollständig sein, alles, auch die letzte Kleinigkeit, aufzuzählen. Das war das Rezept der Historiker. Voltaire wollte demgegenüber in straffer Form das Wesentliche hervorheben und es lesbar gestalten. Deshalb suchte er unermüdlich nach charakteristischen Einzelheiten und Anekdoten: Selbst der träge Thieriot, der in London sein Dasein mit Schlafen und Soupieren verbrachte, sollte Material heranschaffen. Er begann auch wirklich damit, aber der arme Tropf wußte nur solche konventionellen Geschichten herbeizubringen, wie sie in den historischen Wälzern üblich waren. Voltaire mußte ihn darüber instruieren, daß sein Werk ganz andere Maßstäbe erforderte:

»Wenn ich Sie um Anekdoten aus dem Jahrhundert Ludwigs des Vierzehnten gebeten habe, so weniger über seine Person als über die Künste, die unter seiner Regierung geblüht haben. Ich möchte lieber Geschichten über Racine und Despréaux, Quinault, Lulli, Molière, Lebrun, Bossuet, Poussin, Descartes wissen als über die Schlacht von Steinkirchen. Von denen, die Bataillone und Schwadronen geführt haben, bleibt bestenfalls der Name übrig; von hundert geschlagenen Schlachten kommt nichts auf das Menschengeschlecht. Die großen Männer aber, von denen ich rede, haben für die Menschen, die noch nicht einmal geboren sind, reine und dauerhafte Erlebnisse bereitet. Die Schleuse eines Kanals, der zwei Meere verbindet, ein Gemälde von Poussin, eine schöne Tragödie, eine endlich gefundene Wahrheit sind tausendmal mehr wert als alle Annalen des Hofes und alle Kriegsberichte. Sie wissen, daß für mich die großen Männer die ersten sind und die sogenannten Helden die letzten. Groß nenne ich die Männer, die im Nützlichen oder in der Kunst sich ausgezeichnet haben. Die Eroberer von Provinzen sind nur Helden.« –

Die Zufluchtsstätte Cirey lag nicht außerhalb der Welt, und Voltaire sah sich trotz aller Vorsicht nach einiger Zeit neuen Bedrohungen ausgesetzt. Der üble Abbé Desfontaines veröffentlichte nicht nur eine bösartige Kritik von »La Mort de César« (die Tragödie war unberechtigt und in entstellter Form gedruckt worden), sondern gleichzeitig einen vertraulichen Brief Voltaires mit genauer Adresse des Dichters. Überall erfuhr man dadurch, daß er in Cirey bei der Marquise du Châtelet wohnte; seine einflußreichen Freunde, voran Richelieu, hatten genug zu tun, um die Behörden zu beruhigen – wie auch den beim Heer stehenden Marquis du Châtelet, der nicht so sehr wegen Voltaires Aufenthalt in Cirey als über das Bekanntwerden desselben besorgt war.

Nein, Cirey lag nicht aus der Welt. Emilie und Voltaire wollten auch keineswegs einsam sein und hatten häufig Gäste, die einige Zeit blieben, respektvoll die unermüdlich arbeitenden Bewohner bestaunten und an Vorlesungen und Diskussionen teilnahmen. Voltaire hatte auch eine kleine Bühne bauen lassen, so daß jeder Besucher in die Verlegenheit geraten konnte, plötzlich irgendeine Rolle auswendig lernen zu müssen und mitsamt allen Nachbarn, Bediensteten und Familienangehörigen der Châtelets – einschließlich des untalentierten Marquis, falls dieser gerade zu Hause weilte, und der kleinen Tochter – auf den Brettern zu stehen, um in einer Voltaireschen Tragödie mitzuwirken, die der Dichter zuvor mit unbarmherzigem Eifer einstudiert hatte.

Das Ein und Aus in Cirey hatte zur Folge, daß allmählich in Paris mehr bekannt wurde, als Voltaire lieb war. Das Schlimmste geschah im September 1735: er vernahm, mehrere Gesänge der Pucelle zirkulierten in Abschriften in der Hauptstadt und erweckten lautes Gelächter. Das konnte jeden Augenblick die Verhaftung bringen! Voltaire bereitete sich zur Flucht vor und zog weitere Erkundigungen ein. Als er daraufhin erfuhr, daß es nur einige wenige solcher Handschriften gab und daß diese nur einen geringen Teil seiner Gesänge enthielten, konnte er sich nach einiger Zeit wieder beruhigen.

Sein Ansehen in Paris stieg jäh wieder an, als dort im Januar 1736 seine Tragödie »Alzire« mit stürmischer Zustimmung aufgenommen wurde, ihm Glückwünsche der Königin und des Kardinals Fleury brachte, die beachtliche Zahl von zwanzig Aufführungen erreichte und mit einer Einnahme von 53 000 Livres abschloß, die Voltaire den Schauspielern stiftete. Bald war das Stück auf den Bühnen der meisten Hauptstädte Europas zu sehen.

In der Einleitung zu seiner Tragödie – der ersten großen in Cirey vollendeten Arbeit – hatte Voltaire der Madame la Marquise du Châtelet
eine öffentliche Huldigung dargebracht und ihr Interesse für Wissenschaft und Künste, für Cicero wie Bossuet, für Vergil und Tasso wie für
Newton und Locke gepriesen – eine ungewöhnliche Ehrung, wie sie
kaum jemals einer Frau zuteil wurde. Die Handlung des Bühnenstücks
war neuartig, spielte es doch in Amerika, dessen Eingeborene (es handelte sich um Peru) nunmehr zum ersten Male in den Rang dramatischer
Gestalten erhoben wurden. Konflikte zwischen Pflicht und Neigung be-
herrschten, wie in allen französischen Tragödien, den Lauf der Ereignisse auf der Bühne; dabei trat unverkennbar der große Gegensatz
zwischen den unschuldigen indianischen Heiden und den herzlosen,
bekehrungswütigen christlichen Eroberern zutage, denen jede Grausamkeit recht war, ihre frommen Ziele zu erreichen. Erst im fünften Akt
zeigte der spanische Gouverneur sterbend eine christliche Tugend, die
des Vergebens, und ermöglichte damit dem Zensor die Genehmigung
der ganzen Aufführung.

Daß »Alzire« einen solch großen Erfolg errang, lag zu einem guten Teil
an der neuartigen Szenerie des Stückes. Nichts war gegenwärtig in Paris
aktueller und moderner als das Interesse für Südamerika. Auch hierzu
hatte seltsamerweise der Streit um Newton, der die Gemüter erregte,
Anlaß gegeben.

Wenn auch die neuen Lehren Newtons, die sich mit der Himmels-
mechanik befaßten, nicht direkt bewiesen werden konnten, so gab es
doch eine andere Möglichkeit, die Zuverlässigkeit der wissenschaftlichen
Behauptungen Newtons nachzuprüfen: man konnte ermitteln, welche
Gestalt die Erde hatte. War sie, wie die Cassinis, Frankreichs führende
Astronomen, sagten, an den Polen länglich, oder, wie Newton meinte,
abgeflacht und am Äquator verdickt?

Mit präziser Messung eines Meridians an verschiedenen Stellen der
Erdoberfläche ließ sich Klarheit gewinnen. Eine neue Methode, die von
Snellius entwickelte »Triangulation«, hatte genauere Messungen als bis-
her ermöglicht; mit ihrer Hilfe war bereits in Frankreich eine exakte
Gradmessung – zwischen Corbeil und Amiens – vorgenommen worden.
Nun galt es, zum Vergleich eine entsprechende Messung am Äquator
und in der Arktis auszuführen.

Die Akademie der Wissenschaften hatte ein solches Unternehmen in die
Wege geleitet. Das größte Hindernis wurde beseitigt, als die Genehmi-

gung der spanischen Regierung zur Einreise in Südamerika erteilt wurde: aus geographischen Gründen ließ sich nur in Peru eine Gradmessung am Äquator bewerkstelligen, doch hatte Spanien seit 250 Jahren keinem Fremden gestattet, den Boden seines südamerikanischen Kolonialreiches zu betreten. Die große Politik – Spanien war gerade an einem besonders guten Verhältnis zu Frankreich gelegen – hatte sich jetzt aber einmal günstig ausgewirkt und einer kleinen wissenschaftlichen Expedition den Weg ins verbotene Gebiet geöffnet.

Voltaire hatte erreicht, daß sein Freund Condamine – mit dem er seit dem Lotteriegewinn herzlich verbunden war – von der französischen Akademie mit diesem Unternehmen beauftragt worden war. Bei einer Forschungsreise nach Afrika hatte Condamine bereits seine großen Fähigkeiten bewiesen und wertvolle Erfahrungen gesammelt; nach Südamerika zu gelangen, war schon lange sein Traum gewesen. So hatte er sich mit äußerster Energie an die Vorbereitung der Expedition gemacht und war Mitte Mai 1735 an Bord eines französischen Kriegsschiffs nach Südamerika gesegelt.

Die Berichte, die seitdem in Paris einliefen, erregten die gesamte Bevölkerung, brachten sie doch Neuigkeiten aus dem Weltteil, von dem man seit seiner blutigen Eroberung nichts mehr erfahren hatte. Die Nachrichten von den Fahrten des Columbus konnten kaum gieriger gelesen werden als Condamines Schilderungen der tropischen Urwälder, der riesigen Flüsse und Gebirgsketten Südamerikas mit ihren schneebedeckten Vulkanen, der exotischen Pflanzen- und Tierwelt, der Paläste der Inkas oder auch jenes rätselhaften Stoffes, der »Kautschuk« hieß.

Die allgemeine Begeisterung für diese Berichte aus dem unbekannten Erdteil kam Voltaires Drama zugute, ebenso auch dem anderen Teil des großen wissenschaftlichen Unternehmens, der Gradmessung in der Arktis. Die Pläne fanden nunmehr bessere Unterstützung, und im Frühjahr 1736 konnte eine Expedition unter Führung von Maupertuis nach Schweden aufbrechen, wo sich ihr noch der Professor der Astronomie an der Universität Upsala, Anders Celsius, anschloß.

Voltaire war beeindruckt und begeistert von dem Wagemut der Wissenschaftler, die im Kampf gegen eine feindliche Natur Leben und Gesundheit riskierten – nicht, um andere Länder zu erobern und Menschen zu peinigen, sondern um die Wahrheit zu erfahren und der Menschheit nutzbar zu machen.

Und wirklich vollbrachten die Forscher Großtaten, die um der reinen

Wissenschaft willen noch niemand vor ihnen geleistet hatte. Condamine und seine Mitarbeiter quälten sich jahrelang mit ihren Vermessungsarbeiten zwischen Felsen, Schluchten und Steinwüsten, sie litten unter tropischer Hitze und der eisigen nächtlichen Kälte der Gebirgswelt. Wassermangel und Fieberkrankheiten, Verbote der Behörden, Prozesse und Feindseligkeiten der Bevölkerung behinderten ihre Arbeiten; drei der Gelehrten kamen ums Leben, zwei wurden unheilbar nervenkrank. Condamine selbst kehrte später als Invalide in die Heimat zurück und starb nach vielen Leidensjahren gelähmt und taub.

Auch Maupertuis und seine Begleiter hatten im hohen Norden gegen die Gefahren der wilden Natur anzukämpfen. Sie fanden im Gebiet von Tornea in Lappland ein geeigneteres Gelände als Condamine im Vulkangebirge um Quito, waren aber gleichfalls durch schwierigste Transportverhältnisse behindert, mußten Tundra und Sümpfe durchqueren, wurden im Sommer von Schwärmen von Stechfliegen gepeinigt und waren später einem Polarwinter ausgesetzt, bei dessen Temperatur von –37 Grad selbst der Weingeist in ihren Thermometern gefror.

So war durch die Naturforscher eine ganz neue Art von Heroismus – unkriegerisch und unpathetisch – in die Welt gekommen.

»Ihr Helden der Physik, Ihr neuen Argonauten!« hieß es – Antike und Moderne zusammenführend – in einem Gedicht, das Voltaire ihnen zu Ehren schrieb. –

In Cirey verging unterdessen die erste Hälfte des Jahres 1736 weniger geruhsam als das Vorjahr. Im Frühjahr schwere Erkrankung Voltaires – Emilie las ihm am Krankenbett Ciceros Tusculanen auf Lateinisch und Popes vierte Epistel über das Glück auf Englisch vor –, dann eine längere Krankheit Emilies; es gab Verdruß über den dickleibigen Linant, der überall in der Welt gescheitert und dann von Voltaire, der dieses Talent retten wollte, nach Cirey geholt worden war, wo er Emilies Sohn unterrichten sollte. Einen schlechteren Erzieher hätte man allerdings kaum finden können; er nahm bei Emilie Lateinunterricht, um darauf das Gelernte an den Sohn weiterzugeben. Er begann auch endlich zu arbeiten – in solchem Schneckentempo, daß Voltaire veranschlagte, dieser Nachwuchsdichter würde sein Drama in vierzehn Jahren beendet haben. Außer Linant selbst fiel inzwischen noch seine Schwester zur Last, die auf Drängen des gutherzigen Voltaire gleichfalls in Cirey aufgenommen worden war. Wegen des aufgeblasenen Benehmens seines Schützlings mußte Voltaire, der sich selbst genug darüber ärgerte, obendrein Emilie ständig beruhigen und sie einmal sogar daran hindern, den Literaten, der nur von seinem kommenden Ruhme zehrte, hinauszuwerfen.

Ernstere Sorgen bereiteten Voltaire aber seine verbotenen Werke. Infolge einer leichtfertigen Äußerung Richelieus war der Justizminister zu der Überzeugung gekommen, Voltaire habe ihn damals beim unerlaubten Erscheinen der »Lettres« hinters Licht geführt; so reiste der Dichter eilends nach Paris, um sich zu rechtfertigen, doch traute ihm der Minister nach wie vor nicht.

Noch unangenehmer war die Gefahr, die durch die »Pucelle« heraufzog. Die heimlichen Abschriften hatten inzwischen an Zahl und Beliebtheit ständig zugenommen, wobei der Text der Dichtung verstümmelt, verfälscht und um viele Obszönitäten bereichert worden war. Wie entschieden Voltaire auch die Verfasserschaft abstritt – der Verdacht traf ihn allein. In seiner Bedrängnis kam ihm der rettende Einfall, wie er seinen Kopf aus der Schlinge ziehen konnte: er ließ viele weitere Abschriften der »Pucelle« anfertigen und in Umlauf setzen – mit einem Text voller Schnitzer, schlechter Verse und grober Albernheiten, so daß man annehmen mußte, der Verfasser sei ein Poet geringsten Grades.

Nachdem er somit den belastenden Verdacht von sich abgelenkt hatte, durfte er sich wieder sicherer fühlen. Der Sommer brachte zum Glück keine weiteren Unannehmlichkeiten, sondern im Gegenteil eine höchst angenehme Überraschung.

Ein reformierter Geistlicher namens Charles Etienne Jordan, der vor wenigen Jahren auf einer Bildungsreise durch Holland, England und Frankreich auch Voltaire aufgesucht hatte, war inzwischen, nachdem er als Pastor in Prenzlau in Preußen gewirkt hatte, Privatbibliothekar des literaturbeflissenen Kronprinzen Friedrich geworden. Eine vertraute Freundschaft verband ihn mit dem Kronprinzen, der nach harter Festungshaft in Küstrin nunmehr im Schloß Rheinsberg residierte und einen kleinen Kreis geistreicher Männer um sich gesammelt hatte. Jordan gab den Anstoß, daß der vierundzwanzigjährige Prinz einen Brief an Voltaire zu richten wagte, der, achtzehn Jahre älter, als führender Geist in Europa anerkannt war.

Den ehrgeizigen Dichter erfreute dieser Brief, der voller Schmeicheleien war, so sehr, daß er lauter Abschriften anfertigen ließ und an seine Freunde schickte. Man konnte darin lesen, wie hoch Friedrich die Werke Voltaires schätzte, daß er um dessen sämtliche Arbeiten, auch Handschriften, bat und nichts sehnlicher als einen Briefwechsel wünschte: »Ja, ohne das Verdienst anderer zu schmälern, wage ich zu behaupten, daß es keinen Menschen auf der weiten Welt gibt, dessen Lehrer Sie nicht sein könnten.«

Die literarischen Ansichten, die der junge Kronprinz äußerte, waren zwar wenig eindrucksvoll, doch verriet sein Schreiben an anderer Stelle eine Geisteshaltung, die Voltaire sofort für ihn einnahm: Friedrich rühmte den Philosophen Christian Wolff und legte eine Schrift desselben bei. Voltaire war weder ein Freund der Metaphysik im allgemeinen noch der von Wolff im besonderen. »Wenn der, welcher spricht, anfängt sich selbst nicht mehr zu begreifen, und wenn die, welche zuhören, ihn gar nicht verstehen – dann beginnt die Metaphysik«, meinte er, und den Systemen eines Leibniz oder gar Plato hielt er entgegen: »Von dem wortgewandten Plato bis zu dem tiefen Leibniz gleichen meiner Meinung nach alle Metaphysiker jenen neugierigen Reisenden, die bis in den Vorhof des Großtürken gelangt sind und in der Ferne einen Eunuchen vorbeigehen sehen. Aus seinem Anblick möchten sie nun schließen, wie oft Seine Hoheit in dieser Nacht seine Odaliske umarmt hat. Der eine Reisende meint dreimal, ein anderer viermal. Tatsache ist, daß der Sultan die ganze Nacht geschlafen hat.«

So begrüßte er auch dieses Buch von Wolff durchaus nicht besonders begeistert, während Emilie es las und dadurch angeregt wurde, einige Werke von Leibniz selbst zu studieren. Was Voltaire dagegen imponierte, war Friedrichs Parteinahme für Wolff, womit er sich wieder einmal gegen seinen Vater, den Soldatenkönig Friedrich Wilhelm I., stellte. Dieser Rohling auf dem Preußenthron, der seine Untertanen auf der Straße mit dem Stock prügelte und Sklavenjagden auf Menschen ausführen ließ, die das Unglück hatten, groß genug für seine Garde zu sein, hatte sich nämlich in die Philosophie eingemischt und den Professor Wolff »bei Strafe des Stranges« aus Preußen verbannt.

Es beruhigte Voltaire, daß der Sohn anders war, geistig hoch über dem Vater stand. Eines Tages würde dieser junge Literat, der darauf brannte, dem Dichter Voltaire nachzueifern, König sein; wie angenehm klangen deshalb für einen Dichter, den sein eigener König nicht beachtete, die Schlußsätze des Briefes!

»Wenn mir das Schicksal nicht so hold ist, daß ich Sie für mich besitzen kann, so darf ich doch wenigstens hoffen, Sie, den ich schon so lange von ferne bewundere, eines Tages zu sehen und Ihnen all meine Achtung und Hochschätzung auszudrücken, wie sie denen gebührt, die der Flamme der Wahrheit folgen und ihre Arbeit dem Wohl der Öffentlichkeit widmen.

Ihr wohlgeneigter Freund Federic, Kronprinz von Preußen.«

Voltaire war begeistert und antwortete umgehend mit einem noch längeren, sehr artigen Brief, in dem er mit übertriebener Höflichkeit das windige Versprechen abgab, dem Prinzen seine philosophischen Manuskripte zur »Korrektur« zuzuschicken. Immerhin blieb der Fortgang der Korrespondenz mit dem künftigen König, deren er sich gerne rühmte, gesichert, solange dieser Gelegenheit zu Äußerungen über Voltaires Gedanken hatte.

Er würde auch gerne zu Friedrich reisen, schrieb er, aber die Freundschaft, die ihn an Cirey binde, erlaube das nicht – Friedrich werde sicher wie der große Julian sagen, daß Freunde immer Königen vorzuziehen seien.

Voltaire sollte indes eher an eine Reise nach Preußen denken, als ihm angenehm war.

Unvorsichtigerweise hatte er einige Abschriften seines Gedichts »Le Mondain« an verschiedene Empfänger geschickt, darunter an den Bischof in Lucon; dieser starb im Herbst 1736, und man fand in seiner Schublade die geheimgehaltenen Verse, die sofort unliebsames Aufsehen erregten. Gleich wurden Abschriften über Abschriften angefertigt, denn es handelte sich wieder einmal um ein höchst lästerliches Werk – es wagte, die Gegenwart auf Kosten der biblischen Vergangenheit zu rühmen: die goldenen Zeiten des Paradieses seien barbarisch gewesen im Vergleich mit dem zivilisierten Dasein des Komforts und der Reinlichkeit, der schönen Gemächer und Gobelins, der Künste und des gepflegten Luxus! Ja, das »Überflüssige, etwas so Notwendiges«, wurde gepriesen, dagegen der Urzustand von Adam und Eva bespöttelt: kein gedeckter Tisch, sondern Eicheln als Nahrung, kein gutes Bett, sondern die Erde als Lager, keine Kleider, lange Haare, lange Nägel mit schwarzen Rändern...

Ob solcher Verhöhnung des Standes der Unschuld empörte sich der »Esel von Mirepoix«. Er war einer der angesehensten Führer der Geistlichkeit, ein strenger Theatinermönch, der Erzieher des Dauphin geworden war und deshalb sein Bistum Mirepoix aufgegeben hatte. Sein ungelenker Namenszug lautete »Boyer, anc. évèq. de Mirepoix«. Voltaire vermochte die Abkürzung, die »ancien« bedeuten sollte, nur als

»âne« (Esel) zu lesen, und so blieb dieser Name an dem Prinzenerzieher haften.

Dessen Beschwerde bei Fleury sowie eine Denunziation des Abbé Desfontaines, der Voltaire als Verfasser des »Mondain« verriet, führten zu neuen Maßnahmen gegen den Dichter. Zum Glück wurde er dank seiner Beziehungen rechtzeitig von der bevorstehenden Verhaftung unterrichtet. Es war der 22. Dezember, als der warnende Brief in Cirey eintraf; bei bitterer Kälte und hohem Schnee mußte Voltaire sofort das Haus verlassen. Die Nacht über wartete er in einer kleinen Schenke auf eine Postkutsche nach Holland; die verzweifelt weinende Emilie blieb bei ihm, bis er abfahren und über die nahe Grenze entkommen konnte.

Er erwog, nach Preußen zu fahren, nahm dann aber lieber Aufenthalt in Holland – vielleicht linderte der Gedanke, daß es näher als Preußen lag, den jähen Trennungsschmerz. Emilie fehlte ihm auf Schritt und Tritt, waren doch sogar während der Stunden, in denen jeder von ihnen in seinem eigenen Zimmer arbeitete, ständig Notizzettel hin und her gewandert. Ein grausames Schicksal, von der Stätte, die er sich für seinen Lebensabend eingerichtet hatte, vertrieben worden zu sein – bloß wegen des Umstandes, daß Adam und Eva sich nicht wuschen!

Wenigstens war er jetzt nicht krank: in Krisenzeiten und bei großen Reisen lebte er auf. Und er konnte einigen Trost in den Huldigungen finden, die ihm überall dargebracht wurden: nur einen Abend auf der Durchfahrt in Brüssel – und schon gab man ihm zu Ehren »Alzire«; wenige Tage in Leiden – und Scharen von Bewunderern drängten sich, ihn zu sehen. Es half nichts, daß er unter falschem Namen reiste – er wurde schneller erkannt als jeder europäische Souverän. Auch in Amsterdam wurde er mit Ehrungen überhäuft und erfuhr aus England, welche Erfolge seine Stücke dort erzielten.

In ganz Europa berichteten die Zeitungen, daß der berühmte Voltaire Frankreich – vermutlich für immer – verlassen habe. Man nahm allgemein an, die »Pucelle« sei der Anlaß seiner Flucht gewesen. So hieß es in Berlin in der »Vossischen Zeitung«: »Dasjenige Gedicht des Hrn. Voltaire, so den Namen la Pucelle führet, und nur in geheim herumgehet, stellt den H. Dominicus, Heil. Franciscus und der Jesuiten Uhr-Vater den H. Ignatius in der Hölle auf eine lustige und scherzhaffte Art redend vor; daher der Hof Befehl gegeben, ihn, wo er anzutreffen, in Verhaft zu nehmen, und in ein auf gut Deutsch genanntes Zucht-

Hauß zu sperren, ihm darinne den allzugroßen Kützel und Freigeisterei zu vertreiben.«

In den Blickpunkt der Öffentlichkeit geraten, versuchte sich Voltaire gegen solche Pressemeldungen zu wenden: er habe nie an einer derartigen Dichtung gearbeitet, und seine Verleumder möchten ihm doch nur ein einziges Blatt der »Pucelle«, das von ihm stamme, vorweisen. Es war seine Überzeugung, daß man tüchtig lügen solle, wenn es darum geht, vor einem übermächtigen Feind die eigene Haut zu retten.

Die Arbeit, in die er sich schon wieder vergraben hatte, half ihm über die elende Situation der Heimatlosigkeit hinweg. Es gab viel zu tun: Durchsicht, Korrektur und Überarbeitung seiner Werke, besonders aber die Niederschrift und Drucklegung der »Eléments de la Philosophie de Newton«, mit denen das neue Weltbild aus der Geheimsphäre der Fachgelehrten ins Tageslicht gerückt werden sollte. Er war schließlich so beansprucht, daß selbst die Briefe nach Cirey spärlicher wurden.

Emilie fühlte sich verlassen und unglücklich wie noch nie. Sie lehnte selbst eine Einladung zu einer Hochzeitsfeier im nahen Lunéville am Hofe des einstigen Polenkönigs Stanislaus ab, wo sie bereits früher mit Voltaire zu Gast gewesen war. Da Voltaire, den sie zur Rückkehr drängte, nicht entschieden genug zusagte, bestürmte sie jetzt seinen besten Freund, d'Argental, mit verzweifelten Briefen, ihn umzustimmen. Gleichzeitig tat sie zu seinen Gunsten alles, was in ihren Kräften stand: der biedere Marquis du Châtelet, den seine Verwandten übrigens gegen die anstößige Anwesenheit Voltaires in Cirey aufhetzen wollten, mußte zu Kardinal Fleury gehen und den Dichter in Schutz nehmen; die junge Herzogin Richelieu half die Wogen am Hofe glätten, und tatsächlich hatten die Bemühungen der Damen Erfolg. Voltaire kam Ende Februar 1737 zu Emilie zurück und erhielt aus Paris die Zusicherung, daß man ihn in Cirey unbehelligt lassen würde.

Voltaire ist wieder in seinem Paradies. Wieder schreibt er Huldigungsgedichte für seine göttliche Emilie, preist ihren überragenden Geist und ihren Liebreiz; wieder genießt er die ländliche Schönheit und Stille, den Garten, den abendlichen Himmel, und fürchtet nichts als den Neid der Götter.

Das Dasein hat feste Regeln gefunden: Man steht sehr früh auf – Emilie hat manchmal nur wenige Stunden geschlafen, da sie nachts viel

Friedrich II. als Kronprinz. Porträt von Knobelsdorff

arbeitet –, und widmet sich seinen Studien bis 10.30 Uhr. Dann findet man sich mit den Gästen zum Mittagsmahl zusammen, das genau eine Stunde dauert; anschließend eine halbe Stunde zum Plaudern im Vorraum von Voltaires Arbeitszimmer. In dieses selbst haben Besucher selten Zutritt: es gibt dort auch keinen bequemen Stuhl für sie, und Voltaire bleibt stehen, um mit solchen Unterhaltungen schnell zu Ende zu kommen.

Im Vorraum, nach dem Mittagsmahl, pflegt er Punkt zwölf Uhr eine höfliche Verbeugung zu machen und die Gäste zu entlassen; man zieht sich zur Arbeit zurück. Emilie reitet nachmittags aus, Voltaire streift durch die Wälder und trägt ein Gewehr bei sich, mit dem er aber niemals einen Schuß abfeuert. Um neun Uhr abends findet sich alles an der Abendtafel zusammen, wo der Dichter mit witzigen Plaudereien seinem Ruf Ehre macht, der beste Unterhalter des Zeitalters zu sein.

Sein tägliches Arbeitsprogramm gönnt ihm kaum Ruhe: er schreibt an neuen Werken, verbessert ständig die alten, betreibt seine Studien und führt eine Korrespondenz, wie sie kaum ihresgleichen hat. An manchen Tagen schreibt er dreißig Briefe, weil er nur auf diese Weise seine Gedanken unzensiert verbreiten kann (die Briefe werden überall abgeschrieben, vorgelesen und als Kostbarkeiten weitergegeben).

Manchmal, wenn beliebte Gäste in Cirey weilen, haben die Tage festlichen Charakter. Dann probt man Theaterstücke und führt sie auf, man sieht Schattenspiele oder Marionettentheater, Emilie singt aus Opern, oder man hört auch ein Konzert von Musikanten, die aus dem nächsten Städtchen herbeigeholt wurden. –

Die Korrespondenz mit dem Kronprinzen von Preußen hatte inzwischen einen immer freundschaftlicheren Charakter angenommen. Voltaire verglich Friedrich mit Trajan und Plinius und hoffte, er werde Berlin zu einem neuen Athen machen; Friedrich schickte Geschenke, darunter einen Spazierstock mit einem goldenen Kopf des Sokrates, als eines Mannes, der »Gegenstand christlicher Eifersucht und christlichen Neides« sei.

Als Voltaire um ein Bild Friedrichs gebeten hatte, ließ dieser von Knobelsdorff, der seinem Rheinsberger Hofstaat angehörte, ein Porträt anfertigen und es durch seinen engsten Vertrauten im Mai 1737 überbringen: durch den kurländischen Baron Keyserlingk, zu dessen Ehren in Cirey muntere Feste und Feuerwerke veranstaltet wurden. Der Gast, ein eleganter, homosexueller Schöngeist, bezauberte mit seiner vielseitigen Bildung, seiner Sprachgewandtheit – er beherrschte fließend sechs Sprachen und benutzte sie in lustigem Durcheinander –, seinem Temperament und seiner Beweglichkeit. Er verstand das heiße Verlangen des Kronprinzen nach neuen Voltaire-Manuskripten so beredt vorzubringen, daß er Handschriften der »Eléments« und des »Siècle de Louis XIV.« mitnehmen durfte – nur die »Pucelle« bekam er nicht, die hielt Emilie streng unter Verschluß.

Sein Besuch zog unerwartet eine Veränderung in Cirey nach sich: es kam nach seiner Abreise ans Tageslicht, daß er und der fette Linant sich zu eng miteinander verbunden hatten. Linant sollte nach Rheinsberg kommen! Emilie war außer sich, weil sie genau wußte, was der Bursche alles über das Leben in Cirey ausplaudern und behaupten würde – hatte er sich nicht schon bei einem Nachbarn über die »unerträgliche Langeweile« in Cirey mokiert? Seine Schwester schien über seinen Plan höchst entsetzt zu sein und beteuerte ihre Zuneigung zu Emilie, doch entdeckte diese wenig später in einem Brief, den Mademoiselle Linant noch nicht abgeschickt hatte und den die Marquise nach ihrer Gewohnheit heimlich durchlas, häßliche Bemerkungen über sich.

Damit hatte die Abschiedsstunde für die Linants geschlagen. Dem erfolglosen Mäzen Voltaire tat der junge Nichtsnutz allerdings nach wie vor leid, und er ließ ihm, der sein Leben weiterhin damit verbrachte, seine Unfähigkeit als Erzieher zu beweisen, auch später noch gelegentlich Geld zukommen.

Auch nach der Entlassung der Linants brauchte Voltaire auf neuen Ärger nicht lange zu warten; er mußte mit Verdrießlichkeiten verschiedenster Art fertig werden: der Buchdrucker Jore hatte ihn beleidigt, der Kornhändler Demoulin, sein früherer Hauswirt und Partner, versuchte ihn zu erpressen, Desfontaines schmähte ihn . . .

Hinzu kam eine familiäre Belastung. Im Oktober starb Pierre-Francois Mignot, der der Mann seiner geliebten Schwester gewesen war, und hinterließ neben zwei Söhnen zwei unversorgte Töchter. Diese beiden Nichten wollte Voltaire keinesfalls unter den Einfluß seines Bruders geraten lassen, der immer noch Jansenist war und sogar an den Versammlungen um das wundertätige Grab teilgenommen hatte. Voltaire hätte die beiden gern in seiner Nähe gesehen, besonders die ältere, die fünfundzwanzigjährige lebenslustige, gescheite Marie Louise, die ihm ungemein sympathisch war.

So entwarf er einen großartigen Plan. Marie Louise, die ja sowieso bald unter die Haube mußte, sollte den Sohn der anhänglichen, hilfsbereiten Nachbarin, Madame de Champbonin, heiraten – sie war dann versorgt, und er selbst hatte auf seine alten Tage die Nichte in Vassy in unmittelbarer Nähe. Voltaire setzte ihr eine stattliche Mitgift aus, und so wäre alles glatt gegangen, wenn Marie Louise nicht einen eigensinnigen Charakter gehabt hätte: entgegen der Sitte der Zeit, sich widerspruchslos den Wünschen eines Onkels zu fügen, der für die Aussteuer sorgte, lehnte sie als intellektuelle, musikbeflissene Pariserin das langweilige Leben weit hinten in der Provinz ab. Auf vorsichtigen Umwegen über Thieriot und Emilie wurde Voltaire klargemacht, daß Marie Louise keinen Appetit auf den jungen Champbonin hatte. Stattdessen verliebte sie sich im Dezember Hals über Kopf in den Verwaltungsoffizier (commissaire de guerres) Nicolas-Charles Denis, den sie bereits am 25. Februar 1738 heiratete. Voltaire stimmte zu – »sie soll auf ihre, nicht meine Art glücklich werden« – und überließ ihr 25 000 Livres, eine Summe, die er gerechtigkeitshalber bald darauf, im Juni, auch seiner zweiten Nichte auszahlen mußte, als diese sich mit dem königlichen Rat und Kämmerer de Fontaine verheiratete.

Marie Louise erhielt auch von ihrem anderen Onkel, dem reichen, steifleinenen Junggesellen Armand Arouet, eine beträchtliche Summe; Voltaire aber setzte alles daran, mit seinen Geschenken und Aufwendungen für die Hochzeitsfeier den Bruder zu übertrumpfen und sich daran weiden zu können, daß er ihn geärgert hatte.

Im April ließ er dann das junge Paar in einer von ihm bezahlten Berline nach Cirey kommen, wo er die anmutige Nichte mit den munteren dunklen Augen und ihren freundlichen Mann zärtlich empfing. Er freute sich von Herzen über den Besuch und war mit seinen Familienverhältnissen äußerst zufrieden. Nicht so Marie Louise: ihr behagte weder die ländliche Einsamkeit, noch die starke Bindung Voltaires an Emilie, der er sich viel zu gefügig unterwarf. »Das ist das Leben, das das größte Genie unseres Zeitalters führt!« Sie ließ sich ihren Verdruß jedoch nicht anmerken, fuhr nach einigen fröhlichen Tagen mit ihrem Mann in dessen Garnisonstadt Landau, um ein glückliches Eheleben zu führen, und dachte gelegentlich darüber nach, wie reich ihr Onkel war. Dieser bot bereits wieder den aktuellsten Gesprächsstoff. War schon der Briefwechsel zwischen Friedrich und Voltaire als Sensation ersten Ranges von der Presse seit längerer Zeit gehörig behandelt und ausgeschmückt worden, so erregte jetzt, im Mai 1738, das Erscheinen des wissenschaftlich umstürzlerischen Werkes »Elemente der Philosophie Newtons« die Gemüter von neuem; der vielbekämpfte Verfasser wurde seinerseits durch sein Buch höchst unangenehm überrascht, denn er hatte bei der eiligen Rückkehr nach Cirey nur ein nicht druckfertiges Manuskript in Holland hinterlassen und den Verleger mehrmals gebeten, das Buch zurückzuhalten, da er erst noch die Zustimmung des mißtrauischen französischen Justizministers einholen wollte, der in dem vorgelegten Text allerlei Änderungswünsche vermerkt hatte.

Nun stand Voltaire also wieder in schiefem Licht – als ob er hinterrücks die Veröffentlichung im Ausland betrieben hätte. Dabei befand sich das letzte Kapitel noch in seiner Schublade, um eine Veröffentlichung zu verhindern – vergeblich, der Drucker hatte sich von einem holländischen Mathematiker ein anderes Schlußkapitel anfertigen lassen. Voltaire geriet dadurch in einen Zustand höchster Verzweiflung: schon der geringste Druckfehler pflegte ihn außer Fassung zu bringen – und nun gar ein ganzes Kapitel von fremder Hand!

Die schöne Widmung für Emilie, mit Gedicht und Brief, war in der Ausgabe zwar wortgetreu enthalten, doch hatte der Verleger dem Titel des Buches den Satz hinzugefügt »mis à la portée de tout le monde« (für jedermann verständlich gemacht), was der Abbé Desfontaines, der das Buch sogleich ungelesen verhöhnte, umprägte in »mis à la porte de tout le monde« (jedermann vor die Tür geworfen).

Das Erscheinen des Buches beschwor neue Gefahren herauf, widersprach der Inhalt doch dem Weltbild, das allgemein als richtig galt und von jedem hitzig verteidigt wurde, der nichts davon verstand. Obendrein spielten die wissenschaftlichen Fragen in das Gebiet der Theologie hinein – Voltaire hatte Grund genug gehabt zu schreiben: »Theologen sind immer bereit zu verkünden, Gott sei beschimpft worden, wenn man nicht ihrer Meinung ist.« Schon braute sich ein Gewitter gegen das Buch zusammen, das so respektlos gegen die anerkannten Lehren vorging, schon bezeichnete der Kanzler d'Aguesseau die Kritik an Descartes als gottlos. Niedergedrückt schrieb Voltaire: »Anscheinend ist es einem armen Franzosen verboten, sich zu der Überzeugung zu bekennen, daß die allgemeine Anziehungskraft bewiesen, die Erde an den Polen abgeplattet, die Leere des Raumes bestätigt ist und daß die Wirbellehre des Descartes ein Widersinn sei.« Da trat ein Ereignis ein, das die Situation jäh zu seinen Gunsten veränderte.

118

Im Juli empfing Paris einen Sieger, der im Triumph zurückkehrte: Maupertuis mit seiner Expedition. Die Gelehrten hatten allen Schwierigkeiten zum Trotz ihre Messungen durchgeführt und klar bewiesen, daß Newtons Lehre richtig war. Da es sich somit um einen großen Erfolg der französischen Wissenschaft handelte, konnte man jetzt ungeniert den Engländer Newton anerkennen; Maupertuis aber wurde stürmisch gefeiert und genoß die Ehrungen in vollen Zügen. Auch Voltaire, erleichtert, jubelte ihm zu und widmete ihm Verse, in denen es hieß, daß der Erdball, den Maupertuis zu messen gewußt habe, nunmehr zum Denkmal seines Ruhmes geworden sei.

Für den armen la Condamine, der unter noch schwierigeren Verhältnissen Vermessungsarbeiten vornahm, war die Nachricht, daß vor ihm ein anderer die Richtigkeit von Newtons Lehre bewiesen hatte, eine bittere Enttäuschung. Seine Mitarbeiter wollten entmutigt auseinanderlaufen, doch hielt seine starke Persönlichkeit sie schließlich beieinander, und sie setzten gemeinsam das mühevolle Werk fort, obwohl es ihnen keinen Ruhm mehr einbringen konnte. –

Naturwissenschaftliche Studien standen jetzt in Cirey im Vordergrund. Voltaire setzte sein »Zeitalter Ludwigs XIV.« nicht fort, wenn auch Kronprinz Friedrich von den beiden Kapiteln begeistert war, die Keyserlingk mitgebracht hatte. Kürzlich erst – Ende Juni – war aus Rheinsberg ein Brief voll besorgter Ermunterung eingetroffen: »Ich bitte Sie inständig, das ›Siècle de Louis XIV.‹ fortführen zu wollen. Nie hat Europa eine ähnliche Geschichte gesehen... Vor der Experimentalphysik zittere ich. Ich fürchte das Laboratorium und alles, was die Experimente für die Gesundheit Schädliches mit sich bringen. Wenn Sie sich nicht in acht nehmen wollen, kann ich nicht glauben, daß Sie die geringste Freundschaft für mich empfinden. Wahrlich, die Frau Marquise sollte darüber wachen. Wäre ich an ihrer Stelle, ich wollte Ihnen so angenehme Beschäftigungen verschaffen, daß Sie alle Experimente darüber vergäßen.«

Doch Emilie tat das eine, ohne das andere zu lassen. So widmeten sich die beiden emsig im Laboratorium und in der Dunkelkammer ihren physikalischen und chemischen Versuchen; auch biologische Experimente stellte Voltaire an: um eine Behauptung des gelehrten Spallanzani nachzuprüfen, daß der abgeschnittene Kopf einer Seeschnecke nachwüchse, unternahm er trotz seines weichen Gemüts zweiunddreißigmal einen solchen Versuch.

Das »Siècle« aber lag unvollendet in dem Schrank, in dem Emilie es verschlossen hatte. Es bestand keinerlei Aussicht, daß die kritische Tendenz dieses Werkes geduldet würde – Voltaire sollte nun endlich einmal an etwas arbeiten, was ihn nicht gefährdete.

So mühte er sich jetzt um Sätze nicht literarischer, sondern naturwissenschaftlicher Art, die allerdings auch nicht im Einklang mit den gültigen Ansichten standen, immerhin aber wenigstens keine Verfolgungen nach sich ziehen konnten. Es handelte sich um die Preisfrage der Akademie der Wissenschaften, die für das Jahr 1738 »Wesen und Verbreitung des Feuers« zum Thema hatte – das richtige Thema für Voltaire, der auf dem Gebiet der Verbrennung bereits Experimente angestellt hatte und nun um so gründlicher nach einer theoretischen Erklärung suchte. Er gelangte zu Auffassungen, die seiner Zeit weit voraus waren, und stand dicht vor der Entdeckung der spezifischen Wärme – doch fand er nicht das allerletzte Glied der Gedankenkette.

Rastlos werkelte er in einer Eisenhütte, um durch Wiegen herauszufinden, ob zwischen kaltem und geschmolzenem Eisen ein Gewichtsunterschied bestehe; die Mengen, die er wog, wurden immer größer – bis auf zweitausend Pfund Eisen kam er. Er untersuchte weiterhin den Übergang von Wärme, maß die Zeit, in der verschiedene Körper von der gleichen Wärmequelle her eine bestimmte Temperatur erreichten, legte eine heiße Eisenplatte zwischen zwei kalte und widerlegte dabei die Annahme, Wärme strebe nach oben. Am kostspieligsten waren die kleinen Waldbrände, die er entfachen ließ, um das Fortschreiten des Feuers beobachten zu können; am wichtigsten aber war das Ergebnis seiner Mischungen verschiedener Flüssigkeiten unterschiedlicher Temperaturen: sie vereinten sich nie zu der erwarteten Durchschnittstemperatur.

Die Akademie gab am Ende des Jahres das Ergebnis des Wettbewerbs bekannt: drei Gelehrte teilten sich den Preis, und zwar der 31jährige Mathematiker Euler, der Jesuit Lozeran du Fiese und Graf Créquy. Niemand wußte, daß Voltaires Arbeit den künftigen Erkenntnissen der Wissenschaft weit näher kam als die Theorien, die von diesen Preisträgern vertreten wurden. Euler entwickelte die unhaltbare Ansicht, brennbare Körper enthielten kleine Bläschen mit Feuerstoff, die aufspringend das Feuer ausdehnten; die beiden anderen brachten das Feuer mit Descartes' Wirbeltheorie in Einklang und sicherten sich damit die Zustimmung der Akademie.

Eine Überraschung bedeutete aber der Beschluß der Preisrichter, entgegen den üblichen Gepflogenheiten nicht nur die preisgekrönten, sondern noch zwei weitere Arbeiten zu veröffentlichen. Diese beiden stammten von Voltaire und von der Marquise du Châtelet, die – angesteckt vom Arbeitseifer ihres Freundes – in den Nächten des letzten Monats vor Einsendeschluß insgeheim eine eigene Ausarbeitung angefertigt hatte, in der sie fast allen Ideen Voltaires widersprach. Entgegen ihrem Wunsch war ihre Verfasserschaft nun öffentlich bekannt geworden; Voltaire nahm ihr indes die Heimlichkeit nicht übel, sondern setzte sich bei wissenschaftlichen Kapazitäten wie Réaumur und Dufay, dem besessensten Experimentator auf dem Gebiet der neuentdeckten Elektrizität, nachhaltig für die Drucklegung von Emilies Arbeit ein.

Nun war er aber nicht der Mann, ständig nur mit Barometern, Thermometern und Pyrometern (einer von Musschenbroeck (Cunäus) in Leiden entwickelten Meßstange für die Ausdehnung erhitzter Körper) zu hantieren. Er arbeitete nebenher wieder an einer Tragödie, »Mérope«, die ihm allerdings durch Emilies scharfe Kritik vergällt wurde, und an einem Drama »Mahomet«, mit dem er die grauenhaften Folgen des Fanatismus vor Augen führen wollte. Liebe zur Menschheit und Abscheu vor Unduldsamkeit führten ihm die Feder, als er eine erschreckende Handlung entwarf: Der Prophet Mahomet ist darin ein Betrüger, der hinter der Stiftung einer Religion seine Machtgier und seinen Ehrgeiz verbirgt; jedes Mittel – Lüge, Heuchelei, Grausamkeit, Verrat – ist ihm recht und wird durch die Religion plausibel gemacht. Während dieser – unhistorische – Mahomet seine Anhänger zu blindgläubigen Fanatikern macht, die er zynisch benutzt, ist sein Gegner Zopire über die Verdummung und Entwürdigung der Menschen verzweifelt; er unterwirft sich auch dann nicht dem Betrüger, als dieser ihm zur Belohnung dafür die Freilassung seiner beiden Kinder verspricht, die als Sklaven bei Mahomet aufwuchsen, nachdem sie in einem Feldzug gefangengenommen worden waren.

Die beiden Kinder wissen nicht, wer sie sind, und wurden gleichfalls zu fanatischen Gläubigen erzogen. Mahomet vollbringt nun ein wahres Teufelsstück: er veranlaßt den Sohn von Zopire, diesen um des Glaubens willen zu ermorden. Während Zopire stirbt, erfährt der Sohn, daß er seinen eigenen Vater umgebracht hat. Er will Mahomet öffentlich entlarven, stirbt aber dabei, da dieser ihm vorher ein vergiftetes Getränk kredenzt hatte. Der plötzliche Tod des Anklägers dient dem Propheten als Beweis dafür, daß seine Person heilig sei.

Die Grundidee der religiösen Mordtat war für Voltaire besonders wichtig, leitete er sie doch aus historischen Beispielen ab, die er voll Abscheu studiert hatte: Châtel, Clément und Ravaillac ermordeten um des Glaubens willen Heinrich den Dritten und Heinrich den Vierten, Poltrot ermordete den Herzog von Guise, sie alle wurden gefeiert; Wilhelm von Oranien wurde von einem Mörder umgebracht, der zuvor bei einem Dominikaner gebeichtet und das Abendmahl genommen hatte, und in England hatte Voltaire miterlebt, daß der sechzehnjährige Shepherd, der König Georg den Ersten ermorden wollte, nicht begnadigt werden konnte, sondern hingerichtet werden mußte: er hatte nämlich erklärt, Gott mehr zu gehorchen als den Menschen und deshalb den König, der einen falschen Glauben habe, ermorden zu müssen, sobald er wieder in Freiheit sei.

Unter solchen Geschehnissen litt Voltaire und suchte das Seine zu tun, um die Menschen vor Fanatismus und Grausamkeit zu bewahren. Die Tragödie erschien ihm – entsprechend der Lehre des Aristoteles – als Mittel zur Reinigung der Seele: deshalb wollte er engstirniger Sinnesart mit eindrucksvollen Bühnenstücken entgegenwirken.

Vor Vollendung seiner Tragödie wurde er aber jäh aus seiner Arbeitsstimmung gerissen. Er war inzwischen endlich gegen den Abbé Desfontaines angegangen, dessen Verrat ihn zur Flucht nach Holland gezwungen und der zur Zeit des Aufbruchs der Maupertuis-Expedition einen anderen üblen Vertrauensbruch begangen hatte: durch die Veröffentlichung eines intimen Gedichts Voltaires, worin die Kenntnisse der Liebesreize Emilies über die des Äquators und des Nordpols gestellt wurden. Damals hatte Voltaire seinen Gegenangriff unterlassen, weil Desfontaines plötzlich wegen Verspottung der Akademie in Gefahr geriet, sein Leben als Galeerensträfling zu enden. Es war nicht ungewöhnlich, daß jemand wegen Schreibens, Druckens oder Verkaufens von Büchern auf die Galeere geschickt wurde, von wo es kein Entrinnen gab, denn nach Ablauf der Strafe wurden die Verurteilten nicht wieder entlassen: ihre Muskelkraft wurde dringend zur Aufrechterhaltung der französischen Seemacht im Mittelmeer gebraucht. Sie saßen, bis zum Gürtel nackt, zu fünf oder sechs an einem Ruder und blieben Tag und Nacht an ihre Bank gekettet. In diesen Schiffen, die sich unabhängig vom Wind bewegen sollten, saßen auf 25–30 Doppelbänken 300 versklavte Ruderer, zwischen denen die Gefangenenvögte mit ihren Peitschen hin und her gingen; die Unglücklichen wurden meist nur durch natürlichen Tod oder Selbstmord von ihrem harten Los befreit.

Zu seinem Glück entging Desfontaines solchem Geschick. Dann hatte er erst einige Zeit Ruhe gegeben, ehe er seine herabsetzenden Schreibereien gegen Voltaire fortsetzte, zunächst mit einer Kritik des »L'enfant prodigue«, sodann mit seinem lächerlichen Angriff gegen die »Elemente der Philosophie Newtons«. Da war es Voltaire zuviel geworden, der seit Jahren unter der Niedertracht Desfontaines und fast noch mehr unter seinen ständigen Gedanken daran litt. Er hatte einen Vernichtungsschlag führen wollen und unter dem Namen eines Strohmanns die Schrift »Le Préservatif« herausgebracht, die alle Sünden Desfontaines' gegenüber Voltaire selbst sowie andere Verfehlungen und eine Menge schriftstellerische Schnitzer aufzählte.

Auf diese Veröffentlichung antwortete Desfontaines anonym mit der »Voltairomanie«, einer Häufung von Lügen und Beleidigungen: Voltaires »Henriade« eine wirre Häufung von Sprachfehlern, »Karl XII.« ein schlechter, von Fehlern strotzender Roman im Klatschweiberstil, die »Lettres« mit Recht vom Henker verbrannt, die »Elemente der Philosophie Newtons« ein lächerliches Werk, nicht mehr wert als die Schreibübung eines dummen Schuljungen. Voltaire sei verdientermaßen immer wieder verprügelt worden. Und die Behauptung, Thieriot hätte Desfontaines einst veranlaßt, eine Schmähschrift gegen Voltaire ins Feuer zu werfen, sei, wie Thieriot selbst bezeuge, unwahr. »Voltaire ist also das dreisteste und verrückteste Lügenmaul, das je existiert hat.«

Dieses Pamphlet, das sofort zum Bestseller wurde, gelangte am Weihnachtsabend 1738 nach Cirey. Emilie, die Voltaires durch jede Kritik an seinen Werken verwundbares Herz kannte, wußte, was die Lektüre für seinen Seelenzustand bedeuten würde, und versteckte das mit der Post gekommene Buch vor ihm. Ein zweites Stück befand sich aber in der besonderen Post, die Voltaire von seinem Vertrauten, dem Abbé Moussinot, erhielt, der für ihn in Paris alle Besorgungen, Geschäfte und Finanztransaktionen erledigte. Voltaire wußte, wie schmerzlich Emilie durch die Schmähschrift getroffen sein würde und verbarg sie deshalb vor ihr.

Beide begannen sofort, heimlich Briefe zu schreiben, beide an den gleichen Adressaten, an Thieriot, der plötzlich zur Schlüsselfigur geworden war. Hatte er nicht erst kürzlich wieder bei einem Besuch in Cirey bestätigt, daß Desfontaines damals, als Voltaire ihn vor dem Scheiterhaufen bewahrte, umgehend eine Schmähschrift gegen seinen Retter verfaßt und sie dann nur auf Drängen Thieriots vernichtet hatte? Das wollte Desfontaines nun abstreiten und berief sich dabei noch auf Thieriot selbst, so daß Voltaire als Lügner dastand! Thieriot möge seine Aussage wiederholen, drängten beide Briefschreiber – doch der Freund ließ nichts von sich hören. Er lebte gegenwärtig nicht mehr auf Voltaires Kosten, sondern ließ es sich bei La Popelinière, einem steinreichen Pariser Finanzmann, wohl sein.

Neue Aufregung entstand in Cirey am 29. Dezember. Man hatte auf Bitte der Gattin Richelieus die mittellose fünfundvierzigjährige Madame de Graffigny als Besuch aufgenommen, die hell begeistert über Voltaires Liebenswürdigkeit war: er nahm nicht nur menschlichen Anteil an ihrem Schicksal, sondern hatte seinen persönlichen Dienern, die neben denen der Châtelets in Cirey beschäftigt waren, Anweisung gegeben, für die Bequemlichkeit der Madame zu sorgen.

Diese hatte in ihrer Hochstimmung nichts Wichtigeres zu tun, als einem Freund in Lunéville haarklein jede Einzelheit des Lebens in Cirey in langen Briefen zu berichten. Emilie, die nicht nur die Korrespondenz ihres Personals, sondern auch der Gäste kontrollierte, entdeckte voll Schreck, daß jener Freund in Lunéville die Verse eines Gesangs der »Pucelle« lobte.

Das streng gehütete Geheimnis verraten, der gefährliche Text in den Händen Unbekannter! Der aufgescheuchte Voltaire war schon wieder von der Aussicht gepeinigt, fliehen zu müssen. Er eilte zu Madame de Graffigny – es war spät abends, nach Ankunft der Post – und beschwor sie, ihre Abschrift der »Pucelle« sofort zurückzufordern. Auch Emilie erschien und machte heftigste Vorwürfe wegen des Vertrauensbruchs. Die verstörte Briefschreiberin konnte wenigstens glaubhaft machen, daß sie keine Abschrift angefertigt, sondern nur ganz allgemein über den Inhalt eines von Voltaire vorgelesenen Gesangs der »Pucelle« berichtet hatte. Um drei Uhr früh endeten die lebhaften Diskussionen in ihrem Zimmer, nachdem sie versprochen hatte, ihren Brief mit den Angaben über die »Pucelle« sofort zurückzufordern.

Konnte sich Voltaire über diese Affäre beruhigen, so mußte er sich nun um so heftiger über Thieriot ärgern, der trotz aller flehentlichen Briefe aus Cirey immer noch schwieg. Schließlich schrieb er an Emilie, er könnte sich nicht mehr so genau erinnern, worauf Voltaire, der inzwischen von dem Briefwechsel erfahren hatte, ihn inständig bat, der Marquise einen besseren Brief zu schreiben, da diese sich durch sein Ausweichen beleidigt fühle. Am 10. Januar schrieb sogar der Marquis du Châtelet aus Freundschaft zu Voltaire einen geharnischten Brief an Thieriot und erinnerte ihn an seine Pflicht als Ehrenmann. Leider war der Antwortbrief so unbefriedigend, daß Emilie ihn ihrem Mann nicht zeigte, sondern ihn mit der Bemerkung zurücksandte, Thieriot möge erst einmal die grammatischen Fehler verbessern, und außerdem sei zu befürchten, daß der Marquis ihn auf einen so nichtssagenden Brief hin fordern würde.

Thieriot drückte sich weiterhin um eine klare Stellungnahme, schickte aber an den preußischen Kronprinzen die »Voltairomanie«. Es war Voltaire gewesen, der Friedrich seinen Freund Thieriot als Korrespondenten über die Pariser literarischen Neuigkeiten empfohlen hatte, doch dieser dankte es damit, nach Berlin vorwiegend das zu berichten, was Voltaire abträglich war.

Als niemand mehr daran zweifelte, daß Thieriot ein völliger Versager war, bereinigte schließlich der Marquis du Châtelet die ganze Angelegenheit auf soldatisch energische Weise: er fuhr nach Paris, stellte Desfontaines zur Rede und ließ ihm keinen Ausweg als eine Erklärung zu unterschreiben, in der es hieß, Desfontaines sei nicht der Verfasser der »Voltairomanie« und mißbillige deren Verleumdungen.

Danach suchte sich dieser Skandalschreiber ein anderes Opfer, geriet aber dabei an den Falschen, da dieser ihn verklagte und öffentlich bloßstellte. Desfontaines verlor nun das Privileg zur Herausgabe seiner literarischen Zeitschrift, versuchte noch eine Neugründung und verlor immer mehr an Einfluß. Im Jahre 1745 erkrankte er schwer und starb. – Die Aufregungen des Winters schlugen Voltaire so aufs Gemüt, daß der Arzt ihm geistige Arbeit verbieten wollte – ein unannehmbares und untaugliches Rezept. Vielleicht half ihm Ortsveränderung? Nach vier Jahren Cirey beschloß man, auf Reisen zu gehen und verschiedene geschäftliche Angelegenheiten zu regeln: in Paris sollte das Palais Lambert auf der Insel Saint-Louis verkauft werden, in Brüssel war für die Châtelets in schwieriger Erbschaftsangelegenheit ein langwieriger Prozeß zu führen.

Im Mai 1739 begaben sich die Châtelets und Voltaire auf die Reise, zunächst nach Brüssel. Damit begann eine Zeit der Unrast, die Voltaire nur zu kurzen Zwischenaufenthalten nach Cirey zurückführen sollte. Als Begleiter fuhr der von seinem Lehrer Maupertuis empfohlene schweizerische Mathematiker Samuel Koenig mit, ein entschiedener Anhänger von Leibniz, der seit einiger Zeit Emilie in Algebra unterrichtete; sie wollte auf diese Lektionen nicht verzichten, wie wenig auch Voltaire über ihren neuen Hang zur Leibnizschen Philosophie erbaut war, die Koenig ihr bei dieser Gelegenheit einflößte.

In Brüssel mietete man ein Haus und arbeitete tüchtig. Neben den juristischen Vorbereitungen und den vielen Prozeßverhandlungen beendete Voltaire seinen »Mahomet«, ohne daß sein Arbeitseifer dadurch erschöpft worden wäre. Die beiden ersten Kapitel des »Siècle de Louis XIV.« und ältere Werke wurden überarbeitet, die ausgedehnte Korrespondenz fortgesetzt, darunter auch die mit dem Kronprinzen Friedrich, den er bei seiner Widerlegung des Machiavelli, dem »Antimachiavell«, ermunterte und beriet.

Im August zog es Emilie nach Paris, wo mit vielen Festlichkeiten die Vermählung der ältesten Tochter des Königs, Elisabeth, mit dem Infanten von Spanien gefeiert wurde. Die große Neuigkeit, die sie in der Hauptstadt erfuhren, war, daß Ludwig XV. nach Jahren der Heimlichkeit nun Frau de Mailly offiziell zu seiner Mätresse gemacht hatte.

Der Trubel in Paris, die Hast, Verwirrung und Lärmerei mißfielen dem nun an stilles Arbeiten gewöhnten Voltaire – drehten sich nicht lauter Cartesianische Wirbel in der Stadt? –, doch fühlte sich Emilie in ihrem Element, genoß das Gesellschaftsleben und bemühte sich wieder um Maupertuis. Voltaire versuchte unterdessen, seinen »Mahomet« zur Aufführung zu bringen, doch reichte die Zeit des Aufenthalts dafür nicht aus. Erfreulicherweise konnte er aber einen Sammelband seiner Werke in Druck geben.

Bald ging es wieder nach Brüssel zurück, wobei der Weg über Cirey führte. Auf der Fahrt zwischen Cirey und Brüssel gab es den ganzen Tag lang in der Kutsche erbitterten Streit zwischen Emilie und Koenig. Es ging um nichts weiter als um den Begriff des unendlich Kleinen, doch erwies sich das als groß genug, um Emilies Zorn derart zu entfachen, daß sie sich nach der Ankunft in Brüssel ein für allemal von Koenig trennte.

Ein Jahr später sollte sie übrigens nochmals in Differenzen mit Koenig geraten: als ihr Buch »Institutions de Physique« erschien, worin sie auf geistreiche Weise Leibniz in Frankreich populär machte, stellte Koenig

rechts: Die erste Ausgabe des Antimachiavell

EXAMEN
DU PRINCE
DE
MACHIAVEL,
AVEC DES NOTES
Historiques & Politiques.

A LA HAYE,
Chez JEAN VAN DUREN,
M. D. CC. XLI.
Avec Privilége.

dieses Werk zu ihrer Empörung als Ergebnis der Unterrichtsstunden hin, die er ihr erteilt hatte. –

Kaum war Voltaire in Brüssel angelangt, als ihn schon böse Nachrichten einholten: in Paris war der eben gedruckte Sammelband seiner wichtigsten Gedichte und Prosastücke, darunter die beiden Kapitel des »Siècle«, von der Polizei beschlagnahmt und vernichtet worden. Die Begründung lautete, der Verleger, Prault fils, hätte die Bücher an einem Ort gelagert (im Hause eines Apothekers), der dafür nicht genehmigt war. Sein Geschäft wurde deshalb auf drei Monate geschlossen, und er erhielt eine Geldstrafe von 500 Livres. Voltaire half ihm, indem er diese Summe aus eigener Tasche bezahlte.

Zu seinem Leidwesen war er nicht zeitig genug nach Brüssel gekommen, um noch Algarotti anzutreffen, der dort lange auf ihn gewartet hatte. Gern hätte sich Voltaire wieder einmal mit diesem charmanten Venezianer unterhalten, der einen reichen Kaufmann zum Vater hatte und deshalb sorglos in aller Welt umherreisen konnte. Auf solcher Reise war Algarotti auch nach Cirey gekommen, wo er seine Kenntnisse über Newton vertiefte und ein Büchlein schrieb, um den Damen, die damals höchst interessiert an wissenschaftlichen Neuigkeiten waren, die Gravitationstheorie zu erklären. Er hatte auch an der Expedition von Maupertuis teilgenommen, war später auf Empfehlung Voltaires nach Rheinsberg eingeladen worden und hatte von dort in den höchsten Tönen des Lobes über Friedrich berichtet; jetzt war er auf der Rückkehr von einer Rußlandreise wiederum in Rheinsberg gewesen und befand sich gerade auf dem Wege nach London, wo er wohnte.

Mit Friedrich selbst trat Voltaire in noch engere geistige Verbindung denn je. »Sie müssen der Adoptivvater meiner Kinder sein«, schrieb der Kronprinz und sandte das Manuskript des »Antimachiavell« zur Durchsicht und Überarbeitung an Voltaire, der ein Vorwort dazu schrieb. Da das Werk anonym erscheinen sollte, mußte Voltaire auch alle technischen und geschäftlichen Regelungen treffen.

Konnte man sich eine schönere und wichtigere Aufgabe denken, als eine Widerlegung des »Fürstenverderbers« aus der Feder eines Fürsten zu veröffentlichen? Voltaire durfte davon träumen, daß auf die Verkündigung einer liberaleren, geist- und kunstfreundlichen Gesinnung später auch Taten folgen würden, und daß das Vorbild eines aufgeklärten, menschenfreundlichen Königs von Preußen, der keine Macht- und Kriegspolitik betriebe, andere Herrscher beeindrucken würde.

Deshalb widmete er sich dem »Antimachiavell« mit Feuereifer. Nach einigen Monaten stellte er das gründlich überarbeitete Werk dem Buchhändler und Drucker van Düren in Den Haag zu, der kein Honorar zu zahlen brauchte, das Buch nur in würdiger Form herausbringen sollte und dafür alle Einnahmen behalten durfte.

Am 31. Mai 1740 wird der Kronprinz nach dem Tode seines Vaters König von Preußen.

Sofort schreibt Voltaire einen begeisterten Huldigungsbrief mit einem allegorischen Gedicht, in dem er Friedrich II. als einen zweiten Prometheus feiert, der das im Norden Europas verschwundene heilige Feuer, das Prometheus einst dem Himmel entrissen, wiedergefunden habe und zur Erleuchtung des Geistes und der Künste nutzen werde. Der junge König fordert ihn seinerseits auf: »Schreiben Sie mir um Gottes willen nur als Mensch und verachten Sie wie ich Titel, Namen und äußeren Glanz.«

Friedrich war durch seinen Briefwechsel mit Voltaire der berühmteste Thronfolger in Europa geworden; jetzt rückt das kleine Preußen in den Mittelpunkt des Interesses, da man eine neuartige Regierungsweise von einem König mit so humaner Gesinnung erwartet. Die Hoffnungen der aufgeklärten Geister werden auch nicht enttäuscht: als Anhänger Voltaires verbietet Friedrich sofort die Folter, beseitigt die Jagdplage für die Bauern und erfüllt die vernachlässigte Akademie mit neuem Leben, indem er Wolff nach Berlin beruft – ein König, der zugleich Philosoph ist, ein wahres Wunder!, jubelt Voltaire –; außerdem kommen Maupertuis – als Präsident der Akademie –, Algarotti und der hervorragende Mathematiker Euler nach Berlin. Zur Freude Voltaires gibt sein »Salomo des Nordens« auch den »unnützen Riesen« die Freiheit und löst jenes Regiment der Langen Kerls auf, das der Soldatenkönig durch Rekrutierung, Kauf und Menschenraub zusammengestellt hatte.

Inzwischen hetzt Voltaire den Buchhändler van Düren, den »Antimachiavell« so schnell wie möglich herauszubringen. Insgeheim fürchtet er wohl eine Sinnesänderung des nunmehr Monarch gewordenen Autors; mit Windeseile liest er Korrekturen, mahnt und fordert – es kann ihm nicht schnell genug gehen.

Abgesehen von diesem leisen Argwohn ist er aber überzeugt, daß sein Freund und Schüler Federic ein Held wird: keiner jener die Menschheit plagenden Heerführer und Zerstörer, sondern ein Großer nach dem Bilde

Voltaires – voller Liebe zu den Menschen, zum Frieden und zu den schönen Künsten, ein Weiser auf dem Thron.

Der Juli bringt Voltaire schlechte Nachrichten. Sein Vertrauensmann, der Abbé Moussinot, unterrichtet ihn von dem Bankrott des Generalsteuerpächters Michel – Voltaire verliert dadurch die beträchtliche Summe von 40 000 Livres (nach heutigem Wert etwa 40 000 Dollar). Mit einigen Verschen voll Galgenhumor tröstet er sich indes über diesen Verlust hinweg.

Schmerzlicher trifft ihn der lange Brief, den der Preußenkönig schickt. Die erste Anordnung, von der er berichtet, ist die Verstärkung seiner Streitkräfte (in Berlin sind auch die Generale überrascht, mit welcher Energie sich Friedrich militärischen Fragen widmet). Erst im Anschluß daran folgt der Hinweis auf die Förderung der Akademie, des Handels und der Industrie, der Maler und Bildhauer, weiterhin ein langer Bericht über Leben und Arbeitsweise des Königs, sodann ein herzlicher Schluß: Ich versichere Ihnen, daß niemand Sie mehr lieben und schätzen kann als ich. Leben Sie wohl.

Federic.

Und dann der schreckliche Nachsatz: Kaufen Sie um Gottes willen die gesamte Auflage des »Antimachiavell« auf!

Es bleibt dem bitter enttäuschten Voltaire nichts anderes übrig, als nach Holland zu reisen und mit van Düren zu verhandeln. Dieser wußte natürlich genau – wie die meisten Literaten in Europa – wer der anonyme Verfasser der Schrift gegen Machiavell war; jetzt, nachdem Friedrich König geworden ist, muß das Buch ein glänzendes Geschäft werden . . .

Voltaire läßt alle seine Verhandlungskünste spielen, macht dem Verleger klar, daß ihm das Manuskript, das nunmehr zurückgezogen wird, doch gar nicht gehört, daß er nichts dafür gezahlt hat, daß ihm sämtliche Unkosten, die er gehabt hat, ersetzt werden sollen. Nein, sagt der Spitzbube van Düren, der Druck hat bereits begonnen und muß fortgesetzt werden. Voltaire bietet ihm doppelten Ersatz aller Unkosten, schließlich das Vierfache – der Verleger lehnt sämtliche Vorschläge ab. Nun kann Voltaire es nur noch mit List versuchen. Er schickt einen Boten zu van Düren, der einige Blätter des Manuskripts zur Korrektur abholen soll – doch van Düren rückt nicht eine einzige Seite heraus. Voltaire begibt sich darauf selbst zu ihm und erklärt kategorisch, daß noch wichtige Verbesserungen vorgenommen werden müßten. Gern, sagt der gerissene Drucker, aber nur bei mir! Dann werde ich Ihnen Blatt für Blatt anvertrauen, und Sie können es, in meinem Zimmer eingeschlossen, in Gegenwart meiner Familie und meiner Lehrlinge so gründlich korrigieren, wie Sie mögen.

Für solch liebenswürdiges Angebot ist Voltaire sehr dankbar; er begibt sich in die muffige Stube, arbeitet sorgsam mehrere Seiten durch und gibt sie dem mißtrauisch überprüfenden van Düren zurück. Dann empfiehlt er sich mit dem Hinweis, daß er noch nicht alles geschafft habe.

Zwei Tage später kehrt er zurück und läßt sich wieder einschließen. Um die Angelegenheit schneller zu erledigen, händigt van Düren ihm gleich sechs Kapitel auf einmal aus. Voltaire leistet gründliche Arbeit: als er das Haus verläßt, sind große Teile des Textes durchstrichen, unleserlich gemacht, und zwischen die verdorbenen Zeilen ist unverständlicher Unsinn geschrieben worden.

Nun hat Voltaire eine neue Verhandlungsgrundlage: er bietet Geld für das verdorbene Manuskript. 1000 Dukaten, ja sogar 1500 Dukaten, wenn van Düren auf die unbrauchbare Unterlage verzichtet.

Doch dieser gibt nicht nach. Um keinen Preis der Welt.

Schließlich muß Voltaire einsehen, daß van Düren möglicherweise ein unsinniges Werk als »Antimachiavell« herausbringt. So sieht er sich genötigt, eine neue Vereinbarung zu treffen: er hinterlegt den Text in einwandfreier Fassung bei einem zuverlässigen Bekannten, dem Vikar Le Petit, zum Umtausch gegen das verschandelte Manuskript, das van Düren ausliefern wird.

Darauf kehrt Voltaire nach Brüssel zurück.

Van Düren aber bringt das Manuskript nicht zu Le Petit. Auf Befragen schwindelt er jeweils, es sei nach Basel, oder nach London, oder auch nach Frankfurt geschickt worden, oder es sei verloren gegangen. Er schwindelt so lange, bis er eine verbalhornte Ausgabe des »Antimachiavell« herausgebracht hat – die unleserlichen und unsinnigen Textstellen sind nach Gutdünken »verbessert« worden.

Nun bleibt Voltaire kein anderer Ausweg, als eine korrekte Ausgabe – zum Vergleich und als Ehrenrettung – zu veröffentlichen. Er hat sie nochmals gründlich überarbeitet, doch ist Friedrich mit dieser Fassung nicht einverstanden. Er möchte den Text nochmals korrigieren. Aber er kommt – wegen anderer Unternehmungen – nicht mehr dazu, die humanen Prinzipien seines Buches in besseren Sätzen zu formulieren, geschweige denn, sie in Taten umzusetzen.

So wird das Werk ohne den Segen seines Autors in zwei unterschiedlichen Fassungen zu einem großen literarischen Erfolg. Van Düren bringt mehrere Auflagen hintereinander heraus, Voltaires Ausgabe erscheint in Den Haag bei Paupie und ist schnell vergriffen; das Buch wird sofort in mehrere Sprachen übersetzt und in Brüssel, in Kopenhagen wie auch bei Vandenhoeck in Göttingen verlegt. Voltaire kann später an Friedrich schreiben, daß es in Rom und in Genf, in Madrid und in London, von Jesuiten wie von Jansenisten bewundert wird. –

Nach all den Jahren geistiger Verbundenheit soll nun endlich die langersehnte persönliche Begegnung zustandekommen. Seines Vaters Verbot hatte den jungen Friedrich – wohl als einzigen deutschen Thronfolger – gehindert, die übliche große Bildungsreise, »Grand Tour«, nach Rom, Paris, Brüssel und Holland zu unternehmen. Jetzt plant er, diese Reise nachzuholen, und Voltaire bereitet sich darauf vor, ihn in Brüssel festlich zu empfangen und auf der Weiterfahrt zu begleiten.

Im August steht fest, daß Friedrich zur Erledigung politischer Fragen nach Wesel und Cleve fahren wird; von dort kann er nach Brüssel weiterreisen. Algarotti wird bei ihm sein, mit Maupertuis wird er in Brüssel zusammentreffen – Voltaire beglückwünscht diesen, den er Friedrich schon seit Jahren empfohlen hatte, in herzlichen Briefen. »Im dritten Jahr nach Abflachung der Erde«, schreibt er einmal als Zeitangabe.

Friedrich beginnt seine Reise mit einem Besuch bei seiner Lieblingsschwester in Bayreuth. Die Fahrt nach Wesel erlaubt einen Abstecher nach Straßburg, wo er die Landsleute Voltaires in ihrer eigenen Umgebung studiert: sie mißfallen ihm als unernst, schwatzhaft und hohl.

Da er es liebt, im strengsten Inkognito zu reisen, fühlt er sich zum ersten Mal völlig ungebunden und treibt seine Späße. In Straßburg reizt er einen französischen Offizier derart, daß dieser ihm einen Teller an den Kopf geworfen hätte, wenn er nicht rechtzeitig von einem Freund beschwichtigt worden wäre; auf dem Weg nach Wesel erschrickt er einen in einer entgegenkommenden Kutsche schlafenden französischen Abbé. Mit diesem hatte er sich in Berlin über Gedankenfreiheit gestritten und ihm im Scherz empfohlen, in eine Freimaurerloge einzutreten, was jener entrüstet abgelehnt hatte; nun aber wird der Schlafende jäh geweckt, fährt hoch und sieht völlig unvermutet den König von Preußen – oder seinen Geist? – vor sich, der eine Pistole angelegt hat und mit Donnerstimme ruft: »Werde Freimaurer oder stirb!« –

Nach seiner Ankunft in Wesel erleidet Friedrich einen heftigen Fieberanfall und nutzt diesen als willkommenen Anlaß, die Fahrt nach Brüssel abzusagen und Voltaire in das Schloß Moyland bei Cleve zu sich zu bitten. So gelingt es ihm, ein Zusammentreffen mit Emilie zu vermeiden, nach der er nicht die geringste Sehnsucht verspürt, und Voltaire für sich allein zu haben.

Zwei Tage rasender Kutschenfahrt, dann betritt Voltaire zur Nachtzeit das einsame Schloß und erblickt in einem kahlen, düsteren Raum die von einem Reitermantel verhüllte zierliche Gestalt des fiebernden Königs. Voltaire, der sich kaum irgendwo so gut auskennt wie in Krankheiten, sitzt bereits am Bett, fühlt Friedrich den Puls und empfiehlt ihm das passende Medikament: Chinarinde aus Paraguay oder Bolivien, wo jesuitische Missionare dieses Wundermittel gegen Fieber entdeckt haben.

Die Erregung und Begeisterung läßt Friedrich seine Schwäche sofort vergessen. Er erhebt sich, plaudert und läßt auftischen.

Drei Tage lang führen die beiden Freunde ihre Gespräche miteinander, über Philosophie und Dichtkunst, vor allem auch über ihre eigenen Werke. Voltaire liest aus seinem »Mahomet« vor, hilft dem König bei Abfassung einer politischen Note an den Bischof von Lüttich und ist glücklich über die charmante Umgänglichkeit des jungen Königs, der ihn an den Jugendfreund Cideville erinnert. Friedrich aber verwünscht seine Krankheit. Als Gesunder könnte er doch viel mehr aufnehmen von dem strahlenden Geist Voltaires, der die Beredtheit eines Cicero, die Sanftmut eines Plinius und die Weisheit eines Agrippa in sich zu vereinen scheine!

Wie war die Marquise du Châtelet um diesen Mann zu beneiden! Friedrich ist sich bewußt, daß es ungewöhnlicher Anstrengungen bedarf, um Voltaire, den er immer wieder einlädt, für den preußischen Hof zu gewinnen.

Als sie sich trennen müssen, fährt Voltaire auf Friedrichs Bitte des »Antimachiavell« wegen noch einmal nach Den Haag. Die beiden ahnen nicht, wie bald sie sich wiedersehen werden.

Emilie aber, die sich nun auch noch um des »Antimachiavell« willen von Voltaire getrennt sieht, verläßt kurzerhand Brüssel und fährt nach Paris, um dort auf die energischste Weise dahin zu wirken, daß Voltaire von Fleury anerkannt und an den Hof nach Versailles berufen wird. Damit wären die preußischen Verlockungen übertrumpft.

Da stirbt plötzlich der deutsche Kaiser, Karl VI. von Österreich. Er erliegt einer Pilzvergiftung, und – wie Voltaire später schreiben wird – »dieser Teller Champignons änderte das Schicksal Europas«.

Schon im November befand sich Voltaire, ohne Emilie wiedergesehen zu haben, auf der Reise nach Preußen.

Der Tod des Kaisers hatte Europa in Bewegung gebracht. Seit 1713 war zwar durch die »Pragmatische Sanktion« für diesen Sterbefall Vorsorge getroffen worden (Karl VI. hatte unter großen Opfern – Einstellung seines Überseehandels, Auslieferung Lothringens an Stanislaus Leszcynsky – die Zustimmung der europäischen Mächte zur Thronfolge seiner Tochter Maria Theresia und die Unantastbarkeit Österreichs erkauft), doch war das jetzt alles über Nacht vergessen.

Die Vertragspartner sannen darauf, Stücke aus der Erbschaft der Kaisertochter an sich zu reißen; auch Friedrich hatte an Voltaire geschrieben, dieser Tod habe seine friedlichen Absichten zunichte gemacht: »Ich glaube, im Monat Juni wird es mehr auf Pulver, Soldaten und Trancheen ankommen, als auf Schauspielerinnen, Ballette und Aufführungen.«

Bei der allgemeinen Gruppierung der europäischen Mächte gegen Österreich lag Fleury sehr viel daran, die Stimmung Friedrichs II. kennenzulernen. Emilies Wirken in Versailles hatte bereits dazu geführt, daß Fleury Voltaire die »Jugendsünden« verziehen und ihn nach Paris zu kommen ermuntert hatte; nun bat er ihn sogar, Friedrich zu besuchen und dessen Auffassung über die internationale Lage zu erkunden.

Mit Voltaires Ankunft in Rheinsberg begann eine Reihe fröhlicher Tage: Konzerte und Gastmähler, Scherze und Spiele in anregender Gesellschaft, lange vertrauliche Gespräche mit dem jungen König ...

Geist und Heiterkeit regierten. Die Schatten waren kaum bemerkbar: daß Voltaire nichts über Friedrichs politische Absichten in Erfahrung bringen konnte, daß er trotz aller Mahnungen den geizigen jungen Herrscher nicht zu bewegen vermochte, den lange darauf wartenden Thieriot endlich für seine Dienste als literarischer Korrespondent zu bezahlen. Für sich selbst hatte er dagegen mehr Erfolg und erhielt die Kosten seiner Reise zurückgezahlt, was Friedrich mit der heimlichen Bemerkung (zu Jordan) quittierte, da sei ein Hofnarr teuer bezahlt!

Die einzige Damenbekanntschaft, die Voltaire am Hof machen konnte, war die mit Friedrichs Lieblingsschwester, der ebenfalls zu Besuch weilenden Wilhelmine von Bayreuth, die ihm in Freundschaft verbunden bleiben sollte. Sonst aber sah man nur Männer, wohlgestaltete Männer, über deren Beziehungen zueinander allerlei gemunkelt wurde. Ja, man konnte auch dieses und jenes beobachten . . .

Unter dem Eindruck dieses Treibens ließ sich Voltaire eines Tages zu einer flüchtigen Notiz an seinen Freund Maupertuis hinreißen, in der von Friedrich als »respectable, singulière et aimable putain« die Rede war. Wäre doch seine Feder nicht so hurtig gewesen! Er ahnte nicht, daß er damit eine tödliche Waffe gegen sich selbst in die Hände eines Mannes gab, der Jahre später sein erbittertster Feind werden sollte und diesen Zettel nur dem König zu zeigen brauchte, um ihn zu vernichtenden Schlägen gegen Voltaire aufzustacheln.

Nach vierzehn Tagen reiste der gefeierte Dichter plötzlich ab und war auch nicht zu der mindesten Verlängerung seines Aufenthalts zu bewegen. Emilie hatte nämlich in einem verzweifelten Brief an Richelieu angedeutet, daß sie dessen Frau, die vor kurzem gestorben war, freiwillig folgen würde, und war dann in zerrissener Gemütsverfassung nach Brüssel gefahren. Während Friedrich am 16. Dezember überraschend mit seinen Truppen in Schlesien einfiel, um die Macht und den Ruhm des Hauses Brandenburg zu vergrößern, kämpfte sich Voltaires Kutsche auf verschneiten und vereisten Straßen in unwirtlichen deutschen Landschaften nach Brüssel durch. Die ungeduldig wartende Emilie konnte im Januar 1741 ihren Voltaire endlich wieder in die Arme schließen.

Der schwierige Prozeß der Châtelets hielt auch Voltaire weiterhin in Brüssel fest, hinderte aber nicht an einem Abstecher nach Lille, wo die junge Madame Denis einen repräsentablen Haushalt führte, nachdem ihr Mann befördert und hierher versetzt worden war. Bei seiner lieben Nichte war Voltaire gern zu Gast, und sie umsorgte ihn schon im Hinblick auf sein Testament, in dem sie eine bevorzugte Rolle spielte, höchst aufmerksam.

In Lille gab es einen Theaterdirektor, La Noue, der Voltaire klagte, wie übel ihm Friedrich II. mitgespielt hatte: erst ein Auftrag, für Berlin eine französische Schauspielertruppe zu engagieren, dann plötzliche Absage und Weigerung, die hohen Kosten zu zahlen, die entstanden waren! La Noue hatte schwere finanzielle Verluste erlitten; Voltaire pries sich im stillen glücklich, wenigstens sein Reisegeld nach Preußen erhalten zu haben – seine Ausgaben für den »Antimachiavell« waren auch nicht beglichen worden. Und der arme Freund Thieriot hatte für seine literarischen Berichte vom Preußenkönig immer noch nichts bekommen...

Voltaire möge ihm helfen, bat der Theaterdirektor, und ihm jetzt, wo seine Anwesenheit in Lille große Aufmerksamkeit errege, die Aufführung eines seiner Stücke gestatten.

Nichts konnte Voltaire lieber sein. Vergeblich hatte er sich in Paris um die Genehmigung zur Aufführung des »Mahomet« bemüht – jetzt erlebte das Drama gegen Fanatismus und religiösen Betrug seine Premiere eben hier. Mit Emilie, Madame Denis und dem Philosophen Helvétius, den er in Lille getroffen hatte, wohnte er der Vorstellung bei, die mit begeistertem Beifall bedacht wurde.

Gerade während der Aufführung überbrachte man ihm einen Brief des Königs von Preußen. In der Pause erhob sich Voltaire und las den Zuhörern dieses Schreiben vor, in dem von einem Sieg in der ersten Schlacht berichtet wurde, die Friedrich geschlagen hatte. Stürmischer Applaus belohnte die Preußen für ihren Erfolg über die Österreicher und den Dichter für die Mitteilung dieser willkommenen Neuigkeit.

Es handelte sich um die Schlacht bei Mollwitz, aus der Friedrich als Besiegter geflohen war, ehe einer seiner Generale doch noch nachträglich die Schlacht gewinnen konnte.

In diesen Strudel war auch (zum großen Schreck Emilies) Maupertuis hineingerissen worden: obwohl er sich auf seinem wissenschaftlichen Lorbeer hätte ausruhen können – in der Schweiz war soeben die deutsche Übersetzung seines Expeditionsberichts von Samuel Koenig erschienen –, dürstete es ihn offensichtlich nach neuen Erlebnissen. Auf dem Schlachtfeld von Mollwitz, wohin er sich im Gefolge Friedrichs begeben hatte, wurde sein Verlangen zur Genüge gestillt: er sah sich plötzlich von feindlichen Husaren umstellt, die seine französischen Wörter nicht verstanden und seine feine Spitzenwäsche und rote Perücke eroberten. Notdürftig bekleidet rettete sich Maupertuis in das österreichische Hauptquartier, von wo er, mit neuer Garderobe versehen, als das einzige Beutestück, das die Österreicher in der Schlacht gemacht hatten, nach Wien geschickt wurde, ehe er nach Berlin zurückkehren durfte. –

Der leidige Erbschaftsprozeß nötigte Emilie immer noch zu längerem Aufenthalt in Brüssel, der nur durch Reisen nach Cirey und durch einige Monate in Paris unterbrochen wurde. Das Verhältnis zu Voltaire änderte sich im Grunde nicht, obwohl er im Juli ein Gedicht für sie schrieb, das sich von allen voraufgegangenen unterschied – ein Gedicht wehmütigen Abschieds von der körperlichen Liebe, ein Gedicht, das in den Bestand der Weltliteratur eingehen und die französische Umgangssprache um einige feststehende Redewendungen bereichern sollte. Es sagte, daß man seinem Alter gemäß leben müsse, daß es neben dem körperlichen Tod auch den schlimmeren Tod der Liebe gebe, daß aber vom Himmel die Freundschaft gekommen sei und dem Dichter über das Ende der Liebe hinweggeholfen habe.

Die Jugendzeit war unwiederbringlich vorüber. Wie groß die Spanne seines Lebens bereits geworden war, zeigte sich kurz darauf sehr deutlich, als vor seiner Wohnungstür in Paris ein abgemagertes, zerlumptes Individuum erschien, mit hohlen Wangen und struppigem Bart – ein gescheiterter Bohemien. Voltaire erkannte ihn sofort und empfing ihn voll Rührung: es war Le Coq, einer seiner liebsten Freunde der Schulzeit.

Wie weit lag das zurück! Vor dreißig Jahren hatte er Le Coq, dem er jetzt gern helfen wollte, zuletzt gesehen. Die Jahre von Louis-le-Grand, dem berühmten Jesuiteninternat, standen plötzlich wieder vor seinen Augen: die Stube, die er tagsüber mit vier anderen Bürgerssöhnen teilen mußte, die harten Bänke des Klassenzimmers, in dem Latein die einzige Unterrichtssprache war. Der bevorzugte Platz war im Winter der in der Nähe des Ofens – wie kalt war es immer in dem Gemäuer gewesen, wie sehr hatte er gefroren!

Die schwarze, ärmliche Schüleruniform, die man tragen mußte, behagte den Söhnen der Hocharistokratie gar nicht. Am Abend schulfreier Tage war die Straße Saint-Jacques vor der Schule verstopft von den zurückkehrenden Equipagen dieser jungen Leute, deren Namen laut von ihren Lakaien ausgerufen wurden, wenn sie ausstiegen. Elegant gekleidet, mit dem Degen an der Seite, von ihren Dienern begleitet, betraten die jungen Herren das Gebäude, begaben sich in ihre Einzelzimmer, wo ihre Tutoren bereits auf sie warteten, und mußten dann die Schülerkleidung anlegen und sich wieder der strengen Disziplin des Kollegiums unterwerfen. Der junge Herzog von Boufflers und der Marquis d'Argenson waren einmal, weil sie aus einem Blasrohr auf einen der Pères geschossen hatten, in Gegenwart der ganzen Klasse auf dem Schulhof durchgepeitscht worden. Zum Glück war er selbst während seiner Schulzeit jeder Prügelstrafe entgangen... Seine Begabung, die ihn jeden

Ehrenpreis der Schule erringen ließ, seine Dichtkunst, die ihn schon als Knaben weithin bekannt machte, sein unstillbarer Wissensdurst, sein Ehrgeiz hatten ihn schon frühzeitig eine bevorzugte Stellung einnehmen lassen.

Es war eine schöne Zeit gewesen – mit den Feiern und Prämienverteilungen, mit den Aufführungen lateinischer Tragödien und kleiner französischer Komödien; mit Lehrern wie dem freundlichen Père Porée, dem gelehrten Père de Tournemine oder dem großen Literaten und Cicero-Übersetzer Abbé Olivet. Voltaire schrieb ihnen noch gelegentlich Briefe und schickte auch einige seiner Werke. Und seine Mitschüler, wie die Brüder d'Argenson, Cideville, d'Argental, Richelieu: hatte er nicht die vertrautesten Freunde seines Lebens während der Schulzeit kennengelernt?

Wenn Voltaire im Frühjahr 1742 auch die günstigere Stimmung des Hofes nutzen und in Paris leben durfte, so bedeutete das doch nicht, daß seine Stellung damit gesichert gewesen wäre. Sein Schicksal entschied sich – wie das ganz Frankreichs – allein in Versailles, wo übler Klatsch und heimtückische Hofintrigen an der Tagesordnung waren, mochten auch inzwischen in der Touraine und in anderen Provinzen Hungersnöte und Krankheiten wüten, Menschen sich von Gras nähren und elend dahinsterben. Wieder einmal drohte die Pest. Doch wichtig war allein, was bei Hofe geschah.

Ludwig XV. hatte in der Madame de Vintimille – die ihre ältere Schwester als Favoritin ausgestochen hatte – eine energische junge Bewacherin gefunden, die ihn in dem Lustschlößchen Choisi fünf Tage in der Woche festhielt und aus ihm einen willensstarken Mann zu machen suchte. Vielleicht hätte sie noch eine segensreiche Rolle spielen können, wenn sie nicht im achten Monat ihrer Schwangerschaft von heftigem Fieber befallen worden und nach der Geburt gestorben wäre.

Es war ein entsetzliches Erlebnis für Ludwig gewesen, seine Vertraute und Geliebte zu verlieren, deren entseelter Leib, von den Ärzten aufgeschnitten und schlecht zusammengenäht, völlig unbekleidet in einer Schlafkammer lag, zu der jedermann Zutritt hatte, und dann – da im Schloß keine Leiche liegen durfte – in die Ecke einer Wagenremise geworfen wurde, wo sie, vom Volke verhöhnt, verweste.

Der geängstigte, von Tod und Hölle träumende Ludwig hatte dann wieder Zuflucht bei ihrer älteren Schwester, der Madame de Mailly, gesucht. Sie mußte ihn trösten und aufrichten, mit ihm weinen, beten und sündigen. Doch es war gewiß, daß ihre Reize sehr bald dem Alter zum Opfer fallen mußten; fand dann erst die Intimität ihr Ende, war es auch mit dem Einfluß auf den König vorüber.

Ihr Onkel, mit dem sie verfeindet war, bemühte sich deshalb um eine jüngere und günstigere Geliebte für den König und hatte auch bald die passende Person gefunden. Bei dem Onkel handelte es sich um Richelieu, bei der Dame um eine noch jüngere Schwester der Favoritin, um Marie-Anne de Mailly-Nesle, die 1734 als Siebzehnjährige an den Marquis de la Tournelle verheiratet worden war. Dank der bedeutenden Stellung ihrer beiden Schwestern als Mätressen des Königs hatte sie aus der Provinz nach Versailles kommen können, wo sie seitdem als die schönste Frau bei Hofe galt. Den Bemühungen Richelieus und der Madame de Tencin hatte sie es zu verdanken, Ehrendame der Königin geworden zu sein. Ludwig war von ihrer Schönheit entzückt: so durfte man damit rechnen, daß die Dinge ihren natürlichen Lauf nehmen würden.

Voltaire, der nach dem Erfolg seines »Mahomet« in Lille — wo sich sogar hohe Geistliche das Drama hatten vorführen lassen — nochmals um eine Genehmigung in Paris bemüht war, gelangte endlich zum Ziel: Fleury erlaubte die Aufführung. Doch ehe der Dichter die Früchte seiner Verhandlungen ernten konnte, geriet er unvermutet von neuem in Gefahr. Ursache war — in doppelter Hinsicht — sein Freund Friedrich von Preußen.

Dieser, der zum Mißvergnügen Voltaires »nicht als Verfasser des Anti-machiavell, sondern wie die Helden Machiavells« gehandelt hatte, eroberte Schlesien mit solchem Elan, daß ihm die Herzen der gegen Österreich erfolglosen französischen Generale zuflogen. Paris feierte Preußens Siege, Frankreich schloß ein Militärbündnis mit Friedrich und entsandte eine Armee, die quer durch Deutschland marschierte und Prag eroberte. Da schloß der Preußenkönig, ebenso überraschend wie er in Schlesien eingefallen war, Frieden mit Maria Theresia, ohne seine Verbündeten davon zu unterrichten. Die Franzosen saßen in Prag plötzlich in der Falle; ein Teil rettete sich in verzweifelten Gewalt-märschen in die Heimat, der andere mußte, ausgehungert, kapitulieren. Kein Wunder, daß die Stimmung in Paris heftig gegen den König von Preußen umschlug. Just zu diesem Zeitpunkt wurde ein vertraulicher Brief Voltaires an Friedrich bekannt, in dem er ihm mit rühmenden Versen huldigte.

Ausgerechnet dieser Brief zirkulierte in vielen Abschriften: er wurde bei allen einflußreichen Persönlichkeiten von unbekannter Hand durch die Tür gesteckt. Minister und Staatsmänner, vor allem aber auch Madame de Mailly, waren empört über Voltaires Mangel an Vaterlandsliebe. Vergebens erklärte er mehrere Ausdrücke des Schreibens für gefälscht, vergebens suchte er nach dem Urheber dieser Intrige – er konnte ihn nicht finden, da dieser nicht in Paris, sondern in Berlin saß. Es war Friedrich selbst, der Voltaire in Paris so unmöglich zu machen suchte, daß er nach Preußen kommen mußte.

Einige Tage lang fürchtete Voltaire, nach Brüssel fliehen zu müssen. Da ihm jedoch niemand die Urheberschaft des Briefes beweisen konnte, kam es glücklicherweise nicht zu den von Madame de Mailly geforderten Strafmaßnahmen.

So durfte Voltaire die Aufführung seines »Mahomet« doch in Paris erleben. Am 19. August war das Théâtre Français mit Ministern und Würdenträgern, mit dem vornehmsten Publikum gefüllt, das es nur geben konnte. Das Stück erntete stürmischen Beifall. Zwei weitere erfolgreiche Vorstellungen folgten und begeisterten alle liberalen und toleranten Zuschauer, während die Feinde Voltaires und die bigotten Frömmler bereits wütend gegen das Drama vorgingen, das sie als schweren Angriff gegen die Religion bezeichneten. Piron, Desfontaines und andere literarische Kleinkrämer wetterten in den Caféhäusern sowie mit Pamphleten und Briefen gegen Voltaire und schürten die allgemeine Stimmung gegen solch einen unpatriotischen Menschen; Lord Chesterfield machte den Zensor in vornehmer Form darauf aufmerksam, daß mit Mahomet in Wirklichkeit der Stifter des Christentums gemeint sei; ein glaubensstarker Doktor der Sorbonne bewies das zweifelsfrei: Mahomet und Jésus Christ hätten die gleiche Silbenzahl.

Die Behörden wurden von christlichen Eiferern bestürmt, dem Skandal ein Ende zu machen, und da der Polizeichef als Jansenist nicht gut auf Voltaire zu sprechen war, lud er diesen vor. Voltaire mußte sich dazu vom Krankenbett erheben; Emilie begleitete ihn zu der Aussprache, die äußerst bewegt verlief. Es blieb dem Dichter schließlich nichts anderes übrig, als zuzustimmen, daß sein Stück unauffällig abgesetzt würde – angeblich wegen Erkrankung eines Schauspielers. Hätte er nicht eingewilligt, so wäre auf Anweisung Fleurys der alte Haftbefehl wieder in Kraft getreten, der seit den »Lettres Philosophiques« gegen Voltaire vorlag.

Für seine Ehrenrettung dachte sich der Dichter einen überrumpelnden Schachzug aus (er war übrigens leidenschaftlicher Schachspieler): er wollte das umstrittene Drama dem Haupt der Kirche widmen. Diese Absicht führte er dann, als »Mahomet« gedruckt werden sollte, wirklich aus, sandte Papst Benedikt XIV. mit lateinischen Versen und untertänigem Brief das Stück und erhielt darauf eine Medaille mit dem Bildnis des Heiligen Vaters wie auch den Apostolischen Segen. Damit hatte sich Benedikt in feinsinniger Weise von den Angriffen gegen das Drama distanziert, und Voltaire durfte Mahomet preisen, daß er ihm gegen seine christlichen Widersacher geholfen hatte. –

Paris war ihm durch die vielen literarischen Fehden, in die er sich ständig verwickeln ließ, unsympathisch genug geworden, um es wieder zu verlassen. Wie anders wurde er auf dem Weg nach Brüssel in Reims empfangen und gefeiert! An diesem einen Tag Aufenthalt gab es zwei fünfaktige Theaterstücke zu seinen Ehren, ein Festessen, einen Ball, und bei diesen Gelegenheiten große Ovationen für Emilies Gesang und Tanzkunst...

Im August lud ihn der Sieger des Schlesischen Krieges nach Aachen ein, wo er sich gerade bei einer Badekur in den heißen Schwefelquellen langweilte. Voltaire litt in diesen Wochen an einer Ohrenentzündung, die auf sein Gehör geschlagen war: »Taub zu Eurer Majestät zu kommen wäre das Gleiche, wie impotent seine Geliebte zu besuchen.« Dann aber wurde er hellhörig: Fleury hätte gern einiges über Friedrichs weitere Absichten erfahren... Voltaire träumte bereits von den englischen Verhältnissen, wo Dichter und Gelehrte mit diplomatischen Missionen und angesehenen Staatsämtern bedacht wurden – und war prompt gesund.

So verbrachte er nun doch eine anregende Woche mit Friedrich in Aachen. Die langen Unterhaltungen muteten ihn an wie die Gespräche zwischen Scipio und Terenz – nur kam weniger dabei heraus: weder irgendeine politische Information, noch eine Zusage Friedrichs, Thieriot für seine Dienste zu entlohnen oder die Gemälde Lancrets zu bezahlen, die er durch Voltaires Vermittlung erworben hatte.

Von Aachen reiste Voltaire nach Brüssel, verlebte dort die Weihnachtstage mit Emilie und eilte im Januar 1743 wieder nach Paris. Am Ende des gleichen Monats starb der starrköpfige uralte Kardinal Fleury, der alleinige Lenker der französischen Politik.

Zu den vielen Veränderungen, die dieser Todesfall nach sich zog, zählte auch der Umstand, daß Fleurys Platz in der Akademie frei geworden war. Die unerfindliche Weisheit des Akademiebetriebes hatte bislang den Mann fernzuhalten verstanden, dessen geistiger Rang die gesamte Versammlung der vierzig »Unsterblichen« übertraf; jetzt aber sah es so aus, als ob Voltaire zu seinem Sitz, an dem ihm viel lag, kommen würde. In Versailles waren die Vorzeichen günstig. Madame de Mailly war inzwischen verdrängt worden: ihre Position als Mätresse hatte ihre zielbewußte schöne Schwester de la Tournelle übernommen, die dem König durch ihren anfänglich hinhaltenden Widerstand völlig den Kopf verdreht hatte.

Bald hatte die neue Favoritin erreicht, daß ihre Schwester, Madame de Mailly, trotz Tränen und Kniefällen ganz aus Versailles verwiesen wurde; auch die weiteren Bedingungen, die die stolze Frau dem schmachtenden Ludwig gestellt hatte, waren hart: ein Palais, ein Landgut, 50 000 Livres monatlich, Diamanten im Wert einer halben Million, ein Herzogin-Titel, Anerkennung der königlichen Abstammung bei etwaigen Kindern...

Schließlich kapitulierte der König. Zwar vergnügte er sich zwischendurch schnell mit der lustigen, neuvermählten Herzogin von Lauraguais – das war seine vierte der bemerkenswerten fünf Töchter des Herzogs de Nesle –, doch geriet er dann völlig in den Bann eines engen Liebesverhältnisses mit der Favoritin, die er zur Herzogin von Chateauroux machte, und vergaß die ganze Welt darüber. Der politische Sieger dabei war Richelieu, der der gewandten Herzogin die genauesten Anweisungen gab; auch Madame de Tencin, die bewährte Kuppelmutter der Herrscher, konnte ihren Einfluß geltend machen; Minister Maurepas aber, der dem Aufstieg der Herzogin mit allen Kräften entgegengewirkt hatte, mußte dieser Entwicklung ohnmächtig zusehen.

Für Voltaire war es von Vorteil, daß die frömmelnde, ihm mißgünstige Madame de Mailly verschwunden war; die Herzogin von Chateauroux hatte bereits zugunsten des Dichters auf den König eingewirkt, und außerdem bahnte ihm nun ein neuer großer Erfolg den Weg in die Akademie.

Nach der Absetzung des »Mahomet« verlangten die Schauspieler dringend ein anderes Stück, das ihnen ähnlichen Beifall sichern sollte. Voltaire händigte ihnen sein neues Drama »Mérope« aus, das ihm am Herzen lag – aber wieder einmal fand sich in dem ganzen Stück keine Liebesszene. Die Schauspieler lehnten die Aufführung ab, konnten dann aber von dem einflußreichen Abbé Voisenon, dem der Dichter die Tragödie vorgelesen hatte, umgestimmt werden.

Die Proben begannen. Voltaire war mit Feuereifer bei der Sache, besprach jede Szene mit den Darstellern, überprüfte jede ihrer Bewegungen. Eine junge Schauspielerin, die zu gekünstelte Armbewegungen machte, mußte es sich gefallen lassen, daß er ihr Handgelenk mit dem seinen durch ein Band verknüpfte und sie ihre Rolle nochmals spielen ließ. Sie hielt sich mehr zurück; im Laufe des Spiels geriet sie jedoch in Erregung – bei einer plötzlichen Bewegung zerriß das Band. Nun ist es richtig, bemerkte der Dichter, als sie sich verwirrt entschuldigen wollte.

Am 20. Februar wurde die Tragödie, wiederum vor erlesenem Publikum, aufgeführt. Die Zuhörer waren schnell gefangen genommen und verfolgten die Handlung mit brennender Anteilnahme: wie Mérope, Königin von Messina, in aller Welt heimlich nach ihrem Sohn Egisthe suchen läßt, der als Kind während eines Aufstandes, bei dem ihr Mann getötet wurde, außer Landes versteckt werden mußte, und wie ein junger Fremder gefangengenommen wird, der nach Zeugenaussagen ihren Sohn ermordet hat. Sie will den vermeintlichen Mörder hinrichten lassen, benötigt dafür aber die Zustimmung jenes Mannes, der damals den Aufstand angeführt hatte und seitdem Messina beherrscht. So willigt sie endlich ein, ihn zu heiraten und dadurch seine Macht und sein Ansehen beim Volk zu festigen.

Die dramatische Spannung wächst, als der alte treue Diener Narbas nach Messina zurückkehrt; er hatte Egisthe jahrelang begleitet und erkennt ihn in dem jungen Gefangenen wieder. Unter größter Schwierigkeit gelingt es, Mérope einen heimlichen Hinweis zu geben. Nun muß sie für das Leben ihres Sohnes kämpfen, ohne daß der Usurpator Verdacht schöpfen darf. Der Gefangene aber bäumt sich gegen die Heirat der Königin mit dem Tyrannen auf. Der Höhepunkt zum Schluß bringt die Lösung; der Usurpator wird am Traualtar erschlagen, der rechtmäßige Thronfolger tritt die Regierung im Zeichen des Friedens und der Liebe des Volkes an.

Der Aufführung folgten Beifallsstürme, wie man sie noch nicht erlebt hatte: der Erfolg war so überwältigend, daß die literarischen Feinde Voltaires, die verstört und gelb vor Neid im Parkett saßen, ihren Mut und ihre Frechheit verloren und nicht ein Wort der Kritik zu schreiben wagten. Sie mußten zu ihrem Ingrimm einen Vorgang miterleben, für den es in der Theatergeschichte kein Beispiel gab: der Jubel und die

Beifallsstürme wollten kein Ende nehmen und steigerten sich zu der Forderung, der Dichter möge sich auf der Bühne zeigen.

Die Herzoginnen von Boufflers und von Luxembourg redeten dem überraschten Voltaire zu und konnten ihn schließlich dazu bewegen, dem Wunsch des rasenden Publikums zu willfahren und sich auf der Bühne zu zeigen. Das hatte es noch nie gegeben. Mit seiner höflichen Verbeugung vor den applaudierenden Zuschauern öffnete Voltaire den Autoren den Weg auf die Bühne, wenn auch noch ein Lessing diese Szene später zum Anlaß nehmen sollte, seiner Abneigung gegen Voltaire in der »Hamburgischen Dramaturgie« freien Lauf zu lassen.

Während ganz Paris von »Mérope« schwärmte, wartete der Dichter auf die Wahl in die Akademie, die ihm Schutz vor der Bastille und den Kränkungen seiner Widersacher gewähren sollte. Doch seine Gegner schlummerten nicht. Minister Maurepas, der Feind der Herzogin von Chateauroux und Richelieus, bewerkstelligte es, daß jener alte »Esel von Mirepoix«, Boyer, nominiert wurde, der einst durch seine Empörung über die im »Mondain« gezeigte Unsauberkeit Adams und Evas Voltaire zur Flucht gezwungen hatte. Während Maurepas dem König erklärte, es sei gottlos, wenn als Nachfolger eines Kardinals ein lockerer Weltmensch aufträte, versuchte Voltaire, die Hindernisse zu umgehen, die seiner Wahl im Wege standen. Ein Akademiemitglied durfte weder Jansenist noch Freigeist sein; wegen des ersten konnte kein Verdacht gegen ihn aufkommen, wohl aber wegen des letzteren. Also wandte Voltaire sein übliches Rezept an, das im Kampf gegen die übermächtige und engstirnige Obrigkeit Erfolg versprach: nur keine Handhabe zu bieten, alles Belastende abzustreiten, zu schmeicheln und zu schwindeln. In einem unterwürfigen Brief an Boyer betonte er, er sei ein guter Bürger und ein treuer Katholik, auch sei er nicht der Verfasser der umlaufenden »Lettres Philosophiques«, die zum größten Teil gefälscht worden wären. Außerdem wagte er sich in die Höhle des Löwen, zum Minister Maurepas, um ihm darzulegen, daß dessen Differenzen mit der Favoritin und mit Richelieu doch keine Auswirkungen auf einen Akademiesitz haben dürften. Es sei sehr unangenehm, erst vorgeschlagen worden zu sein und dann abgelehnt zu werden – falls nun, fragte Voltaire, Madame de Chateauroux sich einflußreicher erweisen sollte als der Bischof von Mirepoix: würde der Minister dann noch Widerstand leisten? Maurepas besann sich und sagte dann kalt: Ja, und ich werde Sie zerschmettern!

Diese Äußerung, besonders ihre Formulierung, traf den schutzlosen Voltaire fast noch stärker als die Tatsache, daß die ehrwürdigen Akademiemitglieder am 22. März den früheren Bischof von Mirepoix, der weder mit Kunst noch mit Wissenschaft etwas zu tun hatte, einstimmig in die Akademie wählten.

Als wenn das alles noch nicht genügt hätte, Voltaire Paris zu verleiden, wurde im Juni die Aufführung seines Dramas »La Mort de César« einen Tag vor der Premiere verboten. Aus dem Grunde, kommentierte Voltaire, weil Brutus Caesar nicht hätte umbringen dürfen – und das sei unbestreitbar eine richtige Auffassung, da man überhaupt niemanden umbringen solle.

Nach diesen Begebenheiten wunderte man sich nicht darüber, daß Voltaire nun außer Landes ging. Friedrich triumphierte, daß der Dichter Frankreich wohl für immer verlassen würde, und hoffte, ihn in Zukunft ständig bei sich zu haben. Emilie war verzweifelt und schluchzte Tag und Nacht.

Die Absetzung des »Mort de César« war – was niemand wußte – Teil eines abgekarteten Spieles von vier Schulfreunden: der Brüder d'Argenson, Richelieus und Voltaires selbst. Es galt, einen plausiblen Grund für seine Reise nach Preußen vorzuschützen: nach dem französischen Debakel von Prag wollte man alles versuchen, um das alte Bündnis mit Friedrich wiederherzustellen. Dabei sollte Voltaire in diplomatischer Weise durch persönliche Gespräche nachhelfen. Damit aber der Preußenkönig nicht vor den Reisekosten erschrecken sollte, erhielt der politisch wichtige Poet alle Unkosten ersetzt, außerdem eine Sonderpension auf ein Jahr, sowie lukrative Verdienstmöglichkeiten durch die Lieferung von Uniformen und Pferdefutter (durch seinen Vetter Marchand) für die französische Armee.

Seit dem 30. August war Voltaire in Berlin. Die weiträumige Anlage der Hauptstadt mit den breiten, auffallend geraden, sauberen Straßen und den ansehnlichen Wohnhäusern, dem kürzlich erbauten Opernhaus, den Palästen der königlichen Familie und dem Erholungspark, den Friedrich der gesamten Bevölkerung zugänglich gemacht hatte, dem beliebten »Tiergarten«, erweckte seine Bewunderung. Eine angenehme Stadt, eine Stadt, die den Verfolgten Zuflucht gewährte – mehr als ein Zehntel der Berliner Bevölkerung bestand aus Franzosen, die hier die Glaubensfreiheit genossen, die ihnen in ihrem eigenen Vaterland versagt war.

Von dem Empfang, den man ihm bereitete, mußte er begeistert sein: Konzerte, glänzende Bälle, Opern zu seinen Ehren, Aufführungen seiner Dramen unter Mitwirkung der Prinzen und Prinzessinnen ... Friedrich tat alles, seinem Gast den Aufenthalt so angenehm zu machen, daß Voltaire nicht mehr an eine Abreise denken sollte.

Wenn er in Preußen bleiben wollte, hätte das allerdings die endgültige Trennung von Emilie bedeutet. Der Plan, sie mit ihrem Mann nach Berlin zu rufen, ließ sich nicht verwirklichen – das erkannte Voltaire jetzt klar, als er in dem stattlichen, von weiten Parkanlagen umgebenen Schloß Charlottenburg in unmittelbarer Nähe des Königs lebte. In dessen Umgebung sah man Hunde und mehr oder weniger homosexuelle Männer – es gab hingegen keine Frau, die hier erwünscht gewesen wäre.

Trotz aller Abwechslungen und Annehmlichkeiten, trotz der künstlerischen und geistigen Interessen Friedrichs hatte Voltaire doch Grund genug, sich über die kärgliche Lebensweise des Königs zu wundern: sobald dieser sich im Potsdamer Schloß aufhielt (wohin er den Dichter mitnahm), schlief er auf einer erbärmlichen kleinen Hängematratze, stand in aller Herrgottsfrühe auf, kleidete sich ohne Hilfe von Dienern an, trank dann mit einigen ausgewählten jungen Leutnants, Pagen und Kadetten Kaffee und leistete sich darauf eine Unterhaltung, indem er zehn Minuten lang mit demjenigen von ihnen allein blieb, dem er sein Schnupftuch zugeworfen hatte. Anschließend erledigte er als Alleinherrscher die Staatsgeschäfte, indem er seine Anweisungen auf den Papieren niederschrieb, die sein Kammerdiener und Vertrauter Fredersdorff von den verschiedenen Staatssekretären vorlegte. Um elf Uhr begann die Truppenbesichtigung, darauf folgte das Mittagsmahl, das für ihn, alle Offiziere und Bediensteten täglich nur 33 Taler kosten durfte. Nachmittags widmete er sich der Literatur, um sechs kam sein französischer Vorleser Darget, der sich im Kriege durch ungewöhnliche Kaltblütigkeit ausgezeichnet hatte: als Sekretär des französischen Gesandten de Valori, dessen Zelt am Rande von Friedrichs Heerlager stand, hatte er bemerkt, daß eine Abteilung ungarischer Husaren um vier Uhr früh herangeschlichen kam, um den Gesandten auszuheben. Darget hatte schnell den schönen Schlafrock der Exzellenz übergeworfen, war ins Freie getreten und hatte sich für den Gesandten ausgegeben, worauf er gefangengenommen worden war. Höchst beeindruckt davon hatte Friedrich ihn ausgelöst und in seine Dienste übernommen.

Um sieben Uhr gab es ein Konzert, bei dem Friedrich in meisterhafter Art Flöte spielte und auch eigene Kompositionen vortragen ließ; dann beendete die Abendtafel mit philosophischen Gesprächen den Tag.

Im Gegensatz zu Potsdam, wo es keinen glanzvollen Hofstaat gab, waren die Galatage im Charlottenburger Schloß höchst eindrucksvoll. Dann saß Friedrich, von Prinzen, hohen Generalen und Würdenträgern umgeben, an der Festtafel zu üppigem Mahl aus dem schönsten Goldgeschirr Europas, wobei dreißig hübsche Pagen und ebenso viele prächtig galonierte Heiducken servierten und die massiven Goldschüsseln herbeitrugen. Nach dem Essen begab man sich in die Oper.

Voltaire kannte Friedrich bald von allen Seiten. Er war jetzt auch über seine Schliche informiert: erst kürzlich hatte der König an seinen Gesandten in Versailles, Rothenburg, einen Briefauszug Voltaires gegen den »Esel von Mirepoix« geschickt – mit der Aufforderung, das belastende Dokument »auf irgendeinem Schleichweg dem Bischof von Mirepoix in die Hände zu spielen, ohne daß Sie oder ich in die Sache verwickelt werden können. Meine Absicht ist dabei, einen Bruch zwischen Voltaire und Frankreich herbeizuführen, so daß ihm nichts übrig bleibt, als zu uns zu kommen.«

Da Voltaire endlich einmal Rückhalt in Paris hatte, war er über Friedrichs Plan unterrichtet worden, so daß der König an Rothenburg schreiben mußte: »Voltaire hat, ich weiß nicht wie, den kleinen Verrat, den wir an ihm begangen, entdeckt und ist äußerst verärgert darüber. Er wird sich hoffentlich wieder umstimmen.«

Doch auch Friedrich wußte etwas über Voltaire. Der französische Gesandte de Valori, der eigentlich bei Voltaires diplomatischer Mission behilflich sein sollte, fühlte sich so zurückgesetzt, daß er dem preußischen König Andeutungen über die Aufgabe machte, die mit des Dichters Besuch verknüpft war. Deshalb mochte sich Voltaire abmühen, so viel er wollte – ständig gingen Zettel mit politischen Fragen zwischen seinem und des Königs Zimmer hin und her –: er erhielt keine klare Antwort auf seine Hinweise, daß Frankreich Preußens einziger Verbündeter sein würde, falls es nochmals über Schlesien zum Krieg kommen sollte.

Daß Voltaire im Grunde recht hatte, sah Friedrich ein und schloß auch wenig später durch Geheimverhandlungen mit der Herzogin de Chateauroux und Richelieu einen Bündnisvertrag mit Frankreich. Keinesfalls aber durfte Voltaire irgendein Verdienst daran zukommen: Friedrich kalkulierte genau, daß das die Position des Dichters in Frankreich stärken müßte und ihm mehr Geltung und Ansehen verschaffen würde. Und dann dächte er bestimmt nicht mehr an Übersiedlung nach Berlin – also mußte Friedrich jedem diplomatischen Versuch Voltaires strikt ausweichen und ihn als erfolglosen Dilettanten erscheinen lassen. Mit Hilfe ablehnender oder alberner Antworten auf Voltaires politische Fragen gelang ihm dies für die Mitwelt einigermaßen gut, für spätere preußische Historiker sogar vollkommen.

Der Berliner Aufenthalt wurde unterbrochen, als Friedrich eine Reise unternehmen mußte; Voltaire konnte in dieser Zeit – zum äußersten Kummer der eifersüchtigen Emilie – einen Abstecher nach Bayreuth zur Markgräfin Wilhelmine machen, wo er dankbar begrüßt und herzlich gefeiert wurde. Wie sollte er sich nicht in einem Schloß wohl fühlen, dessen Bewohnerin ihr geistiges Interesse schon mit den Gemälden an den Wänden bekundete – Porträts von Descartes, Newton und Voltaire selbst!

Als sich Friedrich und Voltaire nach zwei Wochen in Berlin wiedertrafen, wandte der König noch einmal all seinen Charme auf, um den Dichter zu gewinnen. Innerhalb von vier Tagen ließ er in der Orangerie des Charlottenburger Schlosses eine Bühne einrichten, um Voltaire mit der Aufführung einer Oper zu überraschen, die dieser gern hören wollte. Er hatte auch nichts gegen den galanten Flirt und ein kühnes Huldigungsgedicht einzuwenden, mit dem der Dichter Prinzessin Ulrike, der späteren Königin von Schweden, seine Zuneigung zum Ausdruck brachte. Voltaire, der die langweilige Männerwirtschaft satt hatte, machte nicht nur Ulrike den Hof, sondern kümmerte sich auch um die Angelegenheiten einer andern äußerst reizvollen Dame. Es war Charlotte Sophia von Bentinck, eine gefeierte Schönheit, die in der Berliner Gesellschaft eine führende Rolle spielte.

Sie, einziges Kind des Grafen Aldenburg und Herrn von Kniephausen, war schon als junges Mädchen von hervorragenden Männern umworben worden, darunter dem Kronprinzen von Schweden, hatte sich schließlich aber für William Bentinck entschieden, den dritten Sohn des Earl of Portland; um ihr eine standesgemäße Heirat zu ermöglichen, war dieser vom deutschen Kaiser in den Grafenstand erhoben worden. Die Ehe, 1733 geschlossen, nahm indessen keinen glücklichen Verlauf: seit 1740 war die anmutige junge Gräfin geschieden, und seit dieser Zeit war sie wegen der Trennung des Eigentums mit ihrem geschiedenen Mann in eine Reihe fast unübersehbarer Prozesse verwickelt, die die Interessen verschiedener europäischer Länder berührten. Angesichts solcher ungewöhnlichen Komplikationen erklärte sich Voltaire gern bereit, ihr mit seinem Rat zur Seite zu stehen.

Seine Hilfsbereitschaft mochte in diesem Fall nicht ganz so selbstlos sein wie in einem andern, auf den ihn der Gesandte de Valori aufmerksam machte. In der Festung Spandau befand sich ein Franzose in Haft, den Friedrich nicht einmal auf die Bitte der Königinmutter hin freigelassen hatte. Der Unglückliche war einst wegen seiner Körpergröße nach Preußen gelockt worden, mit dem Versprechen, bei Friedrich Wilhelm Kammerherr zu werden. Dieser aber machte ihn statt dessen zum einfachen Soldaten in seinem Regiment der Langen Kerls. Als der Franzose zu fliehen versucht hatte und ergriffen worden war, wurde er dem König vorgeführt, der lauthals schimpfte und tobte. Das verzweifelte Opfer seiner Willkür hatte ihm darauf zu erwidern gewagt: Ich bereue, solch einen Tyrannen nicht erschlagen zu haben!, worauf dem königlichen Rüpel nichts anderes einfiel, als dem Franzosen Nase und Ohren abschneiden zu lassen, ihn sechsunddreißigmal durch die Spießruten zu jagen und für den Rest seines Lebens einzukerkern.

Zugunsten dieses gequälten Menschen verfaßte Voltaire ein Gedicht, in dem er Friedrich um Freilassung des Gefangenen bat. Der König sagte es zu, doch erhielt der alte Mann seine Freiheit noch nicht. Er wurde lediglich in ein Hospital überführt; erst nach sechs Jahren entließ man ihn. Eine andere Zusage, die Friedrich gemacht hatte, wurde noch weniger erfüllt: die Bezahlung Thieriots, die auf neues Mahnen Voltaires wiederum versprochen worden war und dann ebensowenig erledigt wurde wie in allen voraufgegangenen Jahren.

Am 13. Oktober 1743 verabschiedete sich Voltaire von Friedrich, obwohl dieser ihn nochmals zu halten versucht hatte, um zu der Frau zu eilen, die er dem König vorzog und die seit langem mit ungeduldiger Sehnsucht auf seine Rückkehr wartete.

Der Pariser Winter war wenig erfreulich: Voltaires Arbeit wurde durch langes Kranksein, das ihn ans Bett fesselte, gestört; außerdem mußte er sich über Emilies Spielleidenschaft aufregen. Wenngleich eine glänzende Kopfrechnerin – er erlebte einmal, wie sie eine neunstellige Zahl ohne schriftliche Hilfe durch eine andere neunstellige dividierte –, war ihr das Spielglück so wenig hold, daß sie oft hohe Schulden machte, etwa bei dem wohlsituierten Philosophen Helvétius, dessen Satz, der Mensch sei eine Maschine, überall heftig diskutiert wurde. Ob nun Maschine oder nicht – ihre Schulden konnte die Marquise jedenfalls nicht zurückzahlen. Aus Cirey bat unterdessen der sitzengelassene Marquis du Châtelet immer wieder um Gesellschaft; schließlich, im April 1744, begaben sich der erholungssuchende Voltaire und die bargeldlose Emilie auf den Landsitz in der Champagne.

Kaum waren sie angekommen, als eine Unglücksbotschaft eintraf: Nicolas Charles Denis schwer erkrankt – und wenig später die Nachricht seines Todes.

Voltaire, der Denis hoch geschätzt hatte, war sehr niedergeschlagen und sorgte sich um seine Nichte, die einen so unersetzlichen Verlust erlitten hatte. Nach besten Kräften suchte er ihr Trost zuzusprechen und ihr zu helfen.

Die folgenden stillen Monate in Cirey brachten all das Glück wieder, das auf den vielen Reisen verlorengegangen war: den Frieden der Zurückgezogenheit, die Freude an den schönen Künsten wie auch an naturwissenschaftlichen Experimenten, das harmonische Zusammenleben mit Emilie – »à Cirey en félicité«, datierte Voltaire einen Brief an d'Argental, »mein Königreich und meine Akademie« nannte er das kleine Schloß.

Leider konnte diese idyllische Zeit nicht allzu lange währen, da Voltaire von Richelieu als Erstem Kammerherrn des Königs den Auftrag erhalten hatte, für die bevorstehende Feier der Vermählung des Dauphin mit der Infantin Marie Therese von Spanien ein großes Festspiel zu schreiben, das von Rameau vertont werden sollte. Mit einem Fleiß, der einer besseren Sache würdig gewesen wäre, widmete sich Voltaire intensiv diesem Stück – der »Prinzessin von Navarra« –, das im Herbst und Winter durchgesprochen, überarbeitet und geprobt werden sollte.

Der König übernahm in dieser Zeit eine neue Rolle: Ludwig XV. befand sich als Verbündeter Friedrichs II. (der gerade den zweiten Schlesischen Krieg führte) an der Spitze seiner Armee.

Auf Anraten der Madame de Tencin hatte die Herzogin von Châteauroux nämlich begonnen, politischen Einfluß anzustreben und den König zu größerer Aktivität zu drängen, wobei sie ihm sogar den Aufenthalt beim Heer schmackhaft zu machen verstand. Er hatte tatsächlich das Liebeslager verlassen, seinen prunkvollen Harnisch umgeschnallt und war nach Flandern an die Front gezogen.

Nun wollte die Favoritin ihm so schnell wie möglich nacheilen, erhielt jedoch vom Oberstkommandierenden keine Genehmigung dazu. Als sie aber erfuhr, daß der König heimlich mit ihrer jüngsten Schwester, der zu voller Schönheit erblühten Madame de Flavacourt, korrespondierte und sich also die Gefahr einer Liaison zwischen Ludwig und der fünften, der einzigen von ihm noch unberührten Tochter des Herzogs de Nesle abzeichnete, kam sie sofort ohne Erlaubnis ins Feldlager.

Der König freute sich über die angenehmen Begleitumstände, unter denen er nun Krieg in Flandern führen konnte. Die liebliche Herzogin folgte ihm von Stadt zu Stadt, von Lager zu Lager. Weniger erfreut war er über die Spottgesänge und Späße der Soldaten, die etwa von irgendwoher aus vollem Hals »Vive le roi!« brüllten, wenn Majestät unerkannt zu seiner Geliebten schleichen wollte, so daß er genötigt war, sich im Gesträuch des nächsten Gartens zu verbergen.

Von Flandern mußte die Armee ins Elsaß marschieren, da die Österreicher plötzlich den Rhein überschritten hatten. Aber auch hier verstand der König nicht, seine intimen Angelegenheiten zu verbergen: es erregte Aufsehen und Ärger, als in Metz vier Straßen abgesperrt wurden und Handwerker mit Getöse und krachenden Hammerschlägen einen Brettergang zwischen den Wohnungen des Königs und der Herzogin in der Abtei St. Arnould errichteten.

Dann aber wurde Ludwig jäh von einer schweren Krankheit befallen. Nach einigen Tagen der Aderlässe, Abführ- und Brechmittel erklärten die Ärzte ihn für verloren. Nun trat die Geistlichkeit auf den Plan: Bischöfe und Beichtväter machten dem von Todesfurcht, Seelenqual und Höllenangst gepeinigten Monarchen klar, daß er seine Mätresse verstoßen müsse. Nicht eher erhielt er das Sakrament und die Letzte Ölung. bis die Herzogin in verhängter Karosse davonjagte, wobei die Flüche der Bevölkerung sie begleiteten.

Das war ein stolzer Sieg für Minister Maurepas und seine Partei. Doch der König wurde unpassenderweise wieder gesund.

Im gleichen Monat August 1744 hatte Voltaire in Cirey einen heftigen Fieberanfall; er konnte weder essen noch schlafen. Die Sorge um seine Gesundheit bewog Emilie, mit ihm nach Paris zurückzukehren, wozu er auch gern bereit war, da Rameau unterdessen selbständig an den Versen der »Prinzessin von Navarra« herumzuflicken begonnen hatte.

Als sie in der Hauptstadt ankamen, befand sich die ganze Stadt wegen der Gesundung des Königs in einem Freudentaumel sondergleichen: die

Kirchen waren überfüllt mit Menschen, die Dankgebete sprachen, in den Gassen drängten sich lärmende, singende und betrunkene Bürger, in den Straßen stauten sich die Kutschen. Zweitausend Gefährte standen in drei Reihen in der Nähe des Hotels de Charost, wo Emilie wohnen wollte, und konnten weder vorwärts noch rückwärts. Es war kein Durchkommen; nach langem Warten stiegen sie aus und gingen in das nahegelegene Haus eines alten Bekannten, der sie kürzlich in Cirey besucht hatte: des Präsidenten Hénault. Erst nach vielen Stunden konnten sie sich in das Hotel fahren lassen. Die fünf Minuten Weges bis zum Hotel zu Fuß zu gehen, war damals für vornehme Leute nicht standesgemäß und wegen des Schmutzes in den ungepflasterten Straßen auch kaum möglich.

Die nächsten Monate waren mit der üblichen Unrast des gesellschaftlichen Lebens und von der Arbeit an dem Festspiel erfüllt, das den Höhepunkt der Hochzeitsfeier des Dauphins darstellen sollte. Im November kehrte der König nach Paris zurück und feierte gerührtes Wiedersehen mit der Herzogin von Chateauroux.

Diese fand jetzt endlich Gelegenheit, Genugtuung für die Schande von Metz zu fordern: alle ihre Feinde sollten hingerichtet werden! Das war freilich etwas zu viel verlangt, aber die Bischöfe und Geistlichen, die gegen sie gepredigt hatten, fielen in Ungnade oder wurden gar verbannt. Den Minister Maurepas berief der König zwar nicht ab, wie die Herzogin wünschte, doch mußte er einen demütigenden Entschuldigungsgang zu ihr antreten.

Sie nahm seine Abbitte als Kranke entgegen, und diese Krankheit verschlimmerte sich bald auf bedenkliche Weise – vielleicht hatte jemand mit Gift nachgeholfen. Am 8. Dezember 1744 starb sie, im Alter von 27 Jahren, ohne aus Ludwig den König gemacht zu haben, den sie sich wünschte.

Voltaire hatte am 21. November seinen fünfzigsten Geburtstag gefeiert. Vom verfolgten Literaten war er zur europäischen Berühmtheit emporgestiegen, konnte auf erfolgreiche Werke zurückblicken, durfte mit größerem Ansehen bei Hofe rechnen, und besaß in Cirey eine Zufluchtsstätte, wohin er sich jederzeit zurückziehen konnte, um den Rest seines Daseins in Ruhe zu verbringen. Seine äußerst schlechte Gesundheit ließ ihn nur noch mit einer sehr kurzen Frist rechnen, die er zu leben haben würde.

Und da begegnete er plötzlich seiner Muse – einer Frau, zu der er unvermutet in Liebe entbrannte, nachdem er aller Leidenschaft längst entsagt zu haben glaubte. Dieser Frau brachte er fortan all seine Zärtlichkeit, aber auch grenzenloses Vertrauen entgegen, ebenso eine blinde Verehrung, mit der er sie in ihren dilettantischen Dichtversuchen ermutigte; seine Anhänglichkeit war durch nichts zu erschüttern, in seiner Nachgiebigkeit war er bereit, ihr alles zu vergeben, alles, was sie tat, zu entschuldigen.

Sie war 32 Jahre alt, verwitwet, von munterem, aber flatterhaftem Wesen, keine große Schönheit, doch imstande, eine ganze Reihe von Männern zu verführen.

Das enge Liebesverhältnis, das sich nun entwickelte, blieb ein streng gehütetes Geheimnis. Kein Zeitgenosse, kein Freund, nicht einmal einer der wachsamen Sekretäre und Diener Voltaires erkannte jemals, daß der Dichter ein Verhältnis mit Madame Denis, seiner Nichte, hatte (eine Liebschaft dieses Charakters war zwar selten, wurde aber in den romanischen Ländern kaum als anstößig, geschweige denn verboten, betrachtet).

Marie Louise war nach Paris gekommen, um sich nach Jahren der Witwenzeit wieder des Lebens zu freuen. Mit Voltaires Hilfe richtete sie einen Salon ein, in dem bald ihr Bruder, der Abbé Mignot, Voltaires Freund Cideville (der Madame Denis gern geheiratet hätte), der kluge Abbé Raynal und andere Anhänger Voltaires zusammentrafen, um nicht nur anregend zu plaudern, sondern auch die gute Tafel zu genießen, der Marie Louise viel Sorgfalt widmete. Voltaire selbst kam, wann immer Emilie ihm Zeit ließ – besonders also, wenn sie ihrer Spielleidenschaft nachging. Statt stundenlang dem Hin und Her ihrer Einsätze, Gewinne und Verluste zuschauen zu müssen, durfte er in heiterer Runde bei seiner Nichte fröhlich sein und spitzen Bemerkungen gegen seine Feinde und über das Leben am Hofe freien Lauf lassen.

Voltaire war jetzt mehr denn je in die Wirbel der königlichen Umgebung geraten, zumal nicht nur Richelieu eine hohe Position innehatte, sondern auch d'Argenson, der Staatssekretär geworden war. Nach allen Anstrengungen und einigen Nervenkrisen hatte die Aufführung der »Prinzessin von Navarra« am 23. Februar 1745 im prunkvollen Rahmen der Hochzeit des Dauphin stattgefunden; wie pompös die Darbietung des Festspiels mit Operngesang, Rezitation, Solo- und Ballettänzen auch war, so hatte sie doch der Pomp der Eitelkeiten, mit denen die aristokratischen Herrschaften inzwischen im Parkett sich selbst zur Schau stellten, in den Hintergrund gedrängt.

Als Belohnung für seine Mühe wurde Voltaire am 1. April zum Historiographen ernannt, mit 2000 Livres Jahressold und einem Wohnraum im Versailler Schloß. Er quittierte die königliche Huld mit einem heimlichen Epigramm: seine »Henriade«, seine »Zaïre« und »Alzire« hätten keinerlei Beachtung seitens des Königs gefunden, aber dank einer Jahrmarktsposse regne es nun endlich Geld und Ehrungen auf ihn herab.

Versailles war zwar das schönste Schloß der Welt, und im Interesse seiner Sicherheit paßte sich Voltaire dem Hofleben so gut wie möglich an, doch war ihm dieses – abgesehen von willkommenen Befriedigungen seines Geltungsdrangs – im Grunde seines Herzens zuwider. Der Verlauf jeder einzelnen Stunde war jahraus, jahrein peinlich genau vorgeschrieben (und wurde in der Provinz auf zahllosen Schlössern kopiert): die umständlichen Zeremonien beim morgendlichen Empfang oder bei der öffentlichen Tafel, die Reihenfolge des Tagesprogrammes – montags Konzert, dienstags Comédie Française, mittwochs Empfang der Gesandten, Comédie Italienne, donnerstags Tragödie, freitags Spiel, sonnabends Konzert, sonntags Spiel, zweimal wöchentlich Ball –, und ebenso die jahreszeitlichen Termine: am 1. Januar Prozession der Ordensritter, im Juli Parade der Garden, im August Reise nach Compiègne, im Herbst Jagden in Fontainebleau.

Die Anlagen des Parks, die Räume des Schlosses, und ebenso die Menschen, die sich darin bewegten, boten einen bezaubernden Anblick, aber was sich abspielte, war entweder langweilig oder abstoßend. Zwischen den weiblichen und männlichen Hofschranzen mit ihren pausenlosen Intrigen und ihrem Dünkel auf ihre Abstammung hätte sich Voltaire nicht lange behaupten können, doch war in diesem Jahre das Geschick ihm besonders günstig und verhalf ihm zu weiterer Stärkung seines Ansehens.

Das verdankte er in erster Linie seiner Bekanntschaft mit der reizenden Madame d'Etioles, die eine der schönsten, temperamentvollsten und gescheitesten Frauen war. Voltaire hatte sie heranwachsen sehen und befand sich jetzt in Versailles öfters in ihrer Gesellschaft. Die Madame war von einem einzigen Wunsch beherrscht: Mätresse des Königs zu werden. Als Kind von neun Jahren hatte sie von Madame Lebon, einer Wahrsagerin, vernommen, sie würde eines Tages die Geliebte Ludwigs XV. sein – mit der ganzen Kraft des Aberglaubens und ihrer starken Persönlichkeit hatte sie seitdem auf dieses Ziel hingelebt, obgleich sie keineswegs sinnlich war, sondern nach eigenem Bekenntnis nur über ein »Fischtemperament« verfügte.

Ihre Mutter, eine gewandte Lebedame, hatte das Ihre getan, um die junge Jeanne Antoinette für einen solchen Beruf passend vorzubereiten. Diese Mutter, eine begehrte Schönheit, war in der Ehe mit dem brutalen Jean Baptiste Poisson nicht gerade glücklich gewesen: als Angestellter bei den Brüdern Pâris hatte Poisson es mit Schiebungen bei Heereslieferungen zu Reichtum und dann wegen eines Sittlichkeitsverbrechens zu einem Todesurteil gebracht; nur der Einfluß der Brüder Pâris hatte ihn vor dem Strang gerettet und ihm die Flucht ins Ausland ermöglicht. Um so ungehinderter konnte seine Frau ihr abwechslungsreiches Leben mit Verhältnissen und Verbindungen zu einflußreichen Finanzleuten – auch den Brüdern Pâris – sowie dem Herrn le Normant de Tournehem fortsetzen, der sie schließlich zur Mätresse nahm und ihrer 1721 geborenen Tochter die beste Erziehung angedeihen ließ. Das reich begabte Mädchen entwickelte sich zu einer vielseitigen Künstlerin: sie sang, spielte Klavier und Laute, malte, tanzte, nahm es im Rezitieren mit jeder Schauspielerin, zu Pferde mit jeder Kunstreiterin auf.

Der Zauber, der von dem berückenden jungen Mädchen mit dem kastanienbraunen Haar, den dunkelgrauen verführerischen Augen, der weißen Haut, dem lieblichen Lächeln, dem gewandten Auftreten ausging, lockte eine große Schar von Verehrern an. Sie verschenkte sich jedoch nicht, heiratete mit fünfzehn Jahren den wohlhabenden le Normant d'Etioles und konnte nun eine Rolle in der Gesellschaft spielen. Bis zu ihrem neunzehnten Jahre hatte sie dem ungeliebten Gatten zwei Kinder geboren und sich sodann als Gastgeberin im Schloß Etioles und in Paris große Beliebtheit errungen. Fontenelle, Maupertuis, Voltaire, Montesquieu zählten zu ihren Besuchern; Madame de Tencin mit ihren einschlägigen Erfahrungen war eine gute Beraterin. Noch blieb das Schlafzimmer des Königs aber unerreichbar: zwar warf er begehrliche Blicke auf sie, wenn sie ihm im Wald um Etioles, wo er zu jagen pflegte, begegnete – stets in überraschender Aufmachung, als Waldfee oder Ritterfräulein gekleidet, in mattblauem oder zartrosa Phaeton, den sie selbst lenkte, oder gar in einem Wagen aus Bergkristall, in dem sie als antike Göttin mit entblößten Armen und Brüsten stand –, doch blieb Ludwig seiner Favoritin treu; zwar wurde die Anmut der Madame d'Etioles überall gepriesen, doch widerfuhr es der Herzogin von Chevreuse, als sie dem König einiges von den Reizen dieser Waldfee berichtete, daß sich die Herzogin von Châteauroux leise von hinten näherte und der Erzählerin derart heftig auf den Fuß trat, daß diese ohnmächtig zu Boden sank.

Nun aber war die Favoritin tot. Madame d'Etioles unternahm ihren großen Angriff auf den unentschlossenen König während eines Maskenballs bei der Hochzeitsfeier des Dauphin; sie kam als Göttin Diana und richtete ihren silbernen Bogen auf Ludwig, der sich gern von dieser wunderschönen Gestalt jagen ließ. Doch es bedurfte darauf noch des mehrfachen Erinnerns durch den Kammerdiener Binet – einen Verwandten der schönen Jägerin –, bis Ludwig sie nach einer Reihe enttäuschender Abwechslungen endlich ins Schloß kommen ließ und ihr verfiel.

Das war im April 1745. Der Hof geriet in helle Empörung über den beschämenden Umstand, daß der König sich eine Mätresse nicht, wie es sich gehörte, aus dem Hochadel, sondern aus dem verachteten Bürgertum zu suchen schien; Boyer, der ehemalige Bischof von Mirepoix, wetterte gegen sie, da sie freigeistiger Gesinnung war und sich in der schlechten Gesellschaft von Philosophen bewegte.

Es bedurfte einer besonderen Art von Geschicklichkeit, sich in diesem Entrüstungssturm zu halten. Im Mai reiste der König wieder zu der Armee nach Flandern; seine klug rechnende Geliebte folgte ihm nicht, sondern ließ die Trennung als Stachel für die Leidenschaft Ludwigs wirken.

Am 11. Mai schlugen die Franzosen als Verbündete Friedrichs von Preußen die Schlacht von Fontenoy gegen die Österreicher und Engländer im schönsten Bilderbuchstil: Offiziere der englischen Garde, die – mit den Truppen auf fünfzig Schritt Entfernung herangerückt – die Franzosen durch Lüften der Hüte begrüßen, französische Gardeoffiziere, die den Gruß höflich erwidern, der Zuruf des englischen Kapitäns, Lord Hay: Schießt, meine Herren von der französischen Garde!, die Antwort des Lieutenants d'Auteroche: Meine Herren, wir wollen nicht zuerst schießen, machen Sie den Anfang, meine Herren Engländer!, dann die Schlacht mit Tod und Verderben, die drohende Niederlage der Franzosen, ein staubbedeckter Richelieu, der zum König gesprengt kommt und den Einsatz von Truppen an einer gefährdeten Stelle bewirkt, ein unerschrockener Moritz von Sachsen, der, aus dem Krankenbett kommend, als Befehlshaber so klug manövriert, daß er die Schlacht gewinnt und das Ansehen der französischen Armee wiederherstellt, die seit Jahrzehnten nur noch Niederlagen kannte.

Auf die Nachricht von diesem großen Siege mußte Voltaire als Historiograph seine Feder schleunigst in Bewegung setzen und das große Ereignis besingen. Schon am 17. Mai erschien die erste Ausgabe seiner Ode, die ständig anwuchs, je mehr Nachrichten über den Schlachtverlauf eintrafen und je mehr Damen des Hofes Voltaire drängten, ihre Männer und Liebhaber mit einem Vers zu bedenken. Alle zwei Tage erschien eine neue erweiterte Ausgabe und fand reißenden Absatz; Voltaire verdiente glänzend und gewann weiteres Ansehen bei Hofe.

Gleichzeitig stieg auch der Stern seiner Freundin, der Madame d'Etioles, höher: der König ließ für sie die Gemächer der Herzogin von Châteauroux herrichten und erhob sie zur Marquise de Pompadour.

So durfte Voltaire sich in der Hauptstadt sicherer fühlen denn je. Er hielt sich während des Sommers längere Zeit im Schloß d'Etioles auf und konnte nach der Rückkehr in Paris ein ganzes Stockwerk in dem neuen Hause der Marquise du Châtelet in der Rue Traversière beziehen, das diese gekauft hatte, nachdem der große Prozeß endgültig gewonnen war und keine Reisen nach Brüssel mehr unternommen werden mußten. Emilie verbrachte viel Zeit in Versailles, noch mehr in Spielsalons, wo sie bis vier Uhr früh zu bleiben pflegte, und arbeitete außerdem – da sie sich wieder von Leibniz abwandte – an einer Übersetzung der Werke Newtons.

Die Marquise von Pompadour verstand es meisterhaft, den unzähligen Intrigen am Hofe zu trotzen und allmählich immer mehr Einfluß auf den König zu gewinnen. Daß sie es liebte, Theater, Literatur und Wissenschaft zu fördern, kam Voltaire zugute, der zur Feier des Sieges von Fontenoy ein weiteres Festspiel schaffen mußte und im März endlich ohne Hindernisse in die Akademie gewählt wurde. Der Marquise verdankte er auch die wichtige Ernennung zum Königlichen Kammerherrn.

Diese Ehrungen zogen für Voltaire jedoch sofort Anfeindungen nach sich. Es gab Adlige, die sich – wenn auch der Schriftsprache kaum mächtig – empört über die Berufung eines Bürgerlichen zum Kammerherrn beschwerten. Seine Wahl in die Akademie stöberte ein ganzes Wespennest auf: alle seine literarischen Feinde stachen zu, alte Schmähschriften und Pamphlete gegen ihn wurden nochmals gedruckt, neue abgefaßt. Roy, Piron, Mairault, Fréron und andere überschütteten ihn mit einer

Flut von Angriffen, Verleumdungen und Gemeinheiten; es traf ihn empfindlich. Todkrank lag er viele Monate darnieder, wehrte sich auf die ungeschickteste Art, ging mit Gerichtsurteil und Haftbefehl rachsüchtig gegen Travenol vor, einen übelberüchtigten Violinisten der Oper, der Skandalschriften gegen ihn verbreitete. Wenn er auch dessen greisen Vater, der für seinen Sohn bitten kam, unter Tränen umarmte und sofort den Haftbefehl rückgängig machen ließ, wurde er doch durch diese Affären in Paris immer unbeliebter. Auch Madame de Pompadour ließ sich von mißgünstigen Literaten gegen ihn beeinflussen, zumal er durch die Heftigkeit, mit der er immer das letzte Wort haben wollte, auf die Nerven fiel.

Schließlich versuchte Emilie einen Wechsel der Umgebung, um seine Gesundheit wiederherzustellen, und nahm ihn mit nach Fontainebleau, doch erlebte er hier neue Aufregungen, als er in der Hofgesellschaft dem wilden Glücksspiel Emilies beiwohnen mußte. Er haßte Spielen als Zeitverlust und mußte obendrein zusehen, wie sie alles Geld verlor, Schulden machte, weiter verlor und schließlich – es war am Tische der Königin – in den Morgenstunden mit 80 000 Livres in der Kreide stand. Wütend zischte er ihr auf Englisch zu – es war die Sprache ihrer Liebesbriefe, ihrer Geheimnisse und ihrer Zänkereien –, daß sie mit Betrügern spiele. Voltaire hatte vergessen, daß sie nicht – wie sonst – von Dienstboten umgeben waren, sondern von Leuten, die Englisch verstanden.

Emilie, zutiefst erschrocken, tat, als habe sie nichts gehört. Betrug beim Spiel war, sofern er unbemerkt blieb, unter Aristokraten allenfalls gestattet, eine Bemerkung dieser Art aber eine tödliche Beleidigung. Sie erhob sich wenig später unauffällig, begab sich mit ihrem Freund schleunigst davon und ließ sofort anspannen, um Hals über Kopf das Weite zu suchen.

Unter allerlei Unannehmlichkeiten glückte es ihnen, zu der siebzigjährigen Herzogin von Maine zu fliehen, die sich gerade im Schloß Sceaux aufhielt. Niemand erblickte Voltaire, als er in finsterer Nacht über die kleine Hintertreppe in eine verborgene Kammer schlich. Hier, wo die Fensterläden nie geöffnet wurden, mußte er sich einnisten – mutterseelenallein, sieben Wochen lang. Wenn alles schlief, durfte er, von einem einzigen eingeweihten Lakaien betreut, die Treppe hinabsteigen und sich an das Bett der alten Dame setzen. Sie speisten und plauderten miteinander; die witzige Herzogin, Enkelin des Großen Condé und Witwe eines Sohnes Ludwigs des Vierzehnten und der

Montespan, wußte eine Fülle von Einzelheiten zu berichten, die Voltaire für sein »Siècle de Louis XV.« verwerten konnte; er aber unterhielt sie mit dem Vorlesen dessen, was er in seinem Kämmerchen geschrieben hatte. Es handelte sich dabei um eine ganz neue Seite seines Schaffens: philosophische Erzählungen in der Form orientalischer Fabeln. Heiter, geistsprühend, voll überraschender Ereignisse, stimmten diese amüsanten Schilderungen der Welt und der Menschen nachdenklich, nachdem man zunächst darüber gelacht hatte. So las Voltaire etwa die Geschichte von Memnon vor: »Eines Tages faßte Memnon den unsinnigen Entschluß, vollkommen weise zu sein. Es gibt keinen Menschen, dem diese Narrheit nicht einmal in den Sinn gekommen wäre. Memnon sagte sich: ›Um ganz weise, also auch ganz glücklich zu sein, darf man nur keine Leidenschaften haben, und bekanntlich ist nichts leichter als das. Vor allem will ich nie eine Frau lieben, sondern mir beim Anblick auch der vollkommensten Schönheit immer sagen: Diese Wangen werden eines Tages voller Runzeln sein, diese schönen Augen werden rote Ränder haben, dieser runde Busen wird flach und hängend, und dieser schöne Kopf wird kahl werden. Ich brauche also das Weib nur mit den nämlichen Augen anzusehen, mit denen ich es später einmal sehen werde, dann wird ihr Kopf mir den meinen nicht mehr verdrehen.‹«

Neben diesem faßt Memnon noch andere gute Vorsätze, doch die Geschichte verläuft so, daß er am Abend des gleichen Tages bereits von einer schönen Dame getäuscht und bestohlen worden ist, sich berauscht, geprügelt, ein Auge verloren hat, bei Hofe, wo er Gerechtigkeit suchte, ausgelacht wird und, da die Gerichtsvollzieher sein Haus beschlagnahmt haben, auf Stroh schlafen muß. Zum Schluß erscheint ihm sein guter Genius – er kommt von einem anderen, weit vollkommeneren Gestirn in der Nähe des Sirius – und versucht ihn zu trösten. Memnon erfährt dabei, daß das Universum stufenweise aufgebaut sei, auf jedem Gestirn gebe es jeweils mehr Weisheit und Freude als auf dem benachbarten. »Ich fürchte sehr«, sagte Memnon, »daß unsere kleine irdische Erdkugel ausgerechnet das Narrenhaus des Weltalls ist, von dem zu sprechen Sie mir die Ehre erweisen.« »Nicht ganz«, sagte der Geist, »aber so ungefähr. Alles an seinem Platz.«

Die Herzogin durfte sich bei Voltaires Vorlesungen um so mehr amüsieren, als die Zustände in Paris und am Hofe durch die fremdartige Verkleidung nur noch deutlicher hervortraten und um so lächerlicher wirkten. Unschwer erkannte sie, auf wen die orientalischen Namen in den Erzählungen jeweils gemünzt waren: Persepolis war Paris, ein Magier war unzweifelhaft ein Abbé, unter einem »Halbmagier« war ein Jansenist zu verstehen, der Name »Yebor« war eine Umstellung von Boyer, dem anc. Bischof von Mirepoix, und unter dem Namen Teone trat sogar Emilie auf.

In der weiten Perspektive völliger Vorurteilslosigkeit sah die Welt in diesen Erzählungen wirklich höchst seltsam aus: das Gehabe der Mächtigen, die Korruption bei Hofe, die religiöse Unduldsamkeit und Verfolgung, die Kriege – das ganze Dasein erfüllt mit puren Narrheiten.

Das Schlafzimmer der alten Herzogin war für Voltaire der beste Ort, solche vernichtenden Kritiken der herrschenden Zustände vorzulesen, zur Veröffentlichung eigneten sie sich weniger, da sie neue Gefahren für ihren Verfasser heraufbeschworen hätten. Voltaire nahm diese Prosastückchen nicht sonderlich wichtig und vermutete nicht im geringsten, daß gerade seine meisterhaften kleinen Erzählungen und kurzen Romane dasjenige sein sollten, was die Nachwelt am liebsten von ihm lesen würde.

Wie verschiedenartig die Geschichten auch waren: von Babuk, der über den Untergang von Persepolis entscheiden soll und in der Stadt das Gute und Böse zu eng vermischt findet, vom einäugigen Lumpensammler, der – an Leibnitz erinnernd – kein Organ für das Schlechte in der Welt hat, oder von Memnon, der erkennt, daß die Erde eine Art Narrenhaus ist –: die Liebe zum Menschen beherrschte sie alle. Aber auch die Erkenntnis, wie ohnmächtig der einzelne im großen Lauf der Geschehnisse ist. So gab es nur noch die Hoffnung auf eine gewisse Güte der Vorsehung: in der Erzählung von Zadig, der wegen seiner Klugheit viel Leid erdulden muß, zeigte Voltaire die überlegene Weisheit der unverständlichen Vorsehung in Gestalt eines Eremiten, der das Haus eines freundlichen Gastgebers in Brand setzt und einen Knaben in den reißenden Fluß wirft: der Gastgeber entdeckt unter den Trümmern des Hauses einen großen Goldschatz, der Knabe würde, wenn er weitergelebt hätte, Zadig ermordet haben. –

Während Voltaire in seinem Käfig sich die Zeit mit dieser neuen Gattung seiner Arbeiten vertrieb, beglich Emilie ihre hohen Spielschulden und wirkte bei der Auszahlung gleichzeitig darauf hin, daß man Voltaires böses Wort vergaß. Schließlich konnte sie ihn befreien, doch war seine Laufbahn bei Hofe nun ein für allemal beendet.

Dafür öffnete sich ihm bald ein anderer Hofstaat: der des Polenkönigs Stanislaus, der in zwei historischen Werken Voltaires eine Rolle spielte und nunmehr als Herrscher Lothringens ein gemütliches Leben in Lunéville führte.

Seine Einladung an Emilie und Voltaire, die sich inzwischen wieder einmal nach Cirey zurückgezogen hatten, war durch besondere Verhältnisse bedingt.

Es war dies das Verhältnis des erzfrommen Stanislaus zu seiner Mätresse, der bildschönen, wohlerzogenen und mannstollen Marquise de Boufflers, einer Dame, die sich gern den Zunamen de Volupté geben ließ und mit dem Kanzler de la Galaizière liiert war, der für den alten Stanislaus sämtliche Staats- und bei der Marquise auch einige Liebesgeschäfte erledigte. Sie liebte ihren König, noch stärker seinen Kanzler, und am heftigsten zwischendurch einige Galane wie den verseschreibenden Kammerherrn und Gardeoffizier de Saint-Lambert, dessen schmales Gesicht mit leuchtenden dunkelbraunen Augen und überlegenem Lächeln die Frauenherzen mühelos bezwang.

Die heimliche Verbindung zwischen der Mätresse und diesem Edelmann war höchst leidenschaftlich gewesen, ehe er ins Feld ziehen mußte und einen Nachfolger fand.

Als Gegenspieler der Marquise de Boufflers wirkte am Hofe der strenge Jesuitenpater Menou, der den König schon einmal derart mit Seelenpein erfüllt hatte, daß dieser seine Mätresse verstoßen wollte. Doch er konnte es schließlich nicht übers Herz bringen, und seitdem hielten Sünde und Buße sich am Hofe von Lunéville gegenseitig in Schach. Der listige Pater, der sein Ziel im Frontalangriff nicht erreichen konnte, war schließlich auf eine ganz originelle Idee verfallen, wie er die Marquise verscheuchen könne: man mußte dem König eine andere Mätresse beschaffen! Und als geeignetste erschien ihm ausgerechnet eine Freundin der Favoritin: die Marquise du Châtelet.

Von dem Vorschlag, das berühmte Paar einzuladen, waren alle begeistert, auch die Marquise de Boufflers selbst. Wenig später trafen die beiden beliebten Gäste ein und wurden fürstlich empfangen. Sie erhielten Wohnungen im Schloß Commerci, Emilie zu ebener Erde, Voltaire im zweiten Stock.

Das Hofleben gewann willkommenen Auftrieb: Festgelage, Theater- und Opernaufführungen, in denen Emilie mitwirkte, geistreiche Gespräche und Unterhaltungen, Galanterien...

Saint-Lambert war jüngst zurückgekehrt und hatte die Stelle bei der Marquise de Boufflers von seinem Nachfolger besetzt gefunden. Aber

come va il vostro Drama? che fate
mia cara? Si vous m'ecrivez adrettez
vos lettres a lunévilla. j'y vais dans
quelques jours. Serez vous assez aimable
pour me consoler de votre absense
por la lecture de votre ouvrage? vous
avez la quatre ou cinq cent enfans
charmants qui me feroient souvenir
de leur mere si je ne pensois pas a elle,
et qui sont mes plus chers parents
voyez si vous pouvez menvoier cette
belle famille. nous sommes rey dans
un pays tranquile qui ne fournit ny vers
ny nouvelles. vous qui etes a la source
de tout cela, ayez pitié de nous
adio mia cara vi amo teneramente
ce 13 a commercy 1744

Liebesbrief Voltaires an Madame Denis

Emilie entflammte bei seinem Anblick und machte ihm Avancen. Sie war im Frühling 1748 einundvierzig Jahre alt, der Kavalier im Gegensatz zu ihren beiden halben Ehemännern, die zusammengenommen keinen ganzen Mann ergaben, zehn Jahre jünger als sie. Es war jedoch schwierig, einander näher zu kommen, zumal Saint-Lambert keinen Zutritt zum Schloß Commerci hatte.

Voltaire schrieb um so glühendere Briefe an Marie Louise, je länger er von ihr getrennt sein mußte, und setzte alle Hebel in Bewegung, einen zureichenden Grund für die Rückkehr nach Paris zu finden, während Emilie, die nach wie vor den Ton angab, für immer am Hofe von Stanislaus bleiben zu wollen schien. Eines Abends aber, als es zum Essen gehen sollte, betrat Voltaire die Wohnung Emilies, ohne einen Lakaien anzutreffen, durchschritt die Zimmer und erblickte im letzten Raum seine Freundin, wie sie sich auf einem Sofa selbstvergessen mit Saint-Lambert in einer Situation befand, in der niemand gestört zu werden wünscht.

Zunächst traute er seinen Augen nicht. Er konnte nicht wissen, zu welch verzehrender Leidenschaft Emilie entbrannt war, ahnte nicht, daß sie verlangende Liebesbriefe an den jungen Mann richtete, und daß es ihr gelungen war, ihn in einem Versteck in der Orangerie unterzubringen, wo ihm früher die Marquise de Boufflers ein Liebesnest eingerichtet hatte.

Dann tobte Voltaire los – und Saint-Lambert erhob sich, verbat sich jeden Vorwurf und forderte den zornigen Dichter zum Duell, mit welchen Waffen er wünsche.

Verbittert verließ Voltaire das Zimmer und befahl seinem Diener Longchamp, sofort einen Wagen zu besorgen – er war mit dem der Châtelets gekommen –, um nach Paris zu fahren.

Der Diener wußte sich keinen anderen Rat, als Emilie davon zu unterrichten, die ihm auftrug, einen solch aufsehenerregenden Schritt Voltaires um jeden Preis zu verhindern. Longchamp teilte also nach einiger Frist seinem Herrn mit, daß weit und breit kein Wagen aufzutreiben sei, worauf dieser ihm Geld gab, damit er am nächsten Tage in Nancy ein Gefährt kaufen solle.

In tiefer Nacht suchte Emilie Voltaire zu einer langen Aussprache auf. Er machte ihr laute Vorwürfe – seine Gesundheit und sein Geld habe er für sie hergegeben, jedes Opfer habe er ihr gebracht, und würde nun betrogen! –, doch sie wußte, wie man mit ihm umgehen mußte. Zur

Frage der Gesundheit bemerkte sie sachlich, er wisse doch, was sie für ihre Gesundheit brauche, und er habe ja früher dabei mitgewirkt, sich inzwischen aber seiner eigenen Gesundheit wegen davon zurückgezogen. Da ihm ihr Wohlbefinden immer am Herzen gelegen habe, könne er jetzt doch nicht zürnen, wo als Ersatz für ihn einer seiner Freunde seine Stelle eingenommen habe und für die Erhaltung ihrer Gesundheit sorge! Das sah er ein, bat nur, solche Ereignisse möchten sich nicht gerade vor seiner Nase abspielen, und beruhigte sich schließlich.

Mit vieler Mühe brachte Emilie auch den wütenden Saint-Lambert, der sich unbedingt mit dem Dichter schlagen oder schießen wollte, zur Raison, und am nächsten Tage waren alle herzlich miteinander ausgesöhnt.

Während Emilie kurz darauf mit der Marquise de Boufflers in das berühmte Heilbad Plombières zur Kur reiste, zog es Voltaire nach Paris, und mit dem besten Grund: seine neue Tragödie »Semiramis« erlebte dort ihre Premiere. Schon die Proben hatten ihm im Juni Gelegenheit zu einem kurzen Abstecher nach Paris geboten; jetzt bedurfte es für die Aufführung im August vieler Vorbereitungen. Eine Unzahl von Briefen hatte er bereits schreiben müssen, vor allem, weil der Zensor – der Literat Crébillon, der leider selbst auch gerade eine »Semiramis« verfaßt hatte – einen Vers nicht genehmigen wollte. Voltaire hatte Himmel und Hölle in Bewegung gesetzt, bis endlich dieser Vers erhalten bleiben durfte.

Der Pariser Aufenthalt machte Voltaire wenig Freude. Seiner Tragödie war nur ein mäßiger Erfolg beschieden; um die Stimmung des Publikums genau zu erkunden, verkleidete er sich ärmlich, setzte eine große Brille und eine riesige ungepuderte Perücke auf, begab sich in dieser Vermummung in ein Caféhaus und lauschte den Gesprächen der Theaterbesucher nach der Vorstellung. Da er viel Enttäuschendes zu hören bekam, und obendrein eine Persiflage seines Stückes aufgeführt wurde – was er trotz dringender Bittbriefe an die Königin und an Madame de Pompadour nicht zu verhindern vermochte –, lag er bald wieder auf dem Krankenbett.

Außerdem gestaltete sich, trotz aller Leidenschaft, das Verhältnis zu Marie Louise nicht glücklich. Es gab zu viel Konfliktstoffe: ihre Liebschaften mit seinen jüngeren Freunden und Schützlingen – zur Zeit waren d'Arnaud-Baculard und Marmontel ihre Auserwählten – trugen ebensowenig zu seinem Wohlbefinden bei wie ihr Wunsch, er möge sich endgültig von Emilie lösen. Das wäre aber über seine Kräfte gegangen. Es gab viel Streit zwischen Nichte und Oheim.

Trotz seines schlechten Gesundheitszustandes beharrte er jedoch darauf, nach Lunéville zurückzureisen. Auf der Fahrt dorthin verschlimmerte sich sein Befinden derart, daß die Kutsche in Châlons-sur-Marne anhalten mußte. Sein Diener Longchamp trug ihn wie einen Sterbenden die Treppe einer Winkelkneipe hinauf und brachte ihn zu Bett. Der Bischof und der Intendant der Stadt erschienen unverzüglich und boten dem berühmten Dichter einen besseren Aufenthaltsort an, doch er war zu entkräftet, um zuzustimmen. Als der Arzt kam, vermochte Voltaire nicht mehr zu sprechen. Lediglich die verordneten Medikamente zurückzuweisen, hatte er noch Energie genug.

Tage und Nächte mußte Longchamp wachen. Eine Woche lang nahm Voltaire keinerlei Nahrung zu sich, lebte aber noch und erklärte, nicht an diesem Ort sterben zu wollen. Longchamp mußte ihn in die Kutsche hinuntertragen, wo er ihn, der wie ein Leichnam auf dem Sitz lag, festband. Dann ging die Fahrt weiter; in Saint-Dizier, wo sie die Pferde wechselten, trafen sie auf einen Diener, den Emilie voll Sorge geschickt hatte, um sich nach Voltaires Zustand zu erkundigen.

Das schien den Todkranken ein wenig aufzumuntern; nachdem er in einem guten Gasthaus zu Nancy ins Bett gebracht worden war, verlangte er erstmals eine Tasse Suppe. Longchamp bestellte sich, wie immer, sein Essen in das Zimmer; als Voltaire sah, wie er mehrere saftige Fleischstücke und anschließend ein Dutzend gebackener Rotkehlchen verschlang, bekam er auch Appetit und knabberte an einigen der Vögel. Später verfiel er in tiefen Schlaf, aus dem er erst am nächsten Nachmittag erwachte.

In Lunéville kam er bereits in besserer Verfassung an und wurde im Zusammensein mit Emilie schnell wieder gesund.

Am Hofe des alten Stanislaus begann wieder das vergnügte Treiben mit Aufführungen und Festen. Am ersten Advent beendete der König jedoch plötzlich die fröhliche Stimmung: der Pater Menou, der den Mißerfolg seines Versuches längst hatte erkennen müssen, gewann wieder Oberhand, Ernst und Frömmigkeit kehrten nun in Lunéville ein; zugleich machte sich bemerkbar, daß Stanislaus' Tochter, die Königin von Frankreich, fürchtete, ihr Vater geriete durch den Umgang mit Voltaire unter schlechten Einfluß. Emilie wiederum hatte ein Zerwürfnis mit der Marquise de Boufflers – kurz, es war Zeit abzureisen. –

Im November ist man in Cirey dabei, die Abreise nach Paris vorzubereiten, als Voltaire sich plötzlich veranlaßt sieht, einen eiligen Brief nach
Lunéville an Saint-Lambert zu schicken. Kurz darauf trifft dieser,
alarmiert, in Cirey ein und zieht sich mit Emilie und Voltaire zu einer
wichtigen Besprechung zurück.

Emilie hat gemerkt, daß sie ein Kind erwartet.

Sie ist ärgerlich: lachhaft, mit fast 44 Jahren, siebzehn Jahre nach der
letzten Geburt, in diesem Zustand zu sein, der in ihrem Alter nicht ungefährlich ist! Voltaire aber, alles andere als wütend, ist voller Sorge
um sie und den weiteren Verlauf der Dinge. Die drei beratschlagen,
was zu tun sei. Vor allem gilt es, für das Kind einen passenden Vater
zu finden.

Nach einigem Grübeln kommt ihnen die Einsicht, daß es eigentlich
einen sehr brauchbaren Vater geben könnte: den Marquis du Châtelet.
Ein wirklich überraschender Einfall! Er löst alles. Sie entwerfen mit
großer Heiterkeit einen Schlachtplan, und schon wird unter Vorspiegelung
eines drohenden Prozesses der Marquis von der Armee fortgeholt.

Bei seinem Eintreffen in Cirey findet er eine fröhliche Stimmung vor,
von der er sich nicht ausschließt. Kleine Feste, Theateraufführungen,
Jagd, gutes Essen und Trinken, Freundlichkeit und Freundschaft überall, auch seitens Emilies . . .

Seit langem hat er sich zu Hause nicht so wohl gefühlt.

Der Marquis ist plötzlich in den Mittelpunkt der Aufmerksamkeit gerückt und genießt diese ungewohnte Rolle mit Behagen. Statt literarischer Gespräche stehen seine langweiligen Berichte von den Flandri-
schen Feldzügen im Vordergrund; auch die reizend dekolletierte Emilie
lauscht ihnen voll Interesse und Bewunderung.

Welch köstliche Abendmahlzeiten in beschwingter Stimmung, mit einem
Voltaire, der ein Feuerwerk komischer Anekdoten und anzüglicher
Witzchen sprühen läßt! Lebenslust erfüllt den selten so bevorzugten
Kriegsmann; er versucht – obwohl das gegen den Geschmack der Zeit
ist – der eigenen, errötenden Frau den Hof zu machen, die widerstrebt
und durch solchen Widerstand seine Begehrlichkeit und sein Draufgängertum reizt. Es ist bei diesem Aufenthalt so arrangiert, daß Marquis und Marquise die gleichen Räume bewohnen. So bleibt es nicht
aus, daß dem Hausherrn, als er nach einem Monat Cirey verläßt, ein
überraschendes Geständnis ins Ohr geflüstert wird – eine Nachricht, die
er (als einziger voller Freude) in alle Welt hinausposaunt.

166

Dann endlich kann die Reise nach Paris unternommen werden. Im Januar sind Voltaires Briefe an Marie Louise leidenschaftlicher denn je gewesen: Ich liebe Dich einzigartig, ich bin nur von Dir besessen, ich verbrenne Deine Briefe, nachdem ich sie geküßt habe. Er versichert, daß es sein größtes Glück sein würde, mit ihr zusammenzuleben – daß man aber eine Bindung von zwanzigjähriger Dauer respektieren müsse. In Paris schließt er die geliebte Nichte wieder in die Arme und kann ihr mehr Zeit widmen denn je, weil Emilie mit ungeheurem Fleiß an ihrer Übersetzung Newtons arbeitet, um diese vor der Geburt zu beenden. Außerdem schreibt sie Briefe voll verzehrender Sehnsucht an Saint-Lambert, der ihr nicht oft genug antwortet; schließlich ordnet sie in dunkler Vorahnung alle ihre Papiere und Briefe.

Wenn auch das berühmte Paar nicht mehr durch die Liebe verbunden ist, sondern jeder an einen anderen Partner denkt, so sind die Formen des Zusammenlebens doch unerschütterlich erhalten geblieben. Das Dasein von Emilie und Voltaire ist nur in Gemeinsamkeit möglich. So vollzieht sich auch der Tageslauf mit der gleichen Regelmäßigkeit wie in Cirey – Voltaire war ein Fanatiker der Pünktlichkeit, weil er sein großes Arbeitspensum sonst nicht bewältigen zu können glaubte.

Eines Tages aber erlebt er eine Störung wie noch nie in den zwei Jahrzehnten mit Emilie. Der Mathematiker Clairaut, ein Mitarbeiter und Expeditionsteilnehmer von Maupertuis, ist wieder einmal zu Gast – wie früher in Cirey – und hilft Emilie bei ihren Arbeiten. Als das Abendessen aufgetragen werden soll, findet Voltaire sich allein an der Tafel – ein völlig ungewohnter Zustand. Er schickt einen Diener zu Emilie, läßt sie nochmals erinnern – vergeblich. Da springt er zornig auf und eilt selbst zu ihr. Doch ihre Tür läßt sich nicht öffnen: die beiden hatten sich eingeschlossen, um ungestört eine mathematische Gleichung zu bewältigen. Der ausgesperrte Voltaire ist nun so erbost, daß er die verschlossene Tür mit einem Fußtritt aufsprengt. –

Der Pariser Aufenthalt bringt dieses Mal aber nicht nur Verdrießlichkeiten für Voltaire, im Gegenteil – er hatte inzwischen die Genugtuung, daß seine »Semiramis« und sein neues Lustspiel »Nanine« aufgeführt wurden und daß die Briefe Friedrichs von Preußen freundlicher gehalten waren, nachdem Voltaire ihn hatte fühlen lassen, daß er einen königlichen Ton darin nicht schätzte. Daraufhin hatte Friedrich im April gebeten, Voltaire möge doch nicht so hartherzig sein und nach Berlin kommen. Nun aber, da er von Emilies Schwangerschaft erfahren hat, bittet er um so nachdrücklicher: »Hören Sie, ich bin wahnsinnig vor Sehnsucht nach Ihnen; es wäre Verrat, wollten Sie meinem Verlangen nicht entgegenkommen. Ich will mit Ihnen studieren. In diesem Jahr habe ich freie Zeit, wer weiß, ob ich sie in einem anderen Jahr haben werde.« Und: »Madame du Châtelet soll also im Monat September niederkommen; Sie sind keine Hebamme; sie kann also sehr gut ohne Sie im Wochenbett liegen.«

Doch Voltaire antwortet, er sei zwar weder Arzt noch Hebamme, dafür aber ein Freund. »Ich will nicht einmal um Eurer Majestät willen eine Frau verlassen, die im September vielleicht stirbt.«

Friedrich ist enttäuscht, tröstet sich indessen mit dem Versprechen Voltaires, im Oktober zu kommen, wenn alles gut ginge.

Inzwischen gelingt es Emilie und Voltaire im August, einem ihrer Freunde zu helfen: durch Einwirkung auf d'Argenson und auf den Gouverneur von Vincennes, mit dem Emilie verwandt ist, wird die scharfe Haft des Philosophen Diderot gemildert.

Denis Diderot ist seit drei Jahren mit der Arbeit an einem Werk riesigen Ausmaßes beschäftigt, an dem auch Voltaire mitwirken soll. Einige Buchhändler, in deren Auftrag Diderot zunächst ein medizinisches Handbuch aus dem Englischen übersetzte, hatten sich mit dem Hofbuchhändler Le Breton verbunden, um ein in England erschienenes »Lexikon der Wissenschaften und Künste« in französischer Sprache herauszubringen. Das Projekt versprach einen großen geschäftlichen Erfolg, wenn man den richtigen Herausgeber fand. So war Diderot an diese Aufgabe geraten, die er für den kläglichen Jahreslohn von 1200 Livres bewältigen mußte.

Die beiden Originalbände der englischen Ausgabe hatten indessen seinen Ansprüchen nicht genügt. Er bereitete ein umfassendes Werk mit einer Vielzahl von Bänden vor, das über alle Fragen des Daseins Auskunft geben sollte; für die verschiedenen Sachgebiete der Wissenschaft und Künste, des Gewerbes und der Technik hatte er bereits fast sechzig Mitarbeiter gewonnen. Er wollte mit dieser »Enzyklopädie« eine geistige Wirkung erzielen: den Aberglauben bekämpfen, den Naturwissenschaften freien Weg bahnen, Toleranz verkünden, zur Humanität erziehen. Dazu brauchte er Philosophen als Mitarbeiter; sein wichtigster Mitstreiter war dabei der berühmte Mathematiker Jean D'Alembert geworden, der es sich leisten konnte, alle Gunstbeweise des französischen und preußischen Hofes abzulehnen. Aus eigener Begabung hatte er sich emporgearbeitet, obwohl er nur bei einem Glasermeister aufgewachsen war, nachdem ein Kirchendiener ihn in einer Novembernacht des Jahres 1717 in der Kirche Saint-Jean-Le-Rond gefunden hatte, wo er von Madame Tencin ausgesetzt worden war.

Zu den Mitarbeitern der »Enzyklopädie« sollten neben ihm führende Naturforscher wie Buffon und der Baron Holbach, ferner scharfsinnige Köpfe wie Montesquieu, Duclos und Turgot, vor allem aber auch Voltaire, zählen.

Seit dem 24. Juli stockt nun die Arbeit an diesem unvergleichlichen Werk: Diderot ist verhaftet, er befindet sich in dem tagsüber glühendheißen, nachts von Insekten wimmelnden Schloßturm zu Vincennes. In scharfen Verhören sucht man ihn zu dem Geständnis zu bringen, daß er der Verfasser des »Briefes über die Blinden« ist.

In diesem Buch, zu dem er durch die aufsehenerregende Staroperation angeregt worden war, mit der Réaumur einem erblindeten Mädchen die Sehkraft wiedergegeben hatte, war der übliche theologische Gottesbeweis – mit dem »sichtbaren« Wunder der Schöpfung – von Diderot zertrümmert worden.

Allein der Verdacht, daß er der Autor sei, hatte für die Verhaftung genügt: er soll genötigt werden, seine Verfasserschaft zu gestehen und den Namen des Druckers zu verraten. Durch das Eingreifen Emilies und Voltaires erhält er nun einen besseren Aufenthaltsraum und die Genehmigung, gelegentlich im Park von Vincennes frische Luft zu schöpfen. –

Anfang September befinden sich Voltaire – in höchster Nervenspannung – und Emilie in Lunéville; Stanislaus hatte auf ihre Bitte hin eine Wohnung im Schloß für die Niederkunft zur Verfügung gestellt.

Am 4. September kommt die gefürchtete Stunde: Emilie wird ohne Schwierigkeit von einem Kind entbunden, das sofort zu einer Amme in Pflege gegeben wird (wo es allerdings einige Wochen später stirbt).

Voltaire atmet auf und schreibt übermütige Briefe – »Sie kritzelte an ihrem Newton und hatte ein merkwürdiges Empfinden; sie rief die Kammerjungfrau, und diese hatte gerade noch Zeit, ihre Schürze aufzuhalten, um darin ein kleines Mädchen aufzufangen.«

Wenige Tage später wird Emilie von heftigem Fieber gepackt; ihr Zustand verschlimmert sich zusehends, am 10. September stirbt sie.

Voltaire vermag es nicht zu fassen. Als letzter verläßt er gemeinsam mit Saint-Lambert das Sterbezimmer, beachtet auf dem Altan die

Treppe nicht und stürzt sie hinab; sein Kopf schlägt auf das Steinpflaster, er bleibt regungslos liegen.

Longchamp und Saint-Lambert sind ihm behilflich, richten ihn wieder auf, als er zu sich gekommen ist. Die Augen voller Tränen, sagt er leise zu Saint-Lambert: »Sie haben sie mir getötet!« Und plötzlich mit lautem Aufschrei: »Mein Gott, Monsieur, wie kamen Sie auf die Idee, ihr ein Kind zu machen?«

Es folgen verzweifelte Wochen. Das Glück von Cirey ist endgültig zerstört, die Stätte seiner Zuflucht verloren. Es bleibt das traurige Geschäft, die Bücher, Kunstwerke, Möbel, den Goldschmuck, alles voller Erinnerung an Emilie, einpacken und nach Paris schaffen zu lassen, es gilt, mit dem Marquis die finanzielle Seite zu regeln: mehr als vierzigtausend Livres haben Umbau und Verschönerung Cireys gekostet, du Châtelet, nicht reich, soll davon 10 000 ersetzen, über den Rest gibt der ordnungsliebende Voltaire ihm eine Quittung, als habe er das Geld erhalten.

An Marie Louise schreibt er wehmütige Briefe – welch schreckliche Wüstenei Cirey sei, daß er keineswegs eine Geliebte, sondern einen Freund und großen Menschen verloren habe, daß er in Marie Louises Armen sterben wolle.

Er beeilt sich nicht, nach Paris zu kommen, in das Haus in der Rue Traversière, das jetzt sein Eigentum geworden ist. Und als er sich schließlich dort eingerichtet hat, streift er manche Nacht ruhelos durch die Räume und ruft den Namen seiner Emilie.

Nur die Freunde Richelieu und d'Argental dürfen ihn besuchen – sie wirken mit aller Macht darauf hin, daß er arbeitet –, und sein Neffe, der Abbê Mignot, wie auch seine Nichte, für deren läppisches Theaterstück, an dem sie schreibt, er höchstes Interesse zeigt. Am 10. Januar 1750 zieht die rundliche Marie Louise in die Räume ein, die Emilie bewohnt hat.

Von seinem Schmerz wird Voltaire in Paris bald durch die Angriffe seiner Feinde abgelenkt. Er hat, um seinen literarischen Rivalen Crébillon zu übertrumpfen, zwei Dramen beendet: »Oreste« und »Catalina« (oder »Rome sauvée«). Die Erstaufführung von »Oreste« am 12. Januar droht in einem organisierten Skandal unterzugehen; drei Stunden lang hört man Pfiffe der Anhänger Crébillons, ehe sich der

rechts: Schloß Cirey

Beifall für das Stück durchsetzt – Voltaire lehnt sich darauf weit aus seiner Loge und ruft übermütig: »Klatscht nur, klatscht nur! Brave Athener! Es ist der reine Sophokles!«

Doch schon nach neun Vorstellungen, am 7. Februar, wird das Stück ohne Begründung abgesetzt. Die Fülle von Schmähschriften und Pöbeleien gegen diese Tragödie bedrückt Voltaire. Es gelingt ihm nicht, sein »Rome sauvée« auf die Bühne zu bringen; um es bekannt zu machen, läßt er es im Juni von einer Amateurtruppe in seinem Hause aufführen. Anwesend ist die kleine Schar seiner Freunde – Richelieu, der Präsident Hénault, Marmontel, Diderot und d'Alembert, die Abbés Raynal, d'Olivet und de Voisenon.

Die Meute seiner Feinde ist aber zu groß. Um sich in Paris wieder durchzusetzen, um ohne Emilies Hilfe bei Hofe wieder zu Ansehen zu gelangen, muß er einen entscheidenden Schritt tun: er wird zeigen, daß er etwas gilt, er wird die Einladung Friedrichs annehmen, der Bittbrief auf Bittbrief schickt, sogar die hohen Reisekosten zahlen will und sich gegen seine Überzeugung selbst dem eitlen Wunsch Voltaires beugt und verspricht, ihm den eben gestifteten höchsten Kriegsorden »Pour-le-mérite« zu verleihen.

Marie Louise warnt und prophezeit, daß es ihm in Preußen schlecht ergehen werde, doch sieht er keinen anderen Weg, in Paris wieder Achtung zu gewinnen, als sich in Berlin feiern zu lassen. Außerdem hatte Friedrich auf raffinierte Weise verstanden, Voltaire in Rage zu versetzen: indem er eine lächerliche Lobeshymne auf D'Arnaud-Baculard (erst Schützling, dann Verleumder Voltaires) anstimmte, den er nach Berlin berufen hatte, und darin in einem Seitenhieb Voltaire als niedergehendes Gestirn bezeichnete. Das Gegenteil werde er ihm beweisen!, ein Grund mehr für Voltaire, nach Berlin zu fahren.

Er schärft seiner Nichte ein, die Stimmung in Paris genau zu beobachten und ihm einen Umschwung zu seinen Gunsten sofort mitzuteilen. Dann begibt er sich auf die Reise; Paris ist erfreut, den Ruhestörer loszuwerden, und verabschiedet ihn mit einer Karikatur, die jeder Hausierer für sechs Sous verkauft: sie zeigt »Voltaire, den berühmten Preußen«, der zum Schutze gegen die Kälte ein Bärenfell trägt.

Sans Souci?

Nach Berlin.

Die Reise, von der Marie Louise immer wieder heftig abgeraten hatte, stand unter einem Unstern: vierzehn Tage unfreiwilliger Aufenthalt in Cleve, Krankheit, schlechte Straßen... Voltaire verwünschte jede Verzögerung; er wollte schnell nach Preußen, um das von Friedrich verheißene angenehme Leben zu beginnen, mit alten Freunden wie Algarotti, Darget, Maupertuis – und der Comtesse de Bentinck... Wann würde er endlich das Sommerschloß Sanssouci erblicken, das Friedrich in der Zwischenzeit auf einem Potsdamer Weinberg hatte bauen lassen und von dem er so schwärmte?

Nun ja, auf französischem Boden hatte Voltaire sich noch unbehaglich gefragt, ob es auch richtig sei, nach Berlin zu fahren; jetzt aber ging es ihm viel zu langsam, wenngleich auf den schwierigeren Wegstrecken noch zwei weitere Postpferde vor die vier Gäule der Kutsche gespannt wurden.

Westfalen, Hessen, Hannover – die Straßen überall erbärmlich. Von Hildesheim aus klagte er dem ungeduldig wartenden Friedrich: »Ich soll mich ins Paradies begeben, aber die Wege dorthin hat der Satan gebaut!«

Über Halberstadt kam er dann ins Preußische, doch waren die Straßen dort nicht etwa besser, sondern noch jämmerlicher – Friedrich wünschte schlechte Verkehrswege in seinem Land, damit fremde Fuhrleute mehr Zeit brauchen und mehr Geld ausgeben sollten, auch meinte er, im Kriegsfall einen Angreifer durch schlechte Straßen behindern zu können.

Am 22. Juli war der durchgeschüttelte Voltaire endlich am Ziel und konnte sich gebührend feiern lassen.

Er wohnte im Charlottenburger Schloß im gleichen Raum, der vor ihm den berühmten Marschall Moritz von Sachsen beherbergt hatte, unterhielt sich stundenlang mit den preußischen Prinzen und Prinzessinnen, die elegant französisch sprachen, begann bald, Theaterstücke einzustudieren, in denen die hervorragendsten Persönlichkeiten des Hofes mitwirkten, und las Friedrich ganz privat aus dem geheimsten, heißbegehrten Manuskript, der »Pucelle«, vor. Der König war immer wieder über Verse und Inhalt entzückt – etwa über den sechsten Gesang, in dem der Mönch Grisbourdon in der Hölle empfangen wird, oder über den siebenten, in dem die schöne Dorothee auf dem Scheiterhaufen verbrannt werden soll, alldieweil sie sich gewehrt hatte, als ihr Onkel, ein Bischof, sie vergewaltigen wollte.

Nicht nur die Privatgespräche mit dem König bewiesen Voltaire, wieviel mehr Ansehen als in Paris er hier in Berlin genoß. Er wurde überall geehrt und von der Bevölkerung bestaunt und bewundert. Er war Gast in den vornehmsten Häusern und wurde auch von der angesehensten Persönlichkeit des Hofes zur Tafel geladen: von Friedrichs Mutter Sophie Dorothea, die in den schweren Jahren seiner Jugend stets gegen den barbarischen Vater zu ihm gehalten hatte.

Nach seiner Thronbesteigung hatte der Sohn ihr den Titel »Königin-Mutter« verliehen; damit war sie im Rang einer regierenden Fürstin geblieben. Was sie zu Lebzeiten des Soldatenkönigs versäumen mußte, holte sie jetzt um so gründlicher nach: in ihrem bezaubernden Schlößchen Monbijou, das seinem Namen »Edelstein« alle Ehre machte, herrschten nach den grauen Jahren finanzieller und geistiger Beschränkung nunmehr Kunstsinn und Luxus. Voltaire bewunderte ihre silbernen Möbel und ihre reiche Porzellansammlung mit den Kostbarkeiten aus China und den Meisterstücken aus der Manufaktur von Ansbach, die zu Wilhelmines Markgrafschaft Bayreuth gehörte.

Königliches Opernhaus in Berlin von Knobelsdorff

Die Königin-Mutter war sehr dickleibig und schwerfällig geworden, sie vermochte sich kaum zu bewegen, sondern pflegte an der Tafel sitzen zu bleiben, die in dem hohen Speisesaal stand, dessen Wände von großen Porträts ihrer Kinder beherrscht wurden. Um sie herum ging es desto bewegter und lebhafter zu. Die hocheleganten Toiletten, die sie selbst nicht tragen konnte, sollten um so sichtbarer von ihren auffallend schönen Hofdamen zur Schau gestellt werden. Kein Wunder, daß bei so viel Pracht der Kleidung auch die Reize der Trägerinnen nachhaltig zur Geltung kamen und diesen kleinen Hofstaat äußerst beliebt machten. Zum eifrigsten Kavalier entwickelte sich hier Prinz August Wilhelm, jüngerer Bruder Friedrichs und von diesem zum Thronfolger designiert; er brachte einige attraktive adlige Hofdamen in solche Umstände, daß sie schleunigst nach einem mehr oder weniger passenden Ehemann suchen mußten.

Voltaire war aber auch an einer anderen Tafel zu Gast, wo es ganz anders aussah – in Schönhausen bei der verlassenen Königin von Preußen. Friedrich hatte sie einst auf Befehl seines Vaters geheiratet; sie war seine Frau nur dem Namen nach und durfte sich nicht in seiner Nähe blicken lassen.

Der Dichter aus Frankreich, die europäische Berühmtheit, der Freund Friedrichs, nahm in Preußen eine Stellung ein, wie sie ihm in seinem Heimatland versagt blieb. Vor allem aber beglückte ihn die Umgangsart des Königs. Gewiß war dem Pazifisten Voltaire die soldatische Seite des Preußenkönigs zuwider: tausend Meilen möchte er fliehen vor dem Feldherrn Friedrich, der fünf Schlachten gewann und die anderen deutschen Staaten in Furcht hält, fliehen vor den Trommelwirbeln, Schnurrbärten und Grenadiermützen der sechs Fuß hohen Teufelskerle ... Aber er fühlte sich verhext von dem Lächeln und den großen blauen Augen Friedrichs, den er mit dem philosophischen Kaiser Mark Aurel verglich, war gefangen von seiner bestrickenden Unterhaltung, den tausend Freundlichkeiten und Aufmerksamkeiten, der leidenschaftlichen Arbeit an Prosa und Versen, die es nun zu beaufsichtigen galt.

Friedrich wiederum war versessen darauf, Voltaire mit seinem Geist und seiner Dichtkunst wie ein Stück Eigentum zu besitzen. Er ließ sich den Dichter etwas kosten: 5000 Taler jährlichen Ehrensold, freie Tafel, Wohnung, Equipage; er wollte ihn ehren und an sich fesseln, wenn auch nicht auf Kosten der großen Politik. Deshalb ging insgeheim ein Brief an den preußischen Gesandten in Paris, er möge bei Hofe eine Erkundung vornehmen: Voltaire hätte sich mit solchem Eifer um die Verbindung mit Friedrich bemüht, daß der König ihn zum Kammerherrn ernennen und mit dem Pour-le-mérite auszeichnen wolle; ob Ludwig XV. etwas dagegen hätte? Beim Anzeichen des geringsten Widerstrebens sollte der Gesandte sofort die Angelegenheit fallen lassen, und zwar so, als hätte Friedrich selbst gar nichts damit zu tun gehabt.

So hatte der Preußenkönig zwei Ziele erreicht: den französischen Hof nicht verstimmt und gleichzeitig Voltaire angeschwärzt – als ob der Dichter sein Land nicht auf die flehentlichen Einladungen Friedrichs hin verlassen hätte, sondern aus eigenem Antrieb nach Berlin geeilt wäre.

Wer sollte da Voltaire noch Glauben schenken, als er den französischen Gesandten in Berlin, den Grafen Tyrconnell, aufsuchte und ihn ausdrücklich der Loyalität gegenüber Frankreich und seinem König versicherte!

Ludwig XV. war, wie immer, über Voltaire verstimmt, hatte aber nichts gegen dessen Berliner Aufenthalt und die Ehrungen einzuwenden. Lediglich der Rang des Hofhistorikers wurde Voltaire aberkannt, obwohl er doch fleißiger denn je an seinem »Siècle de Louis XIV.« arbeitete und der Geschichtsschreibung einen neuen Weg wies ...

Bald wurden ihm die außergewöhnlichen Ehrungen zuteil: Friedrich II.

von Preußen ernannte ihn zu seinem Kammerherrn und überreichte ihm den goldenen Schlüssel, außerdem auch den Orden Pour-le-mérite. Voltaire hatte damit alles an Ehren, Besoldung, Pension und Komfort erlangt, was er nur wünschen konnte; außerdem bot der König 4000 Livres Jahresgehalt auf Lebensdauer für Madame Denis, wenn diese nach Berlin kommen und ihrem Onkel den Haushalt führen wollte. Voltaires Glück schien vollkommen zu sein.

Doch Marie Louise sträubte sich mit allen Kräften. Wieder riet sie ihrem Onkel ab, warnte ihn vor Preußen, wie alle seine Freunde es taten. Voltaire versuchte zwar, ihnen seine Begeisterung für Berlin durch Hinweise auf die dortige Oper, die Schauspiele, die Pflege von Poesie und Philosophie zu erklären, spürte aber im Herzen leise Zweifel, ob es auf die Dauer gut gehen werde. Er zeigte Friedrich den Brief seiner Nichte, in dem es hieß, der Philosoph von Sanssouci werde ihn vor Kummer sterben lassen, worauf der unsichere Gast umgehend ein so herzliches Schreiben erhielt, daß er sich überzeugen ließ und getröstet fühlte: »Nein, mein teurer Voltaire, wenn ich voraussehen könnte, daß Ihre Verpflanzung auch nur im mindesten zu Ihrem Nachteil ausschlagen würde, wäre ich der erste, Ihnen abzuraten. Ja, ich würde Ihr Glück dem hohen Genuß vorziehen, Sie bei mir zu haben. Aber Sie sind Philosoph, ich bin es auch. Was ist natürlicher, als daß zwei Philosophen, die dazu geschaffen sind, gemeinsam zu leben, die durch gleiche Studiengebiete, gleichen Geschmack und gleiche Denkart verbunden sind, sich diese Erfüllung gönnen? Ich achte Sie als meinen Lehrer in Stilkunst und Wissen, ich liebe Sie als einen aufrechten Freund«, diese und weitere Artigkeiten ließen das Herz Voltaires höher schlagen.

Ja, Friedrich II. von Preußen war kein gewöhnlicher Herrscher. Es schmeichelte Voltaire, einen König zum Freund zu haben, der sich in zwei Kriegen als siegreicher, bewunderter Feldherr gezeigt hatte, seitdem aber sein Land in friedlicher Aufbauarbeit zu einem mächtigen und angesehenen Staat entwickelte. Zwar stand der unsympathische Ausbau der Armee und der militärischen Befestigungen nach wie vor an erster Stelle, doch lebte das Land dank der rastlosen Initiative seines Königs sichtlich auf: die soziale Stellung der Bauern wurde gehoben, die Leibeigenschaft – wenn auch langsam – beseitigt, Viehzucht, Obstbau, Flachsbau, Seidenraupenzucht gefördert, Kanäle wurden gebaut, Häfen angelegt, und bei allem eine sparsame Finanzwirtschaft ... Es ging hier ganz anders zu als in Frankreich, wo der Hof vor lauter Intrigen kein Interesse für das Wohl des Volkes aufbringen konnte. Preußen aber war ein Land der Zukunft geworden, zog ständig Einwanderer an: seine Einwohnerzahl stieg von Jahr zu Jahr kräftig, Berlin wuchs bereits zu einer imposanten Großstadt mit 100 000 Bewohnern heran.

Aber das, was Voltaire besonders beeindruckte und ihn glücklich machte, weil er seinen eigenen Einfluß dabei verspürte, war der philosophische Geist, mit dem der König sein Wirken erfüllte. Das zeigte sich am deutlichsten in der Justiz, die Friedrich nicht nur praktisch, in Einzelfällen, sondern auch grundsätzlich umzugestalten bemüht war. Hier konnte er den humanen Prinzipien der neuen Philosophie der Aufklärung und Toleranz am besten Geltung verschaffen; sein Grundsatz hätte nicht einmal von Voltaire selbst deutlicher formuliert werden können: »Sich einbilden, daß die Menschen sämtlich Teufel sind, und sie deshalb mit Grausamkeit zu verfolgen, wäre die Wahnvorstellung eines weltfremden Menschenhassers; voraussetzen, daß die Menschen sämtlich Engel sind und ihnen deshalb die Zügel schießen lassen, wäre der Traum eines törichten Kapuziners; glauben, daß sie alle weder gut noch schlecht sind, ihre guten Handlungen über den Wert lohnen, ihre schlechten unter dem Maß strafen, das heißt handeln, wie ein vernünftiger Mensch es soll.«

Mit den Regierungsgeschäften Friedrichs hatte Voltaire nichts zu schaffen – das war eine Welt, die streng getrennt war von der privaten Sphäre, in der man philosophische Gedanken erörterte. Diese Gedanken konnten sich dann aber in der Realität der Staatsführung auswirken, wie auch des Königs private Neigung zu Kunst und Musik sich in den neuen öffentlichen Bauten bekundete: dem Opernhaus und den neuen Palästen wie dem des Prinzen Heinrich in Berlin. Das jüngste Bauwerk aber lag in Potsdam.

Sanssouci gefiel Voltaire. Dieses freundliche Lieblingsschloß Friedrichs erhob sich über fünf Terrassen, die in der Mitte von einer breiten Freitreppe durchschnitten wurden; rechts und links standen gestutzte Buchsbäume wie ausgerichtete Schildwachen, aber der Teich mit Fontäne, die Marmorfiguren, die Parkanlage regten die Heiterkeit des Geistes an. Im Innern des neuen Schlosses herrschte vollendeter französischer Geschmack: das Musikzimmer, in dem Friedrich kunstvoll die für ihn von Graun komponierten Flötensoli vortrug, zeigte mit seinen Dekorationen, vergoldeten Schnitzornamenten, Spiegeln, Leuchtern, den Türen und dem Marmorkamin ganz den Stil, der in Versailles entwickelt worden war. Die fünf großen Wandbilder von Pesne stellten, wie man es liebte, antike Motive dar, und zwar aus den »Metamorphosen« des Ovid. Was unter den Gästen so auffällig fehlte, bot sich wenigstens hier, in vielfältigen und unverhüllten Formen, dem Auge dar: der Reiz der Weiblichkeit, den man etwa an der dem Bade entstiegenen Diana oder an den Gestalten Daphnes und Galatheas mit besonderem Wohlgefallen studieren konnte.

Nicht weniger luxuriös ausgestattet war der Marmorsaal, wo unter einem Kronleuchter die Tafelrunde ihren Platz hatte: prächtiger Marmorboden, korinthische Doppelsäulen rundum, eine graziöse Venusstatue des beliebten französischen Bildhauers Francois Gaspard Adam, kostbar verzierte Türen, hoch oben an der Kuppel Figuren und Deckengemälde.

Von den Mittagsmahlzeiten hielt Voltaire sich fern – es waren ihm zu viele stocklangweilige Generale, fade Hofleute und unbedeutende Hohenzollernprinzen dabei, auch haßte er den Zwang des Zeremoniells –, doch abends, beim Souper im kleinen gelockerten Kreise, wurde er ganz er selbst. Das Essen war nicht so reichhaltig, daß es seinen Magen drückte, man mußte auch nicht viel Wein trinken, sondern geriet im lustigen Wortgefecht von selbst in Feuer.

Durch Voltaires Gegenwart wurde die Tafelrunde mehr, als sie bislang gewesen war. Vordem hatte der König bei seinen sarkastischen Bemerkungen keinen Widerpart gefunden, denn allzu genial waren die hier versammelten Geister nicht: Maupertuis mit seiner feuerroten Perücke wußte zwar wissenschaftliche oder auch philosophische Bemerkungen fallen zu lassen, hielt sich aber für einen zu bedeutenden Mann, um zur Unterhaltung beitragen zu müssen; Voltaires Ankunft machte ihn noch schweigsamer und säuerlicher. Algarotti, sein Expeditionskamerad in Lappland, Voltaires alter Freund und Briefpartner, war ein zweitrangiger Modedichter und gründete seinen Ruhm auf jenes Büchlein, in dem er Newton speziell für die Damen verständlich gemacht hatte; d'Argens war ein freundlicher, doch nur wenig den Durchschnitt überragender Schriftsteller; Darget war zwar den Frauen interessant, im Gespräch aber recht langweilig; Chasot, der sich in Friedrichs Schlachten durch Tapferkeit ausgezeichnet und einst bei Czaslau des Königs ganze Bagage gerettet hatte, war schläfrig und maulfaul geworden. Am unterhaltsamsten zeigten sich noch der Baron Pöllnitz, Freund von Skandalgeschichten, Erster Kammerherr, stets verschuldet und auf Geldjagd, der je nach Finanzbedarf seine Religion zu wechseln pflegte, und der Arzt de la Mettrie, der gar keine Religion hatte, sich aber erschrokken bekreuzigte, wenn es donnerte oder wenn er ein Salzfaß umgestoßen hatte. Er war Vorleser des Königs, schrieb aufsehenerregende Bücher, aß so übermäßig viel, daß er ständig an seiner Verdauung herumkurieren mußte, und versteckte seinen Verstand hinter tolldreisten Späßen. Gott soll mich davor bewahren, dachte Voltaire, diesen Menschen als Arzt zu nehmen – er würde statt Rhabarber ein Stopfmittel verordnen und sich hinterher vor Lachen ausschütten.

In dieser Tafelrunde fühlte Voltaire sich zunächst sehr wohl – nur beunruhigte ihn bei längerem Umgang mit dem König dessen unausgeglichener, zwiespältiger Charakter, der jetzt deutlicher als früher zutage trat: ihm schien in dessen »kätzchenartigen Witzspielen« immer deutlicher die »Wolfsklaue zum Vorschein zu kommen«, und was sollte man gar davon halten, daß Friedrich beim Tode von Dargets Ehefrau diesem mit christlich-rührseligem Brief sein Beileid aussprach, gleichzeitig aber heimlich ein Spottgedicht über die Verstorbene verfaßte?

Im August ging es in Berlin hoch her: der Besuch der Markgräfin von Bayreuth wurde auf eine Weise gefeiert, die selbst einen Voltaire noch staunen ließ – er glaubte sich in ein Feenreich versetzt, als er bei Fakkelschein und 46 000 Lampen Illumination einem großen »Caroussell« und Ringstechen vor dem Berliner Schloß beiwohnte. 3000 Soldaten standen in den Straßen Spalier, Tausende von Neugierigen drängten sich; Voltaire war verwundert, daß es bei alledem so diszipliniert zuging – viel friedlicher als in Paris. Die Reiterquadrillen in historischen Uniformen boten ein prachtvolles Schauspiel; das große Fest wurde mit einem fröhlichen Gelage an Teetischen und einem Ball beendet.

Obwohl Voltaire bei dieser Gelegenheit wieder Gegenstand allgemeiner Aufmerksamkeit war und vom Volke gebührend begafft wurde, obwohl zu Ehren der Markgräfin sein »Rome sauvée« am Hofe aufgeführt wurde und er die Rolle des Cicero spielen durfte, obwohl Friedrich ihn für immer gewonnen zu haben glaubte, ließ er doch die Fäden nach Frankreich nicht abreißen: er versuchte Richelieu klarzumachen, daß er sofort in die Heimat zurückkehren würde – wenn er nur erträgliche Daseinsbedingungen fände! Endlich konnte er darauf hinweisen, daß er geachtet war: »Ich bin kein Verbannter, der seine Heimberufung erbittet... Schließlich müßte ich hier einen Hof verlassen, wo ich auf niemanden angewiesen bin und auch nichts zu befürchten habe, weder von Klerikern, noch von Ministern. Ich sitze nicht im Vorzimmer eines Staatssekretärs, sondern im Zimmer seines Herrn.«

Charlotte Sophia von Bentinck war zwar nur Gräfin, doch keine Königin sah schöner aus oder wirkte majestätischer als sie. In den vergangenen Jahren war sie reifer geworden; sie stand nun im 36. Lebensjahr. Ihre ebenmäßigen Züge, die hohe Stirn, die großen, ausdrucksvollen Augen, die griechische Nase, der zierliche Mund ließen sie als die Verkörperung des klassischen Schönheitsideals erscheinen, als eine Juno in ihren verführerischen Jahren.

Voltaire fühlte sich gedrängt, ihr noch stärker als früher in ihrem Prozeß beizustehen, denn im Laufe der Zeit hatte dieser gewaltige Dimensionen angenommen und zu diplomatischen Verstrickungen geführt, bei denen Interessen Dänemarks, Österreichs (wo der Graf Bentinck holländischer Gesandter war), Preußens, Frankreichs und sogar Rußlands und Großbritanniens berührt wurden; die Spannungen waren schon einmal so heftig geworden, daß es wegen der schönen Gräfin fast zu einem Kriege gekommen wäre. Kein Wunder, daß sich ein Liebhaber der Diplomatie für ihren Fall interessierte, zumal wenn er als erfolgreicher Finanzmann und als Helfer in einem Erbschaftsprozeß wie dem der Châtelets auf viele praktische Erfahrungen hinweisen konnte.

Voltaire hatte Zeit genug, sich neben seiner ausgedehnten Korrespondenz und sonstigen Arbeit der Comtesse nebst ihrem schwierigen Prozeß zu widmen, da Friedrich ihn außer der Abendtafel nur wenig beanspruchte: meist nur zwei Stunden täglich, denn sein Tag war von den frühesten Morgenstunden an mit Arbeit ausgefüllt. Voltaire kannte niemanden – insbesondere keinen Aristokraten oder Fürsten –, der sich eine derartige Arbeitslast aufgebürdet hätte. Der König aber war der Auffassung, er müsse alles selbst erledigen und jede Entscheidung selber treffen, nicht nur in den großen Fragen der Staatsführung, sondern auch in jeder Kleinigkeit, bis hinab zur Ausbildung der Verwaltungsbeamten, den Heiratsplänen seiner Offiziere und den geringsten Bittschriften.

Friedrich II. ließ sich auch nicht durch die Gichtschmerzen, die ihn oft plagten, von der Arbeit abhalten, und unterzog sich immer wieder den Strapazen großer Reisen durch sein weitläufiges, zwischen Rußland und Holland gestückeltes Land, wobei er besonders gern seine neugewonnenen Provinzen besuchte, um sich genau zu informieren. Mit einem

181

spöttischen Seitenblick auf andere europäische Herrscher hatte er einmal bemerkt: »Vergnügungssucht, Trägheit, Dummheit – das sind die Ursachen, die die Fürsten von der Arbeit an ihrem edlen Beruf abhalten, das Glück der Völker zu schaffen.«

In seltsamer Weise mischten sich bei Friedrich der arbeitswütige Despotismus seines Vaters, dem er nun nachstrebte, mit den Gedanken seines eigenen »Antimachiavell«, der eine neue Auffassung lehren wollte: daß der Fürst nicht Gott, sondern seinen Untertanen gegenüber verantwortlich sei und der erste Diener des Staates zu sein habe. Damit hatte Friedrich also auch eine philosophische Begründung, warum er so viel arbeiten mußte.

Er ließ sich schon zu nachtschlafender Zeit wecken – wenn nötig, mit Hilfe von kaltem Wasser – und erledigte bereits in den Morgenstunden die gesamte eingelaufene Post, indem er sie eigenhändig öffnete und mit Notizen versah. Die Kabinettsekretäre hatten daraufhin einige Körbe voll Briefe zu schreiben, die sie Punkt vier Uhr nachmittags zur Unterschrift vorlegen mußten. Der König beschäftigte sich inzwischen mit den Tagesberichten, Gutachten und Denkschriften seiner Minister und fällte seine Entscheidungen – er regierte schriftlich. Im weiteren Verlauf des Vormittags empfing er seinen Adjutanten, einen General, zur Besprechung militärischer Fragen und exerzierte anschließend mit einem Regiment der Potsdamer Garnison. Nach dem Mittagsmahl mit Generalen und Prinzen erledigte er weitere Staatsgeschäfte und gab Audienzen; erst dann kamen jene beiden privaten Stunden an die Reihe, die er sich für das Erlernen der Dichtkunst und die Korrektur seiner Verse vorbehalten hatte.

In diesen seinen beiden Stunden war Voltaire nicht weniger gründlich und gewissenhaft als der König bei seinen Regierungsgeschäften; er war ein strenger Lehrer: es gab Stellen, die Friedrich immer wieder neu formulieren mußte, und mochte es hundertmal sein. Voltaire nahm kein Blatt vor den Mund: »Das hier ist keinen Pfifferling wert!«, konnte er sagen, »verdammt noch mal!« Oder: »Wie ist es nur möglich, daß Sie diese vier guten Verse verfaßt haben? Der Rest taugt nichts!«

Der Dichter studierte ständig Theaterstücke ein, in Potsdam wie in Berlin, wo die Prinzessin Amalie ihm einen Raum als Bühnensaal zur Verfügung gestellt hatte. Der König gab zwar sehr viel Geld zur Pflege der Oper her, doch war es in Berlin um das Schauspiel geradezu jämmerlich bestellt. Bei den wenigen Stücken, die man gelegentlich von

Schauspielertruppen zu sehen bekam, handelte es sich um Schauerdramen mit Morden und Höllenfahrten oder um vulgäre, zotige Possen, so daß Leute von Geschmack nichts mit dem deutschsprachigen Theater zu tun haben wollten (die Oper war ohnehin französisch). Um die als vorbildlich bewunderten französischen Dramen aufführen zu können, mußte man Liebhabertruppen bilden. Eine solche einzigartige Möglichkeit dazu, wie sie sich jetzt durch die Anleitung Voltaires, eines Meisters der klassischen Bühne, bot, hatte es in Preußen aber noch nie gegeben. Prinzen, Prinzessinnen und Hofleute lernten deshalb geduldig die großen Rollen und führten im vertrauten Kreise Dramen auf wie Ödipus, Zaïre, Alzire, Mérope, und besonders oft Mahomet, Brutus, La Mort de César und Voltaires neuestes, noch nie öffentlich gezeigtes Stück, Catilina oder Rome sauvée.

Es konnte keinen eifrigeren Regisseur geben als den Dichter selbst: er deklamierte ständig die Rollen, spielte sie sämtlich persönlich vor, fuchtelte, schrie unablässig und zankte mit den königlichen Herrschaften herum, ohne daß diese es ihm übel nahmen – denn er war in seinem Zorn so komisch anzusehen und argumentierte so geistreich, daß niemand ihm böse sein konnte. Stets war er außer Atem, nahm jede Kleinigkeit höchst ernst und war ganz in seinem Element. Nur mit seiner Gesundheit wurde es wieder schlimmer; jeder Tag begann mit heftigen Leibschmerzen. Das Theaterspielen strengte ihn bald so an, daß sein schlechtes Aussehen auffiel.

Während sich die menschlichen Beziehungen zur Gräfin Bentinck noch enger gestalteten, trübte sich leider das Verhältnis zu dem alten Mitstreiter Maupertuis, der seit Voltaires Ankunft nicht mehr der alleinige in die Mark Brandenburg importierte Träger höchsten Weltruhms war, sondern diesen Nimbus mit seinem Landsmann teilen mußte. Und nun kam es zu einer ärgerlichen Differenz zwischen den beiden: Voltaire schlug vor, zum Mitglied der Preußischen Akademie den klugen Abbé Raynal zu berufen, der in den Pariser Salons geachtet war, ein Freund und Vertrauter von Helvétius und Holbach, Grimm, Buffon, Turgot und Condorcet. Seine Mitgliedschaft konnte das Ansehen der Preußischen Akademie nur erhöhen. Maupertuis aber kehrte den Präsidenten hervor und lehnte den Vorschlag ab.

Das gefiel Voltaire gar nicht. Raynal verdiente einen Platz in der Akademie! Es sollte hier in Berlin nicht so gehen wie in Paris, wo man Talenten und verdienten Leuten – sogar Voltaire – den Zutritt zur

Akademie willkürlich versperren konnte. Er ließ nicht locker, bis Friedrich den Fall untersucht und selber den Abbé zum Korrespondierenden Mitglied der Akademie ernannt hatte.

Das war ein Schlag, der Maupertuis zutiefst verletzte. In Fragen der Akademie hatte nur seine Meinung und keine andere zu gelten; er verzieh Voltaire diese Niederlage nie, zumal jener sich in der Akademie bereits einen anderen Verstoß hatte zuschulden kommen lassen: er hatte bei seiner Antrittsrede nicht Maupertuis gefeiert und mit dem Akademiegründer Plato verglichen, wie es der Präsident erwartete, sondern sachlich über ein ganz anderes Thema gesprochen. –

Voltaire arbeitete jetzt wieder an einem Buch, das er 1740 halbfertig beiseite gelegt hatte, weil sich Emilie zu sehr darüber ängstigte und ärgerte: an der Darstellung des Zeitalters des Sonnenkönigs, dem »Siècle de Louis XIV.« Mit diesem Werk wollte er sich anderthalb Jahrtausenden Geschichtsschreibung entgegenstellen: zum ersten Male sollte statt unübersehbarer Stoffülle eine große Linie gezeigt werden, eine Kulturgeschichte, eine Schilderung der gesamten Geistesentwicklung des Jahrhunderts, seiner Literatur und Künste, entstehen, und zum ersten Male sollte die Hauptfigur der bisherigen Geschichtsschreiber verschwinden: die Vorsehung, mit der man alle Geschehnisse zu deuten und zu rechtfertigen pflegte, wie immer sie sich auch abgespielt hatten. Als erster wagte es Voltaire, der bislang geheiligten Geschichte mit kritischem Geist entgegenzutreten; sein Verstand und sein Herz lehnten sich gleichzeitig auf: »Wenn ein gerechter Geist die Geschichte liest, ist er nicht dauernd gezwungen, dagegen zu protestieren?«

Nachdem Voltaire diese Vorsehung, mit deren Hilfe der Verlauf der Geschichte mehr verklärt als erklärt wurde, beseitigt hatte, konnte er Fehler und Vergehen der Staatenlenker wie auch das Elend und Leid gequälter Menschen um so eindringlicher vor Augen führen. So etwa die grausame Verwüstung der Pfalz durch die französischen Truppen, oder die Quälereien, denen die französischen Protestanten durch die Dragonaden ausgesetzt waren – Zwangseinquartierung von Dragonern, »denen mit ihnen alles gestattet war außer sie zu töten« –, eine Gewaltmethode, um den Übertritt der Gepeinigten zum katholischen Glauben zu fördern.

Die Greuel des Krieges und der religiösen Verfolgung verletzten Voltaire, so oft er sich mit ihnen befaßte, stets aufs neue. Das »Siècle« gab ihm Gelegenheit, sie mitleidend zu schildern; er haßte alles, was die

Menschen unglücklich machte, und mußte deshalb der überlieferten Glorifizierung von Krieg und Heldentum widersprechen. Durch seine Darstellung von Staats-, Finanz- und Justizwesen, Handel, Wissenschaft, Kunst und Religion gelang es ihm, eine neue Wertordnung menschlicher Größe aufzuzeigen – an niedrigster Stelle standen dabei die Kriegshelden, da sie nur plündern und verheeren.

Der glänzende Stil und fesselnde Inhalt dieses Buches warben zwangsläufig für Voltaires Lieblingsideen: Weltbürgergeist, Friedensliebe, Toleranz – wenn er auch eingestehen mußte, wie selten sie sich in der Wirklichkeit durchsetzen.

Mit großer Begeisterung vertiefte er sich in die Arbeit, wieviel Mühe sie ihm auch bereitete; aus dem Geisteszentrum Leipzig ließ er sich alle Bücher kommen, die er noch benötigte. Da er für den Verleger Walther in Dresden gerade eine Ausgabe seiner Werke vorbereitete, an der er ständig korrigierte, konnte auch das »Siècle« dort erscheinen – in Paris wäre das unmöglich gewesen. Um die Geschichte seines Landes zu schreiben, erkannte Voltaire, mußte man außer Landes leben . . .

Mit der Geschichtsschreibung war es wohl überhaupt eine fragwürdige Sache. Friedrich zum Beispiel, der eine Geschichte des Hauses Brandenburg schrieb, brauchte niemanden zu fürchten; Voltaire beneidete ihn darum. Der wahrhaft unabhängige Historiker Friedrich schien allerdings manchmal ziemlich ungerecht zu sein, so etwa in seinem abfälligen Urteil über Friedrich I. von Preußen. Vergeblich versuchte Voltaire ihn umzustimmen, bis er schließlich resignierte: »Es ist Ihr Großvater, nicht meiner, machen Sie mit ihm, was Sie wollen!«, und sich auf die stilistischen Korrekturen beschränkte.

Da seine Gedanken ständig mit dem »Siècle« beschäftigt waren, äußerte er sich auch an der Tafel – unter der zum Mittagsmahl immer so viele Militärstiefel steckten – noch bissiger als sonst gegen Krieg und Schlachtenlärm. Eines Abends machte er sogar einen höchst konkreten Vorschlag zur Besserung der Verhältnisse: vor Beginn jedes Feldzuges müßten – um die künftigen Toten der Schlachten auszugleichen – die Soldaten dazu verpflichtet werden, dreißig- bis vierzigtausend Mädchen zu schwängern; außerdem solle niemand einen anderen töten dürfen, es sei denn, er hätte zuvor ein Kind in die Welt gesetzt.

Scharfgeschliffene Spöttereien, philosophische Aphorismen, literarische Zitate flogen jeden Abend kreuz und quer über den Tisch, und Voltaire fühlte sich wohl dabei – aber allmählich änderte sich einiges. Man war nun schon an ihn gewöhnt, die erste Begeisterung vorüber, es tauchten kleine Ärgernisse auf, die Voltaire verletzten. Was hatte es zu bedeuten, daß die Abmachungen seines Vertrages nicht eingehalten wurden? Warum waren die ihm zustehenden Lieferungen zu knapp und minderwertig: der Tee ohne Aroma, der Kaffee durch Seewasser verdorben, der Zucker schlecht raffiniert, die Schokolade geschmacklos? Einige Male beklagte er sich beim König; dieser versprach Abhilfe, doch blieb alles beim alten. Ich kann diese Kanaillen doch nicht wegen eines Stückchens Zucker aufhängen lassen, bemerkte Friedrich, Voltaire möge doch über solche Kleinigkeiten hinwegsehen. Gebessert wurde nichts.

Der empfindliche Voltaire war aufs Höchste empört. Schlechter Zucker, schlechter Kaffee, schlechter Tee! Noch schlimmer: der Vertrag mit ihm nicht eingehalten! Am schlimmsten: Seine Beschwerde gegen den Vertragsbruch zwecklos! Er fühlte sich entrechtet. Er sollte über rechtswidrige Kleinigkeiten hinwegsehen? Gut. Um den Schaden wettzumachen, verkaufte er hinfort die zwölf Pfund Kerzen, die er monatlich erhielt. Nun hätte er eigentlich im Finstern sitzen müssen, doch entwickelte er eine Methode, trotzdem zu Licht zu kommen: bei abendlichen Gesprächen lenkte er auf Themen, die ihm den Vorwand boten, in sein Zimmer zu eilen, um etwas zu holen oder etwas nachzuschlagen. Dann nahm er eine der königlichen Kerzen mit auf den Weg, ließ sie darauf bei sich stehen und trippelte die wenigen Schritte zu den Räumen des Königs im Dunkeln zurück.

Sehr viele Kerzen brauchte er sowieso nicht, nahmen doch die Gespräche an der Tafelrunde die meisten Abend- und Nachtstunden ein. Die Diener bekamen vom langen Stehen geschwollene Beine; manchmal wurde die Tafel erst um vier Uhr früh aufgehoben. –

Der Herbst war gekommen. Es wurde immer kälter; in Sanssouci litt Voltaire unter der ständigen Feuchtigkeit, die vom Boden des direkt auf Sand gebauten Sommerschlosses aufstieg. Er fröstelte und kränkelte; sein Magen wurde so empfindlich, daß er zu seinem höchsten Leidwesen sogar Mahlzeiten bei der Gräfin Bentinck absagen mußte, obwohl diese ihm so besonders lecker zubereitete Brathühnchen vorzusetzen pflegte.

Die ersten leisen Zweifel erwachen, ob es richtig war, nach Preußen zu kommen. Als Voltaire Anfang November einen Brief an Marie Louise schreibt, bedrückt ihn das Gefühl, daß Friedrich bei aller Freundschaft auch rücksichtslos sein kann und womöglich eines Tages als König auftritt ... Ein großes Aber beherrscht den Brief an die Nichte: Es sei wahr, daß seine Stücke in Potsdam gespielt würden, wie man sich in Paris erzählte, aber ... Die Soupers beim König seien köstlich, Vernunft, Geist und Freiheit herrschten, aber ... aber ... aber ... Opern, Komödien, Konzerte, Studien, aber ... aber ... Paläste, Theater, freundliche Königinnen, das stets gastfreie Haus von Madame Tyrconnell, aber ... »Mein liebes Kind, das Wetter schickt sich an, recht kühl zu werden.«

Ein Höhepunkt sollte Anfang November die Aufführung von »Rome sauvée« bei der Königin-Mutter im Schloß Monbijou werden. Voltaire gab sich mit der Einstudierung besondere Mühe, wenn er auch Schwierigkeiten hatte, genügend Mitwirkende zu finden. Er selbst spielte seine Lieblingsrolle, die des Cicero – war sie ihm nicht auf den Leib geschrieben? Um sich recht wirkungsvoll zeigen zu können – auch Comtesse Bentinck hatte er eingeladen –, ließ er einen Berliner Geschäftsmann, Abraham Hirschel, kommen, der ihm kostbare Diamanten als Schmuck für die Vorstellung leihen mußte.

Die Aufführung verlief allerdings nicht so feierlich, wie Voltaire es gehofft hatte. Man fand, der Cicero wäre zu seltsam ausstaffiert. Und dann blieb der aufgeregte Voltaire auch noch stecken, ein Malheur, das ihn fuchsteufelswild machte. Er schrie seinen Partnerinnen zu: »Donnerwetter, meine Damen, ich weiß nicht mehr, wo ich bin!« Madame Tyrconnell war über solchen Ausdruck empört, hörte auf und wollte nicht mehr weiterspielen: »Wer weiß, was für unanständige Reden er noch führen wird!«, und erst nach Zerstörung aller Illusionen und viel gütlichem Zureden konnte die Vorstellung ihren Fortgang nehmen.

Der Handelsmann Hirschel war froh, mit dem reichen Hofmann Voltaire Verbindung gewonnen zu haben. Wenige Tage später schlug er diesem ein großartiges Geschäft vor: er wollte nach Dresden reisen und dort, wenn Voltaire es finanzierte, sächsische Steuerscheine kaufen. Nach einem Artikel im Friedensvertrag vom 25. November 1745 mußte an preußische Untertanen, die Besitzer sächsischer Steuerscheine – eines stark entwerteten Staatspapieres – waren, der volle Nennwert termingerecht samt Zinsen ausgezahlt werden. Die Steuerscheine waren schnell zu einem beliebten Spekulationsobjekt geworden: sächsische Untertanen verkauften solche Papiere an preußische Bürger zu niedrigem Preis, und die Käufer lösten später die Scheine zum Nennwert mit hohem Gewinn ein. Diesen unvorhergesehenen Handel hatte Friedrich am 8. Mai 1748 strikt verboten.

Nun schwatzte Hirschel Voltaire in dieses dunkle Geschäft hinein. In Frankreich waren Finanzgeschäfte aller Art in den höchsten Kreisen üblich, in Preußen hatte Prinz Heinrich mit den verbotenen sächsischen Steuerscheinen spekuliert – warum also nicht auch der in vielerlei Handelsgeschäften tätige Voltaire?

Er stellte einen Wechsel über 40 000 Livres aus, und Hirschel fuhr nach Dresden. Doch kurz darauf ließ Voltaire, dem Bedenken gekommen waren und der sich beim Polizeipräsidenten genauer erkundigt hatte, seinen Wechsel sperren und machte damit das Geschäft unmöglich. Als Hirschel, wütend über den entgangenen Gewinn, nach Berlin zurückkehrte, versuchte Voltaire seinen Wechsel möglichst bald wieder in die Hände zu bekommen, um die Spuren dieses Unternehmens zu verwischen, dessen Anrüchigkeit er unterschätzt hatte. Doch nun geriet er in eine unangenehme Klemme: Hirschel, der später wegen einer Fälschung zu lebenslänglicher Haft verurteilt wurde, sah hier eine Gelegenheit, die peinliche Situation des Dichters auszunutzen.

Zuerst ging es ganz freundlich zu: Voltaire, der am 15. Dezember seinen Winterwohnsitz in Berlin nahm, hatte schon den folgenden Tag eine Aussprache mit Hirschel, der den Wechsel umgehend zurückzugeben versprach. Voltaire wollte ihn entschädigen, indem er ihm die Cicero-Diamanten für 3000 Taler abkaufte.

Doch dann bricht eine Reihe unglücklicher Tage für Voltaire an: Der König erfährt von dem Versuch, verbotene sächsische Steuerscheine zu kaufen, und ist außer sich vor Zorn; Voltaire möchte aus der mißlichen Situation heraus und fordert wiederum von Hirschel den Wechsel, doch der Gauner gibt ihn nicht her; obendrein erweist eine Schätzung, daß die Diamanten viel weniger wert sind, als Hirschel behauptet hatte.

Ärger über Ärger: Voltaire muß auch noch entdecken, daß das als strengstes Geheimnis gehütete »Pucelle«-Manuskript abgeschrieben wurde. Prinz Heinrich hatte Tinois, den Sekretär des Dichters, bestochen, und besitzt nun tatsächlich ein authentisches Exemplar der gefährlichen Dichtung über das Mädchen, das wunderbarerweise ein ganzes Jahr lang Jungfrau blieb. Trotz aller Beschwörungen des verzweifelten Dichters rückt der Prinz die gestohlene Abschrift nicht wieder heraus. Tinois wird hinausgeworfen; als Sekretär engagiert Voltaire einen Landsmann, der als Sprachlehrer in Berlin wirkt, Richier de Louvain.

Um von Hirschel den Wechsel zurückzubekommen, bleibt nichts anderes übrig, als ihn zu verklagen. Es ist höchst unerfreulich, daß die Angelegenheit somit an die große Glocke kommt, und Hirschel nutzt das weidlich aus, plagt Voltaire mit falschen Behauptungen und sorgt dafür, daß sein Ruf zerstört wird. Um vor dem preußischen Gericht zu bestehen, muß Voltaire seine Schriftsätze ins Deutsche übersetzen lassen; er findet dafür einen Schüler Richiers, einen zweiundzwanzigjährigen Hungerleider von Studenten namens Gotthold Ephraim Lessing, der froh ist, bei Voltaire warme Mahlzeiten, geistige Anregung und eine gutbezahlte Beschäftigung zu finden, sich aber über die Schriftsätze weniger freut, die er zu übersetzen hat.

Ein trübes Weihnachtsfest. Am ersten Feiertag ein zerknirschter Brief wegen der Hirschel-Affäre an Friedrich – »Ich, in meinem Alter, habe in einer kaum wieder gutzumachenden Weise unrecht. Ich habe mich niemals von der verfluchten Angewohnheit befreien können, bei allen Dingen mit dabei zu sein... Glauben Sie, daß ich verzweifelt bin...«, – am zweiten Feiertag ein heimwehkranker Brief an Marie Louise in der Rue Traversière:

»Ich schreibe Dir, neben einem Ofen, mit schwerem Kopf und traurigem Herzen, indem ich auf die Spree blicke, denn die Spree fließt in die Elbe, die Elbe in das Meer, das Meer nimmt die Seine auf, und unser Haus in Paris liegt ziemlich nahe an der Seine, und ich frage: Mein liebes Kind, warum bin ich in diesem Schloß, in diesem Zimmer, das auf die Spree geht, und nicht an unserem Kamin?« –

Hirschel wurde am 1. Januar des neuen Jahres – 1751 – verhaftet; der Prozeß dauerte bis zum 8. Februar, wirbelte viel Staub auf – man lachte in Berlin gern auf Voltaires Kosten – und führte schließlich dazu, daß Hirschel den Wechsel herausrücken mußte; außerdem wurde er wegen einer gefälschten Unterschrift zu 10 Talern Strafe verurteilt. Die Auseinandersetzung wegen des Wertes der Diamanten und der Rückzahlung des dafür erhaltenen Geldes waren noch nicht beendet; Voltaire scheute indes weiteren Streit und Zeitverlust und schloß einen Vergleich, mit dem er Hirschel die meisten Diamanten zurückgab und dafür sein Geld erhielt – wenn auch 1000 Taler weniger, als ihm zustanden. Aber die Affäre, die den König so wütend machte, war endlich, nach lästigen Verzögerungen der Verhandlungstermine, aus der Welt geschafft, und Voltaire fühlte sich zwar als Sieger, hatte aber unwiederbringlich viel von seinem Ansehen verloren.

Es waren schreckliche Wochen für ihn, voller Schmerz und Furcht. Nur ein einziger Mensch hielt fest zu ihm und tröstete ihn: Madame la Comtesse. Er nannte die Gräfin Bentinck jetzt dankbar seinen »Schutzengel«; sie sahen sich täglich, außerdem wanderten vertrauliche Briefe und Billetts ständig hin und her. Ihr Verhältnis konnte nicht enger sein. »Bis morgen«, kritzelte er einmal, als ihm nicht wohl war, auf einen Zettel, »hoffentlich bin ich gesund und sehe Sie.« Drehte man das Papier um, so fand sich die Fortsetzung: »jeden Tag.«

Die Äußerungen Friedrichs dagegen konnten nicht frostiger und schneidender sein. Nach Abschluß des Karnevals, Ende Januar, hatte er sich nach Potsdam ins Stadtschloß zurückbegeben und Voltaire mit seinen Gerichtsverhandlungen in Berlin gelassen. Nach Beendigung des Prozesses versuchte Voltaire über den Freund Darget und auch in einem Brief an den König selbst, seinen guten Ruf wiederherzustellen: hatte er nicht sofort, als er sich beim Berliner Bürgermeister und Polizeichef Kircheisen erkundigt und von der Unzulässigkeit des Kaufs sächsischer Steuerscheine erfahren hatte, den Kauf durch Rückziehen des Wechsels verhindert? Er bat nach Potsdam kommen und sich dort in aller Zurückgezogenheit, unter Verzicht auf seine Pension, in einem kleinen Gebäude, dem Marquisat, aufhalten zu dürfen. Dieses einfache Häuschen mit einem großen Garten, das in Potsdam vor dem Brandenburger Tor lag, gehörte Friedrich, der es ausgebaut und d'Argens zur Verfügung gestellt hatte. Dieser aber war, da er sich über den König geärgert hatte, vor einiger Zeit abgereist und hielt sich in seiner Heimat, dem glücklichen Menton am Mittelmeer, auf.

Voltaire erhielt am 24. Februar eine harte Zurechtweisung, in der Friedrich ein seltsames Sündenregister angeblicher Verstöße des Dichters aufstellte, darunter auch seine »Einmischung« in die Angelegenheiten der Gräfin Bentinck. Und obendrein dieser Skandal mit den sächsischen Steuerscheinen! Der König wünschte, nur friedliche Leute um sich zu haben, Voltaire möge nur kommen, falls er philosophisch leben und nicht andere angreifen wolle.

Vier Tage später mußte der schuldbewußte Voltaire einen weiteren barschen Brief des Preußenkönigs hinnehmen, der ihn in diese Winterkälte gelockt hatte: er könne nach Potsdam kommen, wenn er wolle. »Ich bin froh, daß diese elende Geschichte ein Ende hat. Ich hoffe, Sie werden keine Händel mehr haben, weder mit dem Alten noch mit dem Neuen Testament. Dergleichen Dinge sind entehrend, und mit den

Gaben des schönsten Geistes von Frankreich werden Sie die Flecken nicht verwischen, mit denen Ihr Ruf durch solches Betragen auf die Dauer behaftet würde.« Und dann wieder mißbilligende Hinweise auf frühere Affären – obwohl Voltaire in beiden Fällen der Leidtragende gewesen war: einmal hatte es sich um eine Raubausgabe, das andere Mal um Travenols Schmähschrift gegen seine Aufnahme in die Pariser Akademie gehandelt.

Am 11. März fuhr Voltaire nach Potsdam und verkroch sich im Marquisat, um trotz schlimmer werdender Krankheit wie ein Besessener das »Siècle« fertigzustellen.

Die rasselnden Wirbel preußischer Trommeln, die in dieser Soldatenstadt oft genau unter seinem Fenster erschallten, schreckten ihn gelegentlich aus seinen Gedanken auf. Mehr denn je ging es ihm darum, Helden und Lieblinge der bisherigen Geschichtsschreibung vom Sockel zu stoßen, Vorurteile im Reinigungsbad der ätzenden Vernunft auszumerzen, Gewalt und Kriegsführung auszuprangern (»Die Geschichte der Völker ist nur Mord und Totschlag... Es ist gewiß eine schöne Kunst, die darin besteht, die Ländereien zu verwüsten, die Behausungen zu zerstören und durchschnittlich im Jahre 40 000 von 100 000 Menschen hinzuschlachten«). Vor seinem Fenster sah er mit eigenen Augen, wie weit die Welt von Menschlichkeit entfernt war: wenn die Truppen exerzierten, konnte man keine fünfzig Schritte gehen, ohne Zeuge grausamer Prügelszenen zu werden. Die Stöcke der Offiziere klatschten auf die Körper der Soldaten, wohin immer sie trafen; blutjunge Junker hieben auf vierzig- und fünfzigjährige Grenadiere ein, denen die Tränen in den Bart liefen, während sie stramm standen – die geringste Bewegung hätte bestialische Peinigungen zur Folge gehabt, etwa das Spießrutenlaufen.

Beim König kam Voltaire bald wieder in Gunst; Friedrichs höchster Ehrgeiz bestand nach wie vor darin, gute französische Verse zu schmieden, und dazu sollte ihm niemand anders als der größte lebende Dichter verhelfen.

Dieser lag allerdings immer häufiger darnieder; zu dem Magenleiden trat jetzt eine skorbutartige Krankheit hinzu. Zu seinem Schreck verlor er einige Zähne, bald unter abscheulichen Schmerzen noch weitere – innerhalb weniger Monate erhielt sein Mund einen eingefallenen, spöttisch wirkenden Zug.

Im Juli fühlte sich Voltaire etwas kräftiger und verbrachte zwei Wochen in Sanssouci bei Friedrich, der sich heftig für die neuen Arbeiten am »Siècle« interessierte und den Druck einer allerersten Berliner Ausgabe, noch vor der Dresdener Originalausgabe bei Walther, wünschte. Wie anregend für Voltaire der Aufenthalt im Schloß auch war – ein unangenehmer Zusammenstoß, der wie ein Blitz aus heiterem Himmel kam, wurde zum Vorspiel eines schweren Gewitters, das sich später mit äußerster Heftigkeit entladen sollte.

Der Zwischenfall selbst spielte sich allerdings in höflichen Formen ab: Voltaire beglückwünschte Maupertuis zu seinem neuen Buch. Es habe ihm große Freude bereitet, nur einige dunkle Stellen habe er nicht ganz verstanden und möchte gelegentlich mit Maupertuis darüber sprechen ...

Dieser läuft plötzlich rot an. Dann sagt der Mann, den Voltaire einst in einem überschwenglichen Gedicht gefeiert hatte: »Dunkle Stellen?« und mit trockener Schärfe: »Ich kann mir gut vorstellen, daß das für Sie dunkle Stellen sind.«

Verdutzt betrachtet Voltaire den hochfahrenden Präsidenten und bemerkt dann mit einer Gelassenheit, deren Gefährlichkeit Maupertuis nicht aufgeht: »Sie sind tapfer, Sie wollen Kampf. Sie sollen ihn haben. Zunächst wollen wir aber in Frieden mit dem König soupieren.« – Voltaire bleibt vorerst zurückhaltend, er hat keinen Grund, Maupertuis anzugreifen, muß indessen die Comtesse vor ihm warnen: dieser Freund Maupertuis, der sonst so umgänglich und verträglich ist, hat neuerdings hinter dem Rücken der Gräfin hämische Bemerkungen über sie gemacht.

Dem unglücklichen La Mettrie muß geholfen werden. Ein armer Narr – von seiner Schrift »L'Homme-machine«, mit der er seit drei Jahren den konsequentesten Materialismus predigt und das Seelenleben als Funktion des Gehirns erklärt, hält Voltaire nichts. Aber: La Mettrie war vertrieben worden. Man hatte ihn, weil in seiner Lehre kein Platz für Gott war, aus Frankreich verjagt, dann sogar aus Holland; nirgendwo, nur beim König von Preußen, konnte er Unterschlupf finden.

Und nun mußte er tagtäglich Späße treiben: allen Gelehrten widersprechen, den König zum Lachen bringen, neue Albernheiten ersinnen, immer obenauf sein. Nach außen hin zeigte er sich frohgemut, rühmte sich der Gunst des Königs – doch wenn er unter Landsleuten war, oder wenn er beim Gesandten Tyrconnell an der reichgedeckten Tafel saß,

Sous ces traits infr, tu vois le Maure
Des jeux, des Ris et des bons mots;
Trop hardi d'avoir de son être,
Sé débrouiller le Cahos,
Sans un sage il étoit la victime des sots.

Musis Amicus DD de Mareschall
Musis amicum sacravit

La Mettrie

packte ihn der Trübsinn: an Frankreich durfte er nicht denken. Tyrconnell lud ihm einen Leckerbissen nach dem andern auf und ließ das Glas immer wieder füllen, bis La Mettrie gesprächig wurde. Dann redete er unaufhaltsam, gab mit seinen Sticheleien kein Pardon, sprudelte Indiskretionen über Hof und König hervor, während des Gesandten Feder kaum schnell genug über das Papier fliegen konnte, um alles festzuhalten.

Voltaire goutierte auch das Gebaren La Mettries nicht.

Wie konnte er nur den König verfolgen, wenn dieser zu Fuß eine sehr private Örtlichkeit aufsuchen wollte! Was für ein Bild bot La Mettrie bei seinen Spaziergängen mit Madame Tyrconnell! Sie in aller Pracht herausgeputzt, und er daneben – die Perücke abgesetzt, ein Taschentuch um den Kopf gewickelt, die Weste aufgeknöpft ...

Immerhin, er verstand sich auf Ulk. Dem berühmten feierlichen Dichter und Gelehrten Albrecht von Haller, den er gar nicht persönlich kannte, hatte er zu dessen Verdruß »L'Homme-machine« als seinem »compagnon, ami, maître« gewidmet. Bald darauf, im Jahre 1751, hatte er es noch ärger getrieben und ein geschwollenes, überlyrisches Gedicht des redlichen Haller derart mit Ergänzungen bereichert, daß es als obszöne Schilderung unerwartete Freunde fand und als liederlicher Text von Hand zu Hand ging.

Nun war Haller ganz böse geworden und hatte jede Beziehung zu La Mettrie öffentlich bestritten, worauf dieser den tugendhaften Biedermann zur Raserei brachte, indem er eine Broschüre veröffentlichte, in welcher pikante Abenteuer beschrieben waren, die La Mettrie gemeinsam mit dem ehrbaren Professor und einigen jungen Mädchen erlebt haben wollte.

Doch im Grunde war er ein bedauernswerter Spaßmacher, sein lautes Lachen nicht echt. Voltaire kannte ihn anders, so wie niemand ihn kannte: einen La Mettrie, den das große Elend überkam.

Kaum einen Monat nach Voltaires Ankunft hatte La Mettrie ihn schon bewogen, ein gutes Wort bei Richelieu einzulegen. Ach, was bedeutete ihm schon der Glanz des Hofes, Sanssouci, die Tafelrunde, das Vertrauen des Königs in Wirklichkeit! Aller Stolz und aller Spaß waren von ihm gefallen, als er Voltaire weinend angefleht hatte: nur ein einziges Jahr möge Richelieu ihm ohne Verfolgung in Frankreich zu leben erlauben; nach solcher Gnadenfrist hoffte er, dann für immer in der Heimat bleiben zu dürfen.

Voltaire, Freund aller verfolgten Literaten, hatte auch prompt an Richelieu geschrieben, jedoch war seine Anregung ohne Erfolg geblieben. Seitdem hatte La Mettrie ein ganzes Jahr lang vergeblich gewartet.

Nun aber kann er es nicht mehr ertragen: wieder ist er bei Voltaire, wieder bricht sein ganzer Schmerz hervor, wieder beschwört er den Landsmann, bei Richelieu um gut Wetter zu bitten. Er pfeift auf die Gunst des preußischen Königs – er will nichts weiter als weg von hier, fort – heim ins geliebte Frankreich. Unter Tränen: »Zu Fuß würde ich gehen, wenn ich nur nach Frankreich dürfte!«

Und ich, denkt Voltaire, soll hierbleiben. Werde ich wirklich hierbleiben...?

Der traurige La Mettrie wird immer gesprächiger, erzählt, wie gut sein Umgang mit dem König sei... Ja, Friedrich vertraue ihm und spreche nach den Vorlesungen ganz offen, auch über Voltaire. Bei aller höchsten Gunst, die Voltaire zu genießen scheine – ganz geheim: »Der König sagte neulich, als von Ihnen die Rede war, er brauche Sie noch ein Jahr, allerhöchstens. Man presse die Orange aus, und dann würfe man die Schale weg.«

Voltaire fährt hoch. »La Mettrie, das ist nicht wahr!« Dieser beteuert, die Wahrheit gesagt zu haben. Der aufgeregte Voltaire: »Schwören Sie, daß es wahr ist!« Und La Mettrie, für den Gott nichts weiter als eine Einbildung ist, schwört, so gut er schwören kann.

Voltaire wird seiner Erregung nicht Herr. »Wiederholen Sie die Worte des Königs!« La Mettrie wiederholt. »Schwören Sie, daß er das gesagt hat!« La Mettrie schwört abermals.

Nachdem sein Gast ihn verlassen hat, versucht Voltaire, zu einem klaren Gedanken zu kommen. Ist sein Federic endgültig zum kalten, unberechenbaren Preußenkönig geworden? Oder hat La Mettrie gelogen, oder hat er gar einen wüsten Spaß machen wollen?

Und wenn diese Äußerung doch wahr ist? Sollte das möglich sein – nach sechzehn Jahren voller Werbung und Güte seitens Friedrichs, nach allen Gunstbeweisen und Versprechungen?

Es ist möglich, überlegt Voltaire: Dieser Mensch wird, wenn er schreibt, nur vom Kopf regiert, sein Herz hat keinen Anteil. Vielleicht rechnet er ganz kalt: er wartet nur noch, bis ich meinen Leitfaden der Poetik und der Rhetorik, den ich für ihn abfassen soll, beendet habe und glaubt, mich dann nicht mehr für seine französischen Verse zu benötigen?

Voltaire gewinnt keine Klarheit. Die Ungewißheit, ob diese häßliche, alles zerstörende Bemerkung tatsächlich gefallen ist, wird ihn noch lange quälen. Auch der Gedanke, Preußen zu verlassen, taucht auf – doch wenn man etwas begonnen hat, soll man es zu Ende führen. Das Beste wird sein, La Mettries Behauptung zu ignorieren.

Ja, das ist ein guter Vorsatz – ignorieren! Je mehr Voltaire zu ignorieren versucht, desto heftiger begehrt das Ignorierte auf. Was er auch tun mag: immer wieder steht plötzlich die Frage vor ihm, ob Friedrich es wirklich gesagt habe; bald verfolgte sie ihn bis in seine Träume.

Seine Unruhe sollte sich aber noch weiter steigern, als das Auftreten eines anderen Landsmannes zu einer neuen Affäre führte.

Im Sommer hatte er zwei Briefe aus Kopenhagen erhalten; ihr Absender, ein gewisser Laurent Angliviel de La Beaumelle, hatte sehr höflich gebeten, für eine von ihm geplante Ausgabe der »Henriade« drei Versstellen korrigieren zu dürfen.

Nun tauchte La Beaumelle unvermutet in Berlin auf. Voltaire wußte fast gar nichts von diesem brennend ehrgeizigen Mann, sollte ihn aber bald um so besser kennenlernen.

La Beaumelle, 1726 im Bas-Languedoc geboren, hatte einige Zeit in Genf studiert und dann eine kleine Verteidigungsschrift für Montesquieus »L'esprit des lois« veröffentlicht, woraufhin er als junger Dachs nach Kopenhagen gerufen wurde, um dort französische Sprache und Literatur zu lehren. Er begann, indem er eine dürftige Broschüre eines unbekannten Landsmanns, de Méhégan, vorlas. Außerdem gab er ein kleines, zweimal wöchentlich erscheinendes Blatt von wenig Bedeutung heraus und verfaßte als sein Hauptwerk »Mes Pensées«, in dem er die Fracht all seiner unfertigen Gedanken ablud. Doch in Kopenhagen wollte man bald nichts mehr von ihm wissen. Der fünfundzwanzigjährige Springinsfeld hatte daraufhin mit falschem Absender – »Palais des Königs« – seinen Brief an Voltaire geschrieben, war sodann aus Kopenhagen geflohen und unerwartet in Berlin erschienen. Er wünschte, unverzüglich den König kennenzulernen. Voltaire sollte ihm dazu verhelfen.

Zunächst schickte er diesem seine »Gedanken«, die Voltaire allerdings nicht mit Bewunderung aufnahm. Das meiste war nicht neu, außer dem revolutionären Vorschlag, nach Art der Tierzüchter Menschenpaare auszusuchen und zum günstigsten Zeitpunkt Kinder miteinander zeugen zu lassen. Voltaire fand auch sich selbst und Friedrich erwähnt: »Es haben größere Dichter gelebt als Voltaire, aber kein so gut bezahlter . . . Nach dem gleichen Prinzip, nach dem deutsche Fürsten Hofnarren und Zwerge mit Wohltaten überhäufen, überhäuft der König von Preußen talentierte Menschen mit Wohltaten...«

Der Vater dieser Gedanken machte alsdann Besuch bei Voltaire, um dessen Beziehung zum König in Anspruch zu nehmen. Als Voltaire ihn auf jene wenig freundliche Bemerkung über sich selbst hinwies, entgegnete der vielversprechende junge Mann, das sei zu Ehren Voltaires geschrieben worden.

»Zu meiner Ehre?«, fragte Voltaire verdutzt. »Dann kann ich nicht lesen.«

»Das mag sein«, entgegnete Beaumelle. Doch setzte er großmütig hinzu: »Vielleicht habe ich Sie auch gekränkt, ohne es zu wollen.«

Voltaire beging den unverzeihlichen Fehler, die Genialität Beaumelles nicht zu erkennen. Hingegen witterte Maupertuis, wozu der neu angekommene Landsmann zu gebrauchen sei.

La Beaumelle beklagte sich nämlich bei Maupertuis darüber, daß der König ihn – trotz mehrtägiger Anwesenheit – immer noch nicht empfangen habe. Maupertuis war schlau genug, dem geltungssüchtigen Grünschnabel nicht etwa zuzusagen, daß er ihn bei Hofe einführen wolle. Im Gegenteil: man mußte das Feuer schüren, ohne sich selbst die Finger daran zu verbrennen. Und so erzählte er, streng vertraulich natürlich!, eine fein gesponnene Geschichte: niemand anders als Voltaire sei es, der gegen Beaumelle intrigiere und neulich an der Tafelrunde die wertvollen »Pensées« so mit Spott übergossen habe, daß der König Beaumelle als bezahlten Hofidioten hätte einstellen wollen!

Das begeisterte La Beaumelle nun gar nicht für Voltaire.

Der Earl Tyrconnell lag Anfang November krank darnieder; er ahnte nicht, daß er nur noch wenige Monate zu leben hatte, und wollte sich gern durch La Mettrie aufmuntern lassen. Der Gesandte richtete deshalb eine Bitte an den König, der dieser nur ungern entsprach, doch ließ er seinen Spaßvogel für kurze Zeit von Sanssouci nach Berlin reisen.

Als La Mettrie aus der Kutsche kletterte und das Haus des Gesandten betrat, setzte sich Madame Tyrconnell gerade an den appetitlich gedeckten Mittagstisch. Welch passender Empfang! Der Gast stürzt sich auf die leckeren Gerichte, tafelt tüchtig mit, trinkt, plaudert, trinkt wieder, ißt weiter, lacht unbändig und stopft sich – ganz im Einklang mit seiner Philosophie – den Magen voll. Als er damit fertig ist, wird noch eine delikate Fasanenpastete aufgetischt, die mit vorzüglichem Schweinehaschee und Ingwer gefüllt ist, leider aber auch mit verdorbenem Schinken.

La Mettrie läßt sich gern verlocken und speist weiter, bis er die ganze Pastete allein verschlungen hat. Dann wird ihm übel.

Er ist fünfzig Jahre alt, bei besten Kräften, doch wird sein Befinden so besorgniserregend, daß die Hausfrau schleunigst zwei Ärzte holen läßt. La Mettrie kann kaum Luft schnappen, aber der Anblick der Ärzte gibt ihm neue Kraft. Wie, diese Pfuscher wollen ihn heilen, ihn, der mehr vom Fach versteht als sie? Die Ärzte wollen ihm ein Brechmittel eingeben, er aber lacht sie aus und will sie widerlegen: ein Aderlaß ist das Richtige! Das wird er als Naturwissenschaftler experimentell beweisen. So wird er also zur Ader gelassen. Doch das Experiment mißlingt: am nächsten Tag ist La Mettries Zustand so verzweifelt, daß man einen Priester holt. Der Kranke röchelt: »Jesus! Maria!« »Aha!«, sagt der Geistliche, »endlich kommen Sie zu diesen Namen der Tröstung zurück!«, worauf La Mettrie flucht und stirbt.

Für Voltaire, der krank darniederliegt, ist diese Nachricht die schlimmste Schreckensbotschaft. Immer noch wälzt er in seinem Kopf die Gedanken an jenen Ausspruch Friedrichs, und wie man ermitteln könne, was daran sei. Jetzt kann La Mettrie nicht mehr zur Rede gestellt werden. Hätte man ihn doch wenigstens auf dem Sterbelager nach der Wahrheit fragen können! »Im Augenblick, wo sie vor Gott erscheinen sollte, hätte diese schöne Seele doch nicht lügen können«, schreibt er maliziös an Madame Denis.

Niemals wird sich nun Gewißheit über diese Frage erlangen lassen. Obendrein zieht neues Unheil heran.

Die sorgfältigen Arbeiten am »Siècle« gehen jetzt ihrem Ende entgegen; das Werk kann bald der Öffentlichkeit vorgelegt werden. Auf Wunsch des Königs soll sein eigener Verleger und Drucker, C. F. Henning in Berlin, die erste Ausgabe herstellen; Voltaire will zunächst nicht als Verfasser genannt werden – es ist ja den führenden Geistern in ganz Europa sowieso bekannt, daß er seit langem an diesem Buch arbeitet – und läßt seinen Sekretär de Francheville, den literarisch interessierten Sohn eines in Berlin lebenden Franzosen, als Herausgeber zeichnen. Francheville hat das Königliche Privileg, die Druckerlaubnis, erhalten und hofft, daß mit Beginn des kommenden Jahres die Auslieferung des Buches vorgenommen werden kann.

Alles ist gut vorbereitet. Man braucht sich wirklich keine Sorgen zu machen.

Doch es sollte anders kommen. Den ersten Schreck erlebt Voltaire, als Ende November der Breslauer Buchhändler Korn in deutschen Zeitungen nicht nur den französischen Text, sondern gleichzeitig eine deutsche Übersetzung anzeigt, die auch bei Henning erscheinen würde.

Voltaire ist erbost: wer hat ihm sein Eigentum, den Text des geliebten »Siècle«, gestohlen, um daraus eine unberechtigte und gewiß verpfuschte deutsche Übersetzung herzustellen? Er läßt nachforschen. Ein Professor Johann Ludwig Uhl in Frankfurt an der Oder soll von Henning Druckbogen zum Übersetzen erhalten haben. Voltaire schreibt sofort an den zuverlässigen Darget, des Königs Vorleser, daß er ihm helfen möge – »man hat mein Faß von zwei Seiten angebohrt!«

Den Buchdrucker Henning packt die Angst, als er merkt, daß die Sache gefährlich wird. Er eilt zu Francheville, erklärt schluchzend, der Professor Uhl sei schon in Berlin gewesen und habe die Druckbogen und die Übersetzung zurückgegeben, er, Henning, sei völlig schuldlos, ein Angestellter der Druckerei habe die ganze Geschichte auf dem Kerbholz, und Voltaire möge doch diesen verhaften lassen.

Kaum ist eine Affäre beigelegt, als die nächste folgt und Voltaire sich von neuem über »germanische Treue« aufregen muß: Henning selbst, der sich das gute Geschäft offenbar nicht entgehen lassen will, hat in Hamburger Zeitungen eine deutsche Übersetzung des »Siècle« inseriert. Mit welchem Recht vergreift er sich an fremdem Eigentum? Wer ist der Übersetzer? Wieder muß Voltaire Darget um Hilfe bitten. Schon am nächsten Tag hört Voltaire von einer neuen Niedertracht: Baron von Bielfeld, dem die Aufsicht über die preußischen Universitäten obliegt, hat in Frankfurt an der Oder eine unberechtigte Ausgabe des »Siècle« gesehen, die nicht nur dort, sondern auch in Breslau verkauft wird!

Die Berliner Ausgabe ist damit entwertet. Viel Geld hat Voltaire für sie ausgegeben – aber es ist nicht dieser Verlust, der ihn schmerzt, sondern der Gedanke, daß wieder einmal ein Buch von ihm in ungenügender, fehlerhafter Form herauskommt. Tag und Nacht hat er sich, trotz Zahnweh und Krankheit, abgemüht, um alle Irrtümer auszumerzen – und nun ist alles vergebens, weil sich irgendein Taugenichts den unfertigen Text verschafft hat, um bedenkenlos damit Geld zu verdienen. Ob Friedrich nicht die unberechtigte Ausgabe beschlagnahmen lassen kann? Voltaire regt es über Darget an, aber es wird erfolglos bleiben.

Gerade ein Jahr ist seit dem Ärger mit Hirschel vergangen; jetzt fühlt sich Voltaire noch viel grausamer betrogen. Seine empfindlichste Stelle ist getroffen, er sieht bereits sein Ansehen in ganz Europa zerstört, die unzulängliche Ausgabe als willkommenes Angriffsziel boshafter Feinde ... Er wird es erdulden müssen: noch einen Prozeß wird er in diesem Lande nie und nimmer führen, lieber alles von vornherein verlieren.

Ein Lichtblick: Am 20. Dezember ist sein Schutzengel, die Gräfin Bentinck, wieder in Berlin. Die wohltuende Freundin, die einzige Menschenseele, der man wirklich vertrauen kann! Sie versucht, ihn aufzuheitern, aber er fühlt sich so bedrückt, daß er bei aller Zuneigung nur mit einer traurigen Bilanz seines Daseins antworten kann:

»Ach, Madame! Madame, Sie sind zu gut. Wenn man einen kranken, fast sechzig Jahre alten Körper hat, machen die Ärzte keinesfalls einen anderen daraus. Ich habe in keinerlei Hinsicht mehr irgendwelche Illusionen. Mir bleiben nichts als Klagen übrig. Ich habe einen Menschen im Alter von vierzig Jahren hinscheiden sehen, der – ebenso wie Sie! – würdig gewesen wäre, immer zu leben. Das Glück, Sie in Berlin zu sehen, ist der einzige mir mögliche Trost. Geben mir die Ärzte die Zähne wieder, die ich in Potsdam verloren habe, und gibt Gott mir die Madame du Châtelet zurück?? Weder Gott noch Friedrich vermögen etwas daran zu ändern. Sie aber können etwas tun – indem Sie weiterhin so gütig zu mir sind. Diese Welt hinieden ist nur ein kurzer und trauriger Traum. Sie aber sind das Beste, was ich in meinem Lebenstraum sehe. Rechnen Sie auf meine unverbrüchliche Anhänglichkeit.«

Doch dann erlebt die Gräfin eine bittere Enttäuschung – Voltaire scheint weder anhänglich noch aufrichtig zu sein.

Wie lange schon hat sie auf die Lektüre des »Siècle« warten müssen! Immer wieder wurde sie vertröstet, weil dem Autor sein Werk noch nicht gut genug zu sein schien. Aber im Hause des Grafen Schulenburg erblickt sie zu ihrem höchsten Staunen die ungebundenen Druckbogen des vor ihr streng verborgen gehaltenen Werkes!

Sie forscht umgehend, warum ausgerechnet der Graf Schulenburg, der keine näheren Beziehungen zu Voltaire hat, den Vorzug genießt, das »Siècle« lesen zu dürfen. Es stellt sich heraus, daß der Hauslehrer Drechsel die Bogen mitgebracht hat. Natürlich gehören sie ihm nicht, er hat sie nur geliehen bekommen. Von wem? Von einem Freund, dem Studiosus Lessing. Dieser hat ihm auch erzählt, daß er das Buch ins Deutsche übersetzen will und dann nach Venedig gehen wird, um es auch ins Italienische zu übertragen.

Die Gräfin eilt sofort zu Voltaire. Sie fühlt sich zurückgesetzt, doch als sie Voltaire Vorwürfe machen will, merkt sie an seinem Entsetzen, daß er wieder einmal schmählich hintergangen worden ist. Wie kommt dieser Lessing, der ihm übrigens dankbar sein müßte, weil er die Genehmigung für eine deutsche Übersetzung von Voltaires historischen Aufsätzen erhielt, an die streng gehüteten Druckbogen des »Siècle«? Nur Madame de Pompadour, d'Argenson und Madame Denis im fernen Paris sind im Besitz von Vorweg-Exemplaren mit handschriftlichen Korrekturen – niemand von ihnen kennt jenen Lessing. Das Manuskript muß gestohlen worden sein. Voltaire nimmt also seinen Sekretär Richier ins Verhör, der den Auftrag hatte, für die königliche Familie aus den Druckbogen 24 Bücher zusammenzustellen. Siehe da! Es kommt heraus, daß besagter Herr Lessing dem Sekretarius dabei geholfen hat. Und für sich selbst so ganz nebenher ein weiteres Exemplar zusammengestellt hat, mit dem er jetzt hausieren geht! Was wird er noch alles damit anstellen? Er soll es schleunigst zurückgeben!

Es kommt noch ärger: Lessing hat plötzlich über Nacht Berlin verlassen. Mitsamt dem Buch.

Voltaire, in verzweifelter Wut, läßt Richier an Lessing schreiben und um schnellste Rücksendung des Buches ersuchen; dann jagt er den famosen Sekretär, der so großzügig über vertrauliche Papiere verfügt, mit Schimpf und Schande davon.

Als von Lessing keine Antwort kommt, setzt sich Voltaire einige Tage später voll Sorge an den Schreibtisch und richtet einen Brief an Monsieur Lessing – ja, wo mag er stecken? – nach Wittenberg, und falls nicht dort, nach Leipzig zur Zustellung an seinen Vater, »Ministre du St. Evangile, zwei Meilen von Leipzig, wo seine Wohnung sein wird.« Er beschwört den Besitzer seines Buches, es ihm zurückzugeben; »ich weiß, daß es keinem anvertraut werden könnte, der unfähiger zu einem Mißbrauch und fähiger für eine gute Übersetzung wäre.« In Anbetracht vieler erforderlicher Korrekturen bittet Voltaire nochmals um Rückgabe des Buches, das ihm gestohlen und Lessing ausgehändigt worden sei. »Ich werde Ihnen später das vollständige Werk wieder zustellen.«

Die Demütigung dieses Briefes war überflüssig: er kreuzte sich mit dem Exemplar, das Lessing verdrossen an Richier (von dessen Entlassung er noch nichts wußte) zurückgesandt hatte: »Ich hätte es Ihnen ohne Ihren eigenartigen Brief zurückgeschickt.« Er erklärt sein Verhalten damit, daß er bei seiner Abreise aus Berlin vier Bogen noch nicht gelesen habe und von der Neugier überwältigt worden sei. Den ganzen Zwischenfall nimmt er nicht tragisch, er ist für ihn erledigt.

»Im übrigen habe ich die Leidenschaft, gut zu übersetzen, und um Herrn von Voltaire gut zu übersetzen, müßte man sich, wie ich weiß, dem Teufel verschreiben. Das will ich auf keinen Fall.« Was nicht hindert, daß einige Monate später in Rostock Lessings Übersetzung von Voltaires »Kleinen historischen Schriften« erscheinen wird.

Für Voltaire ist der Kummer um sein »Siècle« noch lange nicht beendet. Als er in den letzten Januartagen 1752 das fertiggestellte Werk an Friedrich schickt, ist sein Begleitbrief im alten, höflich-herzlichen Ton gehalten, stellt aber unabweisbar die Frage, ob er irgend etwas getan habe, was (wie man selbst in Paris munkelt) das Mißfallen des Königs erweckt haben könnte.

Nun ist die Reihe an Friedrich: seine Antwort wird alles klären, auch die immer noch bohrende Ungewißheit wegen der Bemerkung von La Mettrie. Der König braucht sich nur eindeutig zu Voltaire zu bekennen . . .

Er tut es nicht. Voltaire liest die unverbindlich gehaltene Antwort mit sehr gemischten Gefühlen – und nun faßt er seinen Entschluß. Er schreibt wiederum einen Brief an Friedrich – geschmeidig und höflich, aber im Ton und Unterton so, wie kein Höfling es jemals wagen würde. Was ihn an der Antwort des Königs am meisten erregt, ist ein Hinweis darauf, er hätte sich bei den Vorgängen um die Drucklegung des »Siècle« selbst nicht korrekt verhalten. Nach allen seinen Erlebnissen ist gerade dies seine verwundbarste Stelle: man müßte doch begreifen, daß er als der Autor das alleinige Recht zur Veröffentlichung seiner Werke hat! Einem König zu widersprechen, ist weder bei der französischen, auf Gott persönlich gegründeten, noch der preußischen, auf der Disziplin der Untertanen ruhenden Autorität des Herrschers vorgesehen. Doch Voltaire setzt sich in seinem Brief darüber hinweg: Ist es nicht des Königs eigener Drucker, Henning, gewesen, der dem Professor Uhl in Frankfurt a. O. das Manuskript zugeschanzt und damit die Unrechtmäßigkeiten begonnen hatte? Ungeachtet aller höfischen Tradition stellt sich der Autor Voltaire neben den Herrscher von Preußen: hat er, Voltaire, etwa weniger Recht an seinem »Siècle« als der König an seiner »Geschichte des Hauses Brandenburg«? Aber man behauptet bei Hofe, er habe sich falsch verhalten! »Wohin werde ich kommen, Sire, wenn eine so unglaubwürdige Verleumdung angehört wird?« Mit dieser Epistel wird es Voltaire klar, daß seine Tage in Berlin gezählt sind.

La Beaumelle bestand unterdessen Abenteuer besonderer Art. Er hatte eines Abends während einer Opernvorstellung eine appetitliche Dame erblickt, deren Reize ihn nicht kühl ließen, und deshalb draufgängerisch eine Bekanntschaft mit ihr angeknüpft. Es handelte sich um Madame Cocchius, Ehefrau eines strammen preußischen Hauptmanns; im Falle dieser Madame verhielt es sich nicht anders als im Falle manch anderer Berlinerin im Laufe der Zeiten: sie war der französischen Werbung durchaus nicht abgeneigt.

Beaumelle konnte auf diesem Schlachtfeld weiter vorrücken als er zunächst vermutet hatte; es gelang ihm schließlich, einen Besuch in der Wohnung der Dame zu verabreden.

Dort begann er, frohgemut weiteres Terrain zu erobern, als sich plötzlich die Tür öffnet und der bärbeißige Herr Hauptmann hereinstiefelt, den Franzosen mitten im Siegen ertappt und auf ihn losgehen will. Dabei war allerdings für sein Leben nichts zu befürchten, wohl aber für seine Geldbörse, denn die ganze Affäre war zwischen Mann und Frau zwecks Aufbesserung des Wirtschaftsgeldes abgesprochen worden.

Es bleibt also Beaumelle nichts anderes übrig, als seine gesamte Geldbörse zu opfern. Doch nun gerät der Hauptmann in noch größere Wut: die Börse dieses windigen Franzosen ist ebenso leicht wie die des preußischen Militärs, der nun vor lauter Zorn spornstreichs zur Kommandantur eilt und dort den Franzosen wegen Ehebruchs anzeigt. Der Kommandant macht nicht viel Federlesens, sondern sperrt Beaumelle in Spandau ein, und ganz Berlin lacht darüber, während seine Landsleute sich für den gefoppten Abenteurer verwenden. Voltaire redet dem verärgerten Gesandten Tyrconnell gut zu, Maupertuis stimmt den König zugunsten La Beaumelles um, der fremdenverkehrsfeindliche Hauptmann wird bestraft, La Beaumelle darf die Festung Spandau wie auch die Stadt Berlin verlassen – nicht ohne Voltaire die ganze Schuld an seinem Ungemach zuzuschieben, da er diesen wegen seiner scharfen Zunge und unfreundlichen Umgangsweise in Verdacht hatte, hinterrücks auf Verlängerung seiner Haft hingewirkt zu haben. Beaumelle schwört Rache: er will Voltaire bis in die Hölle verfolgen!

Voltaire wird es bald zu spüren bekommen, doch kann er sich zunächst an einer guten Nachricht erfreuen. Die Briefe aus Frankreich (sie kommen übrigens nie mit der Post, weil diese zu stark durchgeschnüffelt wird, sondern werden ihm von Diplomaten und anderen Reisenden mitgebracht) berichten, daß endlich »Rome sauvée« uraufgeführt wurde – ein glänzender Erfolg vor einem Publikum von 1283 Zuschauern. Seit Jahren ist das Theater nicht mehr so gefüllt gewesen, hatte es nicht solche Begeisterungsstürme gegeben; besonders die Gestalten des Cicero und Cäsars ernteten immer wieder Beifall. So ist Voltaire endlich eine große Freude vergönnt, wenn auch das weitere Schicksal des Stückes (es wurde nach 11 Vorstellungen abgesetzt) nicht dem Anfangserfolg entsprach. Seine Hoffnung, nach Paris zurückkehren zu können, ist aber wieder gestiegen.

Leider nimmt der Ärger mit Maupertuis seinen Fortgang. Sein jüngstes Opfer ist die Comtesse, mit der er seit einiger Zeit auf Kriegsfuß steht. Jetzt aber hat er sie vor aller Öffentlichkeit gekränkt – die Gräfin Bentinck hatte beim Maskenball ein Kostüm mit Karikaturen und bissigen Bemerkungen über verschiedene Hofleute getragen, worauf Maupertuis ihr ins Gesicht gesagt hatte: »Meistens besitzen die Menschen einen falschen Geist und ein schlechtes Herz; Sie, Madame, haben einen schlechten Verstand und ein falsches Herz.«

Dieser Maupertuis, sagt sich Voltaire – der vor Ärger über diesen Zwischenfall noch kränker wird –, kann wohl überhaupt kein normales Verhältnis zum weiblichen Geschlecht finden... Man brauchte ja nur sein Liebesleben zu betrachten: Während seiner Expedition nach Lappland hatte ihn die arktische Kälte nicht genug abgekühlt; das Lappenmädchen, mit dem er sich Liebesfreuden verschafft hatte, brachte er samt Schwester nach Paris, wo die beiden fremdartigen Geschöpfe weidlich bestaunt wurden, indes ihr Vater vergeblich gegen Maupertuis wegen Entführung zu klagen versuchte. So schnell, wie er sie gewonnen hatte, konnte Maupertuis die beiden dann nicht loswerden. Um das eine Lappenmädchen im Kloster unterzubringen, hatte er eine Geldsammlung veranstaltet – Voltaire selbst hatte damals 100, Emilie 50 Francs gespendet –; nachdem die eine solchermaßen versorgt war, wurde die andere unter die Haube gebracht, doch zeigte sie sich dann so mannstoll, daß es selbst im damaligen Paris auffiel.

Und in Preußen hatte Maupertuis sich aus Eitelkeit mit einer jungen, schönen, dummen Adligen – von Bork – verheiratet, die ihm auf die

Dauer nicht genügte. Unter den Abwechslungen, die er sich leistete, führte die Verbindung mit einem sehr hübschen und sehr armen Mädchen in Potsdam zu den Ungelegenheiten einer Schwangerschaft. Das konnte verteufelte Scherereien geben: die Angehörigen seiner Frau mochten ihn sowieso nicht leiden und warteten nur auf einen Anlaß, gegen ihn vorzugehen, der König haßte Skandalaffären ... Maupertuis zog den Kopf aus der Schlinge, indem er einem Freund, dem Kommandanten der Potsdamer Garnison, so heftig zusetzte, bis dieser das Mädchen in aller Stille nach Spandau in die Festung bringen ließ, wo es lange Zeit – von aller Welt abgeschnitten – gefangengehalten wurde.

Als die Berliner Wintersaison sich ihrem Ende näherte, siedelte Voltaire, der erst bei Frau Bock »Hinter dem Packhofe«, dann am Schinkelplatz Nr. 4 gewohnt hatte, wieder mit nach Potsdam über. Friedrich hatte schon aus Sanssouci gemahnt: er hat das »Siècle« mit Begeisterung gelesen, er möchte Voltaires geistiges Sprühfeuer wieder bei sich haben. Wieder beginnt das alte Leben mit der intensiven geistigen Arbeit bei Tage und den funkelnden Gesprächen bei Nacht. Die Veröffentlichung des »Siècle« hat eine Fülle von Zuschriften bewirkt, die weitere Mitteilungen zu den geschilderten Ereignissen enthalten; wichtige historische Ergänzungen sind dadurch möglich. Fieberhaft arbeitet Voltaire an der Fassung, die bei seinem Verleger Walther in Dresden erscheinen wird. Eine gut verbesserte Ausgabe, um gleichzeitig auch alle unberechtigten Ausgaben zu entwerten, die unterdessen von Dieben und Spitzbuben vorbereitet werden!

Neben dieser Arbeit noch die an anderen Manuskripten (darunter der »Pucelle«), die vielen Briefe, die Korrekturen für Friedrich ... Voltaire ist froh, daß er einen gescheiten Italiener, Collini, als neuen Sekretär engagieren kann.

Der Aufenthalt in Potsdam ermöglicht wieder ein besseres Verhältnis zu Friedrich. So kann einem neuen Opfer jesuitischer Verfolgung geholfen werden: dem gelehrten Abbé de Prades, einem Freund der Enzyklopädisten, der an der Sorbonne in seiner These zur Erlangung der Doktorwürde gewagt hatte, von der Schöpfungsgeschichte abzuweichen und die von Jesus vollbrachten Wunder mit den Heilungen des Äskulap zu vergleichen.

Ein lauter Entrüstungssturm hatte darauf den Abbé aus Paris getrieben und gezwungen, nach Holland zu fliehen. »Deist und Atheist!«, schallte es hinter ihm her; Voltaire mokiert sich über die Begriffsverwirrung jener zartfühlenden Seelen, die Prades verfolgen: ein Deist, der an Gott als Schöpfer glaubt, sei doch eigentlich das Gegenteil eines Atheisten? Vor allem aber bemüht er sich darum, daß Prades in Potsdam eine Zufluchtsstätte findet; er wird vom König als Nachfolger de la Mettries in Aussicht genommen.

In seinen eigenen Angelegenheiten ist Voltaire leider weniger erfolgreich. Gegen die Raubausgaben seiner vielbegehrten Werke vermag er nichts auszurichten: in London hat man ihm gerade den »Micromégas« gestohlen und durch teuflische Druckfehler und einen verfälschten Anhang verdorben. Der Verdruß über solche Vorkommnisse erstickt bei Voltaire die Freude über den aufsehenerregenden Erfolg des »Siècle«; das Buch wird zum Tagesgespräch, weil es – in krassem Gegensatz zu den üblichen historischen Werken – interessant zu lesen ist. Niemand hatte vermutet, daß es auch eine fesselnde Art von Geschichtsschreibung geben könne.

Voltaire hatte sich wenig darum gekümmert, daß Maupertuis seit einiger Zeit in einen ärgerlichen wissenschaftlichen Streit mit seinem früheren Schüler und Übersetzer Koenig verwickelt war.

Der Beweis für die Abplattung der Erde an den Polen war Maupertuis so zu Kopf gestiegen, als hätte er persönlich die Erde so geformt. Als er dann später ein neues Naturgesetz gefunden zu haben wähnte – die Natur begnüge sich für jede Bewegung mit dem geringstmöglichen Kraftaufwand –, machte er daraus eine Formel (m $\times$ AR + n $\times$ RB), die als Weltgesetz und Beweis für das Dasein Gottes gelten sollte. Er veröffentlichte seine Lösung der Welträtsel 1750 in einem »Essai de cosmologie«; zwar war dieses Prinzip der kleinsten Wirkung im Gebiet der Mechanik richtig erkannt, doch mußte erst der Mathematiker Euler der Formel später die wissenschaftlich einwandfreie Fassung geben.

Maupertuis selbst aber fühlte sich unantastbar und wollte es nicht dulden, daß Samuel Koenig, der inzwischen Bibliothekar der Fürstin von Oranien sowie Professor des Öffentlichen Rechts in Den Haag geworden war, die große Entdeckung herabzusetzen unternahm: Schon Leibniz habe in einem Brief an Professor Herrmann in Berlin die Erkenntnis des Maupertuis ausgesprochen, ohne allerdings soviel Wesens davon zu machen wie dieser.

Wenn das stimmte, hatte Maupertuis all seine Glorie als Entdecker eines Weltgesetzes verloren. Er mobilisierte also seine Akademie; diese verlangte, Koenig solle den Brief von Leibniz vorlegen. Koenig vermochte aber, da der Empfänger längst gestorben war, das Original nicht aufzutreiben; er verfügte lediglich über die Abschrift, auf die er sich von Anfang an berufen hatte.

Auf diesen schwachen Punkt konzentriert Maupertuis seinen Gegenangriff. Am 13. April ruft er die Akademiemitglieder zusammen; hier hat er ein Gremium, das – wegen der Besoldung – ganz auf sein Wohlwollen angewiesen ist und sich deshalb besser als jedes andere eignet, über einen Streit zu entscheiden, in den der Akademiepräsident verwickelt ist.

Was die Akademiker zu Koenigs Behauptungen zu sagen wissen? Daß sie falsch sind, natürlich. Maupertuis will noch mehr: Sie sollen den ominösen Leibniz-Brief, der seinem Ruhm so abträglich ist, als eine glatte Fälschung Koenigs erklären und diesen aus der Akademie, der er als korrespondierendes Mitglied angehört, ausstoßen.

So geschieht es. Die beflissenen Akademiker verdammen Koenig derart gründlich, daß ihr Präsident sogar noch eine gewisse Distanz zu diesem ihm so angenehmen Verdammungsurteil heucheln kann.

Voltaire aber ist außer sich. Er kennt Koenig gut genug; er schätzt ihn nicht, zumal er Emilie zur Leibniz-Jüngerin gemacht hatte; hier aber geschieht Unrecht: Koenig hat einen anständigen Charakter, er ist keiner niederträchtigen Fälschung fähig. Maupertuis hat seine Autorität mißbraucht, hat wie ein Tyrann gehandelt. Man muß sich des Unschuldigen annehmen, man muß der Sache nachgehen. Doch vorerst ist Voltaire noch nicht genau unterrichtet, auch vermag er nicht viel zu unternehmen, da mit dem Monat Mai seine Krankheit immer schlimmer wird. Er ist an Potsdam gefesselt, kann Schloß Sanssouci nicht verlassen, ja nicht einmal die große Freitreppe hinabsteigen, sondern muß tagsüber im Bett liegen und schafft nur mühsam abends die wenigen Schritte zu Friedrichs Gemächern.

Obendrein hat er anderweitig Sorgen genug.

Dieser lose Vogel La Beaumelle hatte nämlich inzwischen die Reihe seiner lockeren Abenteuer fortgesetzt. Nach der unrühmlichen Abreise aus Berlin war er zunächst in Gotha abgestiegen, weil er in der Reisekutsche eine unternehmungslustige Französin kennengelernt hatte, die gerade als Gouvernante die Kinder einer angesehenen Gothaer Familie erzog. Im Gegensatz zur preußischen Hauptmannsfrau ließ sich diese Dame nicht nur die galanten Attacken Beaumelles bis zum erfolgreichen

Maupertius. Präsident der preußischen Akademie

Ende gefallen, sondern sorgte sogar für die Füllung seiner Geldbörse: Beaumelle, der bald nach Frankfurt weiterreiste, entführte nämlich die Gouvernante, und diese entführte Geld und Schmuck ihrer Herrin.

Das leichtlebige Paar, das unter einer Decke steckte, reichte allerdings mit dem Erlös der Beute nicht so lange, als daß sich Beaumelle nicht nach anderen, lohnenden Einkunftsquellen hätte umsehen müssen. Als beschlagener Literat fand er sie bald.

Er gab binnen kurzer Zeit zwei Bücher heraus, die genug Aufsehen erregten, um überall gekauft zu werden. Beide Male handelte es sich um Diebstähle.

Beaumelles erster Schlager waren die Briefe der Madame de Maintenon – authentische Zeugnisse der Zeit des Sonnenkönigs, Privatpapiere, in die jedermann nur zu gerne seine Nase steckte. Natürlich war Beaumelle der letzte, der zur Veröffentlichung dieser Briefe berechtigt gewesen wäre. Aber mit kühnem Griff bei passender Gelegenheit hatte er noch in Paris das Briefbündel in seinen Besitz genommen und es dann nach Kopenhagen mitgehen heißen.

Sein anderer Coup war Voltaires »Siècle«, das er allen Bitten und Vorstellungen zum Trotz (Voltaire bot ihm sogar Geld an) herausbrachte, gerade als der Verleger Walther die von Voltaire mühsam erarbeitete zweite Ausgabe druckte. Beaumelle aber legte weit mehr vor als nur den unerlaubt benutzten Text der Berliner Erstausgabe: er hatte mit vielen Anmerkungen den Stil Voltaires auf die Höhe seiner eigenen Sprachkunst gebracht und mit zahlreichen »Korrekturen« auch sein besseres Wissen immer wieder dargetan.

Statt daß Voltaire solche literarische Nachhilfe dankbar entgegennimmt, warnt er öffentlich vor diesem Buch. Gegen die Flut von Raubausgaben seiner Werke helfen aber alle Erklärungen und Hinweise wenig: schon erscheint in Lyon eine weitere Ausgabe des »Siècle«, in Berlin eine verstümmelte und entstellte von »Rome sauvée«.

Weit größeres Ungemach entsteht für Voltaire aber aus Geschichten, die Maupertuis so vielen Leuten so lange streng vertraulich erzählt, bis sie der König erfahren muß: Voltaire habe Friedrichs Verse als schlecht bezeichnet, er habe gesagt: »Muß er mir denn immer seine schmutzige Wäsche zum Reinigen schicken?«

Dem König ist offensichtlich dieser Klatsch zu Ohren gekommen – Voltaire merkt es. Die schönen Tage von Sanssouci sind vorüber, selbst wenn an der stark gelichteten Abendtafel (auch Algarotti und Darget sind davon) noch äußerliche Wiederholungen von einst stattfinden – wobei Voltaire ständig seinen Argwohn und sein Mißtrauen verbergen muß. Aus Paris aber kommen Briefe von Madame Denis und den Freunden: er solle doch nur endlich zurückkehren. Warum eigentlich nicht? Schon längst gibt es nichts mehr am preußischen Hof zu loben, im Gegenteil! Der König geizig und eigensinnig, die Restmitglieder der Tafelrunde langweilig, Maupertuis sogar ein Intrigant... Dieser Schleicher hat, wie Voltaire erfährt, an die Prinzessin von Oranien geschrieben, in deren Diensten Koenig als Bibliothekar steht, und sie gebeten, diesen in seinem eigenen Interesse zum Schweigen anzuhalten. Welch infames Druckmittel! Wo hat es je eine Akademie mit solch verbrecherischen Methoden gegeben? Man muß aus einem Land entfliehen, in dem das möglich ist.

Voltaire will fort. Doch es ist nicht so leicht, aus Preußen herauszukommen, wie man hineingelangt ist. Vor allem ist die beträchtliche Geldsumme, die er mitgebracht hatte, schwer wieder herauszubringen.

In Finanzfragen ist er immer pfiffig genug, um einen Ausweg zu finden. Anfang August bietet er dem Herzog Karl von Württemberg 40 000 gute goldene Reichstaler an, als Kaufsumme für eine Leibrente, die der Herzog an ihn und seine Nichte Madame Denis zahlen soll. Für Herzöge mit Geldsorgen ist das eine zu starke Verlockung, zumal man sich ein gutes Geschäft versprechen kann, denn der gebrechliche Voltaire mit seinen ständigen Krankheiten pfeift scheinbar auf dem letzten Loch und hat nicht mehr lange zu leben – ein Eindruck, der dem geschäftstüchtigen Dichter nicht unlieb ist und dem er mit Jammern und Klagen nachhilft. Schon Anfang September wird Voltaire seiner Nichte mitteilen können, daß das Geschäft perfekt ist und er somit bereits einen Fuß aus Friedrichs Schlinge heraus hat.

Inzwischen ist der Abbé Prades im sicheren Hafen Potsdam angekommen, ein liebenswürdiger Plauderer, der sein böses Vertriebenenschicksal mit heiterer Gelassenheit trägt – der drolligste aller exkommunizierten Ketzer, meint Voltaire; wären Arius, Huß, Luther und Zwingli ebenso humorvoll gewesen, so hätten die Kirchenkonzile sie nicht verbrannt und verfolgt!

Am Krankenlager Voltaires muß Prades berichten, wie es den Enzyklopädisten in Paris inzwischen ergangen ist. Am Schluß seines »Siècle« hatte Voltaire die Enzyklopädie als ein unsterbliches Werk gepriesen; nun erfährt er, wie sie in Paris aufgenommen wurde: zwar hat die geistige Elite den ersten Band, besonders die glänzende Vorrede d'Alemberts über das Wachstum der Wissenschaft und die kontinuierliche Verbesserung der menschlichen Gesellschaft, voller Bewunderung begrüßt, doch haben die Vertreter von Thron, Altar und Privilegien einen heftigen Entrüstungssturm zu entfachen verstanden. So laut wurde das Getöse der Jansenisten, der zopfigen Gelehrten von der Sorbonne und der streitlustigen Jesuiten, daß d'Argenson, der zwischen den Parteien vermitteln sollte, nur resignieren konnte: »Wehe den anständigen Leuten, die jetzt ihre Zunge hinsichtlich Philosophie und Freiheit nicht im Zaume halten!«

Auf den Straßen sind Hirtenbriefe der Bischöfe gegen die verruchten Enzyklopädisten feilgeboten worden – doch schließlich hatte der ganze Lärm dazu geführt, daß vom zweiten Band, der Anfang 1752 herauskam, mehr Exemplare als vom ersten abgesetzt wurden.

Daraufhin steigerten sich die Angriffe zu noch größerer Heftigkeit; von den Kanzeln hörte man die schrecklichen Worte: »Bisher hat die Hölle ihr Gift tropfenweise ausgespien, jetzt aber sind es Ströme von Irrtümern und Gottlosigkeit, die auf nichts Geringeres ausgehen als auf den Untergang des Glaubens, der Religion, der Tugenden, der Subordination, der Gesetze und der Vernunft.«

Schließlich hatte der glaubensstrenge Boyer, Erzieher des Dauphin, der »Esel von Mirepoix«, dem König derartig mit Wehklagen über den grassierenden Atheismus im Ohr gelegen, daß dieser eine Verfügung gegen die beiden ersten Bände der Enzyklopädie erließ, die dem »Geist des Aufruhrs« und der »Verherrlichung des Irrtums, der Sittenverderbnis und des Unglaubens« diene. Zum Glück war der Oberzensor Malesherbes ein aufgeklärter Geist; heimlich warnte er Diderot vor der Beschlagnahme seiner Unterlagen, Manuskripte und Bildtafeln, die am nächsten Tage erfolgen sollte.

Diderot war verzweifelt – wohin so schnell mit all dem vielen Material, wo ein sicheres Versteck finden? Malesherbes beruhigte ihn: »Bei mir! Da wird man es nicht suchen!« Und so schleppte Diderot im Schweiße seines Angesichtes die wichtigsten Akten rechtzeitig zum Zensor, ehe das Verbot und die Beschlagnahme wirksam wurden.

Soweit die Erzählung von Prades, der Paris zur Zeit der schlimmsten Angriffe gegen die Enzyklopädisten hatte verlassen müssen.

Seitdem war die Arbeit an der Enzyklopädie verboten gewesen. Doch die Philosophen kämpften weiter. Diderot donnerte in einer Streitschrift, mit der er den Abbé Prades verteidigte: »Was denn! Weil Josua angeblich der Sonne stillzustehen befahl, sollen wir bei Strafe des Bannfluchs leugnen, daß die Erde sich bewegt? Wenn wir bei jeder Entdeckung, die in Astronomie, Physik oder Naturkunde gemacht wird, an dem Entdecker das Unrecht gegen Galilei wiederholen sollen – dann laßt uns gleich unsere Mikroskope zerbrechen, unsere Fernrohre zertreten und Apostel der Barbarei sein!«

Und dann hatte plötzlich eine zarte Hand das Schicksal gewendet. Eines Abends war an der Tafel Ludwigs XV. in Trianon eine Streitfrage entstanden, worauf die Marquise von Pompadour bemerkt hatte: »Es gibt ja überhaupt nichts, worüber wir richtig Bescheid wissen«, ein neues Thema aufwarf und veranlaßte, daß die beiden Bände der Enzyklopädie herangeschafft wurden, in denen die Gesellschaft nun die strittige Frage genau beantwortet fand. Damit war eine günstige Gelegenheit zu hämischen Bemerkungen gegeben: »Die Unwissenheit kommt davon«, meinte der Herzog von La Vallière, »weil Eure Majestät unsere Enzyklopädien haben konfiszieren lassen, obwohl sie jeden von uns mehrere hundert Pistolen gekostet haben.« Und die Pompadour fragte neckisch: »Sire, haben Sie diesen großen Vorrat an nützlichen Kenntnissen beschlagnahmt, um ihn allein zu besitzen und der einzige Gelehrte in Ihrem Königreich zu sein?«

Obwohl dem König die Enzyklopädie nicht geheuer war, machten weitere Fragen der Marquise doch tiefen Eindruck auf ihn: Ob dieses Werk der französischen Wissenschaft nicht zu hohem Ruhme gereiche? Ob er etwa wolle, daß Voltaire im freien Ausland die Enzyklopädie fortführe, was einer seiner Lieblingsgedanken sei? Ob nicht der König von Preußen d'Alembert und Diderot ebenso wie Voltaire oder jetzt den Abbé Prades gern an seinen Hof ziehen würde?

Die Marquise weiß genau, wie man mit dem König umgehen muß.

Die Herausgeber der Enzyklopädie erhalten urplötzlich ein königliches Schreiben, mit dem sie aufgefordert werden, ihr Werk fortzusetzen. Und so läuft bald darauf bei Voltaire unvermutet ein Brief d'Alemberts ein, voller Begeisterung und Respekt, den Voltaire nicht anders beantworten kann als mit den Worten: »Paris ist reich an Schmierfinken, aber an beredten Philosophen kenne ich nur Sie und Diderot.« Er denkt daran, wieder Beiträge für die Enzyklopädie auszuarbeiten; an Friedrich, der gerade Truppen in Schlesien besichtigt, schreibt er gleich von den »schönen Plänen zur Förderung der menschlichen Vernunft.« Wegen der Behinderungen in Frankreich werden allerdings die wichtigsten philosophischen Gedanken kaum veröffentlicht werden können; Voltaire entschließt sich deshalb zur Zusammenstellung eigener Erläuterungen in einem »Dictionnaire Philosophique«.

In der zweiten Septemberwoche kommt aus Leiden in Holland ein Buch in Berlin an, das Voltaire erschreckt und ihm die Augen öffnet: es ist Samuel Koenigs Antwort an Maupertuis.

Die Prinzessin von Oranien war durchaus nicht mit dem Vorschlag einverstanden, ihrem Bibliothekar ein Schweigegebot aufzuerlegen – und nun enthüllt Koenig den ganzen Fall in seinem »Appell an das Publikum«. Aus dem Text von drei Leibniz-Briefen geht sonnenklar hervor, daß der von Koenig zitierte Leibniz-Brief echt sein muß und die Akademie ihn zu Unrecht als Fälschung bezeichnet hat. Grimmig pflückt Koenig den Lorbeer wieder ab, den Maupertuis sich selbstgefällig ums Haupt gewunden hatte: Was an dessen neuer Lehre richtig ist, sei geistiges Eigentum von Leibniz – aber Maupertuis bleibe dennoch ein bedeutender Kopf: er könne sich damit trösten, daß der weitaus größte Teil, nämlich alles, was falsch ist, sein geistiges Eigentum bleibe.

Voltaire, der sich gerade über die kürzlich in Dresden erschienenen »Oeuvres de Mr. de Maupertuis« amüsiert hatte, ändert angesichts des Beweises für die Echtheit des Leibnizschen Briefes seine bisherige Haltung. Er hatte sich nicht in das Philosophengezänk einmischen wollen; er hielt nicht viel von dem Leibnizschen System, das Koenig schon in Cirey viel zu eifrig propagiert hatte, und glaubte weder an die Monaden noch an die prästabilierte Harmonie. Den Streit um metaphysische Fragen, wie etwa den zwischen Koenig und Maupertuis, hält er nach wie vor für leere Begriffsspielerei, aus der nichts herauskommt – zum Glück für die Menschheit ist die Welt nicht so, wie die meisten Philosophen wünschen, daß sie sei!

Nein, Voltaire wollte sich eigentlich nicht einmischen. Aber Koenigs Buch hat ihn hochgerissen: hier ist ein Unrecht geschehen! Dieser Maupertuis, dessen Hochmut er schon längst einmal dämpfen wollte, hat etwas getan, was kein Herrscher jemals gewagt hätte – von einem Irrtum geblendet, hat er einen ehrbaren Menschen verurteilen lassen, ohne ihn anzuhören, und ihm dann noch geboten, sich keinesfalls zu verteidigen, sondern den Mund zu halten.

Voltaire, empört, greift zur Feder: Alle Welt soll wissen, was geschehen ist! Der König wird ungehalten sein – aber Voltaire ist entschlossen, auf die Seite des Schwächeren zu treten und ihm zu seinem Recht zu verhelfen.

So erscheint eine kleine Schrift mit dem wenig sagenden Titel »Antwort eines Berliner Akademikers an einen Pariser Akademiker« – aber der Inhalt sagt alles. Noch kürzer und prägnanter geht es nicht: in schneidender Klarheit, ohne ein einziges Schimpfwort, wird von Maupertuis' Formel bis zu Maupertuis' Briefen an die Prinzessin der Tatbestand berichtet. Dann ein Hinweis auf die Echtheit der Leibniz-Briefe, und zum Schluß zwei vernichtende Sätze: Maupertuis ist nicht nur des Plagiats und des Irrtums überführt, sondern auch des Mißbrauchs seiner Stellung – um die geistige Freiheit zu beseitigen und einen anständigen Menschen zu verfolgen, der kein anderes Verbrechen begangen hat als anderer Ansicht zu sein. Mehrere Akademiemitglieder haben protestiert und würden die Akademie, die Maupertuis entehrt und tyrannisiert, verlassen, wenn sie nicht das Mißfallen des Königs, des Schirmherrn der Akademie, fürchteten.

Der Autor dieser Schrift ist nicht genannt, aber jeder weiß, daß diesen Schlag mit aller Macht des Geistes und Wortes nur einer zu führen fähig war... Auch Friedrich, der aus Schlesien zurückkommt, erkennt den Verfasser sofort.

Er ist außer sich vor Empörung.

Voltaire fühlt bittere Enttäuschung. Immer noch hatte er gehofft, daß beim König die Einsicht mehr gelten würde als die Aufrechterhaltung der Autorität des Akademiepräsidenten und daß er bei genauerer Kenntnis der Umstände von diesem abrücken würde. Und nun weigert sich Friedrich, die Argumente Koenigs auch nur zu lesen! Blind, nur um der Autorität seiner staatlichen Akademie willen, nimmt der sogenannte »Philosoph von Sanssouci« Partei für den selbstherrlichen Präsidenten Maupertuis.

Voltaire denkt daran, wie verärgert Maupertuis damals war, als er ihn in seiner Antrittsrede vor der Berliner Akademie nicht mit Plato verglichen hatte. Was für ein Plato! Was für eine Akademie! Was für ein Jahrhundert! Wenn sich der Herzog von Württemberg doch nur mit der Unterschrift unter den Rentenvertrag beeilen wollte, damit man sich aus dem Staube machen kann, um die Narren und die Geometer zu vergessen!

Aber es kommt noch schlimmer: Der König von Preußen mischt sich unter die Schriftsteller.

Mit dem preußischen Adler, mit Krone und Zepter verziert, erscheint die Schmähschrift »Brief eines Akademikers aus Berlin an einen Akademiker in Paris«, worin es über Voltaires Schrift heißt: »Einer von jenen elenden Pamphletschreibern hat eine ehrlose Lästerschrift drucken lassen, in der er Herrn v. Maupertuis behandelt, wie ein Mensch ohne Urteilsfähigkeit von einem ihm Unbekannten sprechen würde, oder wie die unverschämtesten Betrüger die Tugend zu beschimpfen pflegen.« Die Tugend, wie Maupertuis sie verkörpert – den der selbstherrliche Skribent mit keinem Geringeren als Homer vergleicht: »Er genießt hier in Preußen zu seinen Lebzeiten den Ruhm, den Homer lange nach seinem Tode gewann.«

Was nützt es dem entrüsteten Voltaire, daß die geistige Welt über diese literarische Stümperei lacht! Nachdem Maupertuis kein zweiter Plato werden konnte, hat er es wenigstens erreicht, daß sein Herr ein Dionys von Syrakus wird. Gegen einen solchen Herrscher aber ist Voltaire machtlos.

Er hat keine Krone und kein Zepter. Aber eine Feder, und diese will er jetzt ohne Rücksicht auf alle persönlichen Nachteile in die Waagschale werfen.

Sollte er aus Preußen fliehen müssen, so wird er auch in Frankreich nicht sicher sein – auch dorthin reicht Friedrichs Einfluß. Und der Hof von Versailles? Man ist dort nicht gut auf Voltaire zu sprechen, aber vielleicht darf er mit einer Freundin rechnen: der Marquise de Pompadour. Diese ist vor einigen Tagen, am 12. Oktober, zur Herzogin ernannt worden und nimmt nunmehr auch nach außen hin einen hohen Rang am Hofe ein. Sie hat erreicht, daß ihretwegen der Minister Maurepas, der sie haßte und verächtlich machte, auf Knall und Fall entlassen wurde: »Ihre Dienste gefallen mir nicht mehr ... Sie verfügen sich nach Bourges ... Sie senden mir keine Antwort«, hieß es in dem Eilschreiben des Königs, das den mächtigen Minister fällte, den einst die Herzogin von Chateauroux vergeblich zu stürzen versucht hatte.

Dieser ihr Erfolg war um so erstaunlicher, als sie inzwischen ihre größte Macht – die des verführerischen Körpers – verloren hatte. Vorüber die Zeiten, in denen sie dem König ständig neue Abwechslungen, Überraschungen, Reize bot, ihm eine immer wieder unbekannte Geliebte war. Zwar ließ sie weiterhin einladende Schlößchen und Eremitagen entstehen, nach Montretour, Crécy und La Celle die Eremitagen in Versailles, Fontainebleau, Compiègne, die Schlösser Bellevue und

Ménars. Noch immer gab es Geld im Überfluß und neue, anmutige Kunstwerke: Parks, Grotten, Wasserspiele, Treibhäuser, Statuen von Adam, Falconet und Pigalle, Gemälde von Vanloo, Boucher, Oudry. Vor allem verstand sie, in jedem Gebäude einen intimen Raum herzurichten, in dem der König sich geborgen und wohl fühlte. Er liebte den Aufenthalt in dieser Umgebung – aber die Pompadour selbst war erschöpft, verzehrt von den Strapazen des Hoflebens. Sie war zu früh gealtert, ausgemergelt, ständig krank, hustete schwindsüchtig, nahm Pillen, Arzneien, aufpeitschende Mittel. Der König verlegte bald sein erotisches Jagdrevier in ein Haus im Versailler Hirschpark, wo er für gutes Geld eine Reihe frischer, liebeshungriger Mädchen hielt, die er als anonymer Besucher beglückte. Die Pompadour wußte alles und behielt ihren Einfluß selbst dort.

Daß sie Herzogin wurde, war nur die äußere Bestätigung ihrer Rolle als geheimer Herrscherin – des Geschmacks am Hofe wie auch der Politik. Ludwig hörte auf sie. Auch ohne Liebeskünste wußte sie ihn in angeregte und gelöste Stimmung zu versetzen – kein Wunder, daß selbst die mächtigsten Hofleute untertänigst vor ihr katzbuckelten. Ludwig brauchte sie: bei seiner Verschlossenheit und Kälte mußte er mit einem einzigen Menschen reden, dem sein Herz vertraute, er mußte auch Pläne, Zweifel und Sorgen durchsprechen. Wenn aber erst die große Leere, die Schwermut, die peinigende Angst vor Tod und Begräbnis über ihn kamen, dann war sie ihm unentbehrlich mit ihrer sanften, beruhigenden, ablenkenden Art. Und trotz allen Glanzes und aller Machtfülle täuschte sie sein Vertrauen nicht, wollte ihn nicht als Alleinbesitz, sondern besserte sein Verhältnis zu seiner Familie. Wieviel Millionen sie auch verschwendete, sie hat sich nicht persönlich bereichert: ihre Schlösser blieben im Staatsbesitz, bei ihrem Tode wird man in ihrem Schreibtisch nur 37 Louisdors finden.

Voltaire denkt oft genug daran, ob es ihm daheim in Frankreich jetzt wohl besser gehen würde. Friedrichs Schrift hat ihn zutiefst verletzt, weniger wegen der plumpen persönlichen Angriffe, als wegen der schreienden Ungerechtigkeit des Königs.

In Sanssouci ist man allerdings vornehm und tut so, als gäbe es draußen keine literarische Fehde. Schon wandern die Zettel mit den ersten Niederschriften Voltaires für sein Dictionnaire Philosophique zwischen seinem Zimmer und den Gemächern des Königs hin und her. Abends humpelt Voltaire hinüber – im November sind es acht Monate, daß er wegen Erysipelas, Dysenterie und Skorbut nicht mehr ins Freie konnte! –, man hört Friedrichs zartes Flötenkonzert, man tafelt, ist höflich zueinander ... Aber Voltaire hat das Gefühl, daß ein Damoklesschwert unsichtbar über der Runde schwebt.

Die geheime Spannung droht eines Tages zu schrecklicher Entladung zu führen, als in Voltaires Zimmer der Leibpage Friedrichs erscheint, mit einem Brief, in dem der gerade ärgerliche König unter anderem geschrieben hat: »Ihr Herz ist hundertmal schändlicher als Ihr Geist schön ist.«

Voltaire gerät daraufhin in Raserei, rennt im Raum auf und ab, fährt mit den Armen durch die Luft und stößt eine Flut von Schimpfwörtern und Beschuldigungen gegen den König hervor – mit einer Lautstärke, die bis in andere Räume des Schlosses dringt.

Der Page, der auf Antwort warten soll, kann nur bleich und zitternd stammeln: »Monsieur ... Monsieur ...« Schließlich geht er verzweifelt auf den Wütenden zu: »Herr de Voltaire, bedenken Sie doch, es ist der König, Sie sind in seinem Hause, ich, der Ihre Worte anhören muß, stehe in seinen Diensten!«

Voltaire wird mit einem Schlage ruhig. Er nimmt den fünfzehnjährigen Knaben am Arm: »Mein junger Herr – urteilen Sie selbst! Was für ein Unrecht habe ich je gegen ihn begangen? Ich habe mir nur ein einziges vorzuwerfen, das ist allerdings nicht wieder gut zu machen – daß ich ihn gelehrt habe, bessere Verse zu machen als ich selbst. Gehen Sie und bringen Sie ihm diese Antwort!«

Friedrich wartet schon ungeduldig und läßt den Pagen haargenau berichten. Voller Angst sieht der Junge, wie dem König die Zornröte ins Gesicht steigt. Ein böser Ausbruch steht bevor, bei dem es wohl – wie in solchen Fällen üblich – nicht ohne Prügel abgehen wird. Als der Page aber die letzten Sätze Voltaires wiedergibt, wird der König ruhig, zuckt die Achseln und sagt lächelnd: »Der Mensch ist verrückt.«

In diesen Wochen wird Voltaires Feder schärfer. Bald ist er sechzig Jahre alt; statt des erhofften ruhigen Lebensabends stehen ihm mehr Kämpfe denn je bevor. Diesen aufgeblasenen Maupertuis will er nun, trotz allen königlichen Schutzes, mit einem Streich erledigen; er schreibt die ersten Sätze zu einer Schrift nieder, mit der er die albernen Theorien des Akademiepräsidenten, der in Preußen als größte Leuchte der Wissenschaft gilt, dem allgemeinen Gelächter preisgeben will. Einen schönen Titel wird das Werk tragen: »Geschichte des Doktor Akakia,

Arzt des Papstes und Eingeborener von St. Malo« (woher Maupertuis stammte). Der Titelheld war ein Arzt Franz des Ersten gewesen, der seinen französischen Namen »Sansmalice« in das bombastische griechische »Akakia« verwandelt hatte; nun feiert sein Name wieder Auferstehung als treuherziger Held der Voltaireschen Schrift, als ein angeblicher Arzt des Papstes, der im Hinblick auf das neue Werk von Maupertuis entrüstet darüber klagt, daß irgendein junger Student so hinterlistig gewesen sei, den verdienstvollen Namen von Maupertuis zu mißbrauchen, um ein Buch, das voller absurder Ideen sei, als angebliches Werk des Akademiepräsidenten zum Verkauf zu bringen.

Neben dieser Satire arbeitet Voltaire an einer Verteidigungsschrift für Bolingbroke, der zu Unrecht wegen Glaubenslosigkeit attackiert worden ist, und besonders intensiv an den Artikeln seines »Dictionnaire«, die durch genaue historische Belege fundiert sein müssen. Bei aller Vorsicht im Ausdruck ist es ein unerhört kühnes Unternehmen, denn er wagt es, die Aussagen der allgültigen Bibel mit Tatsachen zu konfrontieren. Friedrich staunt über die Geschwindigkeit, mit der Voltaire seine Darstellung von Themen wie »Moses«, »Seele«, »Taufe« zustandebringt, und bewundert wieder einmal den Geist, der hier unerbittlich die Trägheit und die Fehler menschlichen Denkens bloßstellt. Voltaire beherrscht die wirkungsvollste aller Methoden: die inneren Widersprüche alter Überlieferungen deutlich, amüsant, aber auch vernichtend vor Augen zu führen. Natürlich darf er nicht etwa die Bibel direkt kritisieren, das ist strengstens verboten, aber er vermag Argumente wissenschaftlicher Art zu zitieren oder zu erwähnen, die den Leser stutzig machen, ohne daß der Verfasser solche ketzerischen Ansichten als seine eigenen ausgeben müßte. Voltaire hat dabei ein riesiges geistiges Arsenal zur Verfügung: die Lehren der Kirchenväter und der Philosophen ebenso wie die gesamte Weltgeschichte oder die Ergebnisse der neuesten Naturforschung.

Und außerdem den gesunden Menschenverstand. Er wirft etwa die Frage auf, wie und von wem die fünf Bücher des Pentateuch in der Wüste auf polierte Steintafeln eingraviert worden seien – und wieviel Zeit es wohl gekostet habe. Es gibt vieles, worüber er sich wundert: daß es 1167 Jahre (nach hebräischer Zeitrechnung) gedauert habe, bis die Heiligen Bücher Moses bei den Juden zum ersten Mal bekannt wurden, oder daß nach der Begegnung zwischen Moses und Gott im brennenden Dornbusch sechzehn Jahrhunderte verstrichen, ehe die

Menschen etwas von der Existenz der Seele und ihrer Unsterblichkeit erfuhren; auch die geographischen Angaben halten Nachprüfungen nicht stand: »Offenbar war Gott in Geographie nicht gut beschlagen.« Zu seinem Glück befindet sich Voltaire in einem Lande, wo man derartiges ungestraft niederschreiben durfte. Preußen war damals in literarischer Hinsicht eines der großzügigsten Länder; man brauchte nicht zu befürchten, wegen Beleidigung Gottes belangt zu werden – eher wegen Beleidigung des Präsidenten der Akademie.

Dem König ist zu Ohren gekommen, was für ein polemisches Werk Voltaire gerade in Arbeit hat. Mit größter Freundlichkeit erkundigt er sich eines Abends nach seinem Schaffen und läßt sich von ihm die Verteidigungsschrift für Lord Bolingbroke vorlesen; eine vortreffliche Schrift! Friedrich schreibt eigenhändig auf die letzte Seite die Erlaubnis, das Werk zu drucken.

Dann stellt er die Frage nach dem Manuskript gegen Maupertuis. Wohl oder übel muß Voltaire es holen und dem König vorlesen. Friedrich ist durchaus kein großer Freund von Maupertuis, besonders nicht, wenn dieser mit unsinnigen Einfällen aufwartet; er hört sich die wohlgeschliffenen Sätze Voltaires mit wachsendem Vergnügen an.

Da ziehen in komischer Parade die abstrusen Ideen des Akademiepräsidenten vorüber: man solle ein Loch bis zum Mittelpunkt der Erde schaufeln, man solle die Köpfe patagonischer Riesen sezieren, um Erkenntnisse über Hirn und Seele zu gewinnen, man solle Opium rauchen, um die Zukunft zu sehen und die Seele zu läutern. Besonders eindrucksvoll geht es auf medizinischem Gebiet zu: Kinder entstehen im Mutterschoß angeblich durch die Anziehungskraft, wobei das linke Auge und das rechte Bein, die anderen Gliedmaßen entsprechend, sich gegenseitig anziehen; Kranke sollen mit Baumharz überzogen, oder auch mit Nadeln gespickt werden, um zu gesunden; um den Schlagfluß zu heilen, muß man gar Pirouetten auf dem Eise drehen...

Friedrich lacht und lacht über solchen Unsinn; Voltaire aber schließt seine Darlegung mit einer Betrachtung des arglosen Akakia: wenn solche Dinge wirklich von einem Präsidenten geschrieben sein sollten, könne er nur Präsident in einem Irrenhaus sein. Diese Gedanken hier seien indes unbestreitbar »das Werk irgendeines jungen Mannes, der sich hinter dem Namen eines Weisen verstecken wollte, der in ganz Europa geachtet ist und bekanntlich seine Einwilligung dazu gegeben hat, daß man ihn einen großen Mann nennt«.

Friedrich muß sich erst von seinem Gelächter erholen, ehe er dem Verfasser erklärt, daß das Werk natürlich keinesfalls gedruckt werden dürfe. Voltaire sieht alle Hoffnungen zerstört – was soll ein Buch bewirken, das niemand kennt?

Offener Widerspruch ist sinnlos. Er spielt die Komödie der großen Freundschaft, der er sein Manuskript zum Opfer bringt: er wirft die Blätter mit theatralischer Geste in die offenen Flammen des Kamins, der König lobt und preist das vortreffliche Werk, jammert über seine Vernichtung, ruft aber gleichzeitig dem qualmenden Papierfeuer zu: »O Vulkan, grausamer und gefräßiger Gott, nimm deine Beute hin!«

Die Flammen fressen zum ersten, aber nicht letzten Mal den Akakia und beleuchten das seltsame Paar der beiden kichernden kleinen Gestalten, die nun noch beginnen, einen feierlichen antiken Opfertanz vor dem Kamin aufzuführen.

Sie sind lange nicht mehr so lustig gewesen. Zum Schluß setzt der fidele König seinen Späßen noch die Krone auf und zwingt Voltaire zur Unterschrift unter einen Revers, in dem er sich verpflichtet, keinerlei Polemiken mehr gegen Regierungen von Frankreich, Minister oder angesehene Gelehrte zu verfassen, solange er im königlichen Schloß wohnt.

Friedrich und Voltaire sind sich einig darüber, daß Maupertuis törichte Ideen ausgebrütet hat; sie sind sich auch einig darin, daß der Weg des mathematischen Gottesbeweises, überhaupt die Philosophiererei a priori, in die Irre führt. Trotz ihrer geistigen Übereinstimmung sind sie zwangsläufig Gegner: auf der einen Seite der Herrscher, der die Autorität über alles stellen muß, auf der anderen Seite der Literat, dem Wahrheit und Gerechtigkeit als Höchstes gilt. Der König hat es leicht – er braucht bloß Vorschriften zu erlassen; Voltaire hat es schwer – er muß versuchen, seine Sache mit tausend Listen und Künsten gegen die Staatsmacht durchzufechten.

Vorerst kann Friedrich an Maupertuis, der malade darniederliegt, einen beruhigenden Brief schreiben: er habe den »Kaika verbrannt« und »Voltaire mit dem schwarzen, niederträchtigen Herzen« hinauszuschmeißen gedroht, wenn er Schmähschriften herstellte.

Aber was geschieht? Einige Tage später ist der verbrannte Dr. Akakia zum Leben erwacht: Friedrich erfährt, daß sechzig gedruckte Exemplare des verhaßten, aus der Welt geschafften Buches in der Druckerei der Witwe Neumann lagern. Der wütende Preußenkönig setzt sofort die Polizei in Bewegung; während Voltaire noch seine Mitwirkung verzweifelt abzustreiten versucht, ergeben die Verhöre der unmittelbar Beteiligten, daß Voltaires Sekretär Francheville mit dem Akakia-Manuskript in der Buchdruckerei erschienen war, daß man es aber ohne Genehmigung nicht drucken wollte, daß Francheville wenig später mit einer handschriftlichen Genehmigung Friedrichs (nämlich der letzten Seite der Bolingbroke-Schrift) auftauchte und dem Faktor der Druckerei gebot, ja nicht ein einziges Exemplar mehr als die vorgesehenen sechzig Stück zu drucken, widrigenfalls er sofort in die Festung Spandau gebracht würde. Francheville hatte persönlich genau aufgepaßt und die unbenutzten Andruckbogen vernichtet.

Fast wäre es Voltaire geglückt, seine geistige Konterbande in die Öffentlichkeit zu bringen – aber der König kann im letzten Moment zugreifen; er läßt die Bücher beschlagnahmen und alle miteinander vernichten. Nun ist dem Akakia das zweite Mal der Garaus gemacht.

Der Verfasser aber soll Ordre parieren. Der König feuert ihm einen persönlichen Drohbrief (in schlechter Orthographie) hin, um ihn ein für alle Mal zum Schweigen zu bringen: wenn Voltaire die Sache auf die Spitze treibt, wird Friedrich den ganzen Fall veröffentlichen – »et L'on Vera que si Vos ouvrages Méritent qu'on vous Erige des statues votre Conduite Vous mériterait des Chaines.«

Außerdem weist er ihn mündlich zurecht und kann den leidenden Maupertuis trösten: er brauche keine Angst mehr zu haben, die Angelegenheit mit der Streitschrift sei nun erledigt, er habe Voltaire, dessen feige Seele er kenne, gründlich den Kopf gewaschen und ihn mit Drohungen gegen seine Geldbörse eingeschüchtert. Der ganze Fall sei damit endgültig beigelegt.

Der geltungssüchtige Maupertuis atmet auf. Die Autorität hat sich durchgesetzt.

Doch ein Voltaire, der gegen Ungerechtigkeit kämpft, ist nicht so leicht zu besiegen. Mögen die Chancen alle gegen ihn stehen – er gibt nicht auf.

Zunächst verläßt er endgültig die Potsdamer Schlösser – das Stadtschloß wie auch das Schloß, das für ihn zu Unrecht Sanssouci heißt, und nimmt am 8. Dezember in Berlin, wo die Karnevalszeit beginnt, Quartier im Hause Taubenstraße 20, bei dem Vater Franchevilles. Kaum in Berlin angekommen, erlebt er einen neuen Schreck: die Comtesse ist unvorsichtig gewesen und hat die Kopie eines Voltaire-Briefes an Samuel Koenig aus der Hand gegeben; in Hofkreisen ist darüber nicht weniger Aufregung entstanden als über den Akakia; am schlimmsten ist, daß Prinz Heinrich diesen Brief Maupertuis gezeigt hat. Voltaire beschwört die Comtesse, den Brief zurückzugewinnen – überall in Europa würde er ihm zur Ehre, hier in Preußen aber zum Verderben gereichen. Einflußreiche Freunde sollen beim König für Voltaire Fürsprache einlegen, ihm Voltaires tiefsten Respekt und unermeßlichen Schmerz zum Ausdruck bringen: eine andere Haltung bleibt ihm im Augenblick nicht übrig, bevor der große Sturm losbricht, dem er standhalten muß.

Dieser Sturm läßt nicht lange auf sich warten. Der zweimal vernichtete Akakia wird wiederum lebendig, und nun erst richtig: gedruckte Exemplare der Schrift tauchen in Berlin auf (sie sind aus Dresden gekommen), werden zu Überpreisen gekauft, wandern von Hand zu Hand.

Voltaire will jetzt so schnell wie möglich aus Preußen fort, er will »desertieren«, keinen Krieg führen – »ich habe keine 150 000 Schnurrbärte zu meiner Verfügung«. Aber der König wird ihn nicht fortlassen, einem anderen Franzosen, Pérard, hat er bereits eine Reise nach Paris verboten. Voltaire möchte wegen seiner angegriffenen Gesundheit Urlaub für eine Kur in Bad Plombières erhalten, dem beliebtesten Thermalbad Europas; schon in der Römerzeit hatte man in seinen warmen Schwefelquellen Heilung gesucht.

Mit Bitterkeit überdenkt Voltaire, als er in diesen Tagen sein Testament an seine Nichte schickt, wie Friedrich sich verhalten hat: erst hat er ihn aus Frankreich weggelockt, dann, als er ihm ausgeliefert war, mit schwärzester Bosheit behandelt! Er, der einst philosophische Abhandlungen schrieb, und den Voltaire sogar »Salomon des Nordens« nannte! Früher hieß es bei Friedrich: »Sie sind ein Philosoph, und ich bin es auch.« Wahrhaftig, denkt Voltaire, wir sind es beide nicht, weder er noch ich!

Der Kampf gegen den Doktor Akakia wird jetzt mit den stärksten Bataillonen geführt: am Weihnachtstage läßt Friedrich alle Exemplare, deren man habhaft werden konnte, auf den öffentlichen Plätzen vom Henker verbrennen. Wieder muß der so arglose Leibarzt des Papstes den Feuertod erleiden, sogar am Gendarmenmarkt vor Franchevilles Haus, aus dem oben eine spitze Nase hervorlugt. Die Bürger Berlins bestaunen die ganz ungewohnte Bücherverbrennung, kommen sogar mit Kutschen angefahren, aber düstere Feierlichkeit breitet sich bei dieser

Szene nicht aus, zumal Voltaire von oben herab einige bissige Bemerkungen über den dicken Rauch macht, in dem Maupertuis' Geist aufgehe. Während der König sich an seinem Sieg über das Buch weidet und Maupertuis nochmals tröstet und ihm Asche der ärgerlichen Schrift sendet, kommen Tausende neuer Exemplare zur Welt: in Dresden, in Holland, in Rom; in Paris gar 30 000 binnen zweier Wochen; ganz Europa lacht.

Nur in Berlin wird nicht gespaßt. Voltaire trifft unwiderrufliche Vorbereitungen und sucht eine neue Stellung für Francheville; am 1. Januar 1753 schickt er Friedrich mit einem artigen Vers seinen »Plunder« – den Pour-le-mérite, den goldenen Kammerherrnschlüssel mitsamt der Pensionsberechtigung – zurück.

Das hatte Friedrich nicht erwartet. Trotz des langen Umgangs mit Voltaire kennt er diesen Menschen nicht, sondern nur die äußere Erscheinung eines mit brillantem Geist begabten, boshaften, aber unterwürfigen Höflings, den man sich – im Sinne Beaumelles – wie einen Zwerg oder Narren halten konnte, da er geldgierig war.

Friedrich kapituliert. Die bisherigen Mittel haben sich als untauglich erwiesen: man kann Voltaire weder mit Drohungen noch mit Geld regieren, weder mit eisernen noch mit goldenen Ketten halten. Schon eine halbe Stunde später erscheint Fredersdorff, um Voltaire den Orden und den goldenen Schlüssel zurückzubringen; ein freundlicher Brief Friedrichs sagt, daß er, wenn Voltaire einen anderen Brief schriebe, alles wieder einrenken würde und daß er lieber mit Voltaire als mit Maupertuis leben wolle.

Soviel ist gewiß, denkt sich Voltaire, daß ich weder mit dem einen noch dem anderen leben möchte; er verfaßt einen schmerzlich gehaltenen Abschiedsbrief und versucht über Fredersdorff, die Genehmigung für eine Reise nach Plombières zu erhalten. Der König lehnt jedoch ab; Voltaire darf Preußen nicht verlassen.

Friedrich will die Affäre so gut wie möglich aus der Welt schaffen: zuerst ein drolliges Schreiben an Voltaire – das Konsistorium habe zwar Voltaires Vergehen für eine Todsünde erklärt, doch habe Seine Majestät mit der Gnade Beelzebubs den Sünder teilweise freigesprochen –; Ende Januar eine Mitteilung in der Presse, daß Seine Majestät allergnädigst beliebt habe, den Herrn von Voltaire in seiner Suite wieder mit nach Potsdam ins Schloß zu nehmen.

Doch Voltaire kommt nicht mit nach Potsdam; er hat gerade ein leichtes Fieber, das ihm als willkommene Ausrede dient. Nun ist Friedrich wieder verschnupft und hält ihm in einem groben Brief sämtliche Sünden vor (wiederum auch seine Hilfe für die Gräfin Bentinck). Am 11. März reicht Voltaire ein offizielles schriftliches Gesuch ein, nach Plombières reisen zu dürfen; dabei bietet er Rückgabe des Ordens und Kammerherrnschlüssels an, verzichtet, um auch Friedrichs Geiz zu mobilisieren, auf 3000 Taler Ehrensold, die für die letzten zehn Monate fällig sind, und erklärt sich bereit, vor seiner Abreise nach Potsdam zu kommen.

Friedrich antwortet kurz und barsch, Voltaire brauche sich keines Vorwandes – wie der Bäder in Plombières – zu bedienen, sondern könne seinen Abschied haben; er solle seinen Kontrakt, seinen Kammerherrnschlüssel und den Orden zurückgeben sowie den unveröffentlichten Band einer Dichtung, die Friedrich nach dem Muster der »Pucelle« verfaßt und ihm geschenkt hatte.

Darauf packt Voltaire seine Siebensachen und reist nach Potsdam, wo der König ihn auf die liebenswürdigste Weise empfängt; man zieht sich sofort zu einer Aussprache unter vier Augen zurück, söhnt sich wiedeı einmal aus und einigt sich, daß Voltaire seine angegriffene Gesundheit in Plombières wiederherstellen soll – im Oktober will er dann wieder in Preußen sein. Der rückständige Ehrensold wird ihm wenig später in voller Höhe ausgezahlt.

Die schönen alten Zeiten mit Flötenkonzerten und Abendtafeln werden nun als Wiederholungsvorstellung in Szene gesetzt; es gibt keinen Streit, keine Vorwürfe, nur eitel Frohsinn und Harmonie. Bei so viel Gunst und Freundlichkeit will Voltaire der Absprung nicht gelingen: kommt er auf seine Krankheit oder Plombières zu sprechen, so wird er schnell abgelenkt oder auf die vorzüglichen Heilbäder im preußischen Schlesien aufmerksam gemacht . . .

Am siebenten Tage findet Voltaire den Ausweg. Er spaziert zum Exerzierfeld, wo die Soldaten bei einer Parade zeigen, wie gut man ihnen die militärischen Tugenden eingebläut hat. Hier, wo der König nicht Privatmann, sondern nur Befehlshaber ist, der nicht viel Worte machen kann, läßt sich Voltaire melden. Friedrich blickt ihn kurz an: »Nun, Herr de Voltaire, Sie wollen durchaus fort?« »Sire, unaufschiebbare Angelegenheiten, und besonders meine Gesundheit, zwingen mich dazu.« »Monsieur, ich wünsche Ihnen gute Reise.«
Das war ihr letztes Zusammentreffen. –

Am 25. März morgens rumpelt Voltaires Kutsche nach Leipzig los; innen er selbst und Collini, draußen zwei Diener. Zwei große Koffer, sehr viel kleines Gepäck, drei Mappen mit wichtigen Manuskripten, eine Schatulle mit Goldmünzen und Wechselbriefen – alles, was Voltaire an irdischen Gütern besitzt, kann er jederzeit mit sich nehmen.

In Leipzig, dem Klein-Paris, wo das spärliche Flämmlein deutschen Geistes zu leuchten sich bemühte, hatte Voltaire schon am 1. Februar heimlich durch seinen Dresdener Verleger Walther eine Unterkunft bestellen lassen. Arbeit genug wartete auf ihn: die siebenbändige Gesamtausgabe Walthers gefiel ihm gar nicht, jeder Druckfehler traf ihn ins Herz, mit jeder noch so geringen Ungenauigkeit sah er seinen Ruf vernichtet. So korrigiert er sämtliche Schriften Wort für Wort und macht die Ausgaben eines Ergänzungsbandes zum »Siècle« wie auch »Rome sauvée« druckfertig.

Hier, wo keine Verweigerung von Druckgenehmigungen zu erwarten ist, soll auch der Akakia noch vervollständigt werden: In Fortführung der Satire erzählt Voltaire von weiteren Unternehmungen des jungen Mannes, der sich als berühmter Präsident ausgibt und eine Expedition in die Südsee vorbereitet, um Riesen und behaarte Männer mit langen Schwänzen zu sezieren. Auch wird – frei nach Maupertuis – ein Experiment unternommen: die Paarung eines Truthahns mit einer Mauleselin. Leider gibt es auch einen Toten: er starb, weil sein Arzt vergaß, ihm die Poren zu verstopfen und ihn wie ein Ei zu konservieren.

Ehe diese vervollständigte Ausgabe des Akakia in Druck geht, versucht Maupertuis, der davon erfahren hatte, ihr Erscheinen zu verhindern.

Voltaire erhält plötzlich einen Brief des Präsidenten: wenn er ihn noch einmal mit solcher Schrift angreifen wolle, dann würde er nicht schriftlich, sondern auf andere Weise antworten, seine Gesundheit sei gut genug, er werde ihn schon zu finden wissen und gründlichste Rache nehmen! Voltaire solle froh sein, daß der Respekt vor ihm bisher seinen, Maupertuis', Arm zurückgehalten habe!

Besseres als solche Drohung hätte Voltaire kaum erwarten können, um seinen Akakia mit einem zündenden Schluß zu versehen.

Zuerst hinterlegt er – zum höchsten Ärger Friedrichs, der ihn dieserhalb mit Machiavell vergleicht – diesen Brief überflüssigerweise beim Magistrat von Leipzig und verleiht ihm damit den Charakter einer höchst bedeutsamen Urkunde. Sodann fügt er seinem Akakia einen Anhang zu: »Die Kunst, in der Philosophie gut zu streiten, praktiziert von einem als Philosophen verkleideten alten Kavalleriehauptmann« (Maupertuis war einstmals Dragoner gewesen).

In diesem angeblichen Leitfaden, der bald ganz Europa überschwemmen und zu neuem Gelächter reizen wird, stellt Voltaire ein wirkliches und einige erdachte Dokumente zusammen: zuerst den Maupertuis-Brief, wörtlich, nur an Stelle eines unwichtigen Nebensatzes am Schluß den Trompetenstoß »Tremblez!« (»Erzittert«); es folgt ein Hilferuf des verängstigten Akakia an die Doktoren, Studenten und Apotheker Leipzigs, ihn mit Tintenfässern und Klistierspritzen zu beschützen. Als nächstes schließt sich ein Zeitungsinserat an; ein gewisser Mensch habe an einen Einwohner von Leipzig einen Brief geschrieben, worin er ihn mit Mord bedrohe. Da Morden ganz klar den Privilegien der Messestadt widerspreche, würde gebeten, über diesen Mann Mitteilung zu machen, sobald er sich innerhalb der Tore Leipzigs zeige. »Es handelt sich um einen Philosophen von zerstreutem Wesen, mit hastigem Gang. Seine Augen sind klein und rund, die Perücke ebenso, die Nase flach, das Gesicht breit, der Ausdruck garstig und selbstgefällig. Er trägt ein Skalpell bei sich, um Riesen zu sezieren«, usw.

Als letztes folgt noch ein Beschwerdebrief Akakias an die Berliner Akademie mit bissiger Anspielung auf den Fall Koenig: es sei das erste Mal, daß ein Präsident ein Akademiemitglied töten wolle; dieser furchtbare Präsident erkläre zur Rechten einen Mann für einen Fälscher, zur Linken ermorde er einen Opponenten, und vor sich her beweise er die Existenz Gottes mit der Formel A plus B geteilt durch Z.

Voltaires emsige Tätigkeit in Leipzig, besonders der neue Angriff gegen Maupertuis, mißfiel Friedrich aufs äußerste. Wieder schlug seine Stimmung um. Würde sich Voltaire nach seinen Streichen gegen Maupertuis womöglich ein neues Opfer suchen? Vielleicht gar – falls er nicht wieder nach Preußen zurück wollte – ihn selbst, den König, der eine erfolglose Streitschrift geschrieben und den Akakia vergeblich verbrannt hatte? Und besaß Voltaire, dieser gefährliche Intrigant mit dem schwarzen Herzen, nicht einen heiklen Gedichtband von ihm selbst? Würde er etwa bedenkenlos Mißbrauch damit treiben?

Angst und mangelnde Menschenkenntnis: der König schob Voltaire eine weitere Schuld in die Schuhe. Einige Spottverse, die gerade in Berlin umgingen und eine Dichtung Friedrichs persiflierten, hatten seiner

Meinung nach keinen anderen als Voltaire zum Verfasser. Dieser ahnte nichts von solchem Verdacht, während Friedrich endgültig den Schlußstrich ziehen wollte.

Er war zu der Überzeugung gelangt, daß Voltaire – der sich sehr viel Zeit ließ, um nach Plombières zu kommen – in Holland oder England Zuflucht suchen würde. In bösartigen, unwahrhaftigen Briefen an seine Schwester in Bayreuth und an den Earl Marshal von Keith, seinen Gesandten in Paris, sorgte der König dafür, daß Voltaires »niederträchtige Seele« überall hinreichend bekannt würde; der Earl sollte dahin wirken, daß der Dichter in Frankreich (falls er dort auftauchte) ja keine Druckgenehmigung für Streitschriften erhielte.

Am wichtigsten schien es Friedrich, den Band seiner Dichtungen wiederzubekommen. Da Voltaire auf seiner Reise durch Frankfurt am Main kommen mußte, konnte man ihn dort abfangen – der schwache Magistrat der freien Reichsstadt Frankfurt war nicht einmal dann zu fürchten, wenn der Preußenkönig in einer Stadt, die nicht zu Preußen gehörte, gegen einen Mann vorging, der nicht preußischer Untertan war.

Am 11. April befahl Friedrich also dem preußischen Residenten in Frankfurt, dem Kriegsrat v. Freytag, Voltaires Gepäck zu durchsuchen, ihm Kammerherrnschlüssel, Pour-le-mérite, den Band »Oeuvres de Poésie« und alle Briefe Seiner Majestät an Voltaire abzunehmen; falls Voltaire sich weigerte, sollte er solange in Arrest genommen werden, bis er alles herausgab.

Der Beauftragte fühlte sich höchlichst geehrt und ging mit einem Kumpan, dem Frankfurter Kaufmann Schmid, gewissenhaft an die Vorbereitungen: man wird die Torschreiber bestechen, daß sie sofort melden, wenn Voltaire ankommt, und wo er Quartier nimmt; man wird Vertrauensmänner in den Posthäusern von Hanau und Friedberg unterbringen, um Voltaires Anreise so früh wie möglich auszukundschaften, man wird täglich einige Spitzel in die vornehmsten Wirtshäuser schikken, die sich nach einem gewissen französischen Chevalier Maynvillar erkundigen und gegebenenfalls – ohne nach ihm gefragt zu haben – die Antwort erhalten, es sei zwar ein französischer Herr da, aber er hieße Voltaire; außerdem wird man auch den Briefträger bestechen, damit er mitteilt, ob und wohin Post an Herrn von Voltaire geht.

Schon war die reibungslose Überrumpelung des Reisenden bestens vorbereitet, als Spione meldeten, daß der Erwartete nicht so bald kommen würde. Er blieb noch mehrere Tage in Leipzig, reiste dann nach Gotha, kam dort am 25. April an und blieb länger als ursprünglich vorgesehen.

In Schloß Friedenstein, dem den Flecken Gotha überragenden Sitz Seiner Durchlaucht, des Herzogs Friedrich III. von Sachsen-Gotha und Altenburg, wurde der Reisende nämlich mit überraschender Herzlichkeit empfangen. Er war von Professor Gottsched, dem angesehensten Repräsentanten der Leipziger Universität, empfohlen worden; den jungen Erbprinzen Friedrich, der vor Jahren einmal zu Besuch in Cirey gewesen war, kannte er sogar persönlich. Voltaire merkte nun, daß er gar keine Beziehungen und Empfehlungen nötig hatte: die Herzogin Luise Dorothee und ihre Busenfreundin, die Oberhofmeisterin Franziska von Buchwald, zeigten sich als warmherzige und hoch gebildete Damen. Sie hatten seine Werke gründlich durchstudiert, waren insbesondere über das »Siècle« hell begeistert; außerdem kannten sie das literarische Leben und den neuesten Klatsch von Paris, da sie von einem vorzüglichen Korrespondenten auf dem laufenden gehalten wurden: von dem mit Voltaire befreundeten Abbé Raynal (der in späteren Jahren, als er wegen mangelnden Gottesglaubens aus Paris flüchten mußte, in Gotha Unterschlupf suchte, es dort aber nicht lange aushielt).

Mit Voltaire kam die große Welt selbst nach Gotha. Die Damen machten nicht viel Umstände und bemächtigten sich des erschöpften Dichters: er mußte ruhen, wurde dem herzoglichen Leibarzt ausgeliefert, bis er sich wehrte und nach alter Gewohnheit wieder selber an seinem Körper herumzudoktern begann, und dann wurde er mit den liebenswürdigsten Bitten bestürmt, zu bleiben und sich noch besser zu erholen.

Voltaire widerstand nicht. So gab es jetzt die glanzvollsten Tage in der Geschichte Gothas: geistreiche Gespräche, philosophische Erörterungen, witzige Berichte Voltaires über Maupertuis und La Beaumelle, Lesungen aus seinen Schriften und als Abschluß, wenn die Aufmerksamkeit ermüdete, seine possenhaften Rezitationen aus dem heißbegehrten Geheimmanuskript – der ständig wachsenden »Pucelle«. Wenn die Damen von Gotha auch äußerst sittenstreng waren, so erlaubte ihnen der Stil der Zeit zum Glück wenigstens, begierig auf die kitzligen und gewagten Szenen zu sein und vernehmlich darüber zu kichern.

Ansonsten war Gotha alles andere als Paris, Potsdam oder Leipzig.

Serenissimus verfügte über keine beeindruckenden Geistesgaben; schon während seiner Bildungreise nach Frankreich hatte Liselotte von der Pfalz ihn als »blutslangweilig« bezeichnet; seitdem waren 33 Jahre vergangen, ohne ihn interessanter gemacht zu haben.

Aber er stand fest im Glauben; alle, die zum Hofe gehörten, mußten sonntags am Morgen und am Nachmittag, dienstags und freitags in der Frühe an den lutherischen Gottesdiensten und monatlich einmal am allgemeinen Bußtag teilnehmen. Der Oberkonsistorialrat Cyprian führte ein strenges geistliches Regiment und brannte unbarmherzig jedes sündhafte Flecklein aus den reinen Seelen von Gotha.

Wie auf das seelische, war der Herzog auch auf das irdische Wohl bedacht. Seine Einkünfte bezog er aus dem Unterhalt einer großen Armee; da diese aus gesunden thüringischen Bauernburschen rekrutiert wurde, konnte der Herzog einen soliden Menschenhandel betreiben, ohne sich Vorwürfe wegen mangelnder Qualität des Truppenmaterials machen zu müssen. Gute Geschäfte: schon Kaiser Karl VI. hatte 120 000 Gulden für viertausend Infanteristen und tausend Kavalleristen bezahlt, die Generalstaaten hatten später drei komplette Regimenter gekauft, der Fürst von Waldeck erwarb zum Pauschalpreis von 64 000 Gulden jährlich 800 Mann, so daß sein Bestand sich immer schön frisch hielt.

Mit dem eingenommenen Geld ließ sich ein Hofstaat führen, der mehr Ansehen verschaffte, als das kleine Herzogtum von Natur aus verdiente: prunkvoll das Mobiliar, die Gobelins, der Tafelschmuck; zur Bedienung vierhundert Lakaien und Domestiken; die kostbaren Mahlzeiten mit einer Kunst zubereitet, die selbst dem verwöhnten Voltaire noch imponierte.

Die beiden Damen hegten den heimatlosen Poeten mit größter Hingabe – vielleicht ging ihnen der seltene Vogel auf den Leim und ließ sich später einmal in Gotha nieder, das damit zu europäischer Bedeutung gelangt wäre ...

Bei soviel Freundlichkeit konnte Voltaire einem Vorschlag nicht widerstehen, den die Herzogin ihm machte: er möge in der Art seines »Siècle« auch eine Geschichte des deutschen Reiches – »Annales de l'Empire« – schreiben, da es nur unhandliche, langweilige Chroniken darüber gäbe. Voltaire fing unverzüglich mit den Vorarbeiten an, saß stundenlang im kalten Bibliotheksturm des Schlosses, ließ Collini eine Unsumme von Auszügen aus dicken, alten Folianten machen und begann bald, diese

Arbeit insgeheim zu verwünschen. Dennoch wird er sie mit unermüdlichem Fleiß zu Ende führen, dem trockenen Stoff einiges Leben verleihen, etwa die bösen Folgen des religiösen Fanatismus deutlich aufzeigen. Unter verdrießlicher Mühe entsteht sein einziges langweiliges Werk. Er wird es in Dankbarkeit für die friedlichen Gothaer Wochen schon im nächsten Jahre – zweibändig – abliefern und die tausend Reichstaler dankend ablehnen, die die Herzogin ihm zur Belohnung schicken will. –

Voltaires Kutsche fuhr am 25. Mai vor der schönen Treppe des Schlosses vor, und es gab einen herzbewegenden Abschied von der gescheiten Oberhofmeisterin und von der Herzogin, die Voltaire überschwenglich die »beste, anmutigste, weiseste und ausgeglichenste Fürstin der Erde«, »die Minerva Deutschlands«, nannte.

Voltaire fuhr zunächst nach Wabern bei Kassel; hier wurde er von einem anderen Bewunderer, dem Landgrafen Wilhelm von Hessen, bewirtet und hörte zu seinem Verdruß, daß gerade Maupertuis inkognito in Kassel gewesen sei und angebliche »Memoiren« Voltaires hatte drucken lassen: Verfasser war kein Geringerer als La Beaumelle.

Die nächste Station war Frankfurt, wo der Reisende am 31. Mai ankam. Er übernachtete im »Goldenen Löwen«, dem späteren »Württembergischen Hof«, und ließ am nächsten Morgen zur Weiterfahrt anspannen. Kurz bevor er in seinen Reisewagen stieg, erhielt er Besuch.

Der Herr Baron Franz von Freytag, preußischer Kriegsrat und Resident zu Frankfurt, hat von seinen Spionen erfahren, wo Voltaire sich aufhält. Ausgerechnet in diesen Tagen ist sein Genosse, Kaufmann Johann Friedrich Schmid, der irgendwie den Titel eines preußischen Hofrats erlangt hatte, auf Reisen. Schnell eine andere Hilfe her! Freytag gewinnt einen Frankfurter Senator, den die Angelegenheit überhaupt nichts angeht, der aber gut preußisch gesonnen ist, und nimmt außerdem – zu seiner Sicherheit und um sich bei Voltaire Respekt zu verschaffen – den Leutnant von Brettwitz mit, der gerade als preußischer Werbeoffizier in Frankfurt wirkt. Von der Sprache Voltaires versteht dieser kein Wort.

Mit solcher Streitmacht tritt Freytag dem erschrockenen Poeten gegenüber. Freytag staunt, daß dieses kleine, bedauernswerte Skelett der berühmte Voltaire sein soll; er teilt ihm mit, daß er auf Befehl des Königs von Preußen gekommen sei. Voltaire beteuert seine Loyalität gegenüber Friedrich. Er ist bestürzt über dessen Maßnahme; die Anwesenheit eines Frankfurter Senators läßt ihn glauben, es handele sich um eine rechtmäßige Amtshandlung, und so entledigt er sich zum zweiten Male des Pour-le-mérite und des Kammerherrnschlüssels. Dann durchsucht Freytag das gesamte Gepäck nach Papieren, die von der Hand Friedrichs stammen. Ein Paket findet er und nimmt es an sich, aber nach vielen Stunden des Suchens – von 9 Uhr früh bis 5 Uhr nachmittags – kann er nichts weiter entdecken.

Der eifrige Inquisitor ist inzwischen so hungrig und müde geworden, daß er gern Schluß machen möchte. Er fordert jetzt also geradeheraus das »Oeuvre de Poeß-ie« seines gnädigen Herrn, des Königs.

Ausgerechnet dieses Buch, versichert Voltaire, befinde sich in einer großen Kiste, die von Leipzig direkt nach Straßburg gesandt werden soll. Freytag notiert sich genau die Adresse des Leipziger Fuhrmanns, um ihm unverzüglich Anweisung zu geben, diese Kiste bei ihm selbst abzuliefern.

Was soll aber in der Zwischenzeit geschehen? Voltaire bittet inständig, ihn doch nach Plombières weiterreisen zu lassen; Freytag möchte ihn am liebsten ausheben und nach Preußen bringen – doch dazu fehlt ein königliches Requisitionsschreiben –, oder ihn festsetzen – doch darf er die Sache keinesfalls vor den Rat der Stadt Frankfurt kommen lassen, da dieser bei der Verhaftung eines französischen Kammerherrn Schwierigkeiten bereiten würde. So trifft er mit dem schutzlosen Voltaire folgende Abmachung: er soll freiwillig so lange in seinem Gasthaus im Arrest bleiben, bis die Kiste angekommen und der Gedichtband abgeliefert ist. Als Pfand nimmt Freytag sicherheitshalber ein Bündel wichtiger Papiere Voltaires an sich. Dann tröstet er den niedergebrochenen Dichter: er werde ihm den ersten Stadtphysikus, Le Cerf, als Arzt schicken, und wolle auch persönlich mit ihm in den Gärten spazierenfahren.

Voltaire erbittet wenigstens eine schriftliche Zusicherung, daß er nach Eintreffen des Buches frei sei; der Resident unterschreibt einen solchen Revers, wonach Voltaire es nicht lassen kann, sich in einem Zusatz über Freytag und sein klägliches Französisch lustig zu machen: »bon pour l'oeuvre de poeshie du roi votre maître«. Der Baron ist damit einverstanden.

Mit dem Hauswirt, der einen Bruder in der preußischen Armee hat, vereinbart Freytag noch, daß Voltaires Gepäck streng bewacht und ihm nicht etwa für eine Abreise ausgehändigt wird; dann kann er sich befriedigt zum Essen begeben.

Die Aufregungen machen Voltaire noch kränker als er schon ist. Dieser Baron von Freytag – das erfährt Voltaire allmählich – ist ein in Wien und Dresden vorbestraftes Subjekt; ob sich der preußische König wohl aus Sparsamkeitsgründen solche Vertreter im Ausland hält?

So elend sich Voltaire in seiner Gefangenschaft fühlt – er steigert noch seine gewohnte Tätigkeit, schreibt Beschwerdebriefe in alle Welt, selbst nach Wien an den Kaiser des Deutschen Reiches, Franz I., den Gemahl Maria Theresias, und arbeitet besessen an den »Annalen« der Reichsgeschichte. Bald lernt er auch den Kaufmann und preußischen Hofrat Schmid kennen, der den Spionagedienst so trefflich organisiert hatte und von einer Geschäftsreise wieder nach Frankfurt zurückgekommen ist, wo er den schwierigen Fall nun weiter bearbeitet; übrigens soll dieser Ehrenmann eine Strafe wegen Falschmünzerei hinter sich haben. In der vergeblichen Hoffnung, bei diesen Leuten, denen er ausgeliefert ist, literarisches Interesse zu erwecken und damit eine angemessene Beurteilung seiner Person zu ermöglichen, sendet Voltaire an Freytag und Schmid eine Ausgabe seiner Werke.

Daß der berühmte Poet in Frankfurt festsitzt, spricht sich schnell in Europa herum. Und schon meldet sich ein Besucher, ein alter Bekannter: ausgerechnet der Buchhändler van Düren aus Den Haag. Er behauptet, daß Friedrich von Preußen aus der Zeit vor dreizehn Jahren, als er den »Antimachiavell« kostenlos zur Verfügung gestellt hatte, noch zwanzig Dukaten schuldig geblieben sei, und fordert diese Summe von Voltaire, weil er damals die Verhandlungen geführt und die Bürgschaft übernommen habe. Da läuft Voltaire die Galle über: von Friedrich festgesetzt – aber für Friedrich Schulden zahlen! – die es gar nicht gibt, sondern die van Düren, dieser berufsmäßige Spitzbube und gewohnheitsmäßige Bankrotteur, sich zusammenschwindelt und obendrein mit Zins und Zinseszins berechnet!

Der Buchhändler hat vormittags eine säuberlich aufgesetzte Rechnung bei Collini abgegeben, nachmittags kommt er wieder, um das Geld zu kassieren. Voltaire erspäht durch das Fenster, wie er im Garten auf und ab schreitet. Während van Düren noch wartet, schießt plötzlich aus der Tür die kleine Gestalt Voltaires, versetzt ihm eine Maulschelle, und ist wie der Blitz im Haus verschwunden.

Van Düren, zuerst verblüfft, will zornig werden, doch Collini, der sich das Lachen kaum verbeißen kann, beruhigt ihn: das sei doch die Ohrfeige eines berühmten Mannes, gewissermaßen ein einzigartiges Souvenir, wie es kaum ein anderer sein eigen nenne. Van Düren verabschiedet sich und begibt sich grollend zum Frankfurter Magistrat, um dort sein Geld einzuklagen.

Tag für Tag verstreicht, die Kiste kommt und kommt nicht an. Voltaire kann die stickige Luft in seiner kleinen Kammer kaum mehr ertragen. Madame Denis, die in Straßburg gewartet hatte, um ihn nach Plombières zu begleiten, ist eilends nach Frankfurt aufgebrochen und trifft am 9. Juni ein, um den vielgeplagten Onkel, von dem sie so lange getrennt war, herzlich zu trösten und zu pflegen. Das alte Verhältnis ist in der Enge des Zusammenseins schnell wieder hergestellt; in Marie Louises Armen kann Voltaire sogar Madame la Comtesse schnell vergessen. Sie schreiben nun mit vereinten Kräften Beschwerde- und Bittbriefe in alle Welt, an die Herzogin von Pompadour ebenso wie an den Erbprinzen von Kassel oder Friedrich selbst.

Voltaire findet Freunde, die ihm zu helfen suchen. Der Frankfurter Buchhändler Franz Varrentrapp schickt per Kurier ein Bittschreiben an einen hohen Beamten in Österreich, daß er sich beim Kaiser für Voltaire verwenden möge, und jagt am folgenden Tage einen weiteren erklärenden Brief von vielen Seiten Länge hinterdrein. Doch alle Bemühungen sind fruchtlos, Voltaire bleibt eingesperrt.

Am 16. abends rollt endlich der langersehnte Wagen aus Leipzig nach Frankfurt herein, am 17. in der Frühe wird die Kiste mit dem gesuchten Buch bei Freytag abgeladen.

Voltaire atmet auf.

Er schickt Collini zu Freytag, doch kehrt der unverrichteter Dinge wieder zurück, Voltaire schickt ihn nochmals, und dann noch einmal ... Freytag sagt nur, Voltaire solle Geduld haben. Aber die Kiste sei doch da, er brauche doch nur auszupacken und das Buch herauszunehmen, damit man endlich weiterreisen könne! Nein, nein, die Kiste bleibt geschlossen, und Voltaire soll warten. Denn Freytag hat keine genaue Anweisung aus Berlin, und ohne Befehl tut er nichts.

Um 11 Uhr kommt Post aus Berlin: Fredersdorff schreibt, er könne keine Anweisungen geben – der König sei nicht in Berlin, komme aber demnächst zurück. Um die Ungeduld des Herrn Voltaire möge Freytag sich nicht kümmern, sondern so continuieren, wie er angefangen habe. Zur Verwunderung Freytags ist Voltaire damit nicht zufrieden. Die

Spione melden, daß er sich außerhalb seines Quartiers bewegt habe; am nächsten Tag sogar, daß er eine große Schatulle in die Räumlichkeiten des Herzogs von Meiningen gebracht habe. Großzügig sieht Freytag von einer Bestrafung ab, läßt aber Voltaire nachdrücklich verwarnen.

Dieser hat genug. Er begibt sich mit Collini zu Schmid, zeigt ihm den von Freytag unterschriebenen Revers, daß er nach Ablieferung des Buches frei sein solle, bestürmt Schmid, mit ihm zu Freytag zu gehen und dafür zu sorgen, daß dieser ihn nicht etwa arretieren läßt. Er wolle wegen seiner Krankheit schnell weiterreisen und deshalb die Kiste öffnen, um seine Schriften herauszunehmen und festzustellen, ob das gesuchte Buch auch in der Kiste sei.

Sie kommen zu Freytag, der sich äußerst ungehalten zeigt und Voltaire sofort in seinem Haus inhaftieren will, so lange, bis die Anweisung des Königs eintrifft. Voltaire sieht so erbarmungswürdig elend aus, daß selbst Schmid meint, man solle doch die Kiste öffnen. Aber Freytag bleibt fest, zumal solch unerlaubtes Verhalten – sich auf den Revers zu berufen! – bestraft werden muß.

Voltaire bemerkt im Vorzimmer plötzlich einen Soldaten in grünem Rock, mit brutalem Gesicht, und erschrickt. Vermutlich will Freytag ihn ausheben und nach Preußen bringen lassen – eine Praxis, in der diese Leute ja noch große Übung hatten, aus der Zeit von Friedrichs Vater, der sich mit derartigen Methoden seine »Langen Kerle« besorgte. Der Dichter gibt nun lieber nach, besteht nicht auf seinem Schein, und sagt zu, noch auf den königlichen Befehl warten zu wollen, der am übernächsten Tag eintreffen soll.

Er ist heilfroh, als er ungeschoren wieder in sein dumpfiges Gasthauszimmer kommt, ärgert sich jedoch heftig, als er erfährt, daß der Grünrock keine Militärperson, sondern der Sekretär Freytags gewesen ist.

Der geplagte Baron Freytag, der nun erst mal zwei Tage Ruhe zu haben glaubt, muß bereits am nächsten Nachmittag die unangenehmsten Aufregungen Voltaires wegen durchmachen: um drei Uhr kommt der Hausknecht aus dem »Goldenen Löwen«, der für ihn spioniert, atemlos angerannt und meldet, daß Voltaire abgereist sei. Die große Kiste bei Freytag, die beschlagnahmten Papiere – alles hat er aufgegeben und sich davongemacht.

Ausgerechnet in diesem Moment ist weder der grünberockte Sekretär – er heißt Dorn –, noch ein Diener anwesend. Freytag mobilisiert hastig die ganze Nachbarschaft, läßt Boten zu den Hauptstraßen nach Hanau, Friedberg und Mainz schicken, und läuft persönlich, so schnell ihn seine Beine tragen, zum »Goldenen Löwen«. Er erfährt, daß Voltaire zu dem Gasthof »Reichskrone« gegangen ist und dort eine gerade nach Mainz abgehende Retourkutsche bestiegen hat.

In seiner Not findet Freytag Hilfe: Baron Münch, Kanzler von Trier, leiht ihm seinen gerade vor dem Gasthaus stehenden Staatswagen, eine Prachtkarosse mit sechs gläsernen Fenstern. Damit jagt Freytag im Galopp zum Mainzer Tor.

Er hat mehr Glück als Verstand: dort, am Schlagbaum, hält noch die Kutsche, in der Voltaire sitzt. Man hatte auf der Fahrt durch die Stadt eine Schreibtafel verloren und dadurch fünf Minuten Aufenthalt gehabt – sonst wäre Voltaire schon über alle Berge gewesen.

Der zornrote preußische Gesandte in der Trierer Staatskalesche macht solchen Eindruck auf die Frankfurter Torwache, daß Voltaire und Collini trotz aller Proteste und Erklärungsversuche verhaftet werden. Freytag saust mit seiner Karosse zum regierenden Bürgermeister, um sich eine nachträgliche Genehmigung für die Festnahme zu besorgen; nach einigen Schwierigkeiten erhält er auch die nötige Vollmacht und fährt schnurstracks zum Tor zurück, um Voltaire in Gewahrsam zu nehmen.

Da der Dichter sich weigert, zu seinem Peiniger in die Karosse zu steigen, gibt es einen seltsamen Aufzug, der von einer zusammengelaufenen Menschenmenge bestaunt wird: vorneweg der Prachtwagen, in dem eine Einzelperson, Freytag, sitzt; dahinter folgt ein Zug von Stadtsoldaten, die zwischen sich die feingekleideten Herren Voltaire und Collini führen.

Zunächst liefert Freytag seine Gefangenen bei Schmid ab, der nichts Eiligeres zu tun hat, als Voltaires Taschen nach Geld zu durchwühlen und ihm alle Gegenstände von Wert abzunehmen; nicht einmal die goldene Schnupftabaksdose darf er behalten; bei alledem wird er von dem anwesenden Personal wie ein Wundertier begloßt.

Voltaires Augen funkeln vor Wut. Plötzlich schießt er pfeilschnell aus dem Raum – die Tür zum Hof steht gerade einen Moment offen. Schreiend stürmt die ganze Schar hinter ihm her auf den Hof, wo Voltaire in einer Ecke gebückt steht und sich den Finger in den Hals steckt, um zu brechen. Collini, der besorgt hinzueilt, hört seinen Herrn wispern »fingo, fingo« (ich tue nur so).

Als sich die Aufregung wieder gelegt hat, wird Voltaire endlich in seine neue Unterkunft, eine klägliche Winkelkneipe »Zum Bockshorn«, gebracht. Wieder laufen Gassenjungen und Bürger zusammen, als der berühmte Franzose und sein Florentiner Sekretär durch den Straßendreck schreiten, bewacht von einer kleinen Armee: zwölf Soldaten, geführt von dem grünberockten Dorn.

Das Arrestlokal, das sie schließlich erreichen, ist fürstlich, jedenfalls hinsichtlich des Preises, den Voltaire später zahlen muß: 128 Taler täglich. Dafür gibt es keinerlei Bedienstete, nur Soldaten rundum; Collini, den man gleichfalls um sein ganzes Geld erleichtert hat, muß in einer nach allen Seiten offenen Dachkammer auf Stroh schlafen.

Der Grünrock Dorn, der, ehe er in Freytags Dienst trat, Notar gewesen und dann entlassen worden war, erhält jetzt einen neuen Auftrag: Madame Denis rennt zuviel umher und beschwert sich bei den Ratsherren über die Behandlung ihres Onkels. Also Abmarsch mit Soldaten zum »Goldenen Löwen«, Verhaftung der unbequemen Person, und eine neue ungewöhnliche Szene: eine von Soldateska bewachte Pariser Dame, die ihren Weg zu Fuß durch den Unrat der Straßen nehmen und den Neugierigen als Schauspiel dienen muß.

Zwölf Soldaten halten mit aufgepflanztem Bajonett vor dem Haus Wache, vier weitere bei Voltaire, vier bei Collini, vier vor der Tür von Madame Denis, die sich, vor Aufregung zitternd, gar nicht erst zu Bett traut, sondern lange Beschwerdebriefe schreibt. In ihrem Raum übernachtet auch der wachsame Herr Dorn. Nachdem er eine beträchtliche Anzahl von Flaschen geleert hat, versucht er die Gelegenheit zu nutzen und sich der adretten Marie Louise zu nähern, indem er sie aufmunternd in den Oberschenkel zwickt. Das ist äußerst unvorsichtig, denn daraufhin wird ihr erregbarer Herr Onkel in alle Welt hinausposaunen, es habe sich um einen Vergewaltigungsversuch gehandelt.

Nach dieser ereignisreichen Nacht, am Donnerstag, dem 21. Juni, trifft bei Freytag endlich die erwartete Anweisung des Preußenkönigs ein. Friedrich gestattet die Weiterreise, sofern sich Voltaire schriftlich verpflichtet, das geforderte Buch so bald wie möglich abzuliefern.

Das macht die Angelegenheit für Freytag höchst unklar. Der König ist noch nicht darüber informiert, daß Voltaire fliehen wollte! Was wird er dazu sagen? Freytag weiß es nicht und wartet also auf weitere Befehle. Inzwischen verspricht er scheinheilig, Voltaire freizulassen, wenn er ihm den Revers zurückgäbe, in welchem er Voltaire nach

Ablieferung des Gedichtbandes die Freiheit versprach. Voltaire händigt den Schein aus, die Kiste wird endlich geöffnet, das »Oeuvre de Poésie« entnommen. Dann verringert Freytag die Bewachung von 24 auf 2 Soldaten.

Am folgenden Tage kommt Dorn mit einem Zettel, der noch unterschrieben werden soll. In deutscher Sprache besagt die Erklärung, Voltaire sollte über alles schweigen, was er in Frankfurt erlebt hatte, dann würde er freigelassen. Er unterschreibt gern und wartet weiter; da er die schlechte Luft in der Stube nicht mehr vertragen kann, bittet er, wenigstens im Garten des »Goldenen Löwen« spazierengehen zu dürfen. Es wird ihm verwehrt.

Statt der versprochenen Befreiung erfolgt zunächst gar nichts. Am 25. taucht Dorn wieder mit einem neuen Vorschlag auf: Madame Denis dürfe das Haus verlassen, müsse dann aber nach Frankreich abreisen. Bliebe sie bei ihrem Onkel, dann müsse sie auch weiterhin in Arrest behalten werden.

Sie bleibt bei Voltaire.

Der gründliche Baron Freytag erhält am 26. seinen genauen Bescheid aus Berlin: er solle – trotz des Fluchtversuchs – Voltaire nach Unterzeichnung des Reverses reisen lassen. Zwar besitzt Freytag über den Revers hinaus sogar das Buch selbst, doch vermag er eine derart schwierige Angelegenheit nicht so schnell zu erledigen.

Die Gefangenen dürfen Hoffnung schöpfen, als sich an diesem Tage schließlich der Frankfurter Magistrat etwas gründlicher um ihr Schicksal zu kümmern beginnt. Es erscheint der Ratsherr Dieffenbach, verscheucht Dorn, der sich schon wieder einen Zettel unterschreiben lassen will, und stellt ein Verhör an; im Rat wird man mißtrauisch, weil Freytag eine angekündigte Requisitionsordre Friedrichs immer noch nicht beigebracht hat. Bis der Magistrat in seiner eigenen Stadt endlich die Befreiung erwirkt, werden allerdings noch zehn ganze Tage verstreichen.

Ordnung muß sein, auch in punkto dessen, was Voltaire zu zahlen hat. Der Bürgermeister Fischart entscheidet im Fall des Buchhändlers van Düren, daß dieser 30 Dukaten erhalten soll; dessen Freude ist allerdings nicht groß, denn der Bürgermeister behält für seine Mühe 26 Dukaten ein. Baron Freytag rechnet am 27. sorgsam aus, was Voltaire alles für seinen Fluchtversuch vom 20. bezahlen muß: $4^{1/2}$ Taler für den Hausknecht, der die Abreise verriet, 3 Taler für den Sergeanten und die Wache, die ihn am Tor gefangen nahm, 10 Taler für die trefflichen Dienste des Grünrocks Dorn, viele Taler für Kutschen, Lakaien, Läufer, Bediente, die alle in Bewegung gesetzt worden waren – insgesamt 190 Taler.

Für Voltaire ist dies noch ein geringer Schaden gegenüber den sonstigen Kosten und seinen Verlusten an Gold und Wertsachen: man hat ihm zwei Säcke mit Goldstücken, Papieren und Schmucksachen weggenommen, sogar seine Ringe, eine goldene Schere und goldene Schuhschnallen.

Ein Glück, daß er sich so in seine Arbeit an den »Annalen« versenkt, daß er zeitweilig die Umwelt darüber vergißt.

Zum höchsten Ärger Freytags hat inzwischen im »Bockshorn« ein ständiges Kommen und Gehen von Kavalieren des Meininger Hofes, von Buchhändlern und Verlegern, Literaten und Reisenden eingesetzt; das stickige Zimmer Voltaires ist zum geistigen Zentrum Frankfurts geworden, man bewundert und bedauert den Poeten, der unterdessen bereits einige Streitschriften drucken ließ und in Umlauf gebracht hat. Je deutlicher es wird, daß Voltaire entlassen werden muß, desto mehr sträuben sich Freytag, Schmid und Dorn dagegen. Sie verzögern die Untersuchung des Magistrats und bringen damit Voltaire in neue Wut, weil er einen Tag nach dem anderen verliert.

Nach einer Reihe weiterer Tage unnötiger, unberechtigter Haft soll Voltaire schließlich am 6. Juli freigelassen werden. Der heißersehnte Tag bricht an, man packt die Koffer – da erspäht Voltaire plötzlich den verhaßten Dorn auf dem Flur. Nun ist dieser zwar zum ersten Mal in löblicher Absicht erschienen – er will nämlich das beschlagnahmte Eigentum des Dichters zurückbringen –, doch wähnt Voltaire, der Grünrock führe Böses im Schilde und wolle ihn belauern, gerät in Raserei, ergreift eine Pistole, die gerade eingepackt werden soll, und will seinen Peiniger erschießen. Im letzten Augenblick vermag Collini das Ärgste zu verhindern.

Nach diesem Zwischenfall hat man es noch eiliger, aus Frankfurt fortzukommen – wer weiß, was für neue Komplikationen sich nunmehr ergeben mögen, wenn Dorn etwa eine Anzeige erstattet? Voltaire kümmert sich nicht mehr um Einzelheiten und um sein konfisziertes Eigentum.

Wenig später fährt er auf Nimmerwiedersehen davon, seine Geldkiste und andere Wertobjekte läßt er bei diesen Galgenvögeln zurück.

Als er den Schlagbaum am Mainzer Tor hinter sich hat, atmet er auf. Von Preußen und dem Salomon des Nordens hat er genug.

Voltaire ist heimatlos wie vor Jahrzehnten. Zweimal ist der Plan fehlgeschlagen, eine sorgenlose Zufluchtsstätte für den kurzen Lebensabend zu finden. Der Reisewagen trägt ihn einer ungewissen Zukunft entgegen.

Friedrich aber ist einsam geworden – schon im Alter von vierzig Jahren. Er sah seine Tischgesellschaft immer kleiner werden – de la Mettrie gestorben, Algarotti, Darget, Chasot auf Reisen in Frankreich (von denen sie allesamt nicht wiederkehren werden, weil Friedrich sich zu unbeliebt gemacht hatte), Maupertuis auf Erholungsurlaub (währenddessen er schließlich sterben wird). Mit dem Schwinden des glänzendsten Gestirns, Voltaires, ist die berühmte Tafelrunde endgültig dahin.

Die große Erschütterung

Freiheit – aber kein Frieden ...

Ein glanzvoller Empfang in Mainz, den Graf Stadion, Staatsminister des Kurfürsten, zu Ehren Voltaires veranstaltet hatte; dann war Marie Louise nach Paris gefahren, um zu sondieren, ob man ihrem Onkel den Aufenthalt in Frankreich gestatten würde. Am 25. Juli erhielt Voltaire Nachricht von ihr, daß er sich ohne Bedenken nach Straßburg begeben könne; sie hoffe, daß die Erlaubnis für Paris nun nicht mehr lange auf sich warten lassen werde.

So reiste er wohlgemut nach Schloß Schwetzingen weiter, wo der Kurfürst ihn drei Wochen lang mit ununterbrochenen Festlichkeiten und Theateraufführungen, darunter vier Stücken Voltaires selbst, feierte. Nachdem er sich solchermaßen von der preußischen Barbarei erholt hatte, begab er sich nach Straßburg und freute sich, endlich wieder französischen Boden unter den Füßen zu haben.

Doch er sollte bald spüren, daß es für ihn keine Heimat mehr gab.

Der Preußenkönig wollte sich rächen. Er setzte nicht nur abfällige Urteile über Voltaire in die Welt – »Eine Canaille trägt den erlauchtesten Kopf des Jahrhunderts« –, sondern ließ den Dichter auch von Spionen beobachten und von Diplomaten anschwärzen. Schon am 8. August entschied der französische Hof, mit dem Friedrich in dieser Angelegenheit Verbindung aufgenommen hatte, dem Dichter die Rückkehr nach Frankreich zu verbieten, um dem preußischen König eine kleine Gefälligkeit zu erweisen.

Der nichtsahnende Voltaire, der sich in seinen Briefen an Marie Louise weiter lebhaft um die Rückkehr nach Paris bemühte und außerdem sehnsüchtige Liebesbeteuerungen an sie – unter dem Decknamen »Madame Daurade« – richtete, erlitt eine starke Einbuße seines Ansehens, als gerade jetzt unerwartet ein Werk von ihm erschien: der Buchhändler Jean Néaulme in Den Haag veröffentlichte ohne jede Berechtigung einen kurzen Abriß der Weltgeschichte (»Abrégé de l'Histoire universelle«), den Voltaire vor anderthalb Jahrzehnten für Friedrich geschrieben hatte. Natürlich wimmelte dieser Druck von Fehlern, und obendrein war der Text gekürzt, entstellt und völlig verfälscht. Einige der veränderten Stellen mußten sogar als Angriffe gegen die französische Regierung betrachtet werden; kein Wunder, daß neue Entrüstung gegen Voltaire losbrach, die vornehmlich von der königstreuen Geistlichkeit geschürt wurde.

Das wirkte sich besonders hier im Elsaß unangenehm aus, wo die Jesuiten einen so starken Einfluß besaßen, daß erst drei Jahre zuvor sämtliche greifbaren Exemplare von Bayles berühmten »Dictionnaire« (aus dem Jahre 1697) auf einem großen Platz in Kolmar öffentlich verbrannt worden waren. Der Grund dafür war, daß Bayle dem König David seine in der Bibel erwähnten Missetaten zu stark angekreidet und ihn nicht gebührend gepriesen hatte. Nun aber fanden sich sogar die ärgsten Feinde – Jesuiten und Jansenisten – zusammen, um Voltaire zu vertreiben.

Wie war das verhängnisvolle Manuskript nur nach Holland geraten? Dem Vernehmen nach hatten österreichische Husaren in der Schlacht bei Soor (30. September 1745) eine Kassette des Preußenkönigs erbeutet, in der sich dieses Manuskript befand, das später in die Hände des holländischen Buchhändlers gelangte. Da sah man wieder einmal, was beim Kriegführen herauskam!

In der Kassette waren außerdem noch einige Teile der »Pucelle« enthalten. Voltaire hatte Anlaß zu weiteren Befürchtungen: würde dieser heißbegehrte, gefährliche Text vielleicht auch irgendwo als Buch erscheinen? Oder besaß Friedrich ihn noch? Würde er ihn etwa als Druckmittel benutzen, und war die ganze holländische Angelegenheit ein geschickt eingefädeltes Manöver, um Voltaire zu schrecken?

Der Briefwechsel mit Marie Louise wurde derweil alles andere als tröstlich. Voltaire hatte größte Sorge um ihre Gesundheit, da sie krank darniederlag, und außerdem konnte er mit ihr nicht einig werden, wohin er sich nun begeben sollte. Sie wünschte, mit ihm in der Normandie zusammenzutreffen, im Schloß Launai, das seinem Schulfreund und ihrem Anbeter Cideville gehörte, er aber empfand das wie ein Exil und wollte sich lieber zwischen den Weinbergen von Horbourg ein Häuschen bauen – das Gelände gehörte dem Herzog von Württemberg und diente als Sicherheit für die Hypothek, die Voltaire ihm gegeben hatte; nahe Straßburg gelegen, befand es sich – wie der Dichter befriedigt feststellte – in Frankreich, ohne zu Frankreich zu gehören.

Dieser Plan mißfiel Marie Louise derart, daß sie Voltaire temperamentvoll vorwarf, sie nicht mehr zu lieben, worauf er ihr leidenschaftlich das Gegenteil versicherte. Wenig später teilte Marie Louise ihm mit, daß der Charakter ihres Leidens erkannt worden sei: sie erwarte ein Kind. Sie wollte sich deshalb nach Launai begeben und hoffte, daß der zukünftige Vater nunmehr auch dorthin kommen würde.

Voltaire zweifelte an der Schwangerschaft und rührte sich nicht vom Fleck, blieb aber lebhaft über den Zustand von Madame Denis besorgt. Die »Annales de l'Empire« nahmen ihn voll in Anspruch; das Werk sollte jetzt in Kolmar gedruckt werden. Ein neuer Brief von Marie Louise unterrichtete ihn, daß ein Ereignis eingetreten sei, das die Aussicht auf Mutterschaft zunichte gemacht habe, und so entschloß er sich, den Winter über im Elsaß zu bleiben, bis er – wie er hoffte, im Frühjahr – sein Haus in der Rue Traversière wieder beziehen konnte.

In der Hoffnung, die Feindseligkeit der Geistlichen zu mildern, nahm er Ostern sicherheitshalber das Abendmahl. Zwar brauchte er kaum zu fürchten, daß er bei Unterlassung dieser Handlung wie ein gewöhnlicher Bürger »par arrêt de Parlament« mit dem Bajonett in die Kirche getrieben worden wäre, doch lauerten seine Feinde nur darauf, ihn wegen Versäumnis des österlichen Abendmahls zu belangen: der Klerus von Kolmar ließ ihn beobachten, die Jesuiten wollten den Staatsprokurator bemühen, der Bischof von Basel bereitete den Kirchenbann vor.

Ungeachtet dieses Kirchgangs richtete die Piratenausgabe der kleinen

»Weltgeschichte« immer weiteren Schaden an: Ludwig XV. war empört
über Voltaire, dessen Erklärungen und Berichtigungen nichts fruchteten.
Es war aussichtslos – der Weg nach Paris blieb versperrt. Schließlich
mußte Voltaire kapitulieren, seine Möbel, Bücher und Kunstwerke
einpacken lassen und sein Pariser Haus aus der Ferne verkaufen. In
den letzten Monaten hatte ihn auch noch ein Zerwürfnis mit Marie
Louise gequält; erst im April 1754 vertrug man sich wieder und ver-
abredete, im Mai in Plombières zusammenzutreffen.

Im Augenblick seiner Abreise erhielt er einen Brief von Madame Denis
mit der unangenehmen Nachricht, daß Maupertuis sich mit Condamine
in Plombières getroffen habe. Um eine unerfreuliche Begegnung zu
vermeiden, suchte Voltaire zwischendurch Unterschlupf bei einem Bekannten, Dom Calmet, in der Benediktinerabtei von Senones, wo er in
einer großen Bibliothek arbeiten konnte, wieder einmal die Kirchenväter Augustin, Tertullian und Origines studierte und gleichzeitig auf
Bitte d'Alemberts einige weitere philosophische Artikel für die Enzyklopädie schrieb.

Am 6. Juli sah er in Plombières endlich seine Nichte wieder, nahm sie
Ende des Monats nach Kolmar mit und wußte immer noch nicht, wo in
aller Welt er einen ruhigen Platz finden würde.

Er war, wie üblich, mit Arbeit überlastet: eine unanfechtbare Fassung
des verhängnisvollen »L'Abrégé de l'Histoire universelle« herzustellen,
das Drama »Zulime« zu überarbeiten, eine neue Tragödie »L'Orphelin
de la Chine« zu schreiben, die Flut der internationalen Korrespondenz
zu bewältigen.

Unter den Briefen befand sich im Herbst eine herzliche Einladung
Richelieus, ihn auf einer Reise ins Languedoc zu begleiten. Zwar verspürte Voltaire dazu keine Neigung, doch reiste er mit seiner Nichte
wenigstens dem Marschall entgegen und traf sich mit ihm am 15. November in Lyon – ein gerührtes Wiedersehen auf beiden Seiten.

Lyon war von der Anwesenheit des großen Dichters begeistert und
feierte ihn gebührend. Die Zuschauer im Theater jubelten ihm zu,
ebenso die Angehörigen der Akademie zu Lyon, deren Ehrenmitglied
er war; die Honoratioren der Stadt ehrten ihn, wobei der Dichter die
Bekanntschaft des Bankiers Robert Tronchin machte, die für ihn wichtig werden sollte. Auch die Markgräfin Wilhelmine von Bayreuth, die
gerade Frankreich besuchte und mit Voltaire schon in Kolmar zusammengetroffen war, empfing ihn zu einer freundlichen Unterhaltung;

Madame Denis

acht Stunden lang unterhielt sich die Schwester Friedrichs des Großen mit dem Philosophen. Nur Kardinal de Tencin, einer seiner ältesten Bekannten, Bruder der Madame, legitimer Onkel d'Argentals und illegitimer Onkel d'Alemberts, bemerkte, als der Dichter ihn aufsuchte, er könne ihn nicht zum Essen bitten, da Voltaire beim Hof schlecht angeschrieben sei, worauf dieser sich sofort umdrehte und den Bischof allein ließ. Auf dringenden Zuspruch Wilhelmines wurde Voltaire noch einmal empfangen, und die beiden Männer führten nunmehr ein längeres kühles Gespräch miteinander.

Von Lyon fuhren Voltaire, Madame Denis und Collini in die Schweiz: der Bankier Louis Giger aus St. Gallen hatte ihnen das imposante Schloß Prangins zur Verfügung gestellt, das er sich zwischen Genf und Lausanne gebaut hatte. Auf dem Wege dorthin passierten sie Genf, dessen Tore – wie stets nach Sonnenuntergang – fest verschlossen waren. Doch für Voltaires Wagen öffneten sie sich: der Ratsherr François Tronchin, Bruder des Bankiers, hatte dafür gesorgt. Und Voltaire konnte sich nunmehr in Behandlung zu dessen Vetter, dem namhaften Arzt Theodore Tronchin, begeben.

Sein Gesundheitszustand war wieder so schlecht, daß bereits die Nachricht seines Todes Europa durcheilte. Als dieser Irrtum berichtigt wurde, ließ Friedrich II. sich von diesem Vorkommnis dichterisch beflügeln und sagte in einem Epigramm, Charon, der Fährmann der Toten, habe den geizigen Voltaire, der um das Fährgeld feilschte, mit kräftigem Tritt schnell auf die Oberwelt zurückbefördert.

Voltaire, der den Winter fröstelnd und mißgelaunt in dem Prachtbau Prangins verbrachte, war nun sechzig Jahre alt geworden. Das Leben lag hinter ihm – ein Leben mit Erfolgen und Enttäuschungen, mit Ruhm und Anfeindungen, aber ohne die große Wirkung auf seine Zeit, wie er sie sich gewünscht hätte. Seine Uhr war abgelaufen, es galt, nichts weiter als einen ruhigen Ort zu finden, wo er in Frieden sterben konnte.

Er hatte sich entschlossen, in der Nähe seines Arztes Tronchin, dem er restlos vertraute, zu bleiben; sein Freund und Verleger Gabriel Cramer, der eine schöne Gesamtausgabe von siebzehn Oktavbänden herausbringen wollte, lebte gleichfalls in Genf und war bei der Suche nach einem passenden Haus behilflich. Im Dezember hatte man endlich etwas Geeignetes gefunden: ein schönes kleines Anwesen vor den Toren von Genf, das Voltaire so entzückte – »es ist der Palast eines Philosophen mit den Gärten Epikurs« –, daß er alle Wünsche seiner Nichte, sich in Lyon niederzulassen, in den Wind schlug, um hier nach allen Irrfahrten »Karthago zu gründen« (nicht größer als das Stück Land, das Dido mit dem Riemen aus Ochsenhaut umspannte).

Ein Katholik durfte sich in dem kalvinistischen Genf nicht ansiedeln, doch halfen die Tronchins in jeder Weise: der Ratsherr durch eine Aufenthaltsgenehmigung, der Bankier als nomineller Käufer.

Am 5. März konnte Voltaire das Grundstück in Besitz nehmen. Er war vom Glück berauscht, feierte sein »Haus des Aristipp« in begeisterten Versen, gab ihm den Namen »Les Délices« und fand (mochte es auch noch kalt und unwirtlich sein) alles herrlich: die schöne Aussicht auf Genf, das wie ein Amphitheater vor ihm lag, den See, die Rhône und die Kette der entfernten Alpengipfel, Park und Garten, die politisch günstige Lage: »Mein Häuschen liegt nicht in der Schweiz, sondern am Ende des Sees zwischen dem Französischen, dem Genfer, Schweizer und Savoyer Gebiet. Ich gehöre zu allen Nationen.«

Sein geliebtes »Les Délices« soll sein Grab werden – nun kann er wenigstens im eigenen Hause sterben.

Vorerst aber macht er sich an der Einrichtung seines Hauses zu schaffen: er pflanzt und baut – wenn auch ohne Hoffnung, seine Bäume jemals wachsen und »seine Hütte« vollendet zu sehen; er betätigt sich als Maurer, Zimmermann und Gärtner, richtet Unterkunftsräume für Gäste ein, läßt Stallungen, Kutschen und Schubkarren herstellen, pflanzt Orangenbäume und Zwiebeln, Tulpen und Karotten.

Schon im nächsten Jahre kann er Thieriot erklären, warum er eine ehrenhafte Einladung der Kaiserin Maria Theresia, nach Wien zu kommen, ausschlug: »Glücklich, wer in seinem eigenen Heim lebt mit seinen Nichten, seinen Büchern, Gärten, Weinhöfen, Pferden, Kühen, seinem Adler, seinem Fuchs und seinen Kaninchen, die ihre Pfote an die Nase legen! Das alles habe ich, außerdem die Alpen, die im Bilde stattlich wirken. Ich schimpfe lieber mit meiner Gärtnerin, als daß ich Königen den Hof mache.«

Noch mehrere Jahre nimmt der Ausbau von Les Délices in Anspruch, bis die schöne Anlage mit ihrer Ulmen- und Hagebuchenallee, den sauber gegliederten Gartenanlagen, den lauschigen Baumgruppen und Bänken, der großen Terrasse mit dem Ausblick auf die majestätische Landschaft völlig fertiggestellt ist. Das Leben aber hat von Anfang an aristokratischen Zuschnitt: vier Wagen, ein Kutscher, ein Postillion, ein

Sekretär, zwei Lakaien, ein Kammerdiener, ein weiterer Diener, ein französischer Koch, ein Küchenjunge. Das Mittagsmahl ist stets delikat; immer sind unterhaltsame Gäste anwesend – nicht nur aus dem nahen Genf, sondern auch aus dem fernen Paris.

Kaum war Les Délices notdürftig bewohnbar, als Voltaire auch schon seiner größten Leidenschaft, dem Theater, huldigte. Der Darsteller Lekain, den Voltaire kurz vor seiner Abreise nach Preußen in jener Pariser Amateurtruppe entdeckt hatte, die er in der Rue Traversière seine Stücke spielen ließ – dieser selbe Lekain war unterdessen ein berühmter Schauspieler geworden und hatte gerade bei einer Aufführung in Dijon mitgewirkt, von wo er auf Einladung Voltaires nach Les Délices kam.

Zu seinen Ehren waren die Tronchins und mehrere Syndici Genfs erschienen; als man den Schauspieler gern rezitieren hören wollte, kam ganz von selbst der Gedanke einer improvisierten Vorstellung auf, und wenig später wurde in der langgestreckten Galerie des Hauses mit verteilten Rollen »Zaïre« vorgelesen, wobei Madame Denis den Titelpart, Voltaire den Grafen Lusignan und Lekain die Rolle des Orosman übernahmen.

Der begeisterte Beifall, den diese Darbietung erntete, bestärkte Voltaire in der Absicht, sich ein kleines Privattheater einzurichten, obgleich das dem Geist der kalvinistischen Stadt Genf arg widersprach.

In ihrer strengen Glaubenshaltung hatten die Behörden Genfs das Theaterspielen seit 1732 strikt untersagt. Vor wenigen Jahren, 1748, hatte der Professor Maurice es dennoch gewagt, Corneilles christliche Tragödie »Polyeucte« in seinem Haus aufführen zu lassen, worauf der Rat der Stadt die Pastoren angewiesen hatte, solch verbotenes Theaterspiel von den Kanzeln herab zu brandmarken. Noch schlimmer war es 1752 zugegangen, als der Rat fünfzehn Friseurgehilfen wegen einer Liebhaberaufführung von Voltaires »La Mort de César« vorladen und verwarnen mußte. Kein Wunder, daß Voltaire hatte zusichern müssen, keine Bühne in Les Délices einzurichten, und deshalb auf einen Ausweg sinnen mußte.

Sein Frieden am Genfer See blieb nicht lange ungetrübt. Neue Ängste überkamen ihn, als sich die Nachrichten mehrten, daß in Paris Abschriften der »Pucelle« von Hand zu Hand gingen – natürlich in entstellter Form. Er mußte mit einer Anklage wegen Frevels und Lästerung der

Heiligen rechnen und setzte alle Hebel in Bewegung, um eine Drucklegung des reißend begehrten Manuskripts zu verhindern. Kaum war
ihm das unter Aufwand größter Mühe gelungen, als er die Schreckensbotschaft vernahm, die »Pucelle« sollte in der Schweiz gedruckt werden.
Das hätte neue Schwierigkeiten, womöglich die Ausweisung aus dem
Lande, bedeutet!

Wie Voltaire erfuhr, war es ein Lausanner Buchhändler namens Grasset, der die »Pucelle« herausbringen wollte. Der Dichter versuchte mit
einem Schreiben, ihn von diesem Plan abzubringen, erhielt aber keine
Antwort. So mußte Collini den Buchhändler auffordern, persönlich nach
Les Délices zu kommen, was dieser schließlich tat, nachdem er sich bei
einem Schweizer Syndikus Auskunft über die Rechtslage geholt hatte.
Der Ehrenmann wollte die Gelegenheit eines Erpressungsversuches
nicht ungenutzt lassen und bot Voltaire das fragliche Manuskript der
»Pucelle« zum Kauf an, Preis: 50 Louisdors (1200 Francs). Allerdings
habe er das Manuskript nicht mitgebracht, sondern nur eine Seite mit
sechzehn Versen . . .

Zornrot entriß ihm Voltaire das Blatt, ließ ihn hinauswerfen und erhob – alles auf eine Karte setzend – sofort Klage gegen ihn wegen des
Besitzes einer schändlichen Schmähschrift. Grasset wurde festgenommen,
verhört, und verließ am nächsten Tag die Schweiz, da ihm der Boden zu
heiß geworden war; Voltaire aber harrte ängstlich der weiteren Maßnahmen des Gerichtes. Würde es nach dem Verfasser der sechzehn
Zeilen forschen? Zum Glück lautete der Urteilsspruch lediglich, daß
das fragliche Blatt als gotteslästerlich öffentlich vom Henker verbrannt
werden sollte. Als es in Flammen aufging, war die Angelegenheit erledigt; daß der entrüstete Tugendhüter Voltaire mit dem verruchten
Verfasser der verderblichen Schrift identisch sein könne, kam den biederen Richtern nicht in den Sinn.

Wegen der Nachrichten aus Paris, wo die »Pucelle« Tagesgespräch
war, blieb Voltaire aber weiterhin voll Unruhe. Ständig fürchtete er,
entführt und in die Bastille verbracht zu werden; Marie Louise alar-
mierte den Arzt Tronchin, der dem Gepeinigten gut zuredete. Dieser
preßte sich die Fäuste vor die Augen und erwiderte tränenüberströmt:
Ja, mein Freund, ich bin närrisch. Sein Verstand sagte ihm, daß die
Furcht unnötig war. Doch die starken Mächte seines Gemüts, die er nur
mit seiner kritischen Intelligenz zu zügeln vermochte, ließen sich nicht
bändigen, wenn die Erregung ihn zu stark beherrschte.

Als ob der neueste Schreck über die »Pucelle« nicht genügt hätte, traf wenig später die Nachricht ein, daß ein anderer Buchhändler das zeitgeschichtliche Werk »Campagne de Louis XV.« veröffentlichen wollte. Es handelte sich um eine Arbeit, die Voltaire gerade unter der Feder hatte – unfertig und ungeschliffen. Es bedurfte vieler Aufwendungen, um das Manuskript schließlich wieder zurückzuerhalten; noch schlimmer war dabei die Entdeckung, daß ein vornehmer Freund des Hauses, der Marquis de Ximénès, ein früherer Günstling Marie Louises, das Manuskript direkt aus dem Schreibtisch Voltaires gestohlen hatte, um es für einige Louisdors zu verkaufen.

Doch was bedeuteten diese unliebsamen Zwischenfälle, wie sehr sich Voltaire darüber aufregen mochte, gegenüber der großen Kriegserklärung, die ihm zuging, ohne daß er es überhaupt merkte! Es war dies die freundliche Zusendung eines Buches mit Gedanken, deren gewaltige Auswirkungen nicht vorauszusehen waren.

Das Buch hieß »Über den Ursprung der Ungleichheit zwischen den Menschen und über ihre Grundlage«; mit dieser Schrift bewarb sich ihr Verfasser um den Preis der Akademie der Stadt Dijon, den er schon zuvor einmal gewonnen hatte: Jean Jacques Rousseau, der dem Kreis der Philosophen d'Alembert, Diderot und Helvétius angehörte.

Voltaire und der 1712 in Genf geborene Rousseau standen in keinem engen Verhältnis zueinander. Zunächst war der Ältere das Vorbild gewesen: als Rousseau in seinen jungen Jahren sich begeistert an Voltaires Stil geschult hatte, als er durch die »Lettres Philosophiques« in die englische Geisteswelt eingeführt wurde, der er später vieles verdanken sollte; als die Tragödie »Alzire« ihn so bewegte, daß er vor Ergriffenheit einige Tage krank darniederlag. Dann hatte es einige Berührungspunkte gegeben: als Voltaire einen anderen Monsieur Rousseau, der eines seiner Stücke auszischte, für den ihm persönlich unbekannten Jean Jacques gehalten hatte und dieser in einem ehrfürchtigen Brief den Irrtum klärte; als Rousseau von Richelieu Voltaires Festspiel »Die Prinzessin von Navarra« zum Arrangement der Aufführung erhielt und der Verfasser seine Arbeit lobte; als 1749 Madame Dupin für ihren Neffen, den Abbé d'Arty, eine Akademierede von Voltaire anfertigen und – damit niemand die Handschrift des Meisters erkenne – das Manuskript von Rousseau abschreiben ließ. Kraft seiner großen geistigen Fähigkeiten hatte es Rousseau nach einem unrühmlichen Landstreicher- und Lakaiendasein zum anerkannten Mitglied im Kreise der voltairefreundlichen Pariser Literaten und Philosophen gebracht. Als er sich 1749 mit einer Preisaufgabe der Akademie von Dijon – »Hat die Erneuerung der Wissenschaften und Künste die Sitten gefördert oder verdorben?« – befaßte, fragte ihn Diderot, welchen Standpunkt er einnehmen werde. Im Sinne der Enzyklopädisten meinte Rousseau, eine positive Einschätzung der Wissenschaften und Künste vertreten zu müssen, worauf Diderot ihm einen Tip gab: das sei eine Eselsbrücke! Preise erringe man nur durch Originalität. Er verstieg sich in seiner Neigung zum Paradoxen zu hinreißenden Schilderungen des glücklichen Lebens der Wilden auf Tahiti und gewann ungewollt einen Schüler, der solche Übertreibungen gefährlich ernst nahm.

Mit einem radikalen Angriff gegen Kultur und Zivilisation hatte Rousseau dann die Aufmerksamkeit auf sich zu lenken vermocht und den ersten Preis von Dijon gewonnen. Seitdem fuhr er fort, diese einträgliche Tendenz zu verfolgen, und vertrat in seiner neuen Arbeit, mit der er wiederum den Preis zu erringen hoffte, eine entschiedene Feindschaft gegen den Geist. Sein Ruf »Zurück zur Natur!«, seine Ansicht, das Gefühl sei natürlicher – und damit hochwertiger – als die Vernunft, führte ihn zu Sätzen wie »Der Mensch, der denkt, ist ein entartetes Tier«. Daß Rousseau die Literaten als Schmarotzer bezeichnete, die es sich bei hohen Herren wohl sein ließen, und auch sonst gegen sie stichelte, beunruhigte Voltaire weniger als des Naturschwärmers fataler Hang zu blinder Verehrung: die Skepsis, mit der ein überlegener Verstand die Welt betrachtet, erschien Rousseau verächtlich und hassenswert. Schaudernd verspürte Voltaire darin die Möglichkeit neuer blutiger Unduldsamkeit, Dogmatik und Verfolgung im Zeichen unvernünftiger Gefühle, doch täuschte er sich über die Wirkungsmöglichkeiten Rousseaus, da er ihn lediglich für einen belanglosen Großsprecher hielt, der bald vergessen sein würde.

Was sollte er also mit dem seltsamen Buch anfangen, das ihm ins Haus gekommen war? Da der Verfasser zur Gruppe seiner Freunde zählte, wurde Voltaire nicht bissig, sondern suchte seine Einwände auf freundliche Art darzulegen: »Mein Herr, ich habe Ihr neues Buch, das Sie gegen das Menschengeschlecht geschrieben haben, erhalten und danke Ihnen dafür. Sie werden den Menschen gefallen, denen Sie Ihre Wahrheiten sagen, aber Sie werden sie nicht bessern. Es ist unmöglich, mit stärkeren Farben die Schrecken und Illusionen unserer Gesellschaft zu malen... Noch niemals wurden wir mit so viel Geist verdammt. Beim

Lesen Ihres Buches bekommt man ordentlich Lust, auf allen vieren zu gehen. Da es indessen mehr als sechzig Jahre her ist, daß ich diese Gewohnheit abgelegt habe, ist es mir zu meinem tiefen Bedauern nicht möglich, sie wieder aufzunehmen.«

Voltaire räumte ein, daß Kunst und Wissenschaft manchmal schon viel Unheil gestiftet hätten, führte als Beispiele aber listigerweise lauter Fälle an, in denen die Künstler und Wissenschaftler verfolgt und verleumdet worden waren: Tasso, Galilei, die Enzyklopädisten, Pope, Descartes, Bayle, sich selbst ... »Sie müssen zugeben, mein Herr, daß das so kleine Berufskalamitäten sind, von denen die Gesellschaft kaum Notiz nimmt.«

Dann aber stellte er das Mißverständnis Rousseaus richtig – indem er das Verhältnis von Geist und Gewalttätigkeit skizzierte: daß nämlich gerade der ungeistige Mensch, also der »natürliche«, das Unheil bringe. »Sie wissen ja selbst: weder Cicero noch Varro, weder Lucrez, Vergil noch Horaz hatten etwas mit den Proskriptionen im alten Rom zu tun. Marius hingegen war ein Ignorant, und der barbarische Sulla, der liederliche Antonius, der dumme Lepidus lasen nur selten im Plato oder im Sophokles. Und was den feigen Tyrannen Octavius betrifft, den man so gedankenlos den Augustus nennt, so war er weiter nichts als ein verabscheuungswürdiger Mörder, solange er nicht Umgang mit Schriftstellern pflegte. Große Verbrechen sind immer von großen Ignoranten begangen worden. Was diese Erde zum Jammertal macht und immer wieder machen wird, das ist die unersättliche Habgier der Menschen, angefangen mit Dschingis-Khan, der nicht lesen konnte, und endend mit dem letzten Zollschreiber, der nichts gelernt hat als Zahlen zusammenzuzählen. Die Wissenschaften dagegen rühren, reinigen und trösten die Seele; sie helfen sogar Ihnen noch, während Sie sich gegen sie ereifern.«

Am Ende seines Briefes lud Voltaire Rousseau, von dessen schlechtem Gesundheitszustand er vernommen hatte, herzlich zu einem Besuch ein – »Trinken Sie mit mir die Milch unserer Kühe und weiden Sie auf unseren Wiesen, allwo die Freiheit blüht.«

Der Antwortbrief Rousseaus war ehrerbietig und dankbar: Er habe mit der Zusendung seiner »bekümmerten Träumereien« nur »eine Pflicht erfüllen und Ihnen die Huldigung erweisen wollen, die wir alle Ihnen als dem Führer schuldig sind«. Aber er kam nicht nach Les Délices, obwohl er sich um die Rückkehr nach Genf bemüht hatte.

Rousseau fühlte sich schon längst nicht mehr wohl in Paris. Er wußte sich in guter Gesellschaft nicht zu benehmen und verabscheute diese deshalb; seiner Trotzhaltung hängte er ein fadenscheiniges weltanschauliches Mäntelchen um, indem er sich seiner Naturmenschen-Philosophie gemäß kleidete: er entfernte von seinem Rock die Goldstickerei, legte die weißen Strümpfe ab und verkaufte seinen Degen; an Stelle einer gepflegten Perücke trug er eine unansehnlich dunkle, ohne jedoch den revolutionären Schritt zum Ablegen der ganzen Perücke zu wagen.

Seine Lebensführung war wenig vorbildlich: er unterhielt ein Verhältnis mit der früheren Kellnerin Therese Levasseur, die sich durch nichts auszeichnete als das Fehlen jeglicher Vorzüge an Schönheit oder Intelligenz und kaum weit genug rechnen konnte, um die Zahl von fünf Kindern zu erfassen, die sie nach und nach zur Welt brachte, ohne daß jemand etwas davon erfuhr. Erst später kam es an den Tag, daß Rousseau seine Sprößlinge sämtlich ins Findelhaus geschafft hatte.

Mit seiner auffälligen Sonderlichkeit war Rousseau allmählich in Paris in Mode gekommen; eine von ihm komponierte Oper wurde aufgeführt, und man konnte ihn dabei in grobem Rock, mit Bartstoppeln und ungekämmter Perücke bewundern – doch zu Geld kam er nie; einen ihm zugedachten Ehrensold konnte er nicht entgegennehmen, weil ein Leiden ihm das lange Stehen bei der notwendigen Audienz unmöglich machte.

Es zog ihn in seine Vaterstadt zurück. Er war nach 26jähriger Abwesenheit dorthin zu Besuch gekommen – nachdem er sich vom Katholizismus, zu dem er konventiert war, losgesagt, wieder zum Kalvinismus bekannt und damit seine Bürgerrechte zurückgewonnen hatte –, und versprach angesichts der guten Aufnahme, sich im Frühjahr 1755 endgültig in Genf niederzulassen. Nun aber saß Voltaire dort und lenkte die Aufmerksamkeit ganz Europas auf sich – ihn konnte er nicht ausstechen, und die zweite Geige wollte er nicht spielen.

So warf er seine Grundsätze über Bord, wurde »Schmarotzer« und ließ sich von Madame d'Epinay, einer Dame jener vornehmen Gesellschaft, die er haßte, das kleine Haus Eremitage bei Montmorency zur Verfügung stellen. –

Voltaire hatte die Freude, daß am 20. August in Paris vor einem Publikum von mehr als 1300 Zuschauern seine Tragödie »L'Orphelin de la Chine« uraufgeführt wurde. Das unbekannte fernöstliche Milieu, der Einblick in die hohe, friedliche Zivilisation des alten China fesselte die

Zuschauer, der Gang der Handlung, in der das reine Menschentum siegte, erschütterte sie. Der Tyrann Dschingis-Khan eroberte in diesem Stück die alte Kaiserstadt Peking; der letzte noch lebende Sproß der Kaiserdynastie wird von einem Ehepaar verborgen gehalten, man ist ihm jedoch auf der Spur. Der Ehemann will an Stelle des Kaisersohnes das eigene Kind opfern, aber die Mutter wehrt sich verzweifelt dagegen. Dschingis-Khan kommt hinzu und erkennt in der Frau das Chinesenmädchen wieder, das er einst liebte und nicht heiraten durfte. Er verzichtet nun auf Bestrafung für den Betrugsversuch mit dem Kind; seine Leidenschaft ist neu entbrannt, er bietet der früheren Geliebten den Platz neben sich auf dem Thron an. Sie aber will sich von ihrem Mann nicht trennen; der Eroberer droht deshalb, von seiner Macht Gebrauch zu machen. Das Ehepaar beschließt darauf, gemeinsam aus dem Leben zu gehen; im letzten Augenblick tritt Dschingis-Khan dazwischen. Er, der Gewaltherrscher und Welteroberer, erklärt sich für überwunden durch den Geistesadel der beiden machtlosen Menschen. Der Glaube an die Kraft des Guten hat in dieser Tragödie eindrucksvoll Gestalt gewonnen.

Am Morgen des 1. November 1755 erzittert der Erdboden. Auf dem Frühstückstisch in Les Délices klirren leise die Gläser, doch mißt man dem Zwischenfall keine größere Bedeutung bei.

Bald aber treffen Schreckensnachrichten von einem gewaltigen Erdbeben ein, das die Stadt Lissabon, die Zentrale des Seehandels, zerstört haben soll. Den ersten Gerüchten folgen Briefe, dann Flugblätter mit Einzelheiten, die überall Entsetzen erregen: Zehntausende von Menschen sind in den zusammenbrechenden Gebäuden umgekommen, in den einstürzenden Kirchen und Kathedralen (es war Allerheiligen) betend erschlagen worden, zwischen den Trümmern elend verbrannt, von rasenden Wasserfluten am Kai verschlungen... Hunderttausend, heißt es, sind dem Erdbeben zum Opfer gefallen; es hat nicht nur in Lissabon, sondern auch in Nordafrika und Italien gewütet, man spürte es in Mitteleuropa, England, Skandinavien wie auch auf den Azoren. Es war, sagte eine Flugschrift, ein Schlag, der ganz Europa traf.

Eine unvergleichliche Aufregung bemächtigte sich aller Völker. Man sprach von nichts anderem als der großen Katastrophe; die Erde, das feste Fundament, war erschüttert worden, und gleichzeitig das Fundament der Weltanschauung, nach welcher der Mensch als Krone der

Schöpfung in einer eigens für ihn eingerichteten wohlgeordneten Welt lebte. Mancher begann an Gott als dem gütigen Vater zu zweifeln.

Voltaire litt.

Nichts traf ihn schmerzlicher als menschliches Unglück. Noch immer quälten ihn die schaurigen Bilder der Bartholomäusnacht: jahraus, jahrein erregte es ihn, wenn der verhängnisvolle Termin wiederkehrte. Jetzt war es aber die Natur oder die Vorsehung selbst, die namenloses Leiden über unschuldige Menschen brachte. Er vermeinte die Todesschreie der Unglücklichen zu hören, ihre zerfetzten Körper zu sehen ... Wie war solch schreckliches Unglück in der vollkommensten aller Welten nur möglich?

Nach vielen Jahren zweifelnden Nachdenkens steht es jetzt klar vor seinen Augen: Die herrschende Philosophie ist falsch, Leibniz hat unrecht! Jener allgemein anerkannte Grundsatz, den auch der Freund Pope verkündet hatte – »Alles ist gut« –, ist ein Irrtum. Die Optimisten haben die Problematik des Unglücks ganz übersehen und damit einen wesentlichen Bestandteil des irdischen Daseins sträflich außer acht gelassen.

In einem großen Gedicht – »Poème sur le Désastre de Lisbonne« – bringt Voltaire seinen Schmerz, seine Zweifel und seine Anklagen zum Ausdruck. Sein Arzt Tronchin, der großen Einfluß auf ihn hat, ist entsetzt und redet auf ihn ein, das Gedicht zu verbrennen; auf Anraten anderer Freunde zieht der Dichter das Manuskript wieder zurück, das er bereits Cramer ausgehändigt hatte; er mildert, überarbeitet es und läßt im März 1756 das Werk in geläuterter Form erscheinen.

Noch nie hatte er einen derartigen Tumult verursacht. Binnen kurzem waren zwanzig Auflagen der Veröffentlichung vergriffen. Das Gedicht entfachte heftigste Diskussionen, man druckte vielerlei Widerlegungen, schmähte Voltaire und predigte gegen ihn. Aber die Wirkung der eindringlichen Verse war nicht mehr aufzuhalten.

Bisher hatte niemand der Lehre zu widersprechen gewagt, daß diese Welt die beste aller Welten sei, weil, wäre eine bessere möglich, Gottes Weisheit sie erkennen, seine Güte sie wollen, seine Allmacht sie hätte schaffen müssen. Diese vom Philosophen Leibniz begründete, von Shaftesbury und anderen Dichtern vertretene Auffassung fand klassischen Ausdruck in den machtvollen Versen Popes, in denen er das Einzelunglück dem unverständlichen allgemeinen Guten unterordnete und den Satz »Alles ist gut« fundierte:

>All Nature ist but Art, unknown to thee;
All Chance, Direction, which thou canst not see;
All Discord, Harmony not understood;
All partial Evil, universal Good:
And, in spite of Pride, in erring Reason's spite,
One truth is clear, Whatever is, is right.«

Jetzt aber rief Voltaire: Die Leiden sind unnötig! Die Philosophen
haben sich getäuscht! Mit schneidenden Fragen geht er den Ratio-
nalisten zu Leibe: Handelte es sich bei dem Erdbeben um eine Strafe
Gottes? Ist der Tod so vieler Menschen die Sühne für ein Verbrechen?
Für welches? Was haben die Kinder verbrochen, die umkamen? War
Lissabon sündhafter als London oder Paris?
»Lisbonne est abîmée, et l'on danse à Paris« (Lissabon liegt in Ruinen,
und in Paris wird getanzt).
Auf die letzten Fragen gab Voltaire am Schluß seines Gedichts zwar
keine Antwort, doch genügte seine Formulierung, um den beunruhi-
gehenden, bohrenden Zweifel wachzuhalten:

>Eines Tages wird alles gut sein – das ist unsere Hoffnung,
Alles ist heutzutage gut – das ist eine Täuschung.«

Doch er rüttelte seine Zeitgenossen nicht mit diesen Schlußworten auf,
sondern mit einem Gedankengang, der in anderen Zeilen seines Gedichts hervortrat: die Behauptung »Alles ist gut« sah er als Beleidigung
und Herabwürdigung des Schmerzes in unserem Leben an. Die Ent-
wertung des Menschen – das war es, was Voltaire so empörte. Wieder
las er den einst geliebten Pope, und machte dann die Randbemerkung:
»What can I hope when all is right?« (Was kann ich hoffen, wenn alles
gut ist?) Der religiöse Optimismus, erkannte er, war in Wirklichkeit
eine Doktrin der Verzweiflung, eine fatalistische, antisoziale Glaubens-
lehre.
In der Vorrede zu seinem »Poème« hieß es: Wenn unser Unglück nur
Folge einer allgemeinen und notwendigen Ordnung ist, dann sind wir
nichts weiter als Rädchen in einer großen Maschine und haben vor
Gott nicht mehr Wert als die Bestien, die uns zerreißen. Außerdem
sagte er: Wenn diese Welt, so wie sie ist, die bestmögliche ist, dann
bleibt es uns dadurch versagt, auf eine bessere Zukunft zu hoffen. Der
Mensch ein Nichts – und ohne Aussicht auf eine glücklichere Zukunft!

Das war für Voltaire unerträglich, und mit seinem Gedicht wirkte er entscheidend darauf hin, daß man beginnen konnte, an Veränderungen der bestehenden Zustände zu denken.

Die Welt und die Menschen verbesserungsfähig – von dieser Erkenntnis sollte der kommende intellektuelle und politische Aufbruch ausgehen.

Voltaires aufrührerisches Gedicht konnte von den Konservativen nicht unwidersprochen hingenommen werden. In Genf war man aufs äußerste entrüstet; die Pfarrer wandten sich um Hilfe an Rousseau und baten ihn, Voltaire entgegenzutreten.

Darauf richtete Rousseau einen langen Brief, den er zu veröffentlichen gedachte, an Voltaire, worin er die Schuld der Natur an dem Unglück bestritt und statt dessen die Menschen mit ihrer Kultur verantwortlich zu machen suchte. Die Natur würde niemals 20 000 Häuser mit 6 bis 7 Etagen zusammengeballt haben – von Natur aus wären die Einwohner Lissabons auf weiterer Fläche verteilt gewesen.

Zum Verdruß Rousseaus hielt Voltaire weder den Gedanken noch den Mann für wichtig genug, um darauf zu antworten. An Rousseaus Adresse richtete sich lediglich hier oder dort ein Satz in seinen nächsten Schriften, etwa: »Alliebe ist der Name, den man jener Naturordnung gibt, kraft welcher die Tiere einander auffressen.« –

Das Erdbeben von Lissabon beschäftigte die Geister noch jahrelang. Das Ereignis hatte die althergebrachte Ordnung plötzlich in Frage gestellt; seine Nachwirkungen veränderten Europa.

Voltaire aber war durch die Erschütterung ein anderer geworden – sein wahres Ich kam erst jetzt geläutert und kraftvoll zum Vorschein. Les Délices, die Stätte, die er zum Sterben gewählt hatte, wurde der Ort seiner Geburt.

In diesem Jahre 1756 begann die Geschichte der modernen Geschichtsschreibung. Im Verlag der Gebrüder Cramer in Genf erschien Voltaires »Essai sur l'histoire générale et sur les moeurs et l'esprit des nations depuis Charlemagne jusqu'à nos jours«, später unter dem Titel »Essai sur les moeurs«, ein mit ungeheurem Fleiß und gründlichster Kenntnis der besten erreichbaren Quellen geschriebenes Werk, die erste moderne Darstellung der Weltgeschichte, die den Gang der Dinge selbst zeigen wollte.

rechts: Blick von Les Délices auf Genf

Voltaire hatte seinen »Abriß der Weltgeschichte« mit den Werken über Ludwig XIV. und Ludwig XV. zusammengefaßt und bot nun bewußt ein Gegenstück zu dem damaligen Vorbild der Geschichtsschreibung, dem »Discours sur l'histoire universelle« von Bossuet, worin die Weltgeschichte streng mit den christlichen Dogmen in Einklang gebracht und die Bekehrung aller Menschen vorausgesagt wurde.

Voltaire überraschte seine Zeitgenossen: »Es ist mit der Geschichte wie mit der Mathematik und Physik gegangen – das Feld hat sich riesig erweitert«, sagte er. Was gab es alles aus der Vergangenheit zu erzählen! Die Lebensweise, Kleidung und Nahrung der Menschen, ihre Bauten und Wohnungen, die Erfindungen, die im Laufe der Zeit gemacht wurden ... Es war eine Geschichte der menschlichen Zivilisation, und die sonst so gerühmten und gefeierten Feldherren und Eroberer spielten eine recht unrühmliche Rolle.

Das Unerhörte aber war: er wagte es, kritisch zu sein. Das galt zunächst für alles, was er berichtete; er forschte bei jedem Ereignis, wie es sich in Wirklichkeit abgespielt habe und wer als zuverlässigster Zeuge dafür gelten könne; alles, was überliefert war, betrachtete er zunächst mit äußerstem Mißtrauen. Seine Kritik drang aber auch in den Gang der Geschichte selbst ein: mußte es so viel Unglück und Kriege geben? Da er den Standpunkt »Alles ist gut« auch in der Geschichtsbetrachtung nicht gelten ließ, konnte er schonungslos die Wurzeln des Unheils bloßlegen: es waren seiner Ansicht nach der religiöse Fanatismus und die Kriege der Herrscher.

Die Veröffentlichung des Jahres 1756 war für Voltaire jedoch nur der Anfang. Er versenkte sich in den kommenden Jahren immer tiefer in historische Studien, um sein Buch zu ergänzen und über den von der Bibel festgesetzten Umkreis der Geschichtsschreibung hinauszukommen: er wollte zeigen, daß es im Altertum große Kulturen gegeben hatte – Ägypten, Indien, China –; die Historiker hatten nämlich bislang nichts davon berichtet, da sie ausschließlich vom Alten Testament zehrten. –

Während Voltaire im stillen Les Délices dem Lauf der Geschichte nachging, nahm diese draußen ihren weiteren Verlauf. In fernen Weltteilen gab es noch viel Land zu erobern – England und Frankreich kämpften um Nordamerika und Indien. Friedrich II. konnte sich des geraubten Schlesien nicht recht freuen, da Maria Theresia auf dessen Rückgewinnung sann. Mit seinem Friedensschluß im Zweiten Schlesischen Krieg hatte Friedrich das verbündete Frankreich zum zweiten Mal überrascht und vor den Kopf gestoßen; dem neuen österreichischen Staatskanzler Graf Kaunitz gelang daraufhin in diplomatischem Ausgleich die Beilegung der alten Feindschaft zwischen seinem Land und Frankreich. Da Österreich obendrein mit Rußland verbündet war, sah sich Friedrich politisch isoliert und schloß Anfang 1756 mit England ein Bündnis, das Preußen nun in den weltpolitischen Konflikt verstrickte und im gleichen Jahr zum Ausbruch eines neuen Krieges um Schlesien führte.

Kämpfe wüteten überall. Auf der Insel Minorca befand sich die englische Zitadelle Port-Mahon, die in dreißigjähriger Arbeit so stark befestigt worden war, daß sie nur von Gibraltar übertroffen wurde. Hier vollbrachten die Franzosen eine militärische Großtat: Richelieu, der eine Flotte kommandierte, besiegte die britische Flotte, setzte mit Truppen an Land und erstürmte die Festung.

Die Engländer waren über diese schimpfliche Niederlage aufs höchste entrüstet, zumal sie vorher Richelieu mit seinen Schiffen verlacht und verhöhnt hatten. Der Befehlshaber, Admiral Byng, wurde nach London geschafft und vor ein Kriegsgericht gestellt.

Voltaire, der während seines Aufenthaltes in England Byng begegnet war, konnte den Gedanken nicht ertragen, daß ein ehrenwerter Mann dem gekränkten Nationalstolz zum Opfer fallen sollte. Von Richelieu hatte er erfahren, daß Byng sich tapfer zur Wehr gesetzt hatte; die Ungeheuerlichkeit des Gerichtsverfahrens ließ ihm keine Ruhe – wie konnte er dem Unrecht nur entgegentreten?

Er kam auf den Gedanken, Richelieu um eine Zeugenaussage über den Verlauf der Schlacht zu bitten; sein Freund ging sofort auf den Vorschlag ein und verfaßte einen Bericht, der eine klare Ehrenrettung für Byng ergab.

Daraufhin konnte Voltaire an Byng schreiben:

»Mein Herr, obwohl ich Ihnen fast unbekannt bin, halte ich es für meine Pflicht, Ihnen die Kopie eines Briefes zu senden, den ich eben von dem Herrn Marschall von Richelieu erhalten habe. Ehre, Menschlichkeit und Rechtlichkeit gebieten mir, sie in Ihre Hände gelangen zu lassen. Dieses edle und so unerwartete Zeugnis von einem der aufrichtigsten und hochherzigsten meiner Landsleute läßt mich annehmen, daß Ihre Richter Ihnen die gleiche Gerechtigkeit erweisen werden.«

Vier Stimmen des Gerichtshofs gewann Voltaire damit für Byng – die übrigen verurteilten ihn dennoch zum Tode, fügten aber ein Gnadengesuch an den König bei, das dieser dann nicht zu beachten geruhte.

So konnte Voltaire zu seinem Schmerz nicht mehr erreichen, als dem Verurteilten die Todesstunde durch den Gedanken zu erleichtern, daß ihm wenigstens im Lager der Feinde Gerechtigkeit widerfahren war. – Les Délices, ein schöner Sommersitz, war für den kalten Schweizer Winter weniger geeignet. Der Dichter hatte deshalb von seinem Bankier Giez das Anwesen Monrion im Kanton Waadt gemietet, wo er sich für die Wintermonate einrichtete. In seiner Umgebung hatte sich inzwischen eine Veränderung vollzogen: Collini war gekündigt worden. Der leichtlebige Florentiner und erprobte Schürzenjäger hatte zwar zeitweilig in besten Beziehungen zu der immer molliger werdenden Madame Denis gestanden, dann aber andere Zerstreuungen vorgezogen; eines Tages hatte er versehentlich einen angefangenen Brief an ein junges Mädchen auf seinem Schreibtisch liegen lassen; eine Dienstmagd erspähte, daß darin Madame Denis lächerlich gemacht wurde – einen schlimmeren Verstoß hätte er sich nicht leisten können: Voltaire wurde genötigt, ihn zu entlassen. –

Da die strengen Genfer Vorschriften das Theaterspielen in Les Délices verhinderten, nutzte man den Winter in Monrion um so nachhaltiger. In Lausanne gab es – seit der Hugenottenverfolgung – eine stattliche französische Kolonie; hier hatte Voltaire schnell viele Freunde gefunden. Der Raum in Monrion, in dem »Zaïre« (mit Voltaire und Marie Louise in den Hauptrollen), »Alzire«, Molières »Femmes savantes« und manch anderes Stück aufgeführt wurden, erwies sich bald als zu klein für die vielen Zuschauer, worauf ein befreundeter Marquis in seinem Haus »Mon Repos« in einem Vorort von Lausanne einen größeren Saal zur Verfügung stellte; Voltaire mietete bald eine neue Wohnung in der Nähe.

»Während der Wintermonate bin ich in Lausanne Schmierenkomödiant und habe als solcher in Greisenrollen viel Erfolg«, schrieb er an einen Freund, »im Frühling bin ich Gärtner in Les Délices. Haben Sie auch Tulpen im Monat März? Im übrigen bedaure ich dies arme Menschengeschlecht, das sich wegen einiger Quadratmeilen Eiswüste in Kanada hier auf unserem Kontinent gegenseitig die Schädel einschlägt. Ich selbst fühle mich frei wie die Luft, vom Morgen bis zum Abend. Meine Obstwiesen, meine Weingärten und ich – wir sind keinem Menschen etwas schuldig. Das ist alles, was ich mir gewünscht habe.«

Doch die Welt war zu bewegt, als daß ein Voltaire seinen Frieden hätte bewahren können.

In Frankreich hatte der Krieg eine Steuererhöhung verursacht, die die Bevölkerung in heftige Mißstimmung versetzte. Und dann wurde von einem gewissen Damiens ein Mordanschlag auf den König verübt. Nun schlug die Stimmung um: Paris war von Trauer und Zerknirschung erfüllt; achtundvierzigstündige Gebete wurden angeordnet, Priester und Mönche konnten das »Salvum fac Regum« kaum anstimmen, da ihnen der Schmerz die Kehle zuschnürte. Tränenden Auges pilgerten die Untertanen zu den Stellen, wo Bulletins über den Zustand des Königs angeschlagen waren.

Da Ludwig von dem Dolch des Attentäters nur leicht geritzt worden war, beruhigte sich das Volk bald. Doch am Hofe sann man auf stärkere Sicherung der Autorität. Als erste Maßnahmen wurden zwei Minister entlassen und im April 1757 eine scharfe Verfügung gegen die Literatur verhängt: wer Verfasser, Verleger, Verkäufer oder auch nur Käufer von Schriften war, die die Religion angriffen, die Gemüter aufstachelten, die königliche Macht gefährdeten oder Ruhe und Ordnung des Staates störten, verfiel der Todesstrafe. Wer Drucksachen verfaßte oder vertrieb, die formal nicht genau den Vorschriften entsprachen, wurde auf die Galeere geschickt.

Wie sollte ein Schriftsteller unter solchen Bedingungen friedlich arbeiten können, etwa Beiträge für die Enzyklopädie schreiben? Voltaire verwandte allen Scharfsinn darauf, seinen Abhandlungen die harmloseste Fassung zu geben; dennoch sandte d'Alembert ihm einen Artikel zurück und bat, den Text noch »christlicher« zu machen, damit er gedruckt werden dürfe. –

Unterdessen nahm der Krieg einen für Friedrich II. höchst ungünstigen Verlauf. Seit der Niederlage von Kolin am 18. Juni 1757, nach welcher seine Sache verloren schien, trug er jederzeit eine Flasche mit schnell wirkendem Gift bei sich. Voltaire, der an der verzweifelten Lage des einstigen Freundes Anteil nahm, schrieb wenig später an Cideville:

»Er wußte nicht, daß, als ich ihn verließ, mein Schicksal dem seinen vorzuziehen sein würde. Ich verzeihe ihm alles, außer seinem Vandalismus gegen Madame Denis.«

Friedrich hatte schwere Monate zu überstehen, in denen ihn weiteres Unglück traf: der Tod seiner Mutter, das Versagen seines Bruders August Wilhelm als Befehlshaber, falsches Manövrieren des Generals

Moritz von Anhalt-Dessau, Tod des tüchtigen Generals von Winterfeldt ... In seinen Nöten suchte er jetzt Trost in philosophischer Lektüre und in der Dichtkunst. Jäh erwachte wieder die Leidenschaft, Verse zu machen, und damit die Erinnerung an die glücklicheren Zeiten mit Voltaire.

Der Dichter war überrascht, als er im September einen Brief des Preußenkönigs aus seinem Feldlager erhielt, einen Brief mit Gedanken an die Selbstmörder Cato und Kaiser Otho, und mit einem Hinweis, daß auch der König selbst nicht gewillt sei, einen Verlust des Krieges zu überleben.

Mit dem Antwortbrief Voltaires, in dem er dem König zusetzte, seine Gedanken aufzugeben, da sein Selbstmord weder von seinen Freunden noch von seinen Feinden richtig ausgelegt werden würde, lebte der Briefwechsel wieder auf, der für immer abgebrochen schien.

Voltaire suchte die wiedergewonnene Verbindung sofort für den Frieden Europas zu nutzen; er spann Fäden zwischen Friedrich und Richelieu sowie Wilhelmine von Bayreuth und dem Kardinal Tencin, um einen Friedensschluß Preußens mit Frankreich vorzubereiten. Seine Bemühungen scheiterten schließlich an Madame de Pompadour, die über Friedrich zu erbost war, da er Spottverse auf sie verfaßt hatte.

So ging eine Gelegenheit vorüber, die für beide Teile nützlich gewesen wäre. Die preußischen Truppen fanden kaum Zeit zur Reorganisation und mußten am 5. November bereits wieder eine Schlacht schlagen. Bei Roßbach überrumpelte Friedrich das sich zum Angriff formierende feindliche Heer, indem er entgegen den Gepflogenheiten der Kriegsführung blitzschnell in den Aufmarsch hineinstieß; schon nach einer Stunde befanden sich die Franzosen und die Truppenkontingente der Deutschen Reichsarmee in wilder Flucht. Mit 20 000 Soldaten hatte Friedrich einen glanzvollen Sieg über eine Armee von mehr als 50 000 Mann errungen; in Paris bereute man jetzt, Voltaires Ratschläge nicht befolgt zu haben.

Es war dem Dichter nicht beschieden, seinem Herzenswunsch gemäß größere diplomatische Erfolge zu erzielen. Um so mehr konnte er seine Arbeitszeit den historischen Werken widmen, für die er ständig nach Unterlagen und neuem Material suchte. Es gab etwa über die Entwicklung Rußlands unter Peter dem Großen keinerlei Angaben, wie er sie sich wünschte; er beklagte sich bei Graf Schuwaloff, dem Kammerherrn der Zarin Elisabeth, der ihm auf Wunsch der Herrscherin behilflich sein sollte: »Kein Wort über die Errichtung der Manufakturen, nichts über die Flußverbindungen, die öffentlichen Arbeiten, das Münzwesen, die Rechtspflege, das Heer und die Flotte. Mit einem Wort, mein Herr, was am besten von allen Nationen gekannt zu werden verdient, ist niemandem bekannt.«

Der Frieden und die Ruhe, die Voltaire für seine vielen Arbeiten benötigte, war leider nicht einmal in Les Délices gewährleistet.

Neuer Ärger mit Rousseau nahm seinen Ausgang von einem angenehmen Ereignis, dem Besuch einer geistreichen Dame mit großen schwarzen Augen, die Voltaire bezauberten. Es war Madame d'Epinay, jene Gattin eines belanglosen Millionärs, die für Rousseaus ungestörte Unterkunft bei Montmorency gesorgt hatte.

Sie kam, wie viele der vornehmen Geister Europas, an den Genfer See, um Voltaire zu besuchen und gleichzeitig Tronchin, den großen Modearzt der Zeit, zu konsultieren – angeblich wegen ihrer Nerven, außerdem aber auch wegen des Verdachts einer Schwangerschaft, die für ihren zarten Körper nicht ungefährlich gewesen wäre.

Während sie bei Voltaire die entgegenkommendste Gastfreundschaft genoß, war Rousseau von finsteren Gedanken erfüllt. Er hatte sich in die Vicomtesse d'Houdetot verliebt und hegte die Wahnidee, daß diese auch ihn liebe; in Wirklichkeit gehörte deren ganzes Herz jedoch einem Mann, der gegenwärtig Kriegsdienst leisten mußte: Saint Lambert, dem einstigen Liebhaber der göttlichen Emilie.

Rousseau, der seiner Angebeteten auf die Nerven fiel, geriet in höchste Wut, als er erfuhr, daß Saint Lambert im Feldlager ein anonymes Schreiben erhalten hatte, das auf Rousseaus Liebeswerbungen aufmerksam machte. Wer mochte diesen niederträchtigen Hinweis gegeben haben? Die Idee, daß seine Lebensgefährtin Therese etwas damit zu tun haben könne, kam ihm nicht; dafür verfiel er auf Madame d'Epinay und schickte ihr beleidigende Briefe. Sein Argwohn und seine Wahnvorstellungen gingen so weit, daß er vermutete, Madame d'Epinay würde ihn als Vater jenes Kindes, das sie vermutlich erwartete, angeben und nicht ihren Geliebten, Friedrich Melchior von Grimm, der sich vom reisefreudigen deutschen Baron zum hervorragenden Kenner und Kritiker der französischen Literatur und Verbündeten der Enzyklopädisten entwickelt hatte.

Rousseau beklagte sich auch bei Diderot über das vermeintliche schmähliche Verhalten der Madame d'Epinay, überwarf sich völlig mit dieser, brach auch mit der Vicomtesse d'Houdetot, mit Saint Lambert, Grimm, schließlich mit Diderot selbst, weil ihm ein Satz in dessen Vorwort zu »Le Fils naturel« nicht paßte, und stand schließlich der ganzen Gruppe der Enzyklopädisten feindlich gegenüber. Dafür wurde er von deren konservativen Feinden und Verfolgern mit offenen Armen empfangen, und schon stand dem Tugendprediger Rousseau das vornehme Schloß Montmorency selbst zur Verfügung, dessen verblühte Herrin, die Herzogin de Luxembourg, der Leichtfertigkeit Valet gesagt hatte. Die anwesenden Vertreter der von ihm geschmähten Hocharistokratie, wie der Maréchal de Luxembourg und der Prinz Conti, sahen bei Tisch über Rousseaus schlechte Manieren hinweg und ließen ihm ihre Förderung angedeihen.

Voltaire verbrachte inzwischen den Winter in Lausanne mit vielen Theateraufführungen in angenehmer Gesellschaft. Zu seinen Gästen zählte ein junger, zum Katholizismus konvertierter Engländer namens Edward Gibbon, der später ein bedeutender Historiker werden sollte. In Lausanne jedoch bereitete er Verdruß, da er mit seinem phänomenalen Gedächtnis ein Gedicht, das ihm Voltaire vertraulich vorgelesen hatte, niederschrieb und indiskret an andere Leute weitergab. Das Ende war, daß der Herzog von Savoyen, der durch eine Strophe einen seiner Vorfahren als beleidigt betrachtete, in Genf ein Verbot dieses Gedichts erwirkte.

Viel schlimmere Mißstimmung gegen Voltaire verbreitete sich in Genf aber im Zusammenhang mit der Enzyklopädie. Im neuesten Band, der im Oktober herausgekommen war, befand sich ein Artikel über Genf von d'Alembert, der einen Besuch bei Voltaire im Jahre 1756 zu langen Gesprächen mit kalvinistischen Geistlichen über Glaubensfragen genutzt hatte. In seinem Artikel deutete d'Alembert nun an, daß verschiedene Genfer Pastoren einer rationalen Interpretation zuneigten und die Dogmen der Trinität und der Göttlichkeit Jesu Christi in Frage stellten. Diese Enthüllung wurde in Genf mit äußerster Entrüstung aufgenommen; man stritt alle ketzerischen Gedanken ab und versuchte auf jede Weise – durch Fühlungnahme mit d'Alembert und Diderot, und durch Einwirkung Tronchins auf Voltaire –, eine Berichtigung zu erreichen, die indes von den Enzyklopädisten abgelehnt wurde.

Der beanstandete Artikel sollte noch weitere Folgen haben, denn d'Alembert hatte in ihm auch eine Rechtfertigung des Theaters versucht: zu ihrem Ärger lasen die ehrwürdigen geistlichen Väter Genfs einen Widerspruch gegen ihre Auffassung, daß das Theater die Sitten verderbe; d'Alembert war im Gegenteil der Meinung, daß die Bürger durch Theateraufführungen eine Bildung des Geschmacks, des Takts und des Zartgefühls erfahren würden, die sie auf andere Weise schwerlich erhalten könnten.

Daraufhin spitzte Rousseau die Feder, um diesem verderblichen Irrtum entgegenzutreten.

Die Herausgeber der Enzyklopädie blieben inzwischen nach wie vor von schweren Sorgen bedrückt. Ohne die heimliche Förderung durch Madame de Pompadour hätte das Werk schon längst sein Erscheinen einstellen müssen. Es mangelte an Geld, wieder erschienen Schmähschriften gegen die Enzyklopädisten, die obendrein untereinander nicht einig waren. Es gab Differenzen wegen der unterschiedlichen Qualität des Inhalts: man hatte bei der Fülle der Themen auch viele minderwertige Beiträge aufnehmen müssen. Und die guten und wichtigen Artikel hatten in vorsichtigster Sprache abgefaßt werden müssen – Voltaire fand es seit jeher »grauenhaft, daß man gezwungen ist, das Gegenteil von dem zu drucken, was man denkt«. Wenn seine Freunde doch nur dem Vorschlag zustimmen wollten, das Werk in Lausanne zu drucken! Er erbot sich, in diesem Fall die ungeheure Summe von 200 000 Livres zur Verfügung zu stellen – doch die Philosophen mochten sich um keinen Preis von Paris trennen.

So mußte Voltaire am Ufer des Genfer Sees allein bleiben. Seinen Kampf führte er weiterhin mit jener unübersehbaren Zahl von Briefen, die täglich sein Haus verließen und von den Empfängern – ohne daß die Zensur eingreifen konnte – abgeschrieben und weiterverbreitet wurden. Er wollte die einflußreichen Denker aufrütteln – »der Weinberg der Wahrheit wird von Männern wie d'Alembert, Diderot, Bolingbroke, Hume etc. gepflegt«, meinte er – und beendete deshalb seine Briefe mit dem Schlachtruf »Ecrasez l'Infâme«. Was er damit meinte, hatte er Ende 1757 in einem Brief an d'Alembert erklärt: »Es gilt, unsere Familienväter der Tyrannei von Betrügern zu entreißen und ihnen den Geist der Toleranz einzuflößen.« –

Am 16. Juli 1758 langte Voltaire nach gemächlicher Reise in dem lieblichen Schwetzingen an. Finanzangelegenheiten – die Auszahlung der stattlichen Leibrente für sich und seine Nichte – hatten ihn nach Deutschland geführt, wo er zunächst in Karlsruhe vom Markgrafen von Baden-Durlach herzlich empfangen worden war, dessen Gemahlin,

Charlotte Luise von Hessen-Darmstadt, den Dichter leidenschaftlich verehrte. Wie vor Jahren, wurde Voltaire dann auch in Schwetzingen, dem Lustschloß des Kurfürsten von der Pfalz, gebührend gefeiert.

Die Luftveränderung, die schönen Tage am fürstlichen Hofe, die Spaziergänge in dem prächtigen Park belebten Voltaire so, daß er eine größere Erzählung zu schreiben begann. Sie hatte ihm schon einige Zeit im Sinn gelegen und fand jetzt in erstaunlich kurzer Zeit ihre Form. Mehrere Kapitel wurden hier in Schwetzingen beendet und ernteten begeisterten Beifall der fröhlichen Gesellschaft, der er sie vorlas.

Es war eigentlich eine bittere Erzählung, die unter dem Titel »Candide oder der Optimismus« entstand, zeigte sie doch eine Welt, die zu Lebzeiten Voltaires, mit dem entsetzlichen Erdbeben und dem blutigen Krieg, nicht besser geworden war; eine Welt des Leidens, die der These »Alles ist gut« hohnsprach. Doch er wollte nicht die Welt, sondern den vorgefaßten Optimismus treffen, dem Leibniz oder Rousseau gleichermaßen anhingen, den blinden Glauben an die Vollkommenheit der Schöpfung. Von dem alten Eremiten aus »Zadig«, der die Weisheit der Vorsehung verkörperte, war keine Spur mehr zu finden: Tod, Verstümmelung, Krankheit, Not und Leid waren real und ohne hintergründigen Sinn, die Wechselfälle des Daseins verrieten kein überlegenes Wirken einer Vorsehung und bürdeten dem Menschen die Aufgabe auf, selbständig mit seinem Schicksal fertig zu werden.

Das Schreckliche im Dasein stellte Voltaire nun aber nicht kraß vor Augen, sondern in jener weiten Perspektive des Abstands, der sie erträglich werden ließ; Swift und der angelsächsische Humor des Understatement kamen zu Hilfe, um desto stärkere polemische Wirkung zu erzielen. Voltaire schilderte etwa die Hinrichtung des Admirals Byng, die ihm selbst so viel seelisches Leid bereitet hatte:

»Eine Volksmenge wimmelte am Ufer und glotzte auf einen großen, dicken Mann, der mit verbundenen Augen auf dem Deck eines Kriegsschiffes kniete. Vier Soldaten, die vor diesem Mann Aufstellung genommen hatten, feuerten ihm auf die kaltblütigste Weise der Welt je drei Kugeln in den Schädel, und die ganze Versammlung ging äußerst befriedigt nach Hause.«

Auf die Frage Candides, warum der Admiral erschossen wurde, entwickelt sich folgendes Gespräch:

»Weil er nicht genug Menschen hat umbringen lassen. Er hat einem französischen Admiral ein Gefecht geliefert, und man hat gemeint, er sei ihm nicht dicht genug auf den Leib gerückt.« »Aber«, sagte Candide, »der französische Admiral war doch ebenso weit von dem englischen Admiral entfernt wie dieser von ihm?« »Das ist nicht zu bestreiten«, wurde ihm erwidert, »aber hierzulande ist es recht gut, wenn man von Zeit zu Zeit einen Admiral umbringt, desto mehr Mut kriegen dann die anderen.«

Mit jugendlicher Schaffenskraft schrieb Voltaire in Schwetzingen eine Reihe seltsamer Abenteuer nieder, die seinen Helden widerfuhren: dem treuherzigen Deutschen Candide und seinem verbohrten Lehrmeister, dem Metaphysiker Pangloss, der unbeirrbar an seiner Philosophie festhält, wie sehr sie auch immer in der Wirklichkeit widerlegt wird.

Anfang August verließ Voltaire Schwetzingen; seine Angelegenheiten waren nun so gut geregelt, daß er sich in der Schweiz nach weiteren Grundstücken umsehen konnte. Die dichte Nachbarschaft der bigotten Genfer behagte ihm auf die Dauer wenig – hatte nicht Calvin den armen Servet, der sich vor den Verfolgungen der Inquisition nach Genf gerettet hatte, bei lebendigem Leibe verbrennen lassen, weil dieser nicht an die Trinität glaubte? Voltaire pflegte zu behaupten, in seinem Gemüsegarten wüchse nichts, weil die Genfer dort die Asche Servets verscharrt hätten ...

Der »Brief über die Schauspiele«, den Rousseau als Antwort auf d'Alembert am 2. Oktober veröffentlichte, beschleunigte seine Bemühungen, etwas weiter aus der ungemütlichen Nähe Genfs wegzurücken, denn Rousseau hatte nicht nur d'Alembert verurteilt, sondern auch Voltaires Liebhabertheater, das die Sitten in Genf verderbe, angeprangert.

Dieser führte schon seit September Verhandlungen mit dem Präsidenten de Brosses, der ihm die Domäne und das alte Schloß Tournay überlassen wollte, das zwischen der französischen Grenze und Genf lag; im Oktober besichtigte er das eine Meile davon entfernt, jenseits der Schweizer Grenze liegende Schloß Fernex, das dem holländischen Oberst de Budé gehörte. Voltaire entschloß sich, beide Anwesen zu erwerben.

Ende November konnte er sich bereits gemeinsam mit seiner Nichte eine Woche lang in Fernex (das er der Aussprache wegen in Ferney veränderte) aufhalten und seine künftigen Lehnsleute kennenlernen. Er geriet gleich in Rage, als er erfuhr, daß Ancian, der Pfarrer des

Nachbardorfes Moens, sie »bis zum äußersten verfolgen« wollte. Es ging um Steuerzahlungen, die an den Pfarrer entrichtet werden sollten und die die Bauern von Ferney für unberechtigt hielten; zwei von ihnen waren gerade vom Gericht in Dijon verurteilt und ins Gefängnis gesperrt worden. Voltaire nahm sich ihrer sofort an; da seine Einwände nichts fruchteten, zahlte er schließlich aus eigener Tasche die 2100 Livres, die sie schuldig waren und nicht aufbringen konnten.

Das Rittergut Tournay – das ihm den Titel eines »Comte« einbrachte, den er aber nicht führte – nahm er zu Weihnachten in Besitz. Er fuhr mit Madame Denis in Gala vor, seine neuen Untertanen hatten sich Kanonen und einen Mann Bedienung aus Genf geliehen, um Salut zu schießen; die Pferde vor seinem Wagen scheuten; kleine Mädchen brachten Apfelsinen in bandgeschmückten Körben, der Priester hielt eine Ansprache, man schoß mit Musketen, die Jungfrauen überreichten den Damen Blumen – kurz, es war so festlich, daß Voltaire voll Vergnügen schreiben konnte, er sei empfangen worden wie Sancho Pansa auf seiner Insel.

Mit seinen beiden großen Besitzungen, die bis nahe an Délices heranreichten, verfügte er über »ein hübsches kleines Königreich in einer Republik« und ließ umgehend Vorbereitungen für Verbesserungsarbeiten in großem Stil treffen; seine Gebäude und sein Land sollten bald an Wert gewinnen, mit der Trockenlegung von Sümpfen erzielte er wesentliche Verbesserungen für die gesamte Umgebung. Am beruhigendsten war ihm aber der Gedanke an seine Sicherheit: er habe nicht zwei, sondern vier Beine, schrieb er an Thieriot: eins in Lausanne in einem schönen Winterhaus, eins in Les Délices – das seien die Vorderbeine; seine Hinterbeine ständen in Ferney und Tournay. So konnte er sich je nach Belieben auf die Vorder- oder Hinterbeine stellen und ruhiger den Anfeindungen entgegensehen, die nicht lange auf sich warten lassen sollten.

Diesen Winter verzichtete er auf Lausanne, denn man hatte ihn dort zu unwürdig behandelt. In seinem Übereifer, der auch dann peinlich wirkte, wenn er reiner Selbstlosigkeit entsprang, hatte er versucht, das Ansehen eines lange verstorbenen Bürgers der Stadt, Joseph Saurin, zu rehabilitieren. Saurin war zu seinen Lebzeiten niederträchtigen Verleumdungen ausgesetzt gewesen, weil er die Religion gewechselt hatte. Aber nicht nur endete Voltaires Versuch mit einem völligen Fehlschlag, sondern er mußte auch erleben, daß ihm seine früheren Lausanner

VUE DES DELICES DE M.º DE VOLTAIRE, PRÈS GENÈVE.

Dediée à Monseigneur le Duc de Praslin.
Pair de France, Lieutenant Général des Armées du Roi,
Chevalier de ses Ordres, Chef du Conseil Roial des Finances,
Ministre et Secretaire d'Etat &c &c &c.

Se vend chés Dulac cloitre S.ᵗ Germain de
l'Auxerrois, et rue S.ᵗ Honoré vis a vis l'Opéra

Par son très humble et très
obeissant Serviteur Siguy

Les Délices mit Voltaires Garten, dem Vorbild für den Garten Candides

Freunde in den Rücken fielen und ihn bezichtigten, ein fehlendes Papier unterschlagen zu haben. Um das Maß voll zu machen, mußte er hinnehmen, daß der inzwischen nach Genf zurückgekehrte geschäftstüchtige Grasset ohne Genehmigung einige seiner Briefe und Flugschriften gedruckt hatte und trotz Voltaires Klagen nicht bestraft wurde.

So verbrachte der verdrossene Dichter die Wintermonate in Délices, während in Ferney und Tournay gebaut wurde, und arbeitete an seiner Geschichte Peters des Großen. Plötzlich überkam ihn das Verlangen, den »Candide« fertigzustellen; er schloß sich in seinem Zimmer im Obergeschoß ein und war für niemand mehr zu sprechen. Nur für die Mahlzeiten und für sein Leibgetränk, Kaffee, sehr viel Kaffee, öffnete er einen Spalt breit die Tür.

Am vierten Tage war Madame Denis vor Sorge außer sich und drang gewaltsam ein; der Onkel warf ihr wütend das eben vollendete Manuskript an den Kopf und rief: »Da, du Neugierige, das ist für dich!«

Eilig begann sie zu lesen und bemühte sich vor allem, die Vorbilder der auftretenden Personen zu erkennen. Im Pangloss vermischten sich Züge von Samuel Koenig und einem Göttinger Professor Marthin Kahle, der einst auf schwülstigste Weise gegen Voltaires »Elemente der Philosophie Newtons« vorgegangen war. Viel erregender war für Marie Louise aber die weibliche Hauptgestalt der schönen Kunigunde: »von lebhafter Gesichtsfarbe, frisch, drall, zum Anbeißen« – war das nicht zweifellos sie selbst? Sie identifizierte sich also mit Kunigunde, bis sie entsetzt las, wie die Holde zum Schluß aussah: »Braungebrannt, mit entzündeten Augen, verdorrtem Busen, runzligen Wangen und roten, schuppigen Armen.«

Das Manuskript wurde so schnell wie möglich zu den Gebrüdern Cramer gebracht, und bald darauf erschien das Buch, »Übersetzt aus dem Deutschen von Dr. Ralph«. Bereits im März war »Candide« beim Rat der Stadt Genf denunziert, der anordnete, daß das verruchte Werk auf dem Marktplatz vom Henker zu verbrennen sei.

Wenn Voltaire auch nach außen hin seine Verfasserschaft entschieden abstritt (»Man muß von Vernunft und Sinnen sein, um mir eine derartige Schweinerei anzuhängen«), so bekümmerte ihn dieses Schicksal seines schönen Buches doch schwer. Er konnte sich nur damit trösten, daß es anderen Autoren nicht besser ging: am 10. Februar war in Paris gerade das Buch »De l'Esprit« von Helvétius auf ein Urteil des Parlaments hin vom Henker verbrannt worden.

270

Hatte man in Frankreich nicht alle Philosophen – außer Montaigne – verfolgt? Charron – mit dem Tode bedroht, Ramus – ermordet, Descartes – aus dem Lande gejagt, Gassendi – aus Paris vertrieben, Bayle – verleumdet und verfolgt ...

Auch die Enzyklopädisten hatten einen schweren Stand. Es eiferten nicht nur, wie immer, die Geistlichen gegen ihr Werk, sondern auch einige glühende Patrioten, die dem verderblichen Einfluß des Nachschlagewerks die Niederlage bei Roßbach und das Dahinschwinden der militärischen Kraft des Vaterlands zuschrieben. Die Beschwerden aus Genf über den Artikel d'Alemberts boten willkommenen Anlaß zu neuer Überprüfung des zersetzenden Werkes, das – wie der Staatsanwalt rügte – eine schrankenlose Gewissensfreiheit vertrat.

Am 8. März widerrief der Königliche Ministerrat das vor dreizehn Jahren gewährte Privileg: jede weitere Auslieferung der bisher erschienenen sieben Bände, sowie die Drucklegung der geplanten, wurde strengstens untersagt.

Das Werk, das nur bis zum Buchstaben J gelangt ist, muß als gescheitert betrachtet werden. Nur die Bildbände, ohne Text, dürfen noch erscheinen. Diderot wird vorstellig: dem Hofbuchhändler Le Breton und seinen Kompagnons drohe der Bankrott, doch er predigt tauben Ohren. Am 3. September wird obendrein der Bannstrahl des Papstes Clemens XIII. das Lexikon treffen und sein Erscheinen in allen katholischen Ländern verbieten ...

Unter den fünftausend Subskribenten befindet sich jedoch keiner, der sein Geld zurückverlangt. Alle bekennen sich zur Enzyklopädie und warten auf bessere Tage; Diderot bereitet den heimlichen Druck der noch ausstehenden zehn Bände vor, und diese werden nach und nach erscheinen – wenn dabei auch die Artikel von dem ängstlichen, auf seinen Profit bedachten Verleger ohne Wissen Diderots gestutzt, verharmlost und verhunzt werden.

Der Schlag gegen die Enzyklopädisten war nicht der einzige Erfolg der kalvinistischen Herren Genfs gegen das Wirken Voltaires.

Dieser hatte sich für die Verbrennung des »Candide« rächen wollen und einen Feldzugsplan entworfen: die strenge Stadt sollte mit Bühnen umzingelt werden, so daß die Einwohner allmählich Geschmack am Theater gewinnen und ihm Einlaß in ihre Mauern gewähren sollten. Eine Schauspielertruppe in Carouge, außerhalb Genfs, stellte dabei seine Armee dar. Doch der Rat der Stadt Genf konnte den König von

Sardinien zur Zurückziehung seines Privilegs veranlassen, das er dieser Truppe verliehen hatte. Daraufhin zogen die Schauspieler um: nach Châtelaine, eine Viertelmeile von Genf entfernt, und es glückte ihnen, vom Prinzen Condé, der in Burgund residierte, die Genehmigung für Aufführungen in der ganzen Provinz auf die Dauer von sechs Jahren zu erhalten.

Doch der Rat der Stadt Genf erwies sich als stärker. Der Arzt Tronchin mußte nach Versailles fahren und intervenieren; auf dem Umweg über die Prinzenerzieherin, die Gräfin de Marsan, gelang es ihm, die Schließung des Theaters vom französischen Hof her zu bewirken.

Nach solchen Fehlschlägen wandte Voltaire seine Energie einem anderen Thema zu und verfaßte in kurzer Zeit – vom 22. April bis zum 18. Mai 1759 – eine fünfaktige Tragödie, »Tancrède«, die von Ritterlichkeit und Liebe handelte, aber auch von verhängnisvollen Mißverständnissen und bösen Folgen von Gefühllosigkeit und Starrsinn.

Der Dichter hatte die Genugtuung, daß die Vorbereitungen für die Uraufführungen in Paris – wo das Stück im September auf die Bühne kommen sollte – schnelle Fortschritte machte. Er hatte daneben die Freude, den Fortgang der Aufbauarbeiten in Ferney und Tournay zu beobachten. Für den Winter wurden Theatersäle eingerichtet; jetzt im Sommer fühlte er sich als Bauer – »es ist nun einmal mein Schicksal, zwischen Pflügen, Kühen und Genfern mein Leben zu beschließen«, schrieb er in einem Brief. Wie viel schlechter hatte es Friedrich von Preußen! Voltaire mahnte ihn: »Glauben Sie mir, Sire, ich war für Sie geschaffen, und ich schäme mich, glücklicher zu sein als Sie; denn ich lebe mit Philosophen, während Sie nur vortreffliche Mörder in Uniform um sich haben. Ziehen Sie nach Sans Souci, Sire! Nach Sans Souci!«

Im November versuchte Voltaire noch einmal, Frieden zu stiften: nach der einen Seite über die Herzogin von Sachsen-Gotha, nach der anderen über den neuen Minister Choiseul, der diesen Bestrebungen entgegenkam. Doch spielte Choiseul mit falschen Karten: während er den Friedensschluß vorzubereiten schien, ließ er in Paris Friedrichs »Oeuvres du Philosophe de Sans-Souci« drucken. Daraufhin ärgerten sich, wie vorauszusehen, der König und Madame de Pompadour über die hämischen Bemerkungen, mit denen sie in dem Buch bedacht worden waren; Voltaire wurde obendrein von Friedrich verdächtigt, das Erscheinen des Werkes veranlaßt zu haben, und vom Friedensvertrag sprach niemand mehr. –

Obgleich Voltaire in ländlicher Abgeschiedenheit lebte, war er doch immer noch imstande, wenn schon nicht auf die Ereignisse der großen Politik, so doch auf die geistigen Auseinandersetzungen in Paris einzuwirken.

In der französischen Akademie war durch den Tod von Maupertuis ein Sitz frei geworden. Nach jenen unverständlichen Regeln, die Voltaire zur Genüge kennengelernt hatte, wurde ein bedeutungsloser Literat, der Marquis Le Franc de Pompignan, als Nachfolger gewählt.

Voltaire hätte lieber einen Berechtigteren an seiner Stelle gesehen. Warum hatten die Enzyklopädisten keine Chancen? Ein Mann wie Diderot hätte schon längst Mitglied der Akademie sein müssen! Ein Rezept dafür hatte Voltaire auch zur Hand, als er an Madame d'Epinay schrieb:

»Er hat nur eine Sache zu tun, aber die muß er tun: er muß irgendeine nicht besonders kluge Dame der Gesellschaft, die fromm und fanatisch ist, verführen. Am Montag muß er bei einer solchen Dame zu Tisch geladen werden, am Dienstag geht er mit ihr zur Kirche und betet gemeinsam mit ihr, am Mittwoch schläft er mit ihr. Und dann kann es ihm nicht mehr fehlen: er kann Mitglied der Akademie werden, sobald es ihm paßt.«

Doch es war leider kein Diderot, sondern Marquis de Pompignan, der am 10. März 1760 hochtrabend die Antrittsrede vor der Akademie hielt. Vor zwanzig Jahren hatte er wegen einer Übertragung von Popes »Universal Prayer« ins Französische seine Stellung als Gerichtspräsident von Montauban verloren. Nachdem er längere Zeit in Paris gelebt und die Rolle eines weltstädtischen Schöngeists gespielt hatte, war er in die Provinz gegangen und dort bewundert und geehrt worden. Zwar hatte er sich durch einen Brief über das Elend des Volkes bei der Regierung verdächtig gemacht, doch brachte ihn eine entschiedene Schwenkung zum Konservatismus wieder in Gunst. Sein Bruder, der Bischof von Puis, spielte als Prinzenerzieher eine gewisse Rolle; Pompignan selbst aber, der sich maßlos überschätzte, hatte sich nun vorgenommen, seine Eignung für einen hohen Posten – etwa als Lehrer des Dauphin – mittels einer Rede vor der Akademie zu demonstrieren.

Die Ansprache wurde ein aufsehenerregendes Ereignis. Mit gewaltigen Worten feierte Pompignan Religion, Tradition und Sittlichkeit, bekannte sich zum Edlen und Guten und brandmarkte die falsche Literatur und leere Philosophie, die sich erdreiste, gegen Thron und Altar aufzubegehren. Sein donnerndes Verdammungsurteil galt besonders d'Alembert, Buffon und Duclos.

Pompignan konnte einen großen Triumph genießen. In einer Erwiderungsansprache wurde er mit Moses, sein Bruder, der Bischof, mit Aron verglichen kurz darauf empfing ihn der König huldvoll und lobte ihn – er schien den Enzyklopädisten einen vernichtenden Schlag versetzt zu haben.

Doch schon in erstaunlich kurzer Zeit zirkulierten Flugblätter in Paris, die in spöttischen Versen den Marquis de Pompignan besangen. Unerschöpflich war die Quelle, aus der immer neue Verse flossen: ein Gedicht, in dem sämtliche Zeilen mit »Pour« begannen, ein anderes mit »Qui«, eins mit »Oui«, eins mit »Non«, ein weiteres mit »Car«, ein anderes mit »Ah, ah«. Diese lustigen Versanfänge machten die Gedichte besonders einprägsam, sie gingen von Mund zu Mund – die Peitschenschläge knallten dem verdutzten Marquis nur so um die Ohren.

Voltaire hatte erkannt, welche Gefahr dieser aufgeblasene Mann bedeuten würde, wenn er erst einmal über genügend Macht verfügte. Es galt, ihn vorher durch Lächerlichkeit zu töten – und schon lachte Paris. Voltaire ließ nicht locker. Den freundlichen Gedichtchen folgte eine Ode zu Ehren von Moses und Aron, dann ein possenhafter Bericht über die Zukunft des Herrn de Pompignan, der höchstpersönlich eine Predigt zu seinen Ehren verfaßte; weiter eine witzige Broschüre über eine Feier im Dorfe »Pompignan« sowie eine dort gesungene Hymne.

Man sprach in Paris von nichts anderem mehr als von den Pompignan-Schriften; unbändiges Gelächter erfüllte die Stadt.

Der Todesstoß kam mit dem langen Gedicht »La Vanité«, in dem erst Pompignan porträtiert wurde, dann die anderen Feinde der Enzyklopädisten ihr Teil erhielten, und am Schluß die Bedeutungslosigkeit der Menschen dargetan wurde. Es war die Rede von Vergänglichkeit – Babylon vergessen, das Grab Alexanders des Großen unbekannt, Cäsar ohne Grabstätte – und dann die Pointe: aber Freund Pompignan meint, etwas zu sein!

»Et l'ami Pompignan pense être quelque chose!«

Das war zu einprägsam, um nicht zum geflügelten Wort zu werden, das den Träger des Namens fortan begleitete. Selbst der Dauphin zitierte es lächelnd, als Pompignan ihm später einmal einen Dienst anbot. Der Witz hatte die Macht überrumpelt. –

Ende des Sommers setzte Voltaire seinen Theater-Feldzug gegen die Stadt Genf mit einer großen Zahl von Liebhabervorstellungen auf seinen beiden Privatbühnen fort, wobei viele Angehörige der besten Genfer Familien zu Gast waren oder auch mitwirkten. Eine Krankheit, die ihn befiel, durfte nicht hinderlich sein: er ließ die Proben zu »Alzire« vor seinem Bett abhalten.

In den nächsten Monaten folgten einander die Aufführungen: Alzire, Tancrède, Mahomet, L'Orphelin de la Chine, auch Voltaires Komödie Fanime; oft gab es anschließend noch ein Festessen, an dem manchmal fast fünfzig Personen teilnahmen.

Auch aus Paris kamen gern gesehene Besucher: der Herzog de Villars etwa, Sohn jener schönen Herzogin, die einst den Dichter auf Wunsch des Publikums geküßt und die er heiß geliebt hatte, oder der Gesinnungsfreund Turgot, der später ein bedeutendes Staatsamt bekleiden sollte.

Ende November konnte Voltaire seine Theatersaison in der Gewißheit beenden, vielen einflußreichen Genfern Appetit gemacht zu haben. Er selbst mußte dafür allerdings einige Unannehmlichkeiten in Kauf nehmen: das Genfer Konsistorium führte Beschwerde beim Rat der Stadt, weil Voltaire entgegen seiner ursprünglichen Zusicherung auch einmal eine Aufführung in Les Délices, also auf Genfer Territorium, veranstaltet hatte, wobei »junge Damen, die Beispiele der Bescheidenheit geben sollten, es gewagt haben, sich auf die Stufe von Komödiantinnen zu begeben«.

Unter der Bürgerschaft Genfs herrschte zu dieser Zeit große Erregung über einen beispiellosen Skandal: eine Dame, die als klug, schön und tugendhaft galt – und auch von Voltaire hoch geschätzt wurde –, war von ihrem Ehemann mit einem Liebhaber ertappt worden.

Das war für diese sittenstrenge Stadt etwas unerhört Neues. Schuld daran konnte nur die Theaterspielerei sein, diese Versuchung des Teufels, die bei Voltaire eine Brutstätte gefunden hatte!

Der Rat verbot deshalb Voltaire nochmals nachdrücklich, Aufführungen in Les Délices zu veranstalten, außerdem untersagte er allen Einwohnern den Besuch der Vorstellungen in Tournay und Ferney – und erst recht die Beteiligung daran. Selbst seine Verleger, die Brüder Cramer, waren plötzlich »erkrankt«, als sie bei der nächsten Aufführung mitwirken sollten.

Voltaire berichtete d'Argens: »Wir haben einen Hahnrei in Genf gehabt. Calvins kleine Gemeinde, deren Tugend im Wucher besteht, bildet sich ein, daß es betrogene Ehemänner außer dort, wo Theater gespielt wird, in der Welt nicht gibt.«

Unermüdlich wirkte er für seine Freunde weiter: für die Enzyklopädisten, die unterdessen in Paris in einem garstigen Theaterstück lächerlich gemacht worden waren, hatte er ein Gegenstück geschrieben, das jetzt ihre Feinde dem allgemeinen Spott preisgab; für Diderots Berufung in die Akademie hatte er sich energisch bei d'Argental eingesetzt und sollte damit auch Erfolg haben. Im Januar 1761 aber mußte er für seine Lehnsleute eintreten.

Der Priester Ancian in Moens, über den Voltaire sich von Anfang an geärgert hatte, erfuhr eines Abends, daß drei junge Burschen auf der Rückkehr von der Jagd bei einer Witwe Burdet eingekehrt seien. Das hätte ihn eigentlich nichts angehen können, wenn diese Dame nicht das Ziel seiner Begehrlichkeit gewesen wäre, und wenn nicht der Überbringer der Nachricht boshaft hinzugesetzt hätte, man mache sich gewiß bei der Frau über den Geistlichen lustig.

Dieser holte sofort einige Bauern zusammen und hieß sie, schwere Knüppel mitzunehmen; dann marschierte man zum Haus der Witwe und schlug die drei jungen Burschen zusammen. In Voltaires Sprache: »Er ist in aller Frömmigkeit, begleitet von fünf oder sechs mit Stöcken bewaffneten Bauernburschen, nachts um 11 Uhr zu einer Dame gegangen, um zu verhindern, daß ohne seine Erlaubnis ein Schäferstündchen abgehalten wurde. Sein Eifer ging so weit, daß er auf dem Fußboden einen jungen Mann aus gutem Hause blutüberströmt liegen ließ.«

Voltaire war über die Mißhandlung seiner Lehnsleute aufs höchste empört und wollte den Priester zur Rechenschaft ziehen lassen. Zwei der Überfallenen wagten jedoch nicht den mindesten Schritt zu unternehmen, lediglich bei dem dritten gelang es Voltaire, ihn zu einer Klage zu veranlassen. Der junge Mensch zauderte allerdings gehörige Zeit und fürchtete, der Geistliche würde ihn, falls er Klage einreiche, erschlagen. »Um so besser, das fördert unsere Sache«, beruhigte ihn der eifrige Voltaire.

Er versuchte, mit einigen Schriftstücken das Gerichtsverfahren voranzubringen. »Ist es richtig, daß die Pfarrer des Landes Gex das Privileg haben, ihre Pfarrkinder mit Stockschlägen zu traktieren?«, fragte er den Gerichtspräsidenten, und machte auf die weiteren Umtriebe des gewalttätigen Geistlichen aufmerksam: »Er wiegelt inzwischen die ganze Klerisei auf und erklärt dem Bischof von Annecy, daß für die Kirche Gottes alles verloren sei, wenn dem Pfarrer nicht mehr das Recht zustehe, einen jeden nach Belieben verprügeln zu lassen.«

Voltaire erlebte mit seinem Prozeß allerdings eine Enttäuschung. Der schlagfertige Pfarrer wurde nur zu einer gelinden Geldbuße verurteilt; die Beschwerde gegen einen Jesuiten, der der Schwester des Klägers die Absolution verweigern wollte, wenn sie nicht auf Einstellung des Verfahrens wirke, kam gar nicht erst zur Sprache. Zum Ärger Voltaires zeigte sich der Präsident de Brosses, der Vorbesitzer von Tournay, nicht energisch genug in dieser Angelegenheit; wenig später hatte Voltaire eine noch unangenehmere Auseinandersetzung mit ihm, als es mit de Brosses fast zum Prozeß um einige Klafter Holz kam, die in Tournay lagen und die Voltaire als sein Eigentum beanspruchte. Wenn es dabei nach kleinlichen Streitigkeiten auch zu gütlicher Beilegung kam, so behielt Voltaire doch die Überzeugung bei, das Recht sei ihm gegenüber gebrochen worden. Das vergaß er nie: noch mehrere Jahre danach vereitelte er die Aufnahme von de Brosses in die Akademie und durfte sich an solch später Rache ergötzen.

Im April konnte er im Zuge der Verschönerungen Ferneys daran gehen, die alte Kapelle abreißen zu lassen, die vor dem Schloß im Wege stand. Der zuständige Bischof von Annecy hatte die Versetzung des Gotteshauses genehmigt; an dem von Voltaire gewählten Platz entstand ein viel schöneres Gebäude, dessen Wachsen er eifrig beobachtete.

Es lag in der Natur der Sache, daß bei einem Voltaire der Abriß und Aufbau einer Kirche nicht glatt verlaufen konnten. Kaum vernahm der streitbare Ancian, daß Voltaire ein Holzkreuz, das er dem Hörensagen nach als »Galgen« bezeichnet hatte, am Eingang des Friedhofs entfernen ließ, als er auch schon veranlaßte, daß der Pfarrer von Ferney in einer düsteren Prozession mit weinenden Gemeindekindern das Sakrament aus Ferney vor Voltaires Ketzerei nach Moens rettete. Außerdem sorgte Ancian dafür, daß Voltaire ein Prozeß angehängt wurde; erst durch die Bemühungen Tronchins konnte das Verfahren niedergeschlagen werden.

So hatte Voltaire allerlei über seinen »Krieg mit der Geistlichkeit« zu berichten, als er Ende Juni an d'Argental schrieb. »Ich baue nämlich eine recht hübsche Kirche, deren Frontseite aus Steinen gemauert wird, die so kostspielig sind wie Marmor und noch schwerer zu bearbeiten;

ich gründe des weiteren eine Schule. Und als Lohn für diese Wohltaten haben zwei Pfarrer benachbarter Dörfer einen Kriminalprozeß gegen mich angestrengt. Streitobjekt sind anderthalb Quadratfuß Friedhof und zwei Hammelrippen, von denen behauptet wird, es seien Gebeine Verstorbener und hier Begrabener. Außerdem hat man mich exkommunizieren wollen, weil ich ein hölzernes Kreuz entfernen ließ und in meinem Übermut eine Scheuer teilweise habe niederreißen lassen, die man als Pfarrkirche zu bezeichnen beliebte.«

Da seine schöne neue Kapelle keine Heiligtümer enthielt, wandte sich Voltaire über den Herzog von Choiseul an den Papst. Benedikt, der damals noch lebte, zeigte sich Voltaire gegenüber noch einmal freundlich und sandte als Reliquie das härene Gewand des heiligen Franziskus von Assisi.

Als Inschrift hatte Voltaire über dem Portal anbringen lassen »Deo erexit Voltaire«; den Sinn erklärte er: seine Kirche sei als einzige Gott allein gewidmet, alle anderen seien männlichen oder weiblichen Heiligen geweiht. »Ich baue eine Kirche lieber dem Herrn als den Dienern.«

Am 9. März 1762 wird in Toulouse der Protestant Jean Calas, ein Tuchhändler im Alter von 63 Jahren, dafür hingerichtet, daß er seinen Sohn ermordet habe, der zum Katholizismus übergetreten sei.

Der Verurteilte leugnet, den Mord begangen zu haben; auch der erste und zweite Grad der Folter – acht und sechzehn Kannen Wasser durch ein Trinkhorn in den Leib geschüttet – haben ihn nicht dazu gebracht, seine Untat einzugestehen.

Eine hochgestimmte Menge von Schaulustigen beobachtet, wie er noch von dem Karren, der ihn zum Richtplatz fährt, hinunterruft, er sei unschuldig. Dann wird er zur Richtstätte geführt und, mit dem Gesicht nach oben, auf ein Andreaskreuz gebunden.

Mit Interesse verfolgt die Menge die weiteren Vorgänge. Der Henker ergreift seine Eisenstange und zerschmettert Schlag für Schlag die Gliedmaßen. Dann folgen mehrere Schläge auf die Brust, wobei der Henker kunstfertig darauf achtet, den Verurteilten nicht zu töten. Bei jedem dieser furchtbaren Schläge schreit der weißhaarige Calas auf und wird ohnmächtig; man bringt ihn mit Riechsalz jedesmal zum Bewußtsein, ehe er den nächsten Schlag erhält.

Schließlich wird der zerbrochene Körper auf das Rad geflochten. Einer der beiden Dominikanermönche, die den Verurteilten begleiten, versucht noch einmal, ihn zu einem Geständnis zu bewegen. Calas murmelt schwach, es schmerze ihn, daß auch der Mönch ihn für schuldig halte.

Der Verurteilte muß auf dem Rad liegen, bis er verendet ist. Das kann Stunden, sogar Tage dauern. Doch das Gericht ließ Gnade walten und hat genehmigt, daß der Henker nach einer bestimmten Frist den Verurteilten erdrosselt.

Ehe der Henker ans Werk geht, naht sich der Mönch noch einmal, um das Geständnis entgegenzunehmen. Doch Calas wendet den Kopf. Dann tritt der Henker hinzu und vollendet seine Arbeit.

Die Geschichte dieses Mordes und der Hinrichtung bildet landauf, landab den erregendsten Gesprächsstoff. Auch Voltaire erlangt Kenntnis davon und nimmt an, daß »ein Hugenotte nach dem Beispiel Abrahams seinen Sohn opferte«. Er hält die Protestanten für noch fanatischer als die Katholiken, zumal sie ja sogar gegen das Theater wüten.

Der Kaufmann Audibert aus Marseille macht ihn darauf aufmerksam, daß der Mordfall in einigen Punkten nicht richtig geklärt sei: wie konnte der gichtkranke alte Mann seinen achtundzwanzigjährigen viel kräftigeren Sohn überwältigen und, wie es hier geschehen war, erhängen? Warum hat der Vater gegen einen anderen Sohn nichts unternommen, der schon früher zum Katholizismus übergetreten war?

Voltaire entschließt sich, genauere Einzelheiten über die Vorgänge zu erkunden. In religiösen Fragen herrschen starke Haßgefühle, die leicht zu Gewalt und Mord führen: gerade von Toulouse wußte man, daß dort die Katholiken sehr fanatisch waren. Dort hatte im Jahre 1562 eine blutige Protestantenverfolgung stattgefunden, bei der, wie es hieß, etwa viertausend Menschen niedergemetzelt wurden. Seitdem feierte man dieses Ereignis in Toulouse Jahr für Jahr, und der Papst hatte mit einer Bulle sogar die Privilegien für die Feier des bevorstehenden zweihundertsten Jubiläums des Blutbades auf acht Tage verlängert.

Der Fall Calas kommt also zu einem Zeitpunkt, der zur Aufpeitschung der Gefühle gegen die protestantische Minderheit äußerst geeignet ist. Die Protestanten fürchten neue Verfolgungen und behaupten in diesem Zusammenhang, an Calas sei ein Justizmord verübt worden.

Voltaire, der die Rechtsprechung der Parlamente kennt, hält das nun nicht mehr für unmöglich. Was er über die Vorgänge erfährt, die sich in der verhängnisvollen Nacht im Hause der Calas zugetragen haben, bestärkt seinen Verdacht: der junge Mensch hat sich, während die

Familie nach dem Abendessen im Zimmer saß, erhängt; der Vater, der nach einem Arzt schickte, bat um der Familie willen, nichts über den Selbstmord zu sagen (die Leichen von Selbstmördern wurden durch die Straßen geschleift, ihre Angehörigen galten als entehrt), es hatte sich dann wenige Stunden später eine Menschenmenge vor dem Haus gesammelt und den Vater des Mordes bezichtigt, weil der Sohn Katholik werden wollte; dann war Calas verhaftet worden. Am stärksten ist Voltaire aber von dem Umstand beeindruckt, daß keinerlei Beweis dafür vorliegt, daß der junge Mann überhaupt die Absicht eines Glaubenswechsels gehabt hätte.

Wie mochte die Prozeßführung des Parlaments von Toulouse ausgesehen haben? Voltaires Ansicht nach wurden in jedem Jahr in den französischen Provinzen unschuldige Familienväter zu grausamen Todesstrafen verurteilt – mit der gleichen Gemütsruhe, mit der man einer Henne im Hühnerhof den Kopf umdreht. Die Rechtsprechung der Parlamente taugte nichts, weil die Sitze in ihnen für Geld gekauft oder verkauft wurden – wie Gemüse auf dem Markt. Gegen ihre Macht anzugehen, war allerdings nicht ratsam – würde er das eine Parlament von Toulouse angreifen, so würde er sofort alle Parlamente Frankreichs gegen sich haben.

Da fällt Voltaire ein Buch in die Hände, das eben erschienen ist: die vom Abbé Morellet besorgte französische Übersetzung von Auszügen aus dem »Directorium inquisitorium« des Nicolas Eymeric. Es handelt sich um die Richtlinien eines Großinquisitors aus dem vierzehnten Jahrhundert – Voltaire sieht darin die Praxis der religiösen Unduldsamkeit plötzlich unverhüllt vor Augen.

Das wirkt auf ihn wie die blutige Leiche Cäsars, als sie dem Volke gezeigt wird.

Voltaire wird nicht ruhen, bis Calas Gerechtigkeit widerfahren ist.

Um die Würde des Menschen

Im friedlichen Ferney grünten wieder die Wiesen und Felder.

Der Dichter, der sich dem siebenten Lebensjahrzehnt näherte, war in seiner ländlichen Abgeschiedenheit zum Patriarchen geworden, der sich um Forsten und Wege, um Ackerbau und Viehzucht, um die Gehöfte und ihre Einwohner kümmerte. Jeder seiner Untertanen sollte Arbeit und guten Lohn dafür haben; seine Ländereien sollten nach den neuesten Erkenntnissen der Forschung bebaut und gepflegt werden. Philosophie und Literatur hatten für Voltaire von Ferney aus ein anderes Gesicht erhalten: der wahre Philosoph sollte unbebauten Boden roden, die Zahl der Pflüge und damit der Einwohner mehren; gegenüber den literarischen Genüssen gab es Freuden, die weit mehr galten – »das Gras auf den Feldern wachsen und die reiche Ernte reifen zu sehen. Das ist das wahre Leben des Menschen; alles übrige ist eitel«.

In dieser Stimmung ärgerte Voltaire sich um so mehr über Rousseaus unkritische Schwärmereien für »edle« Wilde und für ein »idyllisches« naturgemäßes Dasein. Jean-Jacques hatte im Vorjahr, 1761, einen aufsehenerregenden Roman, »Die neue Heloise«, veröffentlicht, gegen den

281

Voltaire mit einem satirischen Pamphlet vorgegangen war, denn Rousseau, der eine religiöse, aber nicht konfessionell gebundene Haltung zeigte, hatte mit diesem Buch die »Philosophen«, nämlich seine früheren Freunde, die Enzyklopädisten, unverhüllt angegriffen.

Jetzt, 1762, waren gleich zwei große Werke Rousseaus erschienen: ein politisches, »Le contrat social«, in dem das Prinzip der Gleichheit aller Menschen und die Lehre vom allgemeinen Volkswillen verfochten wurde, und ein pädagogisches, »Emile«, dessen beste Stellen aus John Lockes Buch »Gedanken über Erziehung« abgeschrieben waren.

Rousseau war nicht nur ein Trotzkopf, sondern hatte auch Mut. Er wagte es, entgegen den Gepflogenheiten der Zeit, auf das Titelblatt des »Emile« seinen Namen zu setzen. Hinsichtlich der Folgen war dies eine unüberlegte Handlungsweise: der Staatsprokurator empfand die Namensangabe bei einem so mißliebigen Buch als besondere Herausforderung; das Parlament, das entrüstet war über Rousseaus Stellungnahme gegen Prophezeiungen und Wunder, von denen die Bibel berichtet, ließ das Buch vom Henker zerreißen und verbrennen und verurteilte den Verfasser zu einer Gefängnisstrafe.

Auch bei seinen Landsleuten geriet Rousseau in Verruf. Seine frühere Unterstützung der Geistlichkeit im Kampf gegen Voltaires sündhafte Theateraufführungen nutzte ihm jetzt gar nichts – auch in Genf wurden die beiden Bücher zerrissen und verbrannt, auch hier wurde ein Haftbefehl gegen den Autor erlassen, der vor heranreitenden Husaren Hals über Kopf aus Montmorency flüchten mußte.

Als Voltaire von der Verfolgung Rousseaus vernahm, brach er in Tränen aus. Laßt ihn kommen, laßt ihn kommen, sagte er, ich will ihn mit offenen Armen empfangen! Er soll hier mehr Herr sein als ich, ich werde ihn wie meinen Sohn behandeln.

In sieben Exemplaren schickte er eine dringende Einladung, die den verborgenen Rousseau schließlich erreichte. Dessen Antwort bestand in dem Vorwurf, Voltaire verderbe die Republik Genf mit seinen Komödien – »Ich hasse Sie!«

Was blieb dem Patriarchen weiter übrig, als eine mitleidsvolle Bemerkung? »Unser Freund Jean-Jacques ist kränker, als ich dachte, er braucht nicht Rat und Hilfe, sondern Bäder und Kraftbrühen.«

Rousseau aber hegte die Überzeugung, daß Voltaire die Verfolgungen veranlaßt hätte und ihn ständig von Spionen belauern lasse. Selbst auf die Bitte, im Kampf für eine Wiederaufnahme des Prozesses von Calas mitzuwirken, antwortete Rousseau nur abschlägig und bemerkte, Voltaire sei ein Komödiant.

Rousseau hatte sich nach Neuchâtel geflüchtet, das unter preußischer Verwaltung stand. Friedrich bot dem Verfolgten nicht nur ein Geldgeschenk an, sondern auch ein sicheres Landhaus in Pankow bei Berlin, sowie eine Jahresrente von 500 Talern, doch lehnte Rousseau dieses Anerbieten mit der bissigen Frage ab: »Eure Majestät bieten mir Pension, der ich nichts für Sie getan habe – haben Sie auch schon all den braven Leuten, die in Ihrem Dienst Arme und Beine verloren haben, eine Pension gegeben?« –

Seit Voltaire sich eingehender mit dem Fall Calas beschäftigte, quälte ihn der Gedanke, daß ein großes Unrecht geschehen sein konnte; er suchte sich auf jede Weise Informationen zu verschaffen. Der jüngste, fünfzehnjährige Sohn von Calas war aus Nimes, wo er in die Lehre ging, auf Schweizer Gebiet geflüchtet; Voltaire konnte sich im Gespräch mit ihm davon überzeugen, daß es sich bei der Familie Calas keineswegs um fanatische oder gewalttätige Menschen handelte. Später gelang es einem anderen Sohn, Pierre Calas, aus dem Dominikanerkloster zu entfliehen, in das man ihn gesperrt hatte, und Schweizer Boden zu erreichen. Voltaire ließ die beiden, die völlig mittellos waren, auf seine Kosten in Châtelaine bei Les Délices wohnen; er hatte nun die Gewißheit erlangt, daß an Calas ein abscheulicher Justizmord verübt worden war. Diese Erkenntnis ließ ihm keine Ruhe, er hatte keine frohe Stunde mehr: »Nichts hat seit der Bartholomäusnacht das Menschengeschlecht mehr entehrt als dieser Fall!«

Noch nie hatte jemand daran gedacht, gegen das Urteil einer von Gott und dem König legitimierten Institution, wie das Parlament es war, anzugehen. Voltaire wagte es: der achtundsechzigjährige, in ländlicher Abgeschiedenheit lebende, von Krankheit geplagte Greis, der über keine Macht als die seines Geistes verfügte, widmete seine jäh erwachende Energie einer ganz neuen Aufgabe.

»Protestiert, laßt uns alle protestieren!« schrie er seinen Freunden zu. Er verlangte, die Toulouser Prozeßakten kennenzulernen, forschte nach Zeugen und Beweismaterial, vor allem aber suchte er alle seine einflußreichen Bekannten aufzurütteln.

Diese wunderten sich über ihn. Was hatte man mit der Angelegenheit eines unbekannten protestantischen Mörders zu schaffen? Jeder riet Voltaire ab, sich mit dieser Sache zu befassen, mochten es Regierungsstellen und Minister oder Freunde wie d'Argental und Richelieu sein. Doch Voltaire gab nicht nach: Tag und Nacht diktierte er Briefe: »Das Toulouser Parlament soll fühlen, daß es für schuldig gilt, solange es nicht bewiesen hat, daß Calas schuldig ist!«, »Diese Sache gebe ich nur mit dem Leben auf!«

Er gewinnt in Paris die Herzogin von Enville, dann den Marquis d'Argence de Dirac und den Herzog von Harcourt; den Marschall Richelieu, der ihn besucht, vermag er zu überzeugen, indem er ihm die Söhne von Calas vorführt. Voltaire will den ganzen Prozeß noch einmal aufrollen; es gelingt ihm, die verzweifelte und verschüchterte Witwe Calas dazu zu bewegen, mutig für die Ehrenrettung des Hingerichteten einzutreten, einem Parlament zu trotzen und nach Paris zu fahren, wo er bereits d'Alembert, Damilaville und den Abbé Mignot, seinen Neffen, zu ihrer Hilfe aufgerufen hatte.

Voltaire gewinnt weitere Verbündete, sogar den Kriegs- und Außenminister, den Herzog von Choiseul. Die Advokaten Elie de Beaumont und Mariette sind bereit, den Prozeß ohne Honorar zu führen. Doch das Parlament von Toulouse verweigert jeden Einblick in die Akten und jede Anfertigung einer Abschrift, so daß man keine Handhabe erlangt, um das Verfahren neu aufleben zu lassen.

Wieder war Voltaire genötigt, die Öffentlichkeit mit flammenden Streitschriften in Erregung zu versetzen. Immer mehr Gemüter wurden vom Fall Calas bewegt; Voltaire hatte zwar die gesamte Geistlichkeit gegen sich, aber viele Menschen fragten insgeheim, warum die Richter von Toulouse wohl die Auskunft über die Gründe verweigerten, aus denen sie Calas zum Tode verurteilt hatten.

Voltaire hatte die Genugtuung, daß selbst die mächtigste Frau Frankreichs auf seine Seite trat. Ergriffen las er in einem langen Brief der Marquise de Pompadour: »Sie sind gleichsam die Schildwache des Staates; Sie halten es für Ihre Pflicht, die großen Mißstände zu entdecken.« Und den wichtigen Passus: »Ich habe dem König einige Stellen aus Ihrer Schrift vorgelesen, er wurde davon gerührt. Er hat den festen Entschluß gefaßt, das Andenken dieses ehrlichen Alten zu rächen und ihm seine Ehre wieder zu verschaffen.«

Die einstige vertraute Freundin hatte in ihrem Brief noch einige private Bemerkungen zu machen; sie schloß: »Ist es denn wahr, daß Sie gefährlich krank gewesen sind und die Sakramente mit eingehender Andacht empfangen haben? Die erste Nachricht habe ich ungern, die andere aber mit Befriedigung vernommen, weil sie die gute Meinung bestätigt, die ich allezeit von Ihnen gehabt habe. Sie mögen indessen tun, was Sie wollen, Sie werden Ihren kleinen aber gefährlichen Feinden doch niemals das Maul stopfen. Der Herr von Argour sagte bei dieser Gelegenheit: ›Ach, der alte Sünder, er glaubt nicht eher an Gott, als bis er Fieber hat.‹ Ich gab ihm meinen Unwillen darüber zu erkennen, indem ich ihm sagte, in diesen Worten wäre weder Wahrheit noch Liebe zu finden. Leben Sie wohl, Apollo, die guten Nachrichten, die ich von Ihrer Gesundheit erhalte, sind mir jederzeit sehr angenehm. Wenn ich Ihnen aber in etwas dienen und Frankreich glücklicher sehen könnte, so würde meine Freude vollkommen sein.«

Im August 1762 konnte dem Conseil (Geheimer königlicher Rat für innere Angelegenheiten) ein Gesuch um Aufhebung des Urteils von Toulouse eingereicht werden: irgendein Streiter für die gerechte Sache hatte heimlich Abschriften der Akten des Falles Calas angefertigt und den beiden Rechtsanwälten zugespielt, die sich um die Wiederaufnahme bemüht hatten. Elie de Beaumont vermochte nun in einer gründlichen Darlegung die ganze Schwäche der Beweisführung bloßzustellen und die Wiederaufnahme des Prozesses Calas mit einleuchtenden juristischen Argumenten zu fordern.

Doch es handelte sich ja im Grunde um keine juristische Frage. Der starrköpfige Minister, Graf von Saint-Florentin, hatte den geheimen Plan gefaßt, mit Hilfe einiger aufgebauschter Straffälle eine neue Protestantenverfolgung in Gang zu bringen. Die unerwartete, unerwünschte Anteilnahme Voltaires am Schicksal eines unbekannten Ketzers drohte die geplante große Aktion zu gefährden. Während Voltaire noch hoffte, daß auch der Minister selber für die Gerechtigkeit gewonnen werden könne, ließ dieser den Verkauf der Schrift »Pièces originales« verbieten, worin der Fall Calas von Voltaire dokumentarisch dargestellt worden war.

Mit welcher Art Gegnerschaft er es zu tun hatte, verspürte der Dichter, als in der Zeitung »Saint James Chronicle« ein Brief von ihm mit üblen Schmähungen des französischen Königs und des Ministeriums veröffentlicht wurde. Zum Glück erhielt Voltaire Kenntnis von dieser Publikation und konnte nachweisen, daß man in den Text seines Briefes – der auf der Post zurückgehalten und abgeschrieben worden war! – einen langen gefälschten Abschnitt eingeschoben hatte.

Seit Voltaire sich des Falles Calas angenommen hatte, war dieser weit über den Rahmen eines Einzelschicksals hinausgewachsen. Voller Erregung verfolgten die Zeitgenossen die weitere Entwicklung, den großen Kampf zwischen den Mächten der Beharrung und Unterdrükkung und den Streitern für die Gerechtigkeit.

Voltaire hatte wiederum nur seine Feder einzusetzen. Aber der Fall Calas erschütterte ihn so, daß ihm seine bisherige Schreibweise nicht mehr genügte. Nunmehr mußte gnadenlos aufgezeigt werden, warum ein derartiges Verbrechen der Justiz stattfinden konnte.

Er ließ alle Bedenken fallen und begann seinen offenen, ungestümen Angriff. Ein Einzelfall hatte ihm mit erschreckender Deutlichkeit enthüllt, wie verwerflich, wie unmenschlich die herrschenden Zustände waren.

Die Zeit war gekommen, eine Schrift in die Welt zu schleudern, die er jahrzehntelang verborgen gehalten hatte: er veröffentlichte jetzt Auszüge aus dem Testament des Pfarrers Jean Mesliers und erregte damit solches Aufsehen, daß er noch im gleichen Jahre 1762 eine zweite Auflage von 5000 Stück herausbringen mußte.

Im Jahre 1735 hatte ihn Thieriot auf das ungewöhnliche Manuskript aufmerksam gemacht, das der Pfarrer von Etrépigny (Ardennen) in drei sorgsam geschriebenen Exemplaren hinterlassen hatte. Der Pfarrer, der zeitlebens brav das Evangelium gelehrt hatte, offenbarte nach dem Tode seine wahre Meinung: dieses sein Testament war eine heftige Anklageschrift gegen Gott und die Welt.

Voltaire veröffentlichte nur einen Teil des Testaments, wobei er sich kritisch von den atheistischen Gedankengängen des Pfarrers distanzierte. Mesliers war radikal: die Religionen verwarf er als Schwindel und Betrug, mit dem die Politiker die unwissenden Völker niederhielten; er widerlegte alle Gottesbeweise, kritisierte die Bibel in Grund und Boden, bezeichnete Jesus als ungebildeten Schwärmer und unglückseligen Galgenstrick, nannte die Christen elende und verächtliche Menschen ... Jede Gottesvorstellung war ihm Wahn und Blendwerk.

Voltaire machte der Öffentlichkeit nur jenen Teil des Manuskripts zugänglich, in dem Mesliers das Christentum als unmoralisch brandmarkte: hatte es nicht lauter grausame Verfolgungen gebracht? Waren seine Wunder und Prophezeiungen nicht läppisch und widerlegt, seine Moral niederträchtig, seine Dogmen absurd? Hatte es nicht seit den Zeiten Konstantins Ströme von Blut vergossen?

In einer eigenen Schrift, »Sermon des Cinquante«, die Voltaire wenig später erscheinen ließ, hatte er sich den kämpferischen Ton Mesliers bereits angeeignet und wagte einen scharfen Angriff gegen die katholische Kirche. Er wandte sich gegen Opfer und Wunderglauben und beleuchtete mit historischer Kritik Widersprüche in der Bibel; was er von der Lehre des Christentums anerkannte, waren lediglich jene moralischen Prinzipien, die sich in sämtlichen Religionen finden und damit universale Geltung haben.

Den kritischen Schriften ließ Voltaire im nächsten Jahre eine positive folgen, »Traité sur la Tolerance à l'occasion de la mort de Jean Calas«, worin er eine Darstellung des Falles gab und daran anknüpfend die grundsätzliche Forderung nach religiöser Toleranz erhob. Die Schrift, die nur zuverlässigen Freunden zugeschmuggelt werden konnte, wies darauf hin, daß es Länder gab, in denen die Angehörigen verschiedener Glaubensbekenntnisse friedlich nebeneinander lebten. Sollte das nicht auch in Frankreich möglich sein? Toleranz sei ungefährlich; die blutigen Glaubensverfolgungen aber seien eine Frucht des Christentums.

Voltaire wollte die Toleranz in Frankreich einführen – das war eine kühne Herausforderung, die von seinen kirchlichen Gegnern damals – und auch in späterer Zeit – mit wütenden Angriffen beantwortet wurde; er aber rief den Christen zu: »Ich sage Euch, daß man alle Menschen als Brüder betrachten soll. – Wie! Ein Türke soll mein Bruder sein? Ein Jude? Ein Siamese? – Ja, ohne Zweifel. Sind wir nicht alle Kinder desselben Vaters und Geschöpfe desselben Gottes?«

In ganz Frankreich brachte Voltaire die Geister in Bewegung, die mit den herrschenden Zuständen unzufrieden waren. Daheim im kleinen Ferney setzte er inzwischen mit Theateraufführungen, dem Bannstrahl des Genfer Konsistoriums und Rousseau zum Trotz, seinen Feldzug fort, um die Genfer zur Kunst zu bekehren. Sein schwacher Körper vermochte die vielen Anstrengungen und seelischen Belastungen kaum zu ertragen. Im April 1762 litt Voltaire unter einer fieberhaften Erkältung, die ihn zu seinem Leidwesen zwang, an einer Aufführung, bei der Lekain mitwirkte, nur als Zuschauer teilnehmen zu können; erst im Mai gesundete er wieder und benötigte dann eine lange Zeit der Erholung. Seine Sensibilität hatte sich inzwischen so gesteigert, daß seelischer Schmerz stark an seinem Körper zehrte: am 14. Mai, dem Tage, an dem sein Held Heinrich IV. von einem Fanatiker ermordet worden war, fiel er in Ohnmacht; am 24. August, dem Datum der Bartholomäusnacht, hatte er Jahr für Jahr Fieberanfälle.

Am 12. Februar 1763 fand in Ferney ein großes Familienfest statt: Pater Adam, ein ehemaliger Jesuit, der mit Voltaire befreundet war, nahm die Trauung von Marie Corneille vor. Das junge Mädchen lebte seit 1760 im Haushalt Voltaires wie eine Tochter; er war auf sie als die letzte Trägerin des großen Namens aufmerksam gemacht worden, da sie sich in bitterer Not befand. Es hatte sich zwar herausgestellt, daß sie nicht, wie Voltaire zuerst annahm, die Enkelin des großen Dramatikers war, auch nicht seine Großnichte, sondern nur von sehr entfernter Verwandtschaft, doch änderte er deshalb seine Absicht nicht. Marie wurde aufgenommen, von Madame Denis sorgfältig erzogen und als Familienmitglied behandelt. Darüber hinaus bemühte sich Voltaire, ihr eine ansehnliche Mitgift zu verschaffen, indem er die Werke Corneilles neu herausgab und mit einer Unzahl philologischer und textkritischer Anmerkungen versah; als Subskribenten dieser großen Ausgabe gewann er so viele Prominente Europas, daß eine stattliche Geldsumme erzielt wurde.

Als Marie Corneille den jungen Mann, den sie liebte, heiratete, hatte Voltaire damit einen weiteren Sieg über gehässige Feinde, an ihrer Spitze den Kritiker Fréron, errungen. Sie waren damals über ihn hergefallen, als Marie den Vorhof zum Himmel – ein Kloster – mit der Eingangspforte zur Hölle – Ferney – vertauschte; später hatte Fréron mit bösartigen Verunglimpfungen dem Ruf des Mädchens so geschadet, daß sich ein Heiratskandidat von ihr zurückzog. Doch nun konnte Voltaire sich über Marie Corneilles Glück freuen.

Es war nur gut, daß er nicht in Paris lebte – sein erregbares und verletzliches Gemüt hätte ihn zu ständigen Fehden mit seinen Angreifern verführt und von der Arbeit abgelenkt. So aber konnte er das literarische Tagesgezänk anderen überlassen; Fréron schnitt dabei schlecht genug ab und sah sich aufs peinlichste bloßgestellt, als Voltaires Anhänger Le Brun ihn als blutigen Ignoranten entlarvte.

Doch die feindliche Partei war in der Übermacht. Der Jesuit Nonnotte etwa, der in zwei dicken, langweiligen Bänden angebliche Fehler Voltaires in dessen »Essai sur les moeurs« zusammengestellt hatte, erhielt dafür den Segen des Papstes Clemens des Dreizehnten. Voltaires »Essai«, seine neugefaßte Darstellung der Weltgeschichte, die nun zum ersten Mal von den Kulturen der Chinesen, Babylonier, Inder und Ägypter berichtete, zeigte, daß Fanatismus und Krieg die schlimmsten Ursachen menschlichen Unglücks sind; Nonnotte aber hatte alle darin

Frühstück in Ferney

enthaltenen Tatsachen, die nicht zugunsten der katholischen Kirche sprachen, schlichtweg als Lüge Voltaires bezeichnet.

Beunruhigender als die zahlreichen literarischen Feinde war für Voltaire jedoch die Konstellation bei Hofe. War ihm schon Ludwig XV. nicht günstig gesonnen, so erst recht nicht der Thronfolger. Der Dauphin war Mittelpunkt des geheimen Widerstandes gegen den König geworden; aus Abscheu vor dessen Weiberaffären hatte er sich zum Sittenapostel entwickelt: Dauphin Louis bekreuzigte sich vor jedem dekolletierten Busen. Er sammelte stockkonservative und erzfromme Anhänger um sich, die ungeduldig darauf warteten, nach dem Thronwechsel den Luxus und die Sittenlosigkeit ebenso wie die liberalen Ideen der Philosophen auszurotten. In diesem Kreis äußerte man offen, daß Voltaire die Todesstrafe verdiene.

Dieser wartete immer noch sehnsüchtig auf eine Entscheidung darüber, ob der Prozeß Calas wieder aufgerollt werden würde. Am 7. Mai 1763 hatte der Conseil einstimmig entschieden, daß das Parlament von

Toulouse die Prozeßakten herauszurücken habe. Doch dann war eine Abordnung aus Toulouse nach Paris geeilt, um einer Aufhebung des Urteils entgegenzuwirken. Daraufhin blieb das Verfahren stecken, und es hätte wohl noch lange geschlummert, wenn nicht neue politische Verwicklungen eingetreten wären.

Die hohen Kriegskosten hatten unterdessen fühlbare Steuererhöhungen erforderlich gemacht; das Parlament von Toulouse setzte dem aber heftigen Widerstand entgegen und ging in seiner Auflehnung gegen die Regierung so weit, daß es sich sogar das Wohlwollen des Pariser Parlaments verscherzte. Um das Parlament von Toulouse für seine Dreistigkeit und für die schmähliche Behandlung eines königlichen Kommissars zu strafen, erklärte der Conseil jetzt das Calas-Urteil für ungültig und überwies den Fall zu neuer Verhandlung an ein ganz anderes Gremium, das Gericht der Staatsreferenten.

Voltaire konnte jubeln – das schier aussichtslose Unternehmen, dem Recht zum Siege zu verhelfen, war geglückt. Seine Freude wurde jedoch durch eine Flut von anonymen Briefen aus Frankreich vergällt, in denen die ganze Familie Calas des Verbrechens bezichtigt wurde und Drohungen gegen ihn als dem Urheber der neuen Entwicklung ausgestoßen wurden. Er war froh, nicht unter den Schreibern solcher Briefe leben zu müssen.

Im großen Welttheater veränderte sich langsam, aber nachdrücklich die Szene. Von der Macht Frankreichs bröckelte immer mehr ab, ein neues Imperium, das britische, begann sich zu formen, Preußen, das mit viel Glück einer entscheidenden Niederlage entging, wurde zum militärischen Faktor, mit dem man rechnen mußte, und im Osten wuchs das von Peter dem Großen begründete Russische Reich zu einer Stärke heran, die ihm erlaubte, nachhaltig auf das Schicksal Europas einzuwirken.

Friedrich II. hatte zu Beginn des Jahres 1762 in der ärgsten Klemme gesteckt. Übermächtige feindliche Heere standen in seinem ausgebrannten Lande; nur die Uneinigkeit ihrer Anführer verhütete den Vernichtungsschlag. Der große Ansturm der Türken, mit denen Friedrich verbündet war, blieb aus; in England, wo Pitt nach dem Tode Georgs II. die Kanzlerschaft verloren hatte, strebte man ohne Rücksicht auf den preußischen Bundesgenossen einem schnellen Friedensschluß entgegen. Wieder trug sich der Preußenkönig mit Selbstmordgedanken, als Mitte

Januar 1762 ein unerwarteter Umschwung kam: Zarin Elisabeth von Rußland starb.

Ihr Nachfolger, Peter der Dritte, war ein gewalttätiger Trunkenbold mit schwachem Geist. Er liebte es, Menschen und Tiere zu prügeln oder mit Zinn- und Holzsoldaten zu spielen, wobei er und seine Lakaien in prachtvollen Uniformen steckten. Besonders närrisch war er auf preußische Uniformen; die Paraden und das Aussehen der preußischen Truppen hatten es ihm so angetan, daß er als Zar auf die Seite Friedrichs überschwenkte und diesen damit vor dem Untergang bewahrte.

Peter, ein gebürtiger Holsteiner, verstand es sehr schnell, sich bei den Russen völlig verhaßt zu machen. Anders seine Frau, die schöne, gescheite und sympathische Sophie Auguste, eine Tochter des Fürsten von Anhalt-Zerbst.

Gegen den launenhaften, unfähigen Zaren kam es schon nach kurzer Zeit zu einer großen Verschwörung führender Adliger, die die reizvolle und zielbewußte Sophie Auguste auf dem Thron sehen wollten. Mit ihrer Anmut und Natürlichkeit hatte sie alle Aussichten, die Herzen der Bevölkerung ebenso im Fluge zu gewinnen wie die ihrer einflußreichen Liebhaber; zur Zeit war Gregor Orlow ihr Günstling.

Am 9. Juli 1762, vier Uhr morgens, holte sein energischer Bruder Alexis Orlow die Zarengattin aus ihrem Schlafzimmer im Pavillon Monplaisir bei Peterhof und fuhr sie in einer sechsspännigen Mietskutsche heimlich in die Hauptstadt St. Petersburg. Um sieben Uhr huldigten ihr – unter dem Kommando Gregor Orlows – die Garderegimenter; pro Kopf ein Rubel für Schnaps hatte genügt, ihre Begeisterung zu wecken. Um neun Uhr, ehe der in der Sommerresidenz zu Oranienburg schlafende Peter ihre Abwesenheit bemerkt hatte, wurde sie in der Kasanschen Kirche vom Erzbischof Setschin unter einem Tedeum als Herrscherin aller Reußen ausgerufen, mit dem Namen Katharina II.

Tags darauf führte sie ihre Truppen nach Peterhof: in Gardeuniform saß sie auf einem Tigerhengst, um die Brust trug sie das Band des Andreasordens, in der Hand den Degen; ihre blauen Augen strahlten, das dunkle Haar flatterte im Winde – keiner ihrer Soldaten, der nicht für sie durchs Feuer gegangen wäre.

Doch das war nicht nötig. Der betrunkene, zitternde Peter dankte freiwillig ab und ließ sich in einer schmutzigen alten Kutsche in ein Gewahrsam auf einem entlegenen Landsitz fahren, von wo er ins Ausland abtransportiert werden sollte.

Doch die Orlows fürchteten, daß die europäischen Mächte auf eine Versöhnung des Zaren mit Katharina und seine Wiedereinsetzung dringen würden. Man beschloß, ihn aus dem Wege zu räumen. Während Petersburg rauschende Krönungsfeste feierte, begaben sich Alexis Orlow und einige Helfer zu Peter, um mit ihm auf seine bevorstehende Entlassung zu trinken. Der Zar freute sich, merkte aber nach den ersten Schlucken, daß der Burgunder, den man ihm kredenzt hatte, vergiftet war. Er schrie nach Milch, die ihm auch gebracht wurde und die er schleunigst heruntertrank, worauf er heftig erbrach. Nun versuchten sie, ihn auf andere Weise aus der Welt zu schaffen: zuerst, indem sie den sich heftig Wehrenden mit der Hand zu erwürgen suchten, dann, indem sie ihn mit Kissen ersticken wollten. Abscheuliche Szenen folgen: er schlägt rasend um sich, sie werfen ihn nieder und stampfen auf ihm herum, er brüllt entsetzlich, Fürst Borjatinski schlingt ihm eine Serviette um den Hals, aber erst der Grenadier Engelhardt hat soviel Kraft, den Zaren damit zu erdrosseln.

Obwohl Katharina nichts von dem Mordplan gewußt hatte, blieb der Verdacht des Gattenmordes an ihr haften, wie sehr sie sich auch bemühen mochte, sich von diesem Makel zu befreien.

Höchst ungelegen kam der Thronwechsel für Friedrich von Preußen, dessen Schicksal durch die neue Frontstellung der russischen Truppen, die über Nacht von Verbündeten wieder zu Feinden geworden waren, besiegelt gewesen wäre, hätte der russische Befehlshaber Katharinas Anweisungen sofort befolgt. –

Voltaire, der zum Verdruß Friedrichs nicht eine Geschichte des Aufstiegs Preußens, sondern des Aufstiegs Rußlands unter Peter dem Großen verfaßte, hatte mit dessen Tochter, der Zarin Elisabeth, in loser Verbindung gestanden; sie verschaffte ihm historisches Material und hatte ihm sogar ihr in große Diamanten gefaßtes Bild gesandt, das indes den Empfänger nicht erreichte, da es unterwegs in Rußland verlorengegangen war. Als Voltaire ihren Tod betrauerte, ahnte er nicht, daß bald darauf eine glühende Verehrerin seiner Werke das russische Reich beherrschen würde.

Katharina war eine Frau von höchster Bildung und lebhaftem Interesse für die Ideen der Enzyklopädisten. Nicht lange nach ihrer Thronbesteigung ereignete es sich, daß Diderot wegen der bevorstehenden Heirat seiner Tochter in finanzielle Sorge geriet und seine Bibliothek verkaufen mußte. Durch Baron Grimm, der mit dem russischen Botschafter bekannt war, erfuhr Katharina davon; sie erwarb die Bibliothek für 15 000 Francs, überließ sie Diderot auf Lebenszeit und setzte ihm eine Jahresrente von 1000 Francs aus, die später sogar auf 50 Jahre im voraus bezahlt wurde.

Voltaire war hocherfreut über eine solche Hilfe, wie Diderot sie in Frankreich selbst nicht erwarten konnte. Während sich ein anderer der Philosophen, Helvétius, gerade wieder auf die Flucht ins Ausland begeben mußte, erhielten die freien Geister Zuspruch durch einen rühmenden und anerkennenden Brief der Zarin an d'Alembert – »Die Mächte des Nordens sind der Philosophie zu Hilfe geeilt«, meinte Voltaire.

Von ihm selbst gingen viele Briefe nach Norden, da er eine ständige Korrespondenz mit Pierre Pictet führte, einem Genfer, der fleißig auf Voltaires Liebhaberbühne mitgespielt hatte und inzwischen Sekretär Katharinas geworden war.

Die Zarin förderte diesen Briefwechsel mit allen Kräften, las begierig die Schreiben Voltaires und nahm bald selbst die Korrespondenz mit dem Dichter auf, den sie wie keinen anderen verehrte.

Seit sie 1746 zum ersten Mal in seinen Werken gelesen hatte, kam sie nicht mehr davon los; sie kannte vieles auswendig und gestand später in einem Brief an Grimm: »Er ist mein Lehrer, er, oder besser gesagt, seine Werke haben meinen Geist geformt.«

Wenn die Herrschaft über das große Reich sie auch zwang, Aufstände hart niederzuschlagen und Kriege zu führen, so konnte Voltaire doch rühmen, daß sie in ihrer Regierungstätigkeit seine Forderungen nach Toleranz und Gerechtigkeit weitgehend berücksichtigt habe: sie förderte die Kunst und Wissenschaft, führte Reformen im Sinne der Aufklärung durch, schuf ein humanes Gesetzbuch und gab auf ihren Gütern die Leibeigenen frei. Für Voltaire wurde sie bald sehr viel mehr als eine Briefpartnerin: sie beteiligte sich an den hohen Kosten des Prozesses Calas und stand ihm auch später bei seinen Unternehmungen hilfreich bei.

Welchen Einfluß Voltaire auf die Geschichte Rußlands ausübte, konnte nach seinem Tod sein Sekretär Wagnière erkennen, als die große Katharina in seiner Gegenwart sich tief vor einem Porträt des Dichters verneigte: »Dies ist der Mann, dem ich alles verdanke, was ich weiß, und alles, was ich bin.« –

Zu der Zeit, als der Gedankenaustausch und die Freundschaft zwischen

Voltaire und Katharina sich festigten, starb eine andere hochgestellte Frau, mit der der Dichter längere Zeit in Sympathie verbunden gewesen war: Madame Pompadour.

Sie hatte sich in den letzten Jahren gegenüber allen Intrigen behauptet und beherrschte den König, den sie mit Höflingen, die von ihr abhängig waren, derart umgeben hatte, daß er nichts mehr von der Außenwelt erfuhr. Er wußte nichts von der Not, die durch die Kosten seiner Kriege verursacht worden war, und vom Hunger der Bevölkerung; als eines Tages einige Elendsgestalten hinter seinem Wagen herliefen und schrien: »Brot! Brot! Gib uns Brot!«, verstand er nicht, worum es sich handelte, und meinte, sie sollten doch Kuchen essen, wenn sie kein Brot hätten.

Die Marquise beeinflußte die Politik und sogar die Kriegführung: sie ernannte Generale und Marschälle. Es gelang ihr als letztes, das Verbot und die Austreibung der Jesuiten zu erwirken, auf die sie besonders zornig war, weil diese ihr die Absolution verweigert hatten. Doch auf der Höhe ihrer Macht war ihr Körper nur noch eine Ruine: abgezehrt bis zum Skelett, geschminkt bis zur Unkenntlichkeit, bot sie einen erbarmenswerten Anblick. Nur ihr hoheitsvolles, graziöses Auftreten und die eindrucksvollen großen grauen Augen erinnerten an die einstige Schönheit, die den Strapazen des Hoflebens erlegen war. Sie mußte die Tuberkulose, an der sie litt, ständig vor dem König verbergen, hatte, da er außereheliche Kinder verabscheute, in den ersten Jahren mehrere Fehlgeburten überstanden und war trotz aller Krankheit und Schwäche immer genötigt gewesen, bei den endlosen Hofzeremonien und den üppigen nächtlichen Gelagen frisch und munter zu scheinen. Seit ihrem 36. Lebensjahr litt sie an heftigen Ohnmachten und Herzbeschwerden; sie verfiel zusehends, ertrug noch sieben Jahre lang das ruhelose Dasein und wurde dann trotz aller Energie von der Krankheit überwältigt.

Im März 1764 mußte sie sich niederlegen; der König kam jeden Tag an ihr Bett, um sich politische Ratschläge zu holen. Bis kurz vor ihrem Tode, den sie mit philosophischer Gelassenheit erwartete, hielt sie Besprechungen ab und erteilte Audienzen.

Als ihr Sarg, ihrem Wunsche gemäß ohne jeden Pomp, aus dem Schloß in ein Mausoleum getragen wurde, regnete es in Strömen. Ludwig stand mit der Uhr in der Hand am Fenster, berechnete, wann der Zug den Friedhof erreicht haben würde und sagte dann lediglich, sie habe kein gutes Wetter, die Marquise. –

In diesem, seinem siebzigsten Lebensjahr litt Voltaire wieder stark unter Krankheiten; mehr denn je dachte er ans Sterben. Ein Brief an d'Alembert, in dem er den Tod der Pompadour betrauerte, schloß resigniert: »Wenn drei oder vier Leute Ihres Schlages sich zusammentäten, könnte die Welt klüger werden. So aber muß ich voll Schmerz darüber in die Grube fahren, daß ich die Welt so dumm zurücklassen muß, wie ich sie angetroffen habe.«

Doch er sah klar in die Zukunft – es würde einmal einen radikalen Umschwung geben, und er würde berechtigt sein. Voltaire prophezeite in einem Schreiben am 2. April 1764: »Alles, was ich sehe, wirft Saat für eine Revolution, die unfehlbar eintreten wird, deren Zeuge zu sein ich aber nicht die Freude haben werde. Die Franzosen kommen spät zu allem; aber schließlich kommen sie doch. Die Aufklärung hat sich derart verbreitet, daß sie bei der nächsten Gelegenheit eine Explosion herbeiführen wird, und dann wird es heftigen Lärm geben. Die jungen Leute sind glücklich zu preisen, sie werden große Dinge zu sehen bekommen.«

Er selbst, der dies nicht mehr erleben würde, fühlte sein Ende nahen. Man soll nicht an den Tod denken, war früher sein Rezept, doch nun machte er sich allerlei Gedanken. Als Abschreckendstes erschien ihm das religiöse Zeremoniell, die »Barbarei« der Letzten Ölung, die »Grausamkeit, uns davon in Kenntnis zu setzen, daß demnächst alles für uns aus sein wird.« Ein Hund stürbe glücklicher ohne diesen Hokuspokus.

Unter diesem Aspekt wurde ihm sogar noch das kalvinistische Genf sympathisch: »Das einzige, was das Leben in Genf angenehm macht, ist, daß man dort wenigstens sterben darf, wie es einem paßt; viele hochachtbare Leute lassen dort überhaupt keinen Priester kommen. Man tötet sich, wie es einem beliebt, ohne daß daran herumgemäkelt würde, oder man erwartet sein letztes Stündlein, ohne daß einen jemand belästigen dürfte.«

Voltaire fühlte sich elend. Auch darüber machte er seine Späßchen, als er in einem Brief an den alten Schulfreund Cideville bemerkte, er habe weder Feder noch Stil mehr und müsse alles diktieren, und dann fortfuhr:

»Meine Seele, die ich ›Lisette‹ zu nennen beliebe, fühlt sich wenig behaglich in meinem schwachen Körper. Manchmal sage ich zu Lisette: Frischauf, meine Kleine, sei doch ein wenig heiter wie die Lisette meines Freundes Cideville! Sie erwidert darauf, daß sie nichts machen könne; wenn es dem Körper nicht gut gehe, dann gehe es ihr auch nicht gut. Pfui, Lisette, sage ich, wenn du solche Reden führst, wird man dich für eine Materialistin halten. Daran bin ich nicht schuld, antwortet Lisette; ich sage nur, wie schlecht es mir geht, ich mag nun einmal nicht lügen.«

Die Krankheiten, von denen Voltaire sich im Laufe des Sommers ein wenig erholte, fesselten ihn immer wieder ans Bett. Madame Denis, die zur alles beherrschenden »Mama« avanciert war, hielt den Haushalt in Betrieb, machte die Honneurs – aus ganz Europa strömten vornehme Besucher herbei, um den Patriarchen von Ferney zu besichtigen – und arrangierte Gastmähler und Festlichkeiten, von denen Voltaire frühzeitig fort und zu Bett geschickt wurde. Ein Gast, den er in diesem Jahre besonders herzlich begrüßte, war der Chevalier de Boufflers, der Sohn der schönen Mätresse von Lunéville – man sah, wie schnell die Zeit verrann.

Trotz aller Qualen seines Krankenlagers war Voltaire nicht untätig. Gerade jetzt wurden seine Bemühungen um einen drangsalierten Kleinbürger namens Claude Chaumont belohnt, der wegen Besuch eines protestantischen Gottesdienstes zur Galeere verurteilt worden war. Choiseul hatte auf Bitte Voltaires die Freilassung des Unglücklichen bewirken können, der bald darauf einen Besuch in Ferney abstattete, wo Voltaire ihn freudig begrüßte: »Sie armer braver Mann! Man hat Sie auf die Galeere geschickt für das Verbrechen, statt auf Latein in schlechtem Französisch zu Gott gebetet zu haben!«

Mehr und mehr zog sich aber der Patriarch in sein Zimmer zurück; er verschloß die Tür, wenn »Mama« mit dreißig Leuten speiste und anschließend vor »Herzögen, Präsidenten, Intendanten und Schmarotzern« Theater spielte. Er vergnügte sich lieber in stundenlangen Schachpartien mit Pater Adam, dem Exjesuiten, den er inzwischen in sein Haus aufgenommen hatte; das einzige, was ihm dabei mißfallen konnte, war der Verlust einer Partie. Dann versuchte er, dem fliehenden Jesuiten die Schachfiguren an den Kopf zu werfen, und rannte mit den Worten der Bibel »Wo bist du, Adam?« hinter ihm her, bis man sich friedlich zu einer neuen Partie hinsetzte. Daß dieser Freund und Schachpartner den Auftrag hatte, ihn auszuspionieren, ahnte der arglose Voltaire nicht.

Seinen Versuchen, weitere Galeerensträflinge zu befreien, war nur geringer Erfolg beschieden, da Choiseul den Widerstand des unbeirrbar rechtgläubigen Ministers Saint-Florentin nur selten überwinden konnte. Dank Voltaires Bemühungen kamen wenigstens noch der Protestant Paul Archard frei, der neunzehn Jahre lang auf der Galeere geschmachtet hatte, und Jean Pierre Espinas, der 23 Jahre lang Galeerensklave gewesen war, weil er einen protestantischen Geistlichen einen Tag lang verborgen hatte. –

Die leidenschaftliche Anteilnahme an Einzelschicksalen drängte Voltaire dazu, den Dingen auf den Grund zu gehen und in den großen geistigen Kampf um die Grundsätze des menschlichen Rechts einzugreifen. 1764 erschien erstmals eine programmatische Darlegung, in der schlichten Form einer Artikelsammlung: »Dictionnaire Philosophique«, ein Werk, das, im Lauf der Zeit von Millionen gelesen, entscheidend auf die geistige und politische Entwicklung eingewirkt hat.

Die Anfänge stammten noch aus der Zeit der Gespräche in Sanssouci, manche historische Kenntnis war inzwischen hinzugekommen, aber seine zielklare Prägung konnte das Werk erst nach der Erschütterung des Erdbebens von Lissabon und des Falles Calas gewinnen. Jetzt stellte Voltaire ein Reformprogramm vor Augen, das von der nachfolgenden Generation begierig aufgenommen wurde; er sprach von der republikanischen Staatsform als der natürlichen, die das Recht der Menschen am besten gewährleistet, er sprach von der Gleichheit der Rechte aller Menschen, von der Freiheit des Denkens und Schreibens, er weckte das Gefühl, daß das ganze Volk für die Staatsführung und Gesetzgebung verantwortlich ist, und rückte zum ersten Mal den Begriff der Menschenwürde in den Vordergrund.

Mit seiner leichtfaßlichen Darstellung verstand Voltaire den Leser einzufangen und zum Mitgehen zu bewegen. Man mußte philosophische und theoretische Gedanken aussprechen – nun ja, aber konnte man das Grundsätzliche nicht auch noch in konkreter Weise lebendig werden lassen? Beim Thema »Toleranz« ließ Voltaire etwa einen fanatischen religiösen Eiferer folgendermaßen sprechen:

»Was, du Ungeheuer, das in der anderen Welt ewig brennen wird, und das ich in dieser schon zum Brennen bringen werde (sowie ich es nur kann), du hast die Frechheit, de Thou und Bayle zu lesen, die auf dem römischen Index stehen? ...

Und du, Isaac Newton, Friedrich der Große, John Locke, du, Kaiserin von Rußland ... John Milton ... Shakespeare ... Leibniz ... du, englisches Parlament ... kurz, ihr alle, die ihr nicht ein Wort von dem glaubt, was ich in meinen Traktaten lehre, euch alle betrachte ich als Heiden oder Zöllner, wie ich es euch schon oft gesagt habe, um es in eure Dickköpfe einzugraben. Ihr seid mitsamt verhärtete Sünder, ihr werdet in die Hölle wandern, wo der Wurm nicht stirbt und wo das Feuer nicht verlischt. Denn ich habe recht und ihr unrecht; denn ich habe die Gnade, und ihr habt sie nicht. Ich nehme drei frommen Frauen meines Stadtviertels die Beichte ab, und ihr nicht einer. Ich habe Hirtenbriefe geschrieben und ihr nicht; ich habe die Philosophen mit unflätigen Schimpfwörtern überschüttet, und ihr habt sie in Schutz genommen, sie nachgeahmt oder Gleiches getrieben; ich habe fromme Schandblättchen, gespickt mit niederträchtigen Verleumdungen, veröffentlicht, und ihr habt sie nicht einmal gelesen. Ich halte die Messe täglich für zwölf Sou ab, und ihr hört sie ebensowenig wie Cicero, Cato, Pompejus, Cäsar, Horaz und Vergil sie hörten: deshalb verdient ihr, daß man euch die Hand abhacke, euch die Zunge ausreiße, euch auf die Folter spanne und euch langsam zu Tode brenne: denn Gott ist barmherzig.«

Wer in diesem Buch erst einmal zu lesen begonnen hatte, hörte damit so bald nicht wieder auf. Voltaires temperamentvolle Schreibweise gewann ihm viele Leser, die auch willig in die Gefilde der Philosophie folgten und seine Gedanken über Freiheit, Seele oder die Existenz Gottes aufnahmen. Selbstverständlich versäumte er die Gelegenheit nicht, seinen Feldzug gegen den Satz »Alles ist gut« und gegen Leibniz auch in der Form eines Wörterbuchs philosophischer Kritik und Kommentierung fortzusetzen: »Nach Plato hätte Gott die beste aller möglichen Weltkombinationen gewählt, und mehrere christliche Philosophen haben dieses System auch angenommen, obgleich es mit dem Sündenfall nicht ganz vereinbar scheint ...

Leibniz in seiner »Theodizee« ergriff Partei für Plato. Da Leibniz von allem redet, hat er auch vom Sündenfall gesprochen, und da die Systematiker nie umhin können, das ihrem System Widersprechende in eben dieses System einzugliedern, hat er sich ausgedacht, daß der einstige Ungehorsam gegen Gott mit allen seinen furchtbaren Folgen ein wesentlicher Bestandteil der besten aller Welten sei, notwendiges Element der höchsten Seligkeit!

Wie! Um eines Apfels willen aus dem Paradiese vertrieben werden, in dem man sonst für alle Zeiten hätte leben können! In Schmerzen elende, verbrecherische Kinder gebären, die alle Leiden dulden und sie anderen aufbürden werden! Wie! Alle Krankheiten, alle Übel ertragen, in Qualen sterben und zur Erholung dann für alle Ewigkeiten brennen! War dieses Los wirklich »das beste«? Für uns ist es allerdings nicht gerade sehr gut; und inwiefern kann es für Gott gut sein? Leibniz fühlte wohl auch, daß sich hierauf nichts antworten ließe, und schrieb daher dicke Bücher, die er selbst nicht verstand.«

Voltaires »Dictionnaire« ging weit über das rein Philosophische hinaus und behandelte auch sehr gegenwärtige und reale Themen wie das der Tyrannei oder das des Kriegführens – er verabscheute Kriege und deren »höhere« Rechtfertigung: »Jeder marschiert lustig unter dem Fähnchen seines Heiligen zum Verbrechen.«

Voltaire wollte seine Zeitgenossen nicht nur durch seine Gedanken aufrütteln – nein, sie sollten auch etwas zur Besserung der Dinge tun! Er stellte konkrete Forderungen: der Staat solle sich von der Kirche unabhängig machen, die Tyrannei der Kirche gebrochen werden. Zu den Reformen, die Voltaire vorschlug, zählten die Einführung der Zivilehe, der weltlichen Schule, die Unterstellung der Geistlichen unter bürgerliche Gerichte, die Abschaffung ihrer Steuerfreiheit und anderer Vergünstigungen und Bevorzugungen. Kein Wunder, daß Voltaire in dem ausbrechenden Entrüstungssturm über ein solches Teufelsbuch den Verdacht der Verfasserschaft – wie sehr ihn auch sein Stil verriet – entschieden von sich weisen mußte...

Schon zogen neue Gefahren heran. Rousseau hatte inzwischen ein Buch (»Lettres de la montagne«) gegen die Regierung und die (von ihm wieder aufgegebene) Religion von Genf geschrieben: die Protestanten seien von Verfolgten zu Verfolgern geworden. Da um dieses Buch viel Lärm entstand, war es für Voltaire doppelt unangenehm, daß Rousseau darin auch ein Geheimnis verraten hatte: Voltaire sei der Verfasser jener frevelhaften Schrift »Sermon de cinquante«, in der das Alte wie das Neue Testament lächerlich gemacht würden. In Genf war man über diese Gotteslästerung empört; obendrein wurde Voltaire als Verfasser des »Briefes eines Quäkers« denunziert, und daß das abscheuliche »Dictionnaire« trotz aller Leugnungsversuche doch von ihm stamme, erschien nun immer wahrscheinlicher.

Voltaire, der sich unterdessen entschlossen hatte, sein Leben in Ferney zu beschließen, verkaufte im Januar 1763 Les Délices, doch drohten ihm auf französischem Boden nicht weniger Unannehmlichkeiten als auf dem von Genf: in Paris war die Rede davon, ihn aus Ferney fort-

Jean-Jaques Rousseau

zuschaffen und für den Rest seines Lebens in der Bastille unterzubringen; der König selbst hatte gefragt, ob man denn diesen Menschen nicht zum Schweigen bringen könne.

Voltaires Abrechnung mit dem Denunzianten Rousseau, der so viele Gefahren heraufbeschwor, war furchtbar: er enthüllte in einer Flugschrift »Le Sentiment des Citoyens«, daß der puritanische Tugendbold im Laufe der Zeit fünf Kinder gezeugt und heimlich vor der Tür eines Hospitals ausgesetzt hatte.

Rousseau war außer sich, verdächtigte Genfer Geistliche der Verfasserschaft, machte sich überall Feinde, mußte fliehen und fand schließlich durch David Hume in England eine Zufluchtsstätte, die er aber später wieder verließ, nachdem er sich in seinem krankhaften Verfolgungswahn auch mit diesem Wohltäter überworfen hatte. –

Fast zwei Monate sei er nicht aus dem Bett gekommen, berichtete Voltaire im Februar 1765 Collini, dem er eine Anstellung beim Kurfürsten von der Pfalz verschafft hatte. »Sie haben mich schon mager gekannt, jetzt bin ich ein Skelett; ich gehe in Rauch auf wie trockenes Holz, das in Flammen steht, und werde bald zu nichts geworden sein.«

Im März langte eine grandiose Nachricht in Ferney an: Jean Calas in dem wiederaufgenommenen Verfahren für unschuldig erklärt, seine Familie freigesprochen! Voltaire weinte Freudentränen – »zum ersten Mal, seit der Fanatismus rast, hat die Stimme der Weisen die Stimme der Frommen zum Schweigen gebracht«. Es war ein Sieg, der gegen die Strömung der Zeit errungen worden war. In Toulouse selbst wurde das Urteil nicht einmal bekanntgegeben; in Paris verbot das Parlament dem Baron Grimm, Kupferstiche, die die Familie Calas darstellten, zu deren Gunsten zu verkaufen. Und schon wieder hatte sich ein anderer Fall des Unrechts ereignet, ein zweiter inszenierter Versuch, zur allgemeinen Protestantenverfolgung aufzustacheln.

Obwohl sich Voltaire am Ende seiner Kräfte fühlte, nahm er sich nach Beendigung des Calas-Verfahrens auch dieser Sache an, die er ingrimmig beschrieb:

»Ein Rechtsberater in Castres namens Sirven hatte drei Töchter. Da die Religion dieser Familie die sogenannte reformierte ist, wird die jüngste Tochter durch die kirchlichen Machthaber der mütterlichen Obhut entrissen und in ein Kloster gesteckt, wo man sie mit einer Peitsche traktiert, damit ihr der Katechismus besser eingeht. Sie wird wahnsinnig und stürzt sich in einen Brunnen, etwa eine Meile von ihrem Vater-

haus entfernt. Für die Zeloten ist kein Zweifel darüber möglich, daß
Vater, Mutter und Schwestern das Kind ertränkt haben. Denn bei den
Katholiken in der Provinz gilt es als ausgemacht, daß protestantische
Eltern durch ein religiöses Gelübde gezwungen sind, alle ihre Kinder,
die im Verdacht katholischer Neigungen stehen, zu hängen, zu erwür-
gen oder zu ertränken.«

Pierre Sirven hatte wegen seiner jüngsten, schwachsinnigen Tochter
viele Ängste ausstehen müssen: am 6. März 1760 war sie spurlos verschwunden, später hatte der Bischof von Castres mitgeteilt, das Mädchen befände sich im Kloster der Schwarzen Damen, da es den Wunsch
hätte, zu konvertieren; nach sieben Monaten schickte man sie auf Anordnung des Bischofs wieder nach Hause; sie zeigte Spuren von Schlägen, hatte Wahnanfälle und Wutausbrüche und mußte strenger bewacht werden denn je. Als die Familie in das Dorf St. Alby umgezo-
gen war, drängten dort im Winter 1761 der Vikar und die Behörden,
daß die Tochter katholischen Religionsunterricht nehmen müsse, wo-
gegen die Eltern nicht zu protestieren wagten, aber darauf aufmerksam
machten, daß ihre Tochter den weiten Weg nicht allein gehen könne,
sie wollten deshalb die Tochter lieber dem Bischof ganz übergeben.
Ehe es dazu kam, in einer Dezembernacht, verschwand die Tochter
wiederum; später fand man ihre Leiche im Dorfbrunnen. Kein Einwohner zweifelte daran, daß die Schwachsinnige sich in den Brunnen
gestürzt hatte, zumal ihr Vater abwesend war und weder die schmächtige 63jährige Mutter noch die schwangere Schwester das kräftige Mädchen mit Gewalt hätten zum Brunnen schleppen können.

Doch die Erregung über die angebliche Mordtat von Jean Calas, falsche
Aussagen der Ärzte, die die Leiche des Mädchens untersucht hatten,
und andere zweckdienliche Momente führten dazu, daß ein Haftbefehl
erlassen wurde. Mit knapper Not konnte die Familie vor der heranreitenden Polizei entfliehen; im härtesten Winter irrten sie, voneinander getrennt, wochenlang im verschneiten Gebirge umher, die
schwangere Tochter kam nieder, ihr Kind starb in der eisigen Kälte.
Endlich trafen sie nach größten Strapazen glücklich in Lausanne zusammen. Die Verfolgung dieser unschuldigen Menschen fand von Amts
wegen ihre Rechtfertigung: am 29. März 1764 wurden Sirven und seine
Frau in Abwesenheit zum Tode am Galgen verurteilt; ihre Flucht galt
als Schuldbeweis – entrüstet hatte Voltaire daraufhin dem Richter ent-
gegengeschleudert: »Elender, verlangst du vielleicht, daß sie dort

bleiben sollten, damit du deine wahnsinnige Wut an ihnen auslassen könntest?«

Er hatte dann die Sirvens beherbergt und unter seine Fittiche genommen, mußte aber, um die Anteilnahme der Öffentlichkeit nicht zu zersplittern, erst das Ende des Revisionsverfahrens gegen Calas abwarten, ehe er sich ganz dem Fall Sirven widmen konnte.

Was er sich damit aufgebürdet hatte, war zunächst noch gar nicht abzusehen. Die Öffentlichkeit zeigte sich viel zu träge – sie ließ sich nicht so leicht aufrütteln wie bei der Hinrichtung von Calas: wer nicht gerädert oder gehenkt wurde, weckte kein Interesse.

Voltaire fand wenig Verständnis, zumal man in Frankreich weitgehend überzeugt war, daß Calas doch zu Recht hingerichtet worden sei. Ein Geistlicher suchte den streitbaren Dichter auf, um ihn zum Schweigen zu bewegen und ihm vorzuhalten, daß er sich um zwei Familien kümmere, die ihn nichts angingen: er solle doch die Toten ihre Toten begraben lassen! Voltaire erwiderte: Ich fand in meiner Einöde einen Juden in seinem Blute liegen. Gestatten Sie, daß ich seine Wunden verbinde und Öl und Wein darein gieße. Sie sind ein Levit; lassen Sie mich Samariter sein!

Doch die juristischen Probleme des Falles Sirven waren fast unentwirrbar. Eine Abschrift der Akten herauszugeben, weigerte sich das Parlament natürlich; um eine Wiederaufnahme des Prozesses zu erreichen, hätte Sirven sich in die Höhle des Löwen begeben müssen – ob er Toulouse lebendig verlassen würde, war äußerst fraglich. Auf eine Begnadigung wollte Voltaire sich aber keineswegs einlassen, denn es ging ja um Recht oder Unrecht.

Zwei Jahre sollte es allein dauern, bis Voltaire auf Umwegen in den Besitz der benötigten Abschrift der Akten gelangte – wer weiß, wieviel ihn das gekostet hatte! Dann erst konnte Elie de Beaumont, der Anwalt des Calas-Prozesses, mit der Anfertigung einer juristisch begründeten Eingabe beginnen; um einen Prozeß, den er aus Berufsgründen führte, nicht zu beeinträchtigen, vertrödelte er dabei über ein Jahr; es peinigte Voltaire, daß so viel Zeit verloren wurde, ehe der Fall Sirven überhaupt zur Behandlung kam – er wußte zum Glück nicht, wie lange es noch dauern würde, bis er erledigt war.

In Paris wehte inzwischen wieder ein scharfer Wind gegen Philosophen. Die Enzyklopädie blieb nach wie vor verboten, die gesamte Literatur wurde streng überwacht; Voltaires »Dictionnaire« wurde 1765 vom

303

Staatsanwalt de Fleury attackiert: wie war es möglich, daß unter einem so erhabenen Herrscher wie Ludwig dem Fünfzehnten, der unablässig für religiöse Wahrheit und reinste Moral sorgte, alle göttliche und menschliche Autorität von der ruchlosen Feder eines Mannes besudelt werden konnte, der Mensch und Tier auf die gleiche Stufe stellte?

Das »Dictionnaire« wurde vom Henker zerrissen und auf den Scheiterhaufen geworfen.

Voltaire faßte angesichts der Bedrängnisse einen Plan: er wollte an einem sicheren Ort eine Philosophenkolonie gründen, von wo aus der Kampf gegen die geistige Unterdrückung geführt werden konnte. Als geeigneten Platz hierfür dachte er an jenes Schloß Moyland bei Cleve, wo er zum ersten Mal mit Friedrich zusammengetroffen war. Er korrespondierte mit dem König, der zwar nicht an den Erfolg einer solchen Gründung glaubte, ihm aber gern behilflich sein wollte; das Schloß war allerdings im Krieg von den Franzosen zerstört worden, doch sollte eine philosophische Siedlung in Cleve von ihm jede Unterstützung erfahren.

Eine gewisse Erleichterung für die französischen Philosophen trat am 20. Dezember ein, als unerwartet der Dauphin starb und damit die von ihm geführte Gruppe der intoleranten Eiferer ihren Einfluß verlor.

Doch die Herrschaft des Unrechts blieb unerschüttert. Voltaire, der mit unzähligen Briefen in ganz Europa Hilfe und Sympathie für die Familien Calas und Sirven mobilisiert hatte (die Zarin von Rußland, die Könige von Polen, Dänemark und Preußen, sowie viele deutsche Fürsten stellten Geldsummen zur Verfügung), sah sich genötigt, von seinem Krankenlager aus unaufhörlich weitere Kämpfe zu führen.

In dem Städtchen Abbeville herrschte im August 1765 helle Aufregung: ein hölzernes Kruzifix war durch Stockhiebe beschädigt, ein Kreuz auf dem Friedhof beschmutzt worden. In einer Bußprozession, die der Bischof von Amiens barfuß, mit einem Strick um den Hals, anführte, wurde die Vergebung des Himmels erfleht; die gesamte Bevölkerung war zur Suche nach dem Übeltäter aufgerufen.

Wenig später bezichtigte Dumaisniel de Belleval, ein Mitglied des Finanzgerichtshofes, den Chevalier de la Barre und zwei andere junge Leute der Tat. Beweise hatte er nicht, doch war ihm der junge Mensch verhaßt, weil dieser ihn gesellschaftlich ausgestochen hatte.

Mit emsigen Nachforschungen gelang es Belleval, einige Zeugen zu finden, die gehört hatten, wie die jungen Männer gelegentlich lose Reden führten und unanständige Lieder sangen. Ja, es war sogar beobachtet worden, daß sie an der Fronleichnamsprozession vorübergegangen waren, ohne den Hut zu lüften und niederzuknien.

Gegen die drei, von denen keiner über achtzehn Jahre alt war, wurde Haftbefehl erlassen; einer, d'Etallonde, konnte noch rechtzeitig fliehen. Der jüngste von ihnen, Moisnel, wurde im Gefängnis von seinem Vormund aufgesucht – das war ausgerechnet der Denunziant Belleval selbst; dieser setzte ihm so zu, daß der geängstigte Jüngling seine Kameraden belastete: sie hätten auf Heiligenbilder gespien, das Kruzifix und das Kreuz geschändet und seien dazu durch die Lektüre anstößiger Werke wie »Lettres philosophiques«, »Epître à Uranie« und »Dictionnaire philosophique« von Voltaire aufgehetzt worden.

Am Ende des Prozesses, der unter Verletzung einiger Rechtsvorschriften ablief, nahm Moisnel zwar seine Aussagen zurück, doch beeinflußte das die Urteilsfindung nicht weiter. Am 28. Februar 1766 erkannte das Gericht gegen den entflohenen d'Etallonde, er solle vor dem Portal der St.-Vultramskirche Buße tun und dabei ein Schild um den Hals tragen »Verfluchter und verabscheuter Gotteslästerer und Kirchenschänder«, dann sollte ihm die Zunge herausgerissen und eine Hand abgehauen werden, und schließlich sollte er bei lebendigem Leibe verbrannt, die Asche in alle Winde zerstreut und sein Vermögen eingezogen werden. Da er abwesend war, wurde die Strafe ersatzweise an einem Bilde von ihm vollzogen.

La Barre, der gefangen saß, sollte eine ähnlich grausame Strafe erleiden. Zunächst war ungewiß, ob das Pariser Parlament das Urteil von Abbeville bestätigen würde, doch in der entscheidenden Sitzung keifte der Parlamentsrat Pasquier: der frechen Gottlosigkeit, die von der neuen Philosophie geschürt werde, müsse Halt geboten werden, die Hauptschuld an der Untat von Abbeville trage ein bestimmter Mann, der Führer der Philosophen – sein Name laute Voltaire –, und es müsse ein Exempel statuiert werden. Daraufhin wurde das Urteil bestätigt. Auf eine Begnadigung seitens des frommen Königs wartete man vergeblich.

Entsprechend dem Urteil mußte la Barre die gewöhnliche und die außergewöhnliche Folter erleiden, um seine Schuld – der Ordnung halber – zu gestehen. Zur Enttäuschung der Richter stritt er jedoch nach wie vor ab, an den Schändungen beteiligt gewesen zu sein.

Als er auf dem Wege zur Hinrichtung am Portal der Kirche öffentlich Abbitte leisten sollte, weigerte er sich so energisch, daß ein anderer für ihn diese Zeremonie ausführen mußte. Auch dem Herausreißen der Zunge drohte er so verzweifelten Widerstand entgegenzusetzen, daß man sich mit einer symbolischen Vollstreckung begnügte.

Mit philosophischer Gelassenheit sah der junge Mann dem Tod entgegen. Seine letzte Mahlzeit hatte er sich munden lassen und hinterher Kaffee getrunken – »Der wird mich ja am Schlafen nicht hindern.« Als er die Stufen zum Schafott hinaufstieg, verlor er einen der Pantoffeln, die man ihm angezogen hatte; stieg noch einmal hinab und streifte ihn über den Fuß.

Wie üblich, drängten sich unzählige Zuschauer, das kostenlose Schauspiel zu genießen; zu seinem Kummer bemerkte der Verurteilte darunter auch manchen seiner früheren Freunde, der neugierig gaffte.

Einer der fünf Henker trat auf la Barre zu, um ihm den Kopf zu scheren. »Wozu?« fragte der Verurteilte, »will man mich etwa zum Chorknaben machen?«

Das Schwert betrachtete er genau und fragte den Scharfrichter, ob es auch eine gute Waffe sei, und ob er derjenige wäre, der den Grafen de Lally hingerichtet hätte. Auf die bejahende Antwort hin bemängelte la Barre, daß der Henker de Lally nicht richtig getroffen habe. Der Graf de Lally hätte sich schlecht gehalten, lautete die Antwort: »Nehmen Sie eine richtige Stellung ein, und ich werde Sie nicht verfehlen.« »Sei unbesorgt, ich werde mich gut halten und nicht kindisch sein.«

Eigenhändig verband er sich die Augen und legte sich so zurecht, daß er dem Scharfrichter die Arbeit erleichterte. Geschickt schlug dieser das Haupt ab, allgemeiner Applaus vom Markt und von den Fenstern belohnte den guten Hieb. Sodann wurde der Körper mitsamt einem Exemplar des »Dictionnaire philosophique« in die Flammen des Scheiterhaufens geworfen und die Asche in den Wind gestreut.

Nichts konnte für Voltaire die Gefahr, in der er schwebte, deutlicher machen als dieses Ereignis. Er verbarg sich in der Annahme, daß seine Verhaftung bevorstünde, für kurze Zeit in dem schweizerischen Bad Rolle, versuchte dann noch, den Plan einer Philosophenkolonie – den leider irgend jemand verraten hatte – zu verwirklichen und mußte ihn dann, bitter enttäuscht, aufgeben, da keiner seiner Freunde – Diderot, d'Alembert, Damilaville oder Holbach – auf das Leben in Paris verzichten mochte. »Wenn ich bedenke, daß ein Narr und Dummkopf wie der heilige Ignatius ein Dutzend Proselyten gefunden hat, die ihm folgten, während ich nicht einmal drei Philosophen zusammenbekommen habe, dann bin ich wahrhaftig versucht zu glauben, daß die Vernunft zu nichts mehr gut ist.«

Voltaires Kampfgeist wurde jedoch durch die neuen Auseinandersetzungen nur noch gestärkt. Schon zirkulierte in Paris eine von ihm – natürlich anonym – herausgegebene Schrift »Relation de la Mort du Chevalier de la Barre«, in der Belleval entlarvt wurde; gleichzeitig ging Voltaire über den Einzelfall hinaus zum Grundsätzlichen über und attackierte heftig die Anwendung von Foltern bei Verhören. Seiner Auffassung nach durfte niemand wie ein Schuldiger behandelt werden, ehe seine Schuld nicht eindeutig bewiesen war.

Das Rechtswesen hätte schon längst einer Reform bedurft – jetzt sah Voltaire noch deutlicher als früher, welche Mißstände beseitigt werden mußten. Er hatte vor kurzem mit brennendem Herzen das Buch »Über Vergehen und Strafe« von Cesare Beccaria gelesen; nun konnte er in klarerer Fassung seine Forderungen erheben. Seine Erläuterungen zu Beccarias »Commentaire sur le livre des délicts et des peines«, die er im gleichen Jahre zu veröffentlichen wagte, enthielten das Programm der wichtigsten Strafrechtsreformen. Bisher waren die Strafen oft schrecklicher als die Verbrechen, man wollte lieber auf unmenschliche Weise strafen als Gerechtigkeit üben, sagte er.

Das herrschende Strafrecht war eine Brutstätte für Vorurteile und Barbarei; hatte Voltaire bislang allgemein gegen Aberglauben und Fanatismus gekämpft, so stellte er jetzt für die Rechtspflege ganz konkrete Einzelforderungen: Abschaffung der Tortur, Öffentlichkeit des Gerichtsverfahrens, soziale Funktion der Strafe.

Über den humanitären Grundsatz hinaus wußte Voltaire jetzt auch sachlich-schärfer für die Abschaffung der Folter zu plädieren: sie beweise beim Verhör gar nichts – der Starke erträgt sie, der Schwache nicht; als Mittel der Strafe sei die Tortur aber noch unmenschlicher als bei Verhören. –

Voltaire war bekümmert, daß die Rechtfertigung der Familie Sirven – nicht zuletzt durch den Fall de la Barre bedingt – immer noch nicht in Gang kommen wollte. Dagegen errang er auf einem anderen Gebiet einen Sieg, der ihn glücklich machte.

In Genf herrschten wegen der Vertretung im Rat Zwistigkeiten zwischen den aristokratischen und bürgerlichen Schichten, die in blutige

Gewalthandlungen auszuarten drohten; um die Ruhe aufrechtzuerhalten (genauer: um den Aristokraten zu helfen), hatte Frankreich zu Beginn des Jahres 1766 interveniert und einen Vermittler eingesetzt. Mit diesem, dem Chevalier de Beauteville, stand Voltaire auf gutem Fuße.

So konnte er es einfädeln, daß die Schauspieltruppe des Prinzen Condé die Genehmigung für Aufführungen in der puritanischen Stadt erhielt; Ende August war es soweit – Voltaire konnte den Triumphschrei ausstoßen: »Das Theater ist in Genf!« Die Kunst hatte endlich – wenn auch nur mit Hilfe der Machtpolitik – doch gesiegt; in einem neu eingerichteten Theatersaal wurden mehrere komische Opern und Komödien aufgeführt.

Doch in Genf kehrte nicht so schnell politischer Frieden ein, wie der französische Vermittler erhofft hatte. Er zog sich zunächst wieder aus der Stadt zurück und wartete auf das Eintreffen von Truppen, die seiner Mission Nachdruck verleihen sollten. Als diese schließlich im rauhen Winter heranrückten, das Genfer Gebiet und damit auch das Land Gex besetzten und abriegelten, war ausgerechnet Voltaire derjenige, der am meisten darunter zu leiden hatte – ein großer Teil seines Geldes lag jetzt unerreichbar in Genf, auch Versorgung für seine über hundert Untertanen konnte nicht herangeschafft werden... Er mußte erst an Choiseul schreiben: »Gestatten Sie mir die große Freiheit, Ihnen zu sagen, daß Sie vom Teufel besessen sind«, ehe er die nötigen Ausnahmegenehmigungen erhielt, die für den Unterhalt von Tournay und Ferney erforderlich waren.

Die Besatzungstruppen störten ihn nicht, zumal sie beim Wegebau und Aufforstungen tätig waren. Einmal wurden sie als Wache während einer Theatervorstellung eingesetzt; als der Patriarch sie dafür entlohnen wollte, nahmen sie kein Geld an – »Wir haben Herrn de Voltaire gesehen, das war unsere Bezahlung!« Die einfachen Leute wußten sehr wohl, wer es mit ihnen gut meinte... Gerührt lud er sie ein, so oft in sein Schloß zu kommen, wie sie wollten.

Im März 1767 erhielt Voltaire eine äußerst unangenehme Nachricht. In Paris war eine gewisse Jeanne Viguier gestorben, eine enge Freundin der Madame Calas, und hatte auf dem Sterbelager ein notariell beglaubigtes Geständnis abgelegt: sie hätte gemeinsam mit den Eltern Calas den Sohn ermordet.

Sollte alles vergeblich gewesen sein? Sollte der Kampf für das Recht wie eine Harlekinade ausgehen, oder handelte es sich um eine niederträchtige und obendrein unwiderlegbare Lüge der Gegner?

Die Streiter für die Wahrheit hatten Glück: die Behauptung konnte als Betrug entlarvt werden. Bei gründlicher Nachforschung gelang eine unerwartete Entdeckung – Jeanne Viguier lebte! Der geplante Schlag war daneben gegangen; schon im April wurde ein Flugblatt in Paris herausgebracht, das eine Richtigstellung von Jeanne Viguier enthielt und schloß:

»Die Verleumdung ist im ganzen Languedoc ausgesprengt und in Paris von Fréron verbreitet worden, um Voltaire an der Verteidigung der Familie Sirven zu hindern, die desselben Verbrechens bezichtigt wird wie das Haus Calas. Jeder, der dieses Blatt gelesen hat, wird gebeten, es als einen Beweis für das blinde Wüten des Fanatismus aufzubewahren.«

Nachdem das Manöver der Gegner mißlungen war, durfte Voltaire wieder größere Hoffnungen für den Fall Sirven hegen. Eine gründlich ausgearbeitete Denkschrift hatte endlich dem Conseil in Paris eingereicht werden können; es galt, das Wiederaufnahmeverfahren der Zuständigkeit des engstirnigen Parlaments von Toulouse zu entziehen. Um das Verfahren zu beschleunigen, schickte Voltaire Sirven, dessen Frau die Strapazen der Flucht nicht mehr lange überlebt hatte, nach Paris. Doch ehe dieser etwas unternehmen konnte, schwanden seine Aussichten dahin: ein protestantischer Aufstand in Saintonge, bei dem ein Priester erschlagen wurde, und Unruhen in anderen Orten ließen jäh eine heftige Stimmung gegen alle Protestanten aufkommen. Gleichzeitig reiste der Generalanwalt des Parlaments von Toulouse nach Paris und wirkte persönlich auf die Mitglieder des Conseils ein. Ende Januar 1768 verwarf der Conseil das eingereichte Gesuch und überließ den Fall Sirven nach wie vor dem Parlament von Toulouse, wohin sich der Verurteilte nicht wagen konnte. Er kehrte in die Schweiz zurück.

Die Bemühungen von vier Jahren fruchtlos! Aber Voltaire war nicht der Mann, der einen Kampf aufgab.

Der Fall Calas, der die Gemüter immer noch bewegte, hatte blitzschnell die Situation erhellt. Voltaire hatte dabei, für jedermann sichtbar, eine derart ungewöhnliche und aufreizende Haltung gezeigt, daß man ihm nur beipflichten oder ihn bekämpfen konnte – ein drittes gab es jetzt nicht mehr.

So begannen, mochte der Fall Sirven vorankommen oder nicht, Voltaires Schriften, die er in diesen Jahren über die Grundsätze eines humanen Strafrechts und Strafvollzuges veröffentlichte, unaufhaltsam zu wirken. Es waren Fragen, über die man seit Jahrhunderten – oder Jahrtausenden – nicht weiter nachgedacht hatte; man lernte jetzt zum ersten Mal, die grausamen Gepflogenheiten zu verabscheuen und auf die Menschenwürde zu achten, wie Voltaire es verlangte. Damit begann der Prozeß jener Sinneswandlung, die das zu erkämpfen ermöglichte, was späteren Generationen als selbstverständliche Grundlage jeden Rechtsstaates galt.

Im Jahre 1767 setzte er seine Streitschriften fort mit »L'Ingenu«, in ähnlichem Ton gehalten wie seine im Vorjahre so überaus erfolgreiche Satire »André Destouches à Siam«; das Buch geißelte insbesondere den schändlichen Mißbrauch der »Lettres de cachet«, die willkürlichen Verhaftungen, die Gewissenlosigkeit der Richter, die ihre Stellung gekauft hatten, und die sozialen Ungerechtigkeiten, wie sie sich besonders in den unglaublich hohen Kosten der Gerichtsverfahren zeigten.

Voltaire wurde nicht müde, in immer neuer Form seine Grundsätze zu verkünden: die Existenz der Gesellschaft beruht allein auf der Idee der Gerechtigkeit; die natürlichen Rechte des Menschen sind Freiheit und Gleichheit, sie müssen durch das Gesetz geschützt werden. –

In den Wintermonaten 1767/68 gelangten wieder unerfreuliche Nachrichten nach Ferney. In Genf war im Theater Feuer ausgebrochen – und keine Hand rührte sich, es zu löschen: sollten das doch die besorgen, die das Theater gewünscht hatten! So brannte das Gebäude nieder; Voltaire, der darin einen Sieg Rousseaus sah, tobte über die Genfer.

Aber die Zeiten, da Voltaire wegen seiner Theaterleidenschaft Maßnahmen aus Genf befürchten mußte, waren glücklicherweise vorüber. Dagegen drohte aus Paris neue Gefahr. Im Pariser Parlament hatte der alte Eiferer Pasquier eine neue Brandrede gehalten: Voltaires Angriffe gegen die Religion könnten nicht länger geduldet werden – sowie er, Pasquier, ein Exemplar der heimlich zirkulierenden Handschrift »Le diner du comte de Boulainvilliers« zu Gesicht bekäme, würde er den Antrag stellen, Voltaire ins Gefängnis zu bringen.

Höchste Entrüstung herrschte über den Inhalt dieser neuesten Schrift, die in Form eines Tischgesprächs unerbittliche Angriffe gegen die Kirchenlehre enthielt. Während Voltaire zum Ausdruck brachte, daß Gott den Menschen eine ewige Religion mitgegeben habe, so, wie sie die chinesischen Gelehrten schon vor über 4000 Jahren verkündet hätten – Anbetung eines Gottes, Liebe zur Gerechtigkeit und Abscheu vor dem Verbrechen –, stellte er gleichzeitig die Mängel des Christentums in einer Weise bloß, die eine unerhörte Herausforderung der herrschenden Mächte bedeutete, sowohl der Geistlichkeit als auch der Regierung und des frommen Königs.

Die Darlegungen dieser Schrift bereiteten um so mehr Ärgernis, als man sie kaum widerlegen konnte – die zitierten Bibelstellen oder historischen Tatsachen ließen sich nicht bestreiten. So mußte man ingrimmig zur Kenntnis nehmen, daß der Verfasser Absurditäten und Falschheiten der Bibel und Bibelauslegung, wie auch die Grausamkeiten in Kirchenlehre und Kirchengeschichte, im einzelnen aufwies und ihnen den Stand der Unschuld entgegenhielt: »Ich fordere Sie auf, mir in irgendeiner Sekte des Altertums einen Krieg zu zeigen, der um des Dogmas willen entfacht worden wäre, von Romulus an bis zu der Zeit, als die Christen kamen, um alles über den Haufen zu werfen.« Schon früher hatte Voltaire beanstandet, daß das Christentum, das auf der Grundlage der Glaubensfreiheit zur Herrschaft gelangt war, diese Freiheit schnell abgeschafft hatte.

Jetzt mußte er selbst vor Verfolgungen auf der Hut sein, und die Gefahren mehrten sich in bedenklicher Weise. Seine im Februar 1768 erschienene Erzählung »L'Homme aux quarante écus« reizte das Parlament zu neuer Wut: das Buch wurde zum Feuertod verurteilt, weil es sich erdreistet hatte, die krassen Ungerechtigkeiten des Steuersystems zu verspotten, unter denen besonders die armen Bauern zu leiden hatten. Angriffe gegen die Religion konnte man dem mißliebigen Buch jedoch kaum vorwerfen, höchstens seine Darstellung der Steuerbegünstigung und Einnahmen der Klöster, sowie einen Seitenhieb auf die Mönche als »Mörder einer ganzen Nachkommenschaft« oder die Gegenüberstellung theologischer und naturwissenschaftlicher Argumentation: bei Erörterung der verschiedenen medizinischen Theorien, die damals noch über die Zeugung des Menschen im Schwange waren, hieß es, das Ergebnis der wissenschaftlichen Streitigkeiten sei Zweifel und Zurückhaltung im Urteil. »Wenn diese Frage unter Theologen erörtert worden wäre, so wären Bannflüche geschleudert und Blut vergossen worden. Unter Naturforschern aber ist der Friede schnell wieder hergestellt. Jeder hat bei seiner Frau geschlafen, ohne im entferntesten an ihren Eierstock zu denken oder an ihre Fallopianischen Trompeten.«

Als ob Voltaire nicht genug Besorgnis wegen seiner Veröffentlichungen hätte haben müssen, wurden ihm auch noch Manuskripte entwendet, die er nicht zu publizieren gewagt hatte. Es handelte sich um den zweiten Gesang eines Gedichts »La guerre civile de Genève«, der zu seinem Entsetzen in Genf von Leser zu Leser wanderte und einen Skandal hervorrief; auch in Paris liefen einige Teile des Gedichts um. Außerdem war ein Manuskript seiner eigenen Memoiren verschwunden, das er 1759 überarbeitet hatte und nicht veröffentlichen wollte, da es zu ungeschminkt über Friedrich II. berichtete.

Nur einer im Hause konnte das Manuskript gestohlen haben: der Dichter und Literaturkritiker La Harpe, ein Schützling Voltaires, dem die vergebliche Neigung der immer noch liebeshungrigen Madame Denis galt. Es kam zu häßlichen Verhören und Streitereien: La Harpe versuchte erst zu leugnen und wurde dann, als er überführt worden war, unverschämt. Voltaire hieß ihn das Haus, in dem er viele Monate Gastfreundschaft genossen hatte, verlassen. Madame Denis verteidigte ihr Idol auf das hitzigste, bis Voltaire auch sie aus dem Hause wies.

Eine kleine Revolution vollzog sich und verwandelte Ferney: mit einem Schlage kehrte Ruhe in das Gebäude ein, das vorher einem Taubenschlag geglichen hatte. Alle Gäste waren hinauskomplimentiert, Madame Denis und das Ehepaar Dupuits – die frühere Marie Corneille und ihr Mann – sowie sämtliche Kammerdiener, Köche und Kutscher hatten das Haus verlassen, in welchem Voltaire nunmehr mutterseelenallein mit seinem getreuen schweizerischen Sekretär Wagnière, zwei Lakaien und dem Pater Adam residierte. Er faßte bald den Plan, das leere Ferney zu verkaufen.

Nach außen hin ließ Voltaire nicht merken, was geschehen war: die Meldung einer holländischen Zeitung über La Harpes Diebstahl dementierte er, die aufsehenerregende Abreise seiner Nichte erklärte er in einem Brief nach Paris: »Mein Alter von 74 Jahren und meine fortwährenden Leiden verurteilen mich zu Diät und Stille. Ein solches Leben paßt nicht für Madame Denis, die ihrer Natur Zwang angetan hat, um mit mir auf dem Lande zu leben. Um meine schreckliche Einsamkeit zu ertragen, die, wie die Russen mir sagen, während der fünf Wintermonate schlimmer als Sibirien ist, brauchte sie fast ununterbrochen Zerstreuungen. Sie sieht von ihrem Fenster aus fast dreißig Meilen weit ins Land hinaus, aber das sind dreißig Meilen voller Berge, Schneefelder und Abgründe. Im Sommer ist das Neapel, im Winter Lappland. Kurz, Madame Denis hat Paris nötig.«

Für ihren Unterhalt setzte Voltaire seiner Nichte eine hohe Jahresrente – 20 000 Francs – aus.

Er verband das Unangenehme mit dem Nützlichen und ließ Madame Denis in Paris für die Eintreibung seiner Außenstände sorgen: die hochvermögenden Schuldner wie der Herzog von Württemberg, Richelieu und das Geschlecht der Guise waren mit ihren Zahlungen bereits seit vielen Jahren im Rückstand.

Die geschäftskundige Madame hatte bei ihren Unterhandlungen auch recht gute Erfolge.

Die Angriffe Pasquiers, die feindselige Stimmung, die Gefahr einer Verhaftung bewogen Voltaire inzwischen zu dem Versuch, seinen Verfolgern den Wind aus den Segeln zu nehmen, indem er Ostern wieder einmal das Abendmahl nahm. Er wollte damit seiner Stellung als Patronatsherr Genüge tun und gleichzeitig dem Odium der Kirchenfeindlichkeit begegnen – »wenn man zwischen Füchsen und Wölfen eingesperrt ist, muß man manchmal mit den einen stinken und den anderen heulen«.

Da er mit den Kapuzinermönchen in der Nachbarschaft auf gutem Fuß stand, konnte er sich von einem von ihnen, als dieser gerade einmal zum Mittagessen einkehrte, die erforderliche Absolution erteilen lassen. Am Ostersonntag begab er sich dann in seine Kirche und verband diese Demonstration mit einem höchst praktischen Zweck: da in Ferney letzthin einige Diebstähle vorgekommen waren, predigte er über das Siebente Gebot.

Der entsetzte Pfarrer meldete seinem Bischof den Zwischenfall, und wenig später erhielt Voltaire einen Brief, der ihn vermahnte. Gleichzeitig trafen Schreiben von d'Alembert und anderen Freunden ein, daß sie den Kirchgang ihres lieben Meisters gar nicht billigten, und daß er mit solcher Komödie nichts gewinnen könne. »Wenn ich 100 000 Mann hätte«, verteidigte sich dieser, »wüßte ich, was ich täte.« So aber müsse er zum Abendmahl gehen – »Ihr könnt mich dann Heuchler nennen, so viel Ihr wollt.«

Voltaire war auch anderer Ansicht als der Bischof und schrieb ihm einen respektvollen Brief, der allerdings ein kleines Postskriptum hatte: ein Lehnsherr habe in seinem Pfarrdorf das Recht, beim Austeilen des geweihten Brotes seine Untertanen über einen Einbruchsdiebstahl zu unterrichten und an das Siebente Gebot zu erinnern, genauso, wie er die Pflicht hätte, Alarm zu schlagen und Wasser schleppen zu lassen, wenn es im Dorf brenne – das seien polizeiliche Angelegenheiten.

Der Bischof von Annecy ließ sich von dieser Argumentation ganz und gar nicht überzeugen, sondern sandte ungehalten einen weiteren Brief, über den sich Voltaire nicht genug wundern konnte. Was waren das nur für falsche Berichte und Verleumdungen, die man beim Bischof vorgebracht hatte? Wie verwerflich, den hohen Herrn so plump anzulügen! Er, Voltaire, habe durchaus nicht, wie behauptet, nur in diesem Jahre seine Pflichten gegenüber der katholischen Kirche erfüllt! Und die beanstandeten literarischen Bagatellen – das habe mit den Pflichten eines Bürgers und Christen überhaupt nichts zu schaffen, das sei nichts weiter als ein Amüsement.

Der Bischof indes verbot jedem Pfarrer und Mönch seiner Diözese, Voltaire künftig Beichte, Absolution oder Abendmahl ohne seine besondere Genehmigung zukommen zu lassen. Er reizte damit den auf solche Weise in den Kirchenbann geratenen Dichter allerdings, ihn eines Tages doch zu überlisten. –

In jenen Monaten der Sorge um seine Sicherheit erfuhr Voltaire eine Ehrung, wie sie noch gar keinem Schriftsteller zuteil geworden war – der neidische Piron machte auch gleich einen boshaften Vers darauf –: der Reeder du Montaudoin in Nantes taufte ein neues Schiff auf den Namen »Voltaire«. Gerührt dankte der so oft Geschmähte: wenn er jung wäre, würde er auf diesem Schiffe ein Land suchen, das weder Fanatismus noch Verleumdung kenne.

Seit Voltaire Ferney übernommen hatte, war die Zahl seiner Einwohner auf das Doppelte gestiegen. Er liebte seine Äcker, Wiesen und Wälder, das Vieh, er liebte auch die Arbeit des Säens und Pflügens, er kümmerte sich um den Ausbau der Gehöfte und die praktische Wirtschaft, war ständig auf Verbesserungen entsprechend dem Fortschritt der Forschung bedacht: in Einzelfragen der Bautechnik, der Forstwirtschaft oder der Viehzucht wie im Grundsätzlichen. Seit der Mitte des Jahrhunderts war eine neue wirtschaftliche Theorie, die der Physiokraten, aufgekommen, die die landwirtschaftliche Erzeugung als Hauptquelle des Wohlstandes ansah. Ihr Begründer war Quesnay, der Leibarzt der Marquise de Pompadour; da seine Schule mit den Enzyklopädisten befreundet war, hatte auch Voltaire sich eingehend mit dieser neuen Theorie beschäftigt und, nachdem selbst die Regierung zur Bevorzugung der Agrarpolitik übergegangen war, durch Kultivierung weiteren Landes die physiokratischen Lehren beherzigt. Aus verschiedenen Gründen hatte er dabei aber Fehlschläge erlitten und gelangte allmählich zu der Überzeugung, daß wirtschaftlicher Wohlstand besser durch die Förderung von Handwerk, Industrie und Handel zu erreichen sei.

Im täglichen Umgang mit seinen Bauern lernte er deren Nöte besser kennen. Früher hatte er nur aus der Ferne der Salons und Schlösser das Unglück der Bauern betrachtet, jener »dürren, bleich-häßlichen Wesen, die nackt, hungrig und gramgebeugt auf rauhen Bergen und in Felsenhöhlen hausen«, wie er in einem Gedicht gesagt hatte. Jetzt aber begann er in ihrem Namen zu sprechen und die krassen Mißstände anzuprangern, insbesondere die ungerechten Abgaben und Steuern.

Sein »L'Homme aux quarante écus« verspottete die Folgen der staatlichen physiokratischen Maßnahmen, die Ausbeutung der Landbevölkerung und das unsinnige Besteuerungssystem; das kleine Werk wurde schnell zur begierig gelesenen Programmschrift der unterdrückten Bauern, die sich selbst nicht äußern konnten, doch brachte es für den Verfasser wieder nur Gefährdung und Ängste.

Ende September 1768 verurteilte das Pariser Parlament drei Angeklagte zu schweren Strafen. Ein kleiner Lehrling, Josserand, hatte von einem Schuldner an Stelle des geliehenen Geldes einige Bücher erhalten, die er an den Händler Lecuyer und dessen Frau verkaufte. Zu diesen Büchern zählte eins von Damilaville, eine Tragödie von Fontenelle und vor allem Voltaires »L'Homme aux quarante écus«, Grund genug, um Josserand zu drei Tagen Pranger, Brandmarkung und neun Jahren Galeere, Lecuyer zu drei Tagen Pranger, Brandmarkung und fünf Jahren Galeere, seine Frau zu drei Tagen Pranger und fünf Jahren Zwangsarbeit in der Salpetière, die drei Bücher zum Scheiterhaufen zu verurteilen.

Für den armen Jungen war das Urteil zu hart: er starb am ersten Tage, als er am Pranger gestanden hatte, vor Scham und Verzweiflung.

Einige Tage später verurteilte das Parlament Voltaire als Verfasser eines »ruchlosen, gegen die guten Sitten kämpfenden Buches« zu der von seinen Feinden lange ersehnten Gefängnisstrafe.

Sie wurde zum Glück nicht vollstreckt – vielleicht retteten ihn Freunde, vielleicht sein hohes Alter. Mitte Oktober kursierte das Gerücht, daß Voltaire plötzlich gestorben sei – eine Nachricht, die alle beruhigte, die die Ordnung liebten.

315

Der Winter in Ferney war grimmig kalt und einsamer denn je. Voltaire schätzte jedoch das Alleinsein, da er ungestört an seinen Werken arbeiten konnte. Er hatte sich seine historischen Bücher noch einmal vorgenommen, um ihnen eine verbesserte Fassung zu geben; das »Siècle« war bereits beendet, nun überarbeitete er den vielbändigen »Essai sur les moe urs«. Einen besonderen Einleitungsband dazu, »La Philosophie de l'histoire«, hatte er vor drei Jahren veröffentlicht und Kaiserin Katharina gewidmet, die damals manchen Scherz über den angeblichen Verfasser gemacht hatte, der auf dem Titelblatt »Neffe des Abbé Bazin« hieß.

Ein Brief Katharinas überraschte und beglückte ihn jetzt in seiner Einsamkeit, als sie ihm mitteilte, daß sie sich in Bewunderung und als Beweis ihrer Dankbarkeit für Voltaires Schaffen habe impfen lassen. Ein englischer Arzt war von ihr nach Rußland eingeladen worden, hatte Pockenimpfungen am Hofe der Zarin vorgenommen und war nun dabei, einen Teil der Bevölkerung Petersburgs zu impfen.

Wie trostlos sah es dagegen in Frankreich aus, obwohl Voltaire doch schon vor Jahrzehnten für das Impfen eingetreten war!

Dafür brachten die ersten Monate des Jahres 1769 hier Neuheiten anderer Art: Ludwig, der seit dem Tode der alles regelnden Madame Pompadour zielos Umgang mit den verschiedensten Weiblichkeiten gepflegt hatte, war in brennende Leidenschaft zu einem außergewöhnlich schönen Mädchen verfallen. Er hatte ihr bereits die geheime Wohnung der Pompadour im zweiten Stock in Versailles eingerichtet und verwöhnte sie über alle Maßen, hatte aber noch nicht gewagt, sie bei Hofe vorzustellen. Keine Dame am Hofe hätte es mit ihrer Schönheit aufnehmen können – blendend weiße Haut, eine betörend hübsche Figur, zierliche Hände und Füße, ein schmales, aristokratisches Antlitz, glänzendes blondes Haar, blaue Augen, deren lieblicher Blick verwirrte, dazu ein heiteres Temperament und ein gutes Herz – aber sie kam von der Gasse. Bald wird das Volk singen: »Unsere Lakaien haben bei ihr gelegen, haben ihr zwanzig Sous gegeben ...«

Ein Geschöpf solcher Herkunft gehörte nicht an den Hof: unehelicher Geburt, aus dem Kloster entlaufen, Arbeiterin, von einem stadtbekannten Wüstling zur Förderung seiner Karriere ausgehalten und nach Bedarf vermietet – bis sie vom König erblickt, vom Kammerdiener Lebel ins Schloß gebracht, bald mit einem falschen Stammbaum versehen und schließlich mit einem Scheingemahl verheiratet wurde, dem in Toulouse stationierten Marinehauptmann du Barry, einem Bruder des Wüstlings, der das Mädchen aushielt.

Seitdem wurde die liebliche Unschuld – in der Politik war sie es – auch in die Machtkämpfe am Hofe verstrickt; Richelieu erkannte die Möglichkeit, sich ihres Einflusses beim König gegen seinen Widersacher Choiseul zu bedienen und arbeitete darauf hin, daß die du Barry offiziell anerkannt wurde.

Und dann kam wirklich der große Tag: Am 30. April öffneten die Lakaien die Flügeltüren des Schloßsaales, in dem der gesamte Hofstaat neugierig wartete, und herein trat, hinreißend schön, die Gräfin du Barry, in einem schneeweißen Gewand aus schwerem Seidenbrokat, die kunstreich hochgetürmten Haare weiß gepudert, mit herrlichen Diamanten im Wert von 100 000 Francs geschmückt. Von diesem Augenblick an war sie die erste Frau Frankreichs.

Voltaire wurde über diese Vorgänge genauestens durch seine Nichte unterrichtet, die sich wieder einmal bei der Vertretung seiner Interessen unentbehrlich machte. Im Briefwechsel zwischen beiden war allmählich ein freundlicherer Ton eingekehrt, und Madame Denis, die bereits dem Verkauf Ferneys entgegengewirkt hatte, unterbreitete jetzt vorsichtig den Vorschlag, sie wolle sich in der Nähe des Onkels niederlassen und ihn immer nur dann besuchen, wenn er es wünsche. Man durfte nicht zu weit entfernt von jemandem leben, der jeden Tag ein gewichtiges Testament aufsetzen konnte...

Voltaire ging auf diese Anregung zunächst noch nicht ein, sondern behielt weiterhin sein einsames Leben bei.

Ostern war herangekommen, und er wollte wieder das Abendmahl nehmen. Einige Fieberanfälle hatten ihn mit Schrecken daran denken lassen, daß dem Dichter Boindin ein christliches Begräbnis verweigert worden war, da er das Abendmahl versäumt hatte. Warum soll ich mich, dachte Voltaire, von den Barbaren, unter denen ich leben muß, eines kleinen Frühstücks wegen wie ein Unmensch angaffen lassen?

Als er gerade, im Bett liegend, seinem Sekretär diktierte, erblickte er einen Kapuziner, der im Garten spazieren ging, und ließ ihn hereinrufen, schenkte ihm ein Goldstück und wollte beichten. Der Mönch fand jedoch, eingedenk des Verbots seines Bischofs, einen Vorwand, sich schnell zu entfernen. Nun ließ Voltaire einen Arzt holen, der ihn zwar gesund vorfand, aber als Kranken verließ, nachdem Voltaire mit ihm verhandelt hatte. Anschließend bat der Arzt den Pfarrer mehrmals, dem

Schwerkranken den Trost der Religion nicht vorzuenthalten. Doch es fruchtete nichts; nach mehreren Tagen vergeblichen Wartens ließ Voltaire frühmorgens seine Diener wecken und diktierte dem Sekretär einen Brief: Fieber hindere ihn daran, in der Kirche zu kommunizieren, der Pfarrer möge deshalb, wie die Gesetze es vorschrieben, zu ihm kommen, er sei auch bereit, seine Unterschrift unter jede gewünschte Erklärung zu setzen.

Der Geistliche rührte sich darauf immer noch nicht, erschrak aber, als Voltaire ihm einen Juristen mit der Drohung schickte, Klage beim Parlament einzureichen. Schließlich entsandte er den Kapuziner, der die Beichte abnehmen sollte, wenn Voltaire ein ihm vorgelegtes Glaubensbekenntnis unterzeichne. Der Mönch nahm auch die Beichte des Darniederliegenden entgegen, wurde aber von Voltaire so beschwatzt und verwirrt, daß er vergaß, ihn das Bekenntnis unterschreiben zu lassen; der Pfarrer, der kurz darauf in der Annahme erschien, es sei alles erledigt, ließ Voltaire endlich kommunizieren und erreichte wundersamer Weise, daß dessen Gesundheit in dem Augenblick wiederhergestellt war, als der Geistliche das Haus verließ.

Neue Empörung gegen Voltaire brach wenig später in der Hauptstadt aus, weil man ihn für den Verfasser einer in Amsterdam erschienenen Geschichte des Pariser Parlaments hielt, einer Darstellung, die – historisch unanfechtbar – die Unzulänglichkeit des Parlaments erbarmungslos bloßstellte. Dieses ergriff deshalb strengste Maßnahmen gegen den Vertrieb des schändlichen Werkes und belegte jeden Buchhändler, der beim Verkauf erwischt wurde, mit abschreckendsten Strafen. Der Erfolg war, daß insgeheim Auflage nach Auflage gedruckt wurde und das Parlament stark an Ansehen verlor – eine Schwächung, die bald zu seiner Auflösung beitragen sollte.

Voltaire (natürlich stammte das Buch von ihm) war der Ansicht, daß die maßlose Dummheit der Parlamente bereits unter Ludwig XI. begonnen hatte, als die ersten gedruckten Bücher (die aus Deutschland kamen) verboten wurden. Insbesondere nach seinen jüngsten Erfahrungen betrachtete er die Parlamente als Repräsentanten des Unrechts und der Unterdrückung, eine Auffassung, die ihn mehr denn je nötigte, den Verdacht der Verfasserschaft von sich abzulenken. Er legte deshalb öffentlich dar, daß er das jahrelange Studium in den Pariser Akten, das für dieses historische Werk erforderlich war, in Ferney gar nicht hätte bewerkstelligen können (das hatten ja auch Freunde für ihn besorgt), und griff einige Abschnitte der Abhandlung als unzulänglich und falsch an. Nun konnte ihm das Parlament nicht beikommen.

In seinem Kampf für die Opfer der Parlamente kam er im Sommer dieses Jahres einen wichtigen Schritt voran. Die Frist von fünf Jahren, nach denen das Urteil gegen Sirven nicht mehr angefochten werden konnte, lief ab: wenn man noch irgend etwas erreichen wollte, mußte Sirven nach Toulouse reisen und sich an das dortige Parlament wenden. Es war Voltaire nach vielen Versuchen geglückt, einen Toulouser Parlamentsherrn zu finden, der sich für Sirvens Sicherheit verbürgte.

So begab sich Sirven, nachdem er in Südfrankreich noch einige Entlastungszeugen aufgesucht hatte, im August nach Toulouse, meldete sich im Gefängnis und wurde dort so schändlich behandelt, daß Voltaire umgehend protestieren mußte. Doch das Verfahren kam wenigstens in Gang: wenn auch der Amtsanwalt lediglich belastende Zeugen zuließ und ihrer 44 dem Angeklagten gegenüberstellte, so hatte dieser doch endlich Gelegenheit, die Vorwürfe zu entkräften und die falschen Behauptungen zu widerlegen.

Während Sirven tapfer um seine Rehabilitierung kämpfte, erfuhr Voltaire schon wieder von einem neuen Justizmord. Ein armer Bauer in Lothringen namens Martin wurde des Mordes bezichtigt, nach unzulänglichem Verfahren zum Rade verurteilt und dann, als das Pariser Parlament nicht recht Zeit hatte, sich um den Fall zu kümmern und das Urteil bestätigte, hingerichtet. Als man ihm auf dem Andreaskreuz die Knochen zerschlug, bat er um die Gnade, wenigstens seine Hände als Zeichen der Unschuld gen Himmel heben zu dürfen.

Einige Zeit später wurde ein Verbrecher verhaftet, der gestand, den Mord begangen zu haben, für den Martin verurteilt worden war.

Wieder trat man an Voltaire, den weltbekannten Beschützer der unschuldig Verfolgten, heran, sich auch dieses Falles anzunehmen. Aber er war am Ende seiner Kräfte; der Freund Damilaville, der in den früheren Fällen wacker mitgestritten hatte, war gestorben, d'Alembert eignete sich nicht für solche langwierigen Prozesse – sollte ihm alles aufgebürdet werden? Bitter schrieb er an d'Argental: »Ich kann unmöglich der Don Quichotte aller Geräderten und Gehängten sein. Wohin ich blicke: nichts als barbarische Ungerechtigkeiten. Lally mit dem Knebel im Mund, Sirven, Calas, Martin, der Chevalier de la Barre erscheinen mir manchmal im Traum. Unser Jahrhundert sei nur lächerlich, glaubt man wohl; es ist entsetzlich.«

Seit in Ferney Stille eingekehrt war, hatte Voltaire seinen Theatersaal einem praktischen Zweck zugeführt: er züchtete Seidenraupen, die sich in dem Saal offensichtlich wohl fühlten. Voltaire triumphierte, daß er trotz des kalten Klimas Erfolge mit seiner Zucht verzeichnen und Seide verarbeiten lassen konnte. Seitdem er eingesehen hatte, daß mit der Bodenbestellung allein kein Wohlstand zu erzielen war, bemühte er sich, Produktionsstätten zu schaffen und Handwerker und Arbeiter heranzuziehen. Selten in seinem Leben war er so stolz gewesen wie jetzt, da er in Ferney Seidenstrümpfe anfertigen lassen konnte; er beteiligte sich gemeinsam mit dem jungen Calas gelegentlich sogar selbst an ihrer Herstellung. Die Erzeugnisse pries er bei all seinen hochgestellten Bekannten an; überzeugt von der Güte seiner Ware, schrieb er im September etwa an die Herzogin von Choiseul: »Seien Sie so liebenswürdig, Madame, sie ein einziges Mal anzuziehen, und zeigen Sie Ihre Beine, wem immer Sie wollen. Wenn man dann nicht zugibt, daß meine Seide stärker und schöner ist als die aus der Provence und Italien, dann gebe ich das Handwerk auf.«
Ende Oktober trat eine Veränderung in Ferney ein: Madame Denis erschien wieder.
Nach vielen Monaten des Schwankens und der Unentschlossenheit – Voltaire wünschte sowohl das Alleinsein wie ihre Gesellschaft –, und nach vergeblichen Versuchen, sich schriftlich über die Modalitäten ferneren Zusammenlebens zu einigen, war sie schließlich auf einen Brief ihres Onkels hin angereist gekommen.
Das Wiedersehen ließ alle Zerwürfnisse vergessen, und Ferney wurde nun schnell wieder ein begehrtes Reiseziel der vornehmen Welt. An der Tafel nahm Voltaire allerdings nicht mehr teil, sondern speiste zurückgezogen; enge Freunde hatten das Vorrecht, ihn in seinen Räumen aufsuchen zu dürfen. Die anderen Besucher bekamen ihn nur selten, bei einer kurzen Audienz, zu Gesicht; es konnte allerdings auch vorkommen, daß er plötzlich in dem mit grüner, roter und goldener Tapisserie verzierten Salon auftauchte, temperamentvoll und geistreich das Gespräch beflügelte und dann wieder verschwand – ins Krankenbett oder an den Pflug, mit dem er sein privates kleines Feld beackerte.
In Genf hatten in der Zwischenzeit die sozialen und politischen Spannungen nicht nachgelassen. Schließlich entluden sich die Differenzen zwischen der alteingesessenen, autoritären kalvinistischen Oberschicht und den später zugewanderten, bevormundeten Kleinbürgern und

Voltaire diktiert seinem Sekretär beim Ankleiden

Handwerkern in blutigen Ausschreitungen, über die Voltaire entsetzt
war. Es gab Tote und Verletzte; die Obrigkeit siegte und die Unterlegenen flohen aus der Stadt. Voltaire bot ihnen Unterschlupf: er nahm
an fünfzig Familien in Ferney auf, und da es sich hauptsächlich um Uhrmacher handelte, faßte er sofort den Entschluß, in seinem Gemeinwesen
die Uhrenherstellung aufzunehmen. Im Theatersaal mußten die Seidenraupen zusammenrücken und den größeren Teil für die Uhrmacher
freigeben; da es sich um geschickte Leute handelte und Voltaire mit
höchstem Eifer für die Heranschaffung der nötigen Ausstattung und
Materialien sorgte, kam die Uhrenproduktion schnell in Gang.

Er selbst war in den kalten ersten Monaten des Jahres 1770 wieder sehr krank und schwach; selbst Katharina mußte ungebührlich lange auf einen Brief warten, und als dieser ankam, las sie darin erschrocken den Passus, daß Voltaire »bald Peter dem Großen in einer anderen Welt seine Aufwartung machen würde«.

Noch im April glaubte er, demnächst sterben zu müssen; selbst die Ehrungen, die er erlebte, konnten ihn kaum aufmuntern, sondern nur zu kurzatmigen Späßchen veranlassen. Besonders lustig fand er es, daß er wegen der Förderung, die er den Kapuzinern im Ländchen Gex zuteil werden ließ, ehrenhalber zum Laienmitglied dieses Ordens ernannt worden war. Die Öffentlichkeit nahm diesen Vorgang mit Mißbilligung zur Kenntnis; die deutschen Zeitungen berichteten etwa:

»Wer soll sich's wohl haben einfallen lassen, daß der Herr von Voltaire von einem geistlichen Orden zu dessen weltlichen Vater würde erwählet werden, und was noch mehr ist, daß er diese Stellung annehmen würde; und doch ist dieses vor kurzem geschehen. Der Capuciner-Orden hat ihn zu seinem weltlichen Vater erwählt, und Herr von Voltaire tut sich auf diesen neuen Ehrentitel sehr viel zugute. Er hat diese neue Ehre seinen Bekannten mit einer Art von Fröhlichkeit kund gemacht, von welcher seine Constituente, deren Rechte er zu verteidigen nunmehr berufen ist, sehr wenig wissen.

Man sieht ein neues Werkgen in 2 Bänden, welches die Aufmerksamkeit der Bücher-Censur erweckt. Der Verfasser schreibt unter dem Namen des verstorbenen Herrn von Mirabeau; allein die Sprache verräth den neuerwählten Vater der Capuciner, dessen Schriften bey Leuten, welche die Sachen nur obenhin untersuchen, der Moral und dem Christentum, vornehmlich aber diesen Leuten selbst, einen unwiederbringlichen Schaden zufügen.«

Eine andere unvermutete Ehrung widerfuhr Voltaire, als Madame Necker, in deren Salon die hervorragenden Philosophen verkehrten, auf den Gedanken kam, daß dem Dichter schon zu Lebzeiten eine Statue errichtet werden müsse. Es wurde zu diesem Zweck eine Sammlung veranstaltet, an der sich jeder beteiligen durfte, der durch literarische Arbeiten hervorgetreten war. Die Sammlung ergab den Betrag von fast 19 000 Francs; den Beitrag Rousseaus hatte das Komitee nach längerem Bedenken gebilligt, die Beteiligung des giftigen Fréron aber abgelehnt. Der Bildhauer Pigalle wurde beauftragt, nach Ferney zu reisen und die Statue anzufertigen. Voltaire schrieb erschrocken an Madame Necker: »Herr Pigalle soll, wie man sagt, mein Gesicht modellieren. Ja, Madame, da müßte ich wenigstens ein Gesicht haben; man kann aber kaum dessen Ort erraten. Meine Augen liegen mir drei Zoll tief im Kopfe, meine Wangen gleichen Pergament, das schlecht über wackelnde Knochen gespannt ist. Die wenigen Zähne, die ich noch hatte, sind dahin.« Und als Pigalle seine Arbeit aufgenommen hatte, behauptete Voltaire: »Als meine Dorfleute sahen, wie er einige Werkzeuge seiner Kunst benutzte, sagten sie: ›Ei, ei, er soll seziert werden, das wird lustig.‹«

Die Sitzungen waren für den Bildhauer sehr anstrengend, da Voltaire das ganze Unternehmen nicht ernst nahm, nicht still hielt und allerlei Possen trieb. Er wurde erst zum guten Modell, als er gespannt zuhörte, wie Pigalle ihm ausführlich seine Frage beantwortete, in welcher Zeit das Standbild eines goldenen Kalbes errichtet werden könne – eine wichtige Einzelfrage für die Bibelkritik.

Als später das Werk des Bildhauers in Paris besichtigt werden konnte, zirkulierte in ganz Europa ein Schmähgedicht, in welchem ein Betrachter über die Büste sagte: das ist nicht Voltaire, sondern ein Ungeheuer! worauf ein anderer erwiderte: Wenn es ein Ungeheuer ist, dann ist er gut getroffen.

Im Laufe des Jahres zeigte es sich, daß die Uhrenherstellung gute Erfolge zeitigte und das Aufblühen der kleinen Gemeinde erheblich förderte. Voltaire wirkte unentwegt: er hatte Choiseul als Schirmherrn gewonnen, der Verkaufsproben nach Spanien und Rom sandte und auf Voltaires Betreiben hinderliche Zölle in den französischen Provinzen abschaffte; der Patriarch selbst sorgte durch Unterbietung der Genfer und Londoner Preise und durch unermüdliche Werbung für großen Absatz: er verkaufte seine Uhren in Frankreich, Spanien, Holland, Italien oder Rußland und versuchte sogar, in Algier und Tunis Absatz zu finden. Das Geld, das er uneigennützig riskiert hatte, trug schöne Früchte: die Uhrmacher waren in den für sie neuerbauten Häusern glücklich und zufrieden; am Tag des Heiligen Ludwig feierten sie ihren Patronatsherrn mit Illumination und Feuerwerk. Vor allem aber war Voltaire stolz darauf, in seinem kleinen Reich praktisch zu demonstrieren, was er in seinen Schriften forderte: die französischen Katholiken und die Protestanten aus Genf lebten einträchtig miteinander – die Toleranz ließ sich also auch in Frankreich verwirklichen.

Es war nicht verwunderlich, daß auch die entrechteten Bauern des Domherrn von Saint-Claude den großherzigen Patriarchen um Unterstützung baten.

Voltaire nahm sich ihrer Sache sofort an, als er erkannte, daß diese armen Menschen hilflos in einer Art Leibeigenschaft leben mußten: nichts war ihr Eigentum, alles, was sie erarbeiteten, gehörte dem kirchlichen Grundherrn; der Mann oder die Frau, die einen solchen Arbeitssklaven heirateten, verfielen selbst der Leibeigenschaft; nicht einmal auf ihre eigenen Kinder hatten sie ein Recht. Es genügte, einmal für kurze Zeit im Gebiet von Saint-Claude gelebt zu haben: wenn man – wo immer in Frankreich – starb, fiel aller Besitz an die Grundherren von Saint-Claude.

In einer Denkschrift an den König stellte Voltaire diese Zustände bloß. Die Bauern, die sich nicht selbst zu helfen wußten, waren seiner Auffassung nach getäuscht worden: durch alte, gefälschte Dokumente waren sie in früherer Zeit unter das Statut der »Toten Hand« geraten, wonach der Boden und alles Eigentum darauf für ewige Zeiten im Besitz der geistlichen Herren blieb.

Gegen diese Ungerechtigkeit setzte Voltaire seine Feder ein und machte sich zum Sprecher von Tausenden armer, unterdrückter Menschen, die überall im Land auf gleiche Weise ausgenutzt wurden. Schon bald wurde es Voltaire klar, daß es nicht um den besonderen Fall Saint-Claude gehen durfte, nicht um historische oder juristische Einzelheiten, sondern um das Prinzip der »Toten Hand« selbst, unter dem zahllose Entrechtete litten. Eine Schrift nach der anderen wird er in den nächsten Jahren publizieren, um zu sagen, daß jene alte feudale Institution dem Grundrecht der Freiheit widerspricht und die menschliche Würde verletzt. Was sollen da juristische Spitzfindigkeiten? »Wir müssen euch nicht beweisen, daß wir mit den Rechten geboren wurden, die allen Menschen gehören, sondern Ihr habt uns zu beweisen, daß wir sie verloren haben!« Mit schneidender Schärfe führte er in der Folgezeit seinen Kampf gegen Leibeigenschaft und Sklaverei, doch sollte er den Erfolg nicht mehr erleben.

Statt dessen hatte er eine andere Genugtuung: das verhaßte Pariser Parlament, das warme Nest der reformfeindlichen Feudalherren, geriet in Schwierigkeiten, weil es sich mit dem König überworfen hatte.

Die muntere du Barry hatte den verlebten König aufgefrischt, der nun nicht mehr nach lasterhaften Grisetten oder unschuldigen Kindern und Nonnen zu jagen, nicht nach jeder Ausschweifung zu beten brauchte und allmählich auch seine Todes- und Höllenangst verlor. Er nahm plötzlich die Zügel in die Hand und begann ein anstrengendes Leben voller Ratssitzungen, Arbeit, Empfängen, Soupers, Spiel und Jagden zu führen, Kunstschätze für das im Bau befindliche Louveciennes zu sammeln, in seine verschiedenen Schlösser zu reisen und sich sehen zu lassen. Die Hochzeit seiner drei Enkel wurde mit überwältigender Festlichkeit begangen: Theateraufführungen mit den berühmtesten Schauspielern; Balletts, Aufmärsche, Truppenschauen, Einweihung des Opernsaales mit einem Festdiner, wobei am Ehrentisch von rein goldenem Geschirr gegessen wurde, Volksbelustigung für 200 000 Zuschauer im Park von Versailles, Gondeln mit Musikanten auf dem Kanal, in den Räumen 160 000 Lampions, auf dem Balkon des lichtüberfluteten Schlosses der König im Glanz zahlloser Diamanten.

Der rührig gewordene Louis XV. entließ Choiseul und ernannte den eiskalten Rechner und Streber de Maupeou zum Kanzler; auch die übrigen neuen Minister waren energische Leute. Streitigkeiten mit dem Parlament führten dazu, daß dieses seine Arbeit einstellte; nun wirkte Maupeou darauf hin, daß der König die unbotmäßigen Parlamentsräte aus Paris verbannte. Ein neues Parlament von 75 untertänigen Mitgliedern wurde eingesetzt, sein Machtbereich durch die Bildung von sechs Obersten Gerichten in verschiedenen Städten eingeschränkt; die Provinzparlamente wurden aufgelöst und durch neue ersetzt.

Nach diesem kalten Staatsstreich war die Macht des Königs gewaltig gestärkt; gleichzeitig hatte Maupeou einige der krassesten Mißstände im Rechtswesen beseitigt, da nunmehr die Richterstellen nicht mehr käuflich waren, sondern durch den König auf Lebenszeit besetzt wurden. Die Rechtssprechung war fortan kostenlos, die Richter durften keine Vorteile genießen, die Kläger keine Geschenke anbieten – kurz, Voltaire konnte glauben, daß sich die Zustände jetzt bessern würden. Er feierte die neue Regelung in einigen Schriften und hatte die Genugtuung, daß binnen kurzem zwei schreiende Ungerechtigkeiten gesühnt wurden. Das erste war der jüngste Justizmord: das Ehepaar Montbailli in St. Omer war zum Tode verurteilt worden, weil der Pöbel behauptete, die beiden hätten die Mutter des Ehemannes – die in Wirklichkeit an einem Schlaganfall gestorben war – ermordet. Trotz aller Unschuldsbeteuerungen bei der Folter hatte man Montbailli die Hand abgeschlagen, die Glieder zertrümmert und ihn dann lebend auf den Scheiterhaufen geworfen. Da seine Frau schwanger war, wurde ihre Hinrichtung aufgeschoben. Voltaire hatte nach Durchsicht der Akten wütend protestiert: dieser Prozeß habe nur deshalb kein Aufsehen erregt, weil es sich um eine arme Familie aus dem Volke handelte, die man ohne hinreichende Gründe verurteilen konnte!

Das inzwischen neu gebildete Gericht sprach Madame Montbailli frei und rehabilitierte ihren hingerichteten Mann.

Und im November erlebte Voltaire die Genugtuung, daß das neue Parlament in Toulouse endlich zu einem klaren Freispruch im Fall Sirven gelangte, nachdem der Unglückliche vorher trotz Widerlegung aller Belastungszeugen nichts weiter hatte erreichen können, als daß man ihn außer Verfolgung setzte.

Als der siegesbewußte Voltaire jedoch in wenigen Dezember- und Januarwochen ein Drama – Les Lois de Minos – schrieb, das in antikem Gewande den Sieg eines menschlichen Königs über seine fanatischen Untertanen – gewissermaßen das Parlament – feierte, erlebte er eine herbe Enttäuschung: das Stück wurde in Paris nicht auf die Bühne gebracht, man forderte also den Autor auch nicht auf, in die Hauptstadt zu kommen.

So würde er Paris leider nie wiedersehen. Eine Sinnesänderung des Königs war nicht mehr zu erwarten, außerdem verfielen Voltaires Körperkräfte zusehends. Er verließ kaum noch das Haus, lag meistens im Bett und diktierte stundenlang, wobei er ständig Kaffee trank – fünfzig, auch sechzig Mal und mehr mußte man tagsüber sein chinesisches Porzellanschälchen füllen –, ließ sich vorlesen und brachte es so auf fünfzehn bis achtzehn Arbeitsstunden.

Krankheiten und Schwäche lenkten seine Gedanken stärker, als er wollte, auf den Tod. Seinem alten Freund Friedrich schüttete er das Herz aus: »Ich fürchte den Tod nicht, der sich mir mit großen Schritten nähert und sich schon meiner Augen, meiner Zähne und meiner Ohren bemächtigt hat. Wohl aber habe ich eine unüberwindliche Abneigung gegen die Art und Weise, wie man in unserer heiligen katholischen, apostolischen und römischen Religion sein Leben beschließt. Es erscheint mir höchst lächerlich, sich beim Aufbruch in jene andere Welt ölen zu lassen, etwa so, wie man die Radachsen seines Reisewagens schmiert, wenn es auf große Fahrt geht. Dieser Unsinn, und was damit zusammenhängt, widert mich so sehr an, daß ich mit dem Gedanken spiele, mich nach Neufchâtel (das durch oranische Erbschaft an Preußen gefallen war) transportieren zu lassen, um das Vergnügen zu haben, bei Ihnen zu sterben.«

Sein Leben war aber offensichtlich keineswegs zu Ende, denn er war noch nicht einmal zu alt für einen Skandal: es hieß 1772, er habe ein unbescholtenes junges Mädchen verführt.

Richelieu, der – in seinem achten Jahrzehnt – unentwegt seine Eroberungen fortsetzte und täglich mehrere Billets d'amour erhielt, in denen ihn schöne Frauen um eine Stunde seiner Nacht anflehten, erkundigte sich neugierig, was es mit den Gerüchten aus Ferney auf sich habe. Voltaire informierte ihn: eine junge Dame, die übrigens etwas jünger und zwei Finger größer sei als jene, mit der man Richelieu bei seinem letzten Besuch in Ferney überrascht hatte, leiste dem Patriarchen auf die züchtigste Weise Gesellschaft. Sie war aus bester Familie: Tochter des berühmten Naturforschers Horace-Bénédict de Saussure, den die Genfer fast gelyncht hätten, weil er Gott beleidigte, indem er einen Blitzableiter auf seinem Hause anbrachte.

Die bösen Gerüchte waren von niemand anders in die Welt gesetzt worden als von Madame Denis, die immer noch genauso eifersüchtig auf jedes Mädchen war, dem ihr Onkel zulächelte, wie vor fünfzehn Jahren, als eine junge Genferin, die den großen Dichter bewunderte, ihm eine selbstgemachte Nachtmütze geschenkt hatte, woraufhin Madame Denis eine so große und prächtige Nachthaube anfertigte, daß sie als Turban für einen Sultan hätte dienen können. Sie stellte sie morgens dem noch schlafenden Voltaire ans Bett und wartete gespannt auf sein Erwachen; der Onkel aber beachtete dann das neue Stück gar nicht, wie immer sie es zurechtrückte, bis sie es ihm direkt unter die Nase hielt und er bestätigen mußte, daß ihre Haube viel schöner sei als die der Genferin. –

Im Februar 1773 litt Voltaire infolge einer Blasenerkrankung an heftigem Fieber, so daß der Arzt ihm verbot, sich anzustrengen. Doch der Kranke scherte sich nicht um solche Vorschriften. »Das höchste Geschenk, das Gott den Menschen gegeben, ist die Notwendigkeit zu arbeiten«, hatte er einmal gesagt; so unterbrach er auch jetzt nicht seinen gewohnten Arbeitsrhythmus, diktierte die umfangreiche Korrespondenz, traf seine Dispositionen als Gutsherr, studierte und arbeitete an seinen Veröffentlichungen, und befaßte sich außerdem mit einem neuen Justizfall, dem Prozeß einer Pfandleiherin gegen den Grafen von Morangiès. Die Familie Arouet war einst mit den Großeltern des Grafen befreundet gewesen, weshalb Voltaire sich verpflichtet fühlte, diesem zu Hilfe zu kommen, da er um viel Geld betrogen worden war. Elf Darstellungen und Schriften verfaßte er in dieser Angelegenheit, deckte die Lügen der Gegenpartei auf und merkte erst allmählich, daß auch sein Schützling log und ein sehr dunkler Ehrenmann war. Zu spät sah Voltaire ein, daß er einen betrogenen Betrüger geschützt hatte; als später das neue Parlament den Grafen freisprach, bewies es damit, daß es nicht mehr taugte als das alte, während Voltaires Reputation als Streiter gegen das Unrecht eine arge Einbuße erlitten hatte.

Ungeachtet aller Arbeiten und Enttäuschungen nahm er sich im April bereits wieder eines anderen Falles an: der junge Graf de Lally, der Sohn eines 1766 hingerichteten Generals, den Voltaire gekannt hatte, bat ihn, die Ehre seines Vaters wiederherzustellen.

Unverzüglich machte Voltaire sich an das Studium der Akten des Prozesses und erkannte, daß das Parlament seinerzeit mit verdächtiger Eile vorgegangen war, und daß gewisse Handelsleute der »Indischen Kompagnie« ein niederträchtiges Interesse am Tode des Generals gehabt hatten.

Lally war damals, zu Beginn des Siebenjährigen Krieges, in die französischen Kolonien nach Ostindien geschickt worden, um diese gegen die Engländer zu schützen. Er kam im April 1758 in Pondichéry an und verjagte zunächst die an der Koromandelküste eingedrungenen englischen Truppen. Dann begannen seine Schwierigkeiten. Im Verlaufe des weiteren Feldzuges sperrte die »Indische Kompagnie« ihm das Geld, worauf Lally die hohen Kosten aus eigener Tasche bestritt; als nächstes zog die Kompagnie das Truppenkontingent zurück, das sie ihm unterstellt hatte, so daß seine Streitmacht – die königlichen Truppen – hauptsächlich nur aus unzuverlässigen Eingeborenen bestand; als er trotzdem Madras eroberte, gab der auf ihn neidische französische Admiral, der die Küste abschirmen sollte, sechs englischen Linienschiffen die Durchfahrt frei; daraufhin mußte Lally sich nach Pondichéry zurückziehen, das bald von einer englischen Übermacht eingeschlossen wurde. Der General gab seinen meuternden Truppen alles, was er besaß, um ihren Sold zu zahlen, doch im Januar 1761 mußte er kapitulieren und geriet in englische Gefangenschaft.

In Frankreich wurde ihm die ganze Schuld am Verlust von Pondichéry zugeschoben; als er vernahm, daß er beim Ministerium verleumdet worden sei, bat er, sich rechtfertigen zu dürfen und erhielt gegen das Ehrenwort, in die Gefangenschaft zurückzukehren, die Genehmigung zur Fahrt nach Frankreich. Lally hatte schon deshalb viele Feinde unter den französischen Kolonialherren in Ostindien, weil er dort lauter Mißstände aufgedeckt hatte. Wenn nun noch herauskam, wie ihm seitens der »Indischen Kompagnie« in den Rücken gefallen worden war, hätte das für manchen Beteiligten höchst unangenehme Folgen gehabt – also mußte Lally verurteilt und zum Schweigen gebracht werden, und zwar schnell.

Einen Rechtsbeistand erhielt er nicht; der Parlamentsrat Pasquier – der spätere Beschützer der Religion gegen la Barre und Voltaire – trieb zur hastigen Erledigung des Verfahrens, so daß schließlich zwei Sitzungen täglich abgehalten wurden; am Ende wurde Lally wegen Verrats an den Interessen des Königs und der Indischen Kompagnie zum Tode verurteilt.

Verzweifelt unternahm er einen Selbstmordversuch. Dieser mißlang, und nun band man dem General die Arme auf dem Rücken zusammen; gefesselt, mit einem Knebel im Munde – damit er dem Volke nicht seine Unschuld beteuern könne – fuhr man ihn zum Schafott. Der Scharfrichter traf beim ersten Mal nicht richtig und schlug ihm erst beim zweiten Streich das Haupt ab, während die Feinde Lallys am Gerüst riefen: »Hätte er doch zwanzig Mal nicht getroffen!«

Voltaire war nach Durchsicht der Akten entschlossen, das Ansehen des Hingerichteten wiederherzustellen. Dazu bedurfte es aber mehr als der Eingaben, die er einreichte – das Geschehene lag einige Jahre zurück und war von den meisten Menschen längst vergessen worden. Er sah sich deshalb genötigt, die öffentliche Meinung zu mobilisieren.

Dieses Mal verfaßte er aber keine mitreißende Polemik, sondern ein unterhaltsam belehrendes Buch, und zwar nicht über Lally, sondern über Indien.

Im Anschluß an das Studium der Akten versenkte er sich mit seinem unermüdlichen Arbeitseifer in die Geschichte und Geographie Indiens und vermochte bald ein Werk vorzulegen (»Fragments historiques sur l'Inde et sur le général Lally«), das Neugierde und Teilnahme erweckte, indem es die unbekannte Ferne nahebrachte: es berichtete in munterer, geistreicher und spannender Weise von der Natur des Märchenlandes und von seinen Einwohnern, wobei die vielen Ammenmärchen, die in Umlauf waren, durch Tatsachen ersetzt wurden. So erfuhr der Leser von den Kasten Indiens, seinen Stämmen, ihren Sitten und Religionen, den Einflüssen der Mongolen, Perser und Araber, der Entdeckung und Eroberung durch Portugiesen und Holländer, den Kämpfen der Engländer mit den Fürsten von Bengalen, der Kolonisation der Franzosen.

Die Historie ging in die Gegenwart über: die ganze Geschichte des Generals Lally wurde erzählt und mußte den Leser zur Empörung bringen. Dann folgte ein eingehender Bericht über Mythologie und Glauben in Indien, wobei Voltaire zu verstehen gab, daß wichtige Teile der biblischen Lehre – etwa die Gestalt des Teufels oder die Erzählung vom Apfel und dem Sündenfall – schon bei den Brahmanen zu finden waren.

Das Buch erlaubte den Gebildeten in Frankreich einen Einblick in das exotische Land, das sie mit eigenen Augen nicht zu sehen bekamen; gleichzeitig hatte man aber auch erfahren, daß Lally unschuldig hingerichtet worden war. Da das erregende Buch großen Erfolg hatte, begann sich diese Erkenntnis allmählich zu verbreiten und auf das Wiederaufnahmeverfahren in Sachen Lally einzuwirken.

Voltaire grämte sich oft darüber, daß er seinen Einfluß nur von seinem Krankenbett in Ferney aus geltend machen konnte und nie in Paris selbst. Jetzt erfuhr er, weshalb seine letzte Hoffnung, dorthin zu kommen, fehlgeschlagen war: weil sein Stück »Les Lois de Minos«, auf das sich diese Hoffnung gründete, in einer verpfuschten und verfälschten Raubausgabe erschienen war, ehe irgend jemand den wahren Text kennengelernt hatte!

Es war völlig unbegreiflich, wer sich in den Besitz des Manuskripts gesetzt haben könnte – bis sich herausstellte, daß der königliche Zensor Marin selbst die Gelegenheit genutzt und in seiner Geldgier aus dem Manuskript, das ihm zur Begutachtung vorlag, solchermaßen Kapital geschlagen hatte.

Es gab kein Mittel gegen den Mißbrauch der Macht. Was blieb da anderes übrig, als sich mit den Mächtigen des Landes möglichst gut zu stellen? Voltaire war deshalb erfreut, daß gerade jetzt de la Borde, der Erste Kammerdiener des Königs, auf der Reise nach Italien in Ferney einkehrte: Noch erfreuter war er über das, was dieser mitbrachte: ein Medaillon der schönen du Barry nebst zwei Küssen, die sie ihm aus Paris schickte.

Entzückt widmete er ihr ein galantes Gedicht: daß zwei ihrer Küsse am Ende seines Lebens zu viel seien, schon bei der Freude über den ersten würde er sterben, und daß ihr Abbild von Sterblichen verehrt werden könne, das Original aber für die Götter geschaffen sei.

Die Verbindung mit Madame du Barry war ihm schon wegen der Uhren, die sie in Ferney kaufte, höchst wertvoll. In diesem Jahr steigerte sich der Absatz der Uhren auf rund 4000 Stück – das waren etwa 400 000 Francs Umsatz, die seinem kleinen Reich zugute kamen.

Trotz aller schlechten Erfahrungen, die Voltaire im Laufe seines Lebens mit dem französischen Königshof gemacht hatte, hoffte er dennoch, über kleine Gunstbeweise der Favoritin hinaus auch eine bedeutsamere Entscheidung des Königs zu erwirken, durch die begangenes Unrecht wieder gutgemacht werden konnte: er hoffte auf einen königlichen Gnadenbrief für d'Etallonde, den Freund des hingerichteten la Barre.

Voltaire hatte sich um das weitere Schicksal des jungen Mannes gekümmert, ihn Friedrich – in dessen Armee er eingetreten war – empfohlen, und dieser hatte ihn zum Unterleutnant befördert. In Frankreich gab es niemand, der sich für d'Etallonde eingesetzt hätte; als das Urteil gegen ihn an seinem Bild vollstreckt wurde, schaute sein eigener Vater dabei zu und verlangte anschließend sogar, daß das mütterliche Erbteil seines Sohnes an ihn übertragen würde; nachdem er den Besitz an sich gebracht hatte, dachte er nicht daran, seinem Sohn irgendwelche Unterstützung zukommen zu lassen.

Der junge d'Etallonde war in Frankreich juristisch tot; seine bürgerlichen Rechte konnte er nur durch einen königlichen Gnadenbrief erlangen. Dafür war die Voraussetzung, daß er zuvor einige Monate in Frankreich lebte.

Mit Hilfe der du Barry wollte Voltaire diesen Brief und anschließend die Rehabilitierung d'Etallondes erreichen. Er bat Friedrich, den jungen Mann zu beurlauben und nach Ferney kommen zu lassen, was der König gern bewilligte.

Zu Beginn des Jahres 1774 traf d'Etallonde ein, und Voltaire konnte mit Befriedigung feststellen, daß er keinen Unwürdigen beschützte: »Er ist der klügste, sanfteste und rücksichtsvollste junge Mann, der mir je begegnet ist«, schrieb er an d'Alembert, »wodurch bewiesen sein dürfte, daß man Kindern nie die Zunge herausschneiden und die Hand abhacken, sie auch nicht foltern und langsam verbrennen sollte, da sie sich ja noch bessern können.«

Geduldig wartete der junge Mann in Ferney auf ein Ergebnis der Bemühungen Voltaires. Doch er wartete vergeblich. Friedrich bezweifelte von Anfang an, daß mit irgendeiner Änderung zu rechnen sei: »In dem allerchristlichsten Königreich müssen die Untertanen notwendig allerchristlichst sein; man wird sich niemals damit abfinden, daß jemand es unterläßt, den Teig, den man als Gott anbetet, zu grüßen und davor zu

Jean le Rond d'Alembert. Führender Enzyklopädist

knien. Das einzige Mittel, für d'Etallonde Gnade zu erlangen, besteht darin, daß er vor einer Kirchentür Buße tut, daß man ihn von Mönchen am Fuße des Hauptaltars auspeitschen läßt und daß er zum Schluß selber Mönch wird.«

Am 27. April 1774, unmittelbar nach einer lüsternen Abwechslung mit einem Bauernmädchen, das man ihm ins Schloß Trianon gebracht und gebadet hatte, wurde Ludwig der Fünfzehnte von Kopfschmerz, Schwindel und Schüttelfrost befallen. Er ließ sich schnell nach Versailles fahren und mußte sich zu Bett legen. In den nächsten Tagen stieg das Fieber, und schließlich bildeten sich am ganzen Körper bösartige Schwären – die Pocken!

Das junge Bauernmädchen war inzwischen an dieser Krankheit gestorben.

Am 4. Mai ahnte der König, daß es schlimm um ihn stand. Er verabschiedete Madame du Barry – »Der Skandal von Metz soll sich nicht wiederholen. Ich gehöre Gott und meinem Volke. Sie müssen sich von hier zurückziehen.«

Zwei Tage vergingen unter Schmerzen und Ungewißheit. In der dritten Morgenstunde des 7. Mai spürte Ludwig, daß er sterben müsse. Er legte die Beichte ab; am Vormittag erschien darauf im großen Ornat der Kardinal La Roche Aymon; der König versuchte verzweifelt, im Bett zu knien, und empfing die Kommunion.

Unter heftigen Schmerzen verbrachte er den nächsten Tag; sein Gesicht schwoll und wurde immer schwärzer; trotz weitgeöffneter Fenster und der vielen Räucherkerzen und Essig war der Gestank im Raum unerträglich. Am Abend empfing der König vom Bischof von Senlis die Letzte Ölung.

Noch zwei Tage, in denen Ludwig ständig betete. Am 12. Mai, zwischen zwölf und ein Uhr mittags, wurde das Zeichen gegeben: man löschte die brennende Kerze, die auf der Brüstung des Balkons stand. Ein prasselndes Getöse setzte ein: Hunderte von Höflingen rannten, als ginge es um ihr Leben. Jeder wollte als erster Ludwig dem Sechzehnten huldigen.

Zwei Tage später verließen in der Abendstunde drei Jagdequipagen des toten Königs das Schloß; im ersten Wagen befand sich die ohne den üblichen Prunk (wegen des unerträglichen Gestanks) eingesargte Leiche. Zuschauer riefen dem Wagen höhnisch nach »Voilà le plaisir des dames!« Schon kursierten die ersten Schmählieder auf den Toten in Paris.

Eine grimmige Ironie des Geschehens hatte es gefügt, daß der fromme Monarch an einer Krankheit zugrunde ging, vor der er ohne die ständige Unterdrückung Voltaires bewahrt geblieben wäre. 45 Jahre seiner glorreichen Regierung waren vergangen, seitdem Voltaire die »Lettres philosophiques« geschrieben hatte und für die Pockenimpfung eingetreten war.

Für den Dichter, der in seinem achtzigsten Lebensjahr leidend in Ferney darniederlag und der während der Regierungszeit Ludwigs ständig vor der Bastille zittern mußte, kam dieser Todesfall zu spät. Er hatte nur im kleinen aufzeigen können, wie man ein Gemeinwesen zum Wohle der Menschen regiert; im großen hatte er Gerechtigkeit und Menschenwürde immer nur fordern können. Was aber hatte er damit unter Ludwigs Regime erreicht?

Der Achtzigjährige glaubte jedoch an die Kraft der Ideen und hoffte mehr denn je auf die Zukunft. Gewiß, für ihn selbst war nichts zu erwarten – allenfalls durfte er endlich nach Paris reisen, um die alten Freunde, wie d'Argental und die Mitstreiter, die Philosophen, wiederzusehen, aber das ganz heimlich: sie müßten »einen feierlichen Eid ablegen, die alte Feldratze den Pariser Katzen nicht zu verraten«.

Um so größere Hoffnungen setzte er auf die neue Regierung des Thronfolgers. Voltaire ließ in einer kleinen Abhandlung, »Geschichtliche Lobrede der Vernunft«, die Vernunft mit ihrer Tochter, der Wahrheit, aus dem Versteck kommen, in das sie sich vor Ignoranz und Fanatismus geflüchtet hatten, und durch Europa wandern. Sie treffen einen klugen Papst, Clemens XIV., freuen sich über die aufgeschlossenen italienischen Republiken, besonders Venedig, über die deutsche Kaiserin und über die Zustände in Schweden, sind entsetzt über Polen, aber begeistert über das Rußland Katharinas, erkennen die politische Reife Englands an und gelangen dann nach Frankreich, wo allgemeine Freude über den Thronwechsel herrscht; man erwartet tiefgreifende Verbesserungen, darunter Vereinheitlichung der Steuer, Beseitigung der »Toten Hand«, Abschaffung der Tortur, Reform des Rechtswesens; angesichts der Fortschritte der Moral und der Wissenschaft läßt Voltaire die Vernunft sagen: »Genießen wir diese schönen Tage.« Es waren die Tage des neuberufenen Ministers Turgot, auf die Voltaire sich freute.

Er selbst sah nun schärfer als früher, wie seine Grundforderungen beschaffen sein mußten: er legte ein festumrissenes Programm der menschlichen Grundrechte vor, als er in die umgearbeitete Fassung seines neunten Briefes der »Lettres philosophiques« noch einen Absatz einfügte, in dem er das Recht auf volle Freiheit der Person und des Eigentums, der Rede und des Ausdrucks, der Religionszugehörigkeit ebenso hervorhob wie die Forderungen nach Rechtssicherheit durch unabhängige Gerichte und gesetzliche Begründungen der Urteile; diese Grundrechte sollten ein Vorbild für eine allgemeine Weltgesetzgebung bieten.

Der alte Voltaire sah sich genötigt, präziser zu formulieren als der jugendliche in seiner Begeisterung über die englischen Errungenschaften, denn angesichts der Verachtung für die Rechte des Menschen, die ihm so drastisch vor Augen getreten war, hatte er erkannt, daß der staatliche und gesellschaftliche Aufbau von Grund auf neu durchdacht werden mußte. –

Der neue König traf, wie erwartet, bald die ersten Maßnahmen. Am 24. August entließ er Maupeou, und schnell wurde es klar, daß dessen selbstherrlich zusammengestelltes Parlament seinem Ende entgegenging. Es hatte sich in kurzer Zeit unbeliebt gemacht und bewiesen, daß es nicht besser als das alte war.

Man hatte das besonders im Fall Beaumarchais gesehen: dieser junge, geistreiche Mann, der später ein berühmter Dichter werden sollte, war um viel Geld betrogen worden. Der große Finanzier Pâris-Duverney hatte ihm eine hohe Rente ausgesetzt, doch bestritt nach seinem Tode sein Erbe die Gültigkeit des Dokuments, das Beaumarchais vorwies, und erreichte mit üblen Machenschaften dessen Verurteilung als Betrüger. Beaumarchais, der dadurch völlig ruiniert war, enthüllte nunmehr in einer spöttischen Streitschrift die Machenschaften und falschen Zeugenaussagen, die zu seiner Verurteilung geführt hatten. Es kam dabei sehr viel Überraschendes ans Tageslicht, unter anderem auch die Tatsache, daß der zuständige Parlamentsherr sich nicht sprechen ließ, wenn seine Frau nicht vorher vom Angeklagten mit Geldgeschenken bedacht worden war. Nun war der bloßgestellte Parlamentsherr gezwungen, gegen Beaumarchais Anklage wegen Verleumdung zu erheben.

Bei den herrschenden Zuständen war nicht zu erwarten, daß das über Beaumarchais erboste Parlament eines seiner Mitglieder im Stich lassen würde. Es verurteilte Beaumarchais auch prompt – aber das war ein Pyrrhussieg. Die witzigen Darstellungen seines Falles und die geschliffenen Berichte über die Niedertracht seiner Gegner hatten Beaumarchais allgemein beliebt gemacht. Bei Verkündung des Urteils brach im Auditorium ein derartiger Entrüstungssturm aus, daß die Parlamentsräte über Hintertreppen entfliehen mußten.

Ludwig XVI. kam also, als er dieses Parlament auflöste, der Stimmung des Volkes entgegen. Weniger erfreulich war, daß er das alte Parlament wieder einsetzte und die wenigen Errungenschaften beseitigte, die inzwischen erzielt worden waren. Nun gab es wieder wie zuvor die Käuflichkeit der Richterämter und die hohen Gerichtskosten – und von der erhofften Abschaffung der Folter und Milderung des Strafvollzugs war nichts mehr zu hören.

Voltaire aber sah sich zu seinem Entsetzen wieder dem gleichen Parlament gegenüber, das la Barre und d'Etallonde verurteilt hatte. Wie sollte er da für den letzteren etwas erreichen können? Er verdoppelte seine Anstrengungen, ließ sich von dem jungen Condorcet die Akten des Falles abschreiben, bewog Friedrich II., von preußischen Rechtsgelehrten ein Gutachten über den Fall anfertigen zu lassen, wandte sich an die Pariser Advokaten, um einen gesetzwidrigen Umstand des Verfahrens bestätigen zu lassen, und verfaßte eine Darlegung »Cri du sang innocent«, um damit an die Herzensgüte und das Gerechtigkeitsgefühl des neuen Herrschers zu appellieren.

Aber von allen Pariser Advokaten fand sich aus Furcht keiner bereit, dem Parlament die Wahrheit zu sagen. Erschüttert schrieb Voltaire: »Wie! Der vernünftige, vortreffliche d'Etallonde soll im Jahre 1775 nicht einen Advokaten finden können, während im Jahre 1766 die mit ihm angeklagten jungen Menschen acht Advokaten fanden. Das ist furchtbar; das ist unfaßbar. Es gibt also weder Vernunft noch Menschlichkeit mehr in der Welt!«

Auch auf eine Äußerung des Königs wartete Voltaire vergebens.

So schnell schwanden die Hoffnungen dahin, die er eben noch genährt hatte ... Aber er rechnet ja weniger mit dem König selbst als mit dem klugen Finanzminister Turgot, einem Freund, der einst zu Besuch in Ferney gewesen war und sich inzwischen bei Verwaltung der Provinz Limousin so glänzend bewährt hatte, daß der König von ihm die Rettung aus den Finanznöten des Staates erwarten konnte. Als ihm einige Höflinge zuflüsterten, Turgot sei Enzyklopädist, erwiderte er, das sei ihm gleich, jener sei ein rechtschaffener Mann, und das genüge. Turgot hatte ein großes und neues Programm: Einführung einer Verfassung mit Sicherung der Rechte des Bürgers, Vereinheitlichung des

Steuerwesens, Beseitigung der Zollgrenzen zwischen den Provinzen, Beendigung des Salzmonopols, Abschaffung der Frondienste der Bauern, Aufhebung des Zunftzwanges, Einführung der allgemeinen Schulpflicht, Herabsetzung des Heeresdienstes. Voltaire unterstützte diese Bestrebungen freudig; in einer politisch gut fundierten Schrift »Diatribe à l'auteur des Ephémérides« analysierte er die bestehenden Zustände, lobte die ersten Maßnahmen Turgots (freier Kornhandel, Aufhebung der Fron) und wies auf, daß sie sich konsequent aus den Forderungen nach Gerechtigkeit und Menschenwürde ergaben.

Die Gelegenheit war jetzt günstig wie nie für einen Plan, den der Patronatsherr Voltaire seit fünfzehn Jahren verfolgte: er wollte das Grenzland Gex aus dem französischen Steuersystem herauslösen. Das kleine Gebiet mit seinen 5000 Einwohnern litt nämlich stark unter den 80 Generalsteuerpächtern (»Straßenräubern, die im Namen des Königs wüten«), da diese davon lebten, den Konsum scharf zu kontrollieren und die darauf entfallenden Steuern einzukassieren.

Turgots Pläne zur Steuervereinfachung begünstigten Voltaires Bestrebungen, der zu den Beratungen in der Ständeversammlung von Gex persönlich erschien und diese auf seine Seite brachte. Die Bevölkerung, die den Vorteil von seinem Plan hatte, feierte ihn beim Verlassen der Versammlung stürmisch: »Es lebe der König!« schmückte seine Pferde mit Blumen und gab ihm bis Ferney das Geleit durch Dörfer, in denen ihm Lorbeerkränze überreicht wurden. Voltaire erreichte bald darauf, daß Gex gegen Zahlung eines Abstandes von 30 000 Francs von dem verhaßten Steuersystem befreit wurde – als einziges Land Frankreichs – und künftig eine jährliche Pauschalsumme an den Staat abführen konnte.

Wie elend Voltaire sich auch fühlte – er erwartete jeden Tag den Tod –, so verfaßte er doch Schrift auf Schrift mit Vorschlägen und Eingaben für Turgot: für die völlige Abschaffung der Leibeigenschaft, für die Befreiung der Einwohner der beiden Juragebirgstäler Chézeri und Lelex aus ihrer Sklaverei, gegen die Ausbeutung des Landes Gex.

Im August 1775 mußte er hingegen seine Bemühungen um die Rehabilitierung d'Etallondes einstellen. Es war alles vergeblich gewesen – betrübt nahm er Abschied von dem jungen Mann, der nach 18 Monaten Beurlaubung, die Friedrich ihm großzügig gewährt hatte, wieder in den preußischen Heeresdienst zurückkehrte.

Einige Monate später wurde der Haushalt in Ferney um ein neues Mitglied vermehrt: Madame Denis, die nun öfters krank war, hatte eine junge Dame gefunden, die ihr zur Seite stehen konnte. Seit langem verkehrte Voltaire freundschaftlich mit der benachbarten, verarmten Adelsfamilie Crassy, der er einmal, als es um eine Erbschaft ging, 15 000 Francs geliehen und dann einen Prozeß für sie gegen die Jesuiten gewonnen hatte. Eine Schwester der Crassys war mit einem Herrn de Varicourt verheiratet; die Familie Varicourt kam in den letzten Jahren gleichfalls häufig nach Ferney zu Besuch. Sie waren gläubige Katholiken und hatten zehn Kinder; aus Geldmangel konnten sie die Knaben nur Priester oder Soldaten werden lassen und mußten die Mädchen schnell unter die Haube bringen.

Da für die jüngste Tochter, die achtzehnjährige Reine-Philiberte, kein Geld für eine Aussteuer mehr vorhanden war, blieb trotz ihrer Schönheit und Anmut für sie nur noch der Weg ins Kloster. Doch nun wurde sie eingeladen, in Ferney zu leben; mit Einwilligung ihrer Eltern siedelte sie im Januar 1776 dorthin über und wurde von Voltaire bald wie eine Adoptivtochter behandelt; er gab ihr, die alle bezauberte, den Namen »Belle et Bonne«.

Wenige Monate nach der erfreulichen Bereicherung seines Hauswesens erlebte Voltaire wieder einmal eine bittere Enttäuschung. In Genf erschien eine vierzigbändige Ausgabe seiner Werke, über die er vorher nicht unterrichtet worden war. Alle Ängste seines Lebens wurden wieder wach, als er in dieser unerwünschten Ausgabe jene gefährlichen Schriften vereinigt sah, deren Verfasser zu sein er stets heftig bestritten hatte. Nun aber würde niemand ihm glauben, daß diese Ausgabe ohne sein Wissen und seine Billigung zustande gekommen war, denn sie stammte von seinem Verleger und Freund Gabriel Cramer in Genf, der ihm damit heimtückisch in den Rücken gefallen war. Im Laufe der vergangenen zwanzig Jahre hatte Cramer bereits über 400 000 Franken an Voltaires Werken verdient; jetzt kaufte er sich ein teures großes Landhaus – er war durch diesen letzten Streich steinreich geworden.

Das nächste Unheil ereignete sich im Mai: der Mann, der die schönen Tage der Vernunft herbeiführen sollte, wurde gestürzt. Die geplante Reform der Steuer war von Adel und Geistlichkeit heftig abgelehnt worden, und der König hatte allmählich gemerkt, daß Turgot auch die alten Vorrechte antasten würde.

Mit diesem Schlage waren alle Hoffnungen vernichtet. Traurig konnte Voltaire, der zuvor Turgot in einer großen Ode gefeiert hatte, nur in einer poetischen Epistel »A un homme« das wetterwendische Schicksal beklagen und seine Verzweiflung und Sorge zum Ausdruck bringen.

Seine Niedergeschlagenheit wich erst, als er zwei Monate später wieder einmal seiner Theaterleidenschaft nachgehen konnte: der Theaterdirektor Saint-Géran hatte bei Ferney ein Grundstück erworben und einen Theatersaal eingerichtet, der eingeweiht wurde, als es Voltaires Freunden in Paris gelungen war, einen Urlaub für Lekain zu erwirken. So spielte dieser in den ersten Augusttagen in einigen Aufführungen mit; Voltaire saß, außer sich vor Begeisterung, auf einem Stuhl zwischen den Kulissen und verfolgte jedes Wort und jede Bewegung mit höchster Aufmerksamkeit.

Daß Lekain vom Königshof für Aufführungen in dem entlegenen Ferney freigegeben wurde, war eine Voltaire ehrende Geste. Er hatte in den letzten Jahren bemerken können, daß er nun doch mit wachsendem Respekt behandelt wurde, wenn er sich auch hin und wieder über gehässiges Geschreibsel oder böse Zungen ärgern mußte. Gerade jetzt im August erschien eine Reihe von Spottversen gegen ihn – ein Künstler hatte Voltaires Büste als Apollo dargestellt, und der Kontrast zwischen der jugendlichen Göttergestalt und dem Greisengesicht wirkte aufreizend komisch. Voltaire wußte jedoch seine Feinde mit einem Epigramm elegant abzustechen, indem er sagte, der Bildhauer habe eigenwillig gehandelt – wenn es nach ihm selbst gegangen wäre, wäre er als Silen dargestellt worden: da hätten seine Gegner gemeinsam mit ihm figurieren können, er hätte einen nach dem anderen geritten (der häßliche alte Silen ritt bekanntlich auf einem Esel).

In Paris fand unterdessen im September ein Wiederaufnahmeverfahren von Beaumarchais, mit dem Voltaire nun in enger Freundschaft verbunden war, seinen Abschluß. Das alte, wieder eingesetzte Parlament nutzte die Gelegenheit, das Parlament Maupeous im Ansehen zu schädigen; diesen politischen Umständen verdankte es Beaumarchais, daß er endlich seine bürgerlichen Rechte zurückerhielt, die ihm von einflußreichen Betrügern genommen worden waren. –

Für Voltaire brachten die nächsten Monate viel Kummer und Sorgen. Der Sturz Turgots hatte zur Folge, daß die günstigen Regelungen für Gex rückgängig gemacht wurden und das harte Steuersystem die kleine Siedlung Ferney so belastete, daß einige der Bewohner von dannen zogen und die von Voltaire erbauten Häuser leer stehen ließen. Die hohen Geldverluste, die er erlitt, konnte er nicht ausgleichen, weil sein größter Schuldner wieder nicht zahlte: der Herzog von Württemberg, der Voltaire bereits 100 000 Francs schuldete, ließ nichts von sich hören. Voltaire mußte schließlich seinen alten Freund Friedrich bitten, auf den säumigen Schuldner einzuwirken, der mit des Königs Nichte verheiratet war, der einzigen Tochter Wilhelmines von Bayreuth. Voltaire verhehlte Friedrich seine Stimmung nicht: »Alles Unheil, das einen armen Menschen zu Boden schlagen kann, ist über mich hereingebrochen: Prozesse, Geldverluste, Qualen des Körpers und dessen, was man Seele nennt.« Er wisse nicht, wo er sterben solle; »ich bin ein kleiner Hiob, der auf seinem Schweizer Misthaufen dahinsiecht.« Selbst die Theatertruppe hatte Ferney wieder verlassen.

Mit wachsender Ungeduld dachte er an Paris – das Gefühl, immer noch in ungerechter Verbannung zu leben, während sich jeder Gauner ungestört in der Hauptstadt aufhalten durfte, plagte ihn. Madame Denis hatte gleichfalls den lebhaften Wunsch, nach Paris zu fahren, nicht zuletzt, um wegen ihrer Krankheiten Tronchin zu konsultieren, der seit vielen Jahren in der Metropole wirkte. Die Verbindung zu ihm war seit langem abgebrochen worden, nun aber raffte Voltaire sich seiner Nichte zuliebe zu einem freundlichen Brief an den Arzt auf.

Da Voltaire sich nach wie vor sagte, daß die Aufführung eines neuen Stückes den besten Anlaß bieten würde, nach Paris zu reisen, ohne erst um Erlaubnis zu fragen, begann er, wieder für die Bühne zu schreiben: »Irène«, ein Drama, dessen Heldin, die edelmütige Kaiserin Irène, sich zum Schluß selbst den Tod gibt und auf das Glück verzichten muß, den Mann zu heiraten, den sie liebt, und der sie zur Frau nehmen will. Er ist der Anführer einer berechtigten Erhebung geworden und hat dabei den Kaiser, den ungeliebten Gemahl Irènes, erschlagen. Das Sittengesetz verbietet daher die Eheschließung zwischen der Kaiserin und dem Mann ihres Herzens.

Während Voltaire an der Tragödie arbeitete, kamen ihm Bedenken, ob sie auch gut genug wäre. Er nahm zahllose Verbesserungen vor und verfaßte mit seinen 83 Jahren noch ein weiteres Drama, »Agathocle«, entschloß sich aber doch, »Irène« in Paris einzureichen.

Einige Monate dichterischer Arbeit brachten ihn über seine trüben Gedanken hinweg. Das Jahr 1777 zeigte sich weit freundlicher als das voraufgegangene; im Juni erlebte Voltaire sogar eine ganz unerwartete Huldigung, als ein betagter Curé aus Saint-Claude, der den ganzen Weg zu Fuß zurückgelegt hatte, um ihn zu sprechen, vorgelassen wurde und verlegen stotterte: »Wenn ich Sie sehe, erblicke ich das Licht, das das Universum erhellt!« Erschrocken über solch hohe Lobpreisung rief der Dichter: »Madame Denis, holen Sie schnell eine Lichtputzschere!« Große Ehrerbietung machte ihn immer hilflos – als die gefeierte Schauspielerin Clairon einst nach Ferney gekommen und vor ihm auf die Knie gefallen war, hatte er sich gleichfalls hingekniet und nach einer Weile gefragt: »Madame, was wollen wir nun beginnen?« –

Zwei Dramen zu schreiben und seine sonstigen Aufgaben zu bewältigen, war für Voltaires Arbeitskraft auch in diesem Alter immer noch nicht genug. Nachdem er im Februar in der »Gazette de Berne« eine Notiz gelesen hatte, ein ungenannter Stifter setze 50 Louisdors als Preis für eine Arbeit zur Verbesserung der Strafgesetzgebung aus, hatte er zunächst dem Preis weitere 50 Louisdors hinzugefügt und außerdem Friedrich II. und den Landgrafen von Hessen zur Einsendung von Arbeiten ermuntert. Das Thema ließ ihm jedoch so wenig Ruhe, daß er selbst einige Grundideen zu dem Wettbewerb niederschrieb, woraus unversehens ein Werk über Strafrechtsreform entstand, das er nach acht Monaten veröffentlichen konnte: »Prix de la justice et de l'humanité«. Das Buch, in dem er alle seine bisherigen Gedanken zum Strafrecht und Strafvollzug zusammenfaßte, stellte eine vernichtende Kritik des derzeitigen französischen Rechts dar und sollte bald einen entscheidenden Einfluß auf die Entwicklung humaner Rechtsprinzipien ausüben.

Punkt für Punkt behandelte Voltaire Rechtsfragen, die in humanerem Geiste entschieden werden müßten, und ging mit wohlüberlegten historischen, philosophischen und sachlichen Argumenten gegen die Brutalitäten seiner Zeit an: gegen das Racheprinzip bei Strafen, gegen Todesstrafen für kleine Diebstähle, ketzerische Glaubensmeinungen, sexuelle Verirrungen, gegen Folterungen, gegen barbarische Bestrafungen ehebrüchiger Frauen. Er betonte immer wieder, daß die Strafen im richtigen Verhältnis zum Vergehen stehen müßten, wies auf die Umstände und Ursachen von Verbrechen hin, vor allem auf ihre Verknüpfung mit den sozialen Verhältnissen, und erklärte, daß es besser sei, vorzubeugen als zu bestrafen.

Allen Enttäuschungen zum Trotz sprach Voltaire seine unbeirrbare Überzeugung aus, daß die Menschheit sich auf eine bessere Gesellschaft hin entwickele, wozu auch die Reformierung des Rechtswesens gehöre. Doch er erkannte ebenso, daß die Veränderungen viel zu langsam vorankamen, daß die neuen Ideen nicht tief genug in den unteren Klassen verwurzelt waren. Würden die Stimmen der Denkenden, der Gerechten, stets das Gebrüll der Fanatiker übertönen können? Schon ein Jahr zuvor hatte er an Condorcet geschrieben: »Diese Sklaven werden sicher nicht den Krieg des Spartakus führen, um einen Philosophen zu retten. Aber ihnen muß geholfen werden, denn sie sind Menschen.« –

Im letzten Vierteljahr 1777 ging es in Ferney recht lebhaft zu. Voltaire fühlte sich neben aller Arbeit wohl genug, um sich seiner Umgebung widmen zu können. Im September war ein neuer Gast eingetroffen: der Marquis de Villette aus Paris, der sich – wie einige andere auch – einbildete, ein Sohn Voltaires zu sein, da dieser seine leichtfertige Mutter gekannt hatte. Der Marquis, der einen sehr lockeren Lebenswandel führte, hatte seines neuesten Skandals wegen Paris verlassen müssen. Am 4. Oktober, dem Namenstag Voltaires, fand ein großes Fest statt: der Patriarch am Portal seines Landschlößchens, Burschen und Mädchen in Schäferkleidung, die ihm huldigten und Geschenke niederlegten, fröhliche Landleute rundum; von allem das reizendste Bild aber Belle et Bonne, wie sie in einem Korb zwei weiße Tauben mit rosenroten Schnäbeln trug. Jedermann war von diesem Anblick gerührt. Voltaire bebte vor Empörung, als er wenig später sah, daß diese Tauben geschlachtet wurden.

Am Abend gab der Patriarch ein Festessen für zweihundert seiner Untertanen. Anschließend folgten Illumination, Gesang und Tänze. Unter lautem Jubel warf der alte Kranke, der äußerst munter mitfeierte, seinen Hut hoch in die Luft.

Der Marquis de Villette, den Voltaire zu einer ernsthaften Lebensweise zu bekehren suchte, hatte sich in diesen Wochen rasend in Belle et Bonne verliebt und hielt um ihre Hand an. Mitgift wollte er nicht haben, da er über eine Jahresrente von 150 000 Francs verfügte.

Die feierliche Trauung fand am 19. November um Mitternacht in der Kapelle von Ferney statt; Voltaire, in den kostbaren Pelzmantel gehüllt, den die Kaiserin von Rußland ihm geschenkt hatte, wirkte wie ein Vater, der seine Kinder verheiratet.

Wenige Tage darauf, an seinem Geburtstag, schrieb er an Friedrich: »Ich bin heute 84 Jahre alt und habe mehr Abneigung denn je gegen die Letzte Ölung.«

Endlich Paris

Am 5. Februar 1778 umdrängen die Einwohner Ferneys den Reisewagen, mit dem ihr Patriarch nach Paris fahren will. Schluchzend nehmen sie von ihm Abschied, während er verspricht, in sechs Wochen bestimmt wieder bei ihnen zu sein. Dann steigt er mit dem Sekretär Wagnière und dem Koch Bardi in das Gefährt, das sich langsam in Bewegung setzt.

»Irène« war von den Schauspielern der Comédie Française einstimmig angenommen worden – Voltaire hatte also einen Anlaß, nach Paris zu reisen. Durfte er als Dichter nicht das Recht in Anspruch nehmen, die Einstudierung seines Stückes zu überwachen? Er konnte es kaum abwarten, endlich wieder einmal richtige Theaterluft zu atmen, wenngleich er bei dieser Tragödie eine große Enttäuschung erlebt hatte: Lekain wollte die Hauptrolle nicht übernehmen, die Voltaire für ihn geschrieben hatte. Obwohl keiner der Freunde diese Weigerung des Schauspielers gegenüber seinem Entdecker und Wohltäter billigte, ließ Voltaire sich nichts anmerken, sondern brachte Lekain die gleiche Herzlichkeit entgegen wie immer.

Für den Pariser Aufenthalt hatte der Marquis Villette sein großes Haus an der Ecke des Quai des Théatins und der Rue de Beaune zur Verfügung gestellt – ein Gebäude, das Voltaire wohlvertraut war, hatte er doch darin einst gemeinsam mit dem inzwischen verstorbenen Thieriot in jener Wohnung gelebt, die er von seiner intimen Freundin Madame de Bernières gemietet hatte.

Villette und seine junge Frau, sowie Madame Denis, waren schon zwei Tage früher nach Paris gefahren, um alles vorzubereiten. Für Voltaires Wohlbefinden würde gesorgt sein – wie aber würde Paris ihn empfangen?

Vorsichtshalber wollte er inkognito reisen und ohne jedes Aufsehen in der Stadt ankommen.

Nach der Abfahrt von Ferney werden die Postpferde zum ersten Mal in Bourg-en-Bresse gewechselt. Wie immer haben sich Neugierige angesammelt, um die Reisenden anzugucken, und schon ist Voltaire erkannt. Schnell vergrößert sich der Haufen derer, die einen berühmten Mann sehen möchten. Der Postmeister heißt den Postillion, ein besseres Pferd als das vorgesehene anzuspannen, flucht und sagte: »Fahre zu, und wenn meine Pferde drauf gehen – ich schere mich den Teufel darum, du fährst den Herrn de Voltaire, merk dir das!«

Die Zuschauer lachen und klatschen Beifall; auch Voltaire an seinem Fenster muß lachen und fährt unter allgemeinem Jubel weiter.

Zwei Tage darauf, als er in Dijon die Reise unterbricht, machen die Honorationen der Stadt ihre Aufwartung in seinem Hotel, in dem es plötzlich wie im Bienenhaus zugeht: jeder hat dort irgend etwas zu tun, die Dienstmädchen werden bestochen, Voltaires Zimmertür offen zu lassen, damit man im Vorbeigehen einen Blick auf ihn werfen kann, bei Tisch wird er von vornehmen jungen Leuten bedient, die sich als Hotelkellner verkleidet haben, um in seine Nähe zu gelangen. Abends wird vor seinem Fenster eine Serenade gespielt.

Die Postillione sind diensteifrig wie nie: bei der Weiterfahrt erreichen sie die höchsten Geschwindigkeiten, bis eine Wagenachse bricht und Voltaire durch seinen Sekretär bitten läßt, nicht mehr so schnell zu fahren, da er schwer krank sei und in Paris operiert werden solle. Im Innern des Wagens kann er vor Erregung aber kaum stillsitzen.

Am Nachmittag des 10. Februar erblickt er in der Ferne die Häuser der Stadt, in der er geboren worden war. Die Stadt seiner strahlenden Erfolge und bitteren Niederlagen, seiner Freunde und Verfolger, die

Stadt, von der aus er seinen Ruf in der Welt begründet hatte, die Arena, in der er nach wie vor seine geistigen Gefechte lieferte, der Ort, zu dem ihm seit siebenundzwanzig Jahren der Zutritt versperrt war. Ludwig XVI. ahnt noch nichts vom Nahen Voltaires; von dem Augenblick an, wo er dessen Ankunft erfährt, wird er nachsinnen, ob er ihn nicht verhaften lassen kann.

Am Eingang der Stadt fragen die Posten, ob der Wagen etwas enthielte, was den Vorschriften des Königs widerspreche.

Der greise Dichter, bereits trunken von der Pariser Luft: »Meine Herren, die einzige Konterbande bin ich selbst.« Einer der Wachhabenden ruft seinen Kameraden zu: »Bei Gott, das ist der Herr de Voltaire!«, zupft den, der gerade den Wagen kontrolliert, am Rock und wiederholt es. Verdutzt staunen sie alle den Wagen an und bitten Herrn de Voltaire, weiterzufahren.

Der Wagen rollt durch Straßen, wo einst der junger Stutzer Arouet heimisch war, vorbei an Caféhäusern, in denen man debattiert wie immer; bald geht es zur Seine ... Adrienne Lecouvreur, Moritz von Sachsen, der schmutzige Abbé Desfontaines – Gestalten und Erinnerungen leben auf: seine Wohnung in der häßlichen Rue du Long-Pont, wo Emilie ihn das erste Mal aufsuchte, jener Tag, als er mit ihr in das freudetrunkene Paris einfuhr und sich die Kutschen am Hotel de Charost hoffnungslos verklemmten, die große Treppe am Justizpalast, wo der Scheiterhaufen für seine Bücher zu brennen pflegte ... Schon biegt die Kutsche durch den Torweg der Rue de Beaune, der von zwei steinernen Wandpfeilern eingefaßt ist, die jeder eine Sphinx tragen, in den Ehrenhof ein und hält vor der Front des großen, sich am Kai entlangstreckenden Gebäudes, das Voltaire nun »Palais Villette« nennt. Er wird herzlich empfangen und in den rechtwinklig vorspringenden Anbau geführt, wo er im ersten Stock ein kleines Appartement mit mehreren Räumen ganz für sich hat, durch eine Verbindungstür aber auch in das Hauptgebäude gelangen kann, in dem der Marquis mit Belle et Bonne wohnt.

Statt sich auszuruhen trippelt Voltaire – der sich so wohl wie nie fühlt – wieder die Treppe hinab und eilt zu Fuß durch die Straßen zum Quai d'Orsay, um seinen liebsten Jugendfreund, d'Argental, zu begrüßen. Leider ist dieser abwesend; Voltaire spaziert in seine Wohnung zurück, wo gleich darauf der Gesuchte auftaucht. Welches Wiedersehen nach Jahrzehnten! Die beiden Greise sinken sich in die Arme.

Dann muß d'Argental eine traurige Mitteilung machen: vor zwei Tagen ist Lekain gestorben – Voltaire schreit in Schmerz und Schreck auf.

Doch er hat kaum Zeit, sich seinem Leid hinzugeben: schon eilen begeisterte Besucher herbei. La Harpe und Madame Necker sind unter den ersten, die erscheinen; Voltaire ist noch abends so munter, daß er ihnen den fünften Akt von »Irène« vorliest.

Was in den folgenden Tagen geschieht, hatte niemand voraussehen können: die Nachricht von Voltaires Ankunft fliegt mit Windeseile durch Paris, ein Ansturm von Besuchern setzt ein und läßt dem Dichter, der im Gegensatz zu Ferney hier jeden einzelnen empfängt und freundlich mit ihm spricht, keine Ruhe mehr. Jede seiner witzigen Bemerkungen kursiert sofort durch alle Caféhäuser.

Am 12. Februar sind es bereits dreihundert der führenden Gelehrten und Künstler, die ihre Aufwartung machen; Belle et Bonne als Hausherrin und Madame Denis empfangen die Gäste, die im überfüllten Salon warten, bis der Kammerdiener erscheint, ihre Anmeldung dem Dichter überbringt, worauf der Marquis de Villette oder d'Argental sich des Besuches annehmen, ihn zu Voltaire führen und vorstellen. Dieser, in Schlafrock und Nachtmütze, entschuldigt sich wegen seiner Aufmachung: er sei völlig übermüdet; den ganzen Tag spricht er davon, sich zu Bett zu legen und sagt dies zu immer neuen Gästen.

Am gleichen Tage kommt eine Abordnung der Akademie – der Prinz von Beauveau, Saint-Lambert und Marmontel –, um ihn nicht nur zu begrüßen, sondern auch eine Ehrung vorzuschlagen, wie es sie noch nie gegeben hat: eine öffentliche Sitzung nur für Voltaire.

Paris kennt kein anderes Thema als seinen Besuch. Die Gerüchte über einen Krieg mit England, die Politik, der Hofklatsch, sogar der aufregende Streit zwischen den Anhängern der Komponisten Gluck und Piccini sind darüber vergessen.

Einzig vom Hof kommt Unangenehmes: der Marquis de Jaucourt wird gesandt, um Madame Denis darauf hinzuweisen, daß der König sehr ungehalten über ihres Onkels Ankunft sei. Durch einige persönliche Verbindungen gelingt es dann aber, wenigstens die schlimmsten Maßnahmen zu verhüten: über Madame de Polignac, eine enge Freundin der Königin Marie-Antoinette, kann der Zorn des Herrschers ein wenig besänftigt werden.

Inzwischen zeigt es sich, daß Voltaire sich zuviel zugemutet hat. Seine Beine sind geschwollen, die Nieren bereiten Beschwerden – Belle et

Bonne alarmiert Tronchin, der sehr ungehalten über die ganze Reise und über die Strapazen ist, die Voltaire auf sich nimmt. Er läßt, um Schlimmes zu verhüten, eine Mitteilung im »Journal de Paris« einrükken, daß Voltaire zu viel Kräfte verbrauche: »Wir werden Zeugen, wenn nicht Mitschuldige von Voltaires Tod sein!«

Nun melden sich Geistliche, um ihn auf den rechten Weg zu bringen. Der Priester von Saint-Sulpice spricht einige Male vergeblich vor, aber ein anderer, in ziviler Verkleidung unkenntlicher Geistlicher vermag bis zu Voltaires Zimmer zu gelangen; dort herrscht er ihn an: Wollen Sie auf der Stelle beichten! Kein Zögern! Beeilen Sie sich! und wirft sich neben dem Bett auf die Knie. Wer ihn geschickt habe?, fragt Voltaire. Gott! Ob er ein Beglaubigungsschreiben habe? Erst der eintretende Wagnière kann den Eiferer hinauskomplimentieren.

Voltaire, der sich schon wieder kräftiger fühlt, beginnt schnell mit neuen Besprechungen und Empfängen. Am meisten brennt ihm die Aufführung von »Irène« auf der Seele. Richelieu, der am 19. zu Besuch kommt, hat auch schon eine Schauspielerin für die weibliche Hauptrolle vorzuschlagen; der Dichter willigt ein, ändert aber später seinen Entschluß, als er von einer besseren Darstellerin erfährt.

Immer noch nimmt die Zahl der Besuche kein Ende: in den nächsten Tagen erscheinen Madame du Barry, der Gesandte Englands, Lord Stormont, und der Abenteurer, über dessen ureigenste Angelegenheit – ob er männlich oder weiblich ist – die höchsten Wetten laufen: der Chevalier d'Eon; es erscheint der stolze Gluck und kurz darauf sein Rivale Piccini.

Ein besonders eindrucksvoller Besuch ist der des Vertreters der Rebellen in Nordamerika. Die englische Regierung hatte es nicht verstanden, den eigenwilligen Siedlern in der Neuen Welt gerecht zu werden; es war zu Aufständen und im Vorjahre zu einer revolutionierenden Erklärung gekommen, nach welcher die amerikanischen Kolonisten unabhängig vom englischen Mutterland sein wollten. In ihrer Unabhängigkeitserklärung hatten sie feierlich die Menschenrechte proklamiert – die neuen Lehren der Philosophen waren damit plötzlich in die politische Wirklichkeit eingebrochen.

Das Schicksal dieser Rebellen war ungewiß; sie befanden sich auf dem Rückzug vor den englischen Truppen. In Frankreich, das seine Verluste nach dem langen Krieg gegen Preußen und England noch nicht verschmerzt hatte, verfolgte man mit höchster Anteilnahme den Kampf der amerikanischen Kolonisten um ihre Selbständigkeit. Und Beaumarchais betrieb um der Freiheit willen sogar einen schwunghaften Waffenschmuggel nach Amerika.

So war der erste Gesandte der Amerikaner, der biedere Dr. Benjamin Franklin, in Paris mit herzlicher Sympathie begrüßt worden, die er bald zu flammender Begeisterung gesteigert hatte. Es war ihm geglückt, einen Handelsvertrag abzuschließen, und er arbeitete zielbewußt auf ein Bündnis zwischen Amerikanern und Franzosen hin. Schnell war er zum Idol der Pariser geworden, die Ketten und Ringe, Tabaksdosen und Rasiernäpfe mit dem Bildnis des »Apostels der Freiheit« verzierten.

Für Voltaire bedeutet der Besuch Franklins die Begegnung mit einem Gesinnungsfreund, der philosophische Schriften im Sinne der Freiheit verfaßt hat, eine praktische Moral des menschlichen Zusammenlebens lehrt, in den amerikanischen Siedlungen wichtige Maßnahmen für das Wohl der Bürger getroffen hat, obendrein – über seine Entdeckung des Blitzableiters hinaus – ein angesehener Forscher ist und nun, am Ende seines Lebens, seinen Kopf für Freiheit und Menschenrechte riskiert.

Die beiden alten Männer, deren Geist so viel zur Formung der künftigen Welt beitragen wird, haben ein langes Gespräch miteinander. Beim Abschied bittet Franklin Voltaire, seinen Enkel, den er mitgebracht hat, zu segnen. Das Kind kniet nieder, Voltaire legt ihm die Hand auf das Haupt und spricht die Worte: »God and liberty.«

Während sich die hohen Besucher in seinem Vorzimmer drängen, denkt Voltaire aber an einen Mann, der, von allen vergessen, ganz zurückgezogen lebt, obwohl er als Minister den Weg in eine bessere Zukunft gewiesen hatte. Voltaire begibt sich zu dem gichtkranken Turgot, der aufs höchste von diesem Besuch überrascht ist und abwehrt, als der Ältere ihm, dem gestürzten Staatsmann, die Hände küssen will. Doch Voltaire, zutiefst bewegt, besteht darauf: Lassen Sie mich die Hände küssen, die die Rettung des Volkes unterschrieben haben! –

In den Körben voller Briefe, die in diesen Tagen bei Voltaire ankommen, befinden sich auch einige Schreiben von Geistlichen, die ihren Ehrgeiz darein gesetzt haben oder sich berufen fühlen, den alten Widersacher zu bekehren. Voltaire, der sich schon lange genug Gedanken über den Tod gemacht hat, lehnt solche Anerbieten ab – bis auf eines. Der höfliche und ehrliche Brief eines Abbé namens Gaultier macht solchen Eindruck auf ihn, daß er dem Briefschreiber zu kommen gestattet. Dieser sucht ihn umgehend auf; Voltaire forscht ihn aus, ob er auch nicht vom Bischof oder von dem streitbaren Pfarrer von Saint-Sulpice geschickt worden sei. Er läßt sich überzeugen, daß dieser Geistliche ganz selbstlos ist, es ehrlich meint und aus eigenem Antrieb gekommen ist, um »Gott eine Seele zu retten«. Ein Geldgeschenk, das Voltaire ihm beim Abschied gibt, weist er zurück.

Der Dichter gewinnt die Auffassung, daß – sollte der Tod ihn hier in Paris überraschen – dieser Abbé wohl geeignet sei, ihm den letzten Beistand zu leisten. Voltaire schaudert immer wieder vor dem Gedanken zurück, wie einst Adrienne Lecouvreur irgendwo verscharrt zu werden. Er ist aber auch mißtrauisch wegen mancher Praktiken, die an Sterbelagern geübt werden. Wenn man sich auf den Abbé Gaultier verlassen kann, wird man hoffentlich in Ruhe sterben dürfen. Mit Unbehagen denkt der Dichter an jene Szene, die er mit geißelndem Spott in seinem »Dictionnaire« ausgemalt hatte:

»Ein Bürger einer Provinzstadt lag im Sterben, da kam ein Gesunder, den Frieden seiner letzten Stunde zu stören und sagte zu ihm:

Elender, denke sofort wie ich, und unterzeichne diesen Zettel... wenn du das nicht tust, werde ich deinen Leichnam auf die Straße werfen lassen, deine Kinder werden enterbt, deine Frau verliert ihre Mitgift, und deine Familie mag sich ein Brot erbetteln, das meinesgleichen ihr nicht geben werden.

Der Sterbende: Ich höre kaum, was du sagst; die Drohungen, die du ausstößt... machen meinen Tod entsetzlich. In Gottes Namen, habe Mitleid mit mir.

Der Barbar: Mitleid! Ich kann es nicht haben, wenn du nicht in allen Punkten wie ich denkst.

Der Sterbende: Bin ich denn in einer Verfassung, um mit dir zu streiten?

Der Barbar: Nun, wenn du nicht glauben kannst, was ich will, so sage, daß du es glaubst, und das genügt mir.

Der Sterbende: Wie kann ich dir zu Gefallen meinen Eid brechen? Ich soll doch vor Gott erscheinen, der den Eidbruch straft.

Der Barbar: Was tut das. Du hast dann das Vergnügen, auf einem Kirchhof begraben zu werden, deine Frau und Kinder werden zu leben haben. Stirb als Heuchler...

Der Sterbende: Ach, du verachtest Gott, oder du kennst ihn nicht...

Der Barbar: Wie, Unverschämter, ich kenne Gott nicht?

Der Sterbende: Verzeihe, mein Bruder, aber ich fürchte allerdings, daß du ihn nicht kennst... Gott gab mir Frau und Kinder, um sie nicht im Elend vergehen zu lassen. Mit meinem Leichnam mache, was du willst, den überlasse ich dir. Glaube aber an Gott, ich beschwöre dich.

Der Barbar: Tu, ohne weiter zu streiten, was ich dir sage; ich will es, ich befehle es.

Der Sterbende: Welches Interesse treibt dich, mich so zu quälen?

Der Barbar: Welches Interesse? Wenn ich deine Unterschrift habe, bekomme ich ein schönes Kanonikat.

Der Sterbende: Ach, mein Bruder, ich sterbe... ich werde Gott bitten, daß er dich mit seiner Gnade erleuchte und dich bekehre...

Der Barbar: Zum Teufel, der freche Mensch, der nicht unterzeichnet. Ich will es tun und seine Schrift nachahmen.« –

Am 25. Februar, als Voltaire seiner Gewohnheit gemäß ausgestreckt auf seinem Bett liegend einen Brief diktiert, überkommt ihn plötzlich ein starker Hustenanfall. »Ich spucke Blut!«, ruft er aus, und schon schießt ihm das Blut in Strömen aus Nase und Mund.

In seinem tödlichen Schreck schickt er Wagnière fort, um den Abbé Gaultier zu holen, während Madame Denis schleunigst Tronchin rufen läßt.

Wagnière, der den Priester für fehl am Platz hält, kehrt bald zurück und behauptet, ihn nicht zu Hause angetroffen zu haben. Inzwischen bemüht sich Tronchin bereits um den Patienten und nimmt einen Aderlaß vor; nachdem fast drei Maß Blut genommen sind, kommt das Nasenbluten allmählich zum Stillstand. Allerdings wird das Blutspucken noch drei Wochen anhalten.

Das wichtigste Ergebnis dieses erschreckenden Zwischenfalls besteht darin, daß nunmehr eine resolute junge Krankenschwester engagiert wird, die Voltaires Tür wie ein Wachhund hütet.

Wagnière veranlaßt in diesen kritischen Tagen seinen Herrn, eine schriftliche Erklärung abzufassen, um im Falle des Todes allen Verleumdungen begegnen zu können. Voltaire diktiert: »Ich sterbe in Anbetung Gottes, in Liebe zu meinen Freunden, ohne Haß gegen meine Feinde und in Verabscheuung des Aberglaubens.«

Am 2. März sucht Gaultier den Kranken wiederum auf und wird von ihm empfangen: Voltaire bittet ihn, seine Beichte entgegenzunehmen, bevor er stürbe. Der Abbé ist zwar dazu bereit, stellt aber eine Forderung: Voltaire müsse unbedingt erst den Inhalt seiner Schriften widerrufen.

Der Dichter händigt ihm darauf seine bereits aufgesetzte Erklärung aus und schlägt vor, sie in den Zeitungen zu veröffentlichen. Doch Gaultier meint, es eile nicht. Erst müsse er wissen, ob seine Vorgesetzten mit dieser Form des Widerrufs zufrieden seien.

Dann eilt er mit dem Zettel zum Erzbischof von Paris, der den Text für ungenügend erklärt, sodann zum Priester von Saint-Sulpice, der diese Formulierung ebenfalls ablehnt. Der Abbé begibt sich wiederum zu Voltaire, der nun um des lieben Friedens willen eine neue Erklärung abfaßt, worin es heißt: »Ich sterbe in der katholischen Religion, in der ich geboren bin, und hoffe von der göttlichen Barmherzigkeit, daß sie mich für wert halten wird, mir alle meine Fehler zu vergeben.« Auf Drängen Gaultiers setzt er schließlich noch hinzu: »Und falls ich jemals die Kirche gekränkt habe, bitte ich Gott und sie um Verzeihung.«

Nun darf er endlich beichten. Doch als der Geistliche ihm das Sakrament reicht, weist er es zurück: »Ich spucke immerzu Blut, wir müssen uns davor hüten, das Blut des lieben Gottes mit dem meinigen zu vermischen.«

Der Abbé, der wenig später dem Priester von Saint-Sulpice eine Geldstiftung Voltaires und die von diesem unterschriebene Erklärung überreicht, erntet wenig Dank. Ungehalten über den Umstand, daß der große Sieg nicht erzielt worden ist und Voltaire seine Werke nicht widerrufen hat, schickt er Gaultier zurück zum Krankenlager. Doch dieses Mal wird der Abbé nicht empfangen.

Dem Arzt Lorry, einem Freund der Enzyklopädisten, der einige Zeit darauf zur Visite kommt und über die Beichte amüsiert ist, vertraut Voltaire an: »Ich will nicht auf den Schindanger geworfen werden. Diese Pfaffen belästigen und plagen mich, aber sie haben mich in der Hand! Ich bin gezwungen, mich aus den Schwierigkeiten herauszuwinden. Sobald ich kann, reise ich fort. Der Glaubenseifer dieser Priester kann mich nicht nach Ferney verfolgen. Wäre ich dort geblieben, wäre das nicht geschehen.«

Wenig später erscheint in den europäischen Zeitungen eine große Meldung, die den Erfolg der Kirche verkündet. In der deutschen Presse lautet sie:

»Man spricht nun nicht mehr von den witzigen Einfällen des Herrn von Voltaire, sondern ganz Paris unterhält sich von seiner Bekehrung. Bey dem letzten heftigen Anfalle der Krankheit hat er gebeichtet, sein Glaubensbekänntniß abgelegt und alles widerrufen, was er sowohl gegen die Religion geredet und geschrieben hat. Als der Abt Gaultier dieses eigenhändig unterschriebene Bekänntniß des bußfertigen Sünders dem Herrn Erzbischoff überbrachte, sagte er: Monseigneur, ich bringe Ihnen den Triumph der Religion.« –

Seit dem Tage seiner Beichte ist Voltaire immer mehr zu Kräften gekommen. Er verläßt häufiger das Bett und denkt ständig an die Proben zu »Irène«; die Premiere soll am 16. März stattfinden. In der Nacht zum 10. März erleidet der Dichter einen neuen starken Hustenanfall, worauf Tronchin ihm strengstens verbietet, bei der Premiere anwesend zu sein.

Voltaires Stimmung ist niedergedrückt. Zwar sind inzwischen ihm zu Ehren viele Gedichte veröffentlicht worden, doch werden ihm auch bereits Schmähverse gegen »Irène« zugetragen. Weit ärgerlicher aber ist ihm, daß die Akteure, vor allem die Hauptdarstellerin, Madame Vestris, zu temperamentlos sind. Er hat größte Bedenken wegen der Wirkung seines Stückes.

Als er sich vom Souffleur des Theaters das Manuskript noch einmal kommen läßt, traut er seinen Augen nicht: er entdeckt, daß man sich erdreistet hat, einige kleine Änderungen des Textes vorzunehmen! Wer war das? In höchstem Zorn stellt er seine Nichte zur Rede; diese gesteht, daß es auf dringende Bitten d'Argentals und de La Harpes geschah; sie sucht ihn zu beruhigen, erhält aber von dem wütenden Patriarchen einen Stoß, daß sie in den Sessel sinkt, in dem schon der stattliche Herr Duvivier sitzt; der rasende Autor stürzt in den Salon, um die Schuldigen zur Rechenschaft zu ziehen; d'Argental entweicht heimlich, um einem Skandal zu entgehen, während La Harpe vor allen Besuchern einer geharnischten Strafpredigt standhalten muß; nach einer Weile taucht d'Argental vorsichtig wieder auf, entfacht dadurch aber den Zorn des Dichters aufs neue; Voltaire verlangt, daß sein alter Freund zwei weitere Manuskripte, die in seinen Händen sind, herausgibt, und zwar sofort – Madame Denis soll sie, trotz strömenden Regens, im Augenblick holen.

Außer Atem verläßt Voltaire das Schlachtfeld mit dem Ausruf, daß man ihn behandele, wie man es nicht einmal gegenüber dem Sohn des Dichters Barthe wagen würde, worauf nämlicher Barthe, den er übersehen hatte, aus einer Ecke hervorkommt und laut brüllend Rechtfertigung für die Schmach verlangt, die ihm zugefügt wurde. In seinem Nebenzimmer erkundigt sich Voltaire, der seine Äußerung schon wieder vergessen hat, über den Grund des Lärms und läßt sofort bestellen, daß er weder Barthe, noch dessen Sohn, noch seine Verse habe beleidigen wollen. Gleich darauf erscheint er selbst noch einmal und wiederholt unter allgemeiner Heiterkeit, der sich das unfreiwillige Opfer seines Zornes anschließt, seine Beteuerungen.

Am 16. März findet die mit Spannung erwartete Uraufführung von »Irène« statt. Kaum öffnen sich die Türen des Theaters, als auch schon alle Plätze im Saal besetzt sind; in den Logen sieht man die Königin, die Grafen von Bourbon und Artois, den ganzen Hofstaat von Versailles, nur den König nicht.

Gegen Ende der Vorstellung kann man Voltaire bereits benachrichtigen, daß der Erfolg gesichert sei; er freut sich, meint aber, daß er davon nicht gesund würde.

Doch in den folgenden Tagen macht seine Genesung rasche Fortschritte. Schließlich nimmt er wieder das betriebsame Leben auf, empfängt Scharen von Gästen und macht Besuche in Paris.

Der 30. März soll der große Tag werden, an dem der Dichter der Aufführung seiner neuen Tragödie – es ist die sechste Vorstellung – persönlich beiwohnt. Vorher will er noch bei einer Akademiesitzung zugegen sein.

Eine Schar von Zuschauern begrüßt ihn begeistert, als er das Haus verläßt und in den azurblauen, mit goldenen Sternen gezierten Wagen steigt. Er hat sich mit der veralteten Eleganz seiner großen Pariser Zeit – vierzig Jahre zurück – gekleidet: prachtvolle, weißgepuderte Perücke, rosenroter Rock, weiße Seidenstrümpfe, Schuhe mit Silberschnallen; als Umhang den kostbaren Zobelpelz Katharinas.

Es geht zur Académie Française, durch immer größere Mengen zusammenlaufender Menschen; vor dem Louvre wird das Gedränge beängstigend: zweitausend stehen hier bereits und warten. Der junge Graf von Montlosier wird in die Höhe gedrückt und gegen Voltaires Schulter gehoben; als er wieder herabsinkt, ist er von der Perücke weiß bestaubt.

Während der Dichter das Gebäude betritt, schallen noch die lauten Rufe »Vive Voltaire!« hinter ihm her. Gleichzeitig schreiten ihm – ein Bruch mit allen Traditionen! – die Mitglieder der Akademie in den ersten Saal entgegen, eine Begrüßung, wie sie nicht einmal gekrönten Häuptern zuteil wird.

Bis auf die geistlichen Mitglieder, von denen nur zwei erschienen sind,

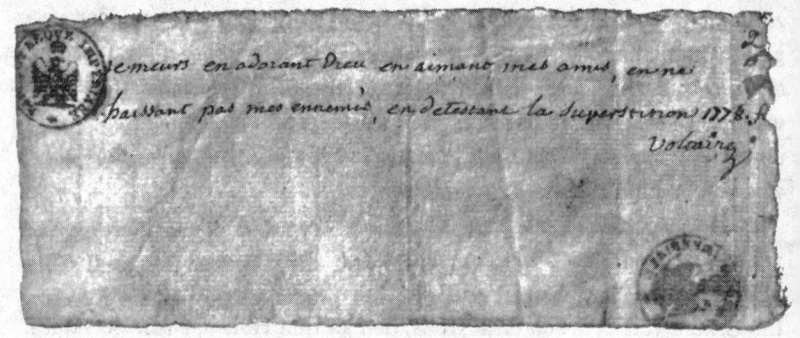

haben sich sämtliche Akademiker eingefunden. Sie nötigen Voltaire auf den Sitz des Direktors und wählen ihn einstimmig zum Ehrendirektor des kommenden Trimesters.

D'Alembert hält die Festrede und behandelt in ihr neben den toten Meistern Despréaux und Racine den lebenden Voltaire, der bereits einen Platz in der Literaturgeschichte einnimmt.

Die anschließende Fahrt von der Akademie zum Theater wird zu einem neuen Triumphzug Voltaires. Sein Wagen vermag kaum einen Weg durch die wogende Menge zu finden, die sich dem Theater zuwälzt: Edelleute, Bürger und Künstler neben Savoyarden, Gemüsehändlern, Tagelöhnern, Kindern. Unaufhörlich die Rufe: »Vive Voltaire!« Viele springen auf das Trittbrett, um Voltaires Hand oder Kleidung zu küssen.

Ist es die Neugierde und das Sensationsgefühl, was diese Menschen bewegt? Oder feiern sie den Tragödiendichter, den Geschichtsschreiber? Eine Frau in der Menge sagt: »Es ist Voltaire, der Verteidiger der Unterdrückten, er, der die Familien Calas und Sirven gerettet hat.« Wer Ohren hat zu hören, der vernimmt den ernsten Unterton des Jubels. Er klingt nicht gut für die Mächte der Unterdrückung, für die hochmütigen, allein herrschenden Stände Adel und Geistlichkeit.

Vor dem Theater ist kein Durchkommen, der Verkehr stockt. Jemand ruft: Platz für Voltaire!, tausend Stimmen nehmen den Ruf auf, und sofort bildet sich eine Gasse, durch die der Gefeierte fahren und dann auf den ihn empfangenden Marquis de Villette zuschreiten kann. Im

Moment, als Voltaire in der Ehrenloge erscheint und zwischen Madame Denis und Belle et Bonne Platz nimmt, bricht im Parkett tosender Jubel los. Alles hat sich erhoben, man klatscht Beifall, ruft – »Den Kranz!«, und dann tritt der Schauspieler Brizard in die Loge und legt Voltaire einen Lorbeerkranz aufs Haupt. Dieser wehrt sich bescheiden; er weint vor Rührung, nimmt den Lorbeer ab, setzt ihn Belle et Bonne auf und sträubt sich gegen ihre Versuche, in zurückzugeben. Doch als der Prinz von Beauveau zu Hilfe kommt und dem lauten Wunsch des Publikums gemäß Voltaire nochmals krönt, fügt dieser sich endlich.

Der Beifallssturm nimmt kein Ende. Die Schauspieler stehen am Rande der Bühne und blicken ehrerbietig zu dem gefeierten Dichter, Rufe mischen sich in den Applaus: Vive Voltaire! Hoch Sophokles! Ehre dem Philosophen, der zu denken lehrt!

Nach zwanzig Minuten endlich kann man es wagen, den Vorhang zu heben und das Spiel zu beginnen. Die Darsteller geben ihr Bestes, aber die Aufmerksamkeit gilt dennoch dem kleinen alten Mann in der Loge. In jeder Pause werden Rufe laut: »Ruhm dem Verteidiger von Calas!« Nie ist ein Drama in solcher Stimmung gespielt worden. Und als nach dem fünften Akt der Vorhang fällt, bricht ein neuer Begeisterungssturm des Klatschens, Trampelns, Rufens los, bis man erreicht, daß Voltaire einige Worte spricht. Aber die Begeisterung findet kein Ende.

Wieder hebt sich der Vorhang: die Schauspieler improvisieren eine Ehrung besonderer Art. Eine von Lemoyne geschaffene Voltairebüste, die kürzlich im Foyer des Theaters aufgestellt worden war, steht jetzt mitten auf der Bühne; die Schauspieler mit Palmenzweigen und Blumengirlanden umgeben sie im Halbkreis; den Hintergrund bildet eine Formation von Gardisten, die in dem Stück als Wache des Kaisers mitgewirkt hatten.

Das farbenprächtige Bild entfacht einen neuen Orkan des Beifalls. Nun tritt Brizard an die Büste und krönt sie mit einem Lorbeerkranz; weitere Kränze werden den Soldaten auf die Bajonette gesteckt, die sie dann so hochhalten, daß sie einen Triumphbogen bilden. Im Takt, von den Schauspielern geführt, erklingt tausendfach der Name des Mannes, der in diesen Tagen der Abgott von Paris ist.

Voltaire hat sich weit in seine Loge zurückgezogen und kann erst vom Marquis de Villette bewogen werden, wieder in den Vordergrund zu treten. Er verneigt sich, so tief, daß seine Stirn den Rand der Brüstung berührt; als er sich wieder aufrichtet, stehen ihm die Augen voll Tränen.

Auf der Bühne rezitiert Madame Vestris einige Verse, die der Dichter de Saint-Marc aus dem Stegreif verfaßt hat und in denen Voltaires Unsterblichkeit besungen wird. Der Beifall zwingt sie, das Gedicht zu wiederholen. Dann huldigen die Schauspielerinnen der Büste Voltaires, schmücken sie mit Zweigen und küssen sie.

Lange dauert es, bis die Gemüter sich soweit beruhigt haben, daß die Aufführung von Voltaires Komödie »Nanine« beginnen kann. Auch sie wird mit stürmischem Beifall bedacht. Unmittelbar nach Schluß des letzten Aktes verläßt der Dichter das Theater; auf Gängen und Treppe bilden die Mädchen und Frauen schnell ein Spalier für ihn. Zwischen ihren anmutigen Gestalten und schönen, unter Tränen lächelnden Gesichtern findet er den Weg in seinen Wagen, der sich in der riesigen Menge zunächst nicht in Bewegung setzen kann. Fackeln werden gebracht, damit man Voltaire sehen kann; unablässig versuchen die Menschen, ihm die Hände zu küssen, manche, die nicht in seine Nähe vordringen können, küssen seine Pferde.

Im Schritt fährt der Wagen schließlich unter unablässigen Rufen »Vive Voltaire!« zum Palais Villette; bis zur Pont-Royal begleiten die begeisterten Pariser das Gefährt.

Als Voltaire sich ergriffen, ermüdet zur Ruhe begibt, ist er ernster Stimmung. Großes Leid der Vergangenheit ist durch diese überwältigenden Ehrungen getilgt, aber... Er sagt zu Wagnière: »Mein Freund, Sie kennen die Franzosen nicht. Sie sind ebenso eifrig gewesen, den Genfer Jean-Jacques zu sehen; man zahlte einem Lumpensammler einen Taler, um auf seinen Schultern stehen zu können und Rousseau zu sehen. Am nächsten Tage wurde ein Haftbefehl gegen ihn erlassen und er mußte fliehen.«

Wenige Tage darauf unternimmt ein Hofkaplan, der Abbé de Beauregard, in seiner Predigt vor dem König heftige Angriffe gegen die Philosophen und fordert Unduldsamkeit in Glaubensfragen.

Voltaire steht vor einer schweren Entscheidung. Tronchin drängt ihn, schleunigst nach Ferney zurückzukehren, Wagnière, Belle et Bonne, Marie Dupuits, frühere Corneille, reden ihm gleichfalls zu, auf seine Gesundheit bedacht zu sein; dagegen meint d'Argental, daß die Geistlichkeit beim König einen endgültigen Verbannungsbefehl erwirken könne, sowie Voltaire erst einmal Paris verlassen habe. D'Alembert und die anderen Philosophen können geltend machen, wie stark Voltaires Gegenwart für ihre gute Sache wirkt.

Der Kutscher, der aus Ferney kommt, bringt einen Hund mit, den Voltaire sehr liebt. Das Tier ist außer sich vor Freude, winselt, wedelt und bellt, während seinem Herrn die Tränen kommen. Er denkt an seine Bauern und Ansiedler – Voltaire hat versprochen, zurückzukommen, und er wird dieses Versprechen halten und weiterhin für sie sorgen, wie abfällig Madame Denis, die natürlich in Paris bleiben will, auch über sie reden mag.

Voltaire spürt seine Kräfte von Tag zu Tag wachsen; er entschließt sich, ein Haus in Paris zu kaufen, um abwechselnd in Ferney und in Paris zu wohnen. Zunächst will er für zwei Monate nach Ferney fahren, dann in die Hauptstadt zurückkommen. Tronchin schüttelt den Kopf: »Ich habe in meinem Leben viele verrückte Menschen gesehen, aber keinen Verrückteren als ihn. Er rechnet anscheinend damit, hundert Jahre alt zu werden.«

Als Tag der Abreise wird der 27. April festgesetzt. Früher möchte Voltaire nicht fort, weil seine liebe Belle et Bonne, die in anderen Umständen ist, darniederliegt: sie hatte nach der glanzvollen Aufführung von »Irène« beim Aussteigen aus der Kutsche den Tritt verfehlt und sich dadurch eine innere Verletzung zugezogen. Nun wollte Voltaire, der Pate des künftigen Kindes, erst ihre Besserung abwarten.

Inzwischen ist er ständig unterwegs, immer von der Bevölkerung begeistert begrüßt. Am 7. April erlebt er eine weitere große Ehrung in der Freimaurerloge der Neun Schwestern, in der sich alle Schriftsteller, Maler und Musiker liberalen Geistes zusammengefunden hatten. Der Astronom Lalande, Mitgründer der Loge, begrüßt ihn und überreicht ihm den Schurz des anderen Gründers, des verstorbenen Philosophen Helvétius. In der Festrede wird Voltaires Wirken in Ferney gewürdigt und betont, er sei ein Freimaurer durch die Tat, denn er habe »den Fanatismus hassenswert und den Aberglauben lächerlich gemacht«.

Die lange Feier ist für den Vierundachtzigjährigen nicht genug, er verbringt im Anschluß daran den Abend bei der Marquise de Montesson. Neben anderen Besuchen, die er in den folgenden Tagen abstattet, sucht er auch Suzanne de Livry auf, die seine Geliebte und Elevin gewesen war und ihn später vor ihrer Tür stehen ließ ... Jetzt aber ist sie gern bereit, ihn zu empfangen.

Der erwartungsfrohe Dichter sieht sich statt der reizenden Schäferin, die er in Erinnerung hat, der Hexe von Endor gegenüber, die ihn mit kalten Fischaugen anstarrt. Eine ungemütliche Situation; Voltaire erblickt wäh-

357

rend des steifen Gesprächs an der Wand ein Bild, das einst Largillière von ihm gemalt hatte, als er 24 Lenze zählte: frische Farben, schöne Perücke, elegante Kleidung... Er bittet, ob Belle et Bonne dieses Porträt zum Geschenk erhalten könne und freut sich über die sofortige Zusage der Besitzerin.

Am 26. April tritt ein bedauerliches und befürchtetes Ereignis ein: Belle et Bonne erleidet eine Fehlgeburt. In diesem Zustand will Voltaire sie erst recht nicht verlassen: er verschiebt seine Abreise und schickt Wagnière allein nach Ferney, um die wichtigsten Angelegenheiten zu regeln.

Am folgenden Tage begibt er sich zur Sitzung der Akademie, verfolgt aufmerksam einen Vortrag und entzündet sich plötzlich an dem Gedanken, die französische Sprache sei viel zu arm und starr geworden. Ein ganz neues Wörterbuch müsse geschaffen werden, schlägt er vor.

Zwei Tage darauf macht seine Anwesenheit die Sitzung der Académie des Sciences zu einem unvergeßlichen Ereignis. Condorcet schildert in einem Vortrag unter stürmischem Beifall Voltaire als den Wohltäter der Bevölkerung von Gex. Besonders tiefen Eindruck aber hinterläßt die Szene, wie Benjamin Franklin – seit Jahrzehnten Mitglied dieser Akademie, die seine Erforschung der Elektrizität schon anerkannt hatte, als man ihn noch überall verspottete – die Arme öffnet und Voltaire umschließt. Europa und die Neue Welt konnten nicht enger verbunden sein als durch diese Umarmung der beiden unermüdlichen Streiter für die Freiheit des Menschen.

Als Voltaire in der nächsten Sitzung der »Académie Française« am 7. Mai erscheint, legt er bereits den ausgearbeiteten Plan für ein neues Wörterbuch vor und nötigt die verblüfften Akademiker, diesen Plan zu billigen, obwohl ihnen vor der Fülle der Arbeit graust. Jeder soll einen Buchstaben übernehmen; Voltaire will mit gutem Beispiel vorangehen und selber den reichhaltigen Buchstaben A bearbeiten. »Mein Onkel fühlte sich wohl und schrie in der Akademie wie ein Teufel«, berichtet Madame Denis an Wagnière.

Bei der nächsten Sitzung am 11. Mai ist Voltaire wider Erwarten nicht zugegen. Ein heftiger Fieberanfall, ein Prostataleiden, zwingt ihn ins Bett; er hat starke Schmerzen. Sein Freund Richelieu empfiehlt ihm ein schmerzstillendes Mittel, das er bei seinen Gichtanfällen benutzt, und teilt es brüderlich mit ihm. Es ist aber ein stark opiumhaltiges Medikament, das Voltaire so schlecht bekommt, daß er besorgniserregend verfällt.

Nach einer leichten Besserung wird sein Zustand eine Woche darauf immer schlimmer. Er verlangt dringend, daß Wagnière nach Paris zurückkommt.

In den letzten Tagen des Mai nimmt Voltaire keine Nahrung mehr zu sich; er liegt schwach und apathisch. Am 26. erwachen seine Lebensgeister für kurze Zeit, als ihm eine wichtige Nachricht gebracht wird: sein Einspruch gegen das Todesurteil Lallys, der vom Conseil liegengelassen worden war, hatte nun doch endlich ein Resultat erzielt. Der allgemeine Begeisterungssturm in Paris hatte das Verfahren in Gang gebracht, und nach 32 Sitzungen war soeben der Spruch ergangen: der Conseil hebt einstimmig das Urteil gegen Lally auf.

Voltaire diktiert einen Brief an den Sohn des Hingerichteten, daß er als Sterbender bei dieser Neuigkeit wieder zum Leben erwache. Dann verlangt er einen Zettel, diktiert die Worte: »Am 26. Mai wurde der von Pasquier an der Person Lallys begangene Justizmord von des Königs Rat gerächt«, und läßt das Papier an der Tapete befestigen. Wann immer er noch bei Bewußtsein ist, ruhen seine Augen darauf.

Die Ärzte haben Voltaire aufgegeben. Am 30. Mai geht es zu Ende. Um sechs Uhr abends sucht sein Neffe, der Abbé Mignot, den Abbé Gaultier auf und bittet ihn, den Sterbenden zu besuchen. Dieser will die gute Gelegenheit nutzen und schlägt vor, für Voltaire einen neuen Widerruf seiner Schriften aufzusetzen, den dieser unterzeichnen soll, und den Priester von Saint-Sulpice mitzunehmen. Mignot erklärt sich mit allem einverstanden.

Die beiden Geistlichen erscheinen am Sterbelager Voltaires. Sie suchen mit ihm zu sprechen, doch er ist abwesend, gibt nur unzusammenhängende Wörter von sich. Gaultier sieht ein, daß die Bemühungen zwecklos sind, und bittet die Angehörigen, ihn wissen zu lassen, wenn der Sterbende wieder bei Bewußtsein sei.

Doch der Priester von Saint-Sulpice gibt den Kampf, der ihn so schnell in der Öffentlichkeit bekannt gemacht hat, nicht auf. Er tritt zu dem Sterbenden und ruft mit lauter Stimme: »Herr von Voltaire, Sie stehen am Ende Ihres Lebens. Erkennen Sie die Göttlichkeit von Jesus Christus an?«

Die zitternde Hand des gequälten Greises versucht, den Priester fortzuweisen. Mit letzter Kraft ruft er: »Im Namen Gottes, lassen Sie mich in Frieden sterben!«

Die beiden Geistlichen entfernen sich.

Voltaire dämmert friedlich dahin. Gegen elf Uhr ergreift er die Hand seines treuen Dieners Morand, der gerade bei ihm wacht: »Adieu, mon cher Morand, je me meurs.« Wenig später eine Mahnung, für Madame Denis zu sorgen.

Dann erlischt ein großes Leben.

Die Angehörigen waren in Sorge, wo der Entschlafene beigesetzt werden könne. Sie beratschlagten lange miteinander, während ein junger Chirurg den Leichnam einbalsamierte. Vorher war – mit Einwilligung von Madame Denis – das Herz herausgenommen worden, das der Marquis de Villette in seiner Hauskapelle bewahren wollte.

Der Erzbischof von Paris hatte ein Begräbnis in seiner Diözese verboten; der Priester von Saint-Sulpice, Tersac, gestattete aber wenigstens – um einen Skandal in Paris zu vermeiden –, daß der Leichnam forttransportiert werden durfte. Man rechnete damit, daß Voltaire in Ferney begraben werden sollte; deshalb sandte der Erzbischof von Paris drei Eilbriefe an den Bischof von Annecy, eine Beerdigung durch den Pfarrer von Ferney strengstens zu verbieten.

Die Verwandten wußten, daß der Bischof von Annecy schon allein wegen des Streichs mit der Beichte Schwierigkeiten bereiten würde. So verfiel der Abbé Mignot auf einen überraschenden Ausweg.

In der Nacht des 31. Mai verlassen zwei Kutschen den Hof des Palais Villette. In der ersten, die von sechs Pferden gezogen wird, sitzt ein Diener, neben ihm eine zusammengekrümmte, schlafende Gestalt – es ist, angekleidet, die Leiche Voltaires. Im zweiten Wagen folgen die nächsten Verwandten.

Der Abbé Mignot war bereits vorweggefahren: nach Sellières in der Champagne, wo eine ihm unterstehende Abtei lag. Er wies dem Prior zwei Papiere vor: die Genehmigung des Priesters von Saint-Sulpice und die Bevollmächtigung des Ministers, Voltaires Leiche aus Paris zu entfernen.

Der Prior wollte seinem weltlichen Vorgesetzten die Bitte nicht abschlagen, Voltaire zu bestatten. So wurde der Leichnam, als die Fahrzeuge ankamen, in einem einfachen Sarg im Keller der Klosterkirche beigesetzt – es sollte entsprechend der Genehmigung des Priors eine »zeitweilige Ruhestätte« sein.

Morgens um fünf Uhr wurde feierlich die Totenmesse gelesen.

Kaum war der Tag angebrochen, als eine Anweisung des Bischofs von

Troyes eintraf, eine Bestattung Voltaires zu verhindern. Doch nun war es zu spät.

So konnte der Vergeltungsschlag nur den armen Prior treffen. Zwar machte dieser geltend, daß nicht einmal Exkommunizierten das Grab verweigert würde, und daß Voltaire nicht exkommuniziert gewesen sei, doch half ihm das nichts – er wurde verabschiedet. Dem Abbé Mignot konnte man nichts anhaben, da er die Stellung eines Ratsherrn im Grand Conseil des Königs bekleidete. Voltaires Leichnam sollte wieder exhumiert werden, doch da die Verwandten das Gerücht ausstreuten, er sei zwei Fuß hoch mit ungelöschtem Kalk bedeckt und spurlos aufgezehrt worden, unterließ man weitere Maßnahmen.

Voltaire sollte nach Wunsch der Mächte, die er bekämpft hatte, sofort vergessen werden. Es wurde den Zeitungen verboten, irgend etwas über ihn zu berichten; das »Journal de Paris«, in welchem alle Todesfälle mitgeteilt wurden, durfte diesen einen nicht melden. So konnte man nur in ausländischen Blättern eine Nachricht finden; in den deutschen hieß es: »Endlich ist denn auch der alte Dichter und Sünder, Herr von Voltaire, den 30.sten May den Weg alles Fleisches gegangen.«

Die Académie Française wollte, wie es bei verstorbenen Mitgliedern üblich war, eine Gedenkmesse abhalten, doch verbot der Erzbischof von Paris eine solche; man bemühte sich darauf, über den einflußreichen Fürsten de Rohan dennoch eine Genehmigung zu erhalten, aber auch dieser Versuch schlug fehl. D'Alembert beklagte sich in einem Brief an Friedrich II. bitter über diese neue Kränkung Voltaires und regte an, der König möge seinen großen Freund rächen und in Berlin die Feier abhalten, die in Paris verboten war.

Friedrich ging tatsächlich auf diese Anregung ein und beauftragte seinen französischen Vorleser Thiébault, die nötigen Schritte vorzunehmen. Dieser setzte sich mit dem Pfarrer der katholischen Kirche Berlins, der Hedwigkirche, in Verbindung und machte ihm darauf mit den anderen vier katholischen Mitgliedern der Preußischen Akademie einen offiziellen Besuch, um, wie einer lachend sagte, die »Seele Voltaires aus dem Fegefeuer zu erlösen«.

Auf den Einwand des Herrn Pfarrers, die französische Geistlichkeit habe die Beerdigung Voltaires verboten, legte ihm Thiébault eine Abschrift des Protokolls der Beisetzung in Scellières vor; da er außerdem versichern konnte, daß Voltaire niemals exkommuniziert worden sei, wurde die Feier angesetzt, die dann auch in würdiger Form abgehalten wurde. Es war durchaus im Sinne Voltaires, daß anschließend Geld unter die Armen verteilt wurde.

Friedrich selbst aber ehrte ihn auf eine Weise, wie sie in der Geschichte selten vorkommt: ein Staatsoberhaupt, das in der Akademie eine Lobrede hält, die dem geistigen Rang des Geehrten gemäß ist.

In Paris, wo jede öffentliche Feier unmöglich war, fanden sich die Logenbrüder von den »Neun Schwestern« zu einer würdigen Gedenksitzung mit Franklin und den Pariser Berühmtheiten zusammen: ein symbolischer Grabhügel mit einer Pyramide, bewacht von siebenundzwanzig Brüdern mit blanken Degen; eine Festrede von Lalande, ein Orchester mit hervorragenden Musikern, dirigiert von Piccini; zum Schluß ein Festbankett von 200 Personen und Enthüllung der Voltaire-Büste von Houdon, die Madame Denis der Loge geschenkt hatte.

Es war trotz aller Verbote unmöglich, das Andenken an Voltaire auszulöschen. Man errichtete ihm kein Standbild, sogar die Aufstellung des bescheidenen kleinen Gedenksteins wurde untersagt, den der Abbé Mignot bei dem Bildhauer Claudion in Auftrag gegeben hatte, um die armselige inschriftlose Grabplatte Voltaires zu schmücken, doch fernab der großen Welt entstand ein Denkmal, wie Voltaire es sich schöner nicht hätte wünschen können: seine Einwohner von Ferney ließen es in tiefer Dankbarkeit errichten. Mit diesem Denkmal hatten sie seine zierliche Gestalt immer vor Augen, den Mann, der ihr Vater, Helfer und Beschützer gewesen war. Sein Lächeln mochte von verständnislosen Unwissenden als Spott gedeutet werden – wenn seine Schützlinge auch nicht wußten, daß sich dahinter das große Leid über menschliches Unvermögen und über die Feindschaft des Menschen gegen den Menschen verbarg, wenn sie auch von seinen Seelenschmerzen nichts ahnten, so kannten sie doch die immer mitfühlende Güte und Hilfsbereitschaft seines weichen Herzens.

Wer immer dem lebenden Voltaire nahegestanden hatte – ob Bauer, ob König –, bewahrte ihm ein ehrendes Gedächtnis. Katharina von Rußland, die voller Zorn über die schmählichen Vorgänge in Frankreich war, machte dem Baron Grimm Vorwürfe: zum ersten Mal in seinem Leben habe, ausgerechnet in diesem Moment, sein kluger Kopf versagt! Er hätte sich in ihrem Namen des Leichnams von Voltaire bemächtigen sollen, sie hätte ihm das kostbarste Grabmal erbaut.

Sie richtete dafür eine andere Gedenkstätte ein: den Raum, in dem sie

Voltaires Briefe und seine Bibliothek aufbewahrte, die sie mitsamt ihren eigenen Briefen von Madame Denis kaufte. Es waren 15 000 Bände, die Voltaire als Werkzeug benutzt hatte: er pflegte nur aufzubewahren, was für ihn von Wert war, und so hatte er aus vielen Büchern Teile und Seitenbündel herausgerissen und zusammenheften lassen. Mit seinen vielen Randbemerkungen versehen, bildeten sie dennoch unschätzbare Erinnerungsstücke.

Voltaires anderer königlicher Freund, Friedrich, spürte bald schmerzlich, was es bedeutete, daß kein Brief von Voltaire mehr kam. Ihn, der vom ruhmsüchtigen Feldherrn zum besorgten Landesvater geworden war, hatte des Dichters letzter Brief noch als Sieger über Vorurteile und Aberglauben gefeiert – »Möge Friedrich der Große Friedrich der Unsterbliche sein!« Mit Voltaires Tod war für Friedrich die letzte Einsamkeit angebrochen. Noch zwei Jahre darauf schrieb er an d'Alembert: »Ich richte jeden Morgen meine Bitte an ihn, ich sage zu ihm: Divin Voltaire, ora pro nobis.«

In seinem Testament hatte Voltaire seine Nichte als Universalerbin eingesetzt und die anderen Verwandten mit Legaten abgefunden. Die Frau, die seit Jahrzehnten wie kein anderer Mensch mit ihm verbunden war, suchte sich allerdings so schnell wie möglich der Belastungen dieser Erbschaft zu entziehen, indem sie Ferney – wohin sie nie wieder zurückkehrte – verkaufte. Die Philosophen waren erschüttert, die Angehörigen wütend, die Einwohner des Ortes niedergeschlagen.

Neuer Besitzer wurde der Marquis de Villette, der von dem brennenden Ehrgeiz besessen war, Voltaires Nachfolger zu sein. Belle et Bonne konnte dank der Übersiedlung nach Ferney wieder in der Nähe ihrer Familie leben, deren Halt ihr wohltat, zumal der Marquis nach Voltaires Tod sein wüstes Leben in den Pariser Freudenhäusern wieder aufgenommen hatte. Glücklicherweise änderte er seine Sinnesart, als seine Frau ihm verziehen hatte und in Ferney die Erinnerung an die Zeit des Patriarchen ihren Einfluß nicht verfehlte.

Der Erwerb von Ferney, das erhebliche Unkosten verursachte und einen großen Teil von Voltaires Vermögen verschlungen hatte, bedeutete auf die Dauer eine Belastung – es gelang Villette nicht, der Schwierigkeiten Herr zu werden, und so setzte ein langsamer Verfall des früheren Wohlstands ein.

Madame Denis, durch den Verkauf zu Bargeld gelangt, stand nun im

Alter von 69 Jahren, war faul und zänkisch – worunter schon ihr Onkel zu leiden gehabt hatte – und verlangte immer noch nach Liebesabenteuern, obwohl sie laut dem Urteil eines ihrer Bekannten »dick wie ein Faß war, mit Finnen und Kupfer im Gesicht«. Nichtsdestoweniger gelang es ihr, einen Freier einzufangen: den von Spielschulden zerrütteten ehemaligen Dragoner, späteren Kriegskommissar Duvivier mit seiner stattlichen Figur.

Als die von niemand geahnte Hochzeit am 18. Januar 1780 begangen wurde, erregte sie allgemeine Empörung. Der Abbé Mignot, der bei seiner Tante wohnte, verließ sofort das Haus, ohne auch nur noch essen zu wollen, d'Alembert brach die Verbindungen mit ihr ab, die Zeitungen spotteten und verglichen sie mit Rousseaus hinterbliebener Therese, die mit sechzig Jahren einen Gärtner geheiratet hatte; die Akademiemitglieder verurteilten ihr Verhalten nicht nur als lächerliche Schwachheit, sondern auch »als Beleidigung der Manen Voltaires und eine Art geistigen Ehebruchs«. Wie nahe sie damit der Wirklichkeit kamen, ahnten sie nicht.

Die frühere Madame Denis nannte sich fortan ungewöhnlicherweise mit ihrem Mädchennamen »Mignot Duvivier«, um die Rolle der Nichte Voltaires weiterspielen zu können, doch wurden ihre Wünsche nicht einmal von den Schauspielern respektiert, mochte es sich um ihren Logenplatz oder um die Houdon-Büste Voltaires handeln, deren Standort im Theater zeitweilig zu Streitigkeiten führte.

Die geistige Erbschaft Voltaires lag in den Händen des Buchhändlers Pancoucke, dem der Dichter noch selbst das Recht zur Herausgabe seiner gesammelten Werke übertragen hatte und dem Madame Denis nach dem Tode ihres Onkels zwei große Kisten voll von Papieren und Manuskripten – Verbesserungen und Neubearbeitungen – übergeben hatte.

Der Buchhändler stieß bei seinen Vorbereitungsarbeiten bald auf Hindernisse aller Art und merkte, daß ihm Verfolgungen drohten. So verkaufte er Manuskripte und Herausgaberecht für 60 000 Francs an den wagemutigen Beaumarchais, der seinerseits Voltaire das schönste Denkmal setzen wollte: eine vollständige Ausgabe aller Schriften, auch der verleugneten oder unter falschem Namen veröffentlichten, sowie der Korrespondenz, die aus vielen Tausenden von Briefen bestand, die im Original oder auch in Abschrift äußerst schwer zu beschaffen waren.

Da Voltaires Werke in Frankreich nicht gedruckt werden durften, verlegte Beaumarchais den Herstellungsort dieses großen Unternehmens an das jenseitige Rheinufer, nach Kehl.

1781 erschien der Prospekt: er war bereits ein Buch für sich. Die Arbeiten an dieser Ausgabe, zu der Condorcet die Anmerkungen verfaßte, erforderten so viel Zeit, daß es drei Jahre dauerte, bis die ersten Bände erscheinen konnten. Die Kosten wuchsen schnell in unvorhergesehene Höhen; dazu kam 1785 das Verbot des Verkaufs in Frankreich, so daß die Bücher geschmuggelt werden mußten. Ein weiterer schwerer finanzieller Verlust entstand durch den Wunsch Katharinas, ihre Briefe zu redigieren; da diese bereits gedruckt waren, mußten insgesamt 412 Seiten noch einmal in Satz gegeben werden. Die dadurch entstehenden Unkosten wollte die Kaiserin tragen, doch wurde das Geld nie gezahlt. Am schlimmsten aber wirkte es sich aus, daß für die 15 000 hohe Auflage nur 2 000 Subskribenten gefunden werden konnten. So erlitt Beaumarchais schließlich Millionenverluste und wurde finanziell durch diese Ausgabe zugrunde gerichtet, die für lange Zeit das Vorbild und die Quelle aller Voltaireausgaben bleiben sollte.

Voltaires Geist blieb nicht in seinen Werken allein spürbar. Die große Unruhe der Zeit nahm ihren Fortgang; war Voltaire zu Lebzeiten der Sprecher der Unterdrückten gewesen, so begannen diese nunmehr selbst zu sprechen. Was sie zu sagen hatten, konnten sie zum großen Teil von ihm übernehmen.

Die allgemeine Entrüstung über die finanzielle Mißwirtschaft und die ungerechtfertigte Bevorzugung der beiden herrschenden Stände war bis zum Siedepunkt gestiegen; die Idee Rousseaus vom Volkswillen, »volonté générale«, und die Forderung Montesquieus nach der Dreiteilung der Gewalt im Staat hatten in der Bevölkerung so starken Rückhalt gefunden, daß ein rebellischer Außenseiter wie der wagemutige pockennarbige Graf Mirabeau bald eine politische Rolle spielen konnte. Die Begeisterung für die Nordamerikaner, mit denen man inzwischen verbündet war – Lafayette hatte drüben gekämpft – und die eine neue Republik gegründet hatten, steigerte aufs heftigste das Verlangen nach einer eigenen Verfassung.

Um dem Staatsbankrott zu entgehen, wußte der König keinen anderen Ausweg mehr als die Einberufung der legitimen Vertretung seiner Untertanen, der Generalstände, einer Versammlung, die zum letzten Mal im Jahre 1614 getagt hatte. Auf Wunsch des Finanzministers

Necker sollte dieses Gremium das erwirken, woran bisher alle einsichtigen Finanzminister gescheitert waren: Beseitigung der Steuerfreiheit von Adel und Geistlichkeit.

Als die Abgeordneten in den verschiedenen örtlichen Versammlungen gewählt wurden, hatte die Bevölkerung zum ersten Mal Gelegenheit, ihre Forderungen zu erheben. Es war alter Brauch, daß diese Wahlkörperschaften Beschwerdehefte, »cahiers«, verfaßten, in denen für die Deputierten niedergelegt wurde, welche Maßnahmen und Verbesserungen man wünschte. Der Inhalt dieser Hefte wurde bestimmend für die gewaltigen Umwälzungen der kommenden Zeit, denn die Mehrzahl der Abgeordneten fühlte sich diesen Forderungen verpflichtet.

Diese cahiers wurden in Paris und in allen Himmelsrichtungen Frankreichs niedergeschrieben – und doch enthielten sie ein Gerüst von Programmpunkten, in denen sie genau übereinstimmten. Über die Einzelheiten rein örtlicher Mißstände hinweg vereinigten sie sich im Grundsätzlichen, und dabei wiederholten sie mit Leidenschaft genau das, was Voltaire in den Schriften seiner letzten Lebensjahre verlangt hatte: die Grundrechte der Freiheit und Sicherheit, die Gleichheit aller vor dem Gesetz und vor den Schranken des Gerichts, Freiheit der Rede und aller anderen Äußerungen. Voltaire sprach aus diesen Heften, man vernahm auch seine Forderungen nach Reform der Rechtspflege: Verbesserung der Verwaltung, Vereinfachung des Gerichtsverfahrens, Schutz für den Angeklagten, Senkung der Kosten, Humanisierung des Strafvollzuges. Seine Forderung nach Abschaffung der »Lettres de cachet«, von denen er selbst einmal getroffen worden war, fand sich hier ebenso wie die nach Beseitigung der Vorrechte des Adels, seien es Steuer-, Jagd- oder Bodenprivilegien. Über Voltaires Gedanken gingen die Forderungen der cahiers nicht hinaus. –

Die feierliche Eröffnungssitzung der Generalstände fand am 5. Mai 1789 in Versailles statt; der dritte Stand, der von den beiden privilegierten mundtot gemacht wurde, konstituierte sich in einem kühnen revolutionären Akt am 17. Juni als Nationalversammlung.

Für kurze Zeit war es fraglich, ob er sich angesichts der königlichen Truppen behaupten könne, doch als der König die Ungeschicklichkeit beging, Necker zu entlassen, bewaffneten sich die Bürger und erstürmten am 14. Juli die Bastille.

rechts: Voltaires Beisetzung im Pantheon

Das war weniger ein Beweis militärischer als politischer Macht. Von diesem Tage an, mit dem auch das Unrecht an dem jungen Voltaire gerächt war, nahm die Revolution unaufhaltsam ihren Fortgang.

Schon in der Nacht vom 3. zum 4. August erfüllte die Nationalversammlung entscheidende Forderungen Voltaires und der cahiers: Abschaffung aller Privilegien des Adels und der Geistlichkeit, Abschaffung der Leibeigenschaft, aller Lehens- und Zinsrechte. Damit war auch das verhaßte Recht der »Toten Hand« endlich beseitigt.

Am 14. Dezember wurde in Fortführung der Gedanken Voltaires und seiner philosophischen Freunde in einer feierlichen Erklärung der Menschenrechte die Grundlage für den Aufbau einer neuen Gesellschaft in Freiheit, Gerechtigkeit und Brüderlichkeit gelegt. In der Praxis allerdings schuf man später zwei Klassen von Bürgern: politisch Vollberechtigte und politisch Benachteiligte – zu letzteren zählten alle, deren Steuer nicht mehr als die Einnahmen von drei Tagen Arbeit betrug. Diese Klassifizierung förderte dann die unheilvolle Radikalisierung der ärmsten Bevölkerungsschicht.

Doch es war eine gewaltige Errungenschaft, daß nun jedermann die gleichen bürgerlichen Grundrechte genoß. Im Rausch einer neuen, eben noch für unerreichbar gehaltenen Freiheit fühlte man sich Voltaire als einem der wichtigsten Vorkämpfer verpflichtet. Seine Tragödie »Brutus« wurde das immer wieder begeistert aufgenommene Bühnenstück der Revolution; als Mirabeau im November 1790 zu einer Aufführung erschien, grüßten ihn stürmische Zurufe: »Brutus!«

Der Citoyen, frühere Marquis Villette beantragte 1791 die Umbenennung des Quai des Théatins, an dem das Sterbehaus lag, in Quai Voltaire. Diese Namensänderung wurde vorgenommen, und bald darauf beschloß die Nationalversammlung, Voltaires sterbliche Hülle nach Paris zu überführen. Die Volksvertreter betonten dabei: »Er war der erste, der die Würde des Menschen anerkannte.«

Im Juli nahm der Sarkophag, in den man den Leichnam Voltaires umgebettet hatte, seinen Weg nach Paris; in allen Ortschaften stand die Bevölkerung in langen Reihen an den Straßen und winkte mit grünen Zweigen.

Es war Nacht, als eine große Menge an dem Platz, wo die Ruinen der Bastille ragten, den Sarkophag empfing. Beim Schein der Fackeln defilierten 250 000 Menschen an dem Altar vorüber, auf dem der Sarkophag stand. Paris fand keine Ruhe: am nächsten Tage setzte sich ein Triumphzug in Bewegung, wie er in der Geschichte der Stadt nicht seinesgleichen hatte.

Durch die überfüllten Boulevards bewegte er sich zunächst zur Oper: voran Kavallerie, Fußtruppen, Trommler, dann einige hundert Kinder, darauf Abordnungen der Schulen, Vereine und Klubs mit ihren Fahnen – auf einer stand Voltaires Fluch gegen jeden, der Menschenblut vergießt, geschrieben; es folgten Arbeiter, die die Bastille niedergerissen hatten, mit Ketten, Kanonenkugeln und Kürassen als Siegestrophäen, Bürger mit Piken, auf deren Spitze die rote phrygische Freiheitsmütze steckte, ein als Amazone gekleidetes Mädchen, das sich als Anführerin beim Sturm auf das Gefängnis hervorgetan hatte, begleitet von den Arbeitern aus der Vorstadt Saint Antoine – der Keimzelle der Revolution – mit einer Trikolore (die jetzt das bourbonische Lilienbanner verdrängte); anschließend Gardetruppen mit einem Modell der Bastille, Deputierte der Wahlversammlungen, die Schweizergarde und Abordnungen aus allen Theatern Frankreichs. Von Männern in antiker Kleidung getragen, folgte sodann eine vergoldete Statue Voltaires, hinter ihr die Mitglieder der Akademie und die Schriftsteller Frankreichs mit einem prachtvollen Schrein, in dem sich die siebzig Bände der Gesamtausgabe befanden, die Beaumarchais gestiftet hatte. Ein großes Orchester, das getragene Hymnen spielte, und dann der Triumphwagen mit bronzenen Rädern, von vier Viererreihen weißer Pferde gezogen: der große Sarkophag aus Porphyr, auf seinem Deckel eine Skulptur des friedlich liegenden Voltaire, rundum Aufschriften »Er rächte Calas, La Barre, Sirven und Montbailli. Als Dichter, Denker, Historiker verlieh er dem menschlichen Geist einen gewaltigen Aufschwung. Er hat uns vorbereitet, frei zu werden.«

Hinter dem Wagen kam der Zug der amtlichen Abordnungen: die Vertreter der Nationalversammlung, der Departements, des höchsten Gerichts, sodann die Pariser Richter und der Pariser Magistrat mit dem Bürgermeister an der Spitze. Den Abschluß bildete ein Bataillon Veteranen und eine Eskadron Kavallerie, die Mühe hatte, die heranflutenden Menschenmassen zurückzudrängen.

So ging es an der Oper vorüber, deren Sänger eine Hymne zu Ehren Voltaires vortrugen; vorüber an den Tuilerien, wo sich das Königspaar befand, das soeben nach einem mißglückten Fluchtversuch gefangen zurückgebracht worden war. Alle Fenster des Schlosses waren mit zuschauenden Höflingen und Lakaien besetzt, nur an einem waren die

Vorhänge niedergelassen: hinter ihnen saß der König, der einst den lebenden Voltaire nicht in Paris zu sehen wünschte und nun, als der Tote zurückkehrte, nicht begriff, was sich abspielte – daß Geist über Macht triumphiert hatte.

Als der Zug vor Voltaires Sterbehaus angekommen war, fand eine Feier statt. Belle et Bonne erschien mit ihrer kleinen Tochter; tränenden Auges küßte sie die Statue und nahm dann mit den beiden Töchtern von Calas vor dem Katafalk Platz.

Nach der Feier setzte sich der Zug wieder in Bewegung, zum alten Théâtre Français, der Stätte von Voltaires erstem Triumph, dann zum Odéon-Theater, wo die Sänger der Oper mit dem Freiheitschor aus Voltaires »Samson« und der Zeile »Volk, erhebe dich, zerbrich deine Ketten!« neue Begeisterungsstürme entfachten. Erst tief in den Abendstunden war das Ziel, die in das Pantheon umgewandelte Kirche Saint-Geneviève, erreicht. In diesem Ruhmestempel wurde Voltaire neben Jean-Jacques Rousseau beigesetzt; die Inschrift auf seiner Grabstätte lautete: »Il réclama les Droits de l'homme.«

In den Zeitungen und Flugschriften wie in den Gesängen der Revolution wurde Voltaire gefeiert; bei Aufführung des beliebten Dramas »Calas« von Chénier setzte jedesmal brausender Beifall ein, wenn auf Voltaire hingewiesen wurde; man nannte ihn den »Vater der Verfassung« (die im September 1791 in Kraft trat) und den »ersten Begründer der Republik«.

Aber die Revolution endete nicht mit der Begründung von Recht und Freiheit, der erhoffte friedliche Aufbau blieb aus. Unter dem äußeren Druck der in Frankreich einmarschierenden Armeen und dem inneren Druck der bewaffneten Radikalen in den Pariser Vorstädten wurde die neue Regierungsmethode blutig und grausam. Nach der Befreiung von der alten Unterdrückung kam schnell eine andere Zwangsherrschaft, statt Toleranz und Menschlichkeit trat der Terror hervor, mit dem eine Einzelgruppe die Macht erkämpfte und die früheren Freunde und Mitstreiter ausrottete. Der Pedant Robespierre übte unter Berufung auf Rousseaus »volonte générale« die Praxis des Verfolgens und Tötens mit gewissenhafter Gründlichkeit aus, wobei das Hinrichten gegenüber den bestialischen Methoden des Ancien Régime durch Einführung der Guillotine wesentlich erleichtert wurde.

In diesen Jahren ließ die Verehrung Voltaires nach, der bis 1791 als der bedeutendste Vorkämpfer gefeiert worden war. Der kalte Robespierre stellte im Mai 1794 in einer Rede den großen ideologischen Umschwung klar vor Augen, als er die Enzyklopädisten und Philosophen schmähte und nur einen als den wahren und einzigen Vorläufer der Revolution feierte: Jean-Jacques Rousseau.

So hatte Rousseau gesiegt, Voltaire aber recht behalten mit seinem Zweifel an Rousseaus blindem Optimismus, der darauf vertraute, daß das Volk von Natur aus gut sei. Voltaire hatte in seiner Skepsis gegenüber der menschlichen Natur vorausgesehen, daß die Völker nicht minder grausam sein könnten als die Despoten, und daß gerade eine Masse unaufgeklärter Ignoranten den gefährlichsten Nährboden für Fanatismus und Verfolgungen bietet.

Eines Tages war aber auch der Terror am Ende und Robespierre zum Opfer seiner eigenen Methoden geworden. Das Morden hörte auf, die politischen Umschichtungen vollzogen sich auf andere Weise, doch blieb die Regierungsform weiterhin stetem Wechsel unterworfen: Übertragung der Regierungsgewalt auf ein gemäßigtes Direktorium von fünf Männern, Absetzung des Direktoriums, Ernennung eines Ersten Konsuls unter dem Druck der Truppen, deren Befehlshaber er war, Verlängerung der Amtsdauer des Konsuls auf Lebenszeit, Ausrufung des Konsuls als Kaiser, Herrschaft Napoleons, der Voltaire grimmig haßte, Abberufung des Kaisers nach entscheidenden militärischen Niederlagen, Abdankung und Exil, Thronbesteigung des Königs Ludwig des Achtzehnten.

Unter der wiederhergestellten Königsherrschaft bemühte man sich mit aller Kraft, die alten Zustände wiederherzustellen und die Erinnerung an die Revolution auszutilgen. Im Mai 1814 verübten dabei Anhänger des Regimes unter Führung des Direktors der Münze, de Puymorin, ein Verbrechen seltener Art: sie drangen zur Nachtzeit in die Kirche Sainte-Geneviève ein, zu der das Pantheon wieder umgewandelt worden war, brachen das Grab Voltaires auf und raubten die sterblichen Reste, die sie in einem Sack zu einem einsamen Abladeplatz an der Barrière de la Gare brachten und in einem tiefen Loch verscharrten.

Es war ein ohnmächtiger Anschlag, denn Voltaires Geist war stärker als auch dieses Regime. Die neue Unterdrückung durch die Bourbonenpartei führte nur dazu, daß in den folgenden Jahren Millionen auf Millionen Exemplare von Voltaires Schriften gedruckt wurden und immer neue begeisterte Anhänger fanden.

Seine Grundgedanken wurden schließlich zu solch festen und selbstverständlichen Elementen der neuen demokratischen Welt, daß man vergaß, unter welch bitteren Niederlagen er die Voraussetzungen dafür schuf.

Doch damit ist seine Geschichte nicht beendet. Seine Gedanken greifen aus der Vergangenheit in jede Gegenwart ein. Er kannte die menschliche Natur zu gut, um zu wissen, daß der Sieg im Kampf für Wahrheit, Gerechtigkeit und Toleranz nicht vollkommen sein würde: deshalb schliff er schon die geistigen Waffen gegen Feinde, die erst mehrere Generationen nach ihm auftreten sollten. Er schrieb vernichtende Sätze, die an keinen seiner Zeitgenossen gerichtet sein konnten: gegen die Poesie des Blutes, die Romantik des Heldentums, die abergläubische Verehrung der Vergangenheit – Sätze, die die irrationalistischen und gewalttätigen Nachfahren trafen.

Voltaire ist nicht vergänglich, weil seine Aufgabe nicht erfüllt ist. Wie immer die Vertreter von Unrecht und Unduldsamkeit ihre Sache begründen – mit dem Geist Voltaires konfrontiert, werden sie erbarmungslos entlarvt.

Seine Gestalt eignet sich nicht zur Museumsfigur. In Vergangenheit, Gegenwart und Zukunft zwingt sie zu Widerspruch oder Anerkennung; keiner, der ihr begegnet, bleibt unbeteiligt und unparteiisch.

Das gilt bis in die Einzelheiten seines persönlichen Daseins. Ein objektives Bild Voltaires ist nicht möglich, dazu bleibt er zu lebendig und auch zu unausgeglichen. Um so mehr ist es an der Zeit, ihm Gerechtigkeit widerfahren zu lassen und durch alle seine Schwächen, Masken und Verkleidungen hindurch den zu sehen, der er wirklich war. Im Laufe der Zeiten hat es kaum einen anderen gegeben, der so verwundbar war und um der Menschlichkeit willen so gelitten hat wie er.

Literaturhinweise

Die Voltaire-Literatur in ihrer Gesamtheit ist kaum übersehbar. Deshalb sollen hier nur die hauptsächlichen Quellen des Buches genannt sowie Hinweise für den Leser von heute gegeben werden, wo er einführende Werke findet und wie er tiefer in die Welt Voltaires eindringen kann.

Bibliographien

BENGESCO, GEORGES Voltaire. Bibliographie de ses oeuvres, 4 Bände. Paris 1882—1891

MALCOLM, JEAN Table de la bibliographie de Voltaire par Bengesco. Genf 1953

LANSON, GUSTAVE Manuel bibliographique de la littérature française moderne. Paris 1911 — letzte Auflage 1930

WALLICH, PAUL und MÜLLER, HANS VON Die deutsche Voltaire-Literatur des achtzehnten Jahrhunderts. Privatdruck. Berlin 1921

BARR, MARY-MARGARET H. A Bibliography of Writings on Voltaire 1825—1925. New York 1929

— Bibliographical data on Voltaire from 1926 to 1930. Modern Language Notes 1933, S. 292—307

— Bibliographical data on Voltaire from 1931 to 1940. Modern Language Notes 1942, S. 563—582

FROMM, HANS Bibliographie deutscher Übersetzungen aus dem Französischen. Baden-Baden 1953

Ein bio-bibliographischer Führer »Voltaire und sein Zeitalter« ist als Schlußband der großen Standardausgabe von Voltaires Korrespondenz (Besterman) vorgesehen

Gesamtausgaben der Werke

Oeuvres complètes. 70 Bände, hrsg. von Beaumarchais. Kehl 1783—1789
  Davon Band 70: Condorcet: Vie de Voltaire

Oeuvres de Voltaire. 72 Bände, hrsg. von Beuchot. 1829—1840

Oeuvres complètes. 52 Bände, hrsg. von Moland. Paris 1877—1885

Deutschsprachige Ausgaben

29 Bände, hrsg. von W. C. S. Mylius u. a. Berlin 1783—1797

30 Bände, hrsg. von Gleich, Hell u. a. 1825—1830

Briefausgaben (soweit nicht in Gesamtausgaben enthalten)

BESTERMAN, THEODORE Voltaire's Correspondence. 60 bis 70 Bände. Genf 1953 ff. (erste textkritische originalgetreue Ausgabe; einzige wirklich zuverlässige Quelle)

— Lettres d'amour de Voltaire à sa nièce. Paris 1957 (erst jetzt entdeckt)

Deutschsprachige Ausgaben

MISSENHARTER, HERMANN Voltaire in seinen schönsten Briefen. Stuttgart 1953

MÖNCH, WALTER Voltaires Briefwechsel mit Friedrich dem Großen und Katharina II. Berlin 1944

SCHIRMACHER, KÄTHE Voltaires Briefwechsel. Leipzig 1908

KOSER, REINHOLD und DROYSEN, HANS Briefwechsel Friedrichs des Großen mit Voltaire. 81., 82. und 86. Band der Publikationen aus dem Königlich Preußischen Staatsarchiven. Leipzig 1908, 1909, 1911

HAASE, GUSTAV Die Briefe der Herzogin Luise Dorothee von Sachsen-Gotha an Voltaire. Archiv für das Studium der neueren Sprachen und Literatur, XVII. Jg. 91. Band, XVIII. Jg. 92. Band. Braunschweig 1893, 1894

Biographien, Monographien, Memoiren

ALDINGTON, RICHARD Voltaire. London 1925 (guter Überblick über die Werke mit Bibliographie)

BRAILSFORD, HENRY N. Voltaire. New York (vgl. deutsche Ausgabe)

CARRÉ, JEAN-RAOUL Consistance de Voltaire. Paris 1938

COLLINI Mon séjour auprès de Voltaire. Paris 1807 (Erinnerung des Sekretärs)

DAMILAVILLE Voltaire à Paris. Paris 1878 (zeitgenössischer Bericht des mit Voltaire befreundeten Enzyklopädisten)

DELATTRE, ANDRÉ Voltaire l'impétueux. Paris 1957 (gute Einführung)

DESNOIRESTERRES, GUSTAVE Voltaire et la societé française au dix-huitième siècle. 8 Bände. Paris 1868 — 2. Auflage 1871—1876 (berühmtestes Standardwerk)

FRANCIS, LOUIS La vie privée de Voltaire. Paris 1948

GAY, PETER Voltaire's Politics. The Poet as Realist. Princeton 1959

HAREL, ELIE Voltaire. Particularités curieuses de sa vie et de sa mort. Porrentruy 1781 (zeitgenössisch wichtige Quelle, besonders für Voltaires Sterbestunden)

LANSON, GUSTAVE Voltaire. Paris 1906 — 5. Auflage 1924 (Standardwerk)

LONGCHAMP ET WAGNIÈRE Mémoires sur Voltaire. 2 Bände. Paris 1826 (Erinnerungen der Sekretäre Voltaires)

MAUROIS, ANDRÉ Voltaire. Paris 1945 (anregend, aber etwas oberflächlich)

MEYER, ADOLPH Voltaire. Man of Justice. New York 1945 (zuverlässig)

MITFORD, NANCY Voltaire in Love. London 1957 (oberflächlich)

MORLEY, JOHN Voltaire. London 1923 (etwas einseitig)

NAVES, RAYMOND Voltaire, l'homme et l'oeuvre. Paris 1942 (zuverlässig)

NOYES, ALFRED Voltaire. London 1936 (Vgl. deutsche Ausgabe)

OLIVIER Voltaire à Lausanne. Lausanne 1842

OULMONT, CHARLES Voltaire en robe de chambre. Paris 1936

PERCY, LUCIEN ET MAUGRAS, GASTON La vie intime de Voltaire aux Délices. Paris 1885 (gründlich)

PIGNET, GILBERT Voltaire et la verité sur sa vie amoureuse. Paris 1938 (scharfsinniger Hinweis auf Madame Denis)

POMEAU, RENÉ Voltaire par lui-même. Paris 1955 (vorzügliche Einführung)

PROD'HOMME, J. G. Voltaire raconté par ceux qui l'ont vu. Paris 1929

TALLENTYRE, S. G.   Life of Voltaire. 2 Bände. London 1903 — New York 1953
(Standardwerk mit Literaturhinweisen)
VALÉRY, PAUL   Voltaire. Paris 1945

Deutschsprachige Veröffentlichungen
BRAILSFORD, H. N.   Voltaire. Nürnberg 1948 (gute Einführung)
BRANDES, GEORG   Voltaire. 2 Bände. 6. Auflage Berlin 1923 (in Deutschland
unübertroffenes Standardwerk)
KNÜPPEL, JULIUS FRIEDRICH   Gemälde von dem Leben und Charakter, den Mei-
nungen und Schriften des Philosophen Voltaire. Leipzig 1792 (zeitgenössisch)
KORFF, H. A.   Voltaire im literarischen Deutschland des achtzehnten Jahrhun-
derts. 2 Bände. Heidelberg 1917 (Standardwerk)
MAHRENHOLTZ, RICHARD   Voltaires Leben und Werke. 2 Bände. Oppeln 1885
MISSENHARTER, HERMANN   Voltaire. Urach 1949 (einführend)
NOYES, ALFRED   Voltaire. München 1958 (gewaltsame Auslegung)
POPPER, JOSEF (Lynkeus)   Das Recht zu leben und die Pflicht zu sterben. Sozial-
philosophische Betrachtungen, anknüpfend an die Bedeutung Voltaires für
die neuere Zeit. Dresden 1878 — 3. Auflage 1903 (Die Einleitung bietet ein
sinngerechtes geistiges Porträt von Voltaire)
— Voltaire. Eine Charakteranalyse. Dresden 1905 (kritisch und kämpferisch)
SAKMANN, PAUL   Voltaires Geistesart und Gedankenwelt. Stuttgart 1910 (syste-
matischer Überblick)
SCHIRMACHER, KÄTHE   Voltaire. Leipzig 1898 (zuverlässig)
STRAUSS, DAVID FRIEDRICH   Voltaire. Bonn 1870 — 5. Auflage 1878 — 13. Auflage 1924 (altfränkisch, bieder)
THIEBAULT, DIEUDONNÉ   Friedrich der Große und sein Hof. 2 Bände. Stuttgart
1901 (zeitgenössische Schilderung)

Literatur zu Einzelthemen
BARR, MARY-MARGARET H.   A Century of Voltaire-Study. 2. Auflage. New York
1941
BESTERMAN, THEODORE   Studies on Voltaire and the Eighteenth Century.
Genf 1954 ff
DIEHL, ROBERT   Beaumarchais als Nachfolger Baskervilles. Entstehungsgeschichte
der Kehler Voltaire-Ausgabe. Frankfurt a. M. 1925
KERSTEN, KURT   Voltaires Henriade in der deutschen Kritik. 1914
SCHILLING, B. N.   Conservative England and the Case Against Voltaire. New
York 1950

POMEAU, RENÉ   La religion de Voltaire. Paris 1956
Le testament de Jean Meslier. 3 Bände hrsg. von Rudolf Charles. Amsterdam
1864
TORREY, NORMAN L.   The Spirit of Voltaire. New York 1938

BECCARIA, CESARE   Des délits et des peines. Übersetzt von Collin de Plancy.
Paris 1823
COQUEREL, ATHANASE   Jean Calas et sa famille. Paris 1858

ENDEMANN, HELMUT   Voltaires reformatorischer Einfluß auf das französische Strafrecht und seine Ausübung. Heidelberg 1916

HERTZ, EDUARD   Voltaire und die französische Strafrechtspflege im achtzehnten Jahrhundert. Stuttgart 1887

ROWE, CONSTANCE   Voltaire and the State. New York 1955

WALDINGER, RENÉE   Voltaire and Reform in the Light of the French Revolution. Genf 1959

BELIN, J.-P.   Le mouvement philosophique de 1748 à 1789. Paris 1913

BARTHÉLÉMY, CHARLES   Voltaire et Rousseau jugés l'un par l'autre. Paris 1878

FEUGÈRE, A.   Un précurseur de la révolution: l'abbé Raynal. Angoulème 1922

LE GRAS, JOSEPH   Diderot et l'encyclopédie. Amiens 1928

MORLEY, JOHN   Diderot and the Encyclopaedists. London 1880

NAVES, RAYMOND   Voltaire et l'encyclopédie. Paris 1938

DONVEZ, JACQUES   De quoi vivait Voltaire? Paris 1949

KOZMINSKI, LÉON   Voltaire financier. Paris 1929

CHAPONNIÈRE, PAUL   Voltaire chez les calvinistes. Paris 1936

CEITAC, JANE   Voltaire et l'affaire des natifs. Genf 1956

MANGOLD, WILHELM   Voltaires Rechtsstreit mit dem Königlichen Schutzjuden. Hirschel. 1751

REMA, ELSE   Voltaires Geliebte. Dresden 1920

WADE, IRA   Studies on Voltaire Including Hitherto Unpublished Papers of Mme du Châtelet. Princeton 1947

STERN, JEAN   Voltaire et sa nièce Madame Denis. Genf und Paris 1957

BÉNARD   Frédéric et Voltaire. Paris 1878

HENRIOT, E.   Voltaire et Frédéric II. Paris 1927

MÖNCH, WALTER   Voltaire und Friedrich der Große. Das Drama einer denkwürdigen Freundschaft. Stuttgart 1943

SCHULTHESS, R.   Friedrich und Voltaire. Nordhausen 1850

Das Zitat aus der »Pucelle« (S. 103) ist der Übersetzung von M. Janssen und C. Moreck (Berlin 1920) entnommen

Bildnachweis

Die Vorlagen für die Reproduktion wurden uns freundlicherweise zur Verfügung gestellt vom Archiv für Kunst und Geschichte, Berlin S. 24, 300, 354, 367 — Cabinet des Estampes, Paris S. 17, 171, 193, 208, 332 — Institut et Musée Voltaire, Les Délices, Genf geg. S. 3, 127, 162, 244, 257, 269, 289 — Kunstarchiv Arntz, Haag S. 60 — Foto-Marburg, Marburg S. 321 — Verwaltung der ehemals Staatl. Schlösser und Gärten, Berlin S. 114 — Die Abbildung auf Seite 175 wurde dem Band »Kugler, Geschichte Friedrichs des Großen« entnommen

Briefe

Der verliebte Page

Den Haag, Dezember 1713

Ich bin Gefangener im Namen des Königs. Man kann mir das Leben rauben, aber nicht die Liebe, die ich für Dich empfinde. Jawohl, mein anbetungswürdiges Mädchen, ich muß Dich heute abend sehen, und wenn ich meinen Kopf aufs Schafott legen müßte. Schicke Lisbette gegen drei Uhr zu mir; ich gebe ihr dann ein Paket, das Männerkleider enthalten wird. Du ziehst Dich bei Lisbette um, und wenn Du einen armen Gefangenen, der Dich anbetet, treffen willst, so komm in der Dämmerung zur Gesandtschaft. Du liebst mich. Ich darf also hoffen, Dich heute noch in meinem kleinen Zimmer bei mir zu sehen. Das Glück, Dich zu sehen, wird mich vergessen lassen, daß ich ein Gefangener bin. Da man aber meine Anzüge kennt, will ich Dir auch noch einen Mantel schicken, der den Rock und Dein Gesicht verbirgt, ja, ich werde zur größeren Sicherheit auch noch einen Rock pumpen. Dein teures Herz! Die Umstände sind höchst kritisch. Mißtraue Deiner Mutter, mißtraue Dir selbst! Aber rechne auf mich und glaube mir, daß ich alles, ohne Ausnahme, tun werde, um Dich dem Abgrund zu entreißen, in den Du gestürzt bist. Adieu, mein teures Herz! Ich liebe Dich, ich bete Dich an!

Arouet.

2 An Mademoiselle Dunoyer

Ich werde vor Montag oder Dienstag nicht abreisen. Mir scheint, meine Liebe, man verschiebt meine Abreise einzig und allein, um mich so recht schmerzlich fühlen zu lassen, was es heißt, in der gleichen Stadt mit Dir zu wohnen, ohne Dich sehen zu können. Man belauert hier alle meine Schritte. Ich weiß nicht einmal, ob Lefèvre Dir diesen Brief übergeben kann. Ich beschwöre Dich im Namen Gottes, niemanden ohne vorherige Abrede zu mir zu schicken. Ich habe Dir Dinge von höchster Wichtigkeit mitzuteilen. Aber Du kannst nicht zu mir kommen, und ich nicht zu Dir. So will ich denn um Mitternacht zu meinem Fenster hinaussteigen; vielleicht kannst Du zur selben Zeit unter dem Vorwand einer Notdurft, falls sie es merken sollte, das Bett Deiner Mutter verlassen. Laß mich wissen, ob ich Dich an Deiner Haustüre treffen kann. Leb wohl, Geliebte! Wenn ich Dich sehe, sollst Du meine ganze Zärtlichkeit zu spüren bekommen.

Arouet.

Paris, 28. Dezember 1713

Am letzten Montag, morgens acht Uhr, bin ich aus dem Haag abgereist. Wir schifften uns nach Rotterdam ein, wo es mir aber ganz unmöglich war, einen Brief an Dich zu schreiben. Statt nach Antwerpen, wo ich einen Brief von Dir zu finden hoffte, fuhren wir nach Gent. Am Heiligen Abend kamen wir in Paris an. Hier erfuhr ich sogleich, daß der Gesandte an meinen Vater einen blutigen Brief über mich geschrieben und ihm überdies die Briefe Deiner Mutter an ihn gesandt habe. Mein Vater hat sich daraufhin einen Haftbefehl ausstellen lassen, um mich jederzeit einsperren lassen zu können. Ich wage daher nicht, mich irgendwo sehen zu lassen. Ich habe nun einen Mittelsmann zu meinem Vater geschickt. Mein Vater verlangt, daß ich mich nach den Balearen einschiffe; von seinem Entschluß, mich zu enterben, geht er nicht ab.

Ich habe mich, um Dich glücklich zu machen, in all dies Unglück gestürzt. Es steht nun bei Dir, meine liebe Pimpette, mich zum glücklichsten aller Menschen zu machen. Du brauchst nur nach Frankreich zurückzukehren, dann bin ich für alles reich entschädigt. Ich könnte mich dann wohl auch eines Tags wieder mit meinem Vater versöhnen, und wir würden in Freiheit das Vergnügen genießen, uns zu sehen. Solltest Du aber unmenschlich genug sein, in Holland zu bleiben, so verspreche ich Dir aufs bestimmteste, daß ich mich töten werde, sobald Du mich davon in Kenntnis setzst.

Arouet.

In der Bastille

4 *An den Herzog von Sully*

Bastille, 16. Mai 1717

Monseigneur, Herr von Basin, Gerichtsoffizier, hat mich heute früh verhaftet. Mehr kann ich Ihnen nicht sagen. Den Grund kenne ich nicht. Meine Unschuld gibt mir Gewähr für Ihre Protektion. Ich wäre glücklich, wenn ich darauf rechnen dürfte.

5 *An den Polizeidirektor Marc Rene d'Argenson*

1718

Mein Herr, gestatten Sie, daß ich meine neugewonnene Freiheit zuallererst dazu benütze, Ihnen meinen Dank dafür abzustatten, daß Sie mir diese Freiheit verschafft haben. Mein Dank soll darin bestehen, daß ich mich durch mein Benehmen dieser Gnade und Ihrer Protektion würdig erweise. Ich glaube, aus meinem Unglück gelernt zu haben. Ich darf Ihnen sogar versichern, daß ich mich seiner Durchlaucht dem Regenten für die Gefangenschaft nicht weniger verpflichtet fühle als für meine Freiheit. Ich habe viele Fehler, aber ich bitte Sie inständigst, seiner königlichen Hoheit zu versichern, daß ich weder so böse noch so dumm bin, gegen ihn je wieder etwas zu schreiben. Ich habe über diesen Fürsten immer nur voller Bewunderung für sein Genie gesprochen und hätte mich, auch wenn er Privatmann wäre, nicht anders ausgedrückt. Meine Verehrung für ihn war um so tiefer, als ich weiß, daß er Lobsprüche nicht hören mag. Obgleich Sie ihm darin gleichen, kann ich doch nicht umhin, mich zu beglückwünschen, weil ich unter Ihrer Gewalt bin, und Ihnen zu versichern, daß Ihre Rechtlichkeit mir das Glück meines Lebens verbürgt.

Arouet.

Hofgunst und Verbannung nach England

6 An den Regenten Herzog von Orléans

1718

Monseigneur! Sollte der arme Voltaire Ihnen nichts weiter zu verdanken haben als seine Besserung durch ein Jahr Bastille? Er schmeichelt sich, daß Sie, nachdem Sie das Purgatorio über ihn verhängt haben, jetzt, da Sie das Paradies für alle öffnen, sich wiederum seiner erinnern werden.

Er ist so kühn, Sie um drei Gnadenbeweise zu bitten: würden Sie ihm erstens gestatten, daß er Ihnen die Tragödie Ödipus widmet, die er soeben vollendet hat? Würden Sie ihm zweitens gestatten, daß er Ihnen gelegentlich Teile aus einem epischen Gedicht vorliest, das er zu Ehren desjenigen Ihrer Ahnen verfaßt hat, dem Sie am meisten gleichen? Und darf er Ihnen drittens ein Schreiben zugehen lassen, in dem aber das Wörtchen »Subskription« nicht vorkommt?

Mit tiefstem Respekt Euer Hoheit ergebenster Diener und ärmster Sekretär für alberne Späßchen

Voltaire.

7 An die Marquise de Mimeure

1719

Sie monieren sich über meinen Dünkel und finden mich umso bornierter, als ich selbst mich für ganz vernünftig halte. Wir werden ja sehen, wer von uns recht behält. Ich erkläre Ihnen schon im voraus, daß ich mir nichts einbilden will, wenn ich der Sieger bin.

Ich danke Ihnen sehr für das Augenheilmittel; das ist die einzige Medizin, deren ich jetzt bedarf. Denn glauben Sie mir: von dem Leiden, das Sie befürchteten, bin ich auf immer kuriert. Ihnen verdanke ich die Einsicht, daß Freundschaft tausendmal mehr wert ist als Liebe. Mir scheint es sogar, daß ich für Leidenschaften nicht der rechte Mann bin. Als Liebhaber bin ich doch wohl stets eine etwas lächerliche Figur, und die Frauen, die mich lieben, sind in meinen Augen noch lächerlicher. Das ist nun einmal so. Ich verzichte auf die Liebe.

Es tut mir leid, daß Ihre Kolik noch immer andauert. Das hätte eigentlich an den Anfang meines Briefes gehört. Aber mein eigenes Befinden hat mich für einen kurzen Augenblick Ihr Leiden vergessen lassen. Erhalten Sie sich, wenn es irgend geht, Ihr Vermögen und Ihre Gesundheit! Nichts wünsche ich sehnlicher bei meiner Rückkehr bestätigt zu sehen.

8 An Herrn de Génonville

1719

Mein lieber Freund! Glücklich, wer aufs Land gehen kann, während Plutus in der Stadt alle Köpfe verwirrt. Seid ihr in Paris allesamt toll geworden? Ich höre nur noch von Millionen reden. Man erzählt mir: wer gestern noch wohlhabend war, ist heute am Bettelstab, und alle armen Teufel von gestern schwimmen heute in Reichtümern. Ist das Wirklichkeit? Oder ist's ein Traum? Sollte die halbe Nation den Stein der Weisen in den Papiermühlen gefunden haben? Ist dieser Law ein Gott, oder ein Spitzbube, oder ein Charlatan, der an dem Rauschmittel, das er aller Welt anbietet, sich selbst berauscht? Wird man sich mit imaginären Reichtümern auf die Dauer zufriedengeben? Ich bin nicht imstande, dieses Chaos zu entwirren, und vermutlich verstehen Sie auch nichts davon. Ich meinesteils gebe mich keinen anderen Hirngespinsten als den poetischen hin.

9 An den Baron de Breteuil

Dezember 1723

Sie wünschen von mir einen Bericht über die Pockenkrankheit, die ich soeben überstanden habe, und über das Unglück im Schloß Maisons, das mir die Freude an meiner Genesung noch lange vergällen wird.

Nach zweitägigem Fieber zeigte sich bei mir am 4. November ein leichter Ausschlag. Ich wurde zur Ader gelassen, ohne daß eine Besserung eintrat. Der Marquis de Maisons ließ nun den Arzt des Kardinals von Rohan, Herrn de Gervasi, kommen, der mir statt der sonst üblichen Herzstärkungen Limonade zu trinken gab, und zwar nicht weniger als 100 Krüge im Verlauf der nächsten Tage. Diese Kur, die Ihnen merkwürdig genug erscheinen wird, war die einzige, die mir das Leben retten konnte; jede andere Diät hätte mich unzweifelhaft zum Tod geführt. Ich bin jetzt wie einer von den Menschen, die mit Hilfe eines geschickten Advokaten einen heiklen Prozeß gewonnen haben und die sich dann noch einige Zeit lang im juristischen Jargon gefallen.

Was mich indessen am meisten während meiner Krankheit getröstet hat, waren das Interesse, das Sie daran nahmen, das Mitgefühl meiner Freunde und die nicht überbietbare Güte, mit der mich Herr und Frau de Maisons beehrten. Ich hatte außerdem die Freude, einen Freund bei mir zu sehen, ich will sagen, einen Menschen, der zu den ganz wenigen gehört, die wissen, was Freundschaft heißt, dieses für die meisten Menschen so leere Wort: ich meine Herrn Thiériot, der auf die erste Nachricht von meiner Erkrankung vierzig Meilen weit mit der Post zu mir gereist ist und mich dann nicht einen Augenblick lang allein gelassen hat.

Als ich endlich am 1. Dezember so weit hergestellt war, daß ich mich nach Paris transportieren lassen konnte, geschah etwas sehr Trauriges: kaum war ich zweihundert Schritte vom Schloß entfernt, da brach in dem Zimmer, in dem ich gelegen hatte, Feuer aus. Die Nachbarzimmer, die darunter befindlichen Räume, die kostbaren Möbel – alles fiel dem Feuer zum Opfer. Es entstand ein Verlust von annähernd 100000 Pfund. Ohne die Hilfe der Pariser Feuerwehr, die man alarmiert hatte, wäre eines der schönsten Bauwerke des Königreichs völlig zerstört worden.

Man hat diese schlimme Nachricht zunächst vor mir verheimlicht. Sie können sich denken, wie verzweifelt ich war, als ich beim Erwachen von der Katastrophe erfuhr. Man hatte mich aufs edelmütigste umsorgt, hatte mich wie einen Bruder gepflegt, und als Lohn dafür dieser Schloßbrand! Ich konnte nicht verstehen, wie das Feuer mit solcher Geschwindigkeit in meinem Zimmer sich ausbreiten konnte, wo ich nur ein fast schon erloschenes Kaminfeuer zurückgelassen hatte. Ich erfuhr später, daß die Ursache des Brandes ein Balken war, der sich genau unter dem Kamin befand. Das ist ein Baufehler, wie er heutzutage nicht mehr vorkommen könnte, denn eine derartige fehlerhafte Bauweise wäre nicht mehr erlaubt. Der Balken, über dem unmittelbar die Feuerstelle lag, war nach und nach ins Glimmen und Glosten gekommen. Durch einen einzigartigen Zufall, den ich ganz gewiß nicht als Glück zu empfinden vermochte, ist das Feuer, das schon seit zwei Tagen schwelte, erst unmittelbar nach meiner Abreise ausgebrochen.

Herr und Frau de Maisons nahmen die Nachricht gefaßter hin als ich; Herr de Maisons teilte mir das Unglück in einem so besorgten und tröstlichen Brief mit, daß es scheinen konnte, als wäre mein Schloß durch seine Schuld niedergebrannt.

10 An Herrn Thiériot

26. September 1724

Ich habe den Herzog von Richelieu, der als außerordentlicher Gesandter von Frankreich an den Wiener Hof geht, dazu bewogen, Sie als seinen Gesandtschaftssekretär mitzunehmen. Wenn Sie klug sind, nehmen Sie diesen Posten an, der für Sie in unserer augenblicklichen Lage ebenso notwendig wie ehrenvoll sein wird. Sie sind nicht reich, denn ein Vermögen, das auf drei oder vier Aktien der Indischen Gesellschaft beruht, will nicht viel bedeuten. Zwar wird mein Vermögen stets auch das Ihre sein, aber Sie müssen wissen, daß unsere Geschäfte mit der Oberrechnungskammer sehr schlecht stehen und daß ich vermutlich aus der Erbschaft meines Vaters nichts erhalten werde. Unter diesen Umständen dürfen Sie den Posten, den meine Freundschaft Ihnen gesichert hat, nicht ausschlagen. Und wenn er auch nur dazu diente, kostenlos und mit einem hübschen Gehalt eine angenehme Reise in die Welt zu machen und dabei Ihre Fähigkeiten und Ihre Kenntnisse zu erweitern: müßte Sie das nicht glücklich machen? Dieser Posten kann sehr leicht für einen Mann von Geist, der die Situation zu nützen versteht, die Brücke zu vorteilhafteren Verwendungen und Ämtern bilden. Das Schlimmste, was passieren kann, wäre, daß Sie, wenn die Gesandtschaft heimkehrt, entweder bei Herrn von Richelieu bleiben oder in Ihr altes Loch, nahe dem meinigen, zurückkriechen.

11 An Herrn Thiériot

Oktober 1724

Wenn ich Ihnen den Posten eines Sekretärs in der Gesandtschaft des Herzogs von Richelieu vorgeschlagen habe, so handelte es sich dabei um eine Stellung, die ich auch für meinen Sohn gewünscht hätte, wenn ich einen besäße, ja, die ich selbst annehmen würde, wenn meine Arbeiten und meine Gesundheit sie mir nicht verböten. Ich hätte es als einen großen Vorzug betrachtet, wenn ich mich auf dem schönsten Schauplatz und am ersten Hof Europas über Staatsgeschäfte hätte unterrichten dürfen. Was nun das Gehalt betrifft, worüber Sie sich unnötigerweise so sehr entrüsten, so hätten Sie ja darauf verzichten können; wenn Sie im Hause de Bernières keiner geldlichen Unterstützung bedürfen, so hätten Sie im Haus eines französischen Gesandten noch viel weniger eine solche benötigt, und vielleicht hätten Sie ohne Erröten aus der Hand des Mannes, der Frankreich vertritt, auch Geschenke angenommen, die jenes Gehalt an Wert noch bedeutend übertroffen hätten.

Sie haben die ehrenhafteste und angenehmste Stellung, die sich Ihnen je bieten wird, ausgeschlagen. Sie haben das vermutlich nicht ohne reifliche Überlegung getan und werden es hoffentlich nicht zu bereuen haben. Wenn Frau de Bernières Sie dazu bestimmt hat, so hat sie Ihnen einen sehr schlechten Rat erteilt. Sollten Sie tatsächlich, wie Sie behaupten, befürchtet haben, auf diese Weise in die Rolle des Domestiken eines großen Herrn gedrängt zu werden, so ist das vollends abwegig. Was haben Sie denn schon Großes erreicht seit den Tagen, da Ihr Ehrgeiz danach strebte, der Sekretär Richelieus zu werden, der damals noch gar nicht Gesandter war, oder allenfalls Beamter in Paris? Hand aufs Herz: gibt es unter Ihren Freunden auch nur einen einzigen, der den von Ihnen verschmähten Posten nicht mit dem größten Vergnügen annehmen würde?

Reden wir nicht mehr davon! Ziehen Sie ruhig die Armut und den Müßiggang dieser ehrenvollen Stellung vor! Ich habe meine Pflicht getan, wie ich es stets meinen Freunden gegenüber in meinem Leben halten werde. Denken wir nur noch daran, mein armer Thiériot, wie wir unseren Philosophenweg in aller Ruhe zu Ende gehen.

12 An die Frau Präsidentin de Bernières

Fontainebleau, 13. November 1725

Die Königin hat mir soeben aus ihrer Privatschatulle eine Pension von 1500 Pfund, um die ich sie nicht gebeten hatte, bewilligt. Damit eröffnet sich mir die Möglichkeit, so manches zu erreichen, was mir wünschenswert erscheint. Ich stehe sehr gut mit dem stellvertretenden Premierminister Duvernei.

Ich rechne auch auf die Freundschaft der Frau de Prie. Ich beklage mich nun nicht mehr über das Leben am Hofe; ich darf begründete Hoffnungen haben, dereinst auch meinen Freunden manchmal nützen zu können. Wenn Sie freilich Ihren Magen noch immer durch zuvieles Essen verderben und über schlechte Augen zu klagen haben, so will ich selbst mich auch nicht glücklich preisen. Sollte es richtig sein, daß Sie bis Ende Dezember auf dem Lande bleiben, so lassen Sie mich das bitte wissen, und vergeben Sie nicht alle Ihre Zimmer an der Riviera. Die Annehmlichkeiten eines Lebens am Hof wiegen das Vergnügen der Freundschaft nicht auf. Die Riviera wird mir immer lieber sein als Fontainebleau.

13 An den Grafen Maurepas

18. April 1726

Ich melde gehorsamst, daß der tapfere Chevalier de Rohan mich überfallen hat. Sechs Meuchelmörder assistierten ihm; er selbst hatte mutig sich hinter ihnen versteckt.

Seither ging mein ganzes Bestreben dahin, nicht etwa meine, sondern seine Ehre wiederherzustellen, was sich aber als unmöglich erwies.

Wenn ich nach Versailles gegangen bin, so gewiß nicht, um dem Chevalier Rohan im Hause des Kardinals Rohan nachzuspüren. Ich kann sehr leicht das Gegenteil beweisen und lasse mich für den Rest meines Lebens in die Bastille sperren, wenn ich nicht die Wahrheit sage. Ich bitte um die Erlaubnis, am Tisch des Gouverneurs der Bastille speisen zu dürfen. Noch dringender aber bitte ich um die Erlaubnis, sofort nach England abzureisen. Sollte man meine Absicht in Zweifel ziehen, so kann man mich ja durch einen Polizisten nach Calais begleiten lassen.

Diese zwei Vergünstigungen, die für mich in meiner schrecklichen Lage von höchster Bedeutung wären, sind nichts im Vergleich mit einer noch viel größeren, um die ich Sie ebenfalls bitten möchte, nämlich mir auch weiterhin Ihre Protektion und Ihr Wohlwollen bewahren zu wollen, die ich stets durch meine respektvolle und aufrichtige Ergebenheit verdient zu haben glaube.

Ihr untertänigster und gehorsamster Diener

Voltaire.

14 An Thiériot

(Irgendwo in England), 12. August 1726

Mein lieber Thiériot! Sie haben mich zuletzt in Paris sehr unglücklich gesehen. Das gleiche Verhängnis hat mich seither auch hier überall verfolgt. Wenn der Charakter der Helden meiner Henriade ebenso wohl fundiert ist wie der meines widrigen Geschicks, so wird mein Gedicht gewiß besser reussieren als ich selbst. Sie geben mir in Ihrem Brief so rührende Versicherungen Ihrer Freundschaft, daß es nur billig ist, wenn ich darauf mit aller Offenheit antworte. So will ich Ihnen, mein lieber Thiériot, denn gestehen, daß ich vor kurzem eine kleine Reise von hier nach Paris gemacht habe. Da ich Sie nicht aufgesucht habe, können Sie mit Leichtigkeit schließen, daß ich überhaupt niemanden aufgesucht habe. Ich suchte nur nach einem einzigen Menschen, der sich aber mit dem sicheren Instinkt, der Feiglinge auszeichnet, mir zu entziehen vermochte, als hätte er geahnt, daß ich hinter ihm her bin. Schließlich hat die Furcht, entdeckt zu werden, mich ebenso eilig wieder abreisen lassen, wie ich gekommen war.

Das also ist passiert, mein lieber Thiériot, und jetzt ist es sehr wahrscheinlich, daß ich Sie nie in meinem Leben mehr sehen werde. Es ist noch ganz unsicher, ob ich mich in London niederlassen werde. Wohl weiß ich, daß England das Land ist, wo man die Künste ehrt und belohnt, wo es zwar Unterschiede in den Lebensbedingungen gibt, aber sonst zwischen Menschen nur solche des Verdiensts. In diesem Lande denkt man frei und vornehm, ohne durch servile Rücksichten gehemmt zu sein. Wollte ich meiner Neigung folgen, so würde ich mich hier binden, wäre es auch nur in der Absicht, denken zu lernen. Ich weiß nur nicht, ob mein kleines, durch so viele Reisen sehr gemindertes Vermögen, meine erschütterte Gesundheit, um die es schlechter bestellt ist als je zuvor, und mein Verlangen nach tiefster Einsamkeit mir gestatten werden, mich mitten in das Getöse von Whitehall und London zu werfen. Es fehlt mir nicht an Empfehlungsschreiben in diesem Land, und überall kommt man mir aufs liebenswürdigste entgegen; aber ich kann Ihnen noch nicht sagen, ob ich nach London fahren werde. Ich habe nur noch zwei Geschäfte in meinem Leben zu verrichten: zum ersten, dieses mein Leben um meiner Ehre willen aufs Spiel zu setzen, sobald ich dazu Gelegenheit habe; und dann, es im Dunkel einer Einsiedelei, die meiner Denkungsart, meinem Unglück und meiner Erfahrung mit Menschen angemessen ist, zu beenden. Ich lasse leichten Herzens die mir vom König und der Königin gewährten Pensionen fahren und bedaure nur, daß es mir nicht vergönnt ist, sie mit Ihnen zu teilen. Das wäre Trost in meiner Einsamkeit, wenn ich mir sagen könnte, daß ich wenigstens einmal in meinem Leben Ihnen hätte nützen können. Aber ich bin nun einmal dazu verurteilt, in allem und jedem Pech zu haben. Das größte Glück, das ein rechtschaffener Mensch genießen kann, nämlich anderen ein Vergnügen zu bereiten, ist mir versagt.

Ich weiß nicht, wie Madame de Bernières über mich denkt. Die Freundschaft, die sie mir entgegenbringt und die ich ihr stets bewahren will, soll mir, solang ich lebe, heilig sein. Ich wünsche ihr eine stabilere Gesundheit, ein gesichertes Vermögen, viele Freuden und viele Freunde wie Sie. Sprechen Sie manchmal mit ihr über mich! Sollte ich sonst noch einige Freunde haben, die meinen Namen vor Ihren Ohren nennen, so reden Sie nett über mich! Halten Sie die Erinnerung an mich bei diesen wach!

Und was Sie betrifft, so bitte ich Sie, mir hin und wieder zu schreiben, ohne nachzurechnen, ob ich immer pünktlich antworte. Verlassen Sie sich mehr auf mein Herz als auf meine Briefe!

Leben Sie wohl, mein lieber Thiériot; lieben Sie mich, auch wenn ich nicht bei Ihnen bin, und trotz meinem Unglück!

15 An Mademoiselle Bessières

Wandsworth, 15. Oktober 1726

Mein Fräulein! Ich erhalte gleichzeitig Ihren Brief vom 10. September und einen meines Bruders vom 12. August. Der Schlupfwinkel, in dem ich mich seit zwei Monaten verborgen halte, und meine fortwährenden Krankheiten, die mich verhinderten, meinem Mittelsmann in Calais zu schreiben, haben es mit sich gebracht, daß die Briefe solange unterwegs waren. Was Sie mir schreiben, hat mir im Herzen weh getan. Was könnte ich Ihnen zum Tod meiner Schwester sagen, außer, daß es für meine Familie und für mich besser gewesen wäre, wenn ich statt ihr das Zeitliche gesegnet hätte? Es steht mir nicht zu, Ihnen zu erklären, daß es sich nicht lohnt, von dieser kurzen und mühevollen Durchfahrt, die man das Leben nennt, viel Aufhebens zu machen; Sie haben darüber lichtvollere, aus klareren Quellen gespeiste Vorstellungen als ich. Ich kenne nur die Schattenseiten des Lebens, Sie aber kennen auch die Heilmittel dagegen. So unterscheide ich mich von Ihnen wie der Kranke vom Arzt.

Ich flehe Sie an, Mademoiselle, seien Sie so gütig und bewahren Sie mir das liebevolle Interesse, das Sie mir aus diesem traurigen Anlaß bezeigten, bis zum Ende. Veranlassen Sie meinen Bruder, daß er mir unverzüglich schreibt, wie es ihm gesundheitlich geht, oder schreiben Sie mir selbst darüber. Von der Familie meines Vaters, die Sie wie die Ihrige betrachten, ist nur noch er übriggeblieben. Zwar lebe ich noch, um Ihnen die Ehrerbietung und die Freundschaft zu erweisen, die ich Ihnen schulde; für alle anderen aber bin ich tot. Sie tun mir sehr unrecht – das darf ich Ihnen aufs zärtlichste und nicht ohne Schmerz versichern –, wenn Sie glauben, daß ich Sie vergessen habe. Ich habe viele Fehler im Verlauf meines Lebens begangen; die Sorgen und die Leiden, die fast alle meine Tage erfüllten, habe ich zum großen Teil selbst verschuldet. Ich weiß, wie wenig ich tauge; ich habe Mitleid mit meinen Schwächen und erschrecke über meine Fehler. Aber Gott ist mein Zeuge, daß ich die Tugend liebe und daß ich daher Ihnen für mein ganzes Leben in Liebe verbunden bleibe.

Leben Sie wohl! Ich umarme Sie – erlauben Sie mir diesen Ausdruck – mit aller Achtung und aller Dankbarkeit, die ich Ihren Schwestern schuldig bin.

16 An Thiériot
26. Oktober 1726

Ich will Ihnen zwei oder drei Gedichte von Mr. Pope übersenden, jetzt dem ersten Dichter Englands und wahrscheinlich der ganzen Welt. Hoffentlich verstehen Sie genug Englisch, um alle Reize seiner Werke nachempfinden zu können. Ich selber halte seinen »Essay über Kritik« dem Horazischen Lehrgedicht »Ars poetica« für überlegen, und seinen »Lockenraub« schätze ich im komischen Genre höher als den »Lutrin« von Despréaux. Nie noch ist mir eine so liebenswürdige Phantasie begegnet, eine so reizende Anmut, ein solcher Reichtum an Einfällen, soviel Geist und eine genauere Weltkenntnis als in diesem kleinen Werk. Und jetzt, mein lieber Thiériot, nachdem ich Ihre Frage nach den englischen Büchern so ausführlich beantwortet habe, darf ich Ihnen von dem schlimmen Geschick berichten, das mich noch immer wütend verfolgt. Ich bin Ende Juli nach England zurückgekehrt, tief enttäuscht über meine Reise nach Frankreich, die ebenso unnütz wie kostspielig war. Ich hatte nur einige Wechsel auf einen Juden namens Medina bei mir im Betrag von etwa acht- oder neuntausend französischen Franken insgesamt. Bei meiner Ankunft in London erfuhr ich, daß mein Jude Bankrott gemacht hatte. Ich besaß keinen Penny, war sterbenskrank an einem hitzigen Fieber, fremd, allein, ohne Hilfsquellen, im Zentrum einer großen Stadt, in der mich niemand kannte. Das Ehepaar Bolingbroke war auf dem Land. Zu unserem Gesandten in einem so erbarmungswürdigen Zustand zu gehen, wagte ich nicht. Nie zuvor hatte ich eine solche Not erlebt. Aber ich bin nun einmal dazu verdammt, alle Spielarten von Unglück über mich ergehen zu lassen. In dieser Lage führte mir mein Stern, der mir auch im tiefsten Unglück immer noch einen gewissen Halt gewährt, einen englischen Gentleman in den Weg, den ich nicht kannte und der mich nötigte, etliches Geld, das ich so dringend benötigte, von ihm anzunehmen. Ein anderer Londoner Bürger, den ich nur ein einzigesmal in Paris gesehen hatte, lud mich in sein Landhaus ein, wo ich seither ein verborgenes, aber bezauberndes Leben führe, ohne je nach London zu gehen, ganz den Freuden des Faulenzens und der Freundschaft hingegeben. Die aufrichtige und großmütige Zuneigung dieses Mannes, die mir die Bitterkeit dieses Lebens versüßt, läßt mich auch Sie immer herzlicher lieben. Alle Beweise von Freundschaft machen mir meinen Freund Thiériot nur immer teurer. Auch das Ehepaar Bolingbroke habe ich inzwischen oft gesehen; ihre Freundlichkeit ist immer die gleiche geblieben, ja, sie ist mit meinem Unglück noch herzlicher geworden. Sie boten mir alles an, Geld und Behausung. Aber ich habe alles zurückgewiesen, denn es sind Lordschaften; angenommen aber habe ich alles von Mr. Falkener, weil er nur ein schlichter Privatmann ist.

Ich hatte anfangs die Absicht, unsere arme Henriade in London auf meine Kosten drucken zu lassen; aber der Verlust meines Geldes hat fatalerweise diesen Plan zunichte gemacht. Ich frage mich nun, ob ich eine Subskription in die Wege leiten soll, die der Hof begünstigen könnte. Mit den Höfen habe ich freilich nicht mehr gern viel zu schaffen. Alles, was sich König nennt oder von einem König abhängt, erschrickt vor meiner angeblich republikanischen Philosophie. Im Land der Freiheit soll kein Tropfen aus dem Kelch der Sklaverei über meine Lippen kommen.

Ich habe – das bestreite ich gar nicht – sehr freimütig an den Abbé Desfontaines geschrieben, und ich werde das auch weiterhin so halten, da ich nicht den geringsten Grund habe, mich in acht zu nehmen. Ich befürchte und ich erhoffe nichts von Ihrem Land. Mein einziger Wunsch ist, Sie eines Tags in London zu treffen. Diese hübsche Hoffnung ist mein ganzes Vergnügen. Wenn es auch nur ein Traum ist: lassen Sie mich ihn träumen, enttäuschen Sie mich nicht, lassen Sie mich in dem Glauben, Sie hier wiederzusehen und Zeuge zu sein, wie Sie den kraftvollen Geist dieser rätselvollen Nation sich mehr und mehr zu eigen machen. Sie werden deren Gedanken besser zu übersetzen wissen, wenn Sie inmitten dieses Volkes leben. Sie werden eine Nation kennenlernen, die der Freiheit leidenschaftlich ergeben ist, gebildet, geistvoll, das Leben und den Tod gleichermaßen verachtend, eine Nation von Philosophen. Nicht als ob es nicht auch in England einige Dummköpfe gäbe; jedes Land hat ja seine Narren. Und es mag schon so sein, daß die französische Dummheit angenehmer ist als die englische Narrheit. Aber, bei Gott, die englische Klugheit und die englische Rechtschaffenheit sind dem überlegen, was ihr auf diesem Feld zu bieten habt. Ich will Sie eines Tages den Charakter dieses seltsamen Volkes kennen lehren. Aber jetzt es Zeit, mein englisches Geschwätz zu beenden. Sie halten diesen langen Brief vermutlich für eines der langweiligen englischen Bücher, vor deren Übersetzung ich Sie gewarnt habe. Ich habe den Leuten, die mir kondoliert haben, so viel über den Tod meiner Schwester geschrieben, daß ich vergessen habe, auch mit Ihnen darüber zu reden. Ich habe Ihnen über dieses Unglück nichts weiter zu sagen, denn Sie kennen mein Herz und meine Denkungsart. Ich habe den Tod meiner Schwester sehr schmerzlich empfunden und möchte auch dort sein, wo sie jetzt ist. Das Leben ist nur ein Traum mit häufigen Anfällen plötzlicher Tollheit und voll wirklicher oder eingebildeter Miseren. Der Tod erweckt uns aus diesem schmerzlichen Traum und schenkt uns entweder eine bessere Existenz oder gar keine. Leben Sie wohl! Schreiben Sie mir oft!

Den Roman, von dem Sie sprechen, habe ich vollkommen vergessen. Ich erinnere mich nicht, jemals Verse über diesen Gegenstand verfaßt zu haben. Vergessen Sie es auch, vergessen Sie alle diese Delirien meiner Jugend! Ich für meine Person habe das Wasser des Lethe getrunken. Ich erinnere mich an nichts mehr als an meine Freunde.

17 An Pope

London, 8. November 1726

Ich höre soeben von dem traurigen Unfall, der Sie betroffen hat. Das Wasser, in das Sie gestürzt sind, floß nicht aus der Quelle Hippokrene, sonst hätte es Sie respektiert. Ich bin tiefer, als ich sagen kann, von der Gefahr, in der Sie geschwebt haben, und von den Wunden, die Sie davongetragen haben, erschüttert. Ist es möglich, daß die Hand, die den »Lockenraub« und den »Essay über Kritik« geschrieben, die den Homer in ein so elegantes englisches Kostüm gekleidet hat, auf eine so barbarische Weise malträtiert worden ist? Mögen einem Dennis und anderen englischen Dichterlingen die Hände abgehauen werden: Ihre Hand ist etwas Heiliges! Ich hoffe, mein sehr geehrter Herr, daß Sie jetzt völlig wiederhergestellt sind. Seien Sie überzeugt, daß Ihr Unfall mich so nahe berührt wie einen Schüler, der erleben muß, daß sein Meister von einem schweren Schicksalsschlag betroffen wurde. Ich verbleibe mit all der Bewunderung, die Sie verdienen, Ihr untertäniger Diener

Voltaire.

Der suspekte Freigeist

18 An M***

Die Quadratur des Zirkels und das Perpetuum mobile sind leicht zu lösende Probleme im Vergleich mit dem Versuch, eine von einem heftigen Schmerz zerrissene Seele rasch zu heilen. Nur Zauberer behaupten, sie könnten Stürme durch Worte zum Stillstand bringen. Wenn ein Mensch mit einer klaffenden, blutenden Wunde zum Chirurgen sagen wollte: »Schließen Sie diese Wunde, daß nur eine leichte Narbe zurückbleibt«, so wird ihm der Chirurg erwidern: »Das hängt von einem Größeren als von mir ab; nur die Zeit kann den Riß wieder schließen, den ein Augenblick geöffnet hat. Ich kann schneiden, nähen, zerstören; aber nur die Zeit kann heilen.«

Mit den Wunden der Seele verhält es sich nicht anders. Die Menschen verletzen, vergiften und treiben den Nächsten zur Verzweiflung. Andere kommen und wollen trösten und bewirken nur neue Tränen. Nur die Zeit heilt zuletzt.

Wenn man sich also klarmacht, daß auf die Dauer die Natur die tiefsten Eingriffe wieder glättet, daß wir also nach einer gewissen Zeit weder das gleiche Blut in unseren Adern haben noch dieselben Nerven, die unser Gehirn anregten, noch infolgedessen die gleichen Gedanken, daß wir also, kurz gesagt, wirklich und physisch nicht mehr der gleiche Mensch sind, der wir vorher waren; wenn wir uns das gründlich überlegen, so kann das eine große Hilfe sein, denn wir können dadurch den Verlauf der Heilung beschleunigen.

Man muß sich also selber sagen: Ich habe es erlebt, daß der Tod meiner Eltern, meiner Freunde mir zunächst das Herz durchbohrte, daß dann aber eine tiefe Ruhe über mich kam. Ich habe es gefühlt, daß sich nach Verlauf einiger Jahre eine neue Seele in mir gebildet hat; daß die Seele von fünfundzwanzig Jahren nicht ebenso empfand wie die von zwanzig, und die von zwanzig nicht so wie die von fünfzehn. Versuchen wir also, uns durch die Kraft unseres Geistes, so gut wir das nur vermögen, in jene Lage zu versetzen, in die wir durch die Zeit einst kommen werden. Eilen wir mit unseren Gedanken dem Lauf der Jahre voraus!

Das setzt aber voraus, daß wir frei sind. Aber auch, wer einen andern um Rat fragt, glaubt sich zweifellos frei; denn es wäre ja ein Widerspruch, von jemand einen Rat zu erbitten, wenn man ihn für undurchführbar hält. Wir benehmen uns jedenfalls in allen unseren Geschäften so, als wären wir von unserer Freiheit vollkommen überzeugt. In unseren Leiden, die ja unsere wichtigsten Geschäfte sind, sollten wir uns nicht anders benehmen. Die Natur hat es nun einmal nicht gewollt, daß unsere Wunden sich ebenso plötzlich, wie sie geschlagen wurden, wieder schließen, daß wir also mit einem Sprung aus der Krankheit zur

Gesundheit gelangen. Aber kluge Mittel vermögen gewiß die Zeit der Heilung abzukürzen. Für die Krankheiten der Seele gibt es, glaube ich, kein wirksameres Mittel als ernsthafte und angestrengte Beschäftigung des Geistes mit anderen Gegenständen.

Eine solche Beschäftigung lenkt den Lauf der Lebensgeister ab: sie kann manchmal auch körperliche Schmerzen betäuben. Ein fleißiger Mensch, der sich in ein herrliches Musik-stück versenkt oder sich der Lektüre eines guten, Phantasie und Geist anregenden Buches hingibt, spürt alsbald, daß die Qualen der Krankheit nachlassen und daß Herzenskummer allmählich seine Bitterkeit verliert. Man muß seine Gedanken auf alles mögliche lenken, nur nicht auf das, was man vergessen möchte; am besten auf das, was man sich bewahren will. Unsere stärksten Ketten sind, auf die Dauer, doch die der Gewohnheit. Es hängt, wie ich glaube, von uns ab, ob wir die Glieder der Kette, die uns an das Leid fesseln, herauslösen und die anderen, die uns an die freundlichen Dinge binden, verstärken.

Nicht als ob wir absolut Herr über unsere Gedanken wären! Dazu fehlt viel. Aber wir sind nicht unbedingt ihre Sklaven. Das höchste Wesen hat uns, ich darf das wiederholen, von seiner Freiheit einen kleinen Anteil geschenkt, wie es uns auch von seiner Macht des Ge-dankens einen kleinen Ableger verliehen hat.

Nützen wir also das bißchen an Macht, das wir besitzen. Es steht fest, daß durch Lesen und Überlegen die Denkfähigkeit gesteigert wird. Warum sollen wir nicht ebenso jene Fähig-keit, die man Freiheit nennt, erweitern? Für jeden unserer Sinne, für alle unsere Kräfte gibt es Nachhilfen, die sie entwickeln und steigern. Sollte die Freiheit die einzige Eigenschaft des Menschen sein, die er nicht steigern kann?

Nehmen wir einmal an, wir lebten unter Bäumen voll köstlicher, giftiger Früchte, die zeh-render Hunger zu pflücken uns verlockt. Wenn wir zu schwach sind, dieser Versuchung zu widerstehen, dann müssen wir uns eben – das hängt nur von uns ab – nach einer Gegend umschauen, wo diese schönen Früchte nicht gedeihen.

Das sind so einige Ratschläge, die, wie zumeist, leichter zu erteilen als zu befolgen sind. Aber es handelt sich auch um eine schwere Krankheit, und nur wer leidet, kann sein eigener Arzt sein.

19 An Herrn de Fromont

Paris, 25. Juni 1732

Vielen Dank, mein Freund, für die vielen guten Ratschläge, die Sie mir zum Plan einer Tragödie erteilen. Aber sie kommen zu spät. Die Tragödie ist fertig. Ich habe nur zweiund-zwanzig Tage dazu gebraucht. Noch nie habe ich so schnell gearbeitet. Der Stoff riß mich hin, und das Stück machte sich ganz von selbst. Ich habe also doch noch eine Liebesge-schichte zu behandeln gewagt, allerdings keine galante Angelegenheit im französischen Stil. Mein Liebhaber ist kein junger Abbé am Toilettentisch einer Spröden; er ist der leiden-schaftlichste, stolzeste, zärtlichste, edelmütigste, grausamste und unglücklichste aller Män-ner. Ich habe endlich auch versucht, was ich mir schon lange vorgenommen hatte, türkische Gebräuche mit christlichen zu kontrastieren und zugleich das, was an unserer Religion ehrwürdig und auch lieblich ist, mit dem zu vereinen, was die Liebe Rührendes und Furcht-ares hat.

20 An Herrn de Cideville

25. August 1732

Meine lieben und liebenswürdigen Kritiker! Wie schade, daß ihr den Erfolg der »Zaïre« nicht miterleben konntet. Noch nie wurde ein Stück so gut gespielt wie »Zaïre« bei der vierten Wiederholung. Ihr hättet festgestellt, daß das Publikum euren Freund nicht haßt. Ich erschien in meiner Loge, und das ganze Parterre klatschte mir zu. Ich errötete, ich verbarg mich, aber ich wäre ein Schelm, wenn ich euch nicht gestände, daß ich tief gerührt war. Es ist ein süßes Gefühl, in seinem Vaterland nicht Hohn zu ernten. Auch ihr werdet mich, dessen bin ich gewiß, darum nur noch mehr lieben.

1732

Ihre Begabung, mein lieber Lefebvre, ist zu deutlich erkennbar, als daß Sie sich dagegen sträuben könnten. Wie die Biene Wachs machen und die Seidenraupe spinnen und Herr Réaumur Insekten sezieren muß, ebenso zwangsläufig müssen Sie diese Dinge besingen. Sie müssen dichten und schreiben, nicht so sehr, weil Sie es wollen, sondern weil die Natur es so gewollt hat! Aber Sie täuschen sich sehr, wenn Sie sich einbilden, daß Ihnen dadurch ein ruhiges Leben beschieden sein wird. Die Laufbahn eines Schriftstellers, vollends noch die eines Dichters, ist dornenvoller als die eines Glücksspielers. Sollten Sie das Unglück haben, nur Mittelmäßiges zu leisten (was ich von Ihnen nicht glaube), so werden Sie sich Ihr Leben lang Gewissensbisse machen; haben Sie Erfolg, so haben Sie auch Feinde: zwischen Verachtung und Haß geht Ihr Weg am Rande eines Abgrunds hin.

»Aber warum soll man mich denn hassen und verfolgen«, werden Sie mir erwidern, »nur weil ich ein gutes Gedicht, ein erfolgreiches Theaterstück, eine hübsche Erzählung gemacht oder mich aufzuklären und andere zu belehren versucht habe!«

Jawohl, mein Freund, das genügt, um Sie für alle Zeiten unglücklich zu machen. Angenommen, Sie haben ein gutes Werk verfaßt. Dann müssen Sie zunächst einmal die Stille Ihres Arbeitszimmers verlassen und beim Zensor antichambrieren; wenn Ihre Art zu denken mit der seinen nicht übereinstimmt, wenn er nicht der Freund Ihrer Freunde ist, wenn er der Ihres Rivalen ist, wenn er gar selbst Ihr Rivale ist, wird es für Sie schwerer sein, das Imprimatur für Ihr Werk zu erlangen, als es für einen Mann ist, der nicht von Frauen protegiert wird, eine Anstellung im Finanzministerium zu bekommen. Endlich, nach einem Jahr voll aufregenden und deprimierenden Kuhhandels, darf Ihr Werk gedruckt werden. Jetzt gilt es, die Zerberusse der Literatur entweder zu beschwichtigen oder zu Ihren Gunsten bellen zu lassen. Es gibt ja immer drei oder vier literarische Zeitschriften in Frankreich und ebenso viele in Holland: das sind ebenso viele verschiedene Cliquen. Die Verleger dieser Journale haben ein Interesse daran, daß sie satirisch gehalten sind; die Mitarbeiter dienen also ganz von selbst der Profitgier der Buchhändler und der Boshaftigkeit des Publikums. Sie wollen nun die Trompeten Ihres Ruhms erschallen lassen; Sie umschmeicheln also die Schriftsteller, die Mäzene, die Abbés, die Doktoren, die Kolporteure. Aber alle Ihre Bemühungen können nicht verhindern, daß irgendein Journalist Sie verreißt. Sie antworten ihm, er schlägt zurück. Und schon ist die schönste öffentliche Polemik im Gang, bei der das Publikum beide Teile lächerlich findet.

Noch schlimmer ists, wenn Sie fürs Theater schreiben. Das fängt damit an, daß Sie vor dem Areopag von zwanzig Schauspielern erscheinen müssen, vor Leuten also, deren Stand, so nützlich und sympathisch er ist, durch die ungerechte, aber unwiderrufliche Grausamkeit des Publikums verdorben worden ist. Diese unglückselige Verfemung macht sie gereizt. Für die Schauspieler sind Sie ein hilfloser Mensch, auf den sie mit Wonne all die Verachtung häufen, der sie selbst ausgesetzt sind. Sie erwarten von diesen Schauspielern den ersten Urteilsspruch; sie halten über Sie erbarmungslos Gericht. Schließlich nehmen sie sich vielleicht trotzdem Ihres Stückes an. Dann bedarf es nur noch eines Hämlings im Parkett, und Ihr Stück fällt durch. Hat es aber Erfolg, so bringen alsbald obskure Vorstadtbühnen Parodien auf Ihr Werk; zwanzig Pasquille beweisen Ihnen, daß Sie einen Erfolg gar nicht hätten haben dürfen. Gelehrte Leute, die nur schlecht Griechisch können und überhaupt keine französischen Bücher lesen, verachten Sie oder tun zum mindesten so.

Zitternd bringen Sie jetzt Ihr Buch zu einer Hofdame; sie gibt es weiter an eine Kammerfrau, die daraus Haarwickel macht. Der Lakai mit seinen goldenen Litzen, der die Livree des Luxus trägt, blickt spöttisch auf Ihr bürgerliches Gewand, das die Livree der Armut ist. Endlich mag es so weit kommen, daß der Ruhm Ihres Werks sogar die Neidhammel zu dem Zugeständnis zwingt, daß Sie nicht ohne Verdienst seien. Das ist aber auch alles, was Sie zu Lebzeiten erreichen können. Aber schon rächt sich der Neid wieder durch neue Verfolgungen. Man behauptet, daß Sie Schmähschriften verfaßt hätten, die Sie nicht einmal kennen, Verse, die Ihnen miserabel dünken, man suggeriert Ihnen Gefühle, die Ihnen völlig fremd sind. Sie müssen sich einer Clique verschreiben, sonst vereinigen sich alle Cliquen gegen Sie.

Es gibt in Paris eine große Zahl kleiner Zirkel; in jedem präsidiert eine Frau, die, während ihre Schönheit zum Untergang neigt, die Morgenröte ihres Geistes um so heller erstrahlen läßt. Ein oder zwei Schriftsteller fungieren als Minister in diesen kleinen Königreichen. Versäumen Sie es, sich hier den Rang eines Höflings zu sichern, so erhalten Sie den eines Feindes, und man zermalmt sie. Mittlerweile werden Sie, trotz Ihrer Verdienste, bedeckt mit Schmach und Elend, ein alter Mann. Über die Plätze an der Sonne, die für die Männer der Feder reserviert sind, bestimmt nicht das Talent, sondern die Intrige. Irgendein Hofmeister wird mit Hilfe der Mutter seines Zöglings den Posten erhalten, an den Sie nicht einmal zu denken gewagt hatten. Der Schmarotzer eines Höflings wird Ihnen jedes Amt wegschnappen, für das Sie der geeignete Mann gewesen wären.

Vielleicht führt Sie der Zufall einmal in eine Gesellschaft, wo sich irgendeiner dieser vom Publikum abgelehnten Autoren oder solch ein Pseudogelehrter vorfindet, die zwar nicht das Talent haben, ein mittelmäßiges Buch zu schreiben, die sich aber geschickt eine Stellung ergattert oder in irgendeine Sozietät gedrängt haben: da bekommen Sie es dann durch gönnerhafte Behandlung zu spüren, daß Sie auf der untersten Stufe des Menschengeschlechts Ihren Platz haben.

Nach Verlauf von vierzig arbeitsreichen Jahren entschließen Sie sich endlich, durch Kabalen das zu erreichen, was dem Verdienst allein nie zuteil wird; Sie intrigieren also wie alle anderen, mit dem Ziel, Mitglied der Französischen Akademie zu werden. Mit gebrochener Stimme halten Sie bei der Aufnahme eine feierliche Ansprache, die schon am Tag darauf für immer vergessen sein wird. Diese Französische Akademie ist der geheime Wunschtraum aller Schriftsteller. Erstaunlich ist es ja nicht, daß die Schriftsteller einer Körperschaft angehören möchten, unter deren Mitgliedern sich stets auch hervorragende Männer befinden werden, und daß sie, wenn auch noch so vergeblich, hoffen, von ihnen protegiert zu werden. Aber fragen werden Sie mich doch, warum die Schriftsteller dieses Institut so sehr verlästern, solange sie ihm noch nicht selbst angehören, und warum das Publikum, das doch vor der Akademie der Wissenschaften so viel Achtung besitzt, die Académie Française so gar nicht respektiert. Der Grund ist, daß das, was die Académie Française arbeitet, der öffentlichen Kritik untersteht, während die Akademie der Wissenschaften mehr im Verborgenen ihr Wesen treibt. Jeder Franzose glaubt, daß er seine Sprache kennt, jeder rühmt sich, daß er Geschmack hat; aber er rühmt sich nicht, ein Physiker zu sein. Die Mathematik wird für das Volk immer ein Mysterium bleiben, und also etwas Achtunggebietendes. Algebraische Gleichungen rufen weder Neid noch Gelächter hervor; aber die Unzahl schlechter Verse, feierlicher Ansprachen, schwülstiger Elogen, die oft mit so falschem Zungenschlag vorgetragen werden, die kann jeder mit Kennermiene kritisieren. Und wenn dabei immer wieder auf die Unsterblichkeit abgehoben wird, wo doch hier nichts ewig ist als die Vergessenheit, zu der dieses Zeug verdammt ist, so ärgern sich die Leute mit Recht.

Selbstverständlich könnte die Académie Française zur Hebung des Geschmacks der Nation allerhand beitragen. Mit Recht klagt man darüber, daß die Hälfte der Mitglieder adlige Herren sind, die nie an den Sitzungen teilnehmen, und daß sich unter den anderen kaum acht oder neun Vertreter der Literatur befinden, die regelmäßig zu den Sitzungen erscheinen. Die Académie wird also von ihren eigenen Mitgliedern sabotiert. Kaum hat aber einer der vierzig »Unsterblichen« seinen Geist aufgegeben, so wollen schon zehn neue seinen Platz einnehmen. Eifriger wird um keinen Bischofssitz geworben. Man fährt per Extrapost nach Versailles, man poussiert die einflußreichen Mätressen, man mobilisiert die bewährten Intriganten. Haß wird gesät, und Haß wird geerntet. Haben Sie Glück, dann werden die unterlegenen Rivalen bald dafür sorgen, daß es Ihnen in Ihrer Haut nicht mehr wohl ist; fallen Sie durch, so sind Sie erst recht unglücklich. Auf das Grabmal fast aller Schriftsteller könnte der Vers gesetzt werden:

> Hier ruht an der Hippokrene Rand
> Ein Sterblicher, um seinen Lohn betrogen;
> Um arm zu leben und verkannt,
> Ist mühevoll er seinen Weg gezogen.

Und was ist dieser langen Rede kurzer Sinn? Will ich Sie der Literatur abspenstig machen? Nein. Das Schicksal mag seinen Lauf nehmen. Ich ermahne Sie nur zur Geduld.

22 An Herrn de Cideville

26. Juli 1733

Es gibt Zeiten, da man ungestraft die verwegensten Sachen schreiben kann, und andere, wo die simpelsten und unschuldigsten Dinge gefährlich und verbrecherisch werden. Gibt es etwas Revolutionäreres als Montesqieus »Persische Briefe«? Wo ist das Buch, das über Regierung und Religion schonungsloser abhandelt? Und doch hatte dieses Buch keine anderen Folgen, als daß sein Verfasser in jenen Verein berufen wurde, der sich Académie Française nennt. Saint-Evremond hat sein ganzes Leben wegen eines Briefes, der nur ein Spaß war, im Exil zubringen müssen. Lafontaine lebte zwar im Frieden, aber unter einer scheinheiligen Regierung; er ist als ein Dummkopf gestorben, aber immerhin in den Armen seiner Freunde. Ovid lebte im Exil und starb bei den Skythen. Es gibt viel Glück und viel Unglück in dieser Welt. Mein Ziel ist, friedlich wie Lafontaine in Paris zu leben, aber nicht ebenso einfältig zu sterben, und nicht, wie Ovid, verbannt zu werden.

Ich wünsche jedenfalls nicht, wegen einiger bedruckter Seiten außerstande gesetzt zu werden, mit meinem geliebten Cideville zusammenzuleben. Ich brächte gern alle meine Werke zum Opfer, um mit ihm zusammen meine Tage verbringen zu können. Der Ruhm ist eitel Dunst; Freundschaft allein ist ein Vergnügen von Dauer.

23 An Herrn de Cideville

13. Dezember 1733

Die Weiber sind Ihr Zeitvertreib; das ist nun einmal so. Es ist Ihr Glück, daß Sie von den Geschäften und Schikanen sich in der Liebe erholen können. Was mich betrifft, so bin ich wieder einmal vierzehn Tage krank gewesen und für das Vergnügen abgestorben. Wenn ich noch ein wenig lebe, so nur für Sie und für die Dichtung. Sie ist für mich, was die Mädchen für Sie sind: mein Trost und der Balsam für meine Schmerzen. Sagen Sie mir nicht, daß ich zuviel arbeite; diese Arbeiten sind eine recht geringfügige Sache für einen Menschen, der sonst nichts zu tun hat. Der schon lange mit dem literarischen Handwerk vertraute Geist fügt sich ohne Mühen und ohne Anstrengung, wie man eine Sprache, die man früh gelernt hat, auch fließend zu sprechen vermag und wie die Hand des Musikers, ohne zu ermüden, über die Tasten des Klaviers gleitet. Zu befürchten ist nur, daß man auch in schwachen Stunden Dinge vollbringen möchte, die Gesundheit und volle Kraft erfordern. Der Geist mag auch bei körperlichem Leiden nicht weniger kritisch sein; aber es wird ihm dann die Wärme fehlen. Sobald ich daher fühle, daß meine Maschine total erschöpft ist, lege ich die Arbeiten beiseite, soweit sie Phantasie verlangen. Ich erfreue mich dann an der Phantasie der anderen, oder gebe mich mit solchen Literaturgattungen ab, die nur wenig Urteilskraft und bescheidenen Fleiß erfordern. Ich mache es also dann mit der Literatur, wie man es mit einer alten Mätresse zu machen pflegt: ich lasse die Liebe in Freundschaft übergehen.

24 An die Herzogin d'Aiguillon

Mai 1734

Wie ich in meiner Retraite erfahre, will das Parlament mein Buch wie einen Hirtenbrief zensieren und mich dafür strafen. Man meint, ich solle widerrufen. Mit dem größten Vergnügen! Gern werde ich öffentlich erklären, daß Pascal immer recht hat; daß, wenn Markus und Lukas sich widersprechen, das nur ein Beweis für die Wahrheit der Religion ist, wenigstens für die, die Heilige Schrift richtig auszulegen verstehen. Ich will weiterhin erklären, daß einer der schönsten Beweise für unsere Religion in ihrer Unverständlichkeit liegt, daß alle Priester sanftmütig und uneigennützig und alle Jesuiten ehrbare Leute sind, daß die

Mönche in echt christlicher Demut niemals intrigieren und auch nicht stinken und daß die heilige Inquisition der Triumph der Menschlichkeit und Toleranz ist – kurzum, ich will alles zugeben, was man nur wünschen kann, sofern man mich nur in Ruhe läßt und sich nicht darauf versteift, einen Menschen zu verfolgen, der noch niemandem ein Leid zugefügt hat, der zurückgezogen lebt und keinen andern Ehrgeiz kennt als Ihnen, Madame, den Hof zu machen.

25 An Herrn de la Condamine

22. Juni 1734

Mein Herr, wenn die Kammer des Parlaments aus lauter hervorragenden Philosophen zusammengesetzt wäre, so wäre es für mich sehr ärgerlich, von ihr verurteilt worden zu sein. Ich glaube aber, daß diese biederen Beamten von Locke und Newton, von denen in meinem Buch die Rede ist, nur sehr wenig verstehen. Sie sind darum nicht weniger respektabel für mich. Früher haben die Herren ja auch einmal verboten, daß man etwas gegen die Aristotelische Physik veröffentliche und daß man an Kranke Brechmittel verabreiche. Ihre Absicht ist gewiß stets sehr gut. Sie hielten damals das Brechmittel für ein Gift; aber nachdem mehrere Ratsherren der Kammer durch eben dieses Brechmittel geheilt worden sind, änderten sie ihre Ansicht, ohne freilich das Verbot aufzuheben. Wenn also jetzt einer der Herren Abgeordneten einen Schlagfluß erleidet, verschreibt ihm der Doktor Silva das Brechmittel, und er nimmt es dankbar ein, obgleich er es selbst verboten hat.

Fast das gleiche könnte mit meinem Buch passieren. Vielleicht wird der eine oder andere denkende Ratsherr meine »Philosophischen Briefe« mit Vergnügen lesen, obgleich sie kraft Urteil verboten sind. Ich habe sie gestern noch einmal aufmerksam durchgelesen, um zu prüfen, was darin die herkömmlichen Überzeugungen so sehr schokieren könnte. Ich glaube, daß die spaßige Art, mit der hier gewisse Dinge behandelt sind, den Eindruck erweckt hat, daß ein Mensch, der beispielsweise so lustig über Quäker und Anglikaner schreibt, nicht gerade »mit Furcht und Zittern« an sein eigenes Seelenheil denkt und daher ein schlechter Christ ist. Es sind die Worte und nicht die Sachen, über die der menschliche Geist sich empört. Hätte Newton in seiner bewundernswerten Philosophie nicht von »Anziehungskraft« gesprochen, so hätte unsere ganze Akademie begeistert zugestimmt; aber er hat das Pech gehabt, ein in London gebräuchliches Wort zu wählen, dem in Paris etwas Lächerliches anhaftet. Und einzig und allein deshalb hat man ihm hierzulande mit einer Leichtfertigkeit den Prozeß gemacht, der seinen Feinden später einmal wenig Ehre eintragen dürfte. Wenn man Kleines mit Großem vergleichen darf, so würde ich sagen: man hat meine Gedanken nach den Worten beurteilt. Hätte ich den Stoff nicht so heiter behandelt, so hätte sich niemand darüber aufgeregt; allerdings hätte mich dann auch niemand gelesen. Man hat sich gesagt: ein Franzose, der über die Quäker scherzt und für Locke eintritt und der bei Pascal logische Fehler konstatiert, ist ein Atheist. Schauen Sie bitte nach, ob die Existenz eines Gottes, von der ich in Wahrheit überzeugt bin, nicht überall in meinem Buch zugegeben wird. Die Leute allerdings, die mit den Worten immer Mißbrauch treiben, machen zwischen einem, der Gott leugnet, und einem, der die Notwendigkeit des Sündenfalls bestreitet, keinen Unterschied; beide gelten ihnen gleicherweise als Atheisten.

26 An den Grafen d'Argental

November 1734

Ich habe in letzter Zeit ein etwas unstetes Leben geführt, mein anbetungswürdiger Freund; deshalb haben Sie nicht von mir gehört. Hoffentlich ist es mit dieser schändlichen Verfolgung wegen eines harmlosen Buches jetzt bald Schluß, und ich komme wieder zur Ruhe. Ich habe es wahrlich nötig, Philosoph zu sein, wenn ich die entehrende Behandlung, der ich in meinem Vaterland ausgesetzt bin, vergessen soll. Nur Freunde wie Sie und jene andern, die mir so treulich geholfen haben, können mich veranlassen, weiterhin in Frankreich zu bleiben.

Soll ich Ihnen eine wohl etwas wunderliche Tragödie zusenden, die ich in meiner Einsamkeit vollendet habe? Es ist ein sehr christliches Stück, das mich mit den frommen Leuten wieder ein wenig aussöhnen könnte. Das sollte mich freuen, vorausgesetzt, daß es mich nicht mit dem Publikum überwirft. Es stellt eine völlig naive Welt mit naiven Sitten dar; in Panama oder in Pernambuco hätte es vermutlich großen Erfolg. Gott möge verhüten, daß es in Paris ausgepfiffen wird! Das Schlimmste für mich wäre, wenn man mich schon nach der ersten Aufführung als Autor erkennen würde; aber wir würden den Intrigen schon zuvorkommen. Wenn die Examinatoren nicht wissen, daß das Stück von mir ist, werden sie es wohl mit weniger Strenge beurteilen und so mancherlei durchgehen lassen, was ihnen schon allein wegen meines Namens suspekt sein dürfte.

Glückliche Jahre in Cirey

27 *An die Gräfin de la Neuville*

Cirey

Ein Jahrhundert scheint es her zu sein, verehrte gnädige Frau, daß ich Sie nicht gesehen habe. Madame du Châtelet hatte gehofft, Sie sogleich nach ihrer Ankunft in Cirey besuchen zu können. Aber sie ist jetzt als Architektin und Gärtnerin vollauf beschäftigt. Sie läßt Fenster einsetzen, wo ich Türen bestimmt hatte, läßt Treppen in Kamine und Kamine in Treppen verwandeln. Sie pflanzt Linden, wo ich Ulmen vorgeschlagen hatte, und wenn ich einen Küchengarten anlegen will, so macht sie eine Blumenrabatte daraus. Ja, mehr noch: sie ist die Feenkönigin des Hauses, verzaubert alte Lumpen in köstliche Tapeten und möbliert das Schloß mit nichts. Vorerst haben wir freilich noch Betten ohne Vorhänge, Zimmer ohne Fenster, Porzellankabinette, aber keine Fauteuils, entzückende Wagen, aber keine Pferde, die sie ziehen können. Trotzdem hoffe ich, bald schon als Stallmeister in Dienst genommen zu werden – zu einer Fahrt nach La Neuville, wenn ich mich lang genug als Gärtnerbursche nützlich gemacht habe.

28 *An Thiériot*

Lunéville, 1. Juni 1735

Jawohl, ich werde Sie beschimpfen, bis ich Sie von Ihrer Faulheit kuriert habe. Ich mache es Ihnen nicht zum Vorwurf, daß Sie Abend für Abend mit dem Herrn de la Popelinière soupieren, wohl aber, daß Sie alle Ihre Gedanken und Hoffnungen darauf verplempern. Sie leben, als wäre das Soupieren die einzige Bestimmung des Menschen. Ihre tägliche Existenz beschränkt sich auf die Zeit von zehn Uhr abends bis zwei Uhr morgens. Kein Lebemann geht später zu Bett, keine Zierpuppe steht später auf. Sie bleiben bis zum Theaterbeginn in ihrem Loch, um den Katzenjammer vom Vorabend loszuwerden, und haben daher keine Zeit, an sich und an Ihre Freunde zu denken. So wird jeder Brief, den Sie schreiben sollten, zu einer Last für Sie. Sie brauchen einen ganzen Monat, um zu antworten, und dabei wiegen Sie sich noch in der Illusion, Sie könnten ein Amt bekleiden und einiges Geld verdienen, Sie, der Sie nicht einmal imstande sind, in Ihrem eigenen Zimmer konsequent zu arbeiten und Ihren Freunden regelmäßig zu schreiben. Sie haben Ihre Jugend auf diese Weise hinter sich gebracht. Sie werden bald alt und gebrechlich werden. Daran sollten Sie denken! Es gilt, einen ruhigeren, glücklicheren, unabhängigeren Lebensabend vorzubereiten. Was soll aus Ihnen werden, wenn Sie krank und verlassen sind? Wird es da ein Trost für

Sie sein, wenn Sie sich sagen können: Ich habe früher Champagner in guter Gesellschaft getrunken? Vergessen Sie nicht, daß man eine Flasche, die man gehätschelt hat, als sie noch voll Rum aus Barbados war, in die Ecke wirft, sobald sie geleert ist, und daß sich um die Scherben niemand mehr kümmert. Nicht anders ergeht es auch denen, deren einzige Sorge es war, zu Soupers geladen zu werden. Das Ende eines alten, nutzlosen, gebrechlichen Menschen ist immer jämmerlich.

Denken Sie also an sich und Ihre Freunde! Trinken Sie ruhig weiter in angenehmen Gesellschaften Ihren Champagner; aber unternehmen Sie beizeiten irgend etwas, das Sie in Stand setzt, eines Tages Ihren eigenen Wein zu trinken.

29 *An Thiériot*

15. Juli 1735

Wenn ich Sie, lieber Thiériot, um Anekdoten aus dem Jahrhundert Ludwigs des Vierzehnten gebeten habe, so weniger über seine Person als über die Künste, die unter seiner Regierung geblüht haben. Ich möchte lieber Geschichten über Racine und Despréaux, Quinault, Lulli, Moliere, Lebrun, Bossuet, Poussin, Descartes wissen als über die Schlacht von Steinkirchen. Von denen, die Bataillone und Schwadronen geführt haben, bleibt bestenfalls der Name übrig; von hundert gelieferten Schlachten kommt nichts auf das Menschengeschlecht. Die großen Männer aber, von denen ich rede, haben den Menschen, die noch nicht geboren sind, reine und dauerhafte Vergnügungen bereitet. Die Schleuse eines Kanals, der zwei Meere verbindet, ein Gemälde von Poussin, eine schöne Tragödie, eine endlich enthüllte Wahrheit sind tausendmal mehr wert als alle Annalen des Hofes und alle Kriegsberichte. Sie wissen, daß für mich die großen Männer die ersten sind und die sogenannten Helden die letzten. Groß nenne ich die Männer, die im Nützlichen oder im Angenehmen sich ausgezeichnet haben. Die Eroberer von Provinzen sind nur Helden.

30 *An den Kronprinzen Friedrich von Preußen*

Cirey, 26. August 1736

Monseigneur, ein wahrhaft guter König wird stets, wie Sie, damit beginnen müssen, daß er sich selber bildet, die Menschen kennenlernt, die Wahrheit liebt und Verfolgung und Aberglauben verabscheut. Ein Fürst, der so denkt, ist berufen, das goldne Zeitalter in seinen Staaten heraufzuführen.

Warum streben so wenige Könige nach diesem Ruhm? Sie wissen den Grund: weil fast alle mehr an die Königswürde denken als an die Menschenwürde. Sie werden diesen Fehler nicht begehen. Glauben Sie mir: wenn Sie Ihre gute Anlage im Drang der Geschäfte und trotz der Schlechtigkeit der Menschen sich zu bewahren wissen, werden Sie einst von Ihrem Volk angebetet und von der ganzen Welt geliebt werden. Philosophen, die dieses Namens würdig sind, werden in Ihren Staat geflogen kommen und, wie die Künstler immer gerne dorthin strömen, wo sie am großzügigsten gefördert werden, so werden die besten Köpfe sich um Ihren Thron scharen.

Mögen Ihnen die Wissenschaften nie durch den Streit der Gelehrten verekelt werden! Die Gelehrten sind nämlich meist aus dem gleichen Holz geschnitzt wie die Höflinge; sie sind nicht weniger habsüchtig, intrigant, verlogen und grausam als jene. Der einzige Unterschied zwischen dem Geschmeiß der Höfe und dem der Schulen ist der, daß diese noch lächerlicher sind.

Es ist traurig genug für die Menschheit, daß diejenigen, die sich selbst als die Verkünder himmlischer Befehle und als die Dolmetscher der Gottheit anpreisen, kurzum also die Theologen, von allen die gefährlichsten sind; daß sich unter ihnen Leute finden, die gesellschaftlich ebenso schädlich wie geistig trübe sind, und daß ihre Seelen von Haß und Hochmut ebenso aufgeblasen wie an Wahrheiten leer sind. Um eines Sophismus willen würden sie am liebsten die ganze Welt durcheinanderbringen und die Könige aufputschen, daß sie mit Feuer und Schwert die Ehre eines Lehrsatzes verteidigen.

Jedes denkende Wesen, das nicht ihrer Ansicht ist, gilt ihnen als Atheist, und jeder König, der ihnen nicht hilft, wird verdammt. Das beste, was man machen kann, ist, diese vorgeblichen Lehrmeister und tatsächlichen Feinde des Menschengeschlechts sich selbst zu überlassen. Ihre Kampfrufe verhallen, wenn man nicht auf sie horcht, wie Luft im Wind; wenn aber eine Autorität sich gewichtig für sie einsetzt, so erlangt dieser Wind eine Gewalt, die auch Throne stürzen kann.

Ich sehe mit Vergnügen, daß Sie zwischen den Menschen, die friedlich nach der Wahrheit streben, und jenen, die um nicht begriffener Worte willen Krieg führen möchten, zu unterscheiden wissen. Newton, Leibniz, Bayle und Locke, diese erhabenen, aufgeklärten und so sanften Geister, sind nicht Ihre Lehrmeister; was jene anderen an vorgeblicher Nahrung zu bieten haben, weisen Sie zurück; Sie würden sie vergiftet oder gehaltlos finden.

Für das Büchlein über den Philosophen Wolff danke ich sehr. Seine metaphysischen Ideen machen, wie ich glaube, dem Menschengeschlecht Ehre. Das sind Blitze in einer tiefen Nacht. Mehr dürfen wir, glaube ich, von der Metaphysik nicht erhoffen. Es hat nicht den Anschein, als könnten wir über die Grundprinzipien des Lebens jemals etwas Genaues erfahren. Die Mäuse, die einige Löcher in einem riesigen Gebäude bewohnen, wissen auch nicht, ob dieses Gebäude ewig stehen wird, noch wer der Architekt ist und warum dieser Architekt es erbaut hat. Sie sind darauf aus, sich ihr Leben zu erhalten, ihre Löcher zu bevölkern und anderen Tieren, die sie auffressen möchten, zu entwischen. Wir sind solche Mäuse. Und der göttliche Architekt, der das Universum erschuf, hat noch keinem von uns sein Geheimnis verraten.

31 An den Grafen d'Argental

Sonntag, 23. Dezember 1736, 4 Uhr morgens

Ihre Freundin, die Marquise du Châtelet, war zunächst sehr erstaunt, als sie erfuhr, daß ein so harmloses Werk wie »Le Mondain« einigen meiner Feinde zum Vorwand diene. Aber ihr Erstaunen ging in die größte Bestürzung und in hellen Schrecken über, als es hieß, daß man unter diesem lächerlichen Vorwand gegen mich vorgehen wolle. Sie war sogleich entschlossen, mein Los mit mir zu teilen. Sie wünscht nicht, daß ich länger in einem Lande lebe, wo ich so unmenschlich behandelt werde. So sind wir von Cirey abgereist; jetzt, 4 Uhr morgens, nehmen wir in Vassy Postpferde. Aber die Zeit wird kommen, da ich mich von der Frau trennen muß, die alles für mich getan, die Paris, alle ihre Freunde, alle Annehmlichkeiten des Lebens meinetwegen verlassen hat, die ich anbete und die es wert ist, angebetet zu werden – fühlen Sie, mein lieber, hochverehrter Freund, was ich durchzumachen habe? Ich bin in einer entsetzlichen Lage. Käme es auf mich allein an, so würde ich mich mit dem größten Vergnügen auf und davon machen; ich ginge zum Kronprinzen von Preußen, der mich so oft schon an seinen Hof eingeladen hat. Ich schöbe zwischen die Mißgunst und mich genügend Raum, um nicht mehr belästigt zu werden; ich würde in fremden Ländern als Franzose leben, der trotzdem sein Vaterland respektiert. Ich wäre frei und würde meine Freiheit nicht mißbrauchen, ich wäre der glücklichste Mensch auf Erden. Aber vor mir steht Ihre Freundin, die in Tränen aufgelöst ist. Mir bricht das Herz. Soll ich sie allein in ihrem Schloß zurücklassen, das sie nur für mich gebaut hat? Soll ich mich des einzigen Trostes meines Lebens berauben, weil einige Leute in Paris mich fressen wollen? Ich will in meiner Verzweiflung noch keinen Entschluß fassen. Ich warte Ihre Nachrichten ab, um zu erfahren, was die Verfolgungswut gegen mich noch im Schilde führt.

Es gehört schon die ganze Abgeschmacktheit des goldenen und die Barbarei des eisernen Zeitalters dazu, um mich wegen eines solchen Werkes zu bedrohen. Man muß es wohl gefälscht haben. Ich weiß nicht, was ich glauben soll. Ich weiß nur, daß ich nichts so sehr wünsche, wie von der ganzen Welt ignoriert zu werden, und gekannt nur von Ihnen und Ihrer Freundin. Sie war gestern abend um neun Uhr entschlossen, mich abreisen zu lassen; jetzt aber, um vier Uhr früh, sind wir uns einig: wir bleiben beieinander. Tobt der Sturm Ihrer Meinung nach zu heftig, so lassen Sie uns das über die gewohnte Adresse wissen; sollte er sich tatsächlich beruhigen, so will ich bleiben. Was für ein entsetzliches Leben! Dauernd von der Angst geplagt zu sein, ohne förmlichen Prozeß auf die lächerlichste Anzeige hin eingesperrt zu werden! Da ziehe ich den Tod vor. Es steht nun bei Ihnen: sagen Sie mir, was ich machen soll. Ich bin am Ende meiner Kräfte, von Krankheiten und Sorgen zermürbt. Leben Sie wohl! Ich umarme Sie und Ihren Bruder tausendmal!

32 An den Grafen d'Argental

Amsterdam, 27. Januar 1737

Mein verehrungswürdiger Freund, ich muß Ihnen Rechenschaft über mich geben. Sie rieten mir, abzureisen, und ich reiste ab. Sie rieten mir, nicht nach Preußen zu gehen, und ich ging nicht hin. Hier nun das, was Sie noch nicht wissen: Jean-Baptist Rousseau erfuhr von meiner Fahrt durch Brüssel, und schon ließ er eiligst das Gerücht verbreiten und in den Zeitungen veröffentlichen, daß ich auf der Flucht nach Preußen sei; in Paris habe man mich zu lebenslänglichem Gefängnis verurteilt. Als diese Verleumdung nicht mehr wirkte, behauptete er, ich sei in Leyden und predige dort den Atheismus. Außerdem erfand er eine Skandalgeschichte und berichtete sie sogleich nach Paris, wo die Nächstenliebe schon für weitere Verbreitung sorgen wird. Man hat mir aus Paris eines dieser Rundschreiben zugesandt, die Rousseau durch seinen Amsterdamer Korrespondenten, einen aus der Kutte gesprungenen Mönch, verfassen läßt. Diese gar zu altbackenen, giftigen, dummen Verleumdungen können mir hier nicht viel schaden, wohl aber in Paris, wo sie mir schon neue Wunden geschlagen und alte Narben aufgerissen haben. Ich weiß ja leider aus Erfahrung, wie solch eine üble Nachrede in einer großen und schönen Stadt zu wuchern pflegt; denn dort hat man ja nichts anderes zu tun als boshaftes Zeug zu schwätzen. Das Gute, das man über einen Menschen weiß, dringt dagegen nicht über die Wände hinaus, wo es gesagt wurde; das Gemeine aber fliegt, wie vom Sturmwind getragen, bis zu den Ohren der Minister. Ich muß wohl auch in Zukunft solchen Verleumdungen meinen Tribut zahlen. Ich fühle mich freilich in der Hinsicht ein wenig zu hoch taxiert; aber diese Art von Steuer wird nie gerecht verteilt. Wenn der Mann auf Petri Stuhl einen Plan ausarbeiten wollte, wie man der üblen Nachrede zu Leib gehen könnte, so ließe ich ihn gern auf meine Kosten drucken. Im übrigen lebe ich als Philosoph, studiere eifrig, sehe wenig Leute, versuche Newton zu verstehen und ihn verständlich zu machen. Bei dieser Arbeit tröste ich mich über die Trennung von meinen Freunden.

33 An den Kronprinzen Friedrich von Preußen

Cirey

Es ist für mich eine große Genugtuung, ja, ich bin stolz darauf, daß die häßlichen Streitereien, in die ich immer wieder in meinem Vaterland verwickelt werde, Eure Königliche Hoheit entrüsten. Ihr Mitgefühl wiegt alle diese Verdrießlichkeiten bei weitem auf. Derartiges ist noch keinem erspart geblieben, der sich mit den Wissenschaften befaßt hat, und noch stets sind die Schriftsteller, die am meisten die Wahrheit geliebt haben, auch am meisten verfolgt worden.

Verleumdung hat Descartes und Bayle zugrunde zu richten gesucht; Racine und Boileau wären vor Kummer gestorben, wenn Ludwig der Vierzehnte nicht seine schützende Hand über sie gehalten hätte. Noch sind uns Verse erhalten, die gegen Vergil gerichtet waren. Nicht als ob ich mich mit diesen großen Männern vergleichen wollte. Ich bin glücklicher als sie; ich lebe jetzt wieder im Frieden. Ich besitze ein Vermögen, das für einen Privatmann ausreicht und für einen Philosophen fast zu bedeutend ist. Ich lebe in angenehmster Zurückgezogenheit, in der Nähe der achtbarsten Frau, deren Gesellschaft mir immer wieder neue Anregungen schenkt. Endlich darf ich mir schmeicheln, daß Sie mich lieben; der tugendhafteste, liebenswerteste Fürst Europas öffnet mir sein Herz, vertraut mir seine Werke und seine Gedanken an und verbessert die meinigen. Was will ich mehr? Nur Gesundheit fehlt mir. Aber es gibt keinen glücklicheren Kranken als mich.

Cirey, 26. November 1738

In Fragen der Metaphysik stimme ich mit Ihnen vollkommen überein. Zweierlei dürfte feststehen: es gibt drei oder vier kleine Lichtschimmer, die jedermann zu sehen vermag; und dann ist da ein ungeheurer Abgrund, wo niemand auch nur das Geringste wahrnehmen kann. Wenn wir beispielsweise übereingekommen sind, daß ein Gedanke weder rund noch viereckig ist, daß die Empfindungen nur in uns und nicht in den Objekten sind, daß unsere Ideen uns durch die Sinne kommen (was auch Descartes und Malebranche darüber sagen mögen), daß die Seele und so weiter … wenn wir noch einen Schritt weitergehen, so sind wir schon im nebelhaften Reich des nur noch Möglichen.

Von dem wortgewandten Platon bis zu dem tiefen Leibniz gleichen meiner Meinung nach alle Metaphysiker jenen neugierigen Reisenden, die bis in den Vorhof des Harems des Großtürken gelangt sind und in der Ferne einen Eunuchen vorbeigehen sehen. Aus seinem Anblick möchten Sie nun schließen, wie oft Seine Hoheit in dieser Nacht seine Odaliske geliebkost hat. Der eine Reisende meint dreimal, ein anderer viermal. Tatsache ist, daß der Sultan die ganze Nacht geschlafen hat.

35 An den Kronprinzen Friedrich von Preußen

Paris, September 1738

Monseigneur, Ihre beiden Briefe, die mir nach Paris nachgesandt wurden, waren ein großer Trost für mich in dieser Riesenstadt voller Lärm und Zerstreuung, wo man sinnlos umher rennt, immer auf der Suche nach seinen Freunden, die man dann doch nicht antrifft; wo jeder nur für sich lebt und wo man sich plötzlich von zwanzig Wirbeln umhergedreht fühlt, Wirbel, die noch viel chimärischer sind als die Cartesianischen, und noch viel weniger geeignet, uns zum Glück den Weg zu bahnen als die Cartesianischen Narreteien zur Naturerkenntnis. Nach meiner Ankunft hatte ich mich zunächst mit vielen Einwänden auseinanderzusetzen, die man hier gegen Newton erhoben hatte. Aber diese kleine Pflicht, die ich alsbald erfüllte, hat mich meinen »Mahomet« nicht aus den Augen verlieren lassen, dessen Anfangsszenen ich Ihnen schon zugehen ließ. Hier zwei weitere Akte. Sie werden sehen, ob die Schrecken, die der Fanatismus im Gefolge hat, darin kräftig und wahr genug geschildert sind. Der unglückliche Séide, der ein Gott wohlgefälliges Werk zu verrichten glaubt, wenn er seinen eigenen Vater erwürgt, ist durchaus kein chimärisches Porträt. Die Jean Châtel, Clément, Ravaillac taten nichts anderes, und was das Entsetzlichste ist, sie handelten alle in gutem Glauben. Heißt es nicht, der Menschheit einen Dienst erweisen, wenn man, wie ich es getan habe, zwischen Religion und Aberglauben unterscheidet? Habe ich es verdient, verfolgt zu werden, weil ich immer, in tausend Varianten, wiederholt habe, daß man Gott nie dadurch etwas Gutes erweist, daß man den Menschen Schlimmes zufügt?

Kaum war ich in Paris angekommen, da hat man auch schon dem allmächtigen Minister Kardinal Fleury ins Ohr geflüstert, ich hätte seine Lebensgeschichte aufgezeichnet, und diese sehr kritische Studie werde demnächst im Ausland er scheinen. Diese Verleumdung konnte ich zwar rasch widerlegen, aber sie hätte mir auch gefährlich werden können. Eure Königliche Hoheit weiß, was Despotismus bedeutet; Sie werden die despotische Macht nie mißbrauchen. Sie sehen, wie es um Menschen steht, die ein einziges Wort zugrunde richten kann. In dieser Gefahr schwebe ich fortwährend. Das ist der Dank dafür, daß ich zwanzig Jahre auf das Bemühen verwandt habe, meiner Nation zu gefallen und sie manchmal sogar zu belehren.

Hofhistoriograph und Mitglied der Akademie

36 *An den Marschall von der Schulenburg*

Haag, 15. September 1740

Um aus der Geschichte Nutzen zu ziehen, muß man, wie mir scheint, feststellen, was die Könige den Menschen an Gutem und was sie ihnen an Üblem zugefügt haben. Hätte Karl der Zwölfte nach der Niederwerfung Dänemarks, nach dem Sieg über die Moskowiter, nach der Entthronung seines Feindes August und der Einsetzung eines neuen Königs in Polen mit dem Zaren Frieden geschlossen und es sich dann angelegen sein lassen, in seinem Heimatland die Künste und den Handel zur Blüte zu bringen, so wäre er in Wahrheit ein großer Mann gewesen und nicht nur ein großer Kriegsheld, der schließlich noch von einem Fürsten besiegt wurde, den er nicht achtete. Für das Glück der Menschen wäre es zu wünschen gewesen, daß Peter der Große manchmal weniger grausam und Karl der Zwölfte weniger verbohrt gewesen wären.

Ich ziehe diesen beiden einen anderen Fürsten vor, der Menschlichkeit als die erste der Tugenden erachtet, der sich auf Kriege nur im äußersten Notfall vorbereitet, der den Frieden liebt, weil er die Menschen liebt, der alle Künste fördert und der, mit einem Wort, als ein Weiser auf dem Thron sich zu bewähren gewillt ist. Das ists, was ich einen Helden nenne, mein Herr. Glauben Sie nicht, daß das ein erklügeltes Wesen sei. Vielleicht existiert ein solcher Held schon heute in der Person eines jungen Königs, dessen Ruhm bald auch zu Ihnen dringen wird. Sie werden ja sehen, ob er mich Lügen straft. Er verdient Generäle von Ihrer Art. Über solche Könige Geschichte zu schreiben, ist ein Vergnügen; denn dann ist man der Geschichtsschreiber des menschlichen Glücks. Prüft man aber beispielsweise die vier Bände der Adlerfeldtschen »Kriegsgeschichte Karls des Zwölften« mit kritischem Blick – was bleibt einem als Ergebnis: Am Montag, 3. April, soundso viele Tausend Menschen in diesem oder jenem Lager ermordet; am Dienstag ganze Dörfer niedergebrannt, die Frauen mit ihren Kindern im Arm in den Flammen umgekommen; am Donnerstag tausend Bomben auf die Häuser einer freien, unschuldigen Stadt geschleudert, weil sie nicht imstande gewesen war, hunderttausend Taler einem fremden Sieger auszubezahlen, der zufällig vor ihren Mauern erschienen war; am Freitag 1 500 oder 1 600 Gefangene vor Kälte oder Hunger ums Leben gekommen. Das etwa ist der ganze Inhalt der vier dicken Bände.

Haben Sie sich, Herr Marschall, nicht auch oft Gedanken darüber gemacht, daß Ihr illustres Metier zwar vielleicht notwendig, aber darum nicht weniger entsetzlich ist? Jener Adlerfeldt bemüht sich, wie ich sehe, manchmal, die Grausamkeiten zu vertuschen, die in Wahrheit vergessen werden sollten, damit sie nie mehr nachgeahmt würden. Man hat mir beispielsweise versichert, daß in der Schlacht von Fraustadt der Marschall Rehnsköld kalten Blutes 1 200 oder 1 500 Moskowiter niedermetzeln ließ, die sechs Stunden nach der Schlacht kniefällig um ihr Leben baten; er behauptet, es seien nur 600 gewesen, die unmittelbar nach dem Kampf getötet worden seien. Sie, mein Herr, werden Genaueres darüber wissen; Sie hatten ja die Verfügungen getroffen, die sogar von den Schweden an diesem unglückseligen Tag bewundert wurden. Seien Sie doch so gut, mich die Wahrheit wissen zu lassen, die ich ebenso wie Ihren Ruhm liebe.

37 *An König Friedrich von Preußen*

Dezember 1740

Sire, ich übersende Ihnen eine neue Abschrift meiner Mahomet-Tragödie, deren erste Entwürfe Sie vor langer Zeit schon gesehen haben. Ich möchte damit weniger dem Souverän als dem Freund der Künste, dem aufgeklärten Richter, im besondern aber dem Philosophen eine Ehre erweisen.

Eure Majestät weiß, welcher Geist mich bei Abfassung des Werks beseelte; die Liebe zur Menschheit und der Abscheu vor dem Fanatismus – zwei Tugenden, die Ihrem Thron stets nahestehen sollten, haben mir die Feder geführt. Ich war stets der Meinung, daß die Tragödie nicht nur ein Schaustück sein dürfe, das die Herzen rührt, ohne sie zu bessern. Was sollen dem Menschengeschlecht die Leidenschaften und traurigen Schicksale eines antiken Helden, wenn sie nicht zugleich auch belehrend wirken? Man hat mit Recht behauptet, daß die Komödie des Tartüff, dieses bis jetzt von keiner andern Nation übertroffene Meisterstück, den Menschen viel Gutes erwiesen habe, indem es die Heuchelei in ihrer ganzen Häßlichkeit darstellte. Kann man nicht ebensogut in einer Tragödie jene Art von Betrügerei angreifen, die gleichzeitig die Heuchelei der einen und den Fanatismus der anderen mobilisiert? Kann man nicht auf jene alten Verbrecher, auf die berüchtigten Gründer des Aberglaubens und des Fanatismus zurückgreifen, die als erste den Dolch auf den Altar gelegt haben, um diejenigen niederzustechen, die ihnen die Gefolgschaft verweigerten?

Wer behauptet, daß die Zeiten solcher Verbrechen vorüber seien, daß es keine Barochebas, keine Mahomets, keine Johann von Leyden mehr gebe, daß die Flammen der Religionskriege erloschen seien, erweist, wie mir scheinen will, der menschlichen Natur zuviel Ehre. Das gleiche Gift ist noch immer vorhanden, wenn auch nur latent; die gleiche Seuche, die ausgestorben scheint, erzeugt noch immer von Zeit zu Zeit neue Keime, die kräftig genug sind, um die Erde zu infizieren. Hat man nicht noch in unseren Tagen erlebt, daß die Propheten der Cevennen im Namen Gottes diejenigen ihrer Anhänger ermordeten, die nicht gehorsam genug waren?

Die Handlung, die ich erdacht habe, ist gräßlich; ich weiß nicht, ob je Entsetzlicheres auf der Bühne dargestellt wurde. Da ermordet ein von Natur tugendhafter junger Mann, verführt von seinem Fanatismus, einen Greis, der ihn liebt; ohne es zu ahnen, macht er sich, in dem Wahn, Gott damit zu dienen, eines Vatermordes schuldig. Ein bewußter Betrüger befiehlt ihm diesen Mord und verspricht dem Mörder als Lohn eine Liebschaft, die inzestiös ist. Ich gebe zu, daß das eine dramatisierte Schauergeschichte ist. Aber muß denn eine Tragödie immer nur aus Liebesgeständnissen und Eifersüchteleien bestehen und damit schließen, daß zwei sich kriegen?

Unsre Historiker berichten uns von Dingen, die noch viel entsetzlicher sind als das, was ich erfunden habe. Séide weiß nichts davon, daß der von ihm Ermordete sein Vater ist; nach der Tat wird er von Reue ergriffen, die der Schwere seiner Tat entspricht. Bei Mézerai aber können wir nachlesen, daß in Mélun ein Vater seinen Sohn um seiner Religion willen eigenhändig tötete, ohne hinterher überhaupt Reue zu empfinden. Bekannt ist auch die Geschichte der beiden Brüder Diaz, von denen der eine bei Beginn der von Luther erregten Unruhen in Rom war, der andere in Deutschland. Als Barthelemi Diaz in Rom erfährt, daß sein Bruder in Frankfurt sich zu Luther bekannt habe, reist er von Rom ab in der Absicht, seinen Bruder zu töten. Er kommt in Frankfurt an und vollbringt den Mord. Bei Herrera, einem spanischen Autor, habe ich gelesen, daß dieser Barthelemi Diaz bei der Tat viel aufs

402

Spiel gesetzt habe, daß aber einen Mann von Ehre nichts erschüttern könne, wenn die Redlichkeit ihn führe. Herrera, Anhänger einer durchaus heiligen, jeder Grausamkeit abholden Religion, einer Religion, die zu leiden lehrt und nicht, sich zu rächen, war also überzeugt, daß Redlichkeit zum Mord, ja zum Vatermord führen kann. Und niemand protestiert gegen diese infernalischen Grundsätze!

Das sind die gleichen Grundsätze, die den Dolch jenem Ungeheuer in die Hand drückten, das Frankreich seines großen Königs Heinrich beraubte; die gleichen Grundsätze gestatteten, daß das Bild des Jacques Clément auf den Altar gestellt und dieser heiliggesprochen wurde; und die gleichen Grundsätze kosteten Wilhelm von Oranien, den Begründer der Freiheit und Größe der Niederländer, das Leben: sein Mörder wagte die Tat erst, nachdem er, wie Strada berichtet, zu Füßen eines Dominikaners gebeichtet und das heilige Abendmahl genommen hatte.

Alle, die in gutem Glauben diese oder ähnliche Verbrechen begangen haben, waren junge Menschen wie Séide. Balthasar Génard, der Mörder des Oraniers, war zwanzig Jahre alt, vier andere Spanier, seine Mitverschworenen, standen etwa im gleichen Alter. Der Unmensch, der Heinrich III. tötete, war vierundzwanzig, Poltrot, der den Herzog von Guise ermordete, fünfundzwanzig. Das ist das gefährliche Alter für Verführung und Glaubenswut. In England wäre ich fast Zeuge geworden, was die Macht des Fanatismus über ein phantastisches junges Gemüt vermag: ein Knabe von sechzehn Jahren namens Shepherd hatte den Entschluß gefaßt, den König Georg I., Ihren mütterlichen Ahnherrn, zu ermorden. Was bewog ihn zu dieser Raserei? Er hatte eine andere Religion als der König. Man hatte Mitleid mit seiner Jugend und wollte ihn begnadigen, wenn er bereuen würde. Er hatte darauf nur die stereotype Antwort, daß man Gott mehr als den Menschen gehorchen müsse und daß er, sobald er wieder in Freiheit wäre, diese Freiheit nur dazu benützen würde, seinen König zu ermorden. So mußte man ihn aufs Schafott schicken wie ein wildes Tier, das zu zähmen hoffnungslos schien.

Wer auch nur ein wenig unter Menschen gelebt hat, weiß, wie leicht sie die Natur um eines Aberglaubens willen vergewaltigen. Wieviele Väter haben deshalb ihre Kinder verflucht und enterbt! Wieviele Brüder haben sich untereinander entzweit aus diesem traurigen Anlaß! Ich habe solche Fälle in mehr als einer Familie erlebt.

Wenn der Aberglaube sich auch nicht stets in solchen Exzessen dokumentiert, die in die Kriminalgeschichte gehören, so verursacht er doch tagtäglich in der Gesellschaft unzählige kleine Übel. Er entzweit Freunde, er trägt Streitigkeiten in die Familien, er läßt den Weisen, der nur das Gute will, durch die Hand des Narren verfolgen, der ein Schwärmer ist; er reicht zwar nicht immer dem Sokrates den Schierlingsbecher, aber er verjagt immerhin einen Descartes aus der Stadt, die ein Asyl der Freiheit hätte sein sollen; er gibt einem Jurieu, der sich als Prophet aufspielt, soviel Macht, daß ein Weiser und Philosoph wie Bayle um Hab und Gut gebracht wird, und er verbannt und entreißt einer begeisterten Jugend, die in seine Vorlesungen strömt, den Professor Wolff, diesen Nachfolger des großen Leibniz. Um ihn zurückzurufen, muß der Himmel einen König auf die Welt kommen lassen, der zugleich Philosoph ist – ein wahres Wunder, das er nur selten geschehen läßt. Vergebens vervollkommnet sich die Vernunft durch die Philosophie, die jetzt in Europa solche Fortschritte macht, vergebens bemühen Sie sich, großer Fürst, diese so menschliche Philosophie zu beleben und in die Tat umzusetzen: das halbe Jahrhundert, in dem auf der einen Seite die Vernunft ihren Thron errichtet, muß es erleben, daß auf der andern der tollste Fanatismus seine Altäre aufschlägt.

Man kann mir vielleicht vorwerfen, daß ich in tendenziösem Übereifer Mahomet in diesem Stück ein Verbrechen begehen lasse, dessen er sich in Wahrheit gar nicht schuldig gemacht hat. Boulainvilliers hat ja in seiner Lebensgeschichte des Propheten versucht, ihn als einen großen Mann hinzustellen, den die Vorsehung dazu ausersehen hatte, die Christen zu strafen und das Antlitz eines Teils der Erde umzugestalten. Sala hinwiederum, dem wir eine vortreffliche englische Übersetzung des Korans verdanken, möchte uns Mahomet als einen zweiten Numa und Theseus präsentieren. Hätte er als legitimer Fürst oder von seinem Volk erwählt, friedliche Gesetze wie Numa verkündet oder wie Theseus seine Mitbürger verteidigt, so müßte man ihn wohl respektieren. Aber wenn ein Kamelhändler hergeht und in seinem Drecknest einen Aufstand anzettelt und einigen unglückseligen Schwachköpfen weismacht, daß der Erzengel Gabriel sein guter Freund sei; wenn er sich brüstet, in den Himmel entführt worden zu sein und dort Teile jenes unsinnigen Buches empfangen zu haben, das den gesunden Menschenverstand auf jeder Seite schaudern läßt; wenn er dann, um diesem Buch Respekt zu verschaffen, mit Feuer und Schwert sein Vaterland durchzieht, die Väter erwürgt, die Töchter raubt und den Besiegten nur die Wahl läßt, sich zu seinem Glauben zu bekennen oder zu sterben, so sind das doch offenbar Dinge, die niemand entschuldigen kann, er sei denn ein gebürtiger Türke oder aber ein vom Aberglauben völlig verblendeter Mensch.

Wohl weiß ich, daß Mahomet nicht gerade die Schurkerei begangen hat, die Gegenstand dieser Tragödie ist; geschichtlich überliefert ist nur, daß er die Frau des Séide, seines Jüngers, geraubt und den Abusofian, den ich Zopire nenne, verfolgt hat. Aber wer Krieg gegen sein Vaterland führt, und zwar unter Berufung auf Gottes Befehl: ist der nicht zu allem fähig? Ich behaupte nicht, eine wahre Handlung auf die Bühne gestellt zu haben, wohl aber wahre Sitten. Ich wollte zeigen, zu welchen Scheußlichkeiten Betrug und Fanatismus schließlich führen müssen. Mahomet ist hier nur ein Tartüff mit der Waffe in der Hand.

Mein Zweck ist erreicht, wenn auch nur einige jener schwachen Seelen, die sich so gern von fremder Wut anstecken lassen, sich sagen: warum soll ich blindlings jenen Blinden gehorchen, die mir zuschreien: Hasset, verfolgt, vernichtet jeden, der frech genug ist, über gleichgültige Dinge, die wir alle miteinander nicht begreifen, anderer Meinung als wir zu sein. Könnt ich doch solchen Wahnsinn mit der Wurzel aus den Herzen reißen! Der Geist der Nachsicht müßte uns alle zu Brüdern machen; der Geist der Intoleranz aber macht die Menschen zu Bestien.

38 An den Papst Benedikt XIV.

Paris, 17. August 1745

Heiliger Vater! Eure Heiligkeit möge einem der demütigsten und zugleich ehrlichsten Bewunderer der Tugend gestatten, dem Oberhaupt der wahren Religion eine Schrift gegen den Gründer einer falschen und barbarischen Religion zu widmen.

An wen konnte ich schicklicher jenes Spottgedicht auf die Grausamkeit und die Irrtümer eines falschen Propheten richten als an den Stellvertreter und Nachahmer eines Gottes des Friedens und der Wahrheit?

Möge Eure Heiligkeit gestatten, daß ich Buch und Autor Ihnen zu Füßen lege. Für das Buch erbitte ich Ihren Schutz, für den Autor Ihren Segen.

Mit dem Ausdruck meiner tiefsten Verehrung beuge ich mein Knie und küsse ich Ihre heiligen Füße.

Voltaire.

39 An den Grafen d'Argental

Fontainebleau, 5. Oktober 1745

Wahrlich, die himmlischen Gnaden können gar nicht weit genug verbreitet werden, und der Brief des Heiligen Vaters an mich ist ja wohl für die Öffentlichkeit bestimmt. Es ist ganz gut, mein ehrbarer Freund, wenn meine Verfolger erfahren, daß ich unter der Stola des Stellvertreters Gottes gegen sie geschützt bin. Wir haben den gleichen Gedanken, denn auch ich habe ihm in meiner Antwort versichert, daß ich noch nie zuvor von seiner Unfehlbarkeit so fest überzeugt war.

Gute Nacht, mein anbetungswürdiges Paar! Ich erteile euch meinen Segen, erlasse euch die Strafen des Fegfeuers und gewähre euch Ablaß. So zu sprechen, ziemt eurem heiligen Diener, der euch das Schreiben des Papstes übersendet. Aber liebwerte Geschöpfe, angenehmer wäre es noch, mit euch zu leben als in dieser Welt Bauchgrimmen zu haben und dann in der andern erlöst zu werden. Ich bin fast blind, habe immer Schmerzen und sehe euch fast gar nie. Was für ein Zustand für mich, der ich euch beide liebe, wie die Heiligen – zu denen zu zählen ich die Ehre habe – ihren göttlichen Schöpfer lieben.

40 An den hochwürdigen Pater de la Tour, Jesuit

Mein hochwürdiger Vater!

Da ich lange Zeit hindurch in dem Institut, das Sie leiten, erzogen worden bin, glaubte ich, Ihnen diesen Brief schreiben zu sollen, worin ich aus gegebenem Anlaß öffentlich von meinen Anschauungen Zeugnis ablege. Der Herausgeber des »Kirchlichen Anzeigers« hat mir die Ehre erwiesen, mich mit seiner Heiligkeit in Verbindung zu bringen und gleichzeitig, auf derselben Seite, den höchsten Priester dieser Welt und den geringsten seiner Diener zu verleumden. Ein anderes, in Holland gedrucktes Libell, das nicht weniger gehässig ist, wirft mir geradezu wütend meine Anhänglichkeit an meine jesuitischen Lehrer vor, denen ich die Liebe zu den Wissenschaften und die Liebe zur Tugend verdanke; um eben dieser Eigenschaften willen fühle ich mich verpflichtet, auf die beiden Schriften zu antworten.

Wer den Charakter des Papstes, seinen Geschmack und sein Interesse für die Literatur kennt, wird nicht überrascht darüber sein, daß er mich mit mehreren seiner Medaillen ausgezeichnet hat, die für den in Rom herrschenden guten Geschmack charakteristisch sind. Seine Heiligkeit hat damit nichts anderes getan als Seine Majestät der König von Frankreich auch, und wenn der Papst mir außer dieser Gunst noch die Ehre eines persönlichen Handschreibens erwiesen hat – was soll daran anstößig sein? Was gibt es da zu verleumden? Und doch ist dem Anonymus des »Kirchlichen Anzeigers« deshalb die Galle übergelaufen: er wagt, dem Papst einen Vorwurf daraus zu machen, daß er mit seinen Briefen einen weltlichen Menschen wie mich beehrt, während er Bischöfe verfolge. Und dann hält er mir noch irgendein Buch vor, mit dem ich nicht das geringste zu schaffen habe, das ich ebensosehr verdamme, wie ich jene Libelle verdammen müßte.

Was nun jenes holländische Libell betrifft, das mir meine Anhänglichkeit an die Jesuiten vorwirft, so werde ich darauf nicht ebenfalls antworten: das ist eine Verleumdung; dazu sage ich im Gegenteil: das ist die Wahrheit. Sieben Jahre lang bin ich von den Männern erzogen worden, die sich unentgeltlich und unermüdlich dafür aufopfern, den Geist und die Sitten junger Menschen zu bilden. Seit wann darf man von jemandem verlangen, daß er gegen seine Lehrer nicht dankbar sei? Was denn! Es sei dem Menschen natürlich, sagt man, daß er das Haus, in dem er geboren, das Dorf, wo er von einer Ziehmutter ernährt wurde, mit Freuden wiedersehe. Und es soll uns nicht Herzenssache sein, die zu lieben, die uns in jungen Jahren auf den rechten Weg brachten? Wenn Jesuiten in Malabar sich mit einem Kapuziner wegen irgend einer Sache, von der ich nichts weiß, herumstreiten: was geht das mich an? Soll das für mich ein Grund sein, gegen diejenigen undankbar zu sein, die mich für die Künste und die Wissenschaften zu begeistern wußten und mir so einen Trost verschafften, der mich bis an mein Lebensende begleiten wird? Was habe ich denn während der sieben Jahre gesehen, die ich in der Schule der Jesuiten zugebracht habe? Das fleißigste, genügsamste, geregeltste Leben, alle Stunden geteilt zwischen unsere Erziehung und die Exerzitien ihres ernsten Berufs. Ich rufe die Tausende und Abertausende auf, die gleich mir dort erzogen wurden: kein einziger wird mich Lügen strafen können.

Dem Verfasser jenes Libells, der mir Sympathien für die Jesuiten und daher eine laue Moral vorwirft, kann ich nur das gleiche erwidern, was Corneille in einer ähnlichen Situation gesagt hat: »Ich unterwerfe meine Schriften dem Urteil der Kirche.« Ich gehe noch weiter und erkläre ihm und seinesgleichen, daß, wenn jemals unter meinem Namen eine Seite gedruckt wurde, die auch nur den Küster einer Dorfpfarre verletzen kann, ich bereit bin, diese Seite in seiner Gegenwart in Fetzen zu zerreißen; daß ich ruhig leben und sterben will im Schoß der katholischen, apostolischen und römischen Kirche, ohne jemanden anzugreifen, ohne jemandem zu schaden, ohne jemals eine Meinung zu vertreten, die meinen Nebenmenschen kränken könnte. Ich verabscheue alles, was Unfrieden in der Gemeinschaft stiften könnte. Um dieses meines Glaubensbekenntnisses willen hat der König mir Wohltaten erwiesen. Im Genuß seiner Gnadenbeweise, mit seiner geheiligten Person eng verbunden, beauftragt, das aufzuschreiben, was er Ruhmvolles und Ersprießliches für sein Vaterland geleistet hat, kann ich nichts Besseres tun, als die Lehren in die Tat umzusetzen, die ich in Ihrem ehrwürdigen Collège erhalten habe. Und wenn auch die Regeln der Eloquenz, die ich mir dort anzueignen vermochte, meinem Geist einst entfallen sollten: die Tugenden eines guten Bürgers, die ich dort ebenfalls gelernt habe, werden mir nie verlorengehen.

Diese Bürgertugenden sind, wie ich glaube, in allen meinen Schriften zu erkennen, so entstellt sie auch in manchen lächerlichen Ausgaben erscheinen mögen. Auch die Henriade ist nie korrekt gedruckt worden. Vermutlich wird man meine wahren Werke erst nach meinem Tod besitzen. Solang ich am Leben bin, spüre ich nur wenig Ehrgeiz, die Zahl der Bücher, mit denen wir sowieso überhäuft sind, noch zu vergrößern; mir liegt nur daran, zu den anständigen Menschen zu zählen, die ihrem Souverän ergeben sind, ihr Vaterland lieben, ihren Freunden seit der Kindheit die Treue halten und ihren ersten Lehrern unverbrüchlich dankbar bleiben.

In diesem Sinne verbleibe ich stets, mein hochwürdiger Vater,
Ihr demütigster und gehorsamster Diener

Voltaire.

41 An Diderot

Juni 1749

Ich danke Ihnen, mein Herr, für das geistreiche und tiefe Buch, das Sie mir zugesandt haben. Ich schicke Ihnen als Gegengeschenk ein Buch, das weder geistreich noch tief ist, worin Sie aber über den Sonderfall der Blindgeborenen Ausführlicheres finden werden als in früheren Auflagen. Ich stimme vollkommen mit Ihnen überein in bezug auf das, was Sie über die Urteile sagen, die gewöhnliche, nur mit gesundem Menschenverstand ausgestattete Leute und Philosophen in ähnlichen Fällen bilden würden. Enttäuscht aber bin ich, weil Sie unter den angeführten Beispielen die Blindgeborenen vergessen haben, die, wenn sie das Augenlicht erhalten, Menschen nicht weniger seltsam finden als Bäume.

Ich habe Ihr Buch mit größtem Genuß gelesen; es sagt viel und macht noch mehr verständlich. Seit langem schon schätze ich Sie ebensosehr, wie ich die blöden Barbaren verachte, die verurteilen, was sie nicht begreifen, und jene Böswilligen, die sich mit den Dummköpfen zusammentun, um diejenigen, die sie aufklären könnten, zu ächten.

Ich muß Ihnen aber auch sagen, daß ich die Ansicht Saundersons nicht teile, der die Existenz Gottes leugnet, weil er blind auf die Welt gekommen ist. Vielleicht täusche ich mich, aber an seiner Statt hätte ich an einen sehr intelligenten Schöpfer geglaubt, da er mir so reichlichen Ersatz für das Augenlicht geboten hat. Und da schon der Gedanke allein imstande ist, eine Fülle von Beziehungen zwischen allen Dingen wahrzunehmen, so hätte ich auf einen unendlich geschickten Weltenmeister geschlossen. Ist es schon vermessen, erraten zu wollen, wer dieser Weltenmeister ist und warum er alles geschaffen hat, so ist es noch dreister, glattweg zu leugnen, daß er überhaupt existiert. Ich habe das dringende Verlangen, mich mit Ihnen über all das zu unterhalten, gleichgültig, ob Sie sich nun für eines seiner Geschöpfe halten oder nur für einen zwangsläufig organisierten Teil jener ewigen und zwangsläufigen Materie. Was Sie auch sein mögen, Sie sind auf jeden Fall ein höchst schätzenswerter Teil jenes großen Ganzen, von dem ich nichts verstehe. Es würde mich sehr freuen, wenn Sie noch vor meiner Abreise nach Lunéville Lust hätten, mich, zusammen mit einigen Weisen, bei einem philosophischen Mahl zu treffen. Ich selber habe zwar nicht die Ehre, weise zu sein; aber ich habe eine Passion für Menschen, die es auf Ihre Art sind.

42 An den Abbé de Voisenon

Luneville, 4. September 1749

Mein lieber Abbe! Während Madame du Châtelet heute nacht nach ihrer löblichen Gewohnheit an ihrem Schreibtisch saß, rief sie plötzlich: »Ich fühle etwas!« Dieses »Etwas«

war ein kleines Mädchen, das gleich danach das Licht der Welt erblickte. Man deponierte es auf einem Quartband, der zufällig zur Hand war, und die Mutter legte sich ins Bett. Ich, der während der letzten Phase der Schwangerschaft nicht wußte, was tun, gedachte ebenfalls ein Kind zu zeugen, und zwar ganz allein. So bin ich innerhalb von acht Tagen mit »Catilina« niedergekommen. Wozu ein Crébillon dreißig Jahre gebraucht hat, das habe ich in einer Woche geschafft: ein Witz der Natur! Über die Niederkunft der Madame du Châtelet wundere ich mich, über meine eigene staune ich.

Ich weiß nicht, ob Madame du Châtelet sich an mir ein Beispiel nimmt und bald wieder schwanger wird; ich meinerseits habe mich nämlich nach der Entbindung von »Catilina« alsbald wieder schwanger gefühlt und eine »Elektra« zur Welt gebracht. Es scheint meine Aufgabe zu sein, in Crébillons alte Schläuche neuen Wein zu gießen.

43 An die Marquise du Deffand

Cirey, 10. September 1749

Madame! Die Frau, die mir seit zwanzig Jahren die liebste Freundin war, ist soeben gestorben. Jenes unglückliche kleine Mädchen, dem sie das Leben schenkte und das jetzt ihren Tod verschuldete, interessierte mich nicht sehr. Ach, Madame, wir hatten die ganze Sache scherzhaft behandelt, und in diesem entsetzlich spaßigen Ton hatte ich auf ihren Wunsch unsere Freunde benachrichtigt. Wenn etwas meinen verzweifelten Zustand noch verschlimmern kann, so sind es diese Scherze über ein Ereignis, dessen Folgen den Rest meines elenden Lebens vergiften. Man schleppt mich zusammen mit dem Marquis du Châtelet nach Cirey, in dieses Schloß, das die Freundschaft so sehr verschönert hatte und das jetzt für mich zu einem Ort des Schreckens geworden ist. In einigen Tagen reise ich, wenn meine Gesundheit es gestattet, nach Paris, ohne zu wissen, was aus mir werden soll. Den schmerzlichen Trost, mit Ihnen dann über die Verstorbene, die, trotz ihrer Schwächen, eine verehrungswürdige Seele hatte, sprechen zu können, werden Sie mir nicht versagen.

44 An König Friedrich von Preußen

Paris, 8. Mai 1750

Sire, ich will Sie nicht täuschen. Sie werden einen kränklichen Melancholikus an mir haben, dem Eure Majestät zwar viel Vergnügen bereitet, der aber Ihnen solches zu bereiten nicht mehr fähig ist. Seien Sie also darauf gefaßt, alles zu geben und nichts zu erhalten. Ich bin tatsächlich in einer traurigen Verfassung. Aber schließlich wissen Sie ja, daß ich hundertmal lieber bei Ihnen als anderswo sterbe. Es gibt aber auch noch eine weitere Schwierigkeit; nicht mit dem König, wohl aber mit dem Manne will ich darüber sprechen, dem auch das Kleine in den menschlichen Miseren nicht zu kleinlich erscheint. Ich bin reich, für einen Schriftsteller sogar sehr reich. Ich habe mir in Paris ein Haus eingerichtet, in dem ich mit meiner Familie und meinen Freunden lebe. Meine Lage ist nun die, daß ich mir augenblicklich keine Extrakosten leisten kann; einmal, weil die Hauseinrichtung, so bescheiden sie ist, mich sehr teuer zu stehen kam, und dann, weil Verpflichtungen der Madame du Châtelet, für die ich mit meinem Vermögen hafte, mich zu großen Opfern zwingen. Lassen Sie als guter Philosoph, der Sie sind, einmal die Majestät beiseite und gestatten Sie mir die Versicherung, daß ich Ihnen nicht zur Last fallen möchte. Ich kann mir weder eine gute Reisekutsche kaufen, noch mich mit den für einen Kranken nötigen Hilfsmitteln versehen, noch für mein Pariser Haus die erforderliche Vorsorge treffen, ohne wenigstens 4 000 Taler deutscher Währung, die ich so bald als möglich zurückerstatten werde. Vier Tage nach Empfang des Geldes würde ich abreisen.

Ich habe ganz offen mit Ihnen gesprochen. Ich bitte den Philosophen, dem Monarchen zu sagen, er solle sich darüber nicht ärgern. Mit einem Wort: ich bin bereit. Wenn Sie mich nur lieben, so will ich alles verlassen und zu Ihnen kommen, um mein Leben zu Ihren Füßen zu verbringen.

Am Hof des Preußenkönigs

45 An den Grafen d'Argental

Potsdam, 24. Juli 1750

Meine göttlichen Engel! Ich grüße euch vom Berliner Himmel. Der Weg hieher führte mich durchs Fegefeuer. Durch ein Versehen wurde ich vierzehn Tage lang in Kleve festgehalten. Jetzt aber bin ich hier, in dieser einst wilden Gegend, die heute durch die Künste wie durch den Ruhm verschönert ist. Einhundertfünfzigtausend siegreiche Soldaten, keine Beamten (Advokaten, Schranzen), aber Oper, Schauspiel, Philosophie, Poesie, ein Held, der Philosoph und Poet ist, Größe und die drei Grazien, Grenadiere und die neun Musen, Trompeten und Geigen, Gastmahl des Platon, Geselligkeit und Freiheit! Wer möchte das glauben? Und doch ist es wahr. Aber alles das ist mir nicht so teuer wie eines unsrer kleinen Soupers in Paris. Man muß diesen Salomo in seiner Glorie gesehen haben. Aber leben sollte man nahe bei euch, zusammen mit dem Herrn de Choiseul und dem Abbé de Chauvelin. Ich bin beschämt, weil man mir hier die Gemächer des Marschalls von Sachsen zugewiesen hat: der Historiker im Zimmer des Helden …

46 An Madame Denis

Charlottenburg, 14. August 1750

Hier die Tatsachen, mein liebes Kind. Der König von Preußen hat mich zum Kammerherrn ernannt, mir einen Orden verliehen, 20 000 Franken Pension und für Dich 4 000 Franken auf Lebensdauer unter der Bedingung, daß Du nach Berlin kommst und mir wie in Paris haushalten willst. Du hast mit Deinem verstorbenen Mann in Landau gelebt; Berlin ist schöner als Landau und hat eine bessere Oper. Prüfe Dein Herz! Ich habe nicht mehr lange zu leben, vielleicht ist es angenehmer, in Potsdam nach Friedrichs Fasson zu sterben als in Paris nach dem Ritus, der für die frommen Kirchenbesucher vorgesehen ist. Du kehrst dann mit Deinem Witwengeld von 4 000 Franken wieder nach Frankreich zurück. Passen Dir diese Vorschläge, so packst Du im Frühjahr Deine Sachen; und ich mache gegen Ende des Herbstes meine Pilgerfahrt nach Italien, um Sankt Peter in Rom zu sehen, den Papst, die Venus von Milo und die Katakomben. Ich möchte nun einmal nicht sterben, ohne Italien gesehen zu haben. Im Mai wären wir dann wieder beisammen. Ich besitze vier Verse des Preußenkönigs für seine Heiligkeit; es würde mir Spaß machen, dem Papst vier französische Verse eines ketzerischen deutschen Monarchen zu überbringen und als Dank dafür Ablaß für Potsdam mitzunehmen. Wie Du siehst, behandelt mein König Päpste besser als Damen. Er wird auf Dich keine Verse machen; aber Du wirst hier gute Gesellschaft finden und ein schönes Haus besitzen. Zuvor bedarfst Du freilich der Zustimmung des Königs; aber dem wird das, denke ich, sehr gleichgültig sein. Und einem König von Frankreich macht es wenig aus, wo der unnützeste seiner zwei- oder dreiundzwanzig Millionen Untertanen sein Leben verbringt; für mich aber wäre ein Leben ohne Dich hier nicht schön.

47 An den Herzog von Richelieu

August 1750

Mein Held! Sie haben sich in Ihrem letzten Schreiben so liebevoll mit meiner Lage befaßt, daß ich mich verpflichtet fühle, Ihnen über alles genau Bericht zu erstatten.

Ihr hoher Rang gestattet Ihnen nicht, sich genau über das zu unterrichten, was ein der Literatur verschworener Mann in Frankreich aushalten muß. Ganz allgemein wissen Sie wohl, daß ich Verfolgungen aller Art zu erdulden hatte. Bis in mein Refugium in Cirey hat man mir nachgestellt; so hat beispielsweise der Theatinermönch Boyer mich 1736 zu einer Flucht nach Holland gezwungen.

Was war der Vorwand für diesen von den Klerikern damals inszenierten Sturmlauf, an dem sich auch der alte Kardinal Fleury noch beteiligt hat? Mein scherzhaftes, völlig harmloses Gedicht »Le Mondain«, ein Werkchen, das es am allerwenigsten verdient hat, daß man seinem Autor Schwierigkeiten bereitete. Der Justizminister de Chauvelin hat mich trotzdem aufs hartnäckigste verfolgt.

Ich konnte damals beim König von Preußen ein ehrenvolles Asyl finden; aber ich hatte der Madame du Châtelet, Ihrer einstigen Freundin, versprochen, sie nie zu verlassen. Ich hielt Wort. Ich kehrte zu ihr zurück, und nur der Tod hat uns getrennt. Ihrer Güte verdankte ich dann die Stellung als Kammerherr des Königs von Frankreich und als Hofhistoriograph. Sie wissen, daß ich Ihnen dafür stets dankbar geblieben bin.

Alls ich mich in Lunéville aufhielt, verfiel der König Stanislas auf den Gedanken, ein recht mittelmäßiges Werk, betitelt »Der christliche Philosoph«, zu verfassen. Sein fehlerhaftes Französisch ließ er durch seinen Sekretär Solignac verbessern. Das Manuskript sandte er dann an seine Tochter, die Königin, und bat sie um ihr Urteil. Wer die Königin dabei beraten hat, vermute ich zwar, aber da ich es nicht sicher weiß, will ich keinen Namen nennen. Jedenfalls schrieb die Königin ihrem Vater, daß das Werk von einem Atheisten stamme und daß unbezweifelbar ich der Autor sei; Madame du Châtelet und ich hätten ihn verführt.

Am Hof von Versailles hatte ich also nur noch an Madame de Pompadour einen Rückhalt. Aber alle Schriftsteller taten sich zusammen, um sie gegen mich aufzubringen, und der König selbst hat mir nie die kleinste Gunst erwiesen. Ich hoffte damals, daß die Akademien mir einen Schutz bieten könnten gegen die Verfolgungen, die in Frankreich jeder, der freisinnig schreibt, zu befürchten hat. Ich wandte mich an Herrn d'Argenson, meinen einstigen Schulkameraden, der jetzt dieses Ressort verwaltete; er wollte mir zu einer Berufung in die Akademie der Wissenschaften oder die der Dichtkunst verhelfen. Es war nur eine kleine Gunst, um die ich bat; ich durfte sie von ihm erwarten, aber ich erhielt sie nicht. Ich blieb nach wie vor für meine Gegner die beliebteste Zielscheibe. Die Stelle eines Historiographen war nur ein leerer Titel. Ich wollte etwas dafür leisten und schrieb die Geschichte des Kriegs von 1741. Aber trotzdem wurde nicht ich, sondern Moncrif an den Hof gezogen.

So war meine Lage, als der König von Preußen mich, nachdem er schon sechzehn Jahre mit mir korrespondiert hatte, an seinen Hof berief. Ich bin der Einladung gefolgt. Der König von Preußen behandelt mich so gut, wie man mich daheim schlecht behandelt hat. Er verspricht mir, daß ich den Rest meines Lebens glücklich in seiner Nähe verbringen kann. Es hat Ihnen mißfallen, daß ich vom König von Preußen eine Pension mir bezahlen lasse. Das war nicht zu umgehen, da alle anderen ebenfalls Pensionen beziehen und da die Reisen sehr viel Geld kosten. Und was soll denn Unehrenhaftes daran sein, von einem großen König, der so vielen Fürstlichkeiten Pensionen bezahlt, einen Ehrensold zu beziehen?

Im übrigen hat der König von Preußen mir sein Wort gehalten. Ich genieße völlige Freiheit, bin im besondern Herr über meine Zeit und in nichts beschränkt. Die Soupers mit dem König sind reizend, ich amüsiere mich dabei; das hält frisch. Trotzdem würde ich alles willig fahren lassen, die goldenen Schlüssel, die Ehrenkreuze und auch die 20 000 Franken, wenn ich wenigstens moralisch sicher sein könnte, daß man mich in meinem Vaterland freundlich genug empfangen wird, damit solche Opfer sich lohnen. Sie ließen mich wissen, daß der König und Madame de Pompadour, die mich überhaupt nicht beachteten, solange ich in Frankreich lebte, über meinen Weggang schokiert seien. Aber welche Behandlung hätte ich zu erwarten, wenn ich zurückkehrte? Soll ich auf die Gunst, auf die Freundschaft eines der größten Herrscher der Welt zählen, um am Toilettentisch einer Dame ein gnädiges Wort zu erbetteln, das sie mir wahrscheinlich doch nicht vergönnen wird? Oder um von Herrn d'Argenson die Gnade zu erwirken, manchmal eine Stunde lang der Sitzung einer Akademie beizuwohnen, nachdem es doch seine Sache gewesen wäre, mir von sich aus diesen Trost anzubieten?

Ich stelle keine Bedingungen, ich sage Ihnen nur, wie es um mich steht. Ich bin kein Verbannter, der seine Heimberufung erbittet, ich bin auch kein unentbehrlicher Mann, der sich hoch bezahlen lassen möchte. Ich bin Ihr alter Diener und Attaché, der nichts sehnlicher wünscht, als in Ihrer Nähe zu leben, allerdings in einer Stellung, wie sie mir ziemt und die mir Ehre macht; denn schließlich müßte ich einen Hof verlassen, wo ich auf niemanden angewiesen bin und wo ich auch nichts zu befürchten habe, weder von Klerikern noch von Ministern. Ich sitze hier nicht im Vorzimmer eines Staatssekretärs, sondern im Zimmer seines Herrn.

48 An Madame Denis

Potsdam, 28. Oktober 1750

Ich verstehe nicht, warum der König von Frankreich mir die Stellung eines Historiographen nimmt, mir aber das Patent eines Kammerherrn beläßt. In Wahrheit liegen die Dinge doch so, daß gerade der Aufenthalt im Ausland mich zum Geschichtsschreiber tauglich macht, da ich dann nicht in den Verdacht komme, Schmeicheleien zu produzieren. Die Freiheit, deren ich mich erfreue, gibt der Wahrheit doch mehr Gewicht. Mein liebes Kind, um die Geschichte seines Landes zu schreiben, muß man außer Landes leben.

Ich gehöre also gegenwärtig zwei Herren. Derjenige, der gesagt hat, daß man nicht gleichzeitig zwei Herren dienen kann, hatte offenbar recht. Um ihm nicht zu widersprechen: ich diene keinem von beiden. Du darfst mir glauben: ich würde mich sogleich auf und davon machen, wenn ich die Funktionen eines Kammerherrn wie an anderen Höfen zu erfüllen hätte. Meine Funktion ist: nichts zu tun. Ich genieße meine Muße. Ich widme eine Stunde täglich dem König von Preußen, um seine Werke in Prosa und Vers ein wenig zu verbessern. Ich bin sein Grammatiker, und keineswegs sein Kammerherr. Der Rest des Tages gehört mir, und der Abend schließt mit einem angenehmen Souper.

Was sonst um mich herum vorgeht, ignoriere ich vollkommen. Wäre ich im Palast der Pasiphaë gewesen, so hätte ich sie auch mit ihrem Stier machen lassen, was sie wollte; ich hätte, wie jener Engländer in einem ähnlichen Fall, gesagt: »Ich kümmere mich nicht um ihre Amouren.« Manches gibt ja zu denken. So habe ich einen rührenden, pathetischen, ja geradezu christlichen Brief zu lesen bekommen, den der König an Darget über den Tod von dessen Frau geschrieben hatte; ich erfuhr aber auch, daß Seine Majestät am gleichen Tag ein Spottgedicht auf die Verstorbene verfaßt habe. Wir sind hier drei oder vier Ausländer, die wie Mönche in einer Abtei leben. Wolle Gott, daß der Abt des Klosters sich damit begnügt, über uns zu spotten! Im übrigen grassiert hier das, was man in Italien die »Tollwut der Eifersucht« zu nennen pflegt. Auf was alles der Mensch nicht neidig wird! Ach, ich schwöre Dir, es gibt nichts, worauf man neidig sein könnte. Man brauchte nur friedlich zu leben. Aber die Könige sind nie die koketten Weiber: ihre Blicke schon machen die Männer eifersüchtig. Und Friedrich ist eine große Kokette. Alles in allem gibt es freilich in Paris hundert gesellschaftliche Cliquen, in denen mehr gestänkert wird als an unsrem Hof.

Daß dieses Land für Dich nicht taugt, darüber bin ich mir leider klar geworden. Zehn Monate des Jahres verbringt man in Potsdam, und das ist kein Hof, sondern eine Retraite, von der die Damen ausgeschlossen sind. Ein Kloster, in dem die Männer nach Ordensregeln leben, sind wir allerdings auch nicht. Überlege ich mir alles reiflich, so kann ich Dich nur bitten, in Paris zu bleiben und dort auf mich zu warten.

49 An Madame Denis

Berlin, 2. September 1751

Ich schicke Dir, mein liebes Kind, einen Brief La Mettries für den Marschall Richelieu; er bittet ihn um seine Protektion. Er ist zwar der Vorleser des Königs von Preußen, brennt aber darauf, nach Frankreich zurückzukehren. Dieser so fröhliche Mensch, von dem man sagt, daß er über alles lacht, weint manchmal vor Heimweh wie ein kleines Kind. Er fleht Richelieu an, ihm die Erlaubnis zu erwirken, nach Frankreich heimzukehren. Wahrlich, der Schein trügt immer.

Dieser La Mettrie ist ein unbedeutender Mensch, der nach den Vorlesungen vertraute Gespräche mit dem König führt. Mit mir spricht er ganz offen. Er hat mir geschworen, der König habe kürzlich, als von mir die Rede war, gesagt: »Ich brauche ihn noch ein Jahr, allerhöchstens; man preßt die Orange aus, und wirft dann die Schale weg.«

Ich ließ mir die liebenswürdigen Worte wiederholen. Ich fragte und fragte immer von neuem; er schwor und schwor immer wieder, daß die Worte genau stimmen. Kannst Du's glauben? Soll ich es glauben? Ist so etwas möglich? Nach sechzehn Jahren voller Güte, voller Anträge, voller Versprechungen? Und das jetzt, da ich alles für ihn opfre, um ihm gefällig zu sein, da ich nicht nur seine Werke korrigiere, da ich so nebenbei für ihn auch noch eine Rhetorik und eine Poetik schreibe, in der ich alles zusammenfasse, was über die Eigenheiten unsrer Sprache zu sagen ist, nur um seinem Genie aufzuhelfen, um ihn in Stand zu setzen, ohne mich weiterzukommen?

Ich machte mir wirklich ein Vergnügen und einen Ruhm daraus, sein Genie zu kultivieren; alles trug zu meiner Täuschung bei. Ein König, der Schlachten gewonnen, Provinzen erobert hat, ein König des Nordens, der Verse in unsrer Sprache dichtet, ein König endlich, um dessen Gunst ich mich nicht beworben und der mir immer wieder versichert hatte, daß er mich liebe – warum hat er mir denn alle diese Avancen gemacht? Ich bin vollkommen wirr, ich begreife das alles nicht! Ich habe getan, was in meinen Kräften steht, um diesem La Mettrie nicht zu glauben.

Und doch! Als ich jetzt seine Verse wieder las, stieß ich auf eine Epistel, in der er einen Maler namens Pesne als »lieben Pesne« und geradezu als einen Gott anspricht. Tatsächlich ist dieser Pesne ein Mensch, den er überhaupt nicht beachtet. Bei mir wird es sich ähnlich verhalten. Wenn er schreibt, regiert ihn sein Kopf, das Herz hat daran keinen Anteil. Vielleicht wollten alle diese Briefe, die von Güte so rührend überflossen, im Grunde gar nichts besagen.

Das sind schreckliche Waffen, die ich Dir damit gegen mich in die Hand gebe. Wie blamiert stehe ich da als einer, der auf Schmeicheleien so gründlich hineingefallen ist! Du magst mich mit dem Molièreschen Jourdain vergleichen, der zu sagen pflegte: »Konnte ich denn einem Herrn vom Hofe, der mich seinen lieben Freund nannte, irgend etwas verweigern?« Ich kann nur erwidern: das ist ein liebenswürdiger König!

50 An Madame Denis

Potsdam, 24. Juli 1752

Ihr habt vollkommen recht. Du und Deine Freunde, wenn ihr auf meine Rückkehr drängt. Aber mit Sonderkurieren ist das so eine Sache; was durch die Post geht, wird alsbald publik. Die Post ist ja eine recht hübsche Einrichtung, aber doch nur für Geldbriefe. Das Herz kommt dabei nicht auf seine Rechnung; es hat zu schweigen, sobald man von zu Hause weg ist.

Der schönste Trost bleibt einem dadurch versagt. Ich schreibe Dir nicht mehr, mein liebes Kind, außer auf sicheren Wegen; und die sind selten. Folgendes ist geschehen: Maupertuis hat in aller Stille das Gerücht verbreitet, daß ich die Werke des Königs herzlich schlecht

fände. Er bezichtigt mich also eines Komplotts gegen eine gefährliche Macht, nämlich die
Eigenliebe. Er behauptet so unter der Hand, ich hätte, als der König mir Verse zur Korrektur übersandte, gesagt: »Kann er es denn noch immer nicht lassen, mir seine schmutzige
Wäsche zum Reinigen zu übersenden?« Das flüstert er zehn oder zwölf Leuten ins Ohr und
bittet sie um strengste Diskretion. Schließlich merke ich, daß auch der König von der Sache
weiß. Das sind nur so meine Vermutungen. Sicheres zu erfahren, ist unmöglich. Angenehm
ist die Situation nicht.

51 An Madame Denis

Potsdam, 15. Oktober 1752

Hier eine Geschichte, die ohne Beispiel ist und sich auch niemals wiederholen wird, sie ist
einzigartig: der König von Preußen schreibt, ohne einem Menschen ein Wort davon zu
sagen, eine Broschüre gegen Professor König, gegen mich, überhaupt gegen alle, die für die
Unschuld dieses so grausam verurteilten Gelehrten eingetreten sind. Wer für Professor
König ist, wird darin als Neidhammel, Dummkopf und schlechter Kerl angeprangert.
Die deutschen Journalisten, die es nicht für möglich hielten, daß ein Monarch, der Schlachten gewonnen hat, solch ein Opus in die Welt setzen könne, haben es freimütig als das
bezeichnet, was es ist, nämlich als die Stilübung eines Schülers, der von der ganzen Streit-
frage nicht das geringste versteht. Inzwischen ist die Schrift in Berlin nochmals gedruckt
worden, mit dem preußischen Adler, der Krone und dem Zepter auf dem Titelblatt. Adler,
Krone und Zepter waren sehr erstaunt, sich hier zu befinden. Jedermann zuckt mit den
Achseln, schlägt den Blick nieder und wagt nichts zu sagen. Die Wahrheit flieht von ihrem
Thron, sobald ein König zu schriftstellern beginnt. Buhlerinnen, Könige und Dichter sind
gewohnt, daß man ihnen schmeichelt; Friedrich ist alles das zusammen in einer Person.
Diesen dreifachen Wall der Eigenliebe zu durchbrechen, wird der Wahrheit nie gelingen.
Nachdem es Maupertuis versagt war, ein zweiter Platon zu werden, will er wenigstens
erreichen, daß sein Herr ein Dionys von Syrakus wird.
Das Merkwürdigste bei dieser lächerlichen Affäre ist, daß der König diesen Maupertuis gar
nicht leiden kann. Dieser Platon wollte vor Kummer schon sterben, weil er zu den kleinen
Soupers nie Zutritt erhielt, zu denen ich immer geladen war; und der König hat uns hundertmal versichert, daß die bösartige Eitelkeit dieses Platon ihn gesellschaftlich unmöglich mache.
Aber das ist noch nicht alles. Ich selbst bin nämlich an der Geschichte ebenfalls als Autor
beteiligt, und zwar auf der Gegenseite. Ich habe zwar kein Zepter, aber ich habe eine Feder,
und diese Feder habe ich diesmal so gespitzt, daß Platon-Maupertuis wegen seiner Riesen,
seiner Prophezeiungen, seiner Dissektionen und seiner ganzen blöden Streiterei mit Professor König ein wenig ins Lächerliche gezogen wird. Ein harmloser Spaß; aber ich wußte
damals noch nicht, daß ich auf ein Steckenpferd des Königs zielte. Das ist nicht angenehm.
Ich habe es jetzt mit der Eigenliebe und dem Machtgefühl eines Despoten zu tun, und das
sind zwei höchst gefährliche Dinge. Außerdem habe ich Grund zu glauben, daß man mir
meinen Handel mit dem Herzog von Württemberg verübelt hat. Man wußte davon und ließ
mich spüren, daß man es wisse. Mir scheint allerdings, daß ein Titus oder Marc-Aurel einem
Plinius nicht gegrollt hätte, wenn Plinius einen Teil seines Besitzes auf Plinia übertragen
und durch eine Hypothek auf Montbéliard gesichert hätte.
Ich bin also augenblicklich sehr betrübt und sehr krank. Und, um mein Unglück voll zu
machen, muß ich heute wieder mit dem König soupieren. Das ist das Festmahl des Damokles. Ich habe meine Philosophie so nötig wie Platon, als er beim richtigen Damokles zu
Gast war.

52 An Madame Denis

Berlin, 18. Dezember 1752

Ich sende Dir hier, mein liebes Kind, die beiden Verträge des Herzogs von Württemberg.
Damit ist Dir auf Lebenszeit ein kleines Vermögen gesichert. Mein Testament lege ich
ebenfalls bei. Nicht als ob ich an Deine alte Prophezeiung glaubte, daß der König von

Preußen mich an Kummer werde sterben lassen. Ich habe keine Lust, eines so blöden Todes zu sterben. Aber die Natur setzt mir mehr zu als er, und man muß stets seinen Koffer gepackt und seinen Fuß im Steigbügel haben, um nach jener andern Welt abzureisen, wo die Könige, was auch immer geschieht, nur wenig Kredit haben werden.

Da ich in dieser Welt keine 150 000 Schnurrbärte zu meiner Verfügung habe, will ich auch keineswegs Krieg führen. Ich will nur ehrlich desertieren, um für meine Gesundheit sorgen, Dich wiedersehen und den Traum der letzten drei Jahre vergessen zu können.

Ich merke wohl, daß man die »Orange ausgepreßt« hat. Jetzt gilt es, die Schale zu retten. Zu meiner eigenen Erbauung will ich jetzt ein kleines Wörterbuch für den Umgang mit Königen zusammenstellen:

»Mein Freund« bedeutet: »Mein Sklave.«

»Mein lieber Freund« heißt soviel wie: »Du bist mir mehr als gleichgültig.«

Unter »Ich will Dich glücklich machen« ist zu verstehen: »Ich will Dich dulden, solang ich Dich brauche.«

»Speise mit mir heute abend« bedeutet: »Ich will mich über Dich lustig machen.«

Das Wörterbuch wird ziemlich umfangreich werden; es paßt in die Enzyklopädie.

Ernsthaft gesprochen: So etwas zerreißt das Herz. Soll denn wirklich wahr sein, was ich hier alles erlebt habe? Gefallen daran zu finden, diejenigen durcheinanderzubringen, die mit ihm zusammenleben! Einem Menschen ins Gesicht hinein die freundlichsten Dinge zu sagen, und hinterher Broschüren gegen ihn zu schreiben! Einen Menschen durch die heiligsten Versprechungen aus seiner Heimat wegzulocken, und ihn dann mit der schwärzesten Bosheit zu mißhandeln! Was für Widersprüche! Und das ist der Mann, der immerzu philosophische Abhandlungen schrieb und den ich für einen Philosophen hielt! »Salomon des Nordens« habe ich ihn genannt! Du erinnerst Dich an jenen schönen Brief, der Dir nie imponiert hat: »Sie sind ein Philosoph, und ich bin es auch.« Meiner Treu, Sire, wir sind es beide nicht, weder Sie noch ich!

Jedenfalls, mein liebes Kind, will ich mich nicht eher für einen Philosophen halten, als bis ich wieder zu Hause und bei Dir bin. Schwierig ist es nur, von hier fortzukommen. Ich kann nur wegen meines schlechten Gesundheitszustands um Urlaub bitten. Aber es hat keinen Sinn, zu sagen: Im Dezember gehe ich ins Bad Plombières …

Es gibt hier so etwas wie einen Minister des Evangeliums namens Pérard, der, wie ich, gebürtiger Franzose ist. Er bat um einen Urlaub nach Paris, um seine Angelegenheiten in Ordnung zu bringen. Der König ließ ihm antworten, er kenne seine Angelegenheiten besser als Pérard selbst; eine Reise nach Paris sei daher vollkommen unnötig.

Mein liebes Kind, überlege ich mir diese Dinge ein wenig genauer, so komme ich zu dem Schluß, daß alles das gar nicht wahr ist, daß es ganz unmöglich ist, daß ich mich täusche, daß sich das alles in Syrakus zugetragen hat, so etwa vor dreitausend Jahren. Wahr ist nur, daß ich Dich von ganzem Herzen liebe und daß Du mein Trost bist.

53 *An Madame Denis*

Berlin, 13. Januar 1753

Ich habe dem »Salomon des Nordens« als Neujahrsgeschenk die Schellen und die Narrenkappe zurückgesandt, die er mir verliehen hatte und die Du mir so sehr zum Vorwurf gemacht hast. Ich schrieb ihm dazu einen sehr respektvollen Brief, worin ich ihn um meinen Abschied bat. Und was tat er? Er schickte sein Hauptfaktotum Fredersdorff zu mir, der mir die Kinkerlitzchen zurückbrachte. Außerdem schrieb er mir, daß er lieber mit mir als mit Maupertuis leben möchte.

Gewiß ist, daß ich weder mit dem einen noch mit dem andern leben möchte.

Ich weiß, daß es schwer ist, von hier fortzukommen. Aber es gibt noch Flügelrösser. Und ich will unbedingt weg. Das ist alles, was ich Dir sagen kann, mein liebes Kind. Ich weiß wohl, daß ich das schon seit drei Jahren sage und daß ich es längst getan haben sollte. Ich habe Fredersdorff erklärt, daß mein Gesundheitszustand mir einen weiteren Aufenthalt in einem so gefährlichen Klima nicht gestatte.

Flucht aus Postdam

54 An den Grafen Stadion

Mainz, 14. Juli 1753

Euere Exzellenz möge gestatten, daß ich ein Tagebuch vorlege, worin genau aufgezeichnet ist, was sich in Frankfurt zugetragen hat.

François de Voltaire aus Paris und Cosimo Collini aus Florenz treffen am 31. Mai 1753 in Frankfurt ein und steigen im Gasthof zum »Goldenen Löwen« ab.

Am 1. Juni vormittags läßt sich ein Herr von Freitag bei Voltaire melden. Er nennt sich »preußische Exzellenz« und kommt in Begleitung eines preußischen Offiziers und des Advo-katen Brückner, um Briefe des preußischen Königs und einen Band Poesien zu fordern, den der König Voltaire zum Geschenk gemacht hatte. Voltaire händigt bereitwilligst alle Briefe aus; da der verlangte Gedichtband sich in einer Bücherkiste in Hamburg befindet, verpflich-tet er sich auf Ehrenwort, nicht abzureisen, bevor der Band zur Stelle ist. Freitag seinerseits verpflichtet sich, Voltaire abreisen zu lassen, sobald der Band ihm ausgehändigt ist.

Am 9. Juni trifft Voltaires Nichte, Madame Denis, in Frankfurt ein, um ihren sterbenskran-ken Onkel ins Bad Plombières zu begleiten.

Am 17. Juni trifft die Kiste mit dem Gedichtband seiner preußischen Majestät ein und wird Freitag alsbald ausgehändigt.

Am 20. Juni will Voltaire gemäß der schriftlichen Zusicherung abreisen; die Nichte soll mit dem Gepäck später folgen. Im Augenblick der Abreise wird Voltaire verhaftet und ins Haus des Kaufmanns Schmidt abgeführt. Dieser Schmidt durchsucht Voltaires Taschen, nimmt ihm ohne alle Formalitäten sein gesamtes Geld, raubt ihm eine Kassette mit wertvollem Schmuck und mit Edelsteinen und außerdem die Familienpapiere. Zuletzt wird Voltaire, eskortiert von einem Dutzend Soldaten, in eine schmutzige Winkelkneipe gebracht, die als Gefängnis dienen soll. Auch sein Sekretär Collini wird verhaftet, seines ganzen Geldes beraubt und ebenfalls eingesperrt.

Am Abend desselben 20. Juni erscheint ein Mann namens Dorn, ehemals Notar in Frank-furt, später aus dem Dienst gejagt, jetzt Schreiber bei Freitag, im »Goldenen Löwen« und verhaftet Madame Denis. Unter Bewachung von mehreren Soldaten wird die Dame zu Fuß mitten durch das bevölkerte Frankfurt geführt und schließlich im Bodenraum der Kneipe eingesperrt, wo auch ihr Onkel sich in Haft befindet. Der besagte Dorn stellt vier Soldaten vor die Tür, entfernt die Kammerfrau und die Lakaien und verbringt die Nacht allein mit der Dame in diesem Raum. Als er sie zu vergewaltigen versucht, erhebt Madame Denis ein so wildes Geschrei, daß er eingeschüchtert seinen Versuch aufgibt.

Am 6. Juli endlich erklären Freitag und Schmidt, daß Voltaire, Collini und Madame Denis aus der Haft entlassen werden; sie müssen zuvor 128 Taler für jeden Tag ihrer Haft bezahlen und ein Schriftstück unterzeichnen, worin sie sich verpflichten, nie über das zu sprechen, was geschehen ist. Da die Drei völlig ausgeplündert sind – man hat Voltaire außer seinen Papieren und Ringen auch noch einen Sack Karolins und einen Sack Louisdors weggenommen, von einer goldenen Schere und goldenen Schuhschnallen nicht zu reden –, mußten sie sich erst Geld leihen, um überhaupt weiterreisen zu können.

55 An die Marquise du Deffand

Kolmar, 3. März 1754

Ihr Brief, Madame, hat mich tiefer gerührt, als Sie sich denken können; ich darf Ihnen versichern, daß mir die Augen feucht geworden sind, als ich las, was den Ihrigen passiert ist. Ich hatte nach dem Brief des Herrn de Formont gedacht, daß Sie zwischen Tag und Dunkel wären und nicht in tiefer Nacht. Ich bedaure Sie aufs herzlichste. Ich will Ihnen als Vorbild nicht jenen Herrn von S. nennen, der seit seinem zwanzigsten Jahr blind und doch allzeit fröhlich ist, ja zu fröhlich. Ich stimme vielmehr mit Ihnen darin überein, daß das Leben nicht gar zuviel wert ist. Wir ertragen es nur kraft eines fast unüberwindlichen Instinkts, den die Natur uns verliehen hat; sie hat diesem Instinkt noch eine Gabe hinzugefügt, die zutiefst in der Büchse der Pandora versteckt ist: die Hoffnung. Nur, wenn uns diese Hoffnung völlig mangelt, oder wenn eine unerträgliche Melancholie uns überfällt, werden wir Herr über diesen Instinkt, der uns sonst die Ketten dieses Lebens lieben läßt, und finden wir den Mut, ein schlecht gebautes Haus zu verlassen, das auszubessern wir nicht mehr hoffen dürfen. Zwei Leute aus meiner Nachbarschaft haben kürzlich diesen Schritt getan. Der eine dieser beiden Philosophen war ein achtzehnjähriges Mädchen, dem die Jesuiten den Kopf verdreht hatten und das schließlich, um von ihnen loszukommen, in die andere Welt davongegangen ist. Ich werde es ihr nicht nachmachen, wenigstens so bald nicht, weil ich mir nämlich lebenslängliche Renten von zwei Fürsten gesichert habe und untröstlich wäre, wenn gekrönte Häupter aus meinem Tod Profit zögen. Sollten Sie, Madame, Lebensrenten auf einen König haben, dann schonen Sie sich, essen Sie wenig, legen Sie sich frühzeitig schlafen und leben Sie hundert Jahre!

Wer hat Ihnen denn erzählt, daß ich heiraten werde? Ich wäre schon ein drolliger Ehekandidat! Seit sechs Monaten verlasse ich mein Zimmer nicht, und von zwölf Stunden sind mir zehn eine Qual. Wenn ein Apotheker eine hübsch gewachsene Tochter hätte, die mir pünktlich und auf eine nette Art Klistiere verabreichen könnte, Hühnchen zu mästen und mir auch noch vorzulesen imstande wäre, so käme ich vielleicht in Versuchung. Aber mein liebster und aufrichtigster Wunsch wäre, mit Ihnen zusammen den Abend dieses stürmischen Tags, den man Leben nennt, zu verbringen. Ich habe Sie in Ihrem strahlenden Morgen gesehen und würde es als mein größtes Glück betrachten, wenn ich zu Ihrem Trost etwas beitragen könnte und mich mit ihnen frei unterhalten dürfte in den kurzen Augenblikken, die uns noch verbleiben, und auf die dann keine weiteren Augenblicke mehr folgen.

56 An die Marquise du Deffand

Zwischen den Bergen, 2. Juli 1754

Ich bin krank gewesen, Madame. Ich bin ein Mönch gewesen. Ich habe einen ganzen Monat mit dem heiligen Augustinus, mit Tertullian, Origines und Rabanus verbracht. Der Verkehr mit Kirchenvätern und mit Gelehrten aus der Zeit Karls des Großen ist gewiß nicht so angenehm wie der mit Ihnen. Aber was soll ich Ihnen sonst aus den Vogesenbergen berichten? Und wie soll ich Ihnen schreiben, wenn ich nur mit Priscillianisten und Nestorianern, also mit Ketzern, beschäftigt war?

Neben diesen pikanten Schmökereien, die meiner Phantasie sehr wohlgetan haben, mußte ich noch die Befehle Ihres Freundes d'Alembert ausführen, der bei mir einige Artikel für seine Enzyklopädie bestellt hat. Ich habe sie schlecht genug gemacht. Die historischen

Studien haben mich abgestumpft; je mehr ich mich in das siebte und achte Jahrhundert vertiefe, um so untauglicher werde ich für unser eigenes, und besonders für Sie. D'Alembert hat einen Artikel über den »Esprit« von mir verlangt; er hätte ihn ebensogut von einem der frommen Patres verlangen können. Er wird es bereuen, Gavotten von einem erbeten zu haben, der seine Geige zerbrochen hat.

Und auch Sie, Madame, werden es bereuen, daß Sie mich zu schreiben baten. Ich bin nicht mehr von dieser Welt, und ich fühle mich recht wohl dabei. Ich bin Ihnen deshalb nicht weniger zärtlich zugetan; aber was können wir beide in unserem Zustand schon ohne einander anfangen? Wir können uns nur gegenseitig versichern, daß alles, was wir gesehen und getan haben, wie ein Traum vorübergegangen ist und daß die Vergnügungen für uns aufgehört haben. Und daß man sich auf die Menschen nicht gar zu sehr verlassen darf.

Wir werden uns auch damit trösten, daß wir uns gegenseitig versichern, wie wenig Tröstliches es auf dieser Welt gibt.

Man kann hier nur mit Illusionen leben, und wenn man ein wenig gelebt hat, fliegen alle Illusionen davon. Ich jedenfalls habe die Erfahrung gemacht, daß man, wenn man alt wird, seines Lebens nur noch froh werden kann, wenn man eine Beschäftigung hat, deren man seit je sicher war und die einen bis zum Ende begleiten. Sie allein kann uns vor Verzweiflung schützen.

Ich habe diese Wochen mit einem vierundachtzigjährigen Benediktinermönch verlebt, der noch immer als Historiker arbeitet. Das hält einen frisch, auch wenn die Einbildungskraft allmählich nachläßt. Man braucht nicht viel Geist, um sich mit vergangenen Dingen zu befassen. Drum habe auch ich mich jetzt darauf verlegt. Ich hoffte, auf diese Art wieder so weit gesund zu werden, daß ich mich in Bad Plombières einer Kur unterziehen könnte. Ich werde freilich die Bäder benützen, ohne an ihre Wirkung zu glauben, wie ich auch die Kirchenväter studiert habe, ohne ihnen alles zu glauben.

Seien wir gelassen gegen unser Schicksal, das unser spottet und uns doch ins Schlepptau nimmt. Leben wir, solange wir können und wie wir es können. Wir werden nie so glücklich sein wie die Dummköpfe; aber versuchen wir, es auf unsere Manier ebenfalls zu sein! Versuchen … was für ein Wort! Nichts hängt von uns ab. Wir sind Uhrwerke, wir sind Maschinen.

Leben Sie wohl, Madame. Meine Uhr möchte gern in Ihrer Nähe die Stunden schlagen.

Am Genfer See

Délices, 24. März 1755

Ich habe Ihnen lange nicht mehr geschrieben, alter Freund. Ich bin Maurer geworden, Zimmermann, Gärtner; mein ganzes Haus steht auf dem Kopf, und trotz meiner Bemühungen wird es nicht möglich sein, alle meine Freunde darin so unterzubringen, wie ich gern möchte. Bis Mai wird noch nichts fertig sein. Wir werden zwei Monate bei Madame de Pontaine in Prangins zubringen müssen, bevor man in Délices wird wohnen können. Wir beide, Madame Denis und ich, sind jetzt damit beschäftigt, Behausungen für unsere Freunde und für unsere Hühner zu errichten. Wir lassen Kutschen und Schubkarren machen; wir pflanzen Orangenbäume und Zwiebeln, Tulpen und Karotten. Noch fehlt es an allem. Es gilt, Karthago wieder einmal zu gründen. Mein Territorium ist nicht viel größer als der Platz, den die flüchtige Dido mit jener sagenhaften Ochsenhaut abgegrenzt hat. Aber ich will ihn trotzdem nicht vergrößern. Mein Haus liegt auf Genfer Gebiet und meine Wiese auf französischem. Am andern Ende des Sees besitze ich ein zweites Haus, das ganz auf schweizerischem Boden steht; es ist im Schweizer Stil erbaut. Ich richte es gleichzeitig mit meinem Délices ein. Das wird mein Winterpalast werden; die Hütte, in der ich mich jetzt befinde, wird meine Sommerresidenz.

Prangins aber ist ein wirklicher Palast; der Architekt hat nur vergessen, auch noch einen Garten anzulegen, und der Architekt von Délices hat über dem Garten das Haus vergessen. Der Vorbesitzer war kein Engländer, sondern der Prinz von Sachsen-Gotha. Sie werden mich fragen, wie dieser Prinz mit einer solchen Hütte sich hat begnügen können: er war damals nämlich ein Schüler, und überdies haben Prinzen es ja nicht nötig, auch noch Freunde bei sich zu beherbergen.

So habe ich hier nur kleine Salons, Korridore und Bodenräume vorgefunden, aber keine Garderobe. Aus diesem Haus etwas zu machen, ist ebenso schwer wie aus den Büchern und Theaterstücken, die man uns heutzutage vorsetzt. Immerhin hoffe ich, daß ich mir mit vielen Mühen ein recht hübsches Grab hier herrichten kann. In diesem Grab möchte ich Sie herausfüttern, bis Sie mein Vampir würden.

Ich verstehe sehr gut, daß die Bauwut Fürsten ebenso wie Bürgersleute ruiniert. Es ist freilich traurig, wenn der Herzog von Deux-Ponts seinem literarischen Agenten das Geld vorenthält, um es seinen Maurern zu geben. Da weiß ich keinen besseren Rat, als daß Sie sich auf ein Jahr zur Erholung an unseren See begeben; man wird Sie hier füttern, tränken, rasieren und von Prangins nach Délices, von Délices nach Genf, nach Morges, das eine so schöne Lage wie Konstantinopel hat, und nach Morion holen, das mein Haus bei Lausanne ist. Überall sollen Sie guten Wein und frohe Gesichter vorfinden. Und wenn ich im Verlauf dieses Jahres sterbe, verfassen Sie meine Grabschrift.

Man hat mir aus Paris Bruchstücke meiner »Pucelle« zugesandt, die dort kursieren; sie sind ebenso entstellt wie meine »Universalgeschichte«. Man verkrüppelt meine Kinder. Dabei blutet mir das Herz. Ich erwarte in diesen Tagen den Schauspieler Lékain; er wird in einem Korridor schlafen müssen und dann den Söhnen Calvins Verse vordeklamieren. Die Genfer haben ihre Sitten sehr gemildert, sie würden heutzutage Servet nicht mehr auf den Scheiterhaufen schicken. Sie verlangen auch keine Beichtzettel mehr.

58 An Jean-Jacques Rousseau

30. August 1755

Mein Herr, ich habe Ihr neues Buch, das Sie gegen das Menschengeschlecht geschrieben haben, gelesen und danke Ihnen dafür. Sie werden den Menschen gefallen, denen Sie Ihre Wahrheiten sagen, aber Sie werden sie nicht bessern. Man kann nicht krasser die Abscheulichkeiten der menschlicher Gesellschaft beleuchten, von der wir in unserer Schwachheit und Einfalt uns so viel Trost versprechen. Noch niemand hat so viel Geist leuchten lassen wie Sie in dem Bestreben, uns wieder zu Bestien zu machen; man bekommt beim Lesen Ihres Buches ordentlich Lust, wieder auf allen Vieren zu gehen. Da es indessen mehr als sechzig Jahre her ist, seit ich diese Gewohnheit abgelegt habe, ist es mir zu meinem tiefen Bedauern unmöglich, sie wieder aufzunehmen. So muß ich diese so natürliche Gewohnheit den Leuten überlassen, die ihrer würdiger sind als Sie und ich. Auch zu den Wilden von Kanada kann ich mich nicht wohl einschiffen; einmal, weil meine Krankheiten, unter denen ich fast zusammenbreche, mich hier bei meinem Arzt, dem besten Europas, zurückhalten (die Indianer vom Missouri könnten mir diesen ärztlichen Beistand wohl kaum leisten); und dann wütet ja in jener Gegend augenblicklich der Krieg. Jene Wilden sind dank unserer für sie so vorbildlichen Kultur schon fast so böse geworden wie wir selbst. So muß ich mich damit abfinden, als friedlicher Wilder in der Einsamkeit zu leben, die ich mir in der Nähe Ihrer Vaterstadt erkoren habe, wo auch Sie leben sollten.

Ich gebe Ihnen zu, daß Kunst und Wissenschaft manchmal schon viel Unheil gestiftet haben. Tassos Leben wurde durch eine Feinde zu einer Kette von Leiden. Galileis Widersacher ließen den Siebzigjährigen im Kerker schmachten, weil er erkannt hatte, daß die Erde sich bewege; und, schmählich genug, sie zwangen ihn zum Widerruf. Sobald Ihre Pariser Freunde das enzyklopädische Wörterbuch herauszugeben begonnen hatten, wurden sie von ihren Rivalen als Deisten, Atheisten und sogar als Jansenisten verschrien. Wenn ich mich zu denen zählen darf, die für ihre Arbeiten nur Verfolgung als Lohn ernteten, so könnte ich Ihnen von Leuten erzählen, die seit der Veröffentlichung meines »Oedipe« nichts anderes im Sinn hatten, als mich zugrunde zu richten, indem sie eine ganze Bibliothek lächerlicher Verleumdungen gegen mich drucken ließen. Undank, Lügen, Diebstahl verfolgen mich seit vierzig Jahren bis in dieses Vorland der Alpen, bis an den Rand meines Grabes. Aber was ist das Fazit all dieser Quälereien? Ich beklage mich nicht; dem Pope, Descartes, Bayle, Camoëns und hundert anderen ist es nicht besser ergangen, ja manchmal noch schlechter. Das ist nun einmal das Schicksal aller derer, die sich der Kunst und der Wissenschaft ergeben haben.

Sie müssen mir zugeben, mein Herr, daß das so kleine Berufskalamitäten sind, von denen die Gesellschaft kaum Notiz nimmt. Was macht es schon der Menschheit aus, wenn einige Hornisse die Honigwaben einiger Bienen plündern? Die Schriftsteller erheben zwar wegen solcher kleiner Zänkereien immer ein großes Geschrei; aber die übrige Menschheit kümmert sich darum oder lacht darüber.

Von allen Bitternissen des Lebens sind diese am wenigsten tragisch zu nehmen. Die Dornen am Rosenbusch der Literatur und des Ruhms sind wie Blumen im Vergleich mit den sonstigen Übeln, die zum irdischen Dasein gehören. Sie wissen ja selbst: weder Cicero noch Varro, Lucrez, Virgil noch Horaz hatten etwas mit den Proskriptionen im alten Rom zu tun. Marius hingegen war ein Ignorant, und der barbarische Sulla, der liederliche Antonins, der dumme Lepidus lasen nur selten im Platon oder im Sophokles. Und was den feigen Tyrannen Octavius betrifft, den man so gedankenlos den Augustus nennt, so war er nichts weiter als ein verabscheuungswürdiger Mörder, solange er nicht mit Schriftstellern Umgang pflog. Große Verbrechen sind immer von großen Ignoranten begangen worden. Was diese Erde zu einem Jammertal macht und immer machen wird, das ist die unersättliche Habgier und der unzähmbare Hochmut der Menschen, angefangen mit Thamos Kuli-kan, der nicht lesen konnte, und endend mit dem letzten Zollschreiber, der nichts gelernt hat als Zahlen zusammenzuzählen. Die Wissenschaften dagegen rühren, reinigen und trösten die Seele; sie helfen sogar Ihnen noch, während Sie sich gegen sie ereifern. Sie sind wie Achill, der den Ruhm schmäht, oder wie Malebranche, der seine wunderbare Phantasie dazu mißbraucht, gegen die Phantasie zu polemisieren.

Wenn jemand Grund hat, sich über die Wissenschaften zu beklagen, so bin ich es, da sie überall und in einem fort dazu gedient haben, mich zu verfolgen. Aber trotz des Mißbrauchs, der damit getrieben wird, muß man sie lieben, wie man die Gesellschaft lieben muß, trotz der bösen Einzelnen, die sie einem vergällen; wie man ja auch sein Vaterland lieben muß, auch wenn man darin Ungerechtigkeiten zu erdulden hat; und wie man vor dem höchsten Wesen liebend sich verneigen muß, trotz des Aberglaubens und des Fanatismus, die seinen Kult so oft beflecken. Von Herrn Chappuis höre ich, daß es mit Ihrer Gesundheit nicht zum besten bestellt ist. Kommen Sie zu mir, gesunden Sie in der Luft Ihrer Heimat, trinken Sie mit mir die Milch unserer Kühe und weiden Sie auf unseren Wiesen, allwo die Freiheit blüht und die würzigen Kräuter wachsen.

In philosophischer Kollegialität Ihr freundschaftlich ergebener

Voltaire.

59 *An die Gebrüder Cramer*

April 1756

Meine Herren, ich danke Ihnen für die Ehre, die Sie mir durch den Druck meiner Werke erwiesen haben. Noch größer ist freilich mein Bedauern, daß ich diese Werke überhaupt geschrieben habe. Je reicher man an Jahren und Kenntnissen wird, desto mehr Grund hat man, die Schriftstellerei zu bereuen. Mit fast keinem meiner Werke bin ich zufrieden, und einige sind darunter, die ich lieber nicht geschrieben hätte. Die vielen Gelegenheitsstücke, die Sie gesammelt haben, waren nichts weiter als gesellige Amüsements, die es nicht wert waren, überhaupt gedruckt zu werden. Ich habe außerdem vor dem Publikum stets einen so großen Respekt gehabt, daß ich, als ich die Henriade und meine Tragödien drucken ließ, nie meinen Namen dazu gesetzt habe; mit noch besserem Grund lehne ich die Verantwortung für diese Gelegenheitssachen ab, die die Phantasie geschwind erschafft, die der Freundschaft geweiht sind und die daher eigentlich in den Mappen derer verbleiben sollten, für die sie gemacht wurden.

Was nun einige mehr ernsthafte Arbeiten betrifft, so kann ich Ihnen nur sagen, daß ich als Franzose und als Katholik zur Welt gekommen bin. Ihnen als den Bürgern eines protestantischen Landes darf ich die Liebe zu meinem Vaterland und meinen tiefen Respekt vor der Religion betonen, in der ich erzogen worden bin, und vor deren höchsten Repräsentanten. Ich glaube nicht, daß in irgendeinem meiner Werke ein einziges Wort zu finden ist, das diese Gefühle Lügen straft. Ich habe in meiner Geschichtsschreibung immer nach Wahrheit gestrebt; ich habe Mißbräuche, Zänkereien und Verbrechen gebrandmarkt, aber stets mit der Verehrung, die heiligen Dingen gebührt, auch wenn sie den Menschen zum Vorwand für diese Mißbräuche, Zänkereien und Verbrechen dienen mußten. Ich habe nie als Theologe geschrieben; ich war immer nur ein interessierter Bürger, und mehr noch ein Weltbürger. Menschlichkeit, Wahrheit, Aufrichtigkeit waren meine Leitsterne in Moral und Geschichte. Sollte sich in meinen Schriften Tadelnswertes finden, so wäre ich selbst der erste, das zu verurteilen und zu korrigieren.

Nachdem Sie nun meine Werke, das will besagen, meine Fehler zusammengetragen haben, erkläre ich Ihnen, daß ich weitere Fehler mir nicht habe zuschulden kommen lassen, daß alles, was nicht in Ihrer Ausgabe enthalten ist, mir fälschlich zugeschrieben wird und daß daher alle, die mir wohl oder übel wollen, sich daran zu halten haben. Wenn in dieser Sammlung einiges enthalten ist, wofür das Publikum Nachsicht hat, so bedaure ich nur, daß ich nicht noch mehr Fleiß darauf verwendet habe; wenn das Publikum etwas darin mißbilligt, so mißbillige ich selbst es noch mehr.

60 An Mademoiselle ...

Délices bei Genf, 20. Juni 1756

Mein Fräulein! Ich bin ein kranker, alter Mann, und mein Zustand muß schon sehr schmerzhaft sein, da ich nicht früher Ihren Brief beantwortete und Ihren hübschen Versen jetzt nur Prosa entgegenzusetzen habe. Sie bitten mich um Rat; aber nur Ihr eigener Geschmack kann Ihnen Rat erteilen. Das Studium der italienischen Sprache wird diesen Geschmack, der angeboren ist und den Ihnen niemand sonst geben kann, noch verfeinern. Die Tassos und Ariosts werden Ihnen mehr nützen als ich, und die Lektüre unserer vorzüglichsten Dichter ist mehr wert als aller Unterricht. Nachdem Sie mich aber von so weither konsultieren, möchte ich Ihnen doch raten, nur solche Werke zu lesen, die dem Urteil der Öffentlichkeit schon lange unterliegen und deren Ruhm unbestritten ist. Es sind deren nur wenige; aber man hat, wenn man sie liest, doch viel mehr Nutzen als von dem ganzen Haufen schlechter, kleiner Bücher, mit denen wir heutzutage überschwemmt werden. Die guten Schriftsteller sind nie geistreicher, als das gerade nötig ist, sie streben nie danach, sie denken mit dem gesunden Menschenverstand und drücken sich daher klar aus. Heutzutage aber schreibt man nur noch in Rätseln. Nichts mehr ist einfach, alles ist affektiert; allenthalben entfernt man sich von der Natur und hat den unglücklichen Ehrgeiz, die Meister zu übertrumpfen.

Halten Sie sich nur an das, was an den Meistern gefällt. Jede Künstelei ist ein Laster. Die Italiener sind nach Tasso und Ariost nur deshalb auf den Hund gekommen, weil sie zu geistreich erscheinen wollten. Die Franzosen machen es ihnen jetzt nach. Mit wieviel natürlicher Anmut hat Madame de Sévigné geschrieben! Vergleichen Sie ihren Stil mit den ausgeklügelten Phrasen unserer heutigen Romanschreiber! Ich verweise Sie auf diese geniale Frau, weil Ihr Talent Sie in deren Nähe zu rücken scheint. Auch von Madame Deshoulières besitzen wir Dinge, die heute keiner mehr erreicht. Um auch noch Männer zu nennen: beobachten Sie einmal, wie einfach sich unser Racine stets ausdrückt. Jeder glaubt, wenn er ihn liest, daß man nur in Prosa ausdrücken kann, was er in Versen sagt. Glauben Sie mir: was nicht ebenso klar, einfach und elegant ist, taugt nicht das geringste.

Durch eigene Überlegungen dieser Art können Sie hundertmal mehr lernen als durch alles, was ich Ihnen sagen könnte. Sie werden feststellen, daß unsere vorzüglichsten Schriftsteller, Fénélon, Racine, Despréaux stets das rechte Wort am rechten Platz verwendeten. Auch an gutes Sprechen gewöhnt man sich am besten durch Lektüre guter Schriftsteller; man gewöhnt sich zuletzt daran, mühelos seine Gedanken einfach und mit vollendetem Anstand auszudrücken. Ich nenne das nicht studieren; denn es bedarf keines Fleißes, gute Bücher, und nur solche, zu lesen. Das Vergnügen, das man dabei findet, ist der beste Lehrmeister.

61 An Herrn de Moncrif

Monrion, 27. März 1757

Mein lieber Mitbruder! Sie sind also jetzt neunundsechzig Jahre alt, und ich bin nicht mehr weit davon. Das ist das Alter, da man für sich sein möchte und nur noch daran denkt, in Ruhe seinen Lauf zu vollenden. Ruhe ist eine schöne Sache; Langeweile gehört allerdings auch zu der Familie. Um diese häßliche Verwandte zu vertreiben, habe ich mir in Lausanne ein Theater eingerichtet, wo wir »Zaïre«, »Alzire«, »Das Wunderkind« und auch neue Stücke spielen. Aber glauben Sie ja nicht, daß das Schweizer Stücke und Schweizer Schauspieler seien: wir haben mit »Zaïre« – ich spielte selbst den Lusignan – ein sehr erwähltes Publikum zu Tränen gerührt. Es gibt nämlich in Lausanne nur französische Familien, französische Sitten, französischen Geschmack, viele Adlige; sehr gute Häuser in einer sehr häßlichen Stadt. Schweizerisch ist nur die Herzlichkeit. Hier ist das goldene Zeitalter mit den Annehmlichkeiten des eisernen.

Während der Wintermonate bin ich in Lausanne Schmierenkomödiant und habe als solcher in Greisenrollen viel Erfolg. Im Frühling bin ich Gärtner in Délices bei Genf; ich sehe dort von meinem Bett aus den See, die Rhône und noch einen zweiten Fluß. Gibt es in Ihrer Gegend eine ebenso schöne Aussicht? Haben Sie auch Tulpen im Monat März? Im übrigen stümpere ich so einiges über Philosophie und Geschichte zusammen, mache mich über die Dummheiten des Menschengeschlechts und über die Charlatanerie der Physiker lustig, die sich einbilden, sie hätten den Erdball vermessen, und über den Tiefsinn jener anderen, die behaupten, sie könnten aus Sauerteig lebende Aale fabrizieren.

Im übrigen bedaure ich dieses arme Menschengeschlecht, das sich hier auf unserem Kontinent wegen einiger Quadratmeilen Eiswüste in Kanada gegenseitig die Schädel einschlägt. Ich selbst fühle mich frei wie die Luft vom Morgen bis zum Abend. Meine Obstwiesen, meine Weingärten und ich – wir sind keinem Menschen etwas schuldig. Das ist alles, was ich mir gewünscht habe.

62 *An König Friedrich von Preußen*

Oktober 1757

Sire! Ihre Erfurter Epistel ist voll bewundernswerter und ergreifender Stellen. Aber es handelt sich jetzt nicht darum, mit Eurer Majestät darüber zu diskutieren, was dieses Bekenntnis einer großen Seele und eines großen Geistes stilistisch noch vollkommener machen könnte. Es handelt sich um Sie selbst und um die Rücksicht auf jene anständig denkenden Menschen, die als Philosophen an Ihrem Ruhm und an Ihrem Leben interessiert sind. Sie wollen sterben. Ich will nichts sagen über das schmerzliche Entsetzen, das dieser Entschluß mir einflößt. Ich beschwöre Sie aber, sich wenigstens darüber Gedanken zu machen, daß Sie sich bei dem hohen Rang, den Sie einnehmen, wohl kaum ein klares Bild von der Meinung der Menschen und vom Geist der Zeit zu machen in der Lage sind. Da Sie König sind, sagt man Ihnen davon nichts; da Sie Philosoph und ein großer Mann sind, sehen Sie nur die Beispiele der großen Männer des Altertums. Sie lieben den Ruhm und wollen nun Ihren Ruhm darein setzen, auf eine Art zu sterben, die die gewöhnlichen Menschen nur selten wählen und an die noch kein Souverän Europas seit dem Untergang des Römischen Reichs gedacht hat. Aber ach, Sire, wenn Sie den Ruhm so sehr lieben, wie können Sie sich denn auf einen Entschluß versteifen, der Sie um diesen Ruhm bringen wird? Ich habe Ihnen schon von dem Schmerz Ihrer Freunde gesprochen, von dem Triumph Ihrer Feinde und von den Schmähungen gewisser Leute, die sich in ihrer Nichtswürdigkeit ein Vergnügen und eine Pflicht daraus machen werden, eine solche Tat trotz edler Motive zu bespötteln.

Ich darf weiterhin bemerken – denn jetzt muß alles gesagt werden –, daß niemand in Ihnen den Märtyrer der Freiheit erblicken wird. Sie müssen sich über Ihre Situation klar sein. Sie wissen, an wievielen Höfen man hartnäckig Ihren Einfall in Sachsen als einen Bruch des Völkerrechts betrachtet. Was wird man an diesen Höfen sagen? Daß Sie wegen dieses Völkerrechtsbruchs sich selbst das Urteil gesprochen haben; daß der Kummer, nicht mehr aller Welt kommandieren zu können, Sie getötet hat. Man wird Ihnen auch vorwerfen, daß Sie vorzeitig verzweifelt sind, wenn man erfährt, daß Sie den traurigen Entschluß schon in Erfurt gefaßt haben, als Sie noch Herr über Schlesien und Sachsen waren. Man wird Ihre Erfurter Epistel kommentieren, man wird sie sehr bösartig kritisieren. Das ist zwar ungerecht, aber Ihr Name wird darunter leiden.

Alles, was ich hier vorbringe, ist nichts als die Wahrheit. Aber der Mann, den ich den »Salomon des Nordens« genannt habe, wird sich im Grund seines Herzens das gleiche sagen. Er fühlt, daß er, wenn er diesen traurigen Entschluß ausführt, nach einer Ehre strebt, deren er sich überhaupt nicht mehr erfreuen wird. Er fühlt, daß ihm nur daran gelegen ist, von seinen persönlichen Feinden nicht gedemütigt zu werden. Es wäre also nichts anderes

421

als ein verzweifelter Akt der Eigenliebe. Geben Sie gegen diese Sentiments Ihrer überlegenen Vernunft Gehör: sie sagt Ihnen, daß Sie durchaus nicht gedemütigt sind und es auch nie sein werden, daß Ihnen, mag kommen was da will, selbst wenn Sie schließlich nichts mehr wären als ein Mensch wie andere auch, immer noch all das bleibt, was jene anderen Menschen glücklich machen kann: Besitz, Würden, Freunde. Ein Mann, der nichts weiter als nur König ist, mag sich sehr unglücklich fühlen, wenn er Staaten verliert; ein Philosoph hat keine Staaten vonnöten. Nochmals, ohne daß ich mich irgendwie in die Politik mischen möchte: ich kann nicht glauben, daß der staatliche Besitz, der Ihnen verbleibt, Ihnen nicht den Rang eines bedeutenden Souveräns sichern soll. Wenn Sie aber, wie Karl V. oder die Königin Christine, tatsächlich auf alle Macht und Herrlichkeit verzichten wollen, so werden Sie gewiß diese Rolle besser zu spielen verstehen als jene; das wäre ein neuer Ruhm für Sie. Kurzum, alles mag zu rechtfertigen sein, nur nicht der hassenswerte und tiefbedauerliche Gedanke des Selbstmords, mit dem Sie spielen. Verlohnt es denn der Mühe, ein Philosoph zu sein, wenn Sie dadurch nicht einmal gelernt haben sollten, als ein Privatmann zu leben, oder als König auch ein Mißgeschick mit Würde zu tragen?

Ich habe bei allem, was ich hier sage, nur das öffentliche Wohl und das Ihre im Auge. Ich bin bald fünfundsechzig Jahre alt und seit meiner Geburt kränklich; ich habe nur noch kurze Zeit zu leben. Ich bin, wie Sie wissen, sehr unglücklich gewesen. Aber ich werde als ein glücklicher Mensch sterben, wenn ich weiß, daß Sie noch am Leben sind, um in die Tat umzusetzen, worüber Sie so oft geschrieben haben.

63 An Thiériot

Délices, 20. November 1757

Mein alter Freund! Ihren letzten Brief, worin Sie mir den Tod der englischen Philosophin Madame de Sandwich mitteilten, habe ich nicht erhalten. Ein Postbote ist damals ertrunken, und sein Postsack mit ihm.

Man wäre wohl in Paris und Versailles weniger betrübt, wenn die Kuriere, die die Nachricht von der letzten Schlacht überbrachten, auf dem Weg ebenfalls ertrunken wären. Ich weiß noch nichts Näheres, aber, wie es scheint, ist das Unglück recht groß und der Schrecken noch größer. Der König von Preußen glaubte sich vierzehn Tage zuvor schon verloren und ohne Aussicht auf Hilfe, der Vernichtung preisgegeben. Heute ist er wieder obenauf. Solch ein Ereignis wirft die ganze Politik über den Haufen. Die Nachwelt wird darüber staunen, daß ein Kurfürst von Brandenburg nach einer schweren Niederlage durch die Österreicher, nach einem Totalverlust seiner Alliierten, von hunderttausend siegreichen Russen in Preußen selbst verfolgt, von zwei französischen Heeren umzingelt, die jeden Augenblick über ihn herfallen konnten, dem allem Trotz bieten, seine Eroberungen behalten und eine der denkwürdigsten Schlachten dieses Jahrhunderts siegreich schlagen konnte. Statt kummervoller Episteln wird er jetzt wieder sarkastische Epigramme dichten; darauf kannst Du Dich verlassen. Die Franzosen in den fremden Ländern haben jetzt nichts zu lachen; man lacht uns aus, als wären wir die Adjutanten des Herrn von Soubise gewesen. Was soll man machen? Ich bin nicht schuld daran. Ich bin nur ein armer Philosoph, dem das alles gleichgültig ist. Jedenfalls kann das alles mich nicht davon abhalten, meinen Winter in Lausanne zu verbringen, in einem entzückenden Haus, wo mich die aufsuchen und mit mir sprechen müssen, die sich über uns lustig machen wollen. Was mich tröstet, ist die glorreiche Nachricht, daß wir im Mittelmeer ein mit Orientteppichen vollbeladenes englisches Schiff gekapert haben. Ich werde also billige Teppiche kaufen können. Das hält die Füße warm; es ist angenehm, von seinem Fenster aus zwanzig Quadratmeilen Land betrachten zu können, und dabei nicht zu frieren.

Lausanne, wo ich den ganzen Winter über bleiben werde,
5. Januar 1758

Achten Sie auf Ihre Gesundheit, Madame! Machen Sie es wie ich: mein Zimmer ist so warm, daß mich die Mücken belästigen, während meilenweit Schnee vor meinem Fenster liegt. Ich habe mir hier in Lausanne ein Haus eingerichtet, das man in Italien einen Palazzo nennen würde. Fünfzehn Fenster der bogenförmig geschwungenen Vorderfront geben den Blick auf den See frei, rechtshin, linkshin und geradeaus. Hundert Gärten liegen noch unter dem meinen; der große Spiegel des Sees umspült sie. Ich sehe ganz Savoyen jenseits des kleinen Meeres, und hinter Savoyen die amphitheatralisch ansteigenden Alpen, über denen die Strahlen der Sonne tausend Lichtwunder hervorzaubern. In dieser wunderschönen Einsiedelei hat man kein Heimweh nach Potsdam.

65 An d'Alembert

Lausanne, 8. Januar 1758

Man behauptet in Genf, daß Sie gezwungen worden seien, die »Encyclopédie« im Stich zu lassen, nicht nur wegen Ihres Artikels über Genf, sondern auch aus anderen Gründen, die die Pfaffen nicht zu Ihren Gunsten auslegen. Sollten Sie tatsächlich der Sache überdrüssig sein, mein lieber Philosoph und Freund, so beschwöre ich Sie, den Ärger hinunterzuschlukken. Verlieren Sie mitten in einer so schönen Karriere den Mut nicht! Mein Vorschlag geht dahin: Sie und Diderot und alle Ihre Mitarbeiter erklären feierlich, daß Sie die Arbeit nicht fortsetzen, wenn Sie nicht frei schalten und walten dürfen und überdies gegen Verleumdungen geschützt werden. Aber daß Sie allein zurücktreten, daß Sie Ihren nichtswürdigen Gegnern das Feld überlassen, daß Sie auch noch dem Gerücht Vorschub leisten, Sie seien zu dem Rücktritt gezwungen worden: das würde ich Ihnen nie verzeihen. Deshalb nochmals: Haben Sie Mut! Ich weiß wohl, daß dieses große Werk in einem freien Land oder unter den Augen eines fürstlichen Philosophen hätte gedruckt werden müssen. Aber auch so, wie es jetzt ist, steht genug darin, wofür Ihnen aufgeklärte Menschen zu ewigem Dank verpflichtet sein werden.

Seit mehr als vierzig Jahren übe ich das unglückselige Metier eines Schriftstellers aus und seit ebenso langer Zeit schlage ich mich mit Feinden herum. Ich könnte eine ganze Bibliothek mit den Beschimpfungen füllen, die man gegen mich ausgespien hat, und mit den Verleumdungen, womit ich großzügig beehrt worden bin. Ich stand allein da, ohne Sekundanten, schutzlos den Bestien ausgeliefert wie einer der Urchristen. So habe ich meine Jahre in Paris zugebracht. Sie selbst sind nicht in der gleichen grausamen und erniedrigenden Lage, die der einzige Lohn für meine Arbeiten war. Sie sind Mitglied zweier Akademien und erhalten vom König einen Ehrensold. Am großen Werk der »Encyclopédie«, das eine nationale Aufgabe darstellt, arbeiten mit Ihnen zusammen ein Dutzend hervorragender Männer, die sich mit Ihnen solidarisch erklären müssen. Warum wenden Sie sich nicht gemeinsam an Monsieur Malesherbes? Warum diktieren Sie nicht die Bedingungen, unter denen Sie zu arbeiten wünschen? Man braucht Ihr Werk; es ist unentbehrlich geworden. Sie haben Anspruch darauf, daß man Ihnen alle Mittel an die Hand gibt, um es ehrenvoll und ohne Verdruß fortzusetzen. Der Ruhm des Ministers Malesherbes hängt daran. Man muß Sie geradezu anflehen, daß Sie das Werk vollenden, das mit jedem Band wichtiger und vollkommener wird.

Ich begreife nicht, warum nicht alle Mitarbeiter sich zusammentun und mit ihrem Rücktritt drohen, falls man sie nicht unterstützt; hat man ihnen aber die Unterstützung einmal versprochen, dann müssen sie freilich auch arbeiten. Bildet eine Körperschaft; eine Körperschaft erzwingt sich immer Beachtung. Wohl weiß ich, daß Cicero oder Locke nicht genötigt waren, ihre Schriften einem beamteten Zollwächter für Gedanken zu unterbreiten; ich weiß auch, daß es eine Schande ist, wenn ein Kollegium überlegener Köpfe, die für das Wohl der Menschheit arbeiten, Zensoren unterstellt ist, die nicht wert sind, das auch nur zu lesen, was jene schreiben. Können Sie nicht selbst einige vernünftige Revisoren auslesen? Und könnte nicht Malesherbes Ihnen dabei helfen? Tut euch zusammen, und ihr seid die Herren! Ich spreche als Republikaner, handelt es sich doch um die Republik der Geister! Ach, diese arme Republik!

66 An den Comte d'Argental

Lausanne, 25. Februar 1758

Wir haben gestern auf unserer Bühne wieder einmal »Fanime« gespielt, und zwar mit dem gleichen großen Erfolg wie früher. Ich selbst spielte den Mohadar. Wir waren alle wie die Herren des Universums kostümiert. Ich versichere Ihnen, daß ich den alten Papa besser als Sarrazin spielte. Ich sage das nicht aus Eitelkeit; es ist einfach wahr. Wenn ich sage »besser«, so heißt das: so gut, daß Sarrazin nicht einmal als mein Sakristan getaugt hätte. Ich glühte vor Zorn und hatte dann wieder Tränen in den Augen; meine Stimme war kräftig und bebte wunderschön in den rührenden Szenen. Und meine Gesten! Und meine Mütze! Nie noch gab es eine schönere Mütze zu bewundern.

67 An Madame du Boccage

Délices, 3. September 1758

Was für ein trauriges Jahrhundert, Madame! Wie erschreckend der Mangel an Talenten aller Art! Ich sehe nur Bücher über den Krieg, und überall werden wir besiegt; Broschüren über die Marine und den Handel, und Marine und Handel liegen danieder. Fade Schwätzer mit wenig Geist, und kein einziger genialer Mann! Unser Jahrhundert lebt vom Kredit des vorigen. Gewiß, man spricht im Ausland überall die Sprache, die Pascal, Despréaux, Bossuet, Racine, Molière zur Weltsprache gemacht haben. Aber in unserer eigenen Sprache reden die Leute jetzt überall in Europa davon, daß die Franzosen degenerieren. Zeigt sich bei uns ein tüchtiger Kerl, so wird er alsbald verfolgt; Diderot und d'Alembert finden hierzulande nur Feinde. Helvétius hat, wie man sagt, ein ausgezeichnetes Buch geschrieben, und schon stempelt man ihn bei uns zum Verbrecher. Es tut not, daß die wenigen gescheiten Leute den vielen bösartigen Narren die Bahn nicht freigeben. Sie sollten sich zu einer Gemeinschaft zusammenschließen und den offenen Markt meiden.

Ich jedenfalls habe es satt, mich dem Publikum zu präsentieren. Das mögen junge Leute tun, die noch Illusionen haben; ich bin über dieses Alter hinaus. Ich liebe jetzt die Musen um ihrer selbst willen, so wie Fénélon verlangte, daß wir Gott lieben sollen. Das Publikum fürchte ich. Was hat man schon davon, wenn man sich mit ihm einläßt? Scherereien, Stänkereien der Komödianten, Eifersüchteleien der Kollegen, Kritiken, Verleumdungen. Das sanfte Geräusch lobender Worte ist über hundert Meilen hinweg überhaupt nicht zu hören; nur die Pfiffe dringen durch bis ans Ende der Welt. Warum soll ich mir die Ruhe, die ich so lange gesucht und nach so schweren Stürmen endlich gefunden habe, stören lassen?

68 An Thiériot

Délices, 24. Dezember 1758

Sie täuschen sich, mein alter Freund, ich habe vier Pfoten, nicht nur zwei: mit der einen stehe ich in Lausanne, in einem wunderschönen Haus während des Winters; mit der zweiten in Délices bei Genf, wohin die gute Gesellschaft mich besuchen kommt. Das sind meine beiden Vorderpfoten. Mit den Hinterpfoten stehe ich in Ferney und in der Grafschaft Tournay, die ich vom Präsidenten de Brosses in Erbpacht gekauft habe.

Der Boden von Ferney ist gut, aber völlig vernachlässigt. Ich baue dort jetzt ein ziemlich stattliches Schloß; Steine und Holz besitze ich selbst, Marmor lasse ich mir vom Genfer See kommen. So habe ich mir inmitten der hübschesten landschaftlichen Szenerie drei Domänen geschaffen, die aneinander grenzen. Die Ferneyer Herrschaft habe ich sogleich durch weitere Grundstückserwerbungen arrondiert. Das Ganze wirft etwa zehntausend Pfund Rente ab und erspart mir zwanzigtausend, da die drei Ländereien meinen ganzen Hofstaat mit dreißig Personen und zwölf Pferden ernähren.

Auch ich könnte recht gut mit hundert Talern im Monat leben wie Sie, mein alter Freund. Aber Madame Denis, diese Heroine der Freundschaft, das Opferlamm von Frankfurt, verdient Paläste, Köche, Equipagen, große Gesellschaften, kurzum ein Leben in Glanz und Pracht. Wir beiden, Sie und ich, sind in unserer Sphäre glücklicher als die in der Verbannung lebenden Minister, vielleicht sogar als die Minister im Amt. Genießen Sie Ihre angenehme Muße, wie ich meine sehr angenehmen Beschäftigungen genieße: meine Pflüge, meine Sämaschinen, meine Stiere, meine Kühe.

69 *An einen Holländer*

Délices, 5. Januar 1759

Mein sehr werter Freund! In Ihrer Heimat ist es nicht weniger notwendig, Toleranz zu predigen, als bei uns zulande. Wie wollen Sie die Ausnahmegesetze der Engländer, der Dänen, der Schweden gegen uns rechtfertigen, wenn Sie unseren Gesetzen gegen die Holländer nicht zustimmen? Diese Gesetze sind allesamt, das gebe ich zu, gleich absurd, unmenschlich und mit einer gesunden Politik unvereinbar. Wir aber haben es euch nur nachgemacht. Mir beispielsweise war es auf Grund eurer Gesetze nicht gestattet, in Sichem ein Grab zu kaufen. Wenn einer Ihrer Landsleute um seines Seelenheils willen die Messe der protestantischen Predigt vorzuziehen sich verpflichtet fühlt, so hört er damit auch schon auf, Bürger zu sein; er verliert alles, sogar sein Vaterland. Ihr duldet nicht, daß ein Priester mit leiser Stimme in einem geschlossenen Raum in irgendeiner holländischen Stadt die Messe liest. Habt ihr nicht Prediger aus dem Land gejagt, weil sie irgendeine Bekenntnisformel nicht unterschreiben zu können glaubten? Habt ihr nicht friedfertige, brave Mennoniten trotz der klugen Fürsprache der Generalstaaten exiliert um eines Ja und eines Nein willen? Lebt nicht noch heute eine Anzahl dieser Exilierten ungestört in den Bergen des Bistums Basel, ohne daß ihr sie heimruft? Habt ihr nicht einen Pastor seines Amts enthoben, weil er nicht wollte, daß seine Schäfchen der ewigen Verdammnis anheimfielen? Ihr seid auch nicht weiser als wir, mein lieber Philosoph. Geben Sie ruhig zu, daß der Streit um Worte mehr Unheil auf diesem Globus angerichtet hat als Pest und Erdbeben. Kann man also der Welt einen besseren Dienst erweisen als durch Entthronung des Aberglaubens, der zu allen Zeiten wütende Menschen gegeneinander gehetzt hat? Gott anbeten: jeder habe das Recht, ihm auf seine Weise zu dienen. Den Nächsten lieben, ihn aufklären, wenn man kann, ihn bedauern, wenn er im Irrtum befangen ist; alles das, was fraglich ist, auf sich beruhen lassen – das ist meine Religion, die mehr wert ist als alle eure Systeme und Symbole. Nur, wenn wir diese Dinge gar zu ernst nehmen, gibt es Aufregung und Streit.

Ich habe keines der Bücher gelesen, von denen Sie mir schreiben, mein lieber Philosoph. Ich halte mich an die alten, die mich belehren; aus den neuen ist nicht viel zu lernen. Ich gebe zu, daß Montesqieu seine Schwächen hat, daß er manchmal ein Epigramm statt einer Definition und eine Antithese statt einer neuen Idee offeriert. Trotzdem bleibt er für alle Zeiten ein glücklicher und tiefer Geist, der denkt und seine Leser zum Denken anregt. Sein Buch über die Gesetze sollte das Brevier aller derer werden, die berufen sind, über andere zu regieren. Er wird bleiben; die Broschürenschreiber werden vergehen.

Was die vielen Schriften über landwirtschaftliche Fragen betrifft, so glaube ich, daß ein Bauer mit gesundem Menschenverstand darüber mehr versteht als alle eure Schreiber, die hinter ihrem Schreibtisch sich Lektionen ausdenken, wie man am besten einen Acker bestellt. Ich bin auch ein Bauer, aber ich schreibe nichts darüber. Jedes Jahrhundert hat eben seine Marotte gehabt. Als unsere Literatur ihre Renaissance erlebte, hat man sich über syntaktische Fragen und poetische Dogmen herumgestritten. Dann hat man sich für rostige alte Münzen interessiert und schließlich über metaphysische Fragen ereifert, über die niemand etwas Gewisses weiß. Als man damit nicht weiterkam, hat man sich mit Luftpumpen und elektrischen Maschinen beschäftigt, die immerhin zu etwas nütze sind. Dann plötzlich hat jedermann Muscheln und Petrefakten gesammelt. Ein wenig später verfiel man in aller Bescheidenheit darauf, das Universum endlich in Ordnung zu bringen, während andere, ebenso bescheiden, die Staaten durch neue Gesetze reformieren wollten. Zuletzt hing man das Zepter wieder an den Nagel und kehrte zum Pflug zurück. Neue Triptoleme wollen jetzt den Menschen etwas beibringen, was diese längst schon wissen und ohne viele Worte auch praktisch leisten.

Das ist der Lauf der immer wechselnden Moden. Nur meine Freundschaft für Sie ist keine solche wechselnde Mode.

70 An die Marquise du Deffand

Délices, 12. Januar 1759

Die Blumen, die ich auf das Grab unseres Freundes Fromont lege, sind vertrocknet und verwelkt wie ich selbst. Die Lebenskraft geht zum Teufel, das Alter räumt mit allem auf. Was können Sie auch von einem alten Landmann noch erwarten, der zu nichts mehr taugt als zum Pflanzen und Säen zur rechten Zeit? Ein bißchen Gefühl habe ich mir noch bewahrt; das ist alles, was mir noch geblieben ist, und dieser Rest gehört Ihnen. Aber zum Schreiben komme ich nur noch selten. Was soll ich Ihnen aus meiner Weltabgeschiedenheit erzählen? Sie werden von mir keine Neuigkeiten über das Glücksrad erfahren wollen, mit dem unsere Minister, jetzt hoch hinauf, dann wieder tief hinab, geschaukelt werden, und auch nichts über öffentliche und private Dummheiten. Die Literatur, die einst ein Spiegel des Herzens war, Trost in der Einsamkeit und Stimme der Wahrheit, besteht jetzt nur noch in traurigen und nichtigen Bekundungen der Furcht, zuviel davon zu verraten, und des geistigen Zwangs. Man hat Angst, es könnte einem ein Wort entfahren, das übel ausgelegt wird. Ein brieflicher Gedankenaustausch ist unmöglich.

Ich wünsche Ihnen und dem Präsidenten Hénault ein langes und gesundes Leben. Das meinige verdanke ich dem Los, das ich selbst gewählt habe. Wenn es nicht überheblich klänge, würde ich mich für weise halten, so glücklich bin ich. Richtig gelebt habe ich erst seit dem Tag, da ich mich von der Welt zurückgezogen habe; nur ein Eremitendasein ist für mich noch erträglich. Sie aber brauchen Paris; für mich wäre die Stadt tödlich. Jeder muß eben in seinem Element bleiben. Traurig bin ich nur darüber, daß mein Element sich mit dem Ihren nicht verträgt. Das ist aber wahrhaftig auch mein einziger Kummer.

Auch Sie haben das Landleben probiert; aber für Sie ist das nichts. Sie brauchen die Gesellschaft angenehmer Leute, wie Rameau musikverständige Menschen um sich haben mußte. Freude am eigenen Grund und Boden und an der Bearbeitung dieses Bodens ist für das Leben auf dem Land unbedingt erforderlich. Ich besitze große Ländereien, die ich selbst bebaue. Um Ihre Lebensumstände mache ich mir mehr Sorgen als um meine Getreidefelder und Weideplätze. Aber es ist nun einmal mein Schicksal, zwischen Pflügen, Kühen und Genfern mein Leben zu beschließen. Diese Genfer sind im übrigen höchst vernünftige Leute; sie besuchen mich oft und finden es durchaus in Ordnung, daß ich selbst sie nie besuche. Man kann nicht bequemer leben.

Das also ist mein Leben, Madame: ruhig, opulent, philosophisch und vor allem völlig frei.

71 An Monsieur Vernes

Endlich kam ich dazu, den »Candide« zu lesen. Man muß schon den Verstand verloren haben, wenn man mir diesen üblen Spaß zutraut. Ich habe Gott sei Dank Wichtigeres zu tun. Wenn ich die Inquisition jemals entschuldigen könnte, dann nur, weil die portugiesischen Inquisitoren diesen Schwätzer Pangloß wegen seines Optimismus gehängt haben. Tatsächlich untergräbt ja ein solcher Optimismus offenkundig unsere heilige Religion; er führt zum Fatalismus; er stellt den Sündenfall als eine bloße Fabel hin und den Gottesfluch neben alles Erdgeborene als eine leere Phrase. Für alle wahrhaft frommen und wohl unterrichteten Menschen ist der Optimismus eine entsetzliche Ruchlosigkeit.

Ich persönlich huldige ja gemäßigteren Anschauungen und könnte mich daher mit diesem Optimismus schon abfinden, wenn nur seine Anhänger mich davon überzeugen könnten, daß der Herrgott in seiner Gerechtigkeit und Güte uns in einem andern Leben das Glück nicht vorenthalten wird, das er uns in diesem Leben offenbar nicht gönnt. Nur ein künftiges ewiges Leben, nicht aber unser jetziges, rechtfertigt den Optimismus.

Sie sind noch zu jung, um an jene Ewigkeit zu denken; ich aber bin ihr schon recht nahe. Auf jeden Fall wünsche ich Ihnen für dieses wie für jenes andere Leben, daß es Ihnen gut gehen möge.

72 *An König Friedrich von Preußen*

Im Schloß von Tournay bei Genf, 21. April 1760

Sire! Ein kleiner Mönch in Saint-Just sagte einmal zu Karl V.: »Majestät, genügt es Ihnen nicht, daß Sie die ganze Welt durcheinandergebracht haben? Müssen Sie auch noch einen armen Mönch in seiner Zelle stören?« Ich bin dieser arme Mönch: Sie aber haben noch nicht, wie Karl V., auf Glanz und Elend der Menschenwelt verzichtet. Wie grausam von Ihnen, mir vorzuhalten, ich hätte Maupertuis verleumdet! Ich habe Ihnen doch nur geschrieben, daß hier das Gerücht umläuft, man habe nach seinem Tod die Werke des Philosophen von Sanssouci in seiner Schatulle vorgefunden. Wenn das wahr ist, so wäre damit im Gegenteil doch nur bewiesen, daß er sie treu behütet und daß also nicht er, sondern irgendein Buchhändler die Veröffentlichung verschuldet hat. Woher sollte ich denn wissen, daß Maupertuis sie Ihnen zurückgesandt hatte? Was hätte ich für einen Grund, ihm Übles nachzureden? Was geht mich seine Person und sein Ruf an? Ich bin mir jeden Augenblick bewußt, daß auch ich bald sterben werde; mein Stündlein naht. Stören Sie es nicht durch ungerechte Vorwürfe und harte Worte, die mich um so mehr schmerzen, da sie von Ihnen kommen.

Sie haben mir schon übel genug mitgespielt. Ihnen verdanke ich die dauernde Ungnade des Königs von Frankreich und den Verlust meiner Ämter und Pensionen. Sie waren es, der mich in Frankfurt mißhandelt hat, mich und eine unschuldige, hochachtbare Dame, die man durch den Schmutz der Gasse geschleift und gefangen gesetzt hat. Und jetzt, da Sie mich wieder mit Ihren Briefen beehren, verderben Sie mir auch diesen Trost durch kränkende Vorwürfe. Das eben ist das Schlimmste, was Ihre Schriften bewirkten, daß die Feinde der Philosophie in ganz Europa triumphierend erklärten: »Die Philosophen können nicht einmal untereinander im Frieden leben. Da ist ein König, der nicht an Jesus Christus glaubt; er beruft an seinen Hof einen Mann, der auch nicht an ihn glaubt, und mißhandelt ihn. Nichts von Menschlichkeit ist bei diesen sogenannten Philosophen zu finden. Gott straft sie durch sie selbst.«

Das spricht man, das druckt man, und während die Fanatiker unter sich einig sind, sind die Philosophen untereinander verfeindet und unglücklich. In Versailles und anderswo wirft man mir vor, ich hätte Sie ermutigt, gegen die christliche Religion zu schreiben, und nun machen auch Sie mir Vorwürfe und verschaffen den Fanatikern, die schon genug über uns schimpfen, auch noch diesen Triumph. Das macht mir die Welt nur noch hassenswerter.

Gottlob habe ich in meinem einsamen kleinen Reich mit dieser Welt nicht mehr viel zu tun. Ich will den Tag segnen, der meine Leiden enden wird, besonders auch die Leiden, an denen Sie die Schuld tragen. Trotzdem wird mein letzter Wunsch Ihnen gelten, Ihrem Glück, das Ihnen nur die Philosophie in den Stürmen des Lebens gewähren kann, sofern das Schicksal Ihnen noch die Muße vergönnt, die Geistesgaben zu kultivieren, die Ihr Bestes sind, herrliche Geistesgaben, die aber verdunkelt sind durch Leidenschaften, Launen und so manche kritische Situation, die Ihr Gemüt verbittert; nicht zuletzt aber auch durch das unglückselige Vergnügen, das Sie sich nie verkneifen konnten, nämlich Ihre Nebenmenschen zu demütigen, ihnen verletzende Dinge zu sagen und zu schreiben – ein Vergnügen, das Ihrer um so weniger würdig ist, als Sie durch Ihren Rang und Ihre einzigartige Begabung über diese Mitmenschen so hoch erhoben sind. Sie fühlen ohne Zweifel, daß ich die Wahrheit sage.

Verzeihen Sie diese Wahrheit einem Greis, der nur noch kurze Zeit zu leben hat. Er darf sie Ihnen um so vertrauensvoller sagen, da er sehr wohl weiß, daß seine eigenen Miseren und Schwächen noch unverzeihlicher sind als die Ihren, allerdings auch weniger gefährlich, denn er ist ja nur ein kleiner Mann. Sie können ihn also nicht im Verdacht haben, daß er aus seiner eigenen Unfehlbarkeit das Recht herleitet, sich über Sie zu beklagen. Er ist über seine eigenen Fehler nicht weniger zerknirscht als über die Ihren und hat vor seinem Tod nur noch den Wunsch, die traurigen Verirrungen einer trügerischen Phantasie wieder gutzumachen. Ihnen aber wünscht er von ganzem Herzen, daß Sie ein ebenso glücklicher wie großer Mann – und zwar ein in allem großer Mann – sein mögen.

73 An d'Alembert

25. April 1760

Mein lieber und höchst würdiger Philosoph! Es ist nicht wahr, daß ich gestorben bin, aber ich kann auch nicht behaupten, daß ich noch lebe. Es ist auch nicht meine Hand, die Ihnen schreibt, es ist mein Herz; es sagt Ihnen, daß es tief darüber betrübt ist, daß die Fanatiker sich zusammengetan haben, um die Philosophen über den Haufen zu rennen, während die Philosophen, uneins wie immer, sich seelenruhig, einer nach dem andern, die Schädel einschlagen lassen. Es ist schade, daß Jean-Jacques sich splitternackt in das Faß des Diogenes begeben hat: das ist die sicherste Methode, von den Fliegen gefressen zu werden. Nachdem ich schon dabei bin, meinen Kropf zu leeren, will ich auch »Luc« nicht vergessen, der Angst vor der eigenen Courage bekommen hat und seine Schriften verleugnet; er läßt sie in verstümmelter Form drucken. Das ist höchst abgeschmackt, wenn man hunderttausend Soldaten hinter sich stehen hat. Aber dieser Mann wird stets ein Rätsel bleiben. Alle acht Tage schickt er mir ganze Pakete voll anmaßlichen, blöden Zeugs in Vers und in Prosa, lauter Sachen, deretwegen man in die Bastille käme, wenn man in Paris säße; aber die Epistel, die er an Sie gesandt hat und die sein Bestes sein soll, die schickt er mir nicht. Er weiß nicht, was er will, und erst recht nicht, was aus ihm werden soll. Es wäre ihm zu wünschen, daß er sich endlich darauf verlegte, ein wenig klüger zu werden. Er hätte der glücklichste aller Menschen sein können, wenn er gewollt hätte. Es hätte ihm hundertmal mehr eingetragen, die Rolle eines Schutzherrn der Philosophie zu spielen als die des europäischen Störenfrieds. Er hat seinen schönsten Beruf verfehlt. Sie sollten ihm einige Worte darüber sagen, Sie, der Sie schreiben können und auch zu schreiben wagen. Mit gutem Grund hat Darget einen subalternen Posten in Paris den zweitausend Talern Gage und dem herrlichen Titel eines Sekretärs in Berlin vorgezogen. Algarotti war seine Freiheit auch um dreitausend Taler nicht feil. Chazot hat nicht anders gedacht und Maupertuis hat sich, wie Sie wissen, aus Kummer in Berlin mit Schnaps zu Tode gesoffen. Seien Sie sich klar darüber, daß Ihre fünfzig Louisdor Pension, die »Luc« Ihnen bezahlt, nur der Köder an der Angel sind. Überlegen Sie sich das wohl! Ich verlasse mich auf Ihre Redlichkeit und bitte Sie um Ihre Freundschaft.

Meine Adresse ist künftig: Schloß Ferney bei Genf. Denn in Ferney werde ich in einigen Wochen mein Domizil aufschlagen. In Tournay werden wir auch weiterhin Theater spielen, und in Délices habe ich mein drittes Eisen im Feuer. Philosophen brauchen stets zwei oder drei Löcher unter der Erde, um sich vor den Hunden verkriechen zu können, die auf sie gehetzt werden.

74 An Madame d'Epinay

Er muß in die Akademie, Diderot, unser hochgeschätzter Philosoph, er muß, muß, muß ... Nur Mut! Sie halten das für unmöglich? Aber das ists ja gerade, weshalb es versucht werden muß. Es wird gelingen, glauben Sie mir, und es wird ein großartiger Triumph sein. Aber Diderot muß uns dabei helfen, er darf jetzt, wo es zu handeln gilt, sich nicht hinter seinem Schreibtisch verkriechen. Er hat nur eine Sache zu machen, aber die muß er machen: er muß irgendeine nicht besonders kluge Dame der Gesellschaft, die fromm und fanatisch ist, verführen, ohne ein anderes Ziel, als ihr zu gefallen. Drei Monate hat er Zeit, um die bigotte Clique einzuwickeln; so lange braucht er nicht einmal. Am Montag muß er bei dieser oder jener Dame zu Tisch geladen werden; am Dienstag geht er mit ihr zur Kirche und betet zusammen mit ihr; am Mittwoch schläft er mit ihr. Und dann kann es ihm nicht mehr fehlen: er kann Mitglied der Akademie werden, sobald es ihm paßt. Die Akademie wird ihn sehr wohlwollend empfangen; man muß nur den Mund halten können. Sobald also Diderot eine dieser illustren Betschwestern irre oder sonst etwas gemacht hat, verbürge ich mich für den Erfolg. Meine dringenden Empfehlungen hat man mir schon übel genommen. Arbeitet also unterirdisch weiter! Verliert keinen Augenblick! Versäumt nichts! Ihr werdet der »Infamen« einen tödlichen Schlag versetzen. Und ich gebe euch mein Ehrenwort, daß ich am Tag der Wahl in der Akademie anwesend sein werde. Ich bin alt, aber ich will im Bett der Ehre sterben. Er muß in die Akademie, sage ich. Man muß Karthago zerstören, sagte Cato. Und Cato war nicht so alt wie ich.

75 An den Chevalier de R…x in Toulouse

Délices, 20. September 1760

Sie definieren sehr gut, mein Herr, was Montesquieu wohl unter dem Begriff »Tugend« in einer Republik verstanden hat. Wenn Sie sich aber erinnern, daß die Holländer die Herzen der beiden Brüder de Witt auf dem Rost gebraten und dann gegessen haben; daß die biederen Schweizer, unsere Nachbarn, den Herzog Ludwig Sforza gegen Bargeld verkauften; daß der Republikaner Jean Calvin, dieser würdige Theologe, zwar geschrieben hat, man dürfe niemanden verfolgen, auch einen Leugner der Trinität nicht, und dann doch einen Spanier, der ein wenig anders als er über die Trinität dachte, bei lebendigem Leib einem raffiniert langsamen Feuertod aussetzte – dann, mein Herr, werden Sie wohl den Schluß ziehen müssen, daß in Republiken die Tugend auch nicht häufiger anzutreffen ist als in Monarchien. Man kann es nicht bestreiten: die Welt ist ein großer Schiffbruch. Rette sich, wer kann, lautet die Devise.

Es tut mir jetzt leid, daß ich geschrieben habe, Wilhelm der Eroberer habe wie ein orientalischer Fürst über Leben und Besitz seiner neuen Untertanen verfügt. Sie werfen mir das mit Recht vor. Ich hätte schreiben sollen, daß er seinen Sieg, wie das im Orient und auch im Okzident üblich ist, mißbraucht habe. Denn es gilt doch wohl, daß kein Monarch der Welt das Recht hat, seine Untertanen, ganz wie es ihm Spaß macht, zu bestehlen und zu ermorden. Unsere armen Geschichtsschreiber haben uns ja in der Hinsicht manches weisgemacht. Man kann der Menschheit keinen schlechteren Dienst erweisen, als wenn man ihr erzählt, daß die orientalischen Fürsten sehr gut dabei gefahren seien, als sie kurzerhand alle Köpfe abhauen ließen, die ihnen nicht gefielen. Es könnte sehr wohl passieren, daß ihre okzidentalen Kollegen und deren Beichtväter auf den Gedanken kämen, dieses schöne Vorrecht sei eigentlich göttliches Recht. Ich habe mit vielen Reisenden gesprochen, die ganz Asien durchquert hatten: alle zuckten mit der Achsel, wenn man ihnen von diesem angeblichen Despotismus sprach, der keine Gesetze gelten läßt. Gewiß, wenn es Tumulte gibt, sind die Monarchen und Minister im Orient genau so bösartig wie unsere Ludwige XI. oder Alexander VI. Zweifellos sind die Menschen, wenn sie in Wut geraten, überall bereit, sich nicht um die Gesetze zu kümmern, und von Japan bis Irland sind wir Untertanen kaum einen Pfifferling wert. Trotzdem gibt es noch anständige Menschen, und die Tugend, sofern sie aufgeklärt ist, verwandelt die Hölle dieser Welt immer wieder in ein Paradies.

76 An den Rat Tronchin

21. Oktober 1760

So mußte es kommen: die Österreicher und die Russen soupieren und schlafen mit den Brandenburgerinnen in Berlin, nachdem die Preußen mit den Sächsinnen in Dresden soupiert und geschlafen haben. Das nennt man das Gesetz der Wiedervergeltung. »Luc« verdiente diese Strafe; er ist ein Tunichtgut. Aber ich wünsche nicht, daß er gar zu sehr gestraft wird, denn sonst könnten wir eines Tages zu Lande ebenso die Dummen sein, wie wir es zur See waren.

Die Russen haben übrigens in Berlin alle alten Weiber für sich reklamiert, siebzig-, acht-zig-, neunzigjährige – kein Alter schreckte sie ab, alles war ihnen recht. Sie sagten, die Jungen müsse man den Österreichern überlassen, die nicht so robust wie die Russen seien. Mein Gott! Wie wenig bin ich doch Russe! Und wie talentiert wären Sie dazu!

77 An Turgot

Délices bei Genf, 26. Oktober 1760

Mein Herr, Sie kommen in meine Dorfkirche, wenn die Messe vorbei ist. Aber wir werden sie Ihretwegen von neuem beginnen lassen. Diese Kirche ist ein Kasperltheater, wo wir neue Stücke ausprobieren, bevor wir sie der weltlichen Gerichtsbarkeit von Paris ausliefern. Sie haben nur zu befehlen: die Truppe steht zu Ihren Diensten.

Sie kommen leider in der häßlichen Jahreszeit in eine Gegend, die man nur an schönen Tagen betrachten sollte; denn andere als landschaftliche Reize besitzt sie nicht.

Sie wollen Genf besuchen: dort gibt es Handelsleute, deren Hauptgeschäft darin besteht, beim Geldwechsel drei Sous zu verdienen, ferner calvinistische Prediger, die streng und langweilig sind, und etwa ein halbes Hundert Leute von Geist, mit denen sich philosophieren läßt. Im allgemeinen kommen nur Kranke dorthin, die Tronchin konsultieren wollen. Sie aber sind gesund. Die Wirtshäuser sind sehr schlecht und sehr teuer. Die Stadttore werden um fünf Uhr geschlossen; ein Fremder ist dann sozusagen ein Gefangener. Die Lage der Stadt ist wunderschön, nur nicht eben im November.

Sie sehen, mein Herr, ich will nicht haben, daß Sie die Katze im Sack kaufen.

Ich wohne in meiner Hütte. Man nennt sie »Les Délices«, weil es nichts Deliziöseres gibt, als hier frei und unabhängig zu leben. Sie liegt an der Straße von Lyon, etwa einen Kanonenschuß von der Stadt Calvins entfernt. Sie sehen da zunächst eine lange Mauer, ein Tor mit grünen Gitterstangen und einen großen, ebenfalls grünen Laubengang auf dieser Mauer. Das ist meine Räuberhöhle. Ich rate Ihnen, mein Herr, nein, ich bitte Sie inständigst, hier abzusteigen »atque humiles habitare casus«.

Sie werden kein prächtiges Logis finden – weit gefehlt. Als Komödianten, die wir sind, haben wir nur Logen und als Einsiedler nur Zellen. Ihre Kutschen, Ihre Bedienten können hier ebenfalls untergebracht werden; niemand wird geniert werden. Sie werden Bücher finden, und wenn Sie wollen, auch Manuskripte, die es sonst nirgends gibt. Wenn Sie Genf betrachten wollen, brauchen Sie nur zum Fenster hinauszuschauen, und spazieren können Sie gehen, sooft und wohin Sie wollen. Sie werden im übrigen einen alten Philosophen und Versedrechsler antreffen, der entzückt ist, einem Mann von Ihren Verdiensten alle Ehren zu erweisen.

78 An Herrn De Bastide

Nein Herr Weltbetrachter! Ich nehme an, daß Sie nicht die physische Welt in den von Ihnen herausgegebenen Zeitschriften zu betrachten gedenken. Sokrates, Epiktet und Marc-Aurel ließen ruhig die Welten durcheinanderkreisen; sie selbst beschäftigten sich nur damit, die Sitten zu verbessern. Werden auch Sie nur die moralische Welt in Ihre Spekulationen einbeziehen? Was aber haben Sie mit dieser moralischen Welt vor, die von den Lehrern der Völker schon so oft und nicht ohne Nutzen abgekanzelt worden ist?

Zugegeben, es ist ein wenig ärgerlich für das Menschengeschlecht, daß das Gold alles bewirkt und Verdienst fast nichts, daß die wirklichen Arbeiter, und zwar hinter der Szene, kaum ihren Lebensunterhalt verdienen, während die Herrschaften mit den schönen Titeln sich vorn an der Rampe behäbig sonnen; daß die Dummen in den Wolken schweben und die Genies im Schmutz verkommen; daß ein Vater sechs Kinder enterben darf, um einen Erstgeboren, der ihm oft genug nur Schande macht, mit Gütern zu überhäufen; daß ein Unglücklicher, der an fremder Küste Schiffbruch leidet oder sonst ums Leben kommt, dem Fiskus jenes Staates, statt seinen leiblichen Erben, seinen Besitz überlassen muß.

Es ist ein Jammer – ich wiederhole es –, mitansehen zu müssen, daß Menschen, die schwer arbeiten, trotzdem hoffnungslos arm bleiben, und daß andere, die nichts schaffen, im Luxus leben. Fette Besitzende stecken alles in ihre Tasche, den Vogel in der Luft und den Fisch im Wasser, und Lehensleute wagen, zitternd vor Angst, nicht einmal, die Wildsau, die sie zu zerfleischen droht, von ihren Hütten zu vertreiben. Fanatiker möchten am liebsten alle anderen, die nicht auf ihre Art zum Herrgott beten, auf den Scheiterhaufen werfen. Wer die Macht hat, begeht Gewalttaten, die dann im Volk wieder neue Greueltaten zeugen. Das Recht des Stärkeren wird zuletzt gesetzlich sanktioniert, nicht nur zwischen den Völkern, sondern auch zwischen den einzelnen Bürgern.

Und dieses Welttheater, das stets und überall das gleiche ist, wollen Sie ändern? Ihr seid ja Narren, ihr Moralisten! Steigen Sie auf die Kanzel mit Bourdaloue, ergreifen Sie die Feder mit La Bruyère: verlorene Zeit! Die Welt nimmt doch ihren Lauf! Eine Regierung, die sich um alles kümmern würde, könnte in einem Jahr mehr erreichen, als alle predigenden Dominikaner zusammengenommen seit der Gründung ihres Ordens zuwege gebracht haben.

Lykurg hat in kurzer Zeit die Spartaner zu einem Mustervolk gemacht. Die weisen Lehren des Konfuzius tun heute noch, nach mehr als zweitausend Jahren, in China ihre vortreffliche Wirkung.

Zum Regieren sind freilich weder Sie noch ich geschaffen. Wenn Sie also das Reformieren nicht bleiben lassen können, so reformieren Sie unsere Tugenden, deren Übermaß dem Staat zuletzt auch zum Verderben gereichen könnte. Diese Reform ist leichter als die der Laster. Die Liste der Tugendexzesse ist lang. Ich will Ihnen einige aufzählen; Sie werden leicht die anderen erraten.

Geht man durch unsere Dörfer, so kann man beobachten, daß die Landleute sich viel schlechter ernähren, als das nötig wäre. Der Grund ist wohl kaum der, daß sie sich nichts gönnen. Es ist eher anzunehmen, daß sie sich einbilden, dadurch heiliger zu werden, und so lassen sie auch noch das liebe Vieh fasten. Was ist die Folge? Menschen und Tiere siechen dahin, ihre Nachkommenschaft ist schwächlich, es wird nur wenig gearbeitet, die Bestellung der Äcker und Felder leidet Not.

Auch Geduld ist eine dieser Tugenden, die man auf dem Lande übertreibt. Handelten die Steuereinnehmer immer nur genau nach dem Willen des Fürsten, so wäre Geduld üben Bürgerpflicht. Aber fragt die armen Leute, die uns Brot geben: sie werden Ihnen sagen, daß die Art und Weise, wie Steuern eingetrieben werden, hundertmal lästiger ist als die Steuer selbst. Geduld ruiniert sie und die Grundbesitzer mit ihnen.

Die Prediger des Evangeliums haben hundertmal den Mächtigen und Königen ihre Härte gegen die Armen vorgeworfen. Auch dieser Fehler ist bis zum Exzeß korrigiert worden: in den Vorzimmern der Fürsten wimmelt es von Dienern, die besser genährt und gekleidet sind als die Herren der Kirchspiele, aus denen sie stammen. Durch diese Übersteigerung der christlichen Liebe kommt das Vaterland um Soldaten und die Landwirtschaft um ihre Arbeitskräfte.

Dieser Vorschlag, unsere Tugenden zu reformieren, darf Sie, Herr Weltbetrachter, nicht irritieren. Auch die Gründer der religiösen Orden haben sich gegenseitig reformiert.

79 An Monsieur Daquin

Château de Ferney, 22. Dezember 1760

Mein Herr! Ich lese soeben in Ihrer Wochenschrift »La Semaine littéraire« einen Artikel, in dem Sie versichern, daß ich glücklich bin. Sie täuschen sich nicht. Ich halte mich für den glücklichsten aller Menschen. Aber es ist nicht nötig, daß ich es auch noch sage. Das wäre für die anderen zu grausam.

Sie behaupten aber des weiteren, ich hätte geschrieben, daß alle Menschen mit der gleichen Portion Intelligenz zur Welt kämen. Da sei Gott vor, daß ich je so etwas Falsches geschrieben habe! Seit meinem zwölften Jahr habe ich das Gegenteil gewußt und gedacht. Seit damals bin ich allmählich dahinter gekommen, für wie erstaunlich viele Dinge ich nicht das geringste Talent besitze. Ich mußte einsehen, daß meine Begabung für Mathematik nicht weit her ist und daß mir für Musik jedes Organ fehlt. Gott hat zu einem jeden gesagt: bis hierher und nicht weiter! Ich hatte einiges Talent für die europäischen Sprachen, aber gar keines für die orientalischen: »non omnia possumus omnes«. Gott hat den Nachtigallen schöne Stimmen verliehen und den Hunden Geruchsinn; aber es gibt auch Hunde, die keinen haben. Was für ein Unsinn, sich einzubilden, daß jedermann ein Newton hätte werden können! Ach, mein Herr, Sie waren einmal mit mir befreundet; schieben Sie mir jetzt nicht diese größte Unverschämtheit in die Schuhe!

80 An Diderot

Mein Herr und Meister! Es stände mir wahrhaftig übel an, wollte ich mich über Ihr Schweigen beklagen, denn Sie haben Ihre Zeit darauf verwendet, neun Bände der Enzyklopädie vorzubereiten. Kein anderer brächte für ein so gewaltiges Werk die nötige Kraft auf. Ja, wenn man Sie dabei unterstützt hätte, wie Sie das verdienten! Man hat sich, wie Sie wissen, über gewisse Deklamationen beschwert, wo man Definitionen und Beispiele erwartet hätte. Es stehen aber so viele bewundernswerte Artikel darin, die Blüten und Früchte sind so verschwenderisch darin ausgebreitet, daß man leicht über diese öden Stellen hinwegkommen kann. Die »infame« Verfolgung, der Sie ausgesetzt sind, kann Ihnen nur zur Ehre gereichen. Möge Ihnen diese Ehre auch Glück bringen und die ungeheure Mühe Ihrer Gesundheit nicht schaden! Für mich sind Sie einer der Menschen, die die Welt nötig hat; Sie sind der geborene Aufklärer und kämpfen gegen Fanatismus und Heuchelei.

81 An den Marquis d'Argence de Dirac

Ferney, 20. Januar 1761

Mein Herr! Sie kennen mein Leben; ich habe entsetzlich viel zu tun. Seit Ihrer Abreise habe ich keinen Augenblick für mich allein gehabt. Täglich wollte ich Ihnen schreiben, mußte mich aber damit begnügen, an Sie wenigstens zu denken. Aus Ihren Briefen ersehe ich, daß Sie glücklich sind. In dieser Welt gibt es nur zwei Sorten von Glück: das der Dummköpfe, die sich stupid an ihren fanatischen Illusionen berauschen, und das der Philosophen. Einem denkenden Wesen ist jene erste Sorte von Glück, die eine völlige Verblödung voraussetzt, für immer unerreichbar. Je heller es in Ihrem Kopf wird, um so mehr genießen Sie. Nichts Angenehmeres kann es für Sie geben, als über die Dummheiten Ihrer Mitmenschen zu lachen und auch sehr wohl zu wissen, weshalb Sie lachen. Wenn Sie sich amüsieren wollen, mein Herr, so brauchen Sie nur nachzuforschen, zu welcher Zeit gewisse Leute es sich einfallen ließen, zu behaupten, daß zweimal zwei gleich fünf sei, und wie dann andere Doktoren versicherten, daß zwei mal zwei gleich sechs sei. Sie werden dann leicht einsehen, daß weder die Meinung des Arius noch die des Athanasius neu waren und daß die Theologen, die zu Platonikern geworden waren, seit dem dritten Jahrhundert sich gegenseitig mit Streitschriften bombardierten, um herauszubringen, ob das Ei vor der Henne geschaffen worden ist oder die Henne vor dem Ei, und ob es eine Todsünde ist, an gewissen Tagen Eier in der Schale zu essen.

Ihre Rebhuhnpastete traf glücklicherweise vor der Fastenzeit hier ein; wir können sie also mit gutem Gewissen verspeisen; denn es ist Ihnen hoffentlich klar, wie sehr der Herrgott zürnen würde und wie gewiß wir der ewigen Verdammnis anheimfielen, wenn wir so lasterhaft wären, Rebhühner Ende Februar oder Anfang März zu essen.

Seit Ihrer Abreise habe ich mir eine entsetzlich gottlose Handlung zuschulden kommen lassen: ich habe die Jesuiten gezwungen, ein Landgut herauszugeben, das sie in meiner Nachbarschaft sechs jungen Leuten von Adel, die arme Teufel sind und als Offiziere dem König dienen, gestohlen hatten. Und auch sonst tue ich so manches, was mich schließlich um mein Seelenheil bringen wird. So bin ich jetzt dabei, einen Pfarrer gerichtlich belangen zu lassen, der geglaubt hat, es sei göttliches Recht, seine Pfarrkinder zu verprügeln. Er ist in aller Frömmigkeit, begleitet von fünf oder sechs mit Stöcken bewaffneten Bauernburschen, nachts um elf Uhr zu einer Dame gegangen, um zu verhindern, daß ohne seine Erlaubnis ein Schäferstündchen abgehalten werde. Sein Eifer ging so weit, daß er auf dem Fußboden einen jungen Mann aus gutem Hause blutüberströmt liegen ließ. Wäre nicht ein gottloser Mensch wie ich dazwischen gekommen, so wäre der arme Kerl gestorben und der Pfarrer straflos geblieben. Der Pfarrer verteidigt sich jetzt so gut er kann; er behauptet, daß er nicht die geringste Lust hat, auf die Galeere zu kommen, und daß ich der Verdammnis anheimfalle. Glücklicherweise beweist jetzt eben ein anderer Pfarrer in Neufchâtel, daß die Hölle nicht ewig daure; es ist ja auch tatsächlich lächerlich, anzunehmen, daß Gott sich ungezählte Jahrhunderte hindurch damit befassen wird, einen armen Teufel zu braten. Es ist nur schade, daß dieser Pfarrer ein Hugenott ist; sonst stände meine Sache gut. Aber ich bin kein Freund dieser Hugenotten. Da gab es beispielsweise kürzlich in Genf einen Hahnrei; dieser Hahnrei feuerte auf den Liebhaber seiner Frau einen Pistolenschuß ab. Die kleine Kirche Calvins, für welche die Tugend in Wucher und in Sittenstrenge besteht, war des Glaubens, daß es auf der Welt Hahnreie nur gebe, weil es Theater gebe. So griffen diese Lümmel sich als Sündenböcke einige junge Leute, die bei mir in Tournay Theater gespielt hatten; sie mußten feierlich geloben, niemals mehr mit Franzosen zusammen Theater zu spielen, denn das müsse die guten Sitten der Stadt Genf verderben.

Sie sehen, mein Herr, daß man in Genf ebenso töricht wie in Paris verrückt ist. Aber ich verzeihe diesen Barbaren, weil es unter ihnen zehn oder vielleicht sogar zwölf verdienstliche Leute gibt. Gott fand in Sodom keine fünf. Ich habe nicht die Macht, vom Himmel Feuer auf Genf regnen zu lassen. Aber ich bin immerhin mächtig genug, um diesen Mukkern von meiner Stube aus ins Gesicht lachen zu können.

Schloßherr in Ferney

82 *An den Gerichtspräsidenten Le Bault*

Schloß Ferney, 29. Januar 1761

Mein Herr! Ist es richtig, daß die Pfarrer des Landes Gex das Privileg haben, ihre Pfarrkinder mit Stockschlägen zu traktieren? Ich fragte gestern einen Bauern, der vor einigen Jahren von dem gleichen Pfarrer hundert Stockhiebe vor der Kirchenpforte erhalten hatte; er antwortete mir, das sei so üblich. Ich gebe ja zu, daß jedes Land seine eigenen Zeremonien hat. Aber Spaß beiseite: das Neueste, was dieser Pfarrer sich geleistet hat, geht doch zu weit und verdient, bestraft zu werden. Es handelt sich nämlich um einen vorbedachten, wohlüberlegten Mord in aller Form. Der Pfarrer verließ nachts um zehn Uhr sein Haus und ging eine halbe Meile weit, um die Mörder zu bewaffnen. Das ganze Land zittert vor diesem Menschen. Aber er ist leider ein intimer Freund des Substituts des Generalstaatsanwalts; dieser Freundschaft hat er es wohl zu verdanken, daß man so nachsichtig gegen ihn ist: man hat ihn nur verhört, während die anderen Mörder verhaftet wurden. Er wiegelt inzwischen die ganze Klerisei auf und erklärt dem Bischof von Annecy, daß für die Kirche Gottes alles verloren sei, wenn dem Pfarrer nicht mehr das Recht zustehe, einen jeden nach Belieben verprügeln zu lassen. Nun kommt aber noch etwas anderes und noch Geistlicheres hinzu: eine Schwester des von seinem Pfarrer fast zu Tode geprügelten Decroze wollte eine neuntägige Andacht verrichten, um ihrem mit dem Tode ringenden Bruder durch ihr Gebet das Leben zu retten. Eine solche Andacht ist aber wirkungslos, wenn man nicht vorher beichtet und kommuniziert. Sie ging also zur Beichte, und zwar ausgerechnet zu einem Jesuiten, der ein guter Freund des Pfarrers von Moens ist. Der Jesuit erklärte ihr, daß sie verdammt wäre, wenn sie die Sache ihres Bruders nicht auf sich beruhen ließe und wenn sie nicht außerdem ihren Vater bestimmte, von der gerichtlichen Verfolgung abzusehen. Er verweigerte ihr die Absolution. Das arme Mädchen, erschrocken und in Tränen aufgelöst, rannte mit dieser Auskunft sogleich zu ihrem Vater. Sie schwor in meiner Gegenwart, daß alles wahr sei.

Sie können sich denken, was für ein Aufsehen diese Geschichte in Genf und in der ganzen Schweiz erregt.

83 *An den Jesuitenpater Bettinelli in Verona*

März 1761

Wenn ich nicht so alt wäre und meine Abneigung hätte überwinden können, so hätte ich gewiß Rom, Venedig und Ihr Verona besucht. Aber die Freiheit der Schweizer und der

Engländer, für die ich immer geschwärmt habe, hat es mir nicht ratsam erscheinen lassen, in Ihrem Land mit den Brüdern von der Inquisition zusammenzutreffen, sofern ich nicht der Stärkere wäre. Und da ich vermutlich nie zum General einer Armee oder zum Botschafter avanciere, so werden Sie verstehen, daß ich nicht gern ein Land aufsuche, wo man einem armen Reisenden an den Stadttoren die Bücher aus dem Koffer wegnimmt. Ich habe nicht die geringste Lust, bei einem Dominikaner anzufragen, ob ich sprechen, denken oder lesen darf. Ich erkläre Ihnen gradheraus, daß es mir vor dieser feigen Sklaverei in Italien graust. Mag sein, daß der Basilisk von Sankt Peter in Rom sehr schön ist; lieber aber als hunderttausend marmorne Säulen ist mir ein gutes englisches Buch, das ein freier Geist verfaßt hat. Sehr imponiert hat mir, daß Sie gewagt haben, Dante als einen Narren und sein Werk als ein Monstrum zu bezeichnen. Trotzdem ist mir etwa ein halbes hundert Verse aus diesem Monstrum immer noch lieber als die lächerlichen Dingerchen, »Sonetti« genannt, die jetzt dem Tausend nach in Italien produziert werden. Vermutlich ist Algarotti im Grund seines Herzens der gleichen Meinung über Dante wie Sie. Aber spaßig ist es doch, daß ein Mensch selbst in so nebensächlichen Fragen das, was er wirklich denkt, nicht offen auszusprechen, sondern nur seinem Freund ins Ohr zu flüstern wagt. Diese Welt ist schon eine erbärmliche Maskerade. Ich verstehe ja, daß man, um Kardinal oder Papst zu werden, seine wahren Ansichten verbergen kann; aber ich begreife nicht, daß man auch ohne solche Ambitionen sich verstellt. Was ich an England so sehr schätze, das ist, daß es dort keine Heuchler irgendwelcher Art gibt. Dieses England habe ich in meine vier Wände herübergeholt. Im übrigen schätze ich die Italiener sehr, und besonders Sie, der es verdiente, als ein ebenso freier Mensch wie ich zu leben.

84 An den Comte d'Argental

21. Juni 1761

Meine göttlichen Engel! Die Muße ist zweifellos die Mutter der Musen gewesen; Geschäfte sind ihre Feinde, und zuviel Geschäftigkeit tötet sie. Man kann ganz gut im Verlauf einer Winterwoche eine Tragödie oder eine Komödie oder zwei bis drei Gesänge eines Epos machen. Sie werden mir aber zugeben, daß das unmöglich ist während der Heumahd und der Erntezeit, oder wenn gepflügt und trockengelegt werden muß. Und wenn zu diesen Landarbeiten noch ein Prozeß hinzukommt, so wird Thetis bald schon Melpomene verdrängen.

Ich habe Sie mit diesem Kummer bis jetzt verschont, aber endlich müssen Sie doch erfahren, daß ich zur Zeit mit der Geistlichkeit Krieg führe. Ich baue nämlich eine recht hübsche Kirche, deren Frontseite aus Steinen gemauert wird, die so kostspielig wie Marmor und noch schwerer zu bearbeiten sind; ich gründe des weiteren eine Schule. Und als Lohn für diese Wohltaten haben zwei Pfarrer benachbarter Dörfer einen Kriminalprozeß gegen mich angestrengt. Streitobjekt sind anderthalb Quadratfuß Friedhof und zwei Hammelrippen, von denen behauptet wird, es seien Gebeine Verstorbener und hier Begrabener. Außerdem hat man mich exkommunizieren wollen, weil ich ein hölzernes Kreuz entfernen und in meinem Übermut eine Scheuer teilweise habe niederreißen lassen, die man als Pfarrkirche zu bezeichnen beliebte.

Da ich leidenschaftlich gern den Herrn spiele, habe ich als Antwort darauf gleich die ganze Kirche einreißen lassen. Ich nahm die Glocken, die Beichtstühle, die Taufbecken an mich; meine Pfarrkinder schickte ich eine Meile weit weg zur Messe.

Der Kriminalrichter und der Staatsanwalt haben die Angelegenheit an Ort und Stelle protokolliert. Ich habe ihnen zu verstehen gegeben, daß sie Esel sind, was sie in Wahrheit ja auch gar nicht bestreiten können. Ich habe außerdem dafür gesorgt, daß der Oberstaatsanwalt von Dijon ihnen diese Tatsache ebenfalls bestätigt hat. Jetzt bin ich dabei, wegen Mißbrauchs der Amtsgewalt beim Gericht zu appellieren. Ich fürchte, mein Bischof wird vor Kummer sterben, wenn er nicht vorher wegen Fettsucht eingeht.

Gleichzeitig wende ich mich geradewegs an den Papst. Es ist nun einmal mein Schicksal, Rom lächerlich und meinen kleinen Wünschen gefügig zu machen. Die Sache mit »Mahomet« macht mir Mut dazu. Ich richte also an den Heiligen Vater ein schönes Schreiben, worin ich ihn um Reliquien für meine Kirche, um die absolute Verfügungsgewalt über meinen Friedhof, um Ablaß in articulo mortis und für Lebenszeit um eine schöne Bulle für mich allein bitte, die mir gestattet, auch an Festtagen meinen Acker zu bestellen, ohne der Verdammnis anheimzufallen. Mein Bischof ist ein Schafskopf, der dem unglücklichen Ländchen Gex diese Erlaubnis nicht erteilen wollte. Jene abscheuliche Gewohnheit, sich an sogenannten Festtagen zu Ehren der Heiligen zu besaufen statt zu arbeiten, besteht noch in vielen Diözesen. Es wäre Sache des Königs, die Landarbeiten an solchen Tagen nicht nur zu erlauben, sondern vorzuschreiben. Es ist noch ein Überrest jener alten Barbarei, daß ein so wichtiger Teil unserer staatlichen Ökonomie den Geistlichen überlassen bleibt. Wir sind sowieso schon das Gespött der anderen Nationen zu Wasser und zu Lande; die Bauern von Bern machen ihre Witze über mich, da ich nur dreimal im Jahr ackern darf, während sie es viermal können. Es ist eine Schande, daß ich mich an einen Bischof in Rom wenden muß, und nicht an einen Minister in Frankreich, wenn ich dem Staat einen Dienst erweisen will.

85 An Madame d'Epinay

24. August 1761

Meine schöne Philosophin! Ich denke nicht wie Sie: ich bin im Gegenteil sehr erfreut, daß Bruder Saurin geheiratet hat. Er wird hübsche kleine Sophistlein in die Welt setzen, und solche brauchen wir. Es ist Pflicht der Philosophen, Kinder zu zeugen; bei den Nichtphilosophen sollte man von jenen Messerchen Gebrauch machen, die zum Kastrieren geeignet sind, damit dieses Unkraut nicht weiter wuchert. Würde ich heiraten, so würde ich Bruder Saurin bitten, meiner Frau ein Kind zu machen.

86 An die Marquise du Deffand

Ferney, 18. November 1761

Sie machen mir das Herz schwer, Madame. Ich möchte Sie in dieser dümmsten aller Welten glücklich sehen; aber wie soll ich das anstellen? Es ist schon viel, wenn man nicht zu den Schwachköpfen und den Fanatikern gehört, von denen es auf dieser Erde wimmelt; es ist auch schon viel, wenn man Freunde hat. Das sind immerhin zwei Trostgründe, die Sie jeden Augenblick fühlen sollten. Wenn Sie dann auch noch gut verdauen, so ist Ihr Zustand wenigstens erträglich.

Wenn ich mir alles überlege, so komme ich zu dem Ergebnis, daß man nie an den Tod denken sollte. Dieser Gedanke kann bestenfalls unser Leben vergiften. Das einzige, worauf es ankommt, ist doch, so wenig wie möglich zu leiden. Vom Tod, wenn er eintritt, spüren wir nicht mehr als vom Schlaf. Die Leute, die ihn uns mit allerhand Zeremonien ankündigen, sind die Feinde des Menschengeschlechts; man sollte ihnen den Zutritt zu uns verbieten. Der Tod ist gar nichts; nur der Gedanke an ihn ist traurig. Denken wir also nie daran und leben wir in den Tag hinein! Morgens beim Aufstehen sei unsere einzige Sorge: was machen wir heute, um gesund zu bleiben und uns zu amüsieren? Alles andere geht uns in unserem Alter nichts mehr an.

Gewiß, es gibt unerträgliche Situationen, und dann mögen die pessimistischen Engländer recht haben. Aber solche Fälle sind ziemlich selten; fast immer hat man irgendeinen Trost oder eine Hoffnung, die einen aufrichten können. Mein Rat also: Madame, versuchen Sie stets so glücklich zu sein, als das nur möglich ist!

Ihr Brief hat auf mich einen solchen Eindruck gemacht, daß ich, der ich sonst kaum mehr schreibe, sogleich antworten muß. Ich habe ein Dutzend Bürden zu schleppen, ich habe mir diese Arbeiten alle selbst aufgeladen, um nicht einen Augenblick lang müßig und traurig zu sein. Das ist nämlich ein unfehlbares Mittel.

Ich bin jetzt mit dem Kommentar zu Corneille beschäftigt. Ich bin mit Begeisterung dabei, denn dieser Corneille hat Frankreich auf dem einzigen Gebiet, auf dem wir vielleicht die anderen Nationen überragen, die größte Ehre gemacht. Außerdem habe ich eine solche Wut auf jene Heuchler und Fanatiker, die uns das Theaterspielen nicht gönnen wollen, daß ich sie mit diesem großen Namen mundtot machen möchte.

87 An den Marquis Albergati Capacelli

Délices, 2. Februar 1762

Mein Herr! Sie senden einem Blinden eine Brille und einem Einarmigen eine Geige. Sowenig ich Ihre Geschenke verdiene, so tief bin ich doch von Ihrer Güte und Ihrem Gedanken durchdrungen. Glücklich, wer einen so leistungsfähigen Magen hat, daß er Ihre vorzüglichen Mortadellen verzehren kann, die dem »Phallus« der Ägypter ähneln! Glücklich auch die unerschrockenen Kehlen, die Ihren Rossolis-Likör schlürfen werden! Ich werde dem großen Arzt Tronchin erklären, daß er mich auf der Stelle gesund machen muß, denn auch ich möchte gern an den Genüssen meiner Tischgenossen teilhaben. Alle rufen immerzu: »Wie herrlich schmeckt doch diese Wurst! Gebt mir noch ein Gläschen von diesem Rossolis!« Und ich sitze dabei wie der Eunuch im Serail, der alles sehen darf und nichts selber tun kann.

88 An d'Alembert

Februar 1762

Ob ich die wunderschöne Schrift über die Rechtsgrundsätze der Inquisition gelesen habe? Selbstverständlich habe ich sie gelesen, sie hat auf mich einen Eindruck gemacht wie der blutende Körper Cäsars auf die Römer! Die Menschen sind nicht wert, daß sie überhaupt leben, da es noch immer Holz und Feuer gibt, ohne daß man sich dessen bedient, um diese Ungeheuer in ihren scheußlichen Höhlen auszuräuchern. Mein lieber Bruder, umarmen Sie in meinem Namen den würdigen Mann, der dieses ausgezeichnete Werk geschrieben hat; es müßte sogleich ins Portugiesische und Castilianische übersetzt werden. Je inniger wir der heiligen Religion unseres Erlösers Jesus Christus anhängen, um so größer muß unser Abscheu sein vor dem Mißbrauch, der Tag für Tag mit seinem göttlichen Gesetz getrieben wird.

Man hat in Holland das »Testament des Jean Meslier« gedruckt; es ist freilich nur ein sehr kleiner Auszug aus dem Testament dieses Pfarrers. Ich bin vor Schreck erstarrt, als ich es las. Es handelt sich um das authentische Zeugnis eines Pfarrers, der auf dem Sterbebett Gott um Verzeihung dafür bittet, daß er das Christentum gelehrt habe. Das ist schon ein schweres Gewicht, das damit in die Wagschale der Freidenker gelegt wird. Ich werde Ihnen ein Exemplar dieses Testaments des Antichrist zusenden, denn Sie werden es wohl widerlegen wollen. Es ist mit einer plumpen Einfalt geschrieben, die leider dadurch nur um so ehrlicher wirkt.

89 An die Marquise du Deffand

Délices, 14. Februar 1762

Lange, Madame, hat Ihnen der pedantische Kommentator des Corneille nicht mehr geschrieben. Aber jetzt habe ich eine für die Frauen sehr tröstliche Sache mitzuteilen: In meiner Nachbarschaft bei Genf lebt ein kleines Frauchen, das zeit seines Lebens einen schwächlichen Körper hatte. Gestern nun hat diese Greisin, genau gerechnet, ihren einhundertundvierten Geburtstag gefeiert. Scherzbolde haben ihr vorgeschlagen, sich wieder zu verheiraten; aber sie liebt ihre Familie zu sehr, als daß sie ihren Kindern noch mehr Geschwister geben möchte. Die Organe, in denen das Denkvermögen sitzt, sind bei ihr noch ungeschwächt: sie kann noch gehen, verdauen, schreiben und besorgt die Hausangelegenheiten vortrefflich. Nehmen Sie sich diese Frau zum Muster!
Männer dieser Art kenne ich überhaupt nicht; Bernard de Fontenelle war nur ein Knabe neben meiner Genferin.

Délices, 15. April 1762

Es ist richtig, daß ich um nähere Aufklärung über die entsetzliche Katastrophe des Calas gebeten habe, dessen Sohn mich bei seinem Besuch ebenso traurig wie neugierig gemacht hat. Ich wollte mich lediglich in meiner Eigenschaft als Historiker nach den näheren Umständen erkundigen. Ein so furchtbares Ereignis, daß nämlich eine ganze Familie wegen Sohnesmords, begangen aus religiösen Gründen, angeklagt wird; daß ein Vater zu Tod gerädert wird, weil er eigenhändig seinen Sohn erwürgt haben soll, nur auf den Verdacht hin, daß dieser Sohn die Ansichten des Jean Calvin nicht mehr teile; daß ein Bruder aufs schwerste damit belastet wird, bei der Mordtat mitgewirkt zu haben; daß ein junger Advokat beschuldigt wird, bei dieser unerhörten Exekution als Henker fungiert zu haben – dieses Ereignis, sage ich, gehört seinem Wesen nach zur Geschichte des menschlichen Geistes und zum ungeheuren Gemälde unserer Rasereien und Schwächen, das zu skizzieren ich schon einmal versucht habe. Ich bestehe darauf, daß das Parlament von Toulouse sich endlich herbeiläßt, die Akten dieses Prozesses der Öffentlichkeit zugänglich zu machen. Denn wenn irgend etwas den Wahnsinn des Fanatismus eindämmen kann, so ist es der in aller Offenheit erbrachte Beweis des Sohnesmords und des Sakrilegs, deretwegen Calas gerädert wurde und die ganze Familie in den schwersten Verdacht geriet. Das ist meine Meinung.

91 An den Comte d'Argental

11. Juni 1762

Meine göttlichen Engel! Die Witwe Calas ist in Paris. Sie versucht, dort ihr Recht zu erlangen. Würde sie das wagen, wenn ihr Gatte schuldig gewesen wäre? Sie stammt mütterlicherseits aus dem alten Haus der Montesquieu (diese Montesquieu stammen aus dem Languedoc); ihre Art, zu fühlen und zu denken, ist dieser Herkunft würdig und macht sie über ihr entsetzliches Unglück erhaben. Sie hat erlebt, daß ihr Sohn des Lebens überdrüssig geworden ist und sich aus Verzweiflung erhängt hat; daß ihr Gatte unter der Anklage, diesen Sohn erdrosselt zu haben, aufs Rad geflochten wurde und sterbend Gott zum Zeugen seiner Unschuld angerufen hat; daß ein zweiter Sohn unter der Anklage, bei diesem Mord mitgeholfen zu haben, verbannt, zum Stadttor hinausgeführt, zu einem andern wieder hereingeführt und in ein Kloster gesteckt wurde; daß man ihr die beiden Töchter weggenommen hat; daß sie selbst unter der Anklage des Mords peinlich verhört, dann freigesprochen und trotzdem ihres Heiratsguts verlustig erklärt wurde. Alle wohlunterrichteten Leute schwören mir, daß die Familie ebenso unglücklich wie unschuldig sei. Sollte aber trotz aller Beweise, die ich besitze, trotz aller Versicherungen, die man mir gab, diese Frau sich irgend etwas vorzuwerfen haben, so bestrafe man sie. Sollte sie aber, wie ich glaube, die brävste und unglücklichste Frau der Welt sein, so flehe ich Sie an im Namen der Menschlichkeit: nehmen Sie sie unter Ihren Schutz! Sorgen Sie dafür, daß der Herzog de Choiseul sie empfängt und ihr Gehör schenkt. Ich habe ihr ein paar Zeilen von meiner Hand als Ausweis mitgegeben, die sie Ihnen vorzeigen wird. Dieses gute Werk ist Ihres Herzens wert.

92 An den Kardinal de Bernis

Délices, 26. Juni 1762

Es lebe die Dichtung! Es lebe die Kunst! Alle, die ein wenig Geschmack daran haben und auch noch ein wenig Leidenschaft, sollen leben! Mein edler Herr! Je älter ich werde, um so weiser glaube ich auch zu werden – Gott mög mirs verzeihen! Denn jetzt kümmere ich mich nur noch um Literatur und um Landwirtschaft. Das macht Körper und Seele gesund. Und Gott weiß, wie man dann über seine verflossenen Dummheiten und über die seiner lieben Mitmenschen lacht!

Ich nehme an, daß Sie gegenwärtig auf Ihrem schönen Landsitz wohnen, den Sie noch schöner ausbauen wollen, und ich stelle mir vor, daß Eure Eminenz sich dort wahrhaft eminent betätigt in gründlicher Meditation, angenehmen Vergnügungen, in einer Superiorität des Urteils und des Geschmacks, wie sich das für einen Mann von Ihrem Geist versteht. Bauen Sie auch? Haben Sie eine Bibliothek? Sehen Sie manchmal Leute bei sich, die würdig sind, Ihnen zuzuhören? Wenn Sie solche Leute finden, so ist das der springende Punkt; denn selten genug trifft man auf dem Lande Menschen, die denken können und auch noch Geschmack haben. Ich dachte früher einmal, wenn ich so unsere guten Autoren las, die ganze Nation habe Geist, denn jedermann liest ja diese Autoren; drum werde auch die ganze Nation durch sie gebildet sein. Ich habe dann freilich zu meiner Bestürzung entdeckt, daß diese Welt voller Leute steckt, die es gar nicht verdienen, daß man mit ihnen überhaupt redet.

Daß ich mit Ihnen nur so aus der Ferne reden kann, ist für mich ein großes Unglück. Mein Trost ist, daß ich Sie um Rat fragen kann. Urteilen Sie, bitte, streng über das, was ich mir Ihnen zu schicken erlaube. Diese Tragödie »Olympie« sollte nämlich gut werden. Daß es ein wirksames Theaterstück ist, dessen bin ich jetzt schon gewiß, denn ich habe es dreimal auf meiner Bühne in Ferney spielen lassen. Von falscher Pathetik war nichts zu spüren. Aber eine Tragödie soll ja nicht nur dem Auge gefallen. Ich wende mich an Ihr Herz und an Ihr Ohr, »aurium superbissimum judicium«. Stellen Sie daher vor allem fest, ob das Stück Sie rührt. Sagen Sie mir, bitte, alle meine Fehler! Wenn das Stück Sie kalt läßt, so ist das freilich irreparabel; wenn es aber nur an Einzelheiten fehlt, so verspreche ich Ihnen, allen Ihren Ratschlägen zu folgen.

93 An Comte d'Argental

Délices, 5. Juli 1762

Jene unglückliche Witwe hat also den Trost gehabt, von Ihnen empfangen zu werden, und Sie haben ihr Ihren Schutz zugesichert. Ohne Zweifel haben Sie die Originalakten gelesen, die ich Ihnen zusandte. Was kann man gegen die erwiesenen Tatsachen dieser Schriftstücke vorbringen? Was verlangen wir denn überhaupt? Doch nichts anderes, als daß die Gerechtigkeit nicht ebenso stumm wie blind ist, daß sie redet, daß sie gesteht, warum sie Calas verurteilt hat. Was gibt es Entsetzlicheres als ein geheimes Urteil, eine Verurteilung ohne Gründe? Gibt es eine verruchtere Tyrannei als die, nach Belieben Blut zu vergießen, ohne irgendwelche Gründe dafür anzugeben? Eine Begründung sei nicht üblich, sagen die Richter. Was für Ungeheuer! Es ist dringend nötig, daß das endlich üblich wird. Ihr seid den Menschen Rechenschaft schuldig für alles Menschenblut, das ihr vergießt!

Was mich selbst betrifft, so erkläre ich nochmals, daß ich nichts anderes will als eine öffentliche Darlegung dieses ganzen Prozesses. Man tut jetzt so, als müsse diese arme Frau sich zuvörderst die Akten aus Toulouse beschaffen. Wo soll sie diese denn finden? Wer wird sie denn in diese Höhle einer Gerichtskanzlei hineinlassen? Was mutet man dieser Frau zu, wenn man ihr etwas aufbürdet, was nur der Kanzler oder der Geheime Kronrat selbst erreichen kann? Ich verstehe nicht, was die Ratgeber dieser Unglückseligen sich dabei denken. Im übrigen ist ja nicht diese Frau allein daran interessiert, sondern die Öffentlichkeit, ja die ganze Menschheit. Für jeden einzelnen Menschen ist es wichtig, daß derlei Urteile begründet werden. Das Parlament von Toulouse muß wissen, daß man es für schuldig halten wird, solange es sich nicht zu dem Beweis bequemt, daß die Calas schuldig sind. Das Parlament kann versichert sein, daß halb Europa ihm fluchen wird. Diese Tragödie läßt mich alle anderen vergessen, sogar meine eigenen.

94 An Comte Algarotti

Ferney, 17. Januar 1763

Mein lieber Schwan von Padua! Wenn das Klima von Bologna ebenso rauh und kalt ist wie das meinige während des Winters, so haben Sie klug daran getan, anderswohin zu gehen. Ich meinerseits bleibe, wie Karl der Zwölfte, im Bett und warte hier auf den Frühling. Ich wundere mich nicht, daß da, wo Sie sind, Lorbeerbäume wachsen; Sie brächten dieses Kunststück auch in Pestersburg fertig.

Wie ich Ihren Brief nochmals zu entziffern versuche, sehe ich, daß Sie in Pisa sind, so wenigstens glaube ich, den Namen lesen zu können. Dieses Pisa liegt also in einer schönen Gegend? Wie gern würde ich Sie dort aufsuchen! Ich selber habe leider in Lappland gebaut und gepflanzt; ich bin Lappländer geworden und werde als Lappländer sterben.

In der letzten Zeit habe ich mir das Vergnügen gemacht, meine »Histoire générale« bis zum Friedensschluß zu ergänzen, den wir so nötig brauchten. Sie werden verstehen, daß ich mich mit Einzelheiten der militärischen Operationen nicht befasse; solche Lappalien wie Blutbäder zu schildern, war noch nie meine Sache. Alle Kriege ähneln einander ja so ziemlich: das ist, wie wenn man eine Geschichte des Jagdvergnügens schreiben wollte, indem man die Zahl der Hunde berechnet, die von den Wölfen gefressen wurden. Ich ziehe da schon Ihre militärischen Schriften vor, worin es sich um die Prinzipien der Kriegskunst handelt. Das ist zwar eine abscheuliche, aber wahrscheinlich notwendige Kunst. Der Prinz Louis von Württemberg, den Sie in Berlin getroffen haben, hat auf diese Kunst wie auch auf den König von Preußen verzichtet und sich in meiner Nachbarschaft niedergelassen.

Wir haben entsetzlich viel Schnee, aber es fehlt uns wenigstens nicht an Holz. Wir haben unser Theater im Haus, während die Genfer keines haben. Wir speisen gut. Wir sind Herren in unseren Schlössern und zahlen niemandem Tribut. So läßt sich's schon leben.

95 *An d'Alembert*

4. Februar 1763

Mein lieber und berühmter Mitbruder! Wenn einige Schulfüchse wieder einmal eine Attakke gegen die Philosophie in Frankreich geritten haben, so haben sie dabei, wie mir scheint, wenig Glück gehabt, denn die Mächte des Nordens sind der Philosophie zu Hilfe geeilt. Der herrliche Brief der Kaiserin von Rußland ist für Sie eine süße Rache; er gleicht dem Brief, den Philipp an Aristoteles bei der Geburt Alexanders schrieb. Ich bin noch einer von denen, die den Beginn dieser Entwicklung miterlebten, und nun haben vier Frauen nacheinander die Tradition, die ein großer Mann dort eingeleitet hatte, fortgesetzt. Ihre französische Höflichkeit schuldet dem weiblichen Geschlecht für diese in der Geschichte beispiellose Leistung einige Komplimente. Wie schön ist doch dieser Brief Katharinas! Weder die heilige Katharina von Siena noch die von Bologna, noch die von Alexandrien hätte je etwas Ähnliches zu schreiben vermocht. Wenn Fürstinnen auf diese Weise ihren Geist kultivieren, wird das salische Gesetz bald lächerlich sein. Fällt Ihnen nicht auf, daß die großen Beispiele und die großen Lehren zu uns aus dem Norden kommen? Die Newton, Locke, die Gustave und Peter, und wie sie sonst heißen, sind nicht im Propaganda-Kolleg in Rom erzogen worden.

Ich habe in den letzten Tagen eine dicke Apologie der Jesuiten voller Bombast durchgelesen. Da werden alle die großen Geister aufgezählt, die unserem Jahrhundert zur Zierde gereichen. Es sind lauter Jesuiten. Ich kenne keinen einzigen dieser Leute. Hingegen glaube ich, daß, wenn irgend etwas unserem Jahrhundert zur Ehre gereicht, so sind es die Verteidigungsschriften, die Mariette, Beaumont und Loyseau für die unglückliche Familie Calas verfaßt haben. Darauf seine Zeit, seine Mühe, seine Beredsamkeit, seinen Kredit zu verwenden und ohne Hoffnung auf Gewinn den Unterdrückten Hilfe zu leisten, das erscheint mir in Wahrheit groß, das erinnert an die Zeiten eines Cicero und Hortensius. Das Urteil, das man schließlich fällen wird, macht mir wenig Sorge, denn, Gott sei Dank, Europa hat schon gesprochen, und unfehlbar ist für mich nur das Tribunal der anständigen Menschen verschiedener Nationalität, die in ihrem Denken übereinstimmen und die, ohne sich dessen bewußt zu sein, eine Körperschaft bilden, die sich nicht irren kann, da jene untereinander nicht zusammenhängen.

96 *An M. Helvétius*

16. September 1763

Mein lieber Philosoph! Sie haben recht, wenn Sie fest auf Ihren Grundsätzen bestehen, denn im allgemeinen sind Ihre Grundsätze gut. Einige gewagte Ausdrücke haben den Feinden der Vernunft als Vorwand gedient. Bei unserer Nation hat man gewonnenes Spiel nur, wenn man die Leute zum Lachen bringt. Der von Ihnen hochverehrte Fontenelle hat zwar einmal erklärt, wenn er die ganze Hand voller Wahrheiten hätte, so würde er doch keine einzige entschlüpfen lassen; aber das hat er nur gesagt, weil man ihm auf die Finger geklopft hatte, als er tatsächlich einige hatte entschlüpfen lassen. Im übrigen gewinnt ja die so sehr verpönte Vernunft tagtäglich an Boden. Sie mögen machen, was sie wollen: in Frankreich wird es bei den anständigen Leuten genau so kommen, wie es in England gekommen ist: wir haben von ihnen die Leibrenten, die Tilgungsfonds, den Bau und die Führung von Schiffen, die Anziehungskraft, die Differentialrechnung, die Spektralfarben, das Impfen übernommen, und werden unmerklich auch ihre noble Gedankenfreiheit und ihre tiefe Verachtung für die Albernheiten scholastischer Dogmatik erlernen. Die jungen Leute wachsen heran; wer unter ihnen zu den führenden Stellungen berufen ist, macht sich von den abscheulichen Vorurteilen frei, die einer Nation zur Schande gereichen. Gewiß wird es stets eine Menge Dummköpfe und auch Spitzbuben geben; aber die kleine Zahl der Denkfähigen wird sich Respekt zu verschaffen wissen. Sehen Sie nur, wie rasch man Palissots Komödie gegen die Philosophen völlig vergessen hat; und auch von Pompignans Attacken in der Akademie spricht man kein Wort mehr, während man die gegen ihn gerichteten Satiren noch in bester Erinnerung hat. Nur dadurch, daß wir unsere Verfolger lächerlich machten, konnten wir ihren Unverschämtheiten eine Schranke setzen. Je einiger wir unter uns sind, um so weniger werden sie uns angreifen.

Sie gehen jetzt nach Paris und werden dort die denkenden Menschen um sich sammeln. Was liegt daran, wenn Gevatter Schneider und Handschuhmacher sich auch weiterhin verdummen lassen! Entscheidend ist, daß diejenigen, mit denen Sie leben, vor einem Philosophen die Augen niederschlagen. Es liegt im Interesse des Königs wie des Staates, daß die Philosophen in der Gesellschaft den Ton angeben: sie wecken die Vaterlandsliebe, während die Fanatiker überall nur Unruhe stiften. Aber je mehr diese Elenden Ihre Überlegenheit zu spüren bekommen, um so mehr müssen Sie sich hüten, ihnen durch Worte, die sie mißbrauchen können, eine Chance zu geben. Unsere Moral ist besser als die ihre, unsere Manieren sind anständiger; jene reden von Tugend, wir üben sie. Zuletzt muß unsere Sache in der guten Gesellschaft sich durchsetzen. Wahren wir unseren Vorsprung! Die Schläge, die gegen jene geführt werden, müssen von unsichtbaren Händen kommen und immer so, daß sie der allgemeinen Verachtung anheimfallen.

Im übrigen wird Ihr Zirkel immer mehr Achtung gewinnen, Sie werden regelmäßig Ihre Freunde bei sich sehen und dafür sorgen, daß mehr und mehr Leute philosophisch zu denken lernen; schließlich werden auch die Gegner der Vernunft Ihnen den Respekt nicht versagen können. Und diese glückliche Muße werden Sie mit Vergnügen dazu verwenden, gute Bücher zu schreiben, ohne Ihren Namen den Spitzbuben der Zensur auszuliefern. Ich sehe daher ein, daß Sie in Frankreich bleiben müssen; Sie werden viel Nutzen stiften. Niemand ist berufener, einen Zusammenhalt zwischen den Schriftstellern zu schaffen als Sie. Leben Sie glücklich, arbeiten Sie etwas Ersprießliches, gereichen Sie unserem Vaterland zur Ehre! Tun Sie Ihr möglichstes, um unsere Feinde verhaßt und lächerlich zu machen! Und seien Sie versichert, daß ich mich stets mit Ihnen verbunden fühlen werde in der Achtung und Freundschaft, die ich Ihnen seit Ihrer Kindheit erwiesen habe.

97 *An Monsieur Bertrand*

Ferney, 26. Dezember 1763

Sie haben vollkommen recht: Juden und Christen haben viel von Bruderliebe gesprochen; in den Wirkungen aber ähnelt ihre Liebe recht sehr dem Haß. Als ihre Brüder haben sie stets nur diejenigen betrachtet und behandelt, die in ihre Couleur gekleidet waren. Wer ihre Livree trug, wurde als ein Heiliger behandelt; wer sie nicht trug, wurde auf heilige Art für diese Welt erwürgt und für die andere verdammt. Und nun glauben Sie, mein lieber Freund, daß aus dem Wesen des Christentums selbst alle Beweise für die Notwendigkeit der Toleranz geholt werden könnten? Tatsächlich aber ist es ja gerade so, daß die barmherzigen Verfolger ihre blutigen Rechte aus den Vorschriften und Interessen dieser Religion herleiten. Jesus Christus erscheint auch mir, wie Ihnen, milde, sanft und tolerant; seine Anhänger aber waren zu allen Zeiten unmenschlich und barbarisch. Die stärkere Partei hat immer die schwächere im Namen Jesu Christi und zum Ruhme Gottes gequält. Wenn wir Papisten euch verfolgen, so sind wir nur konsequent, denn ihr habt euch den Entscheidungen unserer Mutter, der heiligen Kirche, zu unterwerfen. Außer der Kirche gibt es kein Heil. Ihr seid also freche Rebellen. Wenn aber ihr auch verfolgt, so seid ihr inkonsequent, da ihr ja jedem Kohlenbrenner das Recht der freien Forschung zuerkennt. So haben also eure Reformatoren die Autorität des Papstes nur abgeschafft, um sich selbst auf dessen Thron zu setzen. Die Konzilsbeschlüsse habt ihr kühn durch die eurer Synoden ersetzt, und Barneveldt ist genau so wie Johann Huß hingerichtet worden. Ist die Synode von Dortrecht etwas besseres als die von Trident? Was soll für ein Unterschied sein, ob man auf Empfehlung Leos X. oder auf Befehl Calvins verbrannt wird?

Gibt es gegen die Torheiten und Nöte, die die beste aller Welten so trostlos machen, keine Abhilfe? Man halte sich an die Sittenlehre, verachte die Theologie, belasse die Dispute in der Obskurität der Schulen, wo Dünkel sie erfunden hat, und verfolge nur jene eiferwütigen Geister, die die Gesellschaft um Worte willen durcheinanderbringen. Amen! Amen! Der Kranke von Ferney, der nur die Kampfhähne verfolgen möchte, umarmt zärtlich den barmherzigen und gütigen Ketzer Bertrand.

98 An den Marquis Albergati Capacelli

Ferney, 13. Januar 1764

Sie verlangen also, mein Herr, daß ein Blinder Ihnen schreibt? Aber Tiresias und der gute alte Tobias – schrieben diese denn Briefe? Was hätten sie denn zu bestellen gehabt? Was hätten sie sagen sollen? Die alten Männer waren gewiß höchst verlegen. Wenn Tobias drei- oder viermal einem Senator von Babylon mitgeteilt hätte, daß eine Schwalbe ihm in die Augen gesch... habe – glauben Sie, daß der Senator über dieses Geschwätz des Tobias sich sehr gefreut hätte? Soll ich Ihnen schreiben, daß wir viel Schnee in unseren Bergen haben, daß ich mich mit Hilfe eines Stockes zum Kamin hintaste, daß ich alles tue, um meine Augen zu heilen, daß aber nichts helfen will? Daß mein Theater deshalb geschlossen ist und daß ich mich an alle möglichen Entbehrungen gewöhnen muß? Gott verhüte es, daß Sie je in einen solchen Zustand geraten! Glücklicherweise sind Sie noch jung; Sie haben vielerlei Geschäfte und auch allerhand Vergnügen: was will der Mensch mehr! Erhalten Sie sich diese Vorzüge möglichst lange! Regieren Sie Bologna im Winter und das Theater im Sommer! Freuen Sie sich Ihres Lebens! Ich will das meine ertragen. Und solang es dauert, bleibe ich Ihnen liebevoll zugetan.

99 An den Marquis d'Argence de Dirac

14. März 1764

Ich beschwöre Sie, mein verehrter Herr, mit verbohrten Leuten nie zu diskutieren. Widerspruch macht sie nur wild und klärt sie niemals auf. Sie werden nur bockig und werfen ihren Haß auf alle, deren Ansichten mit den ihren nicht harmonieren. Noch nie hat solch ein Disput jemanden überzeugt. Man kann die Menschen zur Vernunft bringen, indem man sie dazu verleitet, daß sie selbst denken. Man muß dann so tun, als zweifle man mit ihnen. Man muß sie also an der Hand führen, ohne daß sie es merken. Ein gutes Buch, das man ihnen leiht, und das sie mit Muße lesen, tut sicherer seine Wirkung, weil sie sich dann nicht schämen, wenn sie vor dem überlegenen Verstand eines Gegners kapitulieren müssen. Das ist die sicherste Methode, und man hat noch überdies den Vorteil, daß man in seiner Ruhe nicht gestört wird.

21. März 1764

Es wäre mir sehr peinlich, wenn einer meiner Akademiekollegen, und vollends noch ein Mann, der mit der Königin gut steht, mit mir unzufrieden wäre. Das würde mich bei Hof unmöglich machen und mir die wichtigen Stellen verschließen, zu denen ich mit der Zeit gelangen könnte. Denn schließlich bin ich nur zehn Jahre jünger als Moncrif, und das Beispiel des Kardinals Fleury, der mit vierundsiebzig Jahren sein Glück bei Hof zu machen begann, gibt mir die größten Hoffnungen.

Ich war mir immer klar darüber, daß nichts in unserer Macht steht. Es hängt nicht von uns ab, wozu wir Neigung verspüren, so wenig wir unsern Körperwuchs oder unser Gesicht selbst bestimmen. Haben Sie sich noch nie Gedanken darüber gemacht, daß wir nichts weiter als Maschinen sind? Mir ist diese Wahrheit durch fortgesetzte Erfahrung offenbar geworden: Gefühle, Leidenschaften, Begabung, die Art, zu denken, zu reden, zu gehen – all das wird uns zuteil, und wir wissen nicht wie. Mit alledem verhält es sich wie mit den Bildern, die ein Traum uns bringt: sie kommen uns, ohne daß wir etwas dazu tun können. Überlegen Sie sich das wohl, denn wir mit unseren schlechten Augen sind zu Meditationen befähigter als die anderen, die durch ihre Eindrücke immer abgelenkt werden.

Sie sollten alles, was Sie in Ihrer Einsamkeit denken, diktieren und mir zuschicken. Ich bin überzeugt, daß ich hier mehr wahre Philosophie fände als in allen Systemen, mit denen man uns einzulullen versucht. Das wäre eine Philosophie aus erster Hand, denn Sie würden Ihre Ideen nur aus sich selbst, nicht anderswo holen. Sie würden vor allem sich nicht selbst zu täuschen versuchen. Wer wie Sie Phantasie besitzt und scharf zu beobachten weiß, kann ganz aus sich selbst, ohne fremde Hilfe, Kenntnis der menschlichen Natur schöpfen. Denn in ihrem Wesen sind alle Menschen einander ähnlich; die unterschiedlichen Nuancen ändern nicht das geringste an der Grundfarbe.

Also nochmals, Madame: machen Sie für mich eine kleine Skizze nach Ihrer Fasson! Diktieren Sie irgend etwas, wenn Sie sonst nichts zu tun haben! Wie könnten Sie Ihre Zeit besser nützen, als indem Sie nachdenken? Sie können nicht spielen, nicht herumrennen und werden auch nicht den ganzen Tag Gesellschaft um sich haben. Wenn ich dann feststellen darf, daß ein naiver und aufrichtiger Mensch all diesen aufgeblasenen und dunklen Philosophen sich als überlegen erweist, so wäre das für mich ein großartiger Spaß.

101 An d'Alembert

Délices, 8. Mai 1764

Haben Sie, mein lieber Philosoph, Madame de Pompadour betrauert? Ich vermute, ja, denn im Grund ihres Herzens war sie eine der Unsrigen. Sie protegierte Kunst und Wissenschaft nach bestem Vermögen: ein schöner Traum ist ausgeträumt. Man sagt, daß sie mit einer Gefaßtheit gestorben ist, würdig der Verehrung, die Sie ihr zollten. Bäuerinnen sterben immer so. Am Hof aber ist das etwas Seltenes; man hängt dort mehr am Leben; warum, weiß ich eigentlich nicht.

Ich erfahre, daß man ein Ketzergericht für Literaten etablieren will. Man hat wohl bemerkt, daß den Franzosen Flügel zu wachsen beginnen, und möchte sie sogleich beschneiden. Es ist ja nicht gut, wenn eine Nation es sich einfallen läßt, über dies und das nachzudenken. Das ist ein gefährliches Laster, das man den Engländern überlassen sollte. Es ist zu befürchten, daß gewisse Staatsmänner es wie jene Madame de Bouillon machen werden, die zu sagen pflegte: »Wie erbauen wir das Volk am Karfreitag? Lassen wir es fasten!« So werden jene Staatsmänner sagen: »Was können wir Nützliches für den Staat tun? Verfolgen wir die Philosophen!« Seien Sie gewiß, daß Madame de Pompadour nie jemanden verfolgt hätte. Ich bin über ihren Tod tief betrübt.

Man hat mir erzählt, daß Sie an einem großen Werk arbeiten. Wenn Sie es unter Ihrem Namen veröffentlichen, werden Sie die Wahrheit nicht zu sagen wagen. Wie wärs mit einer kleinen Spitzbüberei? Versuchen Sie einmal, wenn Sie das fertigbringen, Ihren nervigen und gedrängten Stil abzuschwächen, schreiben Sie banal! Niemand wird dann auf Sie verfallen.

443

Man kann auch auf schwerfällige Manier sehr gute Sachen sagen. So haben Sie das Vergnügen, die Leute aufzuklären, ohne sich zu kompromittieren. Das wäre eine vortreffliche Tat, Sie würden alle um der guten Sache willen hinters Licht führen, Sie wären Apostel, ohne zugleich Märtyrer zu sein. Ach, mein Gott, wenn drei oder vier Leute ihres Schlags sich zusammentäten, könnte die Welt klüger werden, während ich so in die Grube fahren muß voller Schmerz darüber, daß ich sie so dumm, wie ich sie angetroffen habe, zurücklassen muß.

102 An die Marquise du Deffand

Délices, 9. Mai 1764

Ich bin auch Ihrer Meinung, Madame, daß das Leben sehr kurz und ziemlich unglücklich ist. Aber ich muß Ihnen auch von einem dreiundzwanzigjährigen Verwandten berichten, den ich bei mir habe. Er ist hübsch, wohlgewachsen und sehr kräftig. Ihm ist folgendes passiert: Eines Tags stürzt er auf der Jagd vom Pferd, zerquetscht sich den Schenkel; man macht einen kleinen Einschnitt, und nun ist er für sein ganzes Leben gelähmt, nicht nur an einem Körperteil, sondern so gründlich, daß er kein einziges Glied bewegen, nicht einmal den Kopf heben kann. Er hat nicht die geringste Hoffnung, daß das jemals besser werden wird. Aber er hat sich an seinen Zustand gewöhnt und liebt dieses Leben geradezu närrisch. Es ist ja nicht so, als ob das Nichtsein nicht auch sein Gutes hätte; aber ich zweifle, ob man das Nichtsein wahrhaft lieben kann, trotz seiner Vorzüge.

Und was den Tod betrifft: denken wir einmal ein bißchen darüber nach! Es ist sicher, daß man ihn nicht fühlt; es gibt auch keinen schmerzhaften Augenblick. Wie zwei Wassertropfen gleichen Schlaf und Tod einander. Nur der Gedanke, daß man nicht mehr erwachen wird, macht einem Sorgen. Die vorbereitenden Zeremonien, die Barbarei der letzten Ölung, die Grausamkeit, uns davon in Kenntnis zu setzen, daß demnächst dann für uns alles aus sein wird, das ist das Schreckliche dabei.

Wozu soll es schon gut sein, wenn man vor uns hintritt und uns das Todesurteil spricht? Der Tod waltet seines Amtes, auch wenn kein Notar und kein Priester sich einmischen. Man muß seine Dispositionen rechtzeitig treffen, und dann überhaupt nicht mehr daran denken. Man sagt manchmal von einem Menschen: er ist wie ein Hund gestorben. In Wahrheit aber stirbt ein Hund sehr glücklich ohne diesen Hokuspokus, mit dem man uns bis zum letzten Atemzug belästigt. Hätte man ein bißchen Mitgefühl mit uns, so ließe man uns sterben, ohne daß man uns ein Wort darüber sagte.

Und noch schlimmer ist, daß man dann von Heuchlern umgeben ist, die einen damit quälen, daß man denken soll, wie sie selbst gar nicht denken, oder von Dummköpfen, die wünschen, daß man ebenso dumm sei wie sie. Das alles ist widerlich. Das einzige, was das Leben in Genf angenehm macht, ist, daß man dort wenigstens sterben darf, wie es einem paßt; viele hochachtbare Leute lassen dort überhaupt keinen Priester kommen. Man tötet sich, wenn es einem beliebt, ohne daß daran herumgemäkelt würde; oder man erwartet sein letztes Stündlein, ohne daß einen jemand belästigen dürfte.

103 An Monsieur Cideville

Délices, 10. Mai 1764

Was sind Sie glücklich, mein alter Freund! Sie haben sich Ihre guten Augen bewahrt und schreiben noch immer mit der hübschen Handschrift, die Sie vor mehr als fünfzig Jahren schon hatten. Ihre Feder ist wie Ihr Stil. Ich aber habe weder Feder noch Stil mehr. Madame Denis schreibt Ihnen eigenhändig. Ich bin dazu nicht mehr fähig. Zwar habe ich im vergangenen Winter einige Erzählungen verfaßt, aber ich mußte sie diktieren, und augenblicklich kann ich kaum einen Brief schreiben. Ich fühle mich entsetzlich schwach, was auch immer mein Arzt Tronchin sagen mag. Und meine Seele, die ich »Lisette« zu nennen beliebe, fühlt sich wenig behaglich in meinem schwachen Körper. Manchmal sage ich zu Lisette: Frischauf, meine Kleine, sei doch ein wenig heiter wie die Lisette meines Freundes Cideville! Sie erwidert darauf, daß sie nichts machen könne; wenn es dem Körper nicht gut gehe, dann gehe es ihr auch nicht gut. Pfui, Lisette, sage ich, wenn du solche Reden an mich hinhältst, wird man dich für eine Materialistin halten. Daran bin nicht ich schuld, antwortet Lisette; ich sage nur, wie schlecht es mir geht, ich mag nun einmal nicht lügen.

Ich habe mit Lisette oft solche Gespräche, und möchte dann nur wünschen, daß mein alter Freund als Dritter dabei wäre. Aber er lebt hundert Meilen von mir entfernt, entweder in Paris oder in Launey, mit seiner klugen Lisette. Er teilt seine Zeit zwischen die Vergnügungen der Stadt und die des Landes. Dazu bin ich nicht mehr imstande; ich muß meine Tage an meinem See verbringen, im Schoß der Familie, die ich gegründet habe. Madame Denis, die Herrin des Hauses, ist stellvertretende Gattin, Mademoiselle Corneille, jetzt Madame Dupuits, ist meine Tochter; dieser Dupuits hat eine Schwester, die ich ebenfalls verheiratet habe. Aber obgleich ich einem opulenten Haus vorstehe, spiele ich mich doch nicht als Standesperson auf.

Sie werden hundert Jahre alt werden, mein Freund, weil Sie sorglos und seelenruhig zwischen Paris und Launey abwechseln. Was mich am Leben erhalten kann, ist das bißchen Vergnügen, das mir die Verzweiflung des Herrn de Legeau bereitet. Er hatte mich eigentlich nach einem halben Jahr beerdigen wollen. Und nun sind es schon über dreißig Jahre her, daß ich ihm diesen bösen Streich spiele.

104 An die Marquise du Deffand

24. Mai 1764

Ich stimme mit Ihnen überein, Madame, daß das Nichtsein, allgemein gesprochen, dem Leben vorzuziehen wäre. Das Nichts hat sein Gutes. Trösten wir uns: gewitzte Leute behaupten, daß wir davon noch zu kosten bekommen werden. Es sei ziemlich sicher, behaupten sie mit Seneca und Lukrez, daß wir nach unserem Tod das sein werden, was wir vor unserer Geburt gewesen sind. Aber was sollen wir in den drei oder vier Minuten unserer menschlichen Existenz anfangen? Wir sind, so behauptet man wenigstens, kleine Räder an einer großen Maschine, kleine zweibeinige und zweihändige Tiere wie die Affen, nur nicht so behend, aber ebenso komisch und nur mit beträchtlicherer Denkfähigkeit ausgestattet. Bei der allgemeinen Entwicklung, die der Herr und Meister über alle Natur dirigiert, sind wir zufällig emporgetragen worden. Nichts stammt aus uns selbst, wir sind stets nur die Empfangenden; wir sind über unsere Gedanken nicht mehr Herr als über die Blutzirkulation in unseren Adern. Jedes Wesen, alles, was da lebt, ist notwendigerweise dem Weltgesetz unterworfen. Es sei lächerlich, sagt man, es sei unmöglich, daß der Mensch sich frei solle entscheiden können, während das Heer der Sterne das nicht kann. Wie sollen denn wir die absoluten Herren unserer Handlungen und Entschlüsse sein, wenn das ganze Weltall versklavt ist!

Was für ein erbärmliches Leben, werden Sie sagen. Ich leide, ich wehre mich gegen meine Existenz, die ich verfluche und zugleich liebe. Ich hasse das Leben und ich hasse den Tod. Wer wird mich trösten, wer mir helfen? In der ganzen Natur gibt es nichts, was meinen Schmerz lindern könnte.

Vielleicht, Madame, kann ich mir doch etwas zu Ihrem Trost ausdenken. Es hing nicht von Ihnen und nicht von mir ab, daß wir das Augenlicht verloren, unserer Freunde beraubt wurden und schließlich dahin gelangten, wo wir uns nun befinden. Alles, was Sie entbehren, fühlen, denken, ist absolut notwendig. Sie konnten gar nicht anders als diesen sehr philosophischen und sehr traurigen Brief an mich schreiben; und ich schreibe Ihnen ebenso notwendig, daß Mut, Ergebung in die Gesetze der Natur, tiefe Verachtung für jeden Aberglauben, das noble Vergnügen, sich als etwas Besseres zu fühlen als die Dummköpfe, ferner der Gebrauch des Denkvermögens – daß all das wirklichen Trost zu gewähren vermag. Schon dieser Gedanke, daß ich dazu bestimmt war, Ihre Klagen zu vernehmen, hat Sie notwendigerweise zu diesen Klagen veranlaßt. Ich bin nur ein Werkzeug, mit dessen Hilfe ein anderes verbessert wird, das wiederum das meinige verbessert. Glücklich die Maschinen, die sich wechselseitig unterstützen können! Ihre Maschine ist eine der besten der Welt. Ist es nicht so, daß Sie, wenn Sie zwischen Augenlicht und Denkfähigkeit zu wählen hätten, nicht schwanken würden und die geistigen Augen den körperlichen vorzögen?

Délices, 4. Juni 1764

Ich schreibe Ihnen mit großem Vergnügen, Madame, wenn ich ein Thema habe. Nur so allgemein zu schreiben und ohne daß ich etwas zu sagen habe, das heißt mit leeren Backen kauen, das heißt sprechen um des Sprechens willen. Die zwei Korrespondenten langweilen sich dann gegenseitig und hören bald auf, sich überhaupt noch zu schreiben.

Wir aber haben ein großes Thema zu behandeln. Es dreht sich um das Glück, oder vielmehr um die Kunst, so wenig unglücklich zu sein, als das in dieser Welt eben möglich ist. Es ist mir unerträglich, wenn Sie mir erklären, man sei um so unglücklicher, je mehr man denke. Das ist nur richtig für die Leute, die schlecht denken. Ich rede nicht von den Leuten, die schlecht von ihrem Nächsten denken; das ist manchmal sehr amüsant. Ich rede von denen, die ganz verkehrt denken: diese sind jedenfalls zu beklagen, denn sie sind seelisch krank, und jede Krankheit ist ein trauriger Zustand.

Aber Sie, deren Seele sich so wohl wie nur etwas in der Welt befindet, Sie müssen doch gefälligst fühlen, was Sie der Natur verdanken. Ist es denn gar nichts, von den unglückseligen Vorurteilen geheilt zu sein, die die meisten Menschen an der Kette halten, und besonders die Frauen? Oder seine Seele nicht mehr den Händen irgendeines Scharlatans auszuliefern? Oder sein Leben nicht durch Schrecken und Aberglauben entwürdigen zu lassen, deren jedes denkende Wesen sich schämen muß? Oder sich einer Unabhängigkeit zu erfreuen, die Sie von dem Zwang, zu heucheln, befreit? Niemandem den Hof machen zu müssen und Ihre Seele rückhaltlos Ihren Freunden öffnen zu können?

Das ist Ihre Lage. Sie täuschen sich selbst, wenn Sie behaupten, daß Sie am liebsten nur noch vegetieren möchten. Das ist, wie wenn Sie sagten, daß Sie sich langweilen möchten. Langeweile ist der schlechteste aller Zustände. Sie haben gewiß gar nichts weiter zu tun, gar keine andere Partei zu ergreifen, als auch weiterhin Ihre Freunde um sich zu sammeln: es sind einige darunter, die Ihrer würdig sind.

Die Süße und die Munterkeit eines Gesprächs sind ein so reelles Vergnügen wie das eines Rendezvous in der Jugend. Machen Sie ein freundliches Gesicht, achten Sie auf Ihre Gesundheit, ergötzen Sie sich manchmal daran, Ihre Gedanken zu diktieren, vergleichen Sie dann, was Sie gestern gedacht haben, mit dem, was Sie heute denken: Sie werden dabei ein zweifaches, sehr großes Vergnügen finden, nämlich das, in der besten Gesellschaft von Paris zu leben, und das andere, mit sich selbst zu leben. Ich behaupte, daß Sie sich etwas Besseres gar nicht denken können.

Ich will Sie auch dadurch noch trösten, daß ich Ihnen erkläre, daß nach meiner Überzeugung Ihre Lage der meinigen weit vorzuziehen ist. Ich lebe in einem Land, das genau in der Mitte Europas gelegen ist. Das bringt es mit sich, daß alle Reisenden bei mir einkehren; ich muß mich mit Deutschen, Engländern, Italienern und sogar mit Franzosen abgeben, die ich niemals wiedersehen werde. Und Sie haben nur mit Leuten zu tun, denen Ihre Liebe gehört. Sie suchen Trost. Dabei bin ich überzeugt, daß Sie es sind, die die Marschallin von Luxemburg tröstet. Ich kenne sie: sie hat eine lebhafte Phantasie und den liebenswürdigsten Weltverstand; ich glaube sogar, an ihr ein gewisses Talent für Philosophie entdeckt zu haben. Sie sollte sich ganz auf die Philosophie werfen: es gibt für schöne Seelen keine andere Partei. Sie lesen einmal wieder Corneille: lassen Sie mich doch, bitte, alles wissen, was Sie über meinen Corneille-Kommentar denken, und ich will Ihnen dann mein Geheimnis sagen. Bleiben Sie, bitte, immer gewogen Ihrem »Beichtvater«, der sich eine große Ehre daraus machen würde, Ihnen beichten zu dürfen.

106 An d'Alembert

7. September 1764

Mein lieber Philosoph! Sie sprechen oft von einem gewissen Jemand. Hätte er wirklich das leisten wollen, was er mir einst so heilig versprochen hatte, nämlich kräftig mitzuhelfen bei der Ausrottung der »Infamen«, so könnte ich ihm verzeihen. Aber ich will von den Dummheiten dieser Welt nichts mehr wissen und hin dafür, daß man den Enthusiasmus für den Norden ein bißchen dämpft. Es sind ein wenig merkwürdige Philosophen, die sich dort jetzt bemerkbar machen. Sie wissen ja, was passiert ist, und werden sich Ihre Gedanken darüber gemacht haben. Gottlob kenne ich nur meine Retraite. Ich habe nichts dagegen, wenn Madame Denis sechsundzwanzig Leute zum Essen einlädt und vor Herzögen, Präsidenten, Intendanten und Schmarotzern, die man später nie mehr sehen wird, Komödie spielt. Ich meinesteils lege mich inmitten dieses Trubels in mein Bett und schließe die Türe zu.

Jenes teuflische Diktionär habe ich gelesen; es hat mich nicht weniger entsetzt als Sie. Aber das Betrüblichste dabei ist, daß Christenmenschen, die diesen schönen Namen freilich nicht verdienen, mich als den Autor eines so unchristlichen Buches verdächtigen. Ach, nur mit Mühe habe ich mir ein Exemplar verschaffen können. Freund Damilaville soll vier besitzen, und eines davon soll für Sie bestimmt sein. Für mich ist es ein Trost, wenn dieses abscheuliche Machwerk nur in so gute Hände gerät. Wer ist berufener, mit zwei Worten alle diese nichtsnutzigen Sophismen zu widerlegen? Sie werden mit der Klarheit und Energie, die alle Ihre Schriften auszeichnen, das Erforderliche darüber doch wohl sagen? Und wenn Sie schon nicht zugunsten der guten Sache die Feder ergreifen wollen, so werden Sie doch wenigstens gegen die schlechte polemisieren, indem Sie einfach sagen, was Sie denken. Einige gelegentliche Bemerkungen von Ihnen helfen da mehr als alle Schriften der Kirchenväter.

Das Herz kann einem schon bluten, wenn man mit ansehen muß, wie der Unglaube um sich frißt. Stellen Sie sich vor: kamen da kürzlich neun oder zehn sogenannte Philosophen, die einander kaum kennen, zu mir zum Essen. Einer von ihnen schaut sich in der Gesellschaft um und sagt: »Meine Herren, ich fürchte, daß der Herr Jesus Christus an unserer Tafelrunde kein reines Vergnügen haben wird.« Und alle griffen sogleich das Thema auf. Mir kamen sie alle miteinander vor wie Beisitzer im Gerichtshof des Pilatus. Und das alles spielte sich in Gegenwart eines Jesuitenpaters ab, unmittelbar vor den Toren der Stadt Calvins! Mir sind die Haare zu Berg gestanden. Vergebens hielt ich ihnen die in Erfüllung gegangenen Prophezeiungen, die ebenfalls tatsächlich geschehenen Wunder und die überzeugenden Gründe Augustins, des Abbé Hauteville und des Paters Garasse vor: sie erklärten mich für einen Dummkopf. Die Verderbtheit ist soweit gediehen, daß es in Genf einen Verein, »Der Zirkel« genannt, gibt, wo niemand aufgenommen wird, der noch an Christus glaubt; und wenn die Mitglieder auf der Straße einen Christen vorbeigehen sehen, so spotten sie zum Fenster hinaus wie die kleinen Kinder, die zum erstenmal einen Kapuziner sehen. In tiefster Bekümmernis des Herzens teile ich Ihnen diese schrecklichen Dinge mit: vielleicht werden sie Ihren Eifer um so mehr anspornen. Aber Sie lachen wohl lieber, als daß Sie sich aufregen. Erhalten Sie mir Ihre Freundschaft! Sie wird mir den Abend meines Lebens verschönern. Ich möchte nur wünschen, daß Ihr Freund d'Argenson, der mit mir gleichaltrig war, nach Bereuung seiner Sünden im Genuß der letzten Ölung gestorben ist. Das ist ja einer der großen Vorzüge, deren diejenigen teilhaftig werden, die in eurem Lande sterben: man erspart ihnen gottlob keine der Tröstungen, die den Tod so liebenswert machen. All das ist so weise, daß man auf den Glauben kommen könnte, die »Welschen« hätten das alles erfunden, wenn diese jemals etwas erfunden hätten. Leben Sie wohl! Nochmals beschwöre ich Sie, überall mit lautester Stimme zu verkünden, daß ich mit jenem Diktionär nichts zu schaffen habe.

107 An die Marquise du Deffand

21. September 1764

Jawohl, Madame, es wäre mindestens ebenso gut, nicht geboren zu sein. Das Evangelium sagt das zwar nur von Judas, aber der Prediger Salomo hat es von allen Menschen gesagt; und wenn das Buch wirklich von Salomo stammt, so sind Sie der gleichen Ansicht wie der weiseste und wollüstigste aller Könige. Beachten Sie wohl, daß Salomo so nur gesprochen hat, wenn er schlecht verdaute. Der Abbé de Chaulieu, der sich neben einem Salomo schon sehen lassen kann, sagte ja ebenfalls: »Von unserer Gesundheit hängt unsere Philosophie ab.« Wenn ich mich nicht wohl fühle, stimme ich Ihnen also gerne zu, und wir werden uns über diese Frage nicht streiten. So bin ich also mit Ihnen der Überzeugung, daß es beispielsweise für den Prinzen Iwan besser gewesen wäre, nicht geboren zu sein, als Kaiser schon in der Wiege und vierundzwanzig Jahre lang eingesperrt zu sein, um schließlich an acht Dolchstichen zu sterben. Und ich wäre auch lieber nicht geboren, wenn man mir den Vorwurf macht, das philosophische Handwörterbuch verfaßt zu haben. Denn obwohl dieses Werk mir ebenso wahr wie kühn erscheint und in seiner Moral untadelig ist, so sind doch die Menschen so dumm und so schlecht und die Frömmler so fanatisch, daß man mir den Prozeß machen wird.

Nie werde ich zugeben, daß dieses Werk, das ich für sehr nützlich halte, von mir stammt; ich habe es auch niemandem zugesandt, ja, ich habe allerlei Scherereien, um auch nur einige wenige Exemplare für mich selbst zu beschaffen. Sobald ich sie habe, lasse ich Ihnen eines zukommen. Aber auf welchem Wege? Ich weiß keinen. Alle großen Pakete werden auf der Post geöffnet und die Minister sehen es nicht gerne, wenn man unter ihrem Namen Dinge versendet, deretwegen man ihnen Vorwürfe machen kann. Man muß die Gelegenheit abwarten, wenn einmal Reisende hier durchkommen.

Ich ärgere mich darüber, daß ein Mann, der gesunden Menschenverstand besaß, die letzten fünf Stunden vor seinem Tod mit einem Priester verbracht hat; zwei Minuten hätten genügt. Wenn man bei euch üblicherweise schon dieses Zugeständnis machen muß, dann soll man sich der Sache so rasch wie irgend möglich entledigen.

Wissen Sie, Madame, daß es mir unendliche Mühe macht, zu schreiben? Ich kann das Papier kaum sehen und fühle mich sehr krank. Ich schreibe Ihnen trotzdem, weil Sie sich so unglücklich fühlen und weil Sie eine starke Seele haben, der ich manchmal starke Wahrheiten sage; und weil Sie mir einigemal versichert haben, daß meine Briefe Ihnen für einen Augenblick Trost bringen; und weil ich gerne mit Ihnen über die Misere des menschlichen Lebens, über die Vorurteile, die es vergiften, und über die lächerlichen Schauergeschichten plaudere, mit denen man den Tod ausschmückt. Seien wir wenigstens in unseren letzten Tagen Philosophen! Lassen wir sie uns nicht dadurch verderben, daß wir uns noch an die Eitelkeiten der Welt verlieren, Phantomen nachjagen, uns selbst untreu werden, den Schein zu wahren suchen und uns irgend etwas vorgaukeln lassen! Leben Sie, philosophieren Sie mit Ihren Freunden, damit sie Ihnen die Zeit vertreiben! Sie sollen Ihnen helfen, den geheimen Kummer des Alterns zu verscheuchen. Lebt miteinander und füreinander! Leben Sie wohl, Madame! Ich liebe Sie aus der Ferne, und würde Sie in der Nähe noch viel herzlicher lieben.

108 An die Marquise du Deffand

Délices, 3. Oktober 1764

Ich liege seit acht Tagen im Bett. Ich habe in Genf nach dem Buch suchen lassen, das Sie sich wünschen und das doch nur eine Sammlung mehrerer Artikel ist, von denen einige schon zuvor bekannt waren. Verfasser ist ein gewisser Dubut, ein unbedeutender hugenottischer Kandidat der Theologie. Das Buch war in Genf nicht aufzutreiben. Von den frommen Leuten wird es als sehr frech und höchst gefährlich betrachtet. Mir erschien es durchaus nicht als bösartig. Aber Sie wissen ja, daß ich sehr nachsichtig bin.

Ich bin nicht weniger entrüstet als Sie, daß man dieses Machwerk, in dem es von Zitaten aus den Kirchenvätern des zweiten und dritten Jahrhunderts nur so wimmelt, ausgerechnet mir in die Schuhe schieben möchte. Es ist darin auch vom Targum der Juden die Rede: die Verleumder halten mich also für einen Rabbiner. Aber Verleumder sind von Natur ja immer absurd, was nicht ausschließt, daß sie Unheil stiften. Man hat mich sogar beim König verleumdet, und das bringt Aufregung in meine alten Tage, denen Ruhe zu gönnen wäre. Die Natur schafft uns schon genug Leiden. Da sollten die Menschen uns wenigstens verschonen. Dieses Leben ist ein ununterbrochener Kampf. Die Philosophie ist das einzige Pflaster für die Wunden, die einem von allen Seiten geschlagen werden. Die Philosophie heilt nicht, aber sie tröstet. Das ist schon viel.

Es gibt noch ein anderes Trostmittel: nämlich Zeitungen zu lesen. Wenn man beispielsweise liest, daß der russische Prinz Iwan als Wickelkind Kaiser geworden ist und dann vierund-zwanzig Jahre im Gefängnis verbringen mußte, um schließlich ermordet zu werden, so hat die Philosophie Anlaß, darüber allerlei erbauliche Betrachtungen anzustellen; so etwa, daß wir für jedes Unglück, das uns nicht trifft, dankbar sein müssen, wie die Mätresse des Geizigen von dem reich wird, was sie nicht ausgibt.

Vielleicht gibt es auch auf dieser Welt die Möglichkeit, glücklich zu sein; ohne eine solide Dummheit ist das freilich nicht erreichbar. Für Sie kommt dieses Glück leider nicht in Betracht. Es ist doch spaßig, daß kein gescheiter Mensch sich nach einem Glück sehnt, das auf der Dummheit basiert. Und doch kann niemand zweifeln, daß er dabei ein gutes Ge-schäft machen würde.

109 An d'Alembert

9. Januar 1765

Mein lieber, großer Philosoph! Es ist übel für die Philosophie, daß Jean-Jacques ein Narr ist; aber noch trauriger ist es, daß er auch ein unanständiger Kerl ist. Der unverschämte und verrückte Brief, den er an mich gerichtet hat, weil wir in Ferney Theater spielen, ist ebenso bezeichnend für seinen Irrsinn wie für seine Streitsucht. Er wollte sich bei den Schulfüch-sen von Genf, die gegen die Komödie aus beruflicher Eifersucht predigen, lieb Kind ma-chen und versprach ihnen, mit mir einen Streit vom Zaun zu brechen. Der kleine, von Stolz aufgeblähte Kerl war durch mein Schweigen tief gekränkt. Zu Doktor Tronchin sagte er, daß er nie nach Genf zurückkehren werde, solange ich Besitzer von Délices wäre; und acht Tage später verkrachte er sich auch mit Tronchin für alle Zeit.

Kaum war er auf seinem Berg angelangt, schrieb er auch schon ein Buch, das seine Vater-stadt durcheinanderbringt; er hetzt darin die Bürger gegen den Magistrat auf, beklagt sich, daß man ihn verurteilt habe, ohne ihn anzuhören, und denunziert mich förmlich als Verfas-ser des »Gesprächs der Fünfzig«. In der Rolle des Angebers und Verleumders fühlt er sich offenbar besonders wohl. Wahrlich: ein reizender Philosoph!

Und wann zettelte der Unglückselige diese Intrigen an? Just dann, als ich lebhaft für ihn eintrat, auf die Gefahr hin, als ein schlechter Christ zu gelten; denn damals erklärte ich den Herren von der Genfer Regierung, als ich sie zufällig einmal traf, daß die Verbrennung des »Emile« eine Schmach und das Urteil gegen Jean-Jacques eine Ungerechtigkeit sei. Aber der Affe hatte nun einmal die fixe Idee, ich müsse ihn hassen, weil er mich beleidigt hatte, und schrieb an Gott und die Welt, ich verfolge ihn, während ich ihm doch nur helfen wollte und selbst zu den Verfolgten gehörte.

All das ist entsetzlich lächerlich, wie das meiste, was auf dieser Welt geschieht. Ich könnte alles verzeihen, wenn dadurch nur die »Infame« bei den anständigen Leuten gehörig in Verruf käme, so daß schließlich nur noch die Lakaien und die Dienstmägde sie ernst nehmen.

110 An Monsieur Berger

Ferney, 25. Februar 1765

Ihr Brief, mein Herr, hat mich gerührt. Man hatte mir gesagt, Sie seien fromm geworden; nun sehe ich, daß Sie noch immer menschlich und ein Ehrenmann sind.

Sie teilen mir mit, daß Ihnen vor zwölf Jahren ein Blasenstein herausgeschnitten wurde. Ich gratuliere Ihnen, daß Sie noch am Leben sind, vorausgesetzt, daß Sie das Leben angenehm finden. Mir hat es nie so recht gefallen wollen, daß es in dieser besten aller Welten über-haupt Steine in der Blase gibt, denn schließlich existieren ja noch andere Steinbrüche. Aber ich halte still, wie Gott will. Ich selbst mußte bis jetzt noch nicht geschnitten werden. Mich plagen dafür andere Leiden. Jedem das Seine! Man muß eben auf jede Fasson zu sterben und zu leiden lernen.

Man hat also, wie Sie mir mitteilen, irgendwelche Briefe, die ich vor dreißig Jahre an Sie gerichtet habe, neuerdings veröffentlicht; diese Briefe seien seinerzeit einem gewissen Vauger in die Hände gefallen, den man nicht mehr zur Verantwortung ziehen könne, weil er gestorben sei. Wenn diese Briefe das einzige sind, was er hinterlassen hat, so kann ich seinen Nachkommen nur raten, die Erbschaft auszuschlagen. Ich habe die Sammlung gelesen und sie höchst langweilig gefunden. Aber so gut ist mein Gedächtnis trotz meiner zweiundsiebzig Jahre doch noch, daß ich versichern kann: kein einziger dieser Briefe ist, wie er hier gedruckt wurde, von mir geschrieben worden. Ich fordere die Herausgeber dieses Pfuschwerks und alle toten und lebenden Vaugers feierlich auf, auch nur ein einziges, von meiner Hand geschriebenes Blatt vorzuweisen, das mit dem jetzt gedruckten Text übereinstimmt. Seit ungefähr fünfzig Jahren halten sich gewisse Leute für berechtigt, meinen Namen zu mißbrauchen. Wenn einige arme Teufel dabei etwas profitiert haben, so soll mir das recht sein, denn auch ein armer Teufel will leben. Aber er könnte mich wenigstens um Rat fragen und so auf ehrlichere Weise sein Geld verdienen. Sie schreiben mir, daß der Verfasser der »Année littéraire« von diesen Briefen Gebrauch gemacht hat, aber Sie sagen nicht, welchen Gebrauch und ob das der ist, den man üblicherweise von solchen Blättern macht. Darauf kann ich Ihnen nur erwidern, daß ich die »Année littéraire« noch nie gelesen habe und daß ich viel zu reinlichkeitsliebend bin, um davon Gebrauch zu machen.

Sie fürchten, die Veröffentlichung dieser Papierfetzen könnte mich vor Kummer sterben lassen. Seien Sie versichert: ich habe liebe Verwandte, die mich altersschwachen Mann nicht verlassen. Mademoiselle Corneille, die ich verheiratet und als meine Tochter adoptiert habe, sorgt in aller Liebe für mich. Außerdem habe ich in meinem Haus einen Jesuiten, der mir Geduld beibringt; denn wenn ich auch die Jesuiten gehaßt habe, solange sie mächtig und ein wenig unverschämt waren, so liebe ich sie doch jetzt, da sie gedemütigt sind. Im übrigen sehe ich nur glückliche Menschen um mich: das erheitert das Gemüt. Meine Bauern fühlen sich wohl: nie haben sie etwas mit Gerichtsvollziehern zu schaffen. Ich habe, wie Monsieur de Pompignan, eine hübsche Kirche erbaut, wo ich Gott um seine und Cathérine Frérons Bekehrung bitte. Und auch darum will ich ihn bitten, daß er Sie künftig mehr Vorsicht üben läßt, wenn wiederum Leute gefälschte Abschriften von Briefen herstellen möchten, die man an Sie geschrieben hat.

Lassen Sie es sich gut gehen! Ich bin ein alter Mann, aber Sie sind auch nicht mehr jung. Ich verzeihe Ihnen von ganzem Herzen Ihren Leichtsinn, wie ich stets alles verzeihe, außer der Undankbarkeit. Nur hochnäsige und heuchlerische Bosheit kann mir manchmal die Galle hochtreiben. Doch gegenwärtig ärgern mich nur die miserablen Gedichte, die man mir manchmal aus Paris zusendet.

111 An Comte d'Argental

27. Februar 1765

Würden Sie Herrn de Belloy sagen, wie sehr mich sein Erfolg gefreut hat? Erinnern Sie sich jener Mademoiselle de Chaiseul, die, den Tod vor Augen und nicht mehr fähig, mit ihrem Liebhaber zu schlafen, eine ihrer Freundinnen bat, mit ihrem Freund in ihrer Gegenwart zu schlafen, um noch einmal zwei Glückliche vor ihrem Tod zu sehen? So weit ist es fast auch schon mit mir; ich bin so altersschwach, daß ich Mitleid errege. Ich habe zur Zeit, um mich aufzumuntern, den jungen Marquis de Villette hier, der sämtliche je gedichteten Verse auswendig weiß und selber immer neue macht, der singt, alle Leute aufs lustigste nachäffen kann, Märchen erfindet, ein großartiger Pantomimiker ist und der sogar die Bürger in dem trübsinnigen Genf zu erheitern vermöchte. Gott hat mir diesen jungen Mann gesandt, um mich Dahinsiechenden zu trösten und in meiner Greisenhaftigkeit zu erheitern. Es ist schon erstaunlich, wieviele originelle Käuze auf der Durchreise bei mir vorbeikommen. Betrachte ich die Schneeberge, von denen ich allerseits umgeben bin, so wundere ich mich immer, wie die netten Leute den Weg zu mir finden. Was für ein schnurriges Geschick!

Der Fall Calas

112 An Damilaville

Schloß Ferney, 1. März 1765

Die Denkschrift des Herrn de Beaumont über die Unschuld des Calas habe ich in einem Zug gelesen; sie ist bewundernswert, mir sind die Tränen gekommen. Etwas Neues habe ich freilich nicht erfahren, denn ich war schon längst überzeugt. Ich hatte ja das Glück, die ersten Beweise herbeizuschaffen.

Sie möchten wissen, wie dieser Protest ganz Europas gegen den Justizmord an dem unglücklichen Calas, der in Toulouse gerädert worden ist, von einem kleinen, unbekannten Erdenwinkel zwischen den Alpen und dem Juragebirge hat ausgehen können, hundert Meilen von dem Schauplatz entfernt, wo diese entsetzliche Szene sich zugetragen hat? Nichts kann wohl besser die unsichtbare Kette erkennen lassen, die alles Geschehen in dieser unglücklichen Welt untereinander verbindet.

Gegen Ende März 1762 berichtete mir ein Reisender, der durch das Languedoc zu mir in meine Einsiedelei bei Genf gekommen war, von der Hinrichtung des Calas und versicherte mir, daß er unschuldig gewesen sei. Ich antwortete, daß ich sein Verbrechen nicht für wahrscheinlich halte, daß es mir aber noch unwahrscheinlicher vorkomme, daß Richter ohne triftigen Grund einen Unschuldigen hätten rädern lassen.

Anderntags erfuhr ich, daß eines der Kinder dieses unglücklichen Vaters nach der Schweiz geflohen sei und sich in meiner Nachbarschaft aufhalte. Seine Flucht schien mir für die Schuld der Familie zu sprechen. Dann aber überlegte ich mir, daß ja der Vater zum Tod verurteilt worden war, weil er allein den Sohn aus religiösen Gründen ermordet habe, und daß dieser Vater neunundsechzig Jahre alt war. Ich erinnerte mich nicht, jemals von einem so fanatisierten Greis gelesen zu haben. Einer solchen Wut waren nach meiner Erfahrung nur junge Leute fähig, deren wilde, glühende, ungezügelte Phantasie durch Aberglauben aufgestachelt wird. Die Fanatiker des Cevennenkriegs waren Narren zwischen zwanzig und dreißig Jahren, die von Jugend auf als Glaubenskämpfer abgerichtet waren. Fast alle religiösen Epileptiker, die ich in Paris in großer Zahl gesehen habe, waren Backfische und junge Burschen. Die alten Mönche sind der Glaubenswut weniger zugänglich als die jungen, die das Noviziat noch nicht lange hinter sich haben. Die berühmten Mörder, denen der Fanatismus den Dolch in die Hand gedrückt hat, sind durchweg junge Menschen gewesen wie auch die sogenannten Besessenen. Einen alten Mann hat man noch nie exorzisieren müssen. Diese Überlegung ließ mich an einem Verbrechen zweifeln, das überdies wider die Natur ist. Aber ich kannte die näheren Umstände noch nicht.

451

Ich ließ den jungen Calas kommen. Ich war darauf gefaßt, einen jener verhetzten Burschen zu sehen, wie sie in jenem Landstrich zuweilen vorkommen. Ich sah ein Kind, ein unverdorbenes Wesen, sanft und zugleich fesselnd in seinem Ausdruck, das sich, während es mit mir sprach, vergeblich bemühte, die Tränen zurückzuhalten. Der Knabe erzählte mir, daß er in Nîmes Lehrling bei einem Fabrikanten gewesen sei und dort davon gehört habe, daß man in Toulouse seine ganze Familie zum Tode verurteilen werde; da alle Leute im Languedoc an ihre Schuld geglaubt hätten, sei er nach der Schweiz geflohen, um sich dort zu verbergen und der Schande zu entgehen.

Ich fragte ihn, ob sein Vater und seine Mutter von Charakter gewalttätig waren; er versicherte mir, daß sie keines ihrer Kinder je gezüchtigt hätten, daß es nachsichtigere, zärtlichere Eltern nie gebe.

Mehr brauchte ich, offen gestanden, nicht zu wissen, um von der Unschuld der Familie überzeugt zu sein. Weitere Informationen erhielt ich von zwei Genfer Kaufleuten, Männern von erprobter Rechtschaffenheit, die in Toulouse bei der Familie Calas gewohnt hatten. Sie bestärkten mich in meiner Ansicht, daß die Calas alles andere als fanatische, eines Mords fähige Menschen waren, daß es vielmehr Fanatiker gewesen sein müßten, die ihnen den Prozeß gemacht und das Urteil gesprochen hatten. Ich wußte schon lange, wessen Parteigeist und Verleumdungssucht fähig sind.

Aber wie groß war mein Erstaunen, als sowohl Katholiken wie Protestanten im Languedoc mir auf meine brieflichen Anfragen versicherten, daß an den Verbrechen der Calas kein Zweifel möglich sei. Ich ließ mich dadurch nicht abschrecken. Ich war so frei, mich direkt an die Herren zu wenden, die die Provinz regierten, an die Regierungsstellen in der Nachbarschaft, an die Staatsminister. Alle rieten mir einstimmig, mich mit einer so schlechten Sache nicht zu befassen. Jedermann warnte mich. Aber ich bestand darauf. Ich ergriff Partei.

Die Witwe des Calas, der man, um ihr Unglück und ihre Schande voll zu machen, die Töchter weggenommen hatte, war in eine einsame Gegend gezogen, wo sie unter Tränen den Tod erwartete. Ich wollte nicht wissen, ob sie Protestantin sei oder nicht, vielmehr nur, ob sie an einen Gott glaube, der die Tugend belohnt und das Verbrechen bestraft. Ich ließ sie fragen, ob sie im Namen dieses Gottes unterschreiben würde, daß ihr Gatte schuldlos gestorben sei. Sie zögerte nicht. Und nun zögerte auch ich nicht. Ich ersuchte Herrn Mariette, im Staatsrat ihre Verteidigung zu übernehmen. Frau Calas mußte sich also zu einer Reise nach Paris entschließen.

Den großen Verbrechen, die es in der Welt gibt, stehen, wie man sieht, ebenso große Tugenden gegenüber, und so entsetzliches Unglück der Aberglaube auch verschuldet, so ist die Philosophie doch stets bereit, es wieder gutzumachen.

Eine Dame, ebenso adlig von Gesinnung wie von Geburt, die damals in Genf ihre Töchter impfen ließ, unterstützte als erste die unglückliche Familie. Franzosen, die in der Schweiz lebten, traten ihr zur Seite; Engländer, die im Lande reisten, erwiesen sich ebenfalls als hilfsbereit. Die beiden Nationen wetteiferten geradezu, wie der so schwer heimgesuchten Tugend am wirksamsten zu helfen wäre.

Und was weiterhin geschah – wer wüßte besser darüber Bescheid als Sie, der Sie der Unschuld mit unbeirrbarem, furchtlosem Eifer gedient haben? Sie haben dafür gesorgt, daß die Stimme derer, die für die Calas sich eingesetzt haben, in ganz Frankreich und in Europa vernommen wurde. Wir haben die Zeit wiedererstehen sehen, da Cicero vor einer Versammlung von Gesetzgebern den des Vatermords angeklagten Sextus Roscius Amerinus verteidigte. Einige Leute, die man fromm nennt, haben sich gegen die Calas erhoben; aber zum erstenmal seit der Herrschaft des Fanatismus hat die Stimme der Vernunft sie zum Schweigen gebracht.

Die Vernunft hat also große Siege unter uns errungen. Aber können Sie es glauben, mein teurer Freund, daß die Familie Calas, die so trefflich unterstützt und gerächt wurde, nicht die einzige war, die von der Religion eines Mordes bezichtigt und einem blindwütigen Vorurteil aufgeopfert wurde? Es gibt noch eine unglücklichere Familie, die die gleichen Schrecken ausstehen mußte, ohne den gleichen Trost zu finden.

Ein Rechtsberater von Castres namens Sirven hatte drei Töchter. Da die Religion dieser

Familie die sogenannte reformierte ist, wird die jüngste Tochter durch die kirchlichen Machthaber der mütterlichen Obhut entrissen und in ein Kloster gesteckt, wo man sie mit einer Peitsche traktiert, damit ihr der Katechismus besser eingeht. Sie wird wahnsinnig und stürzt sich in einen Brunnen, etwa eine Meile von ihrem Vaterhaus entfernt. Für die Zeloten ist kein Zweifel darüber möglich, daß Vater, Mutter und Schwestern das Kind ertränkt haben. Denn bei den Katholiken der Provinz gilt es für ausgemacht, daß protestantische Eltern durch ein religiöses Gelübde gezwungen sind, alle ihre Kinder, die im Verdacht katholischer Neigungen stehen, zu hängen, zu erwürgen oder zu ertränken. Das war genau zur selben Zeit, da die Calas im Gefängnis saßen und das Schafott für sie aufgerichtet wurde. Die Geschichte des ertränkten Mädchens wird unverzüglich in Toulouse bekannt. Ein neuer Fall von Kindsmord, Vater und Mutter die Täter!, geht das Geschrei. Das ist neue Nahrung für die Wut der Straße. Calas wird gerädert; Sirven, seine Frau, seine Töchter werden vors Gericht geladen. Sirven, vom Schrecken geschüttelt, hat eben noch Zeit, mit seiner kranken Familie zu fliehen. Sie machen sich zu Fuß davon, von jedem Schutz entblößt, geradewegs über den steil aufragenden, damals tief verschneiten Gebirgswall. Eine der Töchter kommt mitten in der Eiswüste nieder; sterbend hält sie ihr sterbendes Kind im Arm. Die anderen schlagen sich nach der Schweiz durch.

Derselbe Zufall, der die Kinder des Calas mir zuführte, hat es gefügt, daß auch die Sirven sich an mich wandten. Stellen Sie sich vor, mein Freund: vier Schäflein, die von den Schlächtern beschuldigt werden, ein Lamm verzehrt zu haben – das etwa sah ich. So viel Unschuld und so viel Unglück – es ist unmöglich, das zu schildern. Was sollte ich tun? Was hätten Sie an meiner Stelle getan? Sollte ich mich darauf beschränken, über die menschliche Natur zu seufzen? Ich war so frei und schrieb an den ersten Präsidenten des Languedoc, von dem ich wußte, daß er ein rechtlich denkender, aufgeklärter Mann war; aber er war von Toulouse abwesend. Ich richtete daraufhin durch einen unserer Freunde eine Eingabe an den Vizekanzler. Inzwischen werden in Castres Vater, Mutter und die zwei Töchter Sirven in absentia zum Tod verurteilt, ihr gesamter Besitz konfisziert, das Haus dem Erdboden gleichgemacht. Nichts bleibt übrig.

So wird eine ganze Familie, über die nur Gutes bekannt ist, schuldlos der Schande ausgeliefert und an den Bettelstab gebracht. Mitleidige Menschen nehmen sich ihrer an, gewiß; aber was für ein hartes Los ist es, bis in den Tod auf milde Gaben angewiesen zu sein! Man gibt mir schließlich den Bescheid, daß die Familie vielleicht begnadigt werden könne. Es ist verständlich, daß die Familie lieber von Tür zu Tür ihr Brot erbettelt und im Elend zugrunde geht, als eine Gnade erfleht, die ein Verbrechen voraussetzt, das viel zu entsetzlich ist, als daß es im Gnadenweg verziehen werden könnte. Und wie überhaupt Recht erlangen? Wie könnten die Sirven es wagen, in die Heimat und ins Gefängnis zurückzukehren, wo die meisten Menschen auch jetzt noch überzeugt sind, daß Calas zu Recht hingerichtet worden sei? Wird die höhere Instanz ein zweitesmal ein solches Urteil umwerfen?

Sind diese beiden Schlag auf Schlag erfolgten tragischen Geschehnisse, mein Freund, nicht Beweise für jenes unentrinnbare Schicksal, dem das bedauernswerte Geschlecht der Menschen unterworfen ist? Furchtbare Wahrheit, die schon Homer und Sophokles uns vor Augen gestellt haben. Aber auch heilsame Wahrheit, weil sie uns lehrt, uns ins Unvermeidliche zu fügen und Leiden zu ertragen.

Wundert es Sie, daß damals, als ich unter dem Unglück der Calas und Sirven schwer litt, ein Mann zu mir kam, der mir einen Vorwurf daraus machte, daß ich mich um zwei Familien kümmere, die mich nichts angingen? (Sie werden den Stand dieses Mannes aus seinen Gesprächen erraten.) Warum mischen Sie sich da ein? Lassen Sie doch die Toten ihre Toten begraben! Ich erwiderte ihm: Ich fand in meiner Einöde einen Juden in seinem Blute liegen. Gestatten Sie, daß ich seine Wunden verbinde und Öl und Wein darein gieße. Sie sind ein Levit; lassen Sie mich Samariter sein!

Zum Lohn für meine Mühen hat man mich dann so recht wie einen Samariter behandelt: man hat eine Schmähschrift unter dem Titel »Pastorale Unterweisung« gegen mich veröffentlicht. Man muß sie vergessen; ein Jesuit hat sie verfaßt. Der Unglücksmensch konnte damals nicht wissen, daß ich einem Jesuiten Asyl gewähren würde. Konnte ich besser beweisen, daß wir auch unseren Feinden mit brüderlichen Gefühlen zugetan sein sollten? Wahrheitsliebe, Menschlichkeit, Haß für die Verleumder sind auch Ihre Leidenschaften. Die Übereinstimmung unserer Charaktere hat unsere Freundschaft besiegelt. Ich habe mein Leben damit hingebracht, diese Wahrheit, die ich liebe, zu suchen und zu bekennen. Ich habe also in den Fällen Calas und Sirven nichts anderes getan, als was alle Menschen tun sollten: ich bin dem in mich gelegten Trieb gefolgt. Einem Philosophen geziemt es, nicht die Unglücklichen zu beklagen, sondern ihnen zu helfen.

Ich weiß, mit welcher Wut der Fanatismus gegen die Philosophie ankämpft. Sie hat zwei Töchter, die jener ebenso wie den Calas zugrunde richten möchte: die Wahrheit und die Toleranz. Die Philosophie indessen will die Kinder des Fanatismus, die Lüge und die Verfolgung, nur unschädlich machen. Menschen ohne Vernunft haben solche, die ihre Vernunft zu gebrauchen lieben, in Verruf zu bringen versucht; sie haben die Philosophen mit den Sophisten gleichzusetzen gewagt. Sie haben sich sehr getäuscht. Der wahre Philosoph mag sich manchmal über die Verleumdung erregen, die ihn der Verfolgung preisgibt; er mag das feile Subjekt, das zweimal im Monat die Vernunft, den Geschmack und die Tugend beschimpft, mit ewiger Verachtung strafen; er mag wohl auch so nebenbei diejenigen, die die Dichtkunst in ihrem Heiligsten, das auch ihnen ehrwürdig sein sollte, verhöhnen, der Lächerlichkeit preisgeben. Von Kabalen aber, von geheimen Ränken und von Rache weiß er nichts. Um so mehr aber versteht er sich, wie der Weise von Montbard (Buffon), auf die Kunst, die Erde fruchtbarer und die Menschen glücklicher zu machen. Der wahre Philosoph macht das noch unbebaute Land urbar, er sorgt dafür, daß mehr Pflüge benützt werden und daher mehr Menschen ihr Auskommen finden; er gibt den Armen Arbeit und Verdienst, ermutigt Heiraten, sorgt für die Waisen, murrt nicht gegen die notwendigen Steuern und setzt den Bauern instand, sie freudigen Herzens zu bezahlen. Von den Menschen erwartet der Philosoph nichts, erweist ihnen aber alles Gute, wessen er fähig ist. Den Heuchler verabscheut er, den Abergläubigen beklagt er. Sein größter Vorzug aber ist, daß er denen, die gleichen Sinnes mit ihm sind, ein wahrer Freund sein kann.

113 An Monsieur Bertrand

Ferney, 19. März 1765

Mein lieber Philosoph! Der Freispruch der Calas sollte uns Hoffnung auf allgemeine Toleranz machen. Aber so bald werden wir sie nicht erreichen. Die Menschen sind noch nicht vernünftig genug. Sie begreifen nicht, daß Religion jeder Art und Staatsgewalt ebenfalls jeder Art streng zu trennen sind; daß Religion ebenso Privatsache sein muß wie das, was man kocht und wie man es kocht; daß es ebenso erlaubt sein muß, dem Herrgott auf seine Art zu dienen, wie zu essen, was einem schmeckt; und daß, wenn man sonst die Gesetze befolgt, der Magen und das Gewissen sich völliger Freiheit erfreuen müssen. Irgend einmal werden wir so weit kommen. Ich freilich werde diese schöne Zeit leider nicht mehr erleben.

114 An die Marquise du Deffand

März 1765

Madame! Die Herzogin von Enville ist so freundlich, Ihnen die »Philosophie der Geschichte« von Abbé Bazin zu überbringen. Sollten Sie tatsächlich die Absicht haben, sich dieses Werk vorlesen zu lassen, dann darf es Ihnen an Mut und an Geduld nicht fehlen. Sie finden darin so viel prahlerisch ausgebreitete orientalische Gelehrsamkeit, daß Sie sich entsetzlich langweilen werden. Aber Ihr Freund Hénault, der ja Historiker ist, wird Sie wohl beruhigen; und vielleicht wird er in seinem Innersten sogar überzeugt davon sein, daß man auf diese Quellen zurückgehen muß, wenn man unsere Darstellungen alter Geschichte revidieren will. Und auch den Folgerungen, die daraus zu ziehen sind, wird er wohl kaum widersprechen. In welchem Alter wir auch stehen und welcher Bildungstradition wir uns verpflichtet fühlen mögen: betrügen wollen wir uns doch nicht lassen. Insgeheim verabscheuen wir doch die lächerlichen Vorurteile, die man herkömmlicherweise nach außen hin noch immer gelten läßt. Das Vergnügen, dieses Joch der Vorurteile abzuschütteln, kann darüber hinwegtrösten, daß man sich darunter überhaupt einmal gebeugt hat. Es bereitet einem schon eine gewisse Befriedigung, die Beweisgründe vor Augen zu haben, die über so viele Irrtümer aufklären, Irrtümer, in denen die Mehrzahl der Menschen von der Kindheit bis zum Tod befangen bleiben; sie bringen ihr Leben damit hin, sich gutgläubig Märchen erzählen zu lassen, wie man tagtäglich Geld in die Hand bekommt, dessen Gewicht und Münzgehalt man ja auch nicht jedesmal nachprüft.

Der Abbé Bazin hat das alles für euch geprüft; und so respektvoll er sich gegen die Falschmünzer zu benehmen scheint: die falschen Münzen zieht er doch aus dem Verkehr.

Sie sprechen von meinen Leidenschaften. Madame, seien Sie versichert: meine größte ist, wichtigen Dingen auf den Grund zu kommen. Je mehr ich mich infolge hohen Alters und körperlicher Schwäche der Grenze meines Lebens nähere, um so dringlicher erscheint mir die Pflicht, mich zu vergewissern, ob so viele berühmte Männer, von Hieronymus und Augustinus bis auf Pascal, nicht doch vielleicht recht gehabt haben können. Ich sehe aber jetzt klar, daß sie durchaus nicht recht hatten und daß sie nichts weiter waren als spitzfindige und rechthaberische Advokaten der schlechtesten Sache auf dieser Welt. Sie sehen, ich spreche zu Ihnen mit der größten Offenheit; Ihre Freundschaft gibt mir das Vertrauen, daß ich es darf, ohne Indiskretionen befürchten zu müssen. So darf ich Ihnen auch sagen, daß meine vor nichts zurückschreckende Liebe zur Wahrheit und mein Abscheu vor herrischen Geistern, die unsere Vernunft knebeln wollen, mich am stärksten mit gewissen Leuten verbinden, die auch Sie lieben würden, wenn Sie sie kennten. Der Abbé Bazin hätte über diese Fragen nichts geschrieben, wenn die Meister des Irrtums sich damit begnügt hätten, uns zu sagen: »Wir wissen sehr wohl, daß wir euch nur Dummheiten lehren; aber unsere Fabelgeschichten sind auch nicht schlechter als die der anderen Völker. Machen wir ruhig den Dummen etwas vor und lachen dann gemeinsam darüber!« Wäre es so, so hätte man darüber schweigen können. Aber sie waren nicht nur verlogen, sondern arrogant obendrein. Sie wollten über die Geister herrschen. Und gegen solche Tyrannei muß man revoltieren. Zu mir in meine Retraite sind wohl fünfhundert Menschen jedes Standes, jeder Nationalität gekommen, und noch kein halbes Dutzend von ihnen hat anders gedacht als mein Abbé Bazin. Der Trost in diesem Leben ist, zu sagen, was man denkt.

115 An d'Alembert

5. April 1765

Mein lieber und großer Philosoph! Es gibt nur wenige denkende Menschen. Mein ehemaliger, gekrönter Schüler behauptet, daß auf tausend Menschen nur einer kommt. Das entspräche ja so ungefähr zahlenmäßig dem, was man unter der sogenannten guten Gesellschaft versteht. Und wenn es gegenwärtig etwa tausend vernünftige Menschen geben sollte, so dürfte sich die Zahl in zehn Jahren wohl verzehnfachen. Die Welt wird nämlich mit Windeseile immer klüger. Eine große Revolution der Geister kündet sich allerorten an. Es ist kaum zu glauben, welche Fortschritte die Vernunft da und dort in Deutschland gemacht hat. Ich rede nicht von den Gottlosen, die offen zu Spinozas Weltanschauung sich bekennen; ich rede von den anständigen Leuten, die keine vorgefaßten Meinungen über die Natur der Dinge haben, die zwar nicht wissen, was ist, die aber sehr wohl wissen, was nicht ist: das sind meine wahren Philosophen. Ich kann Ihnen versichern: unter allen denen, die mich besucht haben, habe ich nur zwei gefunden, die man als dumm bezeichnen muß. Mir scheint, daß Leute von Geist noch nie so gefürchtet waren wie im heutigen Paris. Die Inquisition gegen Bücher ist streng; so höre ich, daß die Subskribenten der Enzyklopädie noch nichts geliefert erhielten. Das ist nicht nur streng, sondern sehr ungerecht. Wenn man den Vertrieb dieses Werkes unterbindet, bestiehlt man die Subskribenten und ruiniert die Buchhändler. Und dabei möchte ich doch wissen, was ein Werk, das hundert Taler kostet, schaden kann. Nie werden zwanzig Foliobände eine Revolution bewirken; zu fürchten sind nur die kleinen Taschenbüchlein für dreißig Sous. Hätte das Evangelium zwölfhundert Sesterzen gekostet, so wüßten wir nichts von einer christlichen Religion.

Ich allerdings besitze mein Exemplar der Enzyklopädie, weil ich als Ausländer und als Schweizer gelte. Man hat offenbar nichts dagegen, daß die Schweizer in die Hölle kommen, aber man wacht scharf, soviel ich sehe, über das Seelenheil der Pariser. Wenn Sie mir etwas schicken könnten, das meine Verdammnis vollkommen macht, würden Sie mir ein teuflisches Vergnügen bereiten, für das ich Dank wüßte. Ich kann nicht mehr viel arbeiten, aber ich mache mir gern gute Tage. Und dazu brauche ich etwas Pikantes.

116 An Mademoiselle Clairon

Es ist wahr, Mademoiselle, daß die schöne Oldfield, Englands größte Schauspielerin, in der Westminster-Abtei ein würdiges Grabmal hat, genau so wie die Könige und Helden des Landes und auch der große Newton. Es ist ebenfalls wahr, daß Mademoiselle Lecouvreur, die zu ihrer Zeit Frankreichs erste Schauspielerin war, nach ihrem Tod in einer Mietskutsche nach der Rue de Bourgogne transportiert wurde, wo sie durch einen Taglöhner in einem noch nicht gepflasterten Winkel verscharrt wurde und daß sie kein Grabmal hat. Auf dieser Welt ist alles möglich. Die Engländer feiern alljährlich den Shakespeare-Tag zu Ehren ihres berühmtesten Schauspieler-Dichters. Wir wissen noch nichts von einem Molière-Fest. Als Ludwig der Vierzehnte, auf der Höhe seiner Macht, aus seinem berüchtigten Feldzug von 1677 heimkehrte, tanzte er mit dem Opernballett vor den Augen von ganz Paris. Hätte der Erzbischof von Paris etwas Ähnliches tun wollen, so wäre er nicht so freundlich beklatscht worden, auch nicht, wenn er der erste Mann Europas für das Menuett gewesen wäre.

Zu Beginn des sechzehnten Jahrhunderts sind in Italien, dank dem Geschmack Leos des Zehnten und dem Genie der Prälaten Bibiena, La Casa und Trissino, Tragödie und Komödie neu erstanden. Der Kardinal Richelieu ließ den Saal des Palais Royal erbauen, um hier seine und seiner Freunde Stücke spielen zu lassen. Zwei Bischöfe mußten auf seinen Befehl die Honneurs machen und den Damen in den Pausen Erfrischungen anbieten.

Unsere Oper verdanken wir dem Kardinal Mazarin. Aber wie sich doch alles wandelt! Die Kardinäle Dubois und Fleury, beide Ministerpräsidenten, haben uns nicht einmal einen Schwank für ein Vorstadttheater geschenkt. Wir sind eben so viel ordentlicher geworden; unsere Sitten sind zweifellos strenger. Man hat die Jansenisten im Verdacht, daß sie die Kirche gegen das Komödienspielen mobilisiert hätten, nur um sich das Vergnügen erlauben zu können, über die Jesuiten herzufallen, die ihre Schüler Komödien und Tragödien spielen ließen und darin die vorzüglichste Erziehungsmethode erblickten. Man behauptet jetzt, die Jesuiten hätten, eingeschüchtert, kurz bevor ihr Orden verboten wurde, das Komödienspielen abgeschafft.

Sie haben, Mademoiselle, wohl schon davon gehört, daß das bei den Griechen und Römern, unseren Meistern, ganz anders war. Die Gelder, die in Athen für die Unterhaltung der Theater bestimmt waren, durften auch in Zeiten größter Not und drohender Kriegsgefahr nicht angetastet werden; sie galten als heilig. Im alten Rom tat man noch mehr: als im Jahr 390 die Pest in der Stadt wütete und die Götter durch die feierlichsten Zeremonien versöhnt werden sollten – was beschloß da der Senat? Er befahl, daß man Theater spiele. Und sogleich hörte die Pest auf. Kein vernünftiger Arzt wird sich darüber wundern; er weiß, daß ein ehrliches Vergnügen der Gesundheit zuträglich ist.

Unglücklicherweise ähneln wir weder den Griechen noch den alten Römern. Zwar leben in Frankreich viele reizende Franzosen, aber es gibt hier auch »Welsche«, und diese würden, wenn die Pest bei uns ausbräche, im Komödienspiel kein Spezifikum dagegen erblicken. Ich meinesteils möchte mein ganzes Leben lang nur immer Ihnen zuhören, Mademoiselle, und wenn die Pest mich holte!

117 An Monsieur Contant Dorville

Ferney, 11. Februar 1766

Mein Herr! Ich erhielt gestern den ersten Band der von Ihnen herausgegebenen Sammlung meiner philosophischen Gedanken. Ich danke Ihnen dafür. Ich ersehe daraus, daß ich ein eifrigerer Verfechter der Tugend und sogar ein tüchtigerer Theologe gewesen bin, als ich das selbst geglaubt hatte. Man schreibt doch so mancherlei nieder, nur weil der Stoff es so mit sich bringt oder weil die Wahrheit es erzwingt, ohne daß der Autor sich dessen bewußt wird. Sie waren so liebenswürdig, diese Aussprüche zu sammeln, und ich selbst bin hinterher erstaunt, daß ich das alles geschrieben habe. Nicht weniger erstaunt werden jene sein, die mich verfolgt haben. Ihre Sammlung ist ein Arsenal von Verteidigungswaffen gegen die Angriffe der Fréron und der übrigen Feinde der Vernunft und der schönen Wissenschaften. Mein hohes Alter und meine Krankheiten hatten mich fast alle meine Schriften vergessen lassen; Ihnen verdanke ich es, daß ich wieder mit mir selbst bekannt geworden bin. Am raschesten habe ich mich selbst wiedergefunden in allem, was ich über Gott gesagt habe. Diese Gedanken sind so natürlich aus meinem Herzen geflossen, daß ich mir dabei am allerwenigsten ein Verdienst zuschreiben könnte. Sollten Sie es nach alledem für möglich halten, daß gewisse Leute mich als Atheisten verschrien haben? Jedes Jahrhundert hat seine besonderen Laster; das Laster unseres Jahrhunderts ist die Verleumdung. Über Bayle ist beispielsweise noch nie so viel Schlechtes gesagt worden wie in den letzten dreißig Jahren. Die Dreistigkeit, mit der man die Enzyklopädie verleumdet hat, ist ohne Vorgang; der Erbärmliche, der die Denkschriften gegen dieses wichtige Werk verfaßte, hat die Tollheit so weit getrieben, daß er erklärte: wenn auch in den bis jetzt erschienenen Artikeln noch kein Gift zu entdecken sei, so könne man doch sicher sein, daß die noch nicht geschriebenen Artikel damit infiziert wären. Das erinnert mich an jenen Abbé Desfontaines, Verfasser periodischer Blätter, der über des berühmten Engländers Berkeley »Minute Philosopher«, vom Titel verführt, geschrieben hat, daß es ein Buch voller Späße gegen die Religion sei. Er behandelte also den ehrwürdigen Bischof von Cloyne wie einen jungen Freigeist. Sein Buch hatte er nämlich gar nicht gelesen.

118 An die Marquise du Deffand

19. Februar 1766

Wir beide, Madame, sind also, wie Sie mir in Ihrem letzten Brief versichern, so ziemlich der gleichen Meinung über das, was nicht ist. Ich habe mich nun daran gemacht, das zu untersuchen, was ist. Das ist eine Heidenarbeit; aber Neugier ist nun einmal die Krankheit des menschlichen Geistes. Ich habe wenigstens den Trost, jetzt zu wissen, daß alle diese Erfinder von Systemen auch nicht mehr wußten als ich. Sie sind allesamt Wichtigtuer. Mir liegt das nicht: ich gestehe frischweg meine Unwissenheit.

Aber wenn bei einer solchen Untersuchung auch nicht viel herauskommt, so bringt sie doch Gewinn. Das Studium von Dingen, die so hoch über uns hinausreichen, läßt die Angelegenheiten, die von dieser Welt sind, höchst geringfügig erscheinen. Wenn man sich das Vergnügen macht, sich in der Unendlichkeit zu verlieren, kümmert man sich nur noch wenig um das, was in den Straßen von Paris passiert.

Das Studium hat auch das Gute, daß es uns friedlich mit uns selbst leben läßt, daß es uns die schwere Bürde unseres Müßiggangs abnimmt und uns daran hindert, unser Haus zu verlassen und in der Stadt herumzulaufen und Nichtigkeiten zu schwätzen und uns vorzuschwätzen zu lassen. Inmitten meiner Schneeberge, von einem sehr harten Winter bedrängt, mit fast erblindeten Augen, habe ich meine ganze Zeit mit Meditationen hingebracht.

Meditieren Sie nicht auch, Madame? Kommen Ihnen nicht auch manchmal hundert Ideen über die Ewigkeit der Welt, über die Materie, über den Geist, über den Raum, über das Unendliche? Mir will es scheinen, als denke man an all das nur, wenn man keine Leidenschaften mehr hat, wenn man also jenem Matthieu Garo des Lafontaine gleicht, der darüber nachgrübelt, warum auf den hohen Eichen keine Kürbisse wachsen.

Sollten Sie aber einmal nicht meditieren, während Sie allein sind, dann werfen Sie vielleicht einen Blick in die kleine Schrift über gewisse Dummheiten dieser Welt, die mir in die Hände gefallen ist. Ich weiß nicht, ob sie Ihnen Spaß machen wird. Sie betrifft eigentlich nur den Jean-Jacques Rousseau und jene drolligen calvinistischen Pfarrer. Verfasser ist ein Spaßvogel von Neufchâtel, und seine Witze mögen Ihnen vielleicht albern vorkommen, denn man lacht nicht gerne über die Lächerlichkeiten von Leuten, die man gar nicht kennt. Das war ja auch der Grund, weshalb Mazarin zu sagen pflegte, daß er sich stets nur über seine Verwandten und seine Freunde lustig mache. Glücklicherweise ist die Schrift nicht lang. Werfen Sie sie ins Feuer, wenn sie Sie langweilt.

119 An die Marquise du Deffand

12. März 1766

Wie es mich freut, Madame, daß wir so schön übereinstimmen. Nicht als ob mich das eitel machte! Aber wenn zwei Menschen, die verständig und aufrichtig sind, auf den gleichen Gedanken kommen, ohne darüber gesprochen zu haben, so kann man wetten, daß sie recht haben. Ihr Gedanke hat mich beschäftigt, seit ich Ihren Brief erhielt. Ich bewies mir selbst, daß die Begriffe, von denen die Menschen so erstaunlich verschiedene Auffassungen haben, für die Menschen überhaupt nicht notwendig sind, und zwar ganz einfach, weil sie für uns verborgen sind. Es war unerläßlich, daß alle Väter und Mütter ihre Kinder lieben: also lieben sie. Es war nötig, daß es einige allgemeine Prinzipien der Moral gibt, weil sonst die Gesellschaft nicht bestellen könnte: daher sind denn auch diese Prinzipien bei allen zivilisierten Völkern die gleichen. Und alles, was ein ewiges Streitobjekt ist, ist auch von ebenso ewiger Nutzlosigkeit. Habe ich Ihre Idee richtig verstanden, Madame? Sie hat, will mir scheinen, etwas Tröstliches: sie zerstört jeden Aberglauben, sie macht die Seele ruhig. Das ist nicht die stupide Ruhe eines Geistes, der nie zu denken vermochte; das ist die philosophische Ruhe einer aufgeklärten Seele.

Ich wundere mich durchaus nicht darüber, daß Sie das Leben lieben, so traurig es oft ist, und daß Sie den Tod nicht lieben. Fast jedermann muß dahin kommen. Das ist ein für die Menschheit notwendiger Instinkt. Ich bin überzeugt, daß die Tiere uns darin gleichen.

Wir sind uns also darüber einig, daß Kenntnisse, die uns verschlossen sind, uns nichts nützen könnten. Trotzdem lohnt es sich, den Dingen nachzuforschen; das übt den Geist. Die Philosophen haben gar nicht so unrecht, wenn sie prüfen, ob sie mit ihrem Verstand allein die Schöpfung begreifen können, ob das Universum ewig ist, ob Ideen auf die Materie wirken können, wie es kommt, daß es so viel Übel in der Welt gibt, und was dergleichen Bagatellen mehr sind.

Wir sind alle sehr neugierig. Da ist keiner, der diese Tiefen nicht ein wenig ausloten möchte, wenn es nur nicht so mühsam wäre und wenn nur die Vergnügungen und die Geschäfte nicht davon abhielten. Sie, Madame, sind durchaus in der Lage, derartige Überlegungen anzustellen; der Verlust der Augen hilft zweifellos zur geistigen Konzentration. Auch mir kommen manchmal zwischen meinen Bettvorhängen Gedanken, die sich beim hellen Tag wieder verflüchtigen. Ich nütze sehr wohl die Zeiten, da meine entzündeten Augen mich am Lesen hindern. Wie gerne würde ich sie mit Ihnen zusammen verbringen!

120 An Mister Mariott in London

Ferney, 28. März 1766

Ihr Brief, mein Herr, ist wie Ihre Werke voll Geist und Phantasie. Ich glaube nicht, daß es mir noch zu Lebzeiten gelingt, eine vollkommene Toleranz in Frankreich durchzusetzen; aber ich werde wenigstens die ersten Fundamente gelegt haben. Es ist jedenfalls nicht zu bestreiten, daß seit einigen Jahren die Geister dafür glücklicher disponiert sind als je zuvor. Die Philosophie der Humanität beginnt über den Aberglauben der Barbarei den Sieg davonzutragen.

Sehr richtig ist, was Sie über die Fürsten schreiben, die so sehr auf Bevölkerungszuwachs erpicht sind und durch ihre Kriege das Gegenteil bewirken. Sie müßten allesamt mit ihren

Soldaten dazu verurteilt werden, vor Beginn jedes Feldzugs dreißig- oder vierzigtausend Mädchen zu schwängern; außerdem dürfte niemand einen andern töten, er hätte denn zuvor ein Kind gemacht. Nichts wäre gerechter und natürlicher.

Mit der Polygamie ist das eine andere Sache. Ihr Geflügelhändler scheint ja ein sehr schätzenswerter Mann gewesen zu sein, da er sich zwei Frauen hielt; nach dem Beispiel der Hähne in seinem Geflügelhof hätte er sich auch noch mehr leisten können. Bei anderen Berufen ist das nicht so einfach. Ihr Händler hatte offenbar mit seinen Hühnern und Eiern sehr viel Geld verdient. Aber nicht jeder besitzt so viel Geld, daß er zwei Frauen in seinem Haus verhalten kann. Das ist recht für den Großtürken, für die Könige Israels und für die Patriarchen. Für christliche Bürgersleute gehört sich das nicht. Ich würde es aber für wünschenswert halten, daß jeder Priester sich eine Frau zulegt und vor allem auch jeder Mönch, denn diese genießen ja den Ruf, daß sie auf diese Weise dem Staat die größten Dienste zu erweisen befähigt wären. Statt dessen hat man das Laster der Keuschheit in eine Tugend umgelogen und will es nicht wahrhaben, daß diese »Tugend« die Männer geradewegs zur Sünde des Onan führt und die Mädchen der Bleichsucht ausliefert.

121 An Damilaville

1. April 1766

Ich fürchte, wir sind uns über den Begriff »Volk« nicht einig. Sie glauben, man solle dem Volk Bildungsmöglichkeiten geben. Ich aber verstehe unter »Volk« nur den Teil der Bevölkerung, der von seiner Hände Arbeit lebt; und daß diese Leute je die Zeit und auch die Fähigkeit haben, sich zu bilden, erscheint mir zweifelhaft. Bevor sie Philosophen würden, müßten sie verhungern. Es erscheint mir nämlich durchaus notwendig, daß es auch arme Teufel ohne jede Bildung gibt. Wenn Sie wie ich ein Stück Land nutzbar machen wollten und Pflüge besäßen, wären Sie auch meiner Meinung. Nicht den Taglöhner gilt es zu bilden, sondern den gutsituierten Bürger, den Stadtbewohner. Hier liegen große und wichtige Aufgaben. Konfuzius hat bemerkt, daß er zwar Menschen gekannt habe, die für die Wissenschaften ganz untalentiert waren, aber keinen einzigen, der nicht für die Tugend empfänglich gewesen wäre. Daher soll man über die Tugend auch dem niedersten Volk predigen. Aber dieses Volk soll seine Zeit nicht mit Nachforschungen darüber vertrödeln, wer recht gehabt hat, Nestorius oder Zyrill, Enselins oder Athanasius, Jansenius oder Molina, Zwingli oder Ökolampadius. Wollte Gott, daß kein Bourgeois sich je wegen solcher Streitereien ereifert hätte! Es hätte dann keine Religionskriege und keine Bartholomäusnacht gegeben. Alle Zänkereien dieser Art wurden von Nichtstuern begonnen, denen es zu wohl erging. Wenn das Volk zu räsonieren anfängt, ist alles verloren.

Ich teile die Meinung derer, die aus den Findelkindern tüchtige Arbeiter, nicht aber Theologen machen wollen. Aber darüber müßte man ein ganzes Buch schreiben. Und ich habe kaum die Zeit, an Sie, mein lieber Freund, einen kurzen Brief zu diktieren.

122 An den Grafen de la Touraille

Ferney, 12. Mai 1766

Mir geht es, mein Herr, wie die griechischen Philosophen, die sich im Alter mit dem Gedanken trösteten, daß ihr Platz einst von jungen Leuten ausgefüllt werde, die sie mit Vergnügen heranwachsen sahen und von denen sie hofften, daß sie es dereinst weiter bringen würden. Mit ähnlichen Gefühlen blicke ich auf Sie, der Sie vor anderen berufen scheinen, der armen menschlichen Vernunft, die jetzt ihre Rechte geltend zu machen beginnt, die größten Dienste zu erweisen. Sie ist in Frankreich Jahrhunderte hindurch verdunkelt worden, sie wagte sich im herrlichen Säkulum Ludwigs des Vierzehnten charmant und ein wenig leichtsinnig hervor und beginnt im unsrigen sich ernsthaft zu regen. Wir haben heute keinen Racine und keinen Molière, keinen Lafontaine und keinen Boileau, und ich fürchte, wir werden solche Männer nie mehr besitzen. Aber mir ist ein aufgeklärtes Jahrhundert lieber als ein Jahrhundert der Ignoranz, das sieben oder acht geniale Männer hervorgebracht hat. Vergessen Sie nicht, daß jene Schriftsteller, die auf ihrem Gebiete so Großes leisteten, in Fragen der Philosophie sehr kleine Leute waren. Racine und Boileau waren lächerliche Jansenisten. Pascal starb als Narr und Lafontaine als Dummkopf. Es ist ein weiter Weg vom großen Talent zum hellen Kopf.

123 An d'Alembert

18. Juli 1766

Mein lieber Philosoph! Bruder Damilaville hat Ihnen wohl den Bericht von Abbéville zugesandt. Ich verstehe nicht, wie denkende Wesen in einem Lande voller Affen leben mögen, die so oft zu Tigern werden. Ich meinesteils schäme mich, auch nur an der Grenze eines solchen Landes zu wohnen. Wahrlich, jetzt wäre es an der Zeit, seine Fesseln zu sprengen und anderswohin mit dem Schrecken zu flüchten, der einem in allen Gliedern sitzt. Es ist mir noch nicht gelungen, das Gutachten der Anwälte zu bekommen; Sie werden es wohl erhalten und sich entsetzt haben. Nun ist es vorbei mit dem Lustigsein. Witze passen nicht zu Massakern. Wie! Busirisse im Richtertalar lassen sechzehnjährige Kinder unter den grausamsten Torturen hinrichten! Und das trotz des Einspruchs von zehn rechtschaffenen, humanen Richtern! Und die Nation duldet es! Kaum ein paar Worte hat man dafür übrig und geht dann gut gelaunt in die Komische Oper. Und morgen wird die Barbarei, durch unser Schweigen noch ermuntert, völlig legal einen jeden erwürgen, der ihr gerade zupaß kommt; und nicht zuletzt auch Sie, der Sie zwei oder drei Minuten lang dagegen aufbegehrt haben. Hier ist Calas gerädert, dort Sirven gehängt worden; nicht weit davon erstickt ein Generalleutnant an einem Knebel im Mund; und zwei Wochen später werden zwei junge Menschen zum Tod auf dem Scheiterhaufen verurteilt um einiger dummer Streiche willen, für die etliche Monate Gefängnis Sühne genug gewesen wären. Was hilft da das schöne Vorwort, das der König von Preußen für das Baylesche Wörterbuch verfaßt hat! Hilft es etwas gegen solche abscheulichen Taten? Sind wir noch das Land der Philosophie und der freundlichen Sitten? Wir sind das Land der Bartholomäusnächte. Die Inquisition hätte nicht gewagt, was die jansenistischen Richter sich soeben geleistet haben. Teilen Sie mir doch, bitte, mit, was man darüber spricht, wenn man schon nichts tut.

124 An Diderot

23. Juli 1766

Man kann nicht umhin, an Sokrates zu denken, wenn die Meletus und Anytus sich im Blut baden und Scheiterhaufen in Brand stecken. Ein Mann wie Sie kann nur mit Abscheu auf das Land blicken, in dem zu leben Sie das Unglück haben. Sie sollten in ein Land übersiedeln, wo Sie sich vollkommener Freiheit erfreuen, wo Sie nicht nur veröffentlichen und lesen können, was Sie wollen, sondern auch mit erhobener Stimme gegen alle Auswüchse eines ebenso schandbaren wie blutrünstigen Aberglaubens predigen dürfen. Sie wären dort nicht allein, Sie hätten Kameraden und Schüler. Sie könnten sich eine Kanzel errichten, die eine Kanzel der Wahrheit wäre. Ihre Bibliothek könnte auf dem Wasserweg dorthin befördert werden; es wären dann nur noch vier Meilen Landweg. Aber vor allem: Sie hätten die Sklaverei mit der Freiheit vertauscht. Ich verstehe nicht, wie ein zartfühlender, gerecht denkender Mensch in einem Land von Affen leben mag, die zu Tigern geworden sind. Wenn Sie sich zu einem solchen Schritt entschließen, brauchen Sie mir nur ein Wort zu schreiben, und alles wird mit der größten Verschwiegenheit so arrangiert werden, daß Sie zufrieden sein sollen. Das Land, das man Ihnen vorschlägt, ist schön und kann Ihnen alles Wünschenswerte bieten. Die Uranienburg des Tycho de Brahe war nicht so angenehm. Ich, der ich Ihnen das schreibe, bin ebensosehr von Bewunderung für Sie wie von Entrüstung und Schmerz über die Zustände in Ihrer Heimat erfüllt. Glauben Sie mir, es tut not, daß Philosophen, die noch menschlich fühlen, sich zusammentun weitab von solchen wahnsinnigen Barbareien.

30. Juli 1766

Trotz meiner tiefen Erregtheit denke ich immer in Liebe an Sie, mein lieber, bewundernswerter Philosoph. Seit einigen Tagen sind mir so viele entsetzliche Schriftstücke durch die
Hände gegangen, daß ich nicht mehr weiß, was ich Ihnen geschrieben habe. Habe ich Ihnen
schon gesagt, daß Bruder Friedrich mir eine Geldzuwendung für die Sirven gesandt hat?
Dieser Tropfen Balsam auf so viele Wunden, die der Vernunft und der Unschuld geschlagen
werden, hat mich ein wenig getröstet, aber nicht geheilt. Ich schäme mich, in meinem Alter
noch so stark und so lebhaft zu empfinden. Ich bin betrübt über das Erdbeben von Konstantinopel, während Sie heiteren Sinnes ausrechnen, wieviel Schwefel nötig ist, um eine Stadt
von bestimmter Größe auszuräuchern. Ich beweine die Leute, denen man die Zunge her-
ausreißt, während Sie sich der Ihren bedienen, um sehr erfreuliche und witzige Dinge zu
sagen. Sie verdauen also gut, mein lieber Philosoph, und ich verdaue nicht, Sie sind noch
jung, und ich bin ein alter Mann, der krank ist. Verzeihen Sie mir, daß ich so traurig bin. Ich
lese soeben in der »Gazette de France«, daß eine alte Frau durch einen Blitzschlag zerschmettert wurde; aber die Richter von Abbéville hat bis jetzt kein Blitz getroffen. Wie soll
man das zusammenreimen?
Seien Sie heiter, mein großer Philosoph! Aber warum können die Menschen, die denken,
nicht zusammenleben?

Der Streit mit Jean-Jacques Rousseau

Ferney, 24. Oktober 1766

Mein Herr! Ich habe die Dokumente gelesen, die Sie im Prozeß gegen Ihren einstigen Schützling der Öffentlichkeit zu unterbreiten sich gezwungen sahen. Die große Seele dieses Jean-Jacques hat nun aller Welt gezeigt, wie niederträchtig es von Ihnen war, ihn mit Wohltaten zu überhäufen. Was will es dagegen besagen, wenn andererseits von einem Prozeß der Undankbarkeit gegen die Wohltätigkeit gesprochen wird?

Auch ich sehe mich in diese Angelegenheit verwickelt. Der würdige Herr Rousseau wirft mir vor, ich hätte ihm nach England einen Brief geschrieben, worin ich mich über ihn lustig mache; d'Alembert wirft er das gleiche vor.

Wenn wir, d'Alembert und ich, eines solchen Staatsverbrechens tatsächlich schuldig sein sollten, so kann ich doch beschwören, daß ich keinen Brief geschrieben habe. Seit sieben Jahren habe ich diese Ehre nicht mehr gehabt. Ich weiß nichts von dem Brief, den er erwähnt, und ich schwöre Ihnen, daß ich schlechte Späße, wenn ich sie über Jean-Jacques gemacht hätte, keineswegs desavouieren würde.

Er hat mir die Ehre erwiesen, mich in die Reihe seiner Feinde und Verfolger aufzunehmen. Felsenfest davon überzeugt, daß die Welt verpflichtet sei, ihm ein Denkmal zu errichten, wie er es in dem höflichen und bescheidenen Sendschreiben »J.-J. Rousseau, Bürger von Genf, an Christophe de Beaumont, Erzbischof von Paris« ausdrücklich sagt, denkt er, daß die eine Hälfte der Menschheit damit beschäftigt sei, die Statue auf den Sockel zu stellen, und die andere, sie umzustürzen.

Mich selbst hält er nicht nur für einen Bilderstürmer; er hat mich noch obendrein im Verdacht, mit dem Rat von Genf wegen seiner Verhaftung und mit dem Rat von Bern wegen seiner Landesverweisung gegen ihn konspiriert zu haben.

Er hat diese hübschen Dinge auch den Leuten eingeredet, die ihn damals in Paris noch protegierten und die mich daher für einen Menschen halten, der ihn wegen seiner Weisheit und Bescheidenheit verfolgt. Wie ich ihn in Wahrheit verfolgt habe, will ich Ihnen, mein Herr, jetzt darlegen.

Als ich erfuhr, daß er in Paris viele Feinde habe, daß er, wie ich, gerne abseits von den Menschen leben möchte, und da ich annahm, er könne der Philosophie noch einige Dienste erweisen, stellte ich ihm schon im Jahr 1759 durch den Genfer Bürger Marc Chapuis ein Landhaus, genannt »L'Ermitage«, zur Verfügung, das ich gerade damals erworben hatte.

Er war durch meine Angebote derart gerührt, daß er mir darauf folgendes schrieb: »Mein

Herr! Ich liebe Sie keineswegs. Sie korrumpieren meine Heimat, indem Sie in Ihrem Schloß Tournay Komödie spielen lassen.«

Dieser Brief eines Mannes, der gerade damals eine ernste Oper und ein Lustspiel in Paris hatte aufführen lassen, war nicht etwa aus dem Tollhaus datiert. Ich gab darauf, wie Sie verstehen werden, keine Antwort, ich bat nur Tronchin, meinen Arzt, dem Mann irgendwie zu helfen. Tronchin meinte, nachdem es ihm nicht gelungen sei, mich in meinem Alter von der Manie, Theaterstücke zu schreiben, zu kurieren, habe er auch keine Hoffnung, Jean-Jacques zu kurieren. So blieben wir beide auch weiterhin sehr krank, jeder auf seine Art.

Im Jahr 1762 probierte dann der Rat von Genf eine Kur an ihm und erließ einen Haftbefehl, um ihn in den Genuß der Heilmittel zu setzen. Jean-Jacques, in Paris und Genf steckbrieflich verfolgt und überzeugt, daß ein Körper nicht gleichzeitig an zwei Orten sein könne, entfloh an einen dritten. Mit seiner üblichen Schlauheit zog er den Schluß, daß ich sein Todfeind sei, da ich ihm auf seine liebenswürdigen Briefe nicht geantwortet hatte; er nahm an, daß einige Herren vom Genfer Rat bei mir zu einem Diner erschienen wären und hier seinen Untergang beschlossen hätten. Die Stunde seiner Verhaftung wäre an meinem Tisch, am Ende des Gelages, festgesetzt worden. Es fiel ihm nicht schwer, etliche seiner Mitbürger von einer so wahrscheinlichen Sache zu überzeugen. Diese Anschuldigung wurde nachgerade so ernsthaft, daß ich mich schließlich verpflichtet fühlte, an den Rat von Genf ein sehr energisches Schreiben zu richten, worin ich erklärte, daß, wenn ein einziges Ratsmitglied jemals mit mir über ein Vorgehen gegen den Herrn Rousseau gesprochen hätte, ich damit einverstanden wäre, daß man ihn wie auch mich als Verbrecher betrachte, und daß ich alle Verfolger viel zu sehr verabscheue, um mich selbst damit zu befassen.

Der Rat antwortete mir durch einen Staatssekretär, daß ich weder direkt noch indirekt jemals irgend etwas mit der Verurteilung Jean-Jacques Rousseaus zu schaffen gehabt habe. Die beiden Briefe sind im Archiv des Rats der Stadt Genf.

Inzwischen bewarb sich Herr Rousseau, der sich in die lieblichen Täler von Motiers-Travers bei Neufchâtel zurückgezogen hatte, aufs eifrigste beim dortigen Prediger um Zulassung zum Abendmahl. Er sagte diesem, daß er dreierlei beabsichtige: erstens, die römisch-katholische Kirche zu bekämpfen; zweitens, gegen das teuflische Werk des Geistes zu revoltieren, der offenkundig den Materialismus verschuldet habe; drittens, die neuen, eitlen und dünkelhaften Philosophen zu zerschmettern. Er schrieb und unterzeichnete diese Erklärung, die im Besitz jenes Predigers sich befindet. Nachdem er das Abendmahl genommen hatte, fühlte er sein Herz erhoben und brach in Tränen aus. Wenigstens behauptete er das in einem Schreiben an Herrn de Peyron vom 8. August 1765.

Bald danach aber verkrachte er sich mit jenem Prediger und den Pfarrkindern von Motiers-Travers. Die Buben und Mädel warfen mit Steinen nach ihm. Er floh auf Berner Gebiet. Und da er keine Lust hatte, sich nochmals steinigen zu lassen, flehte er die Herren von Bern an, ihn für das Rest seiner Tage in irgendeinem ihrer Schlösser, oder wo es ihnen sonst passe, einzusperren. Dieses Schreiben ist vom 20. Oktober 1765 datiert. Die Herren von Bern zogen es vor, ihn des Landes zu verweisen.

Scharfsinnig, wie Jean-Jacques ist, schloß er sogleich, daß natürlich ich ihn des Trostes beraubt hätte, sein Leben im Gefängnis zu verbringen; er traute mir auch zu, daß er die Exkommunikation durch die Christen von Motiers-Travers nur meinem Einfluß zu verdanken habe.

Es ist ihm denn auch gelungen, einigen Leuten das einzureden. Wahr aber ist, daß ich, wenn er, statt von den Herren von Bern seine Internierung zu erbitten, in das von mir angebotene Landhaus sich hätte zurückziehen wollen, ihm nicht nur dieses Asyl geboten, sondern auch für gute Fleischbrühen und erfrischende Arzneitränke gesorgt hätte, wohl wissend, daß ein Mensch in seinem Zustand mehr Mitleid als Zorn verdient.

Gewiß hat er, auch wenn er normal zu sein schien, immer wieder Dinge getan, die einem guten Menschen nicht wohl anstehen. Ich weiß nicht, ob Ihnen bekannt ist, daß er die »Briefe vom Berg« geschrieben hat: hier denunziert er mich förmlich im fünften Brief. Ein Mann, der soeben das Abendmahl in beiderlei Gestalt genommen hat, ein Weiser, dem man

Denkmäler errichten soll, entehrt sich doch wohl ein wenig durch solche Machenschaften; er setzt sein Seelenheil und seinen guten Ruf aufs Spiel.

Deshalb war das erste, was die Herren »Médiateurs« von Frankreich, Bern und Zürich taten, daß sie feierlich die »Briefe vom Berg« als verleumderisches Buch erklärten. Ich kann nun Jean-Jacques ein Haus mehr anbieten, nachdem er an allen Straßenecken als Verleumder angeprangert ist. Indem er freilich aus dem Denunzieren und Lügen ein Metier gemacht hat, hat er, das muß man ihm schon lassen, seinen Charakter, der ja immer auf Bescheidenheit abgestellt war, keineswegs geändert. Bevor noch das Urteil von Genf erging, schrieb er mir wörtlich folgendes: »Mein Herr, wenn Sie behauptet haben, ich sei nie Gesandtschaftssekretär in Venedig gewesen, so haben Sie gelogen. Und wenn ich nie Gesandtschaftssekretär gewesen bin und solcher Ehre mich nie erfreut habe, so bin ich es, der gelogen hat.«

Ich wußte nichts davon, daß Jean-Jacques Gesandtschaftssekretär gewesen war; ich hatte nie ein Wort darüber fallen gelassen, weil ich nie etwas davon gehört hatte.

Ich zeigte diesen angenehmen Brief einem Mann, der sich in auswärtigen Angelegenheiten gut auskennt und überdies wißbegierig, genau und sehr wahrheitsliebend ist – das sind gefährliche Leute für Herrschaften, die aufs Geratewohl ihre Behauptungen aufstellen. Er stöberte die Originalbriefe auf, die Jean-Jacques eigenhändig am 9. und 13. August 1743 an Herrn von Theil, ersten Sekretär für auswärtige Angelegenheiten, damals seinen Protektor, geschrieben hatte. Darin liest man: »Ich bin zwei Jahre lang der Domestik des Grafen Montaigu gewesen … Ich habe sein Brot gegessen … Er hat mich schimpflich aus seinem Haus gejagt … er hat mir gedroht, mich zum Fenster hinauszuwerfen … schlimmer, wenn ich noch länger in Venedig bliebe …« usw.

Das wäre also ein nicht gerade hochgeachteter Gesandtschaftssekretär, eine stolze Seele, auf die man nicht eben viele Rücksichten nahm. Ich gebe ihm den guten Rat, auf den Sockel seines Denkmals die Worte des venezianischen Gesandten setzen zu lassen.

Sie sehen, mein Herr, daß dieser arme Mensch sich nie unter einem Herrn behaupten und auch nie einen Freund an sich fesseln konnte, da es offenbar unter seiner Würde ist, einen Herrn über sich zu dulden, und da Freundschaft für ihn nur eine Schwäche ist, der ein Weiser sich von Anfang an zu widersetzen hat.

Sie teilen mit, daß er jetzt die Geschichte seines Lebens schreibt. Dieses Leben war für die Welt zu nützlich und von zu bedeutenden Ereignissen erfüllt, als daß er der Nachwelt durch die Veröffentlichung nicht einen Dienst erwiese. Wahrheitsliebend wie er ist, wird er nichts von jenen Anekdoten verhehlen, um so zur Erziehung der Fürsten beizutragen, die, wie sein Emile, Tischlergesellen werden möchten.

Ernsthaft gesprochen: alle diese lächerlichen Miseren sind es nicht wert, daß man sich auch nur zwei Minuten damit beschäftigt; all das versinkt bald in ewiges Schweigen. Man kümmert sich dann so wenig darum wie um die »herben« Küsse der »Neuen Heloise« und ihre Fehlgeburt und ihren süßen Freund und die Briefe Vernets an einen Lord, den er nie gesehen hat. Die Torheiten Jean-Jacques' und sein lächerlicher Stolz können der wahrhaften Philosophie nicht schaden; die ehrenhaften Männer, die sie in Frankreich, England und Deutschland pflegen, werden deshalb nicht weniger geschätzt werden.

127 An Helvétius

27. Oktober 1766

Ich sende Ihnen, mein berühmter Philosoph, eine kleine Broschüre von einem Advokaten in Besançon, worin Sie Erstaunliches über die moderne Barbarei finden werden. Ich fürchte, man wird mir auch diese Schrift in die Schuhe schieben. Die Männer der Feder und selbst unsere besten Freunde erweisen einander schlechte Dienste, wenn sie mit solchem Eifer die Verfasser gewisser Bücher erraten möchten. Von wem stammt die Schrift, die man Bolingbroke, Boulanger, Fréret zuschreibt? Ach, meine Freunde! Was liegt schon am Verfasser eines Werks? Seht ihr denn nicht, daß schon das dumme Vergnügen, zu raten, zur Anklage wird, aus der die Verbrecher ihren Nutzen ziehen? Ihr stellt den Autor bloß, indem ihr ihn verdächtigt, ihr liefert ihn der Wut der Fanatiker aus, ihr verderbt, wenn ihr retten möchtet. Statt so grausam zu raten, solltet ihr alles nur mögliche unternehmen, um jeden Verdacht abzulenken. Unterstützen wir uns doch gegenseitig im Kampf gegen die grausame Verfolgung, der die Philosophie heute ausgesetzt ist. Wie ist es nur möglich, daß diese Philosophie uns nicht eint? Die erbärmlichsten Mönche sind ein Herz und eine Seele bis in den Tod, wenn es sich um die Interessen Ihres Klosters handelt. Und die Aufklärer der Menschheit sind eine weithin zerstreute Herde, die bald dem Wolf, bald bissigen Angriffen aus den eigenen Reihen zum Opfer fällt. Das abscheuliche Benehmen Jean-Jacques' schadet der Philosophie mehr als bischöfliche Hirtenbriefe. Aber dieser Judas sollte die anderen Apostel nicht entmutigen.

128 An Mister Mariott

26. Februar 1767

Mein Herr! Ich schicke Ihnen diesen Brief über die Route von Calais statt über Holland, denn im menschlichen Verkehr wie in der Physik soll man stets den kürzesten Weg wählen. Drei Monate habe ich verstreichen lassen, ohne Ihnen zu antworten der Grund ist: ich bin älter, als Milton war, und fast ebenso blind wie er. Und da man ja immer seinen Nächsten beneidet, bin ich auf Lord Chesterfield eifersüchtig, weil er taub ist. Lesen zu können, scheint mir in der Zurückgezogenheit nötiger zu sein, als Gespräche zu führen. Ein gutes Buch ist zweifellos mehr wert als alles, was man so obenhin schwätzt. Wer etwas lernen möchte, wird wohl stets die Augen den Ohren vorziehen; wer sich freilich nur amüsieren will, mag sich damit abfinden, daß er blind ist, denn dann kann er wenigstens den lieben langen Tag dummes Zeug mitanhören.

Ich begreife wohl, daß Ihr edler Geist manchmal von den traurigen Pflichten Ihres Amts angewidert ist. Wenn nicht die öffentliche Achtung und die Hoffnung einen unterstützten, Gutes wirken zu können, wollte niemand Generalstaatsanwalt sein. Man muß viel Mut haben, wenn man so schöne Verse wie Sie dichtet, um sich daneben eingehend mit Streitereien zu befassen und Erbschaftsangelegenheiten zu regeln.

Mein übler Gesundheitszustand hat mir nie gestattet, daß ich mich mit den Geschäften dieser Welt befaßte; meine Krankheit hat mir so einen großen Dienst erwiesen. Seit fünfzehn Jahren lebe ich vollkommen zurückgezogen mit einigen meiner Familienangehörigen. Die schönste Landschaft, die sich denken läßt, umgibt mich. Wenn der Frühling wiederkommt, kehrt mir auch das Augenlicht zurück, dessen der Winter mich beraubte. So habe ich dann das Vergnügen einer Neugeburt, das anderen Menschen nie zuteil wird.

Jean-Jacques, von dem Sie mir schreiben, hat also seine Heimat mit der Ihrigen vertauscht, und ich habe schon seit langem die meinige mit der seinigen vertauscht, oder wenigstens mit deren Nachbarschaft. So wirft das Schicksal die Menschen umher. Seine geheiligte Majestät, der Zufall, entscheidet alles.

Der Kardinal Bentivoglio, den Sie zitieren, sagt ja tatsächlich viel Übles über die Schweizer selbst. Das rührt davon her, daß er seinen Weg über den Sankt Bernhard genommen hat, und das ist die schrecklichste Gegend der Welt. Das Land Vaud aber und das von Genf und im besondern das von Gex, wo ich wohne, sind ein köstlicher Garten. Die eine Hälfte der Schweiz ist die Hölle, die andere das Paradies.

Rousseau hat, wie Sie sagen, die häßlichste Grafschaft Englands als Aufenthaltsort gewählt. Jeder sucht, was zu ihm paßt. Aber man darf die lieblichen Themse-Ufer nicht mit den Felsen von Derbyshire vergleichen. Der Streit zwischen Hume und Rousseau dürfte wohl beigelegt sein, nachdem Rousseau die öffentliche Verachtung auf sich gezogen hat und Hume sich der Verehrung erfreut, die er verdient. Was mir dabei am spaßigsten erschien, ist die Logik Jean-Jacques', der zu beweisen versuchte, daß Hume nur aus schlechtem Willen sein Wohltäter gewesen sei. Drei Argumente hat er gegen ihn anzuführen, die er als »drei Ohrfeigen auf die Backe meines Beschützers« bezeichnet. Hätte der König von England ihm noch eine Pension gewährt, so wäre die vierte Ohrfeige zweifellos für Seine Majestät bestimmt gewesen. Dieser Mensch ist meiner Meinung nach ein kompletter Narr. In Genf gibt es deren noch mehrere. Man ist hier noch melancholischer als in England; in Genf gibt es auch, wie ich glaube, im Verhältnis mehr Selbstmorde als in London. Zwar ist ja Selbstmord nicht immer eine Narrheit – man behauptet ja, daß es Situationen gebe, in denen auch ein Weiser keinen andern Ausweg mehr sehe. Im allgemeinen aber sind es nicht gerade die hellsten Momente, da man seinem Leben in Ende setzt.

Sollten Sie Benjamin Franklin sehen, versichern Sie ihn, bitte, meiner Hochachtung und meiner Dankbarkeit. Mit denselben Gefühlen empfehle ich mich Ihnen als Ihr sehr ergebener

Voltaire.

Der Philosoph

129 An die Marquise du Deffand

Seit sechs Wochen, Madame, will ich Ihnen schreiben und Sie fragen, wie es Ihnen gesundheitlich geht, wie Sie das Leben ertragen, und mich mit Ihnen über die Illusionen dieser Welt unterhalten; aber der Genfer Krieg, unter dem ich fortwährend zu leiden habe, und der dreißig Fuß tiefe Schnee ringsum haben mich nicht dazu kommen lassen. Eis und Schnee berauben mich alljährlich, wie Sie wissen, auf vier Monate des Augenlichts; ich bin dann Ihr Schicksalsgenosse.

Vergeben Sie mir also, bitte, meine Schreibfaulheit. Sie wissen, daß ich Sie trotzdem immer liebe. Sie werden mir freilich mit dem heiligen Jakobus sagen: »Beweise deinen Glauben durch deine Werke; man schreibt, wenn man liebt.« Das ist richtig. Aber um etwas Nettes zu schreiben, müssen Seele und Körper sich wohl fühlen. Und davon war ich weit entfernt. Sie erklären mir, daß Sie sich langweilen, und ich antworte Ihnen, daß ich wütend bin. Das sind die beiden Angeln, in denen die Welt sich dreht: Ekel und Zorn.

Wenn ich freilich sage, daß ich wütend bin, so ist das ein wenig übertrieben; ich will damit nur sagen, daß ich Grund hätte, wütend zu sein. Die Genfer Affäre hat alle meine Pläne über den Haufen geworfen. Ich war sogar eine Zeitlang einer Hungersnot ausgesetzt, nur die Pest hat noch gefehlt.

Aber meine Augenentzündung hat mir genügt. Ich tröste mich jetzt damit, daß ich wieder einmal Komödie spiele. In Greisenrollen exzelliere ich, ich spiele sie vollkommen naturgetreu. Während ich jetzt den Brief diktiere, probe ich mein neuestes Kostüm an.

Sind Sie nicht auch über die Entscheidung der Sorbonne erstaunt gewesen, als sie folgenden Satz zu verwerfen beliebte: »Die Wahrheit leuchtet durch ihr eigenes Licht; brennende Scheiterhaufen sind nicht geeignet, die Menschen aufzuklären.« Wenn die Sorbonne recht hat, sind die Henker die einzig möglichen Apostel. Ich begreife nicht, wie man so etwas Abscheuliches und Dummes sich leisten kann. Ich wundere mich immer, woher es wohl kommt, daß Kollegien stets so viel größere Dummheiten schreiben und begehen als Einzelpersonen. Ein Einzelner hat eben alles zu fürchten, Kollegien aber fürchten nichts; jedes Mitglied schiebt die Blamage auf die anderen.

Von allen den ungeheuerlichen Dummheiten, die ich erlebt habe, ist die der Jesuiten die größte. Man hielt sie überall für durchtriebene Politiker, und dabei haben sie es fertiggebracht, daß man sie aus drei Königreichen vertrieb; und weitere werden wohl folgen. Sie haben also den Ruf, in dem sie standen, nicht verdient.

Eine Frau aber hat sich gleichzeitig auf eben diesem politischen Gebiet einen großen Ruf verschafft, nämlich die Semiramis des Nordens, die fünfzigtausend Mann nach Polen marschieren läßt, nur um dort Toleranz und Gewissensfreiheit durchzusetzen. Das ist eine geschichtlich einmalige Sache, und ich garantiere Ihnen, daß das noch weitergehen wird. Ich kann Ihnen ja verraten, daß ich die Gunst dieser Frau genieße; ich beschütze sie wie ein richtiger Ritter gegen jedermann. Ich weiß wohl, daß man ihr, was ihren Gatten betrifft, einiges vorzuwerfen beliebt. Aber das sind intime Angelegenheiten, in die ich mich nicht einmische; und im übrigen ist es gar nicht so übel, wenn man einen Fehler wieder gutzumachen hat. Das veranlaßt einen, sich die größte Mühe zu geben, um das Publikum zu Achtung und Bewunderung zu zwingen. Zweifellos hätte ihr übler Gemahl keine der großen Taten vollbracht, durch die meine Katharina sich täglich auszeichnet.

Vielleicht vertreibt es Ihre Langeweile, wenn ich Ihnen eine kleine Schrift zuschicke, die diese Katharina betrifft. Ich könnte mir denken, daß Frauen nichts dagegen haben, wenn man ihr Geschlecht lobt und die Ansicht vertritt, daß sie zu großen Dingen befähigt seien. Sie werden ja wohl wissen, daß Katharina jetzt eben eine Reise durch ihr Riesenreich unternimmt. Sie hat mir aus dem fernsten Asien Briefe versprochen. Diese Kaiserin auf Reisen bietet der Welt schon ein großartiges Schauspiel.

Welcher Unterschied zwischen dieser Kaiserin von Rußland und unseren Pariser Dämchen, die in ihrem Stadtviertel Besuche machen! Ich liebe alles, was groß ist, und bin betrübt, daß unsere »Welschen« so klein sind. Wir haben allerdings noch immer einen wunderbaren Vorteil, nämlich den, daß man auch in Astrachan französisch spricht und daß es auch in Moskau Lehrer der französischen Sprache gibt. Ich finde das noch ehrenvoller als die Vertreibung der Jesuiten. Daß man diese Füchse verjagt hat, ist gewiß ein epochales Ereignis. Aber Sie werden zugeben, daß Katharina hundertmal mehr geleistet hat, wenn sie erreicht haben wird, daß sämtliche Kleriker ihres Reichs einzig und allein von ihr besoldet werden. Leben Sie wohl, Madame! Wäre ich in Paris, so zöge ich Ihre Gesellschaft allem andern vor, was in Europa und Asien sich tut.

130 An Moreau de la Rochette

Schloß Ferney bei Genf, 1. Juni 1767
Mein Herr! Ich wohne leider in einem Erdenwinkel, der zwar landschaftlich herrlich, aber schrecklich unfruchtbar ist. Anfangs gab es hier nur Skropheln und Elend. Ich habe Sümpfe trockengelegt und dadurch die Gegend gesünder und glücklicher gemacht. Ich habe Leute angesiedelt, die Zahl der Pflüge und der Häuser vermehrt, aber das harte Klima habe ich nicht mildern können. Auf einer Fläche von zwanzigtausend Fuß habe ich Bäume gepflanzt, die ich aus Savoyen bezogen hatte; fast alle sind eingegangen. Viermal habe ich entlang den Landstraßen Nuß- und Kastanienbäume gepflanzt; dreiviertel davon sind zugrunde gegangen oder von den Bauern herausgerissen worden. Ich habe mich aber nicht entmutigen lassen. So alt und schwach ich bin: auch wenn ich wüßte, daß ich morgen sterben muß, würde ich heute wieder pflanzen. Die nach mir werden dann ihre Freude daran haben.

Baumschulen gibt es in meiner Einöde nicht. Darf ich daher Sie als den Leiter der königlichen Baumschulen bitten, mir zweihundert junge Ulmen zur Verfügung zu stellen, die man ausgangs dieses Herbstes ausgraben und während des Winters mit Frachtfuhrwerk hierher senden sollte, damit ich sie im Frühjahr pflanzen lassen kann? Ich bezahle den Preis, den Sie bestimmen mögen. Man sollte die Kronen nicht zu sehr beschneiden. Es gibt eine Sorte Vogelbeerbaum, die schwarze Beeren trägt; sie gedeihen in unserem Klima verhältnismäßig gut. Wenn Sie mir auch davon hundert Stück beschaffen könnten, wäre ich Ihnen sehr dankbar.

131 An d'Alembert

4. Juni 1767

Mein lieber Philosoph! Gott erhalte eure Sorbonne in dem Kot, in dem sie herumwatet! Die alte Vettel hat der Philosophie einen großartigen Dienst erwiesen. Vom einen Ende Europas zum andern gehen jetzt den Leuten die Augen über. Der Fanatismus, der seine Schmach sehr wohl fühlt und daher nach dem Arm der öffentlichen Gewalt schreit, gesteht eben dadurch seine Niederlage ein. Die Jesuiten überall davongejagt, die polnischen Bischöfe zur Toleranz genötigt, die Werke Bolingbrokes, Frérets und Boulangers in weitesten Kreisen verbreitet – das sind herrliche Triumphe der Vernunft. Segnen wir diese glückliche Revolution, die sich seit fünfzehn oder zwanzig Jahren in den Köpfen aller ehrlichen Leute vollzieht! Sie übersteigt alle meine Hoffnungen. Und was die Canaille betrifft: mit ihr befasse ich mich nicht, sie bleibt immer Canaille. Ich bebaue meinen Garten. Aber es muß auch Kröten geben: sie hindern meine Nachtigallen nicht am Singen.

Leben Sie wohl, mein Adler! Geben Sie den Eulen, die noch in Paris horsten, hundert Hiebe auf ihre Schnäbel!

132 An den Marquis de Florian

9. Juni 1767

Der Teufel ist überall los, in Neufchâtel wie in Genf. Am wohlsten aber fühlt er sich im Körper des Jean-Jacques, der sich in England mit der ganzen Grafschaft seines Wohnorts verkracht hat. Er hat dann plötzlich fluchtartig das Land verlassen, nicht ohne auf dem Tisch des Hauses einen Brief zu hinterlassen, in dem er seinen Gastgeber und dessen Nachbarn aufs wüsteste beschimpft. In einem zweiten Brief hat er den Schatzkanzler gebeten, ihm polizeilichen Schutz zu gewähren, damit er sicher zum nächsten Hafen gelangen könne. Der Kanzler ließ ihm sagen, daß in England jedermann unter dem Schutz der Gesetze stehe. Schließlich ist er mit seiner Konkubine abgereist und wird also jetzt anderswo das Menschengeschlecht verfluchen.

133 An einen Staatsminister

Juli 1767

Mein Herr! Als Ludwig der Vierzehnte den Kronrat verließ, der über das Testament des Königs von Spanien beraten hatte, traf er im Vorzimmer drei seiner Töchter, die hier spielten, und fragte sie: »Was würdet ihr an meiner Stelle tun?« Die jungen Prinzessinnen sagten aufs Geratewohl ihre Meinung. Der König erwiderte tiefsinnig: »Wozu ich mich auch entschließe – getadelt werde ich auf jeden Fall.«

Wie der König seine Kinder, so fragen Sie mich unwissenden Greis nach meiner Meinung, sozusagen spaßeshalber. Die Henne hat es manchmal gern, wenn das Ei so tut, als wäre es klüger.

Meine Klugheit also sagt mir zunächst, daß alle Menschen von den Ereignissen geschoben werden. Das war gestern so, ist heute so und wird morgen so sein. Bei aller Achtung vor dem Kardinal Richelieu steht doch fest, daß er sich mit Gustav Adolf erst eingelassen hat, nachdem dieser, ohne ihn zu fragen, in Pommern gelandet war. Er zog aus diesem Ereignis seinen Profit. Ebenso zog der Kardinal Mazarin aus dem Tod Bernhards von Weimar seinen Profit: er gewann das Elsaß für Frankreich und das Herzogtum Rethel für sich selbst. Ludwig der Vierzehnte war beim Abschluß des Friedens von Rijswijk, was man auch sagen mag, keineswegs darauf gefaßt, daß sein Enkel drei Jahre später die Nachfolge Karls des Fünften antreten würde. Und noch weniger war er darauf gefaßt, daß dieser Enkel seinen ersten Krieg gegen seinen Onkel führen würde. Nichts von alledem, was sie gesehen haben, war vorhergesehen. Der Zufall war im Spiel, als der Friede mit England geschlossen wurde, den Lord Bolingbroke auf dem schönen Popo der Madame P... unterzeichnete. Auch Sie werden es machen wie alle großen Männer Ihrer Art, die die Umstände, so wie sie sie vorfanden, zu nutzen wußten.

Der springende Punkt bei alledem ist, wie man zu sagen pflegt, daß man ein bißchen Geld haben muß. Heinrich der Vierte bereitete sich auf seine Rolle als Schiedsrichter von Europa dadurch vor, daß er durch Sully den Staatshaushalt in Ordnung bringen ließ. Die Engländer verdanken ihre Erfolge den Guineen und einem Kredit, der sie verzehnfacht. Der König von Preußen konnte eine Zeitlang ganz Deutschland in Schach halten, weil sein Vater mehr Geldsäcke als Weinflaschen in seinen Berliner Kellern verwahrt hatte. Wir leben nicht mehr in der Zeit des unbestechlichen Fabricius. Heute siegt, wer am meisten Geld hat, wie ja auch bei uns der Reichste das Amt eines Referenten für Gnadengesuche kaufen und infolge davon den Staat regieren kann. Das ist nicht sehr schön, aber leider wahr.

Auf allen Thronen der Welt lebt man, wie ich sehe, in den Tag hinein. Von irgendwelchen Systemen keine Spur mehr: was Männer wie Pythagoras, Demokrit, Platon, Descartes, Leibniz gelehrt haben, wird nicht mehr beachtet. Vielleicht hält man sich auch in Ihrem hohen Beruf, wie in der Naturwissenschaft, am besten an die Erfahrung.

134 An d'Alembert

3. August 1767

In aller Harmlosigkeit muß ich Ihnen, mein lieber Philosoph, erklären, daß es keinen »Harmlosen« gibt. In Genf und in Holland habe ich vergeblich nach ihm forschen lassen. Vermutlich hat der Abbé Coger dieses Gerücht in Umlauf gesetzt. Aber das wird seine Situation auch nicht bessern. Man erkennt daran nur die ohnmächtige Wut dieser ehrenwerten Männer. Das ist ihr gewohnter Trick: sie schieben den Gegnern solche »Harmlose« in die Schuhe, um sie der Häresie zu verdächtigen, und leider hilft ihnen das Publikum dabei. Sobald irgendeine Broschüre erscheint, in der einige Körnchen Salz, und vollends noch grobes Salz, enthalten sind, schreit alle Welt: Er ists! Ich erkenne ihn wieder! Das ist sein Stil! Er bleibt doch immer der gleiche! Aber wie dem auch sei: ich erkläre Ihnen, es gibt keinen »Harmlosen«, ich habe keinen »Harmlosen« verfaßt, ich werde ihn auch nie verfaßt haben. Ich bin unschuldig wie eine Taube und möchte klug sein wie die Schlange.

Sie und ich, wir sind tatsächlich die einzigen gewesen, die vorausgesehen haben, daß die Vertreibung der Jesuiten die Jansenisten nur um so mächtiger machen werde. Ich habe es gleich zu Anfang und sogar in Versen gesagt, daß man uns von den Füchsen nur befreit habe, um uns den Wölfen auszuliefern. Die Jagd auf Wölfe aber ist, wie Sie wissen, viel schwieriger als die Fuchsjagd, denn dazu bedarf es groben Bleis. Ich freilich bin ein alter Hammel, ich beschließe meine Tage in meinem Pferch und bitte nur darum, daß man die Schäfer bewaffnet und zur Verteidigung ihrer Herde aufmuntert.

135 An Moreau de la Rochette

Ferney, 18. Januar 1768

Für die Bäume, die Sie liebenswürdigerweise gesandt haben und die ich habe pflanzen lassen, danke ich Ihnen nochmals aufs verbindlichste. Weder mein Alter noch meine Krankheiten noch das rauhe Klima können mich entmutigen. Wenn ich auch nur ein kleines Stück Land urbar gemacht und darauf zwanzig Bäume gepflanzt hätte, die schön heranwachsen, so wäre das eine gute Tat, die nicht verloren sein wird. Ich fürchte freilich sehr, daß die strenge Kälte, die oft überraschend nach den Schneefällen eintritt, den Wurzeln schadet; denn unser Winter ist hier sibirisch, wenn man bedenkt, daß unser Horizont auf vierzig Meilen von Schneebergen begrenzt ist. Das ist ein bewundernswerter und zugleich schrecklicher Anblick, wovon die Pariser sich gewiß keine Vorstellung machen. Oft gefriert die Erde zwei bis drei Fuß tief, und später trocknet dann die Hitze, die hier durchaus neapolitanische Grade erreicht, sie wieder aus. Das beste wird wohl sein, ich lasse Eis und Schnee rings um die neugepflanzten Bäume entfernen und Kuhmist, vermischt mit Sand, um die Stämmchen verteilen.

Der Minister hat eine neue, sehr schöne Landstraße durch unsere Gegend anlegen lassen, der entlang ich beiderseits Obstbäume habe pflanzen lassen. Mag die Äpfel und Birnen dann essen, wer Lust hat! Das Holz dieser Bäume ist auf jeden Fall höchst wertvoll. Auch Sie haben vermutlich aus all den Büchern, die in Paris hinter dem Ofen über Gartenbau und Landwirtschaft geschrieben werden, ebensowenig gelernt wie ich. Sie sind so nutzlos wie alle sonstigen Träumereien über Verwaltungsfragen: Experientia rerum magistra.

136 An die Marquise du Deffand

Ferney, 8. Februar 1768

Ich bin schreibfaul, Madame, das kann ich nicht leugnen. Der Grund ist, daß der Tag nur vierundzwanzig Stunden hat, von denen ich zehn bis zwölf unter Schmerzen verbringe, während die anderen mit Dummheiten angefüllt sind, die mich in Atem halten, als handle es sich um ernsthafte Dinge. Ich schreibe nicht, aber ich liebe Sie von ganzem Herzen. Treffe ich jemand, der das Glück hatte, von Ihnen empfangen zu werden, so frage ich ihn eine Stunde lang aus. Mein Adoptivsohn Dupuits ist von Ihrer Liebenswürdigkeit begeistert. Er wird Ihnen von meinem lächerlichen Leben berichtet haben. Seit drei Jahren verlasse ich mein Haus nicht mehr; seit einem Jahr verlasse ich mein Zimmer nicht mehr; seit einem halben Jahr verlasse ich kaum mein Bett mehr.

Herr de Chabrillant war hier sechs Wochen lang mein Gast. Er kann Ihnen erzählen, daß ich nicht ein einziges Mal mit ihm zusammen gespeist habe. Mein Verdauungsapparat funktioniert absolut nicht mehr, ich setze mich der Gefahr nicht mehr aus. Ich erwarte in aller Ruhe meine körperliche Auflösung, voll aufrichtigen Dankes an die Natur, daß sie mich vierundsiebzig Jahre lang am Leben gelassen hat – eine kleine Gunst, die ich nie erhofft hatte.

Leben Sie lang, Madame! Sie haben einen guten Magen, Sie haben Geist, Sie haben, was Sie an Sehkraft verloren, an Verstandeskraft zurückgewonnen. Sie haben gute Gesellschaft um sich. Ihnen stehen, da Sie eine unerschrockene Denkerin sind und eine fruchtbare Phantasie besitzen, tausend Hilfsquellen zur Verfügung.

Ich meinerseits bin für die Welt tot. Tagtäglich schiebt man mir kleine posthume Bastarde unter, von denen ich nichts weiß. Ich bin tot, sage ich; aber aus meinem Grab heraus spreche ich noch Gebete für Sie und beschäftige mich mit Ihrem Zustand. Ich grolle der Natur, die mich zu gut behandelt hat, indem sie mich noch die Sonne sehen läßt und mir bis zuletzt einigermaßen zu lesen erlaubt, die aber Ihnen den schönsten Besitz geraubt hat.

Das allein schon verleidet mir jene Romane, die so tun, als lebten wir in der besten aller Welten. Wenn das zuträfe, verlöre man nicht den besten Teil seines Selbst, lange bevor man auch den Rest vollends verliert. Die Zahl der Leidenden ist unendlich. Die Natur spottet der Einzelwesen. Sofern nur die Maschine des Universums weiterläuft, kümmert sie sich um die Millionen, die es bewohnen, herzlich wenig. Von allen diesen Milben bin ich diejenige, die Ihnen schon am längsten verbunden ist.

137 An den Grafen de Rochefort

12. Februar 1768

Gestern kam in meinem Hof, in dem der Schnee vier Fuß hoch liegt, ein gewaltiger Korb mit Flaschenwein aus der Champagne an. Das ist ein großartiges Mittel gegen die Kälte meines Klimas wie gegen die meines Alters. Zwei Neuvermählte haben also in ihrem Glück nicht vergessen, eine Unglücklichen zu trösten: das ist eine seltene Tugend.

Glauben Sie mir: meine Dankbarkeit ist so groß wie Ihr Edelmut. Ihr Nektar aus der Champagne ist uns um so erwünschter, als der aus Burgund uns heuer fehlt. Sie sind uns also zu einem Zeitpunkt zu Hilfe gekommen, da wir unseren Feinden, nämlich den ordinären Weinen von Maçon und Beaujolais, ausgeliefert waren.

Sie stellen mir in Aussicht, daß Sie vielleicht einmal auf der Durchreise eine Flasche Champagner zusammen mit mir trinken werden. Sie können sich darauf verlassen, daß ich nicht alle Flaschen allein austrinken, sondern aufs loyalste Ihren Anteil aufsparen werde.

Ferney, 26. Februar 1768

Mein lieber und berühmter Mitbruder! Wie konnten Sie Ihren gütigen Charakter und Ihre sanfte Denkungsart in dem Aufsatz über Servet soweit verleugnen! Es scheint ja, als wollten Sie Calvin und überhaupt alle Verfolger ein wenig rechtfertigen. Sie schmähen all das, was man unter Nachsicht und Toleranz versteht, indem Sie von »Tolerantismus« sprechen, als wäre das eine Art Häresie, als handelte es sich dabei um Arianismus oder Jansenismus. Sie wissen doch wohl, daß die Ermordung Servets eine kriminelle Verletzung des Völkerrechts war, eine zeremoniell begangene glatte Mordtat, deren Täter aufs strengste hätte bestraft werden müssen. Wäre Karl der Fünfte nicht in dem verzweifelten Zustand gewesen, den er dann in der Einsamkeit von Saint Just zu verbergen suchte, so hätte er diese in Genf, einer damals kaiserlichen Stadt, an einem Spanier begangene Schmach streng bestraft. Es war schon eine unerhörte Willkür, ohne jeden Vorwand einen mit guten Pässen versehenen Untertanen Karls des Fünften zu verhaften, der in gutem Glauben auf der Durchreise die Stadt passierte. Servet wollte nur eine Nacht in der Stadt bleiben und dann nach Deutschland weiterreisen. Calvin, der das wußte, ließ ihn verhaften, als er den Gasthof zur Rose verließ. Man stahl ihm siebenundneunzig Golddublonen, eine goldene Kette und sechs Ringe.

Sie wissen, was für ein Tod auf diesen Raubüberfall folgte. Calvin, der selbst in Frankreich verbrannt worden wäre, wenn man ihn ergriffen hätte, zwang den elenden Rat von Genf, Servet langsam mit grünem Reisig zu verbrennen, und er selbst sah mit Behagen bei diesem Schauspiel zu. Auch in eurer Bartholomäusnacht gab es keinen grausameren Mord. Sie werden mir zugeben, daß die christliche Milde, die Sie »Tolerantismus« zu nennen belieben, mit dieser heiligen Greueltat nicht wohl vereinbar ist. Glauben Sie mir, mein lieber und berühmter Mitbruder, daß tolerante Menschen bessere Prediger sind als alle Henker.

Sie führen das Beispiel von Sokrates an; Sie erblicken also offenbar in seinem Tod einen Beweis für die Intoleranz der Athener. Wollte man Ihnen glauben, so hätten die Gesetze von Athen gegen jeden, der sich über die Eule der Minerva lustig machte, die Todesstrafe verhängt. Sie kennen sich aber doch wohl in der alten Geschichte zu gut aus, um nicht zuzugeben, daß der Tod des Sokrates durch eine verbrecherische Intrigen und, einen kurz dauernden Fanatismus verursacht wurde, nicht viel anders als der Justizmord der Toulouser an Calas.

Vergessen Sie nicht, daß die Athener die Intrige, die zu Sokrates' Vergiftung führte, schwer bestraft haben, daß sie die Hauptschuldigen unter den Richtern zum Tod verurteilt und dem Sokrates zu Ehren nicht nur eine Statue, sondern einen Tempel errichtet haben – kurzum: nie bewiesen die Athener mehr Respekt vor der Philosophie und mehr Abscheu vor ihren Verfolgern als in diesem Fall.

Die Römer, von denen wir unsere Gesetze haben, sind seit Romulus tolerant gewesen bis zur Bestrafung jenes Centurionen Marcellus, der im Jahr 298 an der Spitze der Truppen seinen Kommandostab zerbrach und erklärte, man dürfe den Kaisern nicht mehr gehorchen, da sie keine Christen seien. Vor diesem Marcellus wurden zwar einige Christen verfolgt, aber, wie wir von Origines wissen, nur wenige und nur in seltenen Fällen. Es wäre leicht nachzuweisen, daß sie nur wegen Aufrührerei bestraft wurden, denn Origines und auch der jähzornige Tertullian starben im Bett, und kein Priester, kein sogenannter Bischof von Rom wurde je hingerichtet, nicht einmal der heilige Petrus, dessen angeblicher Aufenthalt in Rom eine unglaubwürdige Fabel ist.

Nein, im Verlauf von acht Jahrhunderten ist, wie Sie leicht feststellen können, in Rom kein einziger Mensch wegen seiner Ansichten verfolgt worden. Wie können Sie behaupten, daß nur deshalb keine Verfolgungen stattgefunden hätten, weil alle in der Verehrung der Götter einig gewesen wären? Wie! Die Stoiker und die Epikuräer hätten also nicht in ihrem Hochmut die ganze griechische und römische Theologie verworfen? Jene zahlreichen Sekten hätten nicht ganz offen darüber gespottet? Hat nicht Cicero selbst mit der tiefsten Verachtung darüber gesprochen? Hat nicht Lucrez den Aberglauben aus den achtbaren Häusern vertrieben? Hat er nicht gesagt, den Aberglauben solle man der Canaille überlassen, den dummen Weibern und den schwachköpfigen Männern, die noch hinter den Weibern rangieren?

Welcher Zensor, welcher Tribun, welcher Prätor hat je dem Lucrez den Prozeß gemacht? Toleranz war stets der Grundsatz der römischen Republik; sie war zwar nicht auf den zwölf Tafeln eingemeißelt, aber sie war lebendig in allen Köpfen und Herzen. Das ist so wahr wie die Tatsache, daß Heinrich der Vierte nur durch die Intoleranz ermordet wurde. Sie kennen das auf den zwölf Tafeln vermerkte Gesetz: »Deos exteros, nisi publice adscitos, nec colunto« (kein fremder Kult, wenn er nicht gesetzlich zugelassen ist). Diese fremden Kulte sind gesetzlich nie autorisiert gewesen, aber trotzdem überall im Imperium geduldet worden. Sogar Isis, die Göttin eines besiegten und verachteten Volkes, hatte in einem der Vororte Roms ihren Tempel zur Zeit des Augustus. Und auch die Juden, diese fanatischsten Menschen, hatten in Rom ihre Synagoge. Wo gab es je eine größere Toleranz?

Ach, mein lieber Mitbruder! Wie können Sie gerade jetzt eine für das Menschengeschlecht so unentbehrliche Tugend verhöhnen? Gerade jetzt, da die allgemeine Toleranz sich in einem großen Teil Europas auszubreiten beginnt, da in Deutschland, seit dem Westfälischen Frieden, die Wunden geheilt werden, die das Ungeheuer der Intoleranz seit zwei Jahrhunderten geschlagen hatte; da die Kaiserin von Rußland im Empfangssaal ihres Palastes sogar Muselmänner, Verehrer des Großen Lama und Heiden um sich versammelt und mit ihnen einen Gesetzeskodex berät, der für ihr dem Römerreich an Umfang überlegenes Gesamtreich bestimmt ist, und da der König von Polen Gewissensfreiheit verkündet in einem Land, das zweimal so groß wie Frankreich ist!

Sie glauben gar nicht, wieviele Schriftsteller und Philosophen sich bei mir, Ihrem alten Freund und eifrigen Bewunderer, schmerzlich über Sie beklagt haben. Ich bin, wie jene, über Ihren fatalen Artikel tief betrübt; er wird mehr schaden, als Sie gedacht haben. Sie liefern den Fanatikern Waffen in die Hand. Wie ist es nur möglich, daß ein so sanfter und liebenswürdiger Mann solche Waffen auch noch schärft! Ich liebe Sie darum nicht weniger. Aber mein Schmerz ist so lebhaft wie die Gefühle, die ich Ihnen bis zum Tode bewahren werde.

139 An die Marquise du Deffand

30. März 1768

Madame! Vierzehn Jahre lang bin ich der Herbergsvater Europas gewesen; jetzt habe ich dieses Gewerbe satt. Ich habe drei- oder vierhundert Engländer bei mir zu Gast gehabt, die alle ihr Vaterland so sehr lieben, daß fast kein einziger sich meiner nach seiner Abreise noch erinnert hat, ausgenommen ein schottischer Priester namens Brown, ein Feind Humes, der gegen mich geschrieben und mir einen Vorwurf daraus gemacht hat, daß ich zur Beichte gehe, was nicht gerade freundlich von ihm war.

Ich habe auch französische Obersten mit allen ihren Offizieren bei mir einen Monat lang beherbergt; sie dienen ihrem König so treu, daß sie nicht einmal Zeit fanden, mir oder Madame Denis noch einen Brief zu schreiben.

Ich habe wie Béchamel ein Schloß gebaut und wie Le Franc de Pompignan eine Kirche. Ich habe fünfhunderttausend Franken für profane und für fromme Werke ausgegeben. Und schließlich haben illustre Schuldner in Paris und in Deutschland, die sich sagten, daß solche Großartigkeiten sich für mich nicht schickten, es für richtig gehalten, mir den Lebensunterhalt abzuschneiden, um mich gescheit zu machen. So sah ich mich ganz plötzlich zur Philosophie bekehrt. Madame Denis wurde nach Paris gesandt, um mit den edelmütigen Franzosen zu verhandeln, und ich werde bei den edelmütigen Deutschen um gut Wetter bitten.

Meine vierundsiebzig Jahre und meine dauernde Kränklichkeit verurteilen mich zu einem mäßigen, zurückgezogenen Leben. Ein solches Leben kann aber der Madame Denis nicht behagen, die gegen ihre Natur versucht hat, mit mir zusammen auf dem Lande zu leben. Sie brauchte fast ohne Unterbrechung Festivitäten, um die Schrecken meiner Einöde überhaupt zu ertragen, die nach Aussage der Russen fast fünf Monate im Jahr schlimmer sind als Sibirien. Sie sieht von ihrem Fenster aus fast dreißig Meilen weit ins Land hinaus, aber das sind dreißig Meilen voller Berge, Schneefelder und Abgründe. Im Sommer ist das Neapel, im Winter Lappland.

Madame Denis hatte Paris also nötig; noch nötiger hatte die kleine Corneille die Stadt, die sie nur zu einer Zeit erlebt hat, da weder ihr Alter noch ihre Verhältnisse ihr gestatteten, sie wirklich kennenzulernen. Es fiel mir nicht leicht, mich von ihnen zu trennen und ihnen die Mittel für die Vergnügungen zu verschaffen, deren erste darin bestehen wird, Ihnen ihre Aufwartung zu machen. Das, Madame, ist die volle Wahrheit über diese Reise, die schon zu so phantastischen Gerüchten Anlaß gegeben hat.

140 An Herrn und Frau de Florian

4. April 1768

Meine lieben Picarden! Es ist wohl meine Pflicht, mit euch offen zu reden. Ihr seht die Folgen einer launischen Gemütsart. Ihr wißt ja, wie oft Madame Denis auch an euch ihre üble Laune ausgelassen hat. Erinnert euch nur der Szene, die Herr de Florian hier über sich ergehen lassen mußte! Auch mir hat sie nicht weniger grausam mitgespielt. Es ist ein Jammer, daß weder ihre Klugheit noch ihre sonst so gutmütige Art solche gewalttätigen seelischen Entladungen verhindern konnten, die oft genug das Zusammenleben erschwerten und einen zur Verzweiflung bringen konnten. Ich bin überzeugt, daß der geheime Grund dieser Explosionen, die sich von seit zu Zeit immer wiederholen, in ihrem natürlichen Widerwillen gegen das Landleben liegt; nur durch große Gesellschaften, fortwährende Festivitäten und protziges Gehaben vermochte sie diesen Widerwillen zu überwinden. Ein so geräuschvoller Lebensstil paßt aber weder zu meinen vierundsiebzig Jahren noch zu meinem kränklichen Zustand. Da überdies weder der Herzog von Württemberg noch der Marschall Richelieu – von anderen großen Herren zu schweigen – mir meine Renten in letzter Zeit bezahlten, konnte ich mir solche Extravaganzen zuletzt nicht mehr leisten. Madame Denis ist nun nach Paris gefahren, um an Geldern zu retten, was noch zu retten ist, und ich selbst will in Deutschland die Schulden einzutreiben versuchen. Trotz dieser augenblicklichen Kalamität habe ich ihr für Paris zwanzigtausend Livres Pension ausgesetzt; außerdem besitzt sie zwölftausend Livres Rente und soll später noch mehr bekommen. Ich würde mit Kummer in die Grube fahren, wenn einer meiner nächsten Verwandten mir noch bei meinem Tode vorwerfen könnte, ich hätte nicht für ihn gesorgt. Vielleicht habe ich während meines Lebens nicht genug in dieser Hinsicht getan; aber wenn mir noch zwei Jahre vergönnt sind, hoffe ich, für meine Familie noch manches tun zu können. Ich wollte das Schloß, das ich für eure Schwester erbaute, verkaufen, um ihr sogleich eine beträchtliche Summe Bargeld zu beschaffen. Gern hätte ich auf die Annehmlichkeiten dieser Residenz verzichtet, die sieben oder acht Monate im Jahr nicht zu unterschätzen sind; aber eine günstige und wohl einmalige Gelegenheit, die sich bot, wurde von Madame Denis leider nicht ausgenützt. Was mich betrifft, so genügt mir ein Zimmer für meine Bibliothek und ein zweites, in dem ich mich auch im Winter warmhalten kann. Ein Greis hat keine kostspieligen Wünsche mehr.

Ich glaubte, euch, meinen Freunden und Verwandten, diese Rechenschaft schuldig zu sein. Lebt wohl, liebe Schloßherrschaft von Hornoy! Wie oft sage ich voll Trauer: Ach, warum liegt Ferney nicht in der Picardie!

141 An den Bischof von Annecy

Ferney, 15. April 1768

Ich hätte Euer Hochwürden sogleich auf den Brief antworten sollen, mit dem Sie mich beehrt haben; leider haben meine Krankheiten das nicht gestattet.

Ihr Brief ist für mich eine große Genugtuung; ein wenig bin ich aber auch erstaunt darüber. Wie können Sie mir nur dafür danken, daß ich Pflichten erfüllt habe, die jeder Lehensherr um des guten Beispiels willen in seinem Gebiet erfüllen muß, von denen kein Christ sich dispensieren darf und die ich immer ernst genommen habe! Es genügt nicht, seine Untertanen den Schrecken der Armut zu entreißen, sie zum Heiraten zu ermuntern und soviel als möglich zu ihrem zeitlichen Glück beizutragen. Man muß sie auch erbauen. Und es wäre sehr ungewöhnlich, wenn ein Lehensherr in der Pfarrkirche, die er selbst erbaut hat, das nicht täte, was die sogenannten Reformierten in ihren Tempeln auf ihre Fasson ebenfalls tun.

Ich verdiene also sicherlich die Komplimente nicht, die Sie mir liebenswürdigerweise machen. Aber ebensowenig verdiene ich die Verleumdungen durch gewisse literarische Schmeißfliegen, die kein anständiger Mensch ernst nimmt und die ein Mann von Ihrem Charakter nur ignorieren kann. Ich verachte diese Lügen, ohne indessen die Lügner zu hassen. Je älter man wird, um so mehr soll man alle Verbitterung von seinem Herzen fernhalten; das beste, was man gegen die üble Nachrede tun kann, ist, sie zu vergessen. Jeder Mensch muß Opfer bringen, jeder Mensch weiß, daß alle die kleinen Zwischenfälle, die dieses flüchtige Leben verwirren können, sich in der Ewigkeit verlieren und daß die Ergebung in Gott, die Liebe zum Nächsten, die Gerechtigkeit, das Wohltun die einzigen Dinge sind, die uns angerechnet werden vor dem Schöpfer der Zeiten und aller Wesen. Ohne diese Tugend, die Cicero »caritas generis humani«, die Liebe zum Menschengeschlecht nennt, ist der Mensch nur der Feind des Menschen, ist er nur der Sklave der Eigenliebe, der eitlen Pracht, der frivolen Überheblichkeit, des Stolzes, der Habgier und aller verdammenswerten Leidenschaften. Tut der Mensch aber das Gute um des Guten willen, erfüllt diese durch das Christentum geläuterte und geheiligte Pflicht sein ganzes Herz, so darf er hoffen, daß Gott, vor dem alle Menschen gleich sind, die Gefühle, deren ewige Quelle er ist, nicht verwerfen wird. Ich demütige mich vor ihm in Gemeinschaft mit Ihnen und habe, unter Beachtung der Formen, die im Verkehr mit den Menschen üblich sind, die Ehre, mich Ihnen respektvoll zu empfehlen.

Postskriptum: Sie sind zu gut unterrichtet, um nicht zu wissen, daß ein Lehensherr in seinem Pfarrdorf in Frankreich das Recht hat, beim Austeilen des geweihten Brotes seine Untertanen von einem Einbruchsdiebstahl in Kenntnis zu setzen und sie an das siebente Gebot zu erinnern, genau ebenso wie er die Pflicht hat, Alarm zu schlagen und Wasser schleppen zu lassen, wenn Feuer im Dorf ausgebrochen ist. Das sind polizeiliche Angelegenheiten, für die er zuständig ist.

142 *An Monsieur Paulet*

Ferney, 22. April 1768

Ich glaube, mein geehrter Herr, daß Don Quijote nicht so viele Ritterromane gelesen hat wie ich medizinische Bücher. Ich kam schwach und krank zur Welt und gleiche den Leuten, die einen uralten Familienprozeß geerbt haben und ihr Leben damit hinbringen, Gesetzbücher durchzublättern, um ihren Prozeß zum Abschluß zu bringen.

Seit ungefähr vierundsiebzig Jahren führe ich jetzt meinen Prozeß gegen die Natur nach meinen besten Kräften. Ich habe ihn in einigen Instanzen gewonnen, denn ich bin ja immer noch am Leben; aber in anderen Instanzen habe ich ihn verloren, da ich immerfort unter Schmerzen gelebt habe.

Von allen einschlägigen Büchern, die ich gelesen habe, hat mich kein anderes mehr interessiert als das Ihrige. Vor allem bin ich Ihnen dankbar, daß Sie mich mit der Schrift des Arabers Rhazès bekannt gemacht haben. Wir waren noch große Ignoranten und entsetzliche Barbaren zu der Zeit, als die Araber sich schon um Reinlichkeit bemühten. Wir sind auch auf allen anderen Gebieten sehr spät erst in Form gekommen, aber wir haben die verlorene Zeit wieder aufgeholt, wofür Ihr Buch das beste Zeugnis ablegt. Ich habe vieles daraus gelernt; aber ich habe noch einige kleine Zweifel, so vor allem über das Ursprungsland der Pocken.

Ich hatte immer gedacht, daß die Pocken aus der arabischen Wüste zu uns gekommen sind, und zwar als eine Abart der Lepra. Wenn aber Ägypten ihre Heimat ist, wie Sie versichern, so kann ich nicht verstehen, warum die Truppen Marc-Antons, Augustus' und seiner Nachfolger sie nicht nach Rom verschleppt haben. Fast alle Römer hatten ägyptische Diener, aber nie arabische. Die Araber blieben fast immer auf ihrer großen Halbinsel bis in die Tage Mahomets. Und erst seit dieser Zeit begannen die Pocken sich zu verbreiten. Das sind meine Gründe für die Annahme, daß sie aus Arabien stammen. Nachdem Sie aber anderer Meinung sind, traue ich meinen Gründen nicht mehr recht.

Sie haben mich überzeugt, daß Ausrottung der Pocken der Bekämpfung durch das Impfen vorzuziehen ist. Ich glaube freilich nicht, daß die Fürsten Europas so weise sind, daß sie ein Offensiv- und Defensivbündnis gegen diese Geißel des Menschengeschlechts schließen werden. Sollten Sie die Parlamente des Königreichs dazu bewegen können, irgendwelche Gesetze gegen die Pocken zu erlassen, so würde ich Sie bitten, und zwar ohne persönliches Interesse, auch gegen die Syphilis etwas zu unternehmen. Wie Sie wissen, hat das Parlament von Paris im Jahr 1496 verfügt, daß alle Syphiliskranken innerhalb der Bannmeile von Paris gehängt werden. Diese Maßnahme war gewiß sehr weise, aber sie war auch ein wenig hart und schwer auszuführen, zumal wegen der Geistlichkeit, die ad apostulos appelliert hätte.

Ich weiß nicht, welche dieser beiden Krankheitsschwestern dem menschlichen Geschlecht am meisten Abbruch getan hat; aber die große Schwester erscheint mir hundertmal absurder als die andere. Die Quelle der Zeugungskraft zu vergiften, ist, von der Natur aus gesehen, etwas so ungeheuer Lächerliches, daß ich nicht weiß, wo ich dran bin, wenn ich das Lob dieser guten Mutter Natur singen soll. Die Natur ist unbestreitbar sehr lobenswert und sehr ehrwürdig, aber sie hat schandbare Kinder.

Könnten sich die Regierungen Europas untereinander verständigen, so könnten sie sehr wohl die Herrschaft der beiden Schwestern ein wenig beschränken. Wir haben gegenwärtig in Europa mehr als einhundertzwanzigtausend Männer, die mitten im Frieden auf Wachposten stehen. Wollten wir sie dazu verwenden, die zwei Giftstoffe, die das Menschengeschlecht dezimieren, auszurotten, so wären die Soldaten wenigstens zu etwas nutze; man könnte ihnen auch befehlen, gegen Skorbut, Fleckfieber und andere Geschenke dieser Art, mit denen die Natur uns begnadet hat, ins Feld zu ziehen. Ihr habt in Paris das sogenannte Hôtel-Dieu, wo eine ewige Ansteckung herrscht, wo die Kranken, zusammengedrängt, sich gegenseitig mit Pest und Tod beglücken. Ihr habt Schlächtereien in kleinen, ausweglosen Gassen, von wo sich im Sommer ein Kadavergestank verbreitet, der ein ganzes Viertel vergiften kann. Die Ausdünstungen der Verstorbenen, die in euren Kirchen aufgebahrt werden, töten die Lebenden, und die Beinhäuser des heiligen Innozent sind noch immer Zeugnis der Barbarei, die uns tief unter die Hottentotten und Neger stellt. Aber niemand denkt daran, diese scheußlichen Mißstände abzuschaffen. Ein Teil der Bürger denkt nur an die Opéra-Comique, und die Sorbonne ist vollauf damit beschäftigt, über die Tragödie »Bélisar« zu Gericht zu sitzen und den Kaiser Marc-Anton zu verdammen.

Wir werden noch lange solche Narren bleiben, die für das Gemeinwohl nichts übrig haben. Man macht zwar manchmal plötzlich gewisse Anstrengungen, hört aber am nächsten Tag schon wieder damit auf. Die Ausdauer, die erforderliche Zahl von Arbeitskräften, das Geld sind für große Unternehmungen nie vorhanden. Jeder lebt für sich: Rette sich, wer kann! Das ist die Devise jeder Privatperson. Je gleichgültiger die Menschen gegen ihre wichtigsten Interessen sind, um so mehr Achtung habe ich für Ihre patriotischen Ideen.

143 An den Bischof von Annecy

29. April 1768

Der zweite Brief von Euer Hochwürden erstaunt mich noch mehr als der erste. Ich begreife nicht, was für falsche Berichte bei Ihnen eine solche Verstimmung gegen mich hervorrufen konnten. Ich habe niemandem in dem Ländchen Gex Anlaß gegeben, sich über mich bei Ihnen zu beschweren. Mir ist immer der Friede mit meiner Nachbarschaft am Herzen gelegen, und ich hatte gehofft, ihn auch mir so am besten sichern zu können.

Um den Verleumdungen, die gegen mich im Umlauf sind, entgegenzutreten, haben einige Beamte, Anwälte, die Pfarrer des ganzen Landes, ein Zivilrichter und ein höherer Geistlicher, die mich eines Tages besuchten, aus Entrüstung über die Denunziationen aus freien Stücken mir folgendes bezeugt und unterschrieben:

> Wir bestätigen, daß Herr von Voltaire, Kammerherr des Königs, Grundherr von Ferney und Tournay im Lande Gex nahe bei Genf, nicht nur die Pflichten der katholischen Religion in dem Pfarrsprengel Ferney, in dem er wohnt, jederzeit erfüllt hat. Er hat überdies auf seine Kosten die Kirche erbauen und schmücken lassen, einen Schullehrer angestellt und ebenfalls auf seine Kosten den brachliegenden Boden urbar machen lassen. Den Leuten, die keinen Pflug besaßen, hat er einen solchen beschafft, hat ihnen Häuser gebaut und Boden abgetreten, so daß Ferney heute doppelt soviel Einwohner zählt wie zu der Zeit, da er sich hier angekauft hat. Herr von Voltaire hat außerdem nie irgendeinem Bewohner der Gegend seine Hilfe versagt. Wir versichern, daß dieses Zeugnis auf vollkommener Wahrheit beruht.

Euer Hochwürden mögen aus diesem Schriftstück ersehen, daß es eine Lüge ist, wenn behauptet wird, ich hätte meine Pflichten der katholischen Kirche gegenüber nur in diesem Jahr erfüllt. Sie sind hoffentlich erzürnt darüber, daß man gewagt hat, Sie so plump anzulügen. Ich verzeihe indessen von ganzem Herzen denen, die diese infame Lüge in die Welt gesetzt haben. Mir genügt es, wenn ich sie daran hindern kann, weiter Schaden zu stiften, ohne ihnen selbst schaden zu wollen. Meine Antwort an Sie ist, daß der Friede, nach dem ich immerfort strebe, durch diese Affäre in meinem Lande nicht gestört werden soll.

Die literarischen Bagatellen haben im übrigen mit den Pflichten eines Bürgers und Christen nichts zu schaffen. Die Dichtkunst ist nichts weiter als ein Amüsement. Wohltätigkeit, echtes, nicht abergläubisches Mitleid, Nächstenliebe, Ergebung in Gott sollten für jeden ernst denkenden Menschen die wichtigsten Beschäftigungen sein. Ich bemühe mich, soweit meine Kräfte reichen, all diese Verpflichtungen in meiner Abgeschiedenheit, die ich täglich mehr vertiefe, zu erfüllen. Aber da ich nur ein schwacher Mensch bin, so werfe ich mich wiederum, zusammen mit Ihnen, der göttlichen Vorsehung zu Füßen, wohl wissend, daß vor Gott und der Ewigkeit nur drei Dinge Bestand haben: unsere Demut, unsere Sünden und unsere Reue.

Ich empfehle mich Ihrem Gebet ebenso wie Ihrem Gerechtigkeitsgefühl.

144 An den Marquis de Villevielle

1. Mai 1768

Mein lieber Marquis! Der Herr von Pickelhering oder von Hasenfuß weiß über den Lauf der Welt nicht Bescheid. Er weiß nicht, daß man, wenn man zwischen Wölfen und Füchsen eingesperrt ist, manchmal mit den einen stinken und mit den andern heulen muß. Er weiß auch nicht, daß man sich manchmal bis zu den verächtlichsten Dingen hinab erniedrigen muß und daß man sich darum doch nicht kompromittiert. Sollten Sie sich jemals in einer Gesellschaft befinden, wo man zur Begrüßung den Hintern entblößt, so kann ich Ihnen nur raten: lassen auch Sie beim Eintritt Ihre Hosen hinunter, statt der sonst üblichen Verbeugung!

Der Marquis von Mora, Spaniens Botschafter in Paris, Schwiegersohn des berühmten Grafen d'Aranda, der die Jesuiten aus Spanien verjagt hat und wohl noch anderes Ungeziefer vertilgen wird, ist hier drei Tage mein Gast gewesen; er kehrt von hier nach Spanien zurück und wird vielleicht auf der Durchreise nach Montpellier kommen. Das ist ein junger Mann von seltenen Verdiensten. Sie werden ihn wahrscheinlich kennenlernen und ebenfalls von ihm entzückt sein. Die Inquisition ist in Spanien noch nicht abgeschafft, aber man hat diesem Ungeheuer die Zähne gezogen und die Pranken bis auf einen Stumpf abgehauen. Alle Bücher, die in Paris streng verboten sind, können frei nach Spanien eingeführt werden. In weniger als zwei Jahren werden die Spanier ein halbes Jahrtausend muffigster Bigotterie aufgeholt haben.

Danken Sie dafür Gott, und lieben Sie mich!

145 An den Marquis de Thibouville

22. Mai 1768

Ich schreibe kaum mehr Briefe, mein lieber Marquis, weil ich sehr wenig Zeit für mich habe. Altersschwäche, körperliche Schmerzen, der Landbau, die geistigen Anstrengungen, die nun einmal zum Beruf eines Schriftstellers gehören, eine Neuausgabe des »Siècle de Louis XIV.« – all das läßt mich nicht zu Atem kommen. Rechnen Sie noch die immerfort hinter einem dreinbellende Verleumdung hinzu und die stets zu befürchtende Verfolgung, so werden Sie verstehen, wie sehr ich Einsamkeit und Mut nötig habe.

Ich weiß, daß es zu meinem Unglück gehört, nicht ignoriert werden zu können. Ich weiß alles, was man so spricht, und ich schwöre Ihnen, daß daran kein wahres Wort ist. Ich liebe meine Einsiedelei nur, weil sie für mich körperlich und seelisch schlechthin unentbehrlich ist. Lebt vergnügt in Paris, ihr Leute von Welt; Paris ist für euch gemacht, und ihr für Paris. Liebt das Theater, wie man seine alte Mätresse liebt, auch wenn sie einem kein Vergnügen mehr bereiten kann. Hat sie's doch früher einmal gekonnt! Alle Welt findet sie sehr häßlich; aber es ist schön von Ihnen, wenn Sie trotzdem noch immer nett und höflich zu ihr sind.

Mein Pfarrer sendet Ihnen zum Pfingstfest seine schönsten Empfehlungen. Zum erstenmal werde ich selbst das heilige Brot austeilen: ich schicke Ihnen dann ein besonders knuspriges Stück davon durch die Post.

146 An Monsieur de Montaudoin

2. Juni 1768

Bis jetzt konnte ich mich nicht rühmen, meinen kleinen Kahn glücklich durch diese Welt gesteuert zu haben. Nachdem Sie aber eines Ihrer Schiffe auf meinen Namen taufen wollen, werde ich allen Stürmen trotzen. Sie erweisen mir damit eine Ehre, die ich gewiß nicht verdiene und deren noch kein Schriftsteller vor mir gewürdigt worden ist. Bis jetzt hat man die Schiffe auf den Namen Neptuns, der Tritonen, der Sirenen, des Vogels Greif, der Staatsminister oder der Heiligen getauft, und besonders die letzteren sind immer sicher in die Häfen eingelaufen. Aber noch keines ist je auf den Verfertiger von Versen und von Prosa getauft worden.

Wäre ich noch jünger, so würde ich mich an Bord des »Voltaire« begeben und nach irgendeinem Land segeln, wo es weder Fanatismus noch Verleumdung gibt. Ich könnte auch, etwa in Korsika oder Cività-Vecchia, die Jesuiten Patouillet und Nonotte, zusammen mit Freund Fréron, dem Exjesuiten, an Land setzen, wo sie sich mit anderem verrücktem und schwärmerischem Gesindel zusammentun könnten. Ehemals hat man ja auch bei gewissen Gelegenheiten Affen oder Katzen in einen Sack gesteckt und den Sack dann ins Meer versenkt. Ich bilde mir ein, daß die Engländer mich frei auf allen Meeren werden passieren lassen, denn sie wissen, daß ich sie und ihre Werke immer geschätzt habe. Sie kaperten im Krieg von 1741 ein spanisches Schiff, das mit päpstlichen Quittungen über Peterspfennige, Nachlaßgelder und Agnus-Dei-Opfer befrachtet war. Ich möchte hoffen, daß das Schiff mit meinem Namen keine solche Fracht tragen wird; sie sichert zwar ein sorgenfreies Leben in jener andern Welt, für diese aber taugt sie nicht.

Sollte der Kapitän des »Voltaire« einmal nach Indien fahren, so möchte ich ihn bitten, einen Brief von mir an einen Brahmanen mitzunehmen, mit dem ich in Korrespondenz stehe. Er ist Pfarrer in Benares am Ganges. Er hat mir bewiesen, daß es schon seit viertausend Jahren Brahmanen gibt. Das ist ein sehr gelehrter und verständiger Mann, der im übrigen viel gründlicher getauft ist als wir, denn er taucht an allen hohen Festtagen mit dem ganzen Körper im Ganges unter.

Ich kann Ihnen nicht eigenhändig schreiben, da ich sehr krank bin; aber mit meiner zitternden Hand versichere ich Ihnen, daß ich bis zu meinem letzten Atemzuge Ihnen ergeben bleiben werde.

13. Juli 1768

Heiliger oder Verruchter, fragen Sie, Madame? Ach, ich bin weder fromm noch gottlos. Ich bin ein einsamer Mann, ein Ackerbauer, der in einem barbarischen Land begraben liegt. Wenn mich viele Pariser an Affen erinnern, so die Leute hier an Bären. Ich gehe, wenn ich es irgend kann, beiden aus dem Wege. Trotzdem reichen die Zähne und Krallen der Verfolgung bis in meine Einsiedelei. Man möchte mich noch in meinen letzten Lebenstagen vergiften. Tun Sie nicht, was üblich ist, dann sind Sie ein atheistisches Monstrum; tun Sie es, dann sind sie ein Monstrum an Scheinheiligkeit. Das ist die Logik der Neidhammel und Verleumder. Ich hoffe nur, daß der König, der weder auf meine schlechten Verse noch auf meine schlechte Prosa eifersüchtig sein dürfte, jenen Leuten keinen Glauben schenken wird, die mich ihrer Wut aufopfern wollen; er wird seine Macht nicht dazu mißbrauchen, um einen kranken Mann, der seinem Lande nur Gutes erwiesen hat, in seinem fünfundsiebzigsten Lebensjahr in die Verbannung zu schicken.

Adieu, Madame! Ich ehre und liebe Sie, und ebensosehr beklage ich Sie. Bis zum letzten Augenblick unserer kurzen und mühsamen Erdenwanderung werde ich Sie lieben.

148 An Horace Walpole

Ferney, 15. Juli 1768

Ich habe soeben die Vorrede Ihrer »Geschichte Richards des Dritten« gelesen. Sie erscheint mir zu kurz. Wenn man so offensichtlich recht hat, wenn man so viel weiß und noch obendrein ein so sattelfester Philosoph und ein so tüchtiger Stilist ist, dann soll man sich nicht so kurz fassen; ich jedenfalls hätte Lust, Ihnen länger zuzuhören. Ihr Vater war ein großer Staatsmann und ein vorzüglicher Redner; aber ein Buch wie dieses konnte er doch wohl nicht schreiben. Sie können also nicht wohl sagen: »denn der Vater ist größer als ich« Johannes-Evangelium XIV, 23).

Ich war immer wie Sie der Meinung, daß man allen alten Historien mißtrauen muß. Fontenelle, der einzige Mann der Louis-Quatorze-Zeit, der zugleich Dichter, Philosoph und Gelehrter war, pflegte zu sagen, daß es sich dabei um ausgemachte Märchen handle. Rollin hat in seinen Geschichtswerken viel zu viele solcher Hirngespinste und Widersprüche zusammengetragen.

Ich habe dann auch die Vorrede Ihres Romans gelesen. Sie machen sich darin über mich ein wenig lustig; aber wir Franzosen verstehen einen Spaß. Ich möchte Ihnen trotzdem ernsthaft antworten.

Sie machen mich vor Ihren Landsleuten schlecht, indem Sie behaupten, daß ich Shakespeare verachte. Sie vergessen aber, daß ich als erster Shakespeare in Frankreich bekanntgemacht und schon vor vierzig Jahren Stellen aus ihm übersetzt habe, ebenso wie aus Milton, Waller, de Rochester, Dryden und Pope. Ich kann Ihnen versichern, daß vor mir niemand in Frankreich etwas von englischer Literatur wußte; man hatte noch kaum etwas von Locke gehört. Dreißig Jahre lang haben zahllose Fanatiker mich angegriffen, weil ich behauptet hatte, daß Locke der Herkules der Metaphysik sei, der die Grenzen der menschlichen Erkenntnis festgelegt habe.

Mein Schicksal hat es auch gewollt, daß ich als erster meinen Mitbürgern die Entdeckungen des großen Newton erklären durfte. Ich bin der Apostel und der Märtyrer der Engländer gewesen. Es ist nicht gerecht, wenn die gleichen Engländer sich jetzt über mich beklagen. Vor sehr langer Zeit habe ich, das ist wohl richtig, geschrieben, daß Shakespeare, hätte er im Zeitalter Addisons gelebt, mit seinem Genie auch Eleganz und Reinheit des Stils verbunden hätte; ich habe gesagt, daß er das Genie sich selbst zu verdanken habe und daß seine Fehler durch das Jahrhundert bedingt waren, in dem er lebte. Es ist wie bei den Spaniern Lope de Vega und Calderon: eine herrliche, aber wilde Natur, keine Regelmäßigkeit, keine Schicklichkeit, keine Kunst, Niedriges neben Hohem, Entsetzliches ins Spaßige verzerrt. Das ist das Chaos der Tragödie, das nur gelegentlich von Lichtstrahlen erhellt wird.

Die Italiener, die ein Jahrhundert vor den Engländern und Spaniern sich wieder mit Tragödien befaßten, sind nicht in diesen Fehler verfallen; sie waren gelehrigere Schüler der Griechen. Im »Ödipus« und der »Elektra« des Sophokles gibt es keine Possenreißer. Ich vermute, daß diese Roheit auf unsere Hofnarren zurückzuführen ist. Wir alle, die wir diesseits der Alpen leben, waren ziemlich lange Barbaren. Jeder Fürst hatte hier seinen beamteten Narren. Und ungebildete Könige, die von ungebildeten Leuten erzogen worden waren, konnten ja auch von den feineren Vergnügungen des Geistes nicht wohl viel verstehen: sie entwürdigten die menschliche Natur so sehr, daß sie Menschen, die ihnen dummes Zeug vorschwätzten, dafür auch noch bezahlten. Vor Molière gab es bei uns fast keine Komödie ohne die stehende Figur eines Hofnarren: eine abscheuliche Mode.

Es ist auch richtig, daß ich gesagt habe, es gebe ernsthafte Komödien, die Meisterwerke seien, wie etwa »Le Misanthrope«; und sehr spaßige wie »George Dandin«; und daß Spaß und Ernst und Rührung sehr wohl in denselben Komödien enthalten sein könnten. Jedes Genre ist erlaubt, nur nicht das langweilige. Zugegeben, mein Herr! Aber Roheit ist überhaupt kein Genre. »In meines Vaters Haus sind viele Wohnungen: aber ich habe nie behauptet, daß es anständig sei, im gleichen Zimmer Karl den Fünften und Japhet von Armenien, den Kaiser Augustus und einen betrunkenen Matrosen, Marc-Aurel und einen Zirkusclown einzuquartieren. Horaz hat im schönsten aller Jahrhunderte ebenso gedacht. Lesen Sie nur seine »Ars poetica«! Und das ganze aufgeklärte Europa denkt heute ebenso.

Gestatten Sie mir, hundertprozentiger Engländer, der Sie sind, daß ich für meine eigene Nation ein wenig Partei ergreife. Ich habe ihr so oft unangenehme Wahrheiten gesagt, daß es nur gerecht ist, wenn ich auch etwas Schmeichelhaftes über sie sage, sobald ich glaube, daß sie es verdient. Jawohl, mein Herr, ich habe es geglaubt, ich glaube es noch und werde es immer glauben, daß Paris hoch über Athen steht, was Tragödien und Komödien betrifft, Molière und sogar Regnard scheinen mir einen Aristophanes zu übertrumpfen, ebenso wie Demosthenes unsere Advokaten übertrumpft. Ich gestehe Ihnen ganz offenherzig, daß mir alle griechischen Tragödien im Vergleich mit den herrlichen Szenen Corneilles und den vollkommenen Tragödien Racines wie Schülerarbeiten vorkommen. Der gleichen Meinung war auch Boileau selbst, so sehr er die Alten bewunderte; er hat nicht gezögert, unter Racines Bild den Vers zu schreiben, daß dieser große Mann Euripides übertroffen habe und Corneille ebenbürtig sei. Jawohl, ich glaube beweisen zu können, daß es in Paris mehr Menschen von Geschmack gibt, als deren jemals in Athen gelebt haben. Wir haben über dreißigtausend Seelen, die an den schönen Künsten ihre Freude haben; in Athen gab es nicht einmal zehntausend. In Athen besuchte auch das niedere Volk das Theater, bei uns hat es keinen Zutritt, außer wenn man ihm bei feierlichen oder lächerlichen Anlässen ein Gratis-Spektakel konzediert. Unser ständiger Verkehr mit Frauen hat uns in unseren Empfindungen zärtlicher, in unseren Sitten anständiger und in unserem Geschmack anspruchsvoller gemacht. Lassen Sie uns unser Theater und den Italienern ihre Waldfabeln. Ihr Engländer seid ja auch ohnedies reich genug.

Bevor der Brief zur Post geht, hatte ich noch Zeit, Ihren »Richard der Dritte« zu lesen. Sie hätten das Zeug zu einem Generalstaatsanwalt. Sie wägen genau alle Wahrscheinlichkeiten ab; insgeheim aber, so scheint es, haben Sie eine Schwäche für diesen Bucklingen. Sie möchten gern haben, daß er ein wohlgewachsener und sogar ein galanter Mann gewesen wäre. Der Benediktiner Calmet hat eine Dissertation verfaßt, in der er nachweist, daß Jesus Christus ein sehr hübsches Gesicht gehabt habe. Ich möchte mit Ihnen glauben, daß Richard der Dritte nicht ganz so häßlich und böse war, wie das überliefert ist. Trotzdem hätte ich mit ihm nichts zu schaffen haben wollen. Eure roten und weißen Rosen hatten schreckliche Dornen für die Nation: »Jene gnädigen Könige sind allesamt ein schurkisches Pack.« Wahrhaftig, liest man die Geschichte derer von York, von Lancaster und vieler anderer britischer Geschlechter, so könnte man meinen, die Geschichte von Straßenräubern vor sich zu haben. Und was euren Heinrich den Siebten betrifft, so war er nichts anderes als ein Beutelschneider.

Ferney, 26. August 1768

Ich mache Ihnen mein Kompliment, daß Sie kein Atheist sind. Ihr Vorgänger, der Marquis de Vauvenargues, war es auch nicht. Und was gewisse gelehrte Leute in unseren Tagen darüber auch sagen mögen: man kann sehr wohl ein Philosoph sein und doch an Gott glauben. Die Atheisten haben noch nie auf die für sie ein wenig peinliche Feststellung, daß eine Uhr einen Uhrmacher voraussetzt, etwas Rechtes zu erwidern gewußt. Sogar Spinoza gibt eine Intelligenz zu, die in unserem Universum das Präsidium führt.

Ich lese soeben ein neues Buch über die Existenz Gottes; Verfasser ist ein gewisser Bullet, Dekan der Universität Besançon. Dieser Dekan ist ein gelehrtes Haus und marschiert auf den Spuren der Sevammerdam, Nienwentyt und Derham. Aber auch einen alten Soldaten kann einmal ein panischer Schreck ergreifen. So ist dieser Bullet ganz entsetzt über das Argument der Atheisten, daß, wenn man aus einem Würfelbecher die Buchstaben des Alphabets kräftig durcheinander geschüttelt herauswerfe, durch reinen Zufall bei einer gewissen Anzahl von Würfen die Äneide zustande kommen könne. Damit das erste Wort »arma« sich bildet, braucht es nur vierundzwanzig Würfe; und um »arma virumque cano« zu bekommen, sind nur einhundertzwanzig Millionen Würfe, also eine Bagatelle, vonnöten. In ungezählten Milliarden von Jahrhunderten könnte schließlich mit Hilfe ebenso zahlreicher Zufälle die ganze Äneide herausgeknobelt werden.

Ich verstehe nicht, wieso dieses Argument den Dekan Bullet so bestürzt machen konnte. Er hätte nur furchtlos zu antworten brauchen: es gibt zahllose Wahrscheinlichkeiten, daß ein Schöpfergott existiert; Sie aber, meine Herren, haben nur eine Eins für sich. Beurteilen Sie selbst, wessen Chancen besser sind.

Im übrigen ist die Maschinerie dieser Welt eine viel kompliziertere Sache als die Äneide. Zwei Äneiden zusammen ergeben noch keine dritte, während zwei Lebewesen ein drittes hervorbringen können, welch letzteres seinerseits wieder neue hervorbringt: ein Umstand, der die Wette für mich noch günstiger erscheinen läßt.

Werden Sie mir glauben, daß ein irischer Jesuit der atheistischen Philosophie Waffen geliefert hat, indem er behauptete, daß manche Tiere sich ganz allein erschüfen? Der Jesuit Needham, zur Zeit Weltgeistlicher, der sich für einen Chemiker und Forscher hält, bildet sich nämlich ein, er könne lebende Aale aus Mehl und Hammelsoße fabrizieren, und diese so ins Leben gerufenen Aale seien sogar imstande, sogleich neue zu gebären, genau wie Polichinelle und Madame Gigogne Kinder zeugen.

Nein, mein lieber Marquis, der Atheismus taugt zu nichts; er ist sowohl physisch als auch moralisch vom Übel. Ein anständiger Mensch kann sich sehr wohl gegen Aberglauben und Fanatismus zur Wehr setzen und die Verfolgung verabscheuen; er erweist dem Menschengeschlecht einen guten Dienst, wenn er für das menschliche Prinzip der Toleranz sich einsetzt. Aber wem erweist er einen Dienst, wenn er atheistische Ideen verbreitet? Werden die Menschen tugendhafter, wenn sie nicht mehr an einen Gott glauben, der die Tugenden vorschreibt? Nein, gewiß nicht. Die Fürsten und ihre Minister sollen an einen Gott glauben, und zwar an einen strafenden und verzeihenden Gott. Ohne diesen Zaum wurde ich sie für wilde Tiere halten, die mich vielleicht nicht auffressen, wenn sie gerade von einer langen Mahlzeit sich zu erheben und nun mit ihren Mätressen zusammen auf einem Kanapee dem Verdauungsgeschäft in aller Ruhe obliegen; die mich aber zu zweifellos sogleich auffressen werden, wenn ich ihnen, während sie hungrig sind, in die Klauen gerate; und die, wenn sie mich gefressen haben, nicht nur nicht denken werden, daß sie etwas Schlechtes begangen haben, sondern sich meiner überhaupt nicht mehr erinnern werden, wenn sie andere Opfer zwischen ihren Zähnen haben, die ihnen vielleicht noch besser munden werden.

Ich weiß sehr wohl, mein lieber Marquis, daß ich einem Normand de Vire, einem Le Tellier nicht beweisen kann, daß ein Gott existiert, der die Tyrannen, die Verleumder und die lügnerischen Beichtväter der Könige bestraft. Der Schurke würde meine Argumente einfach dadurch entkräften, daß er mich ins dunkelste Kerkerverlies werfen ließe. Ich werde auch einen verbrecherischen Richter, einen barbarischen Blutsäufer, der es verdiente, von seinen eigenen Henkern erwürgt zu werden, von der Existenz eines Gottes nicht überzeugen. Aber redliche Seelen werde ich überzeugen. Und wenn auch das ein Irrtum ist, so ist es der schönste aller Irrtümer.

150 An den Marquis d'Argence de Dirac

31. August 1768

Ich kann den Patriotismus des Herrn Fritzgerald nur billigen, wenn er die Schrecken der irischen Bartholomäusnacht als nicht ganz so schlimm hinzustellen sich bemüht. Ich würde es mit unserer französischen Bartholomäusnacht nicht anders halten, wenn ich es könnte. Es sei ihm unbenommen, den Historiker Brooke zu zitieren, der ja tatsächlich zu beweisen scheint, daß die Katholischen damals nicht mehr als vierzigtausend Protestanten erwürgten, die Frauen, die Kinder und auch die kleinen Mädchen eingerechnet, die man am Hals ihrer Mütter henkte. Zwar hat das englische Parlament in der ersten Hitze dieses heiligen Ereignisses das Massaker auf genau einhundertfünfzigtausend Personen berechnet. Mag sein, daß von der einen Seite die Zahl zu hoch, von der andern zu niedrig angegeben wurde. Die Wahrheit liegt zumeist in der Mitte. Und wenn wir annehmen, daß etwa neunzigtausend Menschen dabei aus Liebe zu Gott entweder verbrannt oder gehenkt oder ertränkt oder erwürgt worden sind, so dürfen wir uns wohl etwas darauf zugute halten, nicht weit von der Wahrheit abgewichen zu sein. Im übrigen bin ich ja nur ein simpler Historiker und habe daher kein Recht, eine Aktion zu verdammen, die zur Ehre Gottes geschah und daher nur edle und achtbare Motive haben konnte.

Trotzdem, mein lieber Freund, ist es gut, daß so erhabene Beispiele christlicher Liebe nicht gar zu häufig sich wiederholen. Es ist etwas Schönes, die Religion zu rächen; aber wenn man ihr solche Opfer auch nur zwei- oder dreimal in jedem Jahrhundert darbringt, so wird schließlich niemand mehr da sein, der die Messe lesen kann.

151 An Thiériot

Ferney, 15. September 1768

Meiner Treu, die ganze Welt steckt voller Scharlatane! Die Schulen, die Akademien, die gelehrtesten Gesellschaften: sie alle gleichen jenem Apotheker Arnould, dessen kleine, um den Hals zu hängende Kräutersäckchen vor Schlagfluß bewahren, oder jenem Herrn Le Lièvre, der seinen »Lebensbalsam« vielen Leuten verkauft, die dann daran sterben.

Die Jesuiten hatten vor einigen Jahren mit den Pariser Drogisten einen Prozeß, weil diese irgendein Elixier sehr teuer verkauften; sie selbst aber hatten eine »hinreichende Gnade« verkauft, die ganz und gar nicht hinreichend war, und die Jansenisten eine »wirkende Gnade«, die ebenfalls nicht wirkte. Ein großer Jahrmarkt ist diese Welt, und jeder Hanswurst sucht möglichst viele Dumme in seine Bude zu locken. Einer überbietet den andern.

Ein Weiser in unserem kleinen Land hat kürzlich entdeckt, daß die Flöhe und Schnaken unsterblich sind und daß alle Tiere bei ihrer Geburt eine fröhliche Urständ feiern. Es gibt freilich Leute, die solche hohe Hoffnungen nicht hegen; ich kenne sogar einige, denen es schwerfällt, zu glauben, daß die Wasserpolypen überhaupt Tiere sind. Sie sehen in diesen kleinen »Kräutern«, die in den stinkenden Pfützen schwimmen, nichts anderes als eben Kräuter, die nachwachsen wie jedes andere Kraut, das man abgemäht hat. Sie sehen nicht, daß diese »Kräuter« kleine Tiere fressen, sie sehen vielmehr, daß diese kleinen Tiere in die Kräuter eindringen und sie ihrerseits fressen. Die gleichen Ungläubigen wollen es nicht wahrhaben, daß die Koralle aus kleinen Meeresblattläusen zusammengesetzt ist.

In meiner Nachbarschaft lebt auch ein seltsamer Spintisierer, der allen Ernstes die Ansicht vertritt und sie auch hat drucken lassen, daß diese unsere Welt so lange bestehen bleiben wird, als man darüber Spekulationen anstellen wird; hören diese einmal auf, dann geht die Welt unter. Sie wird also, wenn das wahr ist, so bald nicht untergehen.

Sie sind mit Recht erstaunt, daß in meiner Erzählung »Der Mann mit den vierzig Talern« dem großen Rechenmeister Harvey die Spekulation mit den Eiern zugeschrieben wird. Er hat tatsächlich daran geglaubt. Sein Wahlspruch lautete: Alles stammt aus einem Ei. Aber obgleich er versicherte, daß das Ei das Urprinzip der ganzen Natur sei, sah er in der Entstehung der Lebewesen doch nichts weiter als die Arbeit eines Webers, der seine Leinwand webt. Andere sahen infolgedessen im Zeugungsfluidum nichts weiter als eine Unzahl wuseliger Regenwürmchen. Nach einiger Zeit jedoch sah man sie nicht mehr; sie waren ganz aus der Mode gekommen. Jede Theorie über die Art, wie wir auf die Welt kommen, wird morgen durch eine andere abgelöst. Nur das, was man gemeinhin den Liebesakt nennt, ist bis jetzt noch nie aus der Mode gekommen.

152 An Monsieur Bordes

16. September 1768

Es ist nur zu wahr, daß Jean-Jacques bisher alle seine kleinen Bastarde im Findelhaus deponiert hat. Es soll mir recht sein, wenn er damit jetzt Schluß macht und wenn seine Hexe ihre Liebesraserei jetzt dadurch beendet, daß sie ihren Hexenmeister heiratet. Ich hätte nicht geglaubt, daß es auf dieser Welt einen Menschen gebe, der ausgerechnet für Jean-Jacques geschaffen wurde.

153 An den Grafen von Rochefort

Ferney, 2. November 1768

Der schon Begrabene erhebt sich für einen Augenblick aus seiner Gruft, um Ihnen zu versichern, daß er, wenn er ewig leben müßte, Sie diese ganze Ewigkeit hindurch lieben würde. Er fühlt sich von Ihrer Güte geradezu überschüttet. Die beiden großen Käse sind glücklich eingetroffen. Wäre er gesund, so würde er sich noch glücklicher fühlen als jene Lafontainesche Ratte, die sich vor der Welt in einen Holländer Käse zurückzog. Wenn man aber alt und krank ist, bleibt einem nichts anderes übrig als das Leben zu ertragen und sich zu verstecken.

Ich habe Ihnen vier Bände meines »Siècle de Louis XIV. et XV.« zugesandt. In Frankreich kommen freilich Käsepakete mit der Post sicherer an als Bücher. Sie werden wohl Ihren ganzen Kredit aufwenden müssen, damit die Beamten auf dem Zollamt, die für Gedanken zuständig sind, Ihnen den Bericht über die Schlacht bei Fontenoy und über die Einnahme von Minorka aushändigen. Wir haben eine so vollkommene Gesellschaftsordnung, daß man ohne die ausdrückliche Erlaubnis der Syndikatskammer der Buchhändler nichts mehr lesen darf. Man behauptet sogar, daß ein berühmter Jansenist ein Gesetz vorgeschlagen habe, das allen Philosophen das Reden verbiete, außer in Gegenwart zweier Deputierter der Sorbonne, die allmonatlich über das Bericht zu erstatten haben, was in Paris gesprochen worden ist. Ich meinerseits würde es für viel nützlicher und praktikabler halten, wenn man den Philosophen die rechte Hand abschlüge, damit sie nicht mehr schreiben können, und die Zunge herausschnitte, damit sie nicht mehr reden können. Das ist eine ausgezeichnete Vorsichtsmaßnahme, deren man sich ja auch bereits bedient hat. Und zwar mit Erfolg. So erst neulich in Abbéville, wo man den kleinen Sohn eines Generalleutnants auf diese Weise traktiert hat. Aber das sind nur Notbehelfe. Mein Vorschlag wäre, in ganz Frankreich eine Bartholomäusnacht für Philosophen zu arrangieren und noch obendrein alle Leute, die Bücher von Locke, Montaigne und Bayle in ihrer Bibliothek stehen haben, im Bett zu erdrosseln. Des weiteren könnte es nichts schaden, wenn sämtliche Bücher, mit einziger Ausnahme des »Kirchenblatts« und des »Christenboten«, öffentlich verbrannt würden.

Jedenfalls will ich meine Eremitage nicht eher verlassen als an jenem glücklichen Tag, an dem das Denken aus der Welt verbannt sein wird und alle Menschen in den noblen Stand des lieben Viehs hinaufgelangt sein werden. Inzwischen, mein verehrter Herr Graf, seien Sie versichert, daß ich, solange ich noch denken und fühlen darf, Ihnen freundschaftlich ergeben bleibe. Sollte je eine Bartholomäusnacht für diejenigen veranstaltet werden, die gerecht und anständig gesinnt sind, so dürfen Sie gewiß sein, daß Sie eines der ersten Opfer dieses Massakers zu sein die Ehre haben. In Erwartung dessen bewahren Sie mir, bitte, auch fernerhin Ihr Wohlwollen.

483

20. Dezember 1768

Nein, mein lieber Marquis, nein und abermals nein: die Sokratesse von heute trinken keine Schierlingsbecher mehr. Jener Sokrates von Athen war, unter uns gesagt, ein sehr unvorsichtiger Mensch, ein sturer Rechthaber, der sich tausend Feinde gemacht hatte und sich vor seinen Richtern höchst ungeschickt verteidigte.

Unsere Philosophen von heute sind viel geschickter, sie haben nicht die dumme und gefährliche Eitelkeit, ihre Werke unter ihrem Namen zu veröffentlichen. Unsichtbare Hände schießen die Pfeile der Wahrheit ab, die den Fanatismus überall in Europa treffen. Der kürzlich gestorbene Damilaville war der Verfasser des »Entschleierten Christentums« und vieler anderer Schriften; aber niemand hat das gewußt. Seine Freunde haben zu seinen Lebzeiten das Geheimnis bewahrt mit einer Treue, die der Philosophie würdig ist. Noch heute weiß niemand, wer der Verfasser des Buches ist, das unter dem Namen »Fréret« läuft. In Holland hat man in den letzten Jahren nicht weniger als sechzig Bände gegen den Aberglauben gedruckt, deren Verfasser völlig unbekannt sind, obgleich sie sich kecklich zu erkennen geben könnten. Tausend Federn schreiben, und hunderttausend Stimmen erheben sich gegen den Mißbrauch und zugunsten der Toleranz.

Die Revolution der Geister, die seit etwa zwölf Jahren im Gange ist, hat nicht wenig dazu beigetragen, daß die Jesuiten aus so vielen Staaten verjagt worden sind und daß die Fürsten jetzt Mut gefaßt haben, dem Götzen in Rom, vor dem sie einst alle gezittert haben, zu trotzen. Das Volk ist dumm, und doch dringt das Licht jetzt sogar bis zu ihm. Glauben Sie mir, in Genf beispielsweise gibt es keine zwanzig Menschen, die Calvin ebenso wie dem Papst abschwören, und in Paris können Sie schon in den Handwerkerbuden Philosophen finden.

Ich aber werde getrost sterben, denn ich werde noch die wahre Religion erleben, nämlich die Religion des Herzens, die auf den Trümmern der dogmatischen Firlefanzereien errichtet ist. Ich habe nie etwas anderes gepredigt als die Anbetung des einen Gottes, und Güte und Nachsicht. In diesem Glauben trotze ich dem Teufel, den es gar nicht gibt, und den wirklich teuflischen Fanatikern, deren es nur zu viele gibt. Wenn Sie zu Ihrem Regiment zurückkehren, vergessen Sie mein kleines Schloß nicht, das auf Ihrem Wege liegt. Ich möchte nicht sterben, ohne Sie nochmals umarmt zu haben.

155 An M. L. C. (undatiert)

Über die unbekannten Größen

Jawohl, mein Herr, ich habe es gesagt, ich sage es nochmals und werde es immer wiederholen, obgleich das langweilig ist: daß nämlich die Lehre von den »unbekannten Größen« das weiseste und wahrste ist, was wir dem Altertum verdanken. Die Bildung der Elemente, die Entstehung des Lichts, der Tiere, der Pflanzen, der Mineralien, unsere Geburt, unser Leben, unser Tod, das Wachsein, der Schlaf, die Träume, die Sinneseindrücke, die Gedanken – das alles sind für uns unbekannte Größen, ewig verborgene Rätsel.

Descartes glaubte sich dem Aristoteles weit überlegen, als er auf französisch wiederholte, was jener auf griechisch gesagt hatte: »Man muß damit beginnen, daß man zweifelt.« Aber nachdem er gezweifelt hatte, brauchte er nicht eine Welt aus Würfeln zu erschaffen und aus diesen Würfeln dann eine kuglige, eine zackige und eine geistige Materie zu machen und aus solchen Ingredienzien Gestirne zusammenzusetzen und in die Natur einen Mechanismus hineinzudenken, der allen Bewegungsgesetzen widerspricht.

Dieser närrische Roman hatte eine Zeitlang Erfolg, weil Romane damals Mode waren. Aber die Liebesromane des Fräuleins von Scudéry waren vorzuziehen, weil sie niemanden zu Irrtümern verleiteten. Lehrt mich die Geschichte des Weltalls, wenn ihr sie kennt! Aber hütet euch davor, sie zu erfinden! Seht, betastet, meßt, wägt, zählt, addiert, subtrahiert! Aber nehmt euch in acht, sonst noch etwas zu tun!

Newton hat die Schwerkraft berechnet, aber die Ursache davon hat er nicht entdeckt. Warum ist uns diese Ursache verborgen? Weil sie ein Urphänomen ist. Wir kennen die Bewegungsgesetze; aber die Ursache der Bewegung, die auch ein solches Urphänomen ist, wird uns ewig verborgen bleiben. Sie leben, mein Herr! Aber wie? Sie werden darüber nie etwas wissen. Sie haben Sinneseindrücke und Gedanken; aber können Sie erraten, wer sie Ihnen schenkt? Ist das nicht die geheimnisvollste Sache der Welt?

Gewisse Fähigkeiten, die sich in uns entwickeln, sobald wir die Kraft haben, uns aus der Umhüllung zu befreien, in die wir neun Monate lang eingeschlossen waren, hat man Namen gegeben. Erinnern wir uns an etwas, so spricht man von Gedächtnis; bringen wir Ordnung in unsere Gedanken, so spricht man von Urteilsfähigkeit; entwerfen wir eine Schilderung und fügen wir noch einige Gedanken hinzu, die uns im Zusammenhang damit einfallen, so nennt man das Einbildungskraft. Und das Ergebnis oder den Ursprung dieser Fähigkeiten nennt man Seele – etwas noch tausendmal Rätselvolleres.

Was meinten die Griechen, wenn sie den Ausdruck »Psyche« gebrauchten? Verstanden sie darunter eine Wesenseigenschaft des Menschen oder ein besonderes, im Menschen verborgenes Wesen? War das nicht die rätselhafte Formel für eine völlig rätselhafte Sache?

Alles, was man Ontologie und Psychologie nennt – was ist es denn anderes als Träumerei? Solange man noch im Mutterleib ist, weiß man nichts von sich; und doch sollte man gerade hier die reinsten Gedanken haben, da man ja hier am wenigsten abgelenkt wird. Man weiß nichts von sich, ob man nun geboren wird, wächst, lebt oder stirbt.

Der erste Spintisierer, der über diese alte Philosophie des Nichtwißbaren hinausging, verdarb den Geist des Menschengeschlechts. Er führte uns in ein Labyrinth, aus dem wir bis heute keinen Ausgang mehr finden.

Um wieviel weiser war jener erste bewußte Nichtswisser gewesen, der zum Schöpfer des Himmels und der Erde sagte: »Du hast mich geschaffen, ohne daß ich davon wußte, und du erhältst mich, ohne daß ich erraten könnte, wie ich fortbestehe. Ich habe eines der seltsamsten physikalischen Gesetze erfüllt, indem ich an der Brust meiner Amme saugte, und ein noch seltsameres, indem ich aß und die Speisen verdaute, mit denen du mich nährtest. Ich weiß noch weniger, wie Gedanken in meinen Kopf hineinkommen, die ihn im nächsten Augenblick wieder verlassen, und wie andere während meines ganzen Lebens darin bleiben, auch wenn ich mit allen Mitteln versuche, sie daraus zu vertreiben. Ich bin eine Wirkung deiner rätselhaften Allmacht, der die Gestirne ebenso gehorchen wie ich. Ein Staubkörnchen, das der Wind hin und her treibt, sagt nicht: Ich bin's, das den Winden befiehlt. Denn in ihm leben, weben und sind wir.«

Das ist jene Philosophie der unbekannten Kräfte, die Malebranche im letzten Jahrhundert ahnte. Hätte er sich am Rand des Abgrunds halten können, so wäre er der größte, ja der einzige Metaphysiker gewesen. Aber er wollte das Unbekannte beim Namen nennen: er sprang in den Abgrund hinab und verschwand darin. Er hatte in seinen zwei ersten Büchern an die Tore der Wahrheit geklopft. Ein anderer, Boursier, drehte alles herum, aber wie ein Blinder das Mühlrad dreht. Kurz zuvor hatte es einen Philosophen gegeben, der ihr aller Meister war, ohne daß jene es wußten. Gott bewahre mich davor, daß ich seinen Namen nenne! Seither gab es keine Philosophen mehr, sondern nur noch Leute von Geist, ausgenommen freilich den großen Locke, der mehr als Geist besaß.

156 An die Marquise du Deffand

22. Februar 1769

Sie meinen, Madame, es wäre besser, nicht geboren zu sein? Zugegeben, aber Sie wissen ja, daß man uns nicht gefragt hat. Die Natur hat uns nicht nur geboren werden lassen, ohne uns zuvor zu konsultieren, sie hat uns auch noch das Leben lieben lassen, trotz allem, was es uns bot. Es geht uns fast allen wie dem Holzfäller in den Fabeln Äsops und Lafontaines. Alljährlich nehmen zwei oder drei Menschen unter Hunderttausend freiwillig von diesem Leben Abschied; das geschieht jeweils in tiefen, melancholischen Anfällen. In dem Land, in dem ich wohne, kommt es ein wenig häufiger vor. So haben sich vor einigen Monaten zwei Genfer meiner Bekanntschaft in die Rhône gestürzt. Der eine hatte fünfzigtausend Taler Rente, der andere war ein Witzbold. Bis jetzt habe ich noch keine Lust, ihr Beispiel nachzuahmen: einmal, weil die abscheulichen Augenentzündungen mich nur in den Wintermonaten plagen, und dann, weil ich mich jeden Abend mit der Hoffnung ins Bett lege, beim Aufwachen über das Menschengeschlecht wieder lachen zu können. Wenn es damit einmal nichts mehr ist, wird es ein sicheres Zeichen sein, daß es für mich Zeit ist, abzureisen. Was mir in letzter Zeit aus Paris vermeldet wurde, ist indessen so spaßig, daß ich noch für einige Monate zu lachen habe.

157 An die Marquise du Deffand

März 1769

Ich schmeichle mir, Madame, daß zwischen Ihrem Gehirn und dem meinigen eine gewisse Ähnlichkeit besteht. Zerstreuung ist für mich, wenn ich aufrichtig sein soll, allerdings nicht so notwendig wie für Sie. Aber was den Sturm der Gedanken, was die Aufrichtigkeit der Gefühle, den Abscheu vor allem künstlichen, die Verachtung für das Jahrhundert, in dem wir leben, und den Geschmack an gewissen Lächerlichkeiten betrifft, wäre ich so recht Ihr Mann, und auch mein Herz stimmt mit dem Ihrigen überein. So möchte ich gleichzeitig in St. Joseph und in Ferney sein; aber das Vorrecht, an mehreren Orten zugleich zu sein, gibt es leider nur in der Eucharistie.
Der Schnee auf unseren Bergen beginnt zu schmelzen, und meine Augen beginnen wieder zu sehen. Ich muß nun alles tun, was Saint-Lambert so hübsch beschrieben hat. Das Land ruft mich: zweihundert Fäuste arbeiten unter meinen Augen; ich baue, pflanze, säe, ich erwecke alles in meiner Umgebung zu neuem Leben. Die »Jahreszeiten« des Saint-Lambert haben mir das Landleben noch teurer gemacht. Sehr intelligente Vorleser, die mehr meine Freunde als meine Domestiken sind, lesen mir bei den Mahlzeiten gute Bücher vor. Würde ich nicht befürchten, daß Sie mich für einen Gecken halten, so würde ich Ihnen gestehen, daß ich ein köstliches Leben führe.

158 An den Grafen d'Argental

9. April 1769

Seit sechs Wochen habe ich immer ein wenig Fieber; zehn schwere Anfälle mußte ich aushalten. Man mag darüber lachen, soviel man mag: beim zehnten Anfall sah ich mich gezwungen, das zu tun, was in einem ultramontanen Kirchensprengel üblich ist. Sollte diese Zeremonie je aus der Mode kommen, so werde ich gewiß nicht der letzte sein, der sich dagegen erklärt. Aber ich sehe nicht ein, warum ich mich von Barbaren, unter denen ich leben muß, um eines kleinen Frühstücks willen wie ein Unmensch soll angaffen lassen. Das ist außerdem ganz einfach Bürgerpflicht; hätte ich diese Pflicht nicht erfüllt, so hätte das für meine Familie höchst unangenehme Folgen gehabt. Sie wissen, was mit Boindin geschehen ist, weil er es nicht so gemacht hat wie alle anderen. Man muß eben höflich sein und darf die Einladung zu einem Diner nicht ausschlagen, auch wenn das Essen schlecht ist.

159 An d'Alembert

23. Juli 1769

Mein lieber Philosoph! Man hätte eine Philosophenstadt gründen sollen, wie Tycho Brahe sein Uranienburg. Warum ist es so viel leichter, Bauern oder Weingärtner zusammenzubringen, als Leute, die denken? Was auch immer der Grund sei: ich gehöre aus der Ferne zu Ihnen, lasse mich einschließen in Ihre philosophische Barmherzigkeit, bin einig mit Ihnen in der heiligen Liebe zur Wahrheit und im Abscheu vor allen Heuchlern und Muckern. O meine Philosophen! Es täte uns not, dicht geschlossen zu marschieren wie die mazedonische Phalanx, die nur zu besiegen war, wenn sie zerstreut kämpfte. Mein Trost ist, daß Sie mich ein wenig lieben; ich aber liebe Sie sehr und mit allen meinen Kräften.

30. August 1769

Mein lieber Engel! Mit dem Fall Martin will ich mich nicht auch noch befassen, obgleich der Justizmord als solcher vollkommen geklärt ist. Aber ich kann unmöglich der Don Quijote aller Geräderten und Gehängten sein. Wohin ich blicke: nichts als barbarische Ungerechtigkeiten. Lally mit dem Knebel im Mund, Sirven, Calas, Alartin, der Chevalier de la Barre erscheinen mir manchmal im Traum. Unser Jahrhundert sei nur lächerlich, glaubt man wohl; es ist entsetzlich. Die Nation wird wohl gelegentlich für einen drolligen Haufen von Affen gehalten; aber unter diesen Affen gibt es auch Tiger und hat es schon immer Tiger gegeben. Alljährlich am 24. August leide ich unter Fieberanfällen: Sie wissen, daß das der Sankt-Bartholomäus-Tag ist. Und am 14. Mai, dem Tag, da die katholische Liga, die damals noch über halb Frankreich herrschte, Heinrich den Vierten durch die Hände eines hochwürdigen Feuillantinermönchs ermorden ließ, falle ich stets in Ohnmacht. Die Franzosen freilich tanzen mittlerweile, als wäre nichts passiert.

Sie wollen wissen, was es mit der päpstlichen Perückengeschichte für eine Bewandtnis hat? Mein Ex-Jesuit Adam, den ich bei mir wohnen habe, weil er ein geschickter Schachspieler ist, wollte mir die Messe lesen, aber mit der Perücke auf dem Kopf, weil er sonst den Schnupfen kriegt. Ich schrieb deshalb an den Papst, der die Erlaubnis dazu gab. Der Bischof aber, ein rechter Perückenkopf, hat dagegen sein Veto eingelegt. Und nun wär's eigentlich an mir, ihm deshalb in Rom den Prozeß zu machen, was ich aber hübsch bleiben lassen werde.

Das Parlament von Toulouse scheint den Manen des Calas öffentlich Abbitte leisten zu wollen, indem es die Unschuld Sirvens zugibt. Es hat auch schon einen Erlaß herausgegeben, durch den jener subalterne Richter, der die ganze Familie hatte hinrichten lassen wollen, für unfähig erklärt wird, sich mit dem Fall nochmals zu befassen; an seiner Stelle wurde ein anderer Richter ernannt. Das ist schon viel. Ich halte den Prozeß der Sirven jetzt schon für gewonnen. Diesen Trost habe ich nötig brauchen können.

161 An den Grafen de Schomberg

31. August 1769

Gewiß, mein Herr, ich bin sehr krank gewesen. So geht es einem gewöhnlich im Alter, besonders, wenn man mit einer schwachen Konstitution schon zur Welt gekommen ist. Solche kleinen Warnsignale sind wie Glockenschläge, die uns verkünden, daß uns bald keine Stunde mehr schlagen wird. Die Tiere sind in dieser Hinsicht viel besser als wir Menschen daran: ihnen schlägt keine Glocke, wes Geistes sie auch sein mögen. Sie sterben alle ganz ahnungslos. Unter ihnen gibt es keine Theologen, die ihnen die letzten Stunden durch impertinente und oft auch verhaßte Zeremonien vergällen. Es kostet sie auch nichts, sich begraben zu lassen. Es gibt auch keine Streitereien wegen ihres Testaments. Und doch haben wir einen großen Vorteil vor ihnen voraus, denn sie kennen nur die Gewohnheit, wir aber wissen auch, was Freundschaft ist. Von den Pudeln rühmt man zwar, daß sie des Menschen beste Freunde auf der Welt seien. Aber die richtige Freundschaft ist das doch nicht. Sie jedenfalls, mein lieber Graf, lassen mich diesen Trost in seiner ganzen Herrlichkeit fühlen.

162 An Monsieur Servan

Ferney, 27. September 1769

Nicht mein Leben, wohl aber das Ihrige, geehrter Herr, ist für die Welt von Nutzen. Ich bin nur ein Prediger in der Wüste, ein alter Schwätzer ohne Glaubwürdigkeit und ohne andern Auftrag als den seiner Liebe zu einer ehrenhaften Freiheit, seiner Achtung vor den Gesetzen, sofern sie gut sind, und seines Abscheus vor sinnlosen Verordnungen und Gebräuchen, die von Habsucht, Tyrannei, oft auch nur von privaten, momentanen Bedürfnissen diktiert sind. Und was das Tollste ist: die Verordnungen bleiben in Kraft, auch wenn jene Bedürfnisse längst erloschen sind. Sie, mein Herr, sind ein Vertreter der Obrigkeit; Ihnen steht es daher zu, die Stimme zu erheben, auf die man hören wird, nicht nur, weil Sie ein höchst beredter Mann sind, sondern weil Sie kraft Ihres Amtes das Recht haben, zu reden.

Ihre Sache also ist es, darzutun, wie absurd es ist, wenn ein Bischof sich die Entscheidung darüber anmaßt, an welchen Tagen ich als Bauer meinen Acker pflügen und meine Wiesen mähen darf, ohne den Herrgott zu beleidigen; und wie ungebührlich es ist, daß Landleute, die das ganze Jahr unfreiwillig fasten, weil sie nicht das Geld haben, um, wie ein Bischof, Seezungen zu kaufen, vierzig Tage lang nicht einmal die Eier aus ihrem Hühnerstall sollen essen dürfen ohne Erlaubnis dieser selben, die teuren Seezungen verspeisenden Bischöfe. Mögen sie unsere Ehen einsegnen, damit sie gültig sind; aber ist es auch Sache der Bischöfe, darüber zu entscheiden, ob eine Ehe erlaubt ist oder nicht? Ist das nicht vielmehr Sache des Staats? Schleppen wir nicht heute noch an den Eisenketten, die jene Gottestyrannen uns einstmals auferlegt haben? Die Priester sollen uns in ihr Gebet einschließen, aber sie sollen uns nicht richten.

163 An den Grafen d'Argental

13. Oktober 1769

Stellen Sie sich vor: am ersten Oktober ist in meiner Gegend Schnee gefallen. Mit einem Schlag bin ich von Neapel nach Sibirien versetzt. Das hat meiner alten, kränklichen Maschine nicht gerade gut getan. Man hält mir vor, ich hätte mich in diesen fünfzehn Jahren daran gewöhnen können. Aber das Gegenteil ist richtig: weil ich das schon fünfzehn Jahre mitmache, halte ich es jetzt nicht mehr aus. Mit Molière kann man mir sagen: »Tu l'as voulu, George Dandin!« Und George wird darauf, wie alle Menschen, antworten: Man hat mich verführt, ich habe mich getäuscht. Die schönste Aussicht dieser Welt hat mir den Kopf verdreht. Ich leide, ich bereue. So sind wir Menschen nun einmal beschaffen.

Wären die Menschen klug, so setzten sie sich immer in die Sonne und flöhen den Nordwind als ihren schlimmsten Feind. Nehmt euch ein Beispiel an den Hunden, die sich immer den wärmsten Platz hinter dem Ofen heraussuchen; und wohin ein Sonnenstrahl fällt, da legen sie sich hin. La Motte, der in eurer Straße wohnte, ließ sich von zehn bis zwölf Uhr an den Vormittagen auf dem Pflaster entlang dem Louvre in einer Sänfte spazierentragen, wo er sanft im Sonnenschein sich rösten ließ.

Wahrscheinlich rühren die Krankheiten der Madame d'Argental teilweise davon her, daß ihr nach Norden hinaus wohnt. Habt ihr noch nicht beobachtet, daß alle Leute, die auf dem Quai des Orfèvres wohnen, kupferrote Gesichter und Bäuche wie Domherren haben, während jene, die nur ein paar Meter entfernt auf dem Quai des Morfondus wohnen, fast allesamt wie exkommuniziert ausschauen? Das macht der Nordwind, den ich hasse und der mich tötet.

164 An Monsieur Bouvart, Arzt
Mitglied der Akademie der Wissenschaften

5. März 1770

Ein Greis von sechsundsiebzig Jahren, seit langem an Skorbut leidend und dadurch entsetzlich abgemagert, fast aller Zähne beraubt, oft von Mandelentzündungen geplagt, von Leibesblähungen, Schlaflosigkeit und all den übrigen damit zusammenhängenden Übeln heimgesucht, bittet höflichst den Doktor Bouvart, für ihn unten auf diesem Zettel zu vermerken, ob er glaubt, daß Ziegenmilch ihm einige Erleichterungen verschaffen könnte.

Es ist wahrscheinlich lächerlich, wenn man in diesem Alter noch geheilt zu werden wünscht. Aber da der Kranke noch einige Geschäfte zu erledigen hat, die immerhin sechs Monate beanspruchen werden, nimmt er sich die Freiheit, zu fragen, ob Ziegenmilch ihn so lange noch am Leben erhalten könnte. Er möchte gerne wissen, ob man schon Erfahrungen darüber gemacht hat, daß Ziegenmilch, zusammen mit anderen absolut nötigen Purgationen, in einem ähnlichen Fall Gutes bewirkt hat?

165 An Monsieur Audibert

Ferney, 9. März 1770

Wissen Sie eigentlich, mein Herr, daß Sie einem Diener Gottes Beistand geleistet haben? Ohne daran zu denken, haben Sie ein frommes Werk getan, verfluchter Hugenotte, der Sie sind! Ich bin nämlich Kapuziner; ich habe das Recht, den Strick des heiligen Franziskus zu tragen. Der Kapuzinergeneral selbst hat mir aus Rom mein Patent gesandt. Lachen Sie nicht! Es ist Tatsache. Die Ernennung hat mir auch schon Glück gebracht, denn Gott war eben dabei, mich zu sich zu rufen, und ich wäre unfehlbar heilig gesprochen worden. Der Marquis de Saint-Tropez hätte dadurch nur fünfhundertvierzig Livres Rente erlangt, was im Vergleich mit dem ewigen Leben nicht viel ist. Zwar habe ich Toleranz gepredigt; aber das hindert die Genfer nicht, daß sie sich gegenseitig die Schädel einschlagen. Gottlob handelt es sich dabei um keine theologischen, sondern um durchaus weltliche Fragen; so wird es nicht lange dauern. Wäre es ein Religionsstreit, so würde er sich wohl über dreißig Jahre hinziehen.

Sie haben vermutlich davon gehört, daß man in Spanien jetzt darangeht, die Inquisition abzuschaffen. Nur der Name wird davon übrigbleiben: sozusagen die ausgestopfte Haut einer Schlange. Der König von Spanien hat durch ein Edikt verboten, daß die Inquisition weiterhin noch einen seiner Untertanen einsperren lassen kann. So sind wir also endlich ins Jahrhundert der Vernunft gelangt, von Petersburg bis Cadiz. Und was das Erstaunlichste ist: sogar im Parlament von Toulouse, das einst den Jean Calas zum Tod verurteilte, sitzen heute Philosophen. Noch nie in der Geschichte hat sich, wie ich glaube, eine raschere Revolution der Geister ereignet. Die Canaille ist zwar noch immer die gleiche und wird es ewig bleiben. Aber alle anständigen Menschen vom einen Ende Europas zum andern beginnen jetzt, sich ihres Verstandes zu bedienen.

166 An Madame Necker

21. Mai 1770

Ich war, verehrte Frau, zu bescheiden und auch zu verständig, um Ihren Wunsch, von mir eine Porträtbüste herstellen zu lassen, für etwas anderes als einen guten Spaß zu halten. Nachdem aber die Sache ernst gemeint ist, muß auch ich wohl oder übel ernsthaft darüber reden.

Ich bin sechsundsiebzig Jahre alt und habe eben eine schwere Krankheit hinter mir, die mich sechs Wochen lang an Leib und Seele malträtierte. Und nun soll Monsieur Pigalle, wie man sagt, hierher kommen und mein Gesicht modellieren. Aber dazu wäre es, verehrte Frau, doch wohl nötig, daß ich überhaupt ein Gesicht habe. Tatsächlich wird man nicht einmal ahnen, wo es eigentlich zu finden sein müßte. Meine Augen sind drei Zoll tief eingesunken, meine Macken sind wie altes Pergament, das schlecht über die mürben Knochen gespannt ist. Meine letzten paar Zähne sind jetzt auch ausgefallen. Das alles ist keine kokette Übertreibung, sondern die reine Wahrheit. Man hat noch nie einen armen Menschen in einem solchen Zustand in Marmor gehauen. Monsieur Pigalle müßte glauben, wenn er mich erblickt, daß man sich über ihn lustig mache. Und was mich betrifft, so bin ich immer noch eitel genug, um gar nicht zu wagen, in seiner Gegenwart mich überhaupt blicken zu lassen. Wenn er schon an dem abenteuerlichen Plan festhält, möchte ich ihm raten, die Statuette in Sèvres-Porzellan, die man früher einmal von mir gemacht hat, so ungefähr zum Modell zu nehmen. Was liegt auch schon für die Nachwelt daran, ob ein Marmorblock diesem oder einem andern Menschen ähnlich sieht? Ich denke über diese Sache durchaus philosophisch. Aber da ich nicht nur Philosoph, sondern auch ein dankbarer Mensch bin, räume ich Ihnen über das bißchen, was mir noch an Leiblichkeit verblieben ist, die gleichen Rechte ein wie über meine ebenfalls schon geschrumpfte Seele. Mit beidem ist nicht mehr viel Staat zu machen. Nur mein Herz schlägt noch so kräftig wie mit fünfundzwanzig Jahren. Und dieses Herz gehört Ihnen.

167 An Madame Necker

Als die Leute in meinem Dorf beobachteten, wie Pigalle seine Bildhauerwerkzeuge auspackte, riefen sie: »Aha, nun wird man also den Alten sezieren. Das kann lustig werden!«
Die Menschen finden, wie Sie wissen, immer ihren Spaß, gleichgültig, was sie zu sehen kriegen, ob das nun ein Marionettentheater ist oder ein Johannisfeuer, eine komische Oper, ein Hochamt oder eine Beerdigung. Über meine Statue werden einige Philosophen lächeln, und heuchlerische Spitzbuben oder journalistische Gassenjungen werden ihre Stirnen runzeln: Alles ist eitel, sprach der Prediger Salomo.
Aber nicht alles ist eitel: meine Dankbarkeit gegen meine Freunde und besonders gegen Sie, Madame, ist nicht eitel.

168 An König Friedrich von Preußen

Ferney, 12. Oktober 1770

Ich erfahre soeben, daß der Prinz von Braunschweig, den Sie zur siegreichen russischen Armee geschickt hatten, in Bessarabien fünfundzwanzigjährig an einer Krankheit gestorben ist. So ist also ein Held weniger auf der Welt. Er hat vom Leben und vom Ruhm nur einen Schimmer erlebt. Aber geht es eigentlich jenen, die hundert Jahre alt werden, nicht ebenso? Ich habe Friedrich den Großen einen kurzen Augenblick lang auch nur flüchtig gesehen; ich bewundere ihn, ich bin ihm zugetan, ich bin von seinem Wohlwollen durchdrungen, solang ich lebe. Das ist das einzige, was ich sicher weiß.
Denkt man aber an die Ewigkeit, so wird das alles fragwürdig. Alles, was uns umgibt, gehört in das Reich des Zweifels, und der Zweifel ist ein unangenehmer Zustand. Gibt es einen Gott, so wie wir ihn uns vorstellen? Gibt es eine Seele, so wie wir uns das einbilden? Gibt es Beziehungen, wie wir sie vermuten? Dürfen wir irgend etwas erhoffen für die Zeit nach dem Tode? Hatte der seiner Staaten beraubte Gelimer Grund, hell hinauszulachen, als er vor Justinian geführt wurde? Hatte Cato Grund zum Selbstmord, nur aus Furcht, Cäsar zu sehen? Ist der Ruhm nur eine Illusion? Ist es in Ordnung, daß der bildungslose, stolze, im Feld geschlagene Mustafa, der immer nur Dummheiten begeht, sich glücklicher fühlt, weil er nämlich gut verdaut, als ein Philosoph und Held mit verdorbenem Magen?
Sind wirklich alle Wesen gleich vor dem großen Wesen, das die ganze Natur beseelt? Wenn dem so ist, wäre die Seele Ravaillacs auf ewig der Seele Heinrichs des Vierten gleichzusetzen? Oder keiner von beiden hätte je eine Seele gehabt? Mag mein königlicher Philosoph diesen Knäuel entwirren! Ich selbst verstehe nichts von alledem.

169 An den Marquis de Voyer d'Argenson

6. November 1770

Haben Sie jemals, mein Herr, auf Ihren Feldzügen in Flandern und in Deutschland die Satiren des Persius in der Tasche mit sich geführt? Darin steht ein Vers, der recht merkwürdig ist:

> Minimum est quod scire laboro:
> De Jovi quid sentis? (Sat. II, Vers 17)

Wie Sie sehen, denkt man schon sehr lange über diese Frage nach. Wir sind inzwischen nicht weiter gekommen. Wir wissen zwar sehr genau, daß es diese oder jene Narrheit, an die man früher glaubte, gar nicht gibt; aber über das, was es tatsächlich gibt, sind wir nach wie vor sehr mangelhaft unterrichtet. Man müßte Bände schreiben, nicht um den Urgrund für eine Lösung der Frage zu finden, sondern um sich gegenseitig auch nur zu verstehen. Man müßte zunächst einmal genau wissen, welche klare Vorstellungen man mit jedem Wort, das man ausspricht, verbindet; aber auch das genügt noch nicht: man müßte auch wissen, was sich die Gegenpartei jeweils darunter vorstellt. Wenn das erreicht wäre, könnte man mit einem lebenslangen Disput beginnen, der aber eine Übereinstimmung auch nicht ergeben würde.

Und nun urteilen Sie selbst, ob diese »Bagatelle« brieflich zu klären ist. Und vergessen Sie dabei auch nicht, daß, wenn zwei Minister miteinander verhandeln, keiner mehr als die Hälfte seines Geheimnisses verrät.

Die Sache, von der hier die Rede ist, verdient es, wie auch ich zugebe, daß man sich aufs ernsthafteste damit beschäftigt. Aber, bitte, ohne Illusionen und schwächliche Konzessionen!

Tröstlich ist dabei vielleicht folgende Überlegung: die Natur hat uns fast alles verliehen, wessen wir bedürfen. Und wenn wir gewisse, ein wenig heikle Dinge nicht verstehen, so offenbar deshalb, weil es nicht nötig ist, daß wir sie überhaupt verstehen.

Wären diese Dinge für uns absolut notwenig, so besäßen wir alle sie auch, wie alle Pferde Füße haben. Man darf sicher sein: was nicht für alle Menschen zu allen Zeiten und an allen Orten eine absolute Notwendigkeit ist, das ist für niemanden notwendig. Diese Wahrheit ist ein Ruhekissen, auf dem wir sorglos schlafen können. Der Rest ist ein ewiges Streitobjekt mit vielen Für und vielen Wider.

Eine unbestrittene Wahrheit, ohne alle Pros und Contras, ist der verehrungsvolle Respekt, den ich für Sie, mein Herr, empfinde.

Der kranke Alte.

170 *An Prinz Friedrich Wilhelm von Preußen*

Ferney, 28. November 1770

Mein gnädiger Herr!

Die preußische Königsfamilie hat allen Grund, zu wünschen, daß ihre Seele unzerstörbar sei. Niemand hat ein besseres Recht auf Unsterblichkeit.

Es ist ja wahr, daß man nicht allzuviel über das weiß, was wir die Seele nennen. Das einzige, was wir gewiß wissen, ist, daß der ewige Meister der Natur uns die Fähigkeit, zu denken und das Rechte zu erkennen, verliehen hat. Es gibt keinen Beweis dafür, daß diese Fähigkeit auch nach unserem Tod noch weiter besteht; aber das Gegenteil läßt sich ebensowenig beweisen. Es ist zweifellos möglich, daß Gott das Denkvermögen einer Monade geschenkt hat, der er auch, wenn wir nicht mehr leben, zu denken gestatten wird. Diese Idee ist in sich selbst nicht widerspruchsvoll.

Inmitten aller Zweifel, mit denen sich die Menschheit seit viertausend Jahren auf viertausend verschiedene Arten herumplagt, ist nur eines gewiß: daß man nie etwas gegen sein Gewissen tun soll. Mit diesem Geheimnis genießt man das Leben und fürchtet den Tod nicht.

Nur Scharlatane sind ihrer Sache sicher. Wir anderen wissen nichts über die ersten und letzten Dinge. Es ist höchst vermessen, Gott, die Engel, die Geister zu definieren und genau wissen zu wollen, warum Gott die Welt geschaffen hat, wenn man nicht einmal weiß, warum man seinen Arm willentlich bewegt.

Der Zweifel ist kein angenehmer Zustand. Gewißheit aber ist ein lächerlicher Zustand.

Was mich in Holbachs »System der Natur« am meisten empört, ist die Kühnheit, mit der entschieden wird, daß es Gott überhaupt nicht gibt, ohne daß auch nur versucht worden wäre, diese Nichtexistenz zu beweisen. Das Buch ist ja recht gut geschrieben, aber voller Phrasen und ohne Beweiskraft – ein für Fürsten und Völker verderbliches Werk: »Si Dieu n'existait pas, il faudrait l'inventer.«

Aber die ganze Natur schreit uns ja zu, daß er existiert, daß es eine höchste Intelligenz gibt, eine unbeschränkte Macht, eine bewundernswerte Ordnung, und all das läßt uns unsere Abhängigkeit spüren.

Laßt uns in unserer Unwissenheit unser Bestes tun: das ists, was ich denke und was ich stets gedacht habe inmitten der Miseren und Narrheiten, die von einem sechsundsiebzigjährigen Leben untrennbar sind.

171 An König Friedrich von Preußen

Sire! Man hat schon von einer zweiten Jugend bei mir gesprochen, aber nicht von einer zweiten Kindheit. Meine Verwandten würden mich ganz gewiß entmündigen lassen und mir das Recht zu testieren absprechen, wenn ich das lächerliche Testament abgefaßt hätte, das man mir jetzt zuschreibt. Eurer Majestät sichrer Geschmack hat sich nicht getäuscht. Sie haben richtig erkannt, daß ein Mensch meines Alters unmöglich so von sich selbst reden könne. Das unverschämte Schriftstück stammt von einem Pariser Advokaten namens Marchand, der allmonatlich dem Publikum mit einer so geschmacklosen Fälschung aufwartet; ich werde ihn bestimmt in meinem Testament nicht bedenken, von mir wird er für seine Mühen kein Geschenk erhalten. Ich darf Eurer Majestät versichern, daß mein letzter Wille sich durchaus von dem unterscheidet, was man mir hier unterschiebt. Ich fürchte den Tod nicht, der sich mir mit großen Schritten nähert und sich schon meiner Augen, meiner Zähne und meiner Ohren bemächtigt hat. Wohl aber habe ich eine unüberwindliche Abneigung gegen die Art und Weise, wie man in unserer heiligen katholischen, apostolischen und römischen Religion sein Leben beschließt. Es erscheint mir höchst lächerlich, sich beim Aufbruch in jene andere Welt ölen zu lassen, etwa so, wie man die Radachsen seines Reisewagens schmiert, wenn es auf große Fahrt geht. Dieser Unsinn, und was damit zusammenhängt, widert mich so sehr an, daß ich mit dem Gedanken spiele, mich nach Neufchâtel transportieren zu lassen, um das Vergnügen zu haben, bei Ihnen zu sterben. Noch angenehmer wäre es gewesen, dort zu leben.

172 An Kaiserin Katharina II. von Rußland

Ist es wahr, Madame, daß Sie die ganze Halbinsel Krim erobert haben? Eure Majestät hatte geruht, mir am 10. Juni mitzuteilen, daß Fürst Dolgorowski vor Pérékop oder Prékop stehe. Die Göttin mit den hundert Mäulern, die täglich von dem Norden nach dem Süden reist, will wissen, daß die ganze Krim jetzt unter Ihrem Zepter steht.

Das ist immerhin ein Trost, das Königreich des Thoas zu besitzen, wo die schöne Iphigenie so lange als Nonne gelebt und ihr Bruder Orest eine Statue gestohlen hat, um sich nicht verhexen zu lassen.

Wenn Sie aber jetzt nach Einnahme dieses taurischen Chersones dem Mustafa Frieden gewähren wollen: was soll dann aus dem armen Griechenland werden, aus dem schönen Vaterland eines Demosthenes und Sophokles? Ich überlasse Jerusalem gerne den Muselmanen; diese Barbaren passen so recht in dieses Land des Ezechiel, Elias und Kaiphas. Aber es wird mich immer höchlichst betrüben, zusehen zu müssen, wie das Theater von Athen in einen Gemüsegarten und das Lyzeum in Ställe verwandelt wird. Ich interessierte mich stets für den Sultan Ali Bei, und es wäre mir ein Vergnügen, ihn auf der Spitze einer Pyramide mit Ihnen verhandeln zu sehen. Muß ich nun auf alle meine schönen Illusionen verzichten? Es ist schmerzlich für mich, daß Sie nur die Moldau, die Walachei, Bessarabien, Skythien, das Land der Amazonen und das der Medea erobert haben. Das macht zusammen nur etwa vierhundert Quadratmeilen. Solche Bagatellen genügen mir nicht.

Ich hatte bestimmt damit gerechnet, daß Sie Troja wieder aufbauen würden. Eure Majestät an den Ufern des Skamanders promenierend, war meine Lieblingsvorstellung. Ich sehe schon: ich muß in meinen Ansprüchen bescheidener werden, da auch Sie bescheidener geworden sind.

Ich bin zwar fast blind, aber die Trompete, die mir Ihre Siege verkündet, höre ich noch sehr wohl. Und dann sage ich mir: wenn du schon nicht das Vergnügen hast, sie selbst zu sehen, so hast du doch wenigstens die Freude, immer von ihr reden zu hören.

173 An Lord Chesterfield

Ferney, 24. September 1771

Von den fünf Sinnen, die uns zugeteilt sind, haben Sie, wie mir Lord Huntingdon sagt, nur einen verloren; aber Sie besitzen noch einen gesunden Magen. Das ist mehr wert als ein paar Ohren.

Vielleicht darf ich mir ein Urteil darüber schon anmaßen, was trauriger ist, taub oder blind zu sein oder schlecht zu verdauen. Ich weiß leider aus eigenen Erfahrungen über diese drei Zustände genau Bescheid. Da ich aber schon seit langem auch bei Bagatellen mir kein Urteil mehr erlaube, so erst recht nicht in so wichtigen Fragen. Wenn das schöne Haus, das Sie gebaut haben, eine sonnige Lage hat, so wird Ihnen – das ist mein fester Glaube – wohl noch so mancher erträgliche Augenblick geschenkt sein. Mehr kann man in unserem Alter, und überhaupt in jedem Alter, nicht erhoffen. Cicero schrieb zwar eine sehr schöne Abhandlung über das Greisenalter; aber in seinem eigenen Leben ist er den Beweis für sein Buch schuldig geblieben, denn seine letzten Lebensjahre waren sehr unglücklich. Sie haben schon jetzt länger und glücklicher als er gelebt. Sie hatten nichts zu schaffen mit Diktatoren, die pausenlos aufeinanderfolgten, und auch nichts mit Triumvirn. Ihr Los war und ist auch heute noch eines der begehrenswertesten in dieser merkwürdigen Lotterie des Lebens, in der die freundlichen Lose so selten sind und in der das große Los eines ungestörten Glücks noch von keinem Sterblichen gezogen worden ist.

Ihre Philosophie ist nie durch Schimären verwirrt worden, wie das auch hellen Köpfen oft genug passiert ist. Sie haben selbst niemanden beschwindelt und haben sich auch nie beschwindeln lassen. Das ist ein sehr rares Verdienst, das auch ein wenig zu dem schattenhaften Glück beitragen kann, dessen wir in diesem kurzen Leben bestenfalls teilhaftig werden können.

174 An Monsieur Perret, Advokat beim Parlament von Dijon

Ferney, 28. Dezember 1771

Ich danke Ihnen, mein Herr, daß Sie uns über unsere barbarischen Gebräuche reinen Wein eingeschenkt haben. Ich habe das, was Sie über die Sklaverei der toten Hand veröffentlichten, mit um so größerem Interesse gelesen, als ich selbst schon längere Zeit zugunsten derer mich eingesetzt habe, die man »Francs« nennt und die nichts anderes als Sklaven sind, und noch obendrein Sklaven von Mönchen. Die Heiligen Pachomius und Hilarion hatten nicht damit gerechnet, daß ihre Nachfolger eines Tags mehr Leibeigene hätten als Attila oder Genserich. Unsere Mönche behaupten freilich, sie seien die Rechtsnachfolger der einstigen Eroberer und ihre Untertanen die Nachkommen der unterjochten Völker. Der Prozeß ist augenblicklich beim Staatsgerichtshof anhängig. Wir werden ihn zweifellos verlieren: so zäh sind die alten Gebräuche, und so gutmütig sind jene alten Heiligen. Man lacht über die Erbsünde, aber zu Unrecht. Jeder hat seine Erbsünde. Die Sünde dieser armen Leibeigenen, deren Zahl im Königreich die hunderttausend übersteigt, besteht darin, daß ihre Väter, gallische Bauern, die paar barbarischen Westgoten oder Burgunder oder Franken, die sie zu töten und zu bestehlen trachteten, nicht ihrerseits getötet haben. Hätten sie sich so energisch wie die Römer gegen die Zimbern verteidigt, so gäbe es heute keinen Prozeß der toten Hand. Wer aus diesem sauberen Recht seinen Profit zieht, behauptet selbstverständlich, daß dieses Recht göttlichen Ursprungs sei. Ich glaube das auch, denn ganz gewiß ist es nicht menschlich. Sie dürfen mir glauben, mein Herr, daß ich von ganzem Herzen darauf verzichte: in dem kleinen Erdenwinkel, den ich bewohne, will ich nichts mit der toten Hand und auch nichts mit dem Feudalrecht zu tun haben. Ich selbst will kein Leibeigener sein und auch keine Leibeigenen unter mir haben. Ich stehe durchaus auf dem Standpunkt des Edikts von Heinrich dem Zweiten, mit dem sich damals auch das Pariser Parlament solidarisch erklärt hat. Warum haben es nicht auch die übrigen Parlamente akzeptiert! Beinahe unsere gesamte alte Jurisdiktion ist lächerlich, barbarisch und in sich widerspruchsvoll. Was diesseits meines kleinen Baches Recht ist, soll jenseits Unrecht sein? Alle unsere sogenannten Bräuche gehören in die Rumpelkammer. In England gibt es nur ein Gesetz und ein Maß.

Sie zitieren Montesquieus »Esprit des Lois«! Ach, das Buch hat uns nichts genützt und wird uns auch in Zukunft nichts nützen. Der Grund dafür liegt nicht in den vielen falschen Zitaten und auch nicht in dem Bestreben, immerzu »Esprit« zu beweisen, sondern in der Tatsache, daß nur ein König ein gutes Buch über die Gesetze verfassen könnte, indem er nämlich bessere Gesetze verkündete.

175 An den Abbé de Vernet

Ferney, 4. März 1772

Mein Herr! Jedermann muß sein Testament machen. Aber Sie zweifeln mit Recht, ob das Testament, das man mir zuschreibt, tatsächlich von mir stammt. Das Alte und das Neue Testament enthalten so viele Albernheiten, daß ich es nicht nötig habe, noch die meinigen hinzuzufügen. Mein angeblicher »letzter Wille« ist von einem Pariser Advokaten namens Marchand verfaßt, dessen Scherze manchmal ganz lustig sind. Ich hoffe, daß mein richtiges Testament ehrbarer und eines philosophischen Kopfes würdiger ausfällt. Es ist allerdings ein Unglück, daß man, wie im ganzen Leben, so auch noch nach dem Tode ein Sklave bleibt. Niemand kann sich bestatten lassen, wie er gerne möchte: die einen, denen es gefallen würde, in einer Urne auf dem Kaminsims eines Freundes aufbewahrt zu werden, sehen sich genötigt, auf einem Friedhof oder in einer ähnlichen Anlage zu verfaulen; andere, die Lust hätten, nach der Fasson Marc-Aurels, Epiktets oder Ciceros zu sterben, werden gezwungen, nach lutherischem Ritus ihr letztes Stündlein zu absolvieren, wenn es ihnen zufällig in Upsala schlägt, oder sich von einem griechischen Patriarchen ölen zu lassen, wenn sie in Morea am Fieber zugrunde gehen. Ich finde, daß man seit einiger Zeit bequemer als früher in dem kleinen Lande stirbt, wo ich wohne. Gedankenfreiheit breitet sich hier merklich aus, fast wie in England. Es gibt Leute, die für diese Änderung mich verantwortlich machen wollen. Ich hätte nichts dagegen, wenn das von Konstantinopel bis Dalekarlien zuträfe. Es ist ebenso lächerlich, die Toten zu belästigen wie die Lebenden. Jeder sollte über seinen Körper und über seine Seele nach eigenem Gutdünken verfügen können. Hauptsache ist, daß er Körper und Seele seines Nächsten dabei in Ruhe läßt. Unser Trost nach dem Tod besteht darin, daß wir über die Art, wie man uns behandelt, nichts mehr erfahren werden. Wir sind getauft worden, ohne etwas davon zu wissen, und werden ebenso bestattet werden. Das beste freilich wäre, dieses Leben, über das man sich so oft beklagt und das man doch stets liebt, überhaupt nicht empfangen zu haben. Aber nichts hängt von uns selbst ab. Wir sind, wie Horaz sagt, mit den groben Nägeln der Notwendigkeit an unser Schicksal festgenagelt.

176 An die Marquise du Deffand

Ferney, 10. April 1772

Ich freue mich, daß Sie, Madame, jetzt wieder Homer lesen. Sie finden dort immerhin eine Welt, die von der unsrigen völlig verschieden ist. Es ist ein Vergnügen, festzustellen, daß unsere Kriege am Rhein und an der Donau, unsere Religion, unsere gesellschaftlichen Sitten, unsere Gebräuche und Vorurteile nichts mit den Zeiten gemein haben, die man heroisch nennt. Sie werden des weiteren sehen, daß die Unsterblichkeit der Seele oder wenigstens jenes luftigen kleinen Wesens, das man Seele nennt, in jenen Zeiten von allen großen Völkern geglaubt worden ist. Nur die Juden haben davon nichts wissen wollen; erst sehr spät, zur Zeit des Herodes, haben auch sie sich dazu bekannt. Sie dürfen überzeugt sein, daß weder die Pharisäer noch Homer uns lehren können, was aus uns nach dem Tode werden wird.

Ich habe einen Mann gekannt, der fest davon überzeugt war, daß eine Biene nach ihrem Tod nicht mehr summen werde. Mit Epikur und Lucrez glaubte er, daß nichts lächerlicher sei als ein körperloses Wesen anzunehmen, das ein körperhaftes Wesen regiere, und noch obendrein schlecht regiere. Er hielt es überhaupt für höchst ungebührlich, Sterbliches mit Unsterblichem in Beziehung zu setzen. Er meinte auch, daß unsere Sinneseindrücke ebenso

494

schwer zu begreifen seien wie die Entstehung unserer Gedanken, und daß es der Natur, oder dem Schöpfer der Natur, nicht schwerer fallen könnte, einem Lebewesen mit zwei Beinen, das man Mensch nennt, Ideen zu schenken als einem Regenwurm Empfindungsvermögen. Weiterhin sagte er, daß die Natur es so eingerichtet habe, daß wir mit unserem Kopf ebenso denken, wie wir mit unseren Beinen uns fortbewegen. Er verglich uns mit einem Musikinstrument, das, wenn es einmal zerbrochen ist, keinen Ton mehr von sich gibt. Als letzte Gewißheit galt ihm die schlichte Tatsache, daß der Mensch, wie alle anderen Wesen und wie vielleicht alles im Universum überhaupt, geschaffen sei, um zu sein, und um dann nicht mehr zu sein.

Seiner Meinung nach tröstet dieser Gedanke über alle Sorgen des Lebens, weil diese sogenannten Sorgen ja gar nicht zu vermeiden waren. Als dieser Mann so alt wie Demokrit geworden war, lachte auch er wie dieser über alles. Sehen Sie zu, Madame, ob Sie es mit Demokrit oder mit Heraklit halten wollen.

177 An die Marquise du Deffand

Ferney, 5. Juni 1772

Sie sprechen, Madame, von praktischer Philosophie. Sprechen wir lieber von praktischer Gesundheit. Wie unsere Organe beschaffen sind, darauf allein kommt's an. Trotz dem dummen Stolz, trotz den kleinen Eitelkeiten, die unser Leben zum besten haben, trotz den flüchtigen Gedanken, die in unserem Gehirn auftauchen und wieder daraus verschwinden, ohne daß wir wissen, wieso und warum – trotz alledem entscheidet eben doch die Art, wie man verdaut, fast immer über unsere Art, zu denken.

Der Herr von Gleichen, der mich kürzlich besuchte, scheint schlecht zu verdauen. Ich war sehr krank, als er in meine Einsiedelei kam. Als Minister, der an Zeremonien gewöhnt ist, war er, wie ich fürchte, über mein bäuerisches Gehaben ein wenig schockiert. Ich überlasse es nämlich den Damen, die Honneurs meiner ländlichen Retraite zu machen; ihre Sache ist es, darauf zu achten, daß die Betten gut sind und daß die Frühstücksschokolade schön schaumig ist. Von allen, die kürzlich durch Ferney gekommen sind, hat mir am besten die Schwester des Herrn von Cucé gefallen, denn ihr verdanke ich es, daß ich mein Augenlicht nicht völlig verloren habe. Sie gab mir eine Arznei, die mich zwar nicht geheilt, mir aber viel geholfen hat. Wenn es nur auch für Ihr Augenleiden ein Mittel gäbe wie für das meinige! Wir haben in Genf einen Physiker, der den Blitz vollkommen zu elektrisieren versteht. Er hat auch einen Mann zu elektrisieren versucht, der am schwarzen Star leidet; aber damit hat er keinen Erfolg gehabt. Den Blitz zu bannen, ist eine Bagatelle; man impft ihn wie die Pocken. Wir freunden uns ja in unserem Jahrhundert mehr und mehr mit allem dem an, wovor frühere Jahrhunderte erzitterten. Es läßt sich ja sogar nachweisen, daß man unter den zivilisierten Völkern durchschnittlich ein bißchen länger lebt als früher.

178 An Monsieur de la Harpe

Juli 1772

Sie sind nicht der einzige, mein Herr, dem man Verse zuschreibt, die andere gedichtet haben. Es hat zu allen Zeiten vermeintliche Väter von Kindern gegeben, die sie gar nicht gezeugt hatten.

Ich meinesteils habe keine Lust, als Plagiator dazustehen. So habe ich auch kürzlich die mir zugeschriebenen zärtlichen Verse an eine schöne Marseiller Schauspielerin treulich zurückerstattet und mit gutem Gewissen versichert, daß ich die Gunst dieser Heroine zu genießen nie das Glück hatte. So triumphiert zuletzt immer die Wahrheit. Seit fünfzig Jahren bekränzen die Buchhändler fast täglich meinen Schädel mit Lorbeerzweigen, die mir nicht gebühren. Ich erstatte sie den Eigentümern zurück, sobald ich davon Kenntnis erhalte.

Ich benütze die Gelegenheit, um Sie davon zu unterrichten, daß der Artikel »Messias« im großen enzyklopädischen Wörterbuch nicht von mir stammt, sondern von Herrn Polier de Bottens, der in einer bekannten Stadt ein hohes kirchliches Amt bekleidet und dessen

Frömmigkeit, Gelehrsamkeit und Beredsamkeit wohlbekannt sind. Ich habe das Manuskript in Händen gehabt: es ist vom Anfang bis zum Ende von ihm selbst geschrieben.

Es ist nun hübsch, zu beobachten, daß mehrere Amtsbrüder des Verfassers den Artikel leidenschaftlich verurteilten, solange sie der Meinung waren, daß ein Laie ihn verfaßt habe, daß sie ihn aber sogleich bewunderten, als sie erfuhren, daß er von einem Vertreter ihres Standes stamme. So wird oft genug geurteilt, und das wird auch nie anders werden.

Da alte Leute gerne schwätzen und sich dabei wohl auch wiederholen, darf ich Sie an ein Geschichtchen erinnern. Da saßen einmal die bekanntesten Schöngeister des Königreichs beim Souper zusammen und schimpften gewaltig auf den braven La Motte, von dem soeben ein Band Fabeln erschienen war. Man war sich darüber einig, daß er nicht im entferntesten auch nur an die schwächsten Fabeln Lafontaines heranreiche. Da berichtete ich von einer neuen Ausgabe eben dieses Lafontaine, die auch einige nicht unbekannte Stücke enthalte. Ich las eines davon vor: »Nie wird La Motte diesen Stil erreichen!« riefen alle zusammen. »Wie klug, wie anmutig! Man erkennt eben Lafontaine an jedem Wort.« Die Fabel war von La Motte.

Mag's noch hingehen, wenn man sich über Fabeln täuscht. Wenn aber Vorurteil, Neid, Intrigen braven Bürgern staatsgefährliche Werke in die Schuhe schieben, wenn Verleumdung von Mund zu Mund und bis zu den Ohren der Mächtigen dieses Jahrhunderts fliegt und Verfolgung die Frucht solcher Verleumdung ist – was soll man dann machen? Seinen Garten pflegen, wie Candide.

179 An den Fürsten Galitzyn, russischer Gesandter im Haag

Ferney, 19. Juni 1773

Mein Fürst! Sie erweisen der Vernunft einen großen Dienst, wenn Sie das nachgelassene Werk des verstorbenen Helvétius neu herausgeben. Das Buch wird Widerspruch wecken, auch in den Kreisen der Philosophie. Niemand wird der These zustimmen, daß alle Köpfe sich für die Wissenschaften gleich gut eignen und daß sie sich nur durch Erziehung voneinander unterscheiden. Nichts ist falscher, nichts ist durch Erfahrung gründlicher widerlegt. Menschen mit Herz werden sich auch immer über das, was er über Freundschaft sagt, entrüsten, und er selbst hätte seine Behauptungen verurteilt oder doch wenigstens gemildert, wenn nicht sein systematischer Drang ihn nicht zu diesen Übertreibungen verführt hätte. Man wünscht sich vielleicht für dieses Werk mehr Methode und weniger Histörchen, von denen die meisten nicht stimmen. Was er aber über Aberglauben, über die Greuel der Intoleranz, über Freiheit, Tyrannei und über menschliches Unglück schreibt, dürfte, wie mir scheint, von jedermann akzeptiert werden, der nicht gerade ein Dummkopf oder ein Fanatiker ist. Gegen sein erstes Buch waren gewiß allerlei philosophische Einwände zu machen; aber den Verfasser zu verfolgen, wie man es getan hat, das war ebenso barbarisch wie absurd und vielleicht eines vierzehnten Jahrhunderts würdig. Was Fanatiker an diesem so schätzenswerten Mann verflucht haben, fand sich auch schon in dem kleinen Buch La Rochefoucaulds und sogar in den ersten Kapiteln bei Locke. Man mag gegen einen Philosophen schreiben, wenn man die Wahrheit auf anderen Wegen als er sucht; aber man entehrt sich selbst und macht sich vor der Nachwelt lächerlich, wenn man ihn verfolgt. Es fehlte wenig, so hätten die Meletus und Anytus auch Ihrem Freund den Schierlingsbecher gereicht.

Ich bin Eurer Exzellenz noch Dank schuldig für die Geschichte des Kriegs der herrlichen Katharina gegen die Pforte des weniger herrlichen Mustafa. Für diesen Krieg interessiere ich mich, wie Sie wissen, fast so sehr wie für die allgemeine Toleranz, die alle Kriege verdammt. Vielleicht ist es nötig, sich manchmal mit seinen Nachbarn herumzuschlagen; aber nicht nötig ist es, seine Landsleute um ihrer Weltanschauung willen auf den Scheiterhaufen zu werfen. Man behauptet, der jetzige Papst sei so tolerant, wie ein Papst das nur sein könne. Ich begrüße das aus Liebe zum Menschengeschlecht aufs wärmste. Ich würde es ebenso begrüßen, wenn der Mufti, der Scherif von Mekka, der Dalailama und der Mikado seinem Beispiel folgten.

Ich bin nur der Besitzer eines kleinen Dreckhaufens auf diesem miserablen Globus, nicht größer als die Fußtapfe einer Laus; hier wohnen beieinander Papisten, Calvinisten, Pietisten, einige Sozinianer und sogar ein Jesuit, alle in schönster Eintracht, wenigstens bis zu diesem Augenblick. Ähnlich ist es in Ihrem Riesenreich unter den Auspizien Katharinas. Des gleichen Glücks erfreut man sich seit langem schon in England, Holland, Brandenburg, Preußen und in mehreren deutschen Städten. Aber warum nicht in allen Ländern der Erde? Warum hält man sich nicht an die Mahnung des Matthäus: »Widerspricht dir aber dein Bruder, so halt ihn als einen Heiden und Zöllner!« Warum werfen wir den Bruder, der nicht sein schönstes Kleid angezogen hat, um mit uns zu soupieren, in die Finsternis hinaus, wo da ist Heulen und Zähneklappern? Warum läßt man, wie in der Apostelgeschichte, einen Familienvater und sein Weib am Schlagfluß sterben, nur weil sie, die fast ihr ganzes Vermögen an die Jakobiner verschenkt hatten, ein paar Gulden für das Mittagessen auf die Seite getan hatten? Warum? Warum? Warum?
Fragt man mich, warum ich Ihnen so gewogen bin, so lautet meine Antwort: weil Sie tolerant, gerecht und wohltätig sind.

180 An die Marquise du Deffand

Ferney, 31. August 1773.
Mein Dörfchen Ferney schickt alljährlich für fünfhunderttausend Franken Waren in alle Welt, aber es kann nicht einen einzigen Gedanken nach Paris gelangen lassen. Denn Gedanken sind Konterbande.
Mir will es scheinen, als ob die rigorose Zensur, der heute alle Bücher unterliegen, den Herren Atheisten zu verdanken wäre. Sie haben meiner Meinung nach schlecht daran getan, so viele Predigten gegen Gott drucken zu lassen; diese Art von Philosophie kann nichts Gutes bewirken, wohl aber viel Schlechtes. Unser Erdball ist ein Tempel der Gottheit. Ich achte alle, die den Tempel von dem abscheulichen Unflat, der sich hier angesammelt hat, reinigen wollen. Aber ich bin nicht damit einverstanden, daß man den ganzen Tempel vom Sockel bis zum Dach über den Haufen wirft. In einem abseitigen Winkel dieses Tempels liege ich und sieche dahin unter dauernden Schmerzen und warte täglich auf den Augenblick, da ich ihn für immer verlassen werde. Sie haben nur einen ihrer Sinne verloren; ich bin dabei, alle fünf zu verlieren.

181 An König Friedrich von Preußen

Ferney, 4. September 1773
Sire! Wenn Ihr alter Baron Pöllnitz mit sechsundachtzig Jahren noch ein flotter Tänzer war, so werden Sie zweifellos in Ihrem vollendeten hundertsten Jahr noch flotter als er tanzen. Es ist nur in der Ordnung, daß Sie zum Ton Ihrer Flöte und Ihrer Leier noch lange tanzen werden, nachdem Sie die halbe Welt im Takt oder auch außer Takt zum Schall Ihrer Trompeten haben tanzen lassen. Leute Ihrer Art leben allerdings zumeist nicht so lange: Karl der Zwölfte, der ein vortrefflicher Hauptmann in einem Ihrer Regimenter gewesen wäre, Gustav Adolf, der zu einem Ihrer Generäle getaugt hätte, Wallenstein, dem Sie wohl kaum eine Armee anvertraut hätten, der Große Kurfürst, der eher der Vorläufer eines Großen war, – alle diese Männer sind zu keinem hohen Alter gelangt. Sie wissen, was Cäsar passiert ist, der ebensoviel Geist wie Sie hatte, und Alexander, der ein Trunkenbold wurde, als es nichts mehr zu erobern gab. Sie aber werden, trotz Ihrer Gicht, länger leben, weil Sie ein nüchternes Leben führen und Ihr Temperament zu zügeln wissen, so daß es nicht Herr über Sie wird.
Es ist bedauerlich, daß Thorn nicht Eurer Majestät gehört. Immerhin ist das Grab des Kopernikus in Frauenburg unter Ihrer Herrschaft. Errichten Sie eine Sonnenuhr über seiner Asche, damit die Sonne, der er ihren Platz angewiesen hat, ihn täglich um die Mittagszeit mit ihren Strahlen grüßt.
Es ist schön, daß Sie nicht nur die Toten ehren, sondern auch die Lebenden beschützen, die

vom Unglück verfolgt sind. In einem Ihrer Regimenter in Wesel gibt es einen Leutnant namens Morival. Sein wirklicher Name ist aber nicht Morival, sondern d'Etallonde. Er ist der Sohn eines Präsidenten von Abbéville. Hätte Kopernikus die Schrift überlebt, in der er den Lauf der Planeten und der Erde um die Sonne als erster nachgewiesen hat, so wäre er nur exkommuniziert worden; der fünfzehnjährige d'Etallonde aber ist zusammen mit dem Chevalier de la Barre, dem Enkel eines Generalleutnants unserer Armee, von den Irokesen von Abbéville zur Folter ersten und zweiten Grades, zur Amputation der rechten Hand und der Zunge und schließlich zum Tod auf dem Scheiterhaufen verurteilt worden, weil er vor den Kapuzinern seinen Hut nicht gelüftet und ein Lied gesungen hat. Und das Parlament von Paris hat das Urteil bestätigt, damit die Bischöfe Frankreichs ihm nicht vorwerfen, es hätte keine Religion. Die Herren vom Parlament machten sich zu Mördern, um als Christen zu gelten.

182 An den Chevalier de Lisle

11. Juni 1774

Da ich keine Reisen mehr unternehmen kann, lese ich als Ersatz die »Reise um die Welt« von Banis und Solander. Ich kenne nichts Instruktiveres. Zur Zeit bin ich auf der Insel Tahiti. Ich bewundere hier die Üppigkeit der Natur und erbaue mich daran, Zeuge zu sein, wie die Königin des Landes der Abendmahlsfeier der anglikanischen Kirche beiwohnt und dann ihrerseits die Engländer zu einem Gottesdienst einlädt, wie er für Tahiti charakteristisch ist. Dieser Gottesdienst besteht darin, daß man einen jungen Mann und ein junges Mädchen völlig nackt zusammen schlafen läßt, wobei ihre Majestät und fünfhundert Männer und Frauen ihres Gefolges zuschauen. Man kann wohl behaupten, daß die Eingeborenen von Tahiti damit die älteste Religion der Erde in ihrer ganzen Reinheit bewahrt haben. Ein junger Rittmeister der Dragoner wie Sie, mein Herr, wäre so richtig geschaffen, dabei als der Oberpriester der Insel zu fungieren. Zelebrieren Sie Ihr Pervigilium Veneris, während ich mein De profundis dazu singe.

183 An die Marquise du Deffand

12. August 1774

Für Ihr Amüsement, Madame, wäre es wünschenswert, daß sogleich die beiden dicken Bände »Briefe des Lord Chesterfield an seinen Sohn Philippe Stanhope« ins Französische übersetzt, und zwar gut übersetzt würden. Der Lord spricht darin von sehr vielen Leuten, die Sie auch gekannt haben. Man kann viel daraus lernen, ja, ich möchte behaupten, daß es das beste Buch ist, das je über Erziehungsfragen geschrieben wurde. Er schildert alle Höfe Europas und verlangt von seinem Sohn, daß er sich überall Liebkind zu machen suche; die Ratschläge, die er ihm dazu erteilt, stehen denen des großen Moncrif nicht nach. Den Marschall Richelieu behandelt er schlecht, ohne freilich verschweigen zu können, daß dieser sich trotzdem beliebt zu machen verstand. Seinem Sohn gibt er dann noch den Rat, sich in die Madame de Pompadour zu verlieben und schickt ihm zu diesem Zweck das Muster einer Liebeserklärung.

Es ist zu befürchten, daß das Buch vom Handlanger irgendeines obskuren Verlegers recht und schlecht übersetzt wird. Es sollte aber ein Mann von Welt sein, der sich dieser Mühe unterzöge. In Frankreich wird man freilich alles daransetzen, um das Erscheinen zu verhindern. Wäre ich in Paris, würde ich Ihnen einige der Briefe aus dem englischen Original französisch vorlesen. Aber mein Zustand verbietet mir leider dieses Paris. Und überdies besaß ich die Unverschämtheit, so etwas wie eine kleine Stadt in meiner Wüste zu gründen und hier Fabriken einzurichten, die meine Gegenwart und meine ständigen Sorgen erfordern. Meine landwirtschaftlichen Arbeiten bilden noch weitere Ketten, die ich nicht zerbrechen kann. Ich fahre in meiner Kutsche auf die Felder und schaue beim Pflügen zu. Meine Arbeiter verlangen von mir keineswegs, daß ich gesund und witzig bin; sie erwarten auch keine Verse von mir, die man dann im »Mercure« lesen kann.

14. September 1774

Mein lieber Engel! Ich war nicht darauf gefaßt, daß Ihr Bruder vor mir sterben würde. Ich schäme mich nachgerade, noch immer am Leben zu sein, wenn ich an all die Opfer denke, die rings um mich niedersinken. Mein Herz sagt Ihnen: leben Sie lang, mein lieber Engel, als ob das von Ihnen abhinge. Wir sind doch allesamt auf dieser Erde wie Gefangene in einem kleinen Gefängnishof; jeder wartet darauf, bis er an der Reihe ist, gehängt zu werden, ohne die Stunde im voraus zu wissen. Und wenn die Stunde endlich kommt, stellt sich heraus, daß man mit diesem Leben nichts anzufangen gewußt hat. Alles Grübeln hilft da nichts; alles Räsonieren über die Zwangsläufigkeit und die menschliche Misere ist doch nur leerer Wortschwall.

185 An d'Alembert

28. September 1774

Auch Sie hat, wie mich, ein Schauder gepackt, daß ein Mensch, halb Tiger, halb Stier, und seine Konsorten einem achtzehnjährigen Burschen die Hand und die Zunge haben abhakken lassen, um ihn dann mit Hilfe von zwei Klafter Holz langsam zu verbrennen, als Strafe dafür, daß er bei einer Prozession der Kapuziner den Hut auf dem Kopf behalten und jene priapische Ode Pirons gesungen hat, für die, nebenbei bemerkt, der verstorbene König eine Pension von zwölfhundert Pfund aus seiner Privatschatulle ausgesetzt hat.

Der Chevalier de la Barre hat am eigenen Leib dieses entsetzliche Urteil erdulden müssen, während der junge d'Etalonde in effigie hingerichtet wurde, und zwar unter den Augen seines Vaters, der sogleich die Konfiskation des mütterlichen Erbes seines Sohnes zu seinen eigenen Gunsten verlangte. Er behielt dieses Gut und hat seinen Sohn nie unterstützt. Ja, es gibt schöne Seelen!

Dieser junge Märtyrer, dem die rechtzeitige Flucht gelang, hat sich als Soldat in Wesel anwerben lassen. Der König von Preußen gab ihm den Rang eines Unterleutnants. Er ist zur Zeit beurlaubt und hält sich bei mir in Ferney auf. Sie dürfen mir glauben: es ist der klügste, sanfteste und rücksichtsvollste junge Mann, der mir je begegnet ist. Wodurch bewiesen sein dürfte, daß man Kindern nie die Zunge herausschneiden und die Hand abhacken, sie auch nicht foltern und langsam verbrennen sollte, weil sie sich ja noch bessern können.

Ich habe versucht, von dem verstorbenen König und sogar mit Protektion der Dubarry seine Begnadigung zu erreichen. Der König starb, und die Dubarry wurde ins Exil geschickt. Ich wandte mich dann an den Kanzler Maupeou, der mir ebenfalls Begnadigung versprach und alles dafür vorbereitete; er ist aber bald darauf seines Amts enthoben worden.

Da ich bald schon diese Welt auf immer verlassen werde, vermache ich Ihnen diesen d'Etalonde. Doch bitte ich um strengste Diskretion; denn wenn Sie darüber reden, wird man mich wieder ausgraben und mit d'Etallonde zusammen verbrennen.

Trauen Sie sich zu, diese Angelegenheit zu einem guten Ende zu bringen und den Kannibalen gegenüber sich für Menschlichkeit einzusetzen? Kann die Philosophie die entsetzlichen Übel, die der Aberglaube verschuldet hat, wieder gutmachen? Ich werde Ihnen eine Denkschrift zukommen lassen, die alles Einzelne über den Fall d'Etalonde enthält. Ich schreibe gleichzeitig auch an den König von Preußen, daß nun Sie den Unglücklichen unter Ihre Protektion nehmen und daß er Ihnen ein von ihm unterzeichnetes und gesiegeltes Zeugnis über die Tüchtigkeit und die gute Führung seines Offiziers zustellt.

Was ich von Ihnen erbitte, ist Ihrer und Ihres Mutes würdig. Ich behalte den jungen Mann zunächst bei mir und werde ihn in meinem Testament Ihrer Sorge anvertrauen.

186 An den Grafen d'Argental

30. Dezember 1774

Mein lieber Engel! Ich muß Sie ausschelten. Alle meine Freunde schreiben mir, daß ich im Frühjahr auf Besuch zu Ihnen komme. Ich käme ja so gerne, aber …

Wenn ich komme, komme ich nur zu Ihnen. Ich kann mich sonst niemandem zeigen. Ich bin taub und blind, oder nicht weit davon. Dreiviertel des Tages bringe ich in meinem Bett zu, das letzte Viertel hinter dem Ofen. Auf dem Kopf muß ich ständig eine große Mütze tragen, ohne die das Tageslicht in mein Gehirn eindränge. Etwa dreimal wöchentlich muß ich Abführmittel einnehmen. Deutliches Sprechen fällt mir schwer, da ich, Gott sei's geklagt, keine Zähne mehr besitze, sowenig wie Ohren und Augen.

Urteilen Sie selbst auf Grund dieses Porträts, das aber nicht übertrieben ist, ob ich in vollem Ornat nach Paris fahren kann. Ich könnte nicht umhin, mich auch in der Akademie sehen zu lassen, und würde schon in der ersten Sitzung vor Kälte sterben.

Könnte ich, der ich nicht einmal einen Kammerdiener habe, meine Tür vor dem ganzen Lumpengesindel sogenannter Schriftsteller verschließen, die aus blöder Neugier kämen, um mein Skelett zu begaffen? Und wenn es mir gar einfiele, mit meinen einundachtzig Jahren in Ihrer Pariser Stadt zu sterben: stellen Sie sich dieses Durcheinander vor, dieses Theater, diese Lächerlichkeiten! Ich bin eine Feldratte, die in Paris nur in einem ganz verborgenen Loch existieren könnte; während meines kurzen Aufenthalts würde ich dieses Loch überhaupt nicht verlassen. Ich würde dort nur zwei oder drei unserer Freunde begrüßen, die einen feierlichen Eid ablegen müßten, daß sie die alte Feldratte den Pariser Katzen nicht verraten. Ich würde den Namen irgendeines Gehöfts meiner Ferneyer Herrschaft annehmen, so daß man mir nicht vorwerfen könnte, ich hätte gelogen, wenn mir das entsetzliche Unglück passierte, erkannt zu werden.

Hüten Sie sich also wohl, mein lieber Engel, das Gerücht, daß ich im Frühjahr Sie besuchen komme, weiterzutragen. Sagen Sie, daß nichts daran wahr ist, und ich selbst will Sie nach Kräften dabei unterstützen.

Inzwischen trösten Sie sich, erfreuen Sie sich Ihrer Freunde, ihres ausgezeichneten Rufs, Ihres Vermögens, Ihrer Gesundheit, und was sonst noch das Leben erträglich machen kann. Machen Sie sich das Vergnügen, oft ins Theater zu gehen! Das ist noch ein Trost, den sich merkwürdigerweise alle Ihre alten Beamten aus unerfindlichen Gründen nicht gönnen. Cicero und Demosthenes haben darüber anders gedacht. Im Zuschauerraum unserer Theater finden Sie nur Gerichtsschreiber und Friseurlehrlinge; in den Logen sitzen Damen, die keine Ahnung haben, was gespielt wird, wenn es sich nicht gerade um eine Liebesaffäre handelt. Die Stücke sind freilich auch nicht viel wert; ich wenigstens kenne seit Racine, und vor ihm gab es insgesamt etwa fünfzehn Szenen, die sehenswert waren. Aber ich will ja hier keine Dissertation vom Stapel lassen.

187 An Monsieur Bourgelat

Ferney, 18. März 1775

Meine unaufhörlichen Krankheiten haben mich nicht dazu kommen lassen, Ihnen früher für die sehr nützliche Denkschrift zu danken, die Sie mir haben zukommen lassen. Seit einundachtzig Jahren leide ich und sehe alles um mich herum leiden und sterben. Aber so schwach ich bin: der Landbau ist noch immer mein Geschäft. Ich war erstaunt, daß vor Ihnen nur die Metzger für das Hornvieh zuständig waren und daß als Hypokratesse der Pferde nur die Hufschmiede in Betracht kamen. Wirkliche Hilfe gibt es für sie auch in den zivilisiertesten Ländern nicht. Sie haben als erster und einziger dieser verderblichen Schmach ein Ende gesetzt.

Die Tiere, unsere Mitgeschöpfe, hätten ein wenig mehr Sorge verdient, zumal seitdem der Herrgott unmittelbar nach der Sintflut einen Pakt mit ihnen geschlossen hat. Wir behandeln sie, trotz dieses Pakts, fast ebenso unmenschlich, wie die Russen, Polen und die Mönche der Franche-Conté ihre Bauern, oder die Adjunkten der staatlichen Pächter diejenigen behandeln, die eine Handvoll Salz anderswo als bei ihnen kaufen wollen.

Man sollte Vorbeugungsmittel gegen Viehseuchen ermitteln, und zwar zu einer Zeit, da die Tiere gesund sind, um sie in Krankheitsfällen sogleich ausprobieren zu können. Man könnte an hundert erkrankten Ochsen zwölf verschiedene Mittel versuchen und etliche, so sollte man hoffen, müßten sich schließlich als wirksam erweisen.

Augenblicklich wütet in Savoyen, eine Meile von mir entfernt, eine Seuche. Mein Schutzmittel ist, jeden Verkehr mit den kranken Tieren zu vermeiden, mein Vieh so reinlich wie möglich in geräumigen, gut gelüfteten Ställen zu halten und nur einwandfreies Futter zu geben.

Das harte Klima, in dem ich wohne – zwischen einer vierzig Meilen langen Kette von Eisbergen einerseits und dem Juragebirge andererseits –, zwang mich, auch für meine Person Vorsichtsmaßregeln zu treffen, die man nicht einmal in Sibirien kennt. Sechs Monate im Jahr gehe ich überhaupt nicht an die frische Luft, ich verbrenne wohlriechende Stoffe in meinem Haus und auch in meinen Ställen. Ich bereite mir also ein künstliches Klima, und nur dadurch habe ich trotz schwacher Konstitution und wiederholten Krankheitsfällen ein ziemlich hohes Alter erreicht.

Das große Unglück der Bauern ist ihre Unvernunft und daß man sich nicht im geringsten um sie kümmert. Man erinnert sich ihrer nur, wenn Seuchen sie heimsuchen, sie und ihre Herden. Aber sonst: sofern es in Paris nur hübsche Mädchen in der Oper gibt, ist alles in Ordnung.

188 An den Abbé Baudeau

April 1775

Die nützlichen Wahrheiten in Ihren »Ephemeriden«, für deren Zusendung ich Ihnen danke, sind so überzeugend dargestellt, daß ich noch manches daraus lernen kann, trotz meinem hohen Alter, in dem man zu lernen nicht mehr imstande sein soll. Die Freiheit des Handels mit Getreide ist darin, wie es sich gehört, behandelt; die Vorteile wären noch größer, wenn der Staat Kanäle von Provinz zu Provinz angelegt hätte, statt das Geld für zwei Kriege auszugeben, von denen der eine sinnlos und der andere eine Katastrophe war.

Wenn etwas klar erwiesen ist, so die Notwendigkeit, die Frondienste ein für allemal abzuschaffen. Unser Minister Turgot will Frankreich diesen wichtigen Dienst erweisen; er wird dadurch dem großen Colbert weit überlegen sein. Auch Colbert hat, wie Sie wissen, die Steuerpächter entfernen wollen; der aus Prestigegründen begonnene Krieg von 1672 hat seinen Plan über den Haufen geworfen. Alles mußte dem Ruhm Ludwigs des Vierzehnten, nicht aber der Wohlfahrt Frankreichs dienstbar sein.

Was Sie über Schikanen gegen die Handwerker und über das Zunftwesen sagen, hat meine volle Zustimmung. Ich habe vor meinen Augen ein vorzügliches Beispiel für das, was eine ehrliche und maßvolle Freiheit für den Handel und auch für die Landwirtschaft bewirken kann. In der neben Konstantinopel schönsten Gegend Europas, aber auf unfruchtbarem, ungesundem Boden gab es ein kleines Gehöft, das von vierzig unglücklichen, von Armut und Skrofeln geplagten Menschen bewohnt war. Ein Mann, ziemlich begütert, erwarb diesen armseligen Landstrich in der festen Absicht, hier Remedur zu schaffen. Er begann damit, versuchte Sümpfe trocken zu legen und den Boden urbar zu machen, er ließ fremde Handwerker aller Berufe kommen und vor allem Uhrmacher, die nichts von Meisterbriefen, Zunftordnungen oder Gesellenjahren wußten, die aber mit unermüdlichem Fleiß sich an die Arbeit machten und bald schon imstande waren, Uhren auf den Markt zu bringen, die man in Paris um ein Drittel teurer verkaufte. So ist innerhalb weniger Jahre unter Protektion der Minister Choiseul und Turgot aus einem Schlupfwinkel von vierzig halbwilden Menschen eine kleine, wohlhabende Stadt geworden, die von zwölfhundert tüchtigen Menschen, lauter praktischen Naturforschern und denkenden Köpfen, die die Handarbeit zu beseelen wissen, bewohnt wird. Hätte man jene lächerlichen Gesetze gegen sie angewandt, die extra erfunden zu sein scheinen, um das Handwerk zu schikanieren, so wäre hier noch immer eine stinkende Wüste, in der Bären aus den Alpen und aus dem Jura ihr Wesen treiben.

Ferney, 31. August 1775

Sire! Ich schicke Ihnen heute Ihren gescheiten und tapferen Offizier d'Etallonde-Morival zurück, der mit Ihrer Erlaubnis achtzehn Monate bei mir zugebracht hat. Ich verbürge mich, daß er in Potsdam nichts von der leichtsinnigen und ruhmredigen Art spüren lassen wird, die man unseren französischen Adligen vorzuwerfen pflegt. Seine Manieren, sein fleißiges Studium der Taktik und des Ingenieurwesens, seine Bedachtsamkeit im Reden und Handeln, die Sanftheit seines ganzen Wesens, seine Verständigkeit sind Beweis genug gegen den ebenso verruchten wie lächerlichen Wahnsinn des Urteilsspruchs der drei Dorfrichter, die ihn zusammen mit dem Chevalier de La Barre vor zehn Jahren zu Strafen verurteilten, wie sie nicht einmal der sagenhafte König Busiris sich auszudenken gewagt hätte.

Eure Majestät teilt mir mit, daß sie meine gesammelten Werke auf ihren Reisen mitzuführen geruht. Trotz meiner zweiundachtzig Jahre möchte ich gern an deren Stelle sein. Ich fühle mich aber verpflichtet, Ihnen zu sagen, daß mehrere der Kinder, die man auf meinen Namen getauft hat, gar nicht von mir stammen. Sie besitzen meines Wissens eine Lausanner Ausgabe in zweiundvierzig Bänden, die von zwei Beamten und zwei Priestern zusammengestellt wurde, die mich nie um meinen Rat gefragt haben. Sollten Sie den zweiunddreißigsten Band in die Hand bekommen, so werden Sie darin etwa dreißig kurze Versgedichte finden, die höchstens einem Dorfkutscher Ehre machen könnten. In Lausanne braucht man offenbar nicht ebensoviel Geschmack zu haben wie in Potsdam.

Was wirklich von mir stammt, ist nicht wert, von Ihnen nochmals betrachtet zu werden. Die Manie der Verleger hat mich unter diesem Berg von Papier begraben. Diese Leute ruinieren sich selbst durch solchen Übereifer. Hundertmal habe ich ihnen geschrieben, daß man mit so schwerem Gepäck nicht in die Nachwelt marschiert. Sie haben sich nicht darum gekümmert. Auch Ihre und meine Briefe, die im Publikum kursierten, sind hier entstellt wiedergegeben. So stehe ich also in Folioformat vor Ihnen, zernagt von Ratten und Würmern wie ein Kirchenvater.

Eure Majestät wird also meine ewigen Zänkereien mit den Larcher, Nonotte, Fréron, Paulian zu Gesicht bekommen, diesen berüchtigten Exjesuiten. Die wunderschönen Dispute müssen den Besieger so vieler Nationen, den Geschichtsschreiber seines Vaterlandes wunderlich ennuyieren. Als Ihre Kollegen, die Könige von Frankreich und von Spanien, schon dabei waren, mit den jesuitischen Herrschaften abzurechnen, haben diese mir noch geschwind den Krieg erklärt – zersprengte Soldaten, die einen armen Wanderer ausplünderten, um ihr Leben zu fristen. Die Jesuiten hatten ja wahrlich Grund, mich zu verfolgen, denn bevor man sie noch aus Frankreich und Spanien verjagte, hatte ich sie aus meiner Nachbarschaft verjagt. Hier, an der Grenze von Bern, hatten sie sich des Besitzes von sieben Edelleuten namens de Crassy, minderjährigen, sehr armen Brüdern, die dem König von Frankreich dienstpflichtig waren, bemächtigt. Ich war gottlob in der Lage, die Summe zu deponieren, die für den Freikauf des von den Jesuiten gestohlenen Landguts erforderlich war. Der heilige Ignatius hat mir diese gottlose Tat nie verziehen. Seit dieser Zeit verfälscht Fréron in Gemeinschaft mit La Baumelle die Henriade, schreibt Paulian gegen Kaiser Julian und gegen mich, beschimpft mich Nonotte in zwei dicken Bänden, weil ich es nicht schön gefunden hatte, daß der große Konstantin einstmals seinen Schwiegervater, seinen Schwager, seinen Neffen, seinen Sohn und seine Gattin ermordet hat. Ich machte die Dummheit, diesen Hanswursten einigemale zu antworten, und die Verleger begingen die noch größere Dummheit, dieses lächerliche Zeug, das keinen Menschen interessiert, wieder abzudrucken.

Ich bitte Eure Majestät, mit diesem zusammengeschmierten Plunder genau das zu machen, was ich Sie mit so vielen anderen Büchern habe machen sehen; nehmen Sie Ihre Schere, schneiden Sie die Seiten heraus, die Sie langweilen, lassen Sie nur übrig, was Ihnen amüsant erscheint und reduzieren Sie so die zweiundvierzig Bände auf einen oder zwei. Das ist eine exzellente Methode, um uns die Vielschreiberei abzugewöhnen.

190 An die Marquise du Deffand

26. November 1775

Es ist nicht wahr, Madame, daß ich mit Ehren überhäuft bin; ich bin es nur mit Lächerlich-keiten. Und immer sind es die Freunde, die uns schlecht behandeln.

Mein Freund d'Argental will partout haben, daß ich wegen zu üppigen Essens einen Schlag-anfall erlitten habe. Tatsache ist, daß ich einen Anfall hatte, nachdem ich einen ganzen Tag lang überhaupt nichts gegessen hatte. Er behauptet auch, daß ich so etwas wie ein königlich privilegierter Kontrolleur der Steuerpächter sei, während ich nur das privilegierte Opfer dieser Herren bin.

Soll ich offen mit Ihnen reden? Mein Privileg ist der Abgrund des ewigen Nichts, in dem ich bald verschwinden werde. Ich lese augenblicklich alle philosophischen Werke Ciceros über diesen viel beredeten und dadurch nur um so rätselhafter gewordenen Gegenstand, und ich kann Ihnen nur raten: lassen Sie die Finger davon! Denn obgleich dieser große Mann gut zu schreiben verstand, erfährt man doch nichts durch ihn. Der Abbé de Chaulieu war genau so alt wie ich, als er starb, und er hat auch nichts darüber gewußt.

Seien Sie versichert: wenn ich auch alles verloren habe, was man zum Leben braucht, Leidenschaften, Vergnügungen, Phantasie und die übrigen Bagatellen dieser Welt, so blei-be ich doch Ihnen stets in Liebe verbunden, wofern meine kleinen Schlaganfälle mir das gestatten. Ich werde Sie stets als diejenige Frau meines Jahrhunderts verehren, die am meisten meinem Geschmack und meinem Herzen gemäß ist, vorausgesetzt, daß ich noch Geschmack und Herz besitze. Ihr Wohlwollen ist mein wichtigster Trost, und immer wie-derhole ich den Satz: an Ihrer Seite hätte ich mein Leben verbringen mögen.

191 An Vivant de Denon

(ohne Datum)

Wenn ich, mein Herr, dem Dank, den ich Ihnen schulde, auch noch eine Beschwerde beifügen darf, so möchte ich Sie inständigst bitten, den Stich, den Sie von mir gefertigt haben, ja nicht ins Publikum gelangen zu lassen. Ich verstehe nicht, warum Sie mich als einen verkrüppelten Affen gezeichnet haben, mit schiefem Kopf und einer Schulter, die viermal so hoch ist wie die andere. Fréron und Clement, meine jesuitischen Feinde, werden an dieser Karikatur ihren Spaß haben.

Ich sende Ihnen gleichzeitig eine kleine, mit Schildpatt belegte Holzdose, die hier verfertigt wurde. Sie zeigt mich in natürlicher, schicklicher Haltung und völlig lebenswahr. Es ist ein Unfug, wenn man um jeden Preis originell sein möchte und dem Natürlichen aus dem Wege geht. Das gilt für jedes Fach.

192 An König Friedrich von Preußen

Ferney, 21. Dezember 1775

Sire! Noch kein König und kein von der Gicht geplagter Mensch war ein besserer Philosoph als Sie. Ihre Reflexionen über diese Maschine, die, ich weiß nicht warum, die Fähigkeit besitzt, mit der Nase zu nießen und mit dem Gehirn zu denken, sind mehr wert als alles, was die Gelehrten auf griechisch und hebräisch über dieses Thema zu sagen wußten.

Eure Majestät ist augenblicklich in der Lage Xenophons, der sich in der Muße des Friedens ebenfalls mit Landwirtschaft befaßte. Aber Sie besorgen das nicht nach einem Rückzug der Zehntausend, sondern nach Siegen Ihrer Fünfzigtausend.

Es wird Ihnen vermutlich schwerfallen, auf Ihrem brandenburgischen Sand so reiche Ern-ten zu erzielen wie in der Ebene von Babylon, obgleich Sie wahrscheinlich tüchtiger sind als alle Könige jenes Landes. Ganz gewiß aber werden Ihre Bemühungen die Mark und die Neumark fruchtbarer machen als das Land Salomons, das man mit so wenig Berechtigung das »Gelobte Land« genannt hat und das in Wirklichkeit noch sandiger war als die Straße von Berlin nach Sanssouci.

Es ist gütig von Eurer Majestät, auch meiner kleinen ländlichen Arbeiten zu gedenken. Ihre Anerkennung spornt mich an. Ich habe ja nur einen kleinen Erdenwinkel urbar zu machen, und noch ist er einer der dürftigsten Europas. Sie spornen gleichzeitig auch meine armseligen geistigen Fähigkeiten an, indem Sie mir versichern, daß solch ein halber Schlaganfall nur eine Bagatelle sei; ich wußte nicht, daß Sie auch schon mit einem ähnlichen Feind zu kämpfen hatten. Sie haben ihn, wie alle anderen, geschlagen, und Sie werden zuletzt auch noch über die Gicht triumphieren, die noch furchtbarer ist.

193 An Gabriel Cramer

1. Februar 1776

Mein lieber Freund! Sie wissen zweifellos, daß Bardin, Buchhändler in Genf, an alle Zeitschriften eine Anzeige gesandt hat, die eine angebliche Gesamtausgabe meiner Werke in vierzig Bänden ankündigt, gedruckt, wie er behauptet, »auf schönem Papier und mit klarer Schrift«.

Einige Bände dieser unverschämten Ausgabe Bardins sind mir zufällig in die Hände geraten, worin ich abscheuliche, gegen die guten Sitten, gegen die Religion und gegen höchst ehrenwerte Persönlichkeiten gerichtete Schriften gefunden habe.

Von sonstigen Beiträgen, die man mir darin zuschreibt und die nicht von mir stammen, will ich gar nicht reden; es sind deren sehr viele. Ich sehe mich daher leider gezwungen, diese Ausgabe nicht nur zu desavouieren, sondern ihre Unterdrückung in allen Städten zu veranlassen, wo immer sie zum Verkauf angeboten wird.

Ich kenne diesen Bardin nicht, ich habe ihn nie gesehen. Ich habe seit fünfzehn Jahren überhaupt keine Korrespondenz mit Genf. Niemand kann mir das besser bestätigen als gerade Sie, der Sie so lange mein Nachbar waren und meine Gastfreundschaft im Schloß Tournay genossen haben.

Zu meinem Schmerz erfahre ich, daß ein großer Teil dieser Ausgabe Bardins sich in Paris befindet, und zwar bei einem Buchhändler, den Sie gut kennen, der keinen Grund hat, mir Verdruß zu bereiten und dem ich es sehr übelnehmen würde, wenn er es dennoch täte. Aber Sie werden selbst wissen, wozu mich meine Ehre, mein Interesse und das meiner Familie verpflichten.

Sie sind in der Stadt Genf ein angesehener Mann; Ihre Familie ist dort hochgeachtet. Ich bitte Sie aufs inständigste, mich aufzusuchen, wenn Ihre Zeit es erlaubt, damit Sie mit mir, Ihrem alten Freund, zusammen überlegen, welche Schritte unternommen werden können, um einen sehr gefährlichen Skandal zu verhindern oder zu unterdrücken. Ich käme zu Ihnen, wenn ich ausgehen könnte. Ich empfehle diese Angelegenheit Ihrer Freundschaft und Ihrer Rechtlichkeit.

194 An den Grafen d'Argental

6. März 1776

Eine verfluchte Ausgabe meiner Werke, die nicht nur ohne mich, sondern mir zum Possen durch Gabriel Cramer in Genf und einen gewissen Bardin in Genf veranstaltet wird, gibt meinen Verfolgern die schönsten Gelegenheiten. Wie ich höre, hat Panckoucke den Vertrieb dieser vierzigbändigen Ausgabe übernommen. Ich habe von diesem Kniff erst hinterher erfahren und kann nichts mehr dagegen machen.

Ich wohne zwar nur eine Meile von Genf entfernt, aber es fällt mir nicht ein, in Genf gegen einen Genfer einen Prozeß anzustrengen. Über die Schurkereien, die man dieserhalb in Paris verbreitet, bin ich unterrichtet. Ich schwebe zwischen Amboß und Hammer, Opfer der Habsucht eines Verlegers, Opfer einer Partei von Fanatikern, darauf gefaßt, in meinem dreiundachtzigsten Lebensjahr das Schloß und die Stadt, die ich erbaut, verlassen zu müssen, die Gärten und Wälder, die ich gepflanzt, die blühenden Werkstätten, die ich gegründet, einem ungewissen Schicksal anheimzugeben, und mich irgendwo zum Sterben niederzulegen, fern von allem, was mich trösten könnte. Meine Situation ist seltsam genug: dieser

Cramer hat in den letzten zwanzig Jahren über vierhunderttausend Franken am Druck meiner Werke verdient. Und jetzt macht er als Abschluß noch eine Ausgabe, in die er Arbeiten einschmuggelt, die viel gefährlicher sind als die von Spinoza oder Vanini, Arbeiten, von denen er weiß, daß sie nicht von mir sind. Und ich kann nicht einmal laut protestieren, weil mir ja doch niemand glauben würde, daß ich bei einer Ausgabe, die in meiner nächsten Nachbarschaft entstanden ist, nicht meine Hand im Spiel gehabt habe. Cramer war schlau genug, die Ausgabe nicht unter seinem Namen erscheinen zu lassen; sobald er sie an Panckoucke weiter verkauft hatte, zog er sich aus dem Buchhandel zurück und lebt jetzt in einem sehr schönen Landhaus, das er soeben um teures Geld erworben hat. Ich weiß noch nicht, wie ich mich dazu stellen soll; ich bin dabei auf jeden Fall der Dumme. Was die Clément, Pasquier und Genossen tun werden, weiß ich genau. Seit sechzig Jahren lebe ich nun unter ständigem Druck; und wie man gelebt hat, so muß man auch sterben.

195 An den Abbé de la Chan

21. März 1776

Mein Herr! Ich danke Ihnen für die Übersendung Ihrer Abhandlung über die Göttin Venus. Auch ich bin fest davon überzeugt, daß es bei keinem Volk einen Kult gegeben hat, der gegen die Sitten, das heißt gegen den Anstand verstoßen hat. Der Phallus- und Kteiskult waren in den Ländern, wo man die Fortpflanzung als eine sehr ernste Pflicht betrachtete, keineswegs indezent. Wohl weiß ich, daß überall die Feste, die nächtlichen Prozessionen zu öffentlichen Vergnügungen entarteten. Plautus erzählt beispielsweise von einem jungen Mann, der sich damit brüstete, während der Mysterienfeier der Tochter seines Freundes ein Kind gemacht zu haben, wie sich ja auch bei euch während der Messe oder Vesper Liebesgeschichten zutragen mögen. Ursprünglich aber waren alle religiösen Feiern heilige Handlungen. Die Bacchus-Priesterinnen hatten das Gelöbnis der Keuschheit abzulegen. Wenn sich die jungen Mädchen Roms vor der Venus-Statue in einem kleinen Tempel splitternackt zeigten, so geschah das, um die Göttin zu bitten, körperliche Mängel vor den Gatten, die sie erwählt hatten, zu verbergen.
Es ist lächerlich, wenn sogenannte Gelehrte uns weismachen wollen, daß Bordelle als religiöse Einrichtungen geduldet gewesen wären; diese Herren waren nicht einmal imstande, die Opernmädchen von Babylon und die Frauen und Töchter der Satrapen voneinander zu unterscheiden.

196 An den Abbé Spallanzani

Ferney, 6. Juni 1776

Ihr Brief vom 31. Mai belebt meine alten Liebhabereien und Hoffnungen aufs neue. Ich hatte auf die Ehre verzichtet, mit Schneckenköpfen zu experimentieren; ich war auch zu bescheiden, um anzunehmen, daß ich dazu ausersehen sei, Wunder zu wirken. Aber ich erinnere mich noch gut daran, daß ich bei gehäuselosen Schnecken, denen ich den Kopf abgeschnitten hatte, diesen wieder nachwachsen sah. Naturkundige Leute hatten freilich meine Eitelkeit verlacht und mir versichert, daß ich ein ungeschickter Kerl sei und meinen Schnecken nur die Gesichter weggeschnitten hätte, deren Haut leicht wieder nachwächst. Aber nachdem Sie mir erklären, daß Sie wirkliche Köpfe abgeschnitten und daß diese dann sich neu gebildet hätten, gewinne ich wieder Vertrauen und beginne erneut zu glauben, daß die Natur zu allem fähig ist.
Was Sie mir über Tiere mitteilen, die, obgleich schon lange tot, von Ihnen wieder zum Leben erweckt wurden, ist gewiß ein noch größeres Wunder. Sie stehen im Ruf, Europas exaktester Forscher zu sein; alle Ihre Experimente sind mit dem größten Scharfsinn angestellt. Wenn also ein Mann wie Sie uns verkündet, daß er Tote wieder zum Leben erweckt hat, muß man ihm Glauben schenken.
Ich weiß nicht, was Rädertierchen (rotifera) und Faultierchen (tardigrado) sind, noch wie unsere Naturforscher diese kleinen Wassertierchen benennen. Sie lassen sie richtig sterben,

indem Sie sie aufs Trockene setzen, und Sie rufen sie lange danach ins Leben zurück, indem Sie sie ihrem Element zurückgeben.

Nachdem Sie so wunderbare Experimente angestellt haben, beehren Sie mich mit der Frage nach den Seelen dieser Tierchen. Was wird aus ihrer Seele? Ist sie materiell oder immateriell? Wird sie neu geboren? Oder erhalten die Tierchen irgendwoher eine neue Seele?

Ich bin in Verlegenheit, wenn man von mir etwas über diese Seelen, wie überhaupt über irgend eine Seele wissen will. Überzeugt bin ich allerdings schon seit langem von der unbegrenzten und unerforschlichen Macht des Schöpfers der Natur. Ich war immer des Glaubens, daß er die Fähigkeit des Fühlens, Denkens, Sicherinnerns jedem Geschöpf verleihen kann, das er dafür bestimmt; daß er diese Fähigkeiten aufheben und wieder verleihen kann und daß wir oft etwas als Stoff genommen haben, das in Wahrheit nur eine Fähigkeit dieses Stoffes war. Die Anziehungskraft, die Schwerkraft beispielsweise ist eine Eigenschaft, eine Fähigkeit. Im animalischen und vegetabilischen Leben gibt es tausend ähnlicher Kräfte, die zwar feststellbar sind, deren Ursachen uns aber immer unbekannt bleiben werden.

Wenn die »Rotifero« und »Tardigrado«, tot und verfault, wieder zum Leben kommen, ihre Bewegungen, Sinneseindrücke zurückkehren und sie wieder essen, verdauen und sich vermehren, so weiß man darüber, wie die Natur ihnen das alles zurückgegeben hat, nicht besser Bescheid als darüber, wie sie es ihnen früher verliehen hat; das eine ist so unbegreiflich wie das andere. Gar zu gerne möchte ich freilich wissen, warum das höchste Wesen, der Schöpfer von alledem, die Fähigkeit der Wiedergeburt nur den »Rotifero« und »Tardigrado« verliehen hat; die Walfische haben allen Grund, auf diese kleinen Süßwasserfischchen eifersüchtig zu sein.

Wenn einer dazu berufen ist, dieses Geheimnis zu ergründen, so sind Sie es, mein Herr. Es wäre auch interessant, zu erkunden, ob diese kleinen Tierchen, die mehrere Male ins Leben zurückkehren können, nicht zuletzt doch sterben müssen, und auf wieviele Erweckungen sie im Durchschnitt rechnen können.

Vermutlich haben von ihnen die Griechen einst die Wiedererweckung der Atalide, des Pelops, des Hyppolite, der Alceste, des Pirithons übernommen. Leider besitzen wir dieses Rätsels Lösung nicht mehr. Es war wohl Monsieur Bonnet, auch ein großer Forscher, der behauptete, daß wir mit unserer Vorderseite wiedererstehen werden, aber ohne unsren Hintern. Das wäre das Ende vom Ende.

197 *An den Grafen d'Argental*

19. Juli 1776

Mein lieber Engel! Soeben erfahre ich, daß Madame de Saint-Julien und Lékain zu mir in meine Wüste kommen werden. Nichts kann mir, wenn sich das bewahrheitet, eine größere Überraschung und mehr Freude bereiten. Zugleich muß ich Ihnen aber auch gestehen, wie wütend ich, um der Ehre unseres Theaters willen, gegen einen gewissen Tourneur bin, von dem es heißt, daß er Sekretär der Bibliothek sei und von dem ich nur weiß, daß er nicht gerade der Sekretär des guten Geschmacks ist. Haben Sie die beiden Bände dieses nichtswürdigen Burschen gelesen, in denen er uns Shakespeare als das einzige Muster einer wahrhaften Tragödie aufschwatzen möchte? Er nennt ihn den »Gott des Theaters!« Diesem Idol opfert er ausnahmslos alle Franzosen, wie man ehedem Schweine der Ceres opferte. Corneille und Racine scheinen ihm nicht einmal einer Erwähnung wert; sie sind, ohne daß auch nur ihre Namen genannt werden, in die Generalproskription mit einbegriffen. Schon liegen zwei Bände dieses Shakespeare gedruckt vor, gefüllt mit Stücken, die man für Jahrmarkts-Spektakelstücke halten möchte, wie sie vor zweihundert Jahren im Schwang waren. Dieser Skribent hat es sogar fertiggebracht, daß der König, die Königin und die ganze königliche Familie auf seine Shakespeare-Ausgabe subskribiert haben!

Haben Sie das abscheuliche Zeug gelesen, von dem noch weitere fünf Bände zu erwarten sind? Sind Sie auch so empört über diesen ebenso unverschämten wie dummen Kerl? Werden Sie den Affront hinnehmen, den er Frankreich angetan hat? Sie und Thibouville

sind ja viel zu gutmütig. In ganz Frankreich gibt es nicht genug Schimpfwörter und Esels-
mützen und Schandpfähle für einen solchen Halunken. Mir kocht das Blut in den Adern,
während ich dieses schreibe. Wenn Sie nicht ebenso in Wut geraten, halte ich Sie für einen
Trottel. Schlimm genug, daß solch ein Hanswurst in Frankreich auch noch eine Gemeinde
um sich sammeln kann! Das Blamabelste daran ist aber doch, daß ausgerechnet ich es war,
der zuerst über diesen Shakespeare geschrieben und den Franzosen einige Perlen vorge-
wiesen hat, die ich auf seinem ungeheuren Misthaufen entdeckt hatte. Ich war nicht darauf
gefaßt, daß durch meine Schuld eines Tages die Kränze Corneilles und Racines mit Füßen
getreten würden und daß die Stirn eines barbarischen Possenreißers damit geschmückt
würde.

198 An den Grafen d'Argental

30. Juli 1776

Mein lieber Engel! Die Greuel der Verwüstung sind in den Tempel des Herrn eingezogen.
Lékain, ebenso wütend wie Sie, berichtet mir, daß fast die ganze Jugend von Paris auf seiten
Tourneurs stehe; daß die Blutgerüste und Bordelle des Engländers über das Theater Racines und die herrlichen Szenen Corneilles den Sieg davongetragen haben; daß nichts Großes
und Würdevolles in Paris mehr Geltung habe neben den Pickelheringen von London und
daß man jetzt sogar eine Prosatragödie inszenieren wolle, in der Schlächtergesellen den Ton
angeben und daß man sich davon einen großartigen Effekt verspreche. So habe ich also noch
erleben müssen, daß Vernunft und guter Geschmack die Herrschaft abtreten. Als Sterbender lasse ich ein barbarisches Frankreich zurück. Aber glücklicherweise leben Sie noch, und
hoffentlich wird auch die Königin dafür sorgen, daß ihre neue Heimat, deren Blüte sie ist,
nicht Wilden und Ungeheuern zur Beute fällt. Ich habe mich ja so manches liebe Mal über
die »Welschen« beklagt; aber ich wollte doch nur die Franzosen vor meinem Tod noch
rächen. Ich habe an die Akademie eine kleine Abhandlung gesandt, in der ich meinen
gerechten Schmerz zu unterdrücken versuchte, um nur die Vernunft sprechen zu lassen.
Diese Denkschrift ist jetzt in den Händen d'Alemberts; aber ich möchte sie nicht ohne die
sozusagen offizielle Autorisation der Akademie drucken lassen. Eine solche wird ja leider im
allgemeinen nicht erteilt, obgleich sie gerade in diesem Fall allen Grund hätte, der drohenden Barbarei Einhalt zu gebieten. Ich will aus den Blättern meines Konzepts eine Rein-
schrift herstellen lassen und sie Ihnen zusenden. Wohl weiß ich, daß ich mir damit viel
Feindschaft zuziehe. Aber vielleicht wird mir die Nation doch eines Tages Dank dafür
wissen, daß ich mich für sie geopfert habe.

199 An M. M...

(ohne Datum)

Der Einsiedler, an den Sie geschrieben haben, erhält häufig Briefe von Schriftstellern und
Amateuren, die ihm persönlich unbekannt sind. Nur selten sind die Briefe es wert, daß man
überhaupt darauf antwortet. Ihr Brief ist anderer Art; daraus spricht eine gesunde Metaphy-
sik, und wenn Sie keine Bücher zu Rat gezogen haben, so ist damit bewiesen, daß Sie das
Zeug haben, ein sehr gutes Buch zu verfassen. Das gehört auf diesem Gebiet zu den größten
Seltenheiten.
Freiheit, wie die Scholastiker sie verstehen, ist nichts weiter als ein verrücktes Hirngespinst.
Wofern man sich auch nur ein wenig auf seine Vernunft verläßt und nicht leere Worte
machen will, ist es klar, daß alles, was existiert und geschieht, notwendig ist; denn wäre es
nicht notwendig, so wäre es unnütz. Die ehrenwerte Sekte der Stoiker war auch dieser
Meinung, und schon bei Homer ist diese Wahrheit an hundert Stellen zu finden: sein
Jupiter stand unter dem Gesetz des Schicksals.
Wenn etwas existiert, dann muß es auch ein ewiges Wesen geben. Das ist bewiesen, denn
sonst gäbe es ja eine Wirkung ohne Ursache. Auch die Alten, ohne eine einzige Ausnahme,
haben die Materie für unsterblich gehalten.

Nicht ebenso verhält es sich mit der Unendlichkeit und der Allmacht. Ich sehe nicht ein, warum es nötig ist, daß jeder Raum gefüllt sei; und ich begreife Clarkes Beweisführung nicht, wenn er schreibt: »Was notwendigerweise an einem Ort existiert, muß notwendigerweise an jedem Ort existieren.« Man hat gegen diesen Satz, wie mir scheint, sehr berechtigte Einwände erhoben, denen er nur schwächliche Erwiderungen entgegenzusetzen hatte. Warum soll es unmöglich sein, daß es nur eine begrenzte Zahl von Wesen gibt? Ich begreife eine begrenzte Natur besser als eine unendliche.

Über diese Fragen gibt es für mich nur Wahrscheinlichkeiten, und ich muß mich den stärksten Wahrscheinlichkeiten beugen. Da in der Natur, soweit ich sie kenne, alles untereinander in Einklang steht, muß man wohl an einen Plan glauben. Dieser Plan läßt mich einen Urheber erkennen. Dieser Urheber ist zweifellos sehr mächtig. Aber die Philosophie allein kann mich nicht davon überzeugen, daß dieser große Handwerker unbeschränkt mächtig ist. Ein Haus von vierzig Fuß Höhe beweist mir einen Architekten; aber mein Verstand allein kann mir nicht einreden, daß dieser Architekt auch imstande ist, ein Haus von zehntausend Meilen Höhe zu erstellen. Es lag vielleicht in seiner Natur, nur eines von vierzig Fuß Höhe zu erbauen. Mein Verstand allein sagt mir auch nicht, daß es nur diesen einen Architekten im Raum gebe; und wenn ein Mensch mir versichern wollte, daß es eine große Zahl ähnlicher Architekten gebe, so weiß ich nicht, wie ich ihm das Gegenteil nachweisen könnte.

Die Metaphysik ist das Feld der Zweifel und der Roman der Seele. Wir wissen sehr wohl, daß mehr als ein Gelehrter uns Dummheiten gesagt hat; aber wir besitzen kaum irgendwelche Wahrheiten, die wir ihren zahllosen Irrtümern entgegensetzen könnten. Wir treiben im Ungewissen. Wir haben nur sehr wenige klare Ideen, und das muß wohl so sein, da wir ja nur Lebewesen von etwa fünfeinhalb Fuß Höhe sind mit einem Gehirn von etwa vier Kubikzoll Inhalt. Mein Gehirn ist der ergebene Diener des Ihrigen.

200 *An König Friedrich von Preußen*

8. November 1776

Sire! Sie haben mir ein sehr seltenes Werk gesandt, denn jedes Wort darin ist wahr. D'Alembert wird Eurer philosophischen Majestät wohl in Versen seinen Dank dafür abstatten. Ach, mich hindern nicht nur meine zweiundachtzig Jahre daran, Ihnen in Versen zu versichern, daß Sie recht haben. Was Sie in Ihrem schönen Gedicht sagen, daß »weder Purpur noch ein häranes Gewand vor dem Unglück schützen und daß der eine auf seinem Throne, der andere in seiner Hütte weine«, das trifft seit zwei Monaten auf mich jedenfalls zu. Wenn ich in meiner Hütte nicht gerade weine, so nur, weil ich nachgerade ein völlig ausgetrockneter alter Knabe bin. Alles Unheil, das einen armen Menschen zu Boden schlagen kann, ist auf mich gleichzeitig niedergebrochen: Prozesse, Geldverluste, Qualen des Körpers und dessen, was man die Seele nennt. Ich bin vollkommen jener »andere, der in seiner Hütte weint«. Aber Sire, bei Gott, Sie sind nicht »der eine, der auf seinem Throne weint«. Wohl haben Sie vor vielen Jahren einmal eine Kostprobe widrigen Geschicks zu schmecken bekommen; aber mit wieviel Mut, mit welcher Seelengröße haben Sie den bitteren Kelch geleert! Ich aber weiß nicht einmal, wohin ich mich wenden soll, um den Tod zu erwarten. Der regierende Herzog von Württemberg, der Onkel jener Prinzessin, die Sie soeben so glücklich verheiraten wollen, schuldet mir einiges Geld, das mir ein ehrliches Begräbnis hätte verschaffen sollen. Aber er zahlt nicht, was mich noch nach meinem Tod in Verlegenheit bringen wird. Darf ich es wagen, Sie um Ihre Protektion bei dem Herzog zu bitten? Noch lieber wäre es mir, wenn Ihre Majestät die Kaution übernehmen wollte.

Im Ernst: ich weiß nicht, wo ich sterben soll. Ich bin ein kleiner Hiob, der auf seinem Schweizer Misthaufen dahinsiecht. Der Unterschied zwischen Hiob und mir ist nur der, daß Hiob wieder einmal gesund und glücklich wurde. So erging es ja auch dem Biedermann Tobias, der sich in das Land der Meder, wie ich in einen schweizerischen Kanton, verirrt hatte. Das Komische an der Geschichte ist, daß seine Enkel, wie es in der Heiligen Schrift heißt, ihn mit Jubel bestatteten. Offenbar gab es eine fette Erbschaft.

201 An den Grafen d'Argental

15. Dezember 1776

Mein lieber Engel! Als ich mein neues Stück zu schreiben anfing, hatte ich die allergrößten Hoffnungen; jetzt, da ich mich dem Ende nähere, sehe ich nur noch Lächerliches. Ich fürchte, man wird sich über eine Frauensperson lustig machen, die sich umbringt, um mit dem Besieger und Mörder ihres Gatten sich nicht ins Bett legen zu müssen, obgleich sie den Gatten nicht liebte und den Mörder anbetet. Das erinnert an die christlichen Jungfrauen der Legenda aurea, die sich die Zunge abbissen und den Heiden ins Gesicht spuckten, um von ihnen nicht vergewaltigt zu werden. In diesen grausamen Geschichten liegt aber etwas so Himmlisches, daß sie nicht abstoßend wirken. Im übrigen konnte das Stück, das sich immer nur um den Gewissensbiß der Frau dreht, die rasend in den Mörder ihres Gatten verliebt ist, nicht auf fünf Akte gebracht werden. Ich mußte mich auf drei beschränken; das aber erschien mir gar zu armselig. Schade, denn es gab allerlei Neuartiges in dem blöden Sujet, und die Leidenschaften schienen mir nicht übel dargestellt zu sein; einige Szenen waren nicht ohne Effekt. Aber das hilft nichts, wenn schon der Stoff etwas Widernatürliches hat. In Paris werden Sie heutzutage jedenfalls keine Frau ausfindig machen, die aus Furcht vor Vergewaltigung in den Tod geht. Die »Bérénice« des Racine, der dümmste und dürftigste Dramenstoff, war viel ergiebiger, weil natürlicher. Das macht mich verdrießlich und verzagt. Ein Vater freut sich nicht gerade, wenn er sich gezwungen sieht, seinem eigenen Kind den Hals umzudrehen. Drei volle Monate umsonst geschafft! Und die Zeit ist in meinem Alter so kostbar!

202 An d'Alembert

9. Mai 1777

Ihr Magen und Ihr Hintern, mein lieber Freund und werter Philosoph, können sich in keinem übleren Zustand befinden als mein Kopf. Mein kleiner Schlaganfall – im Alter von dreiundachtzig Jahren – dürfte Ihren Stuhlgangsstörungen – im Alter von sechzig Jahren – nicht nachstehen. Legen wir beides zusammen, Ihre Gedärme und meine Hirnhäutchen, und betrachten wir das Ergebnis mit philosophischem Gleichmut! Ich sterbe, von der Natur überwältigt, die mich von oben her angreift, während Sie von unten her geplagt werden. Ich sterbe, vom Glück betrogen, das meiner seit der Gründung meiner Kolonie spottet. Ich sterbe, erstickt unter Haufen von schlechten Büchern, die es vom Himmel regnet. Ich sterbe, verbellt von den Doggen, die jetzt eben den guten Delisle zerfleischen; sie werden auch mich zerfleischen, denn ich gehöre zu ihrer Jagdbeute. Aber ich bin ein alter Hirsch und will ihnen mit meinem stattlichen Geweih, das nicht nur ein Zehnender ist, gehörig zusetzen, bevor ich unter ihren Zähnen meinen Geist aushauche. Mir tönt das Gehirn so wunderbar, während ich dieses schreibe, daß wir, nämlich mein Sekretär und ich, uns nicht mehr verstehen. Aber mein Herz ist noch gesund und bleibt Ihnen bis zum letzten Atemzug treu.

203 An den Marquis d'Argence de Dirac

27. Juni 1777

Mein lieber Marquis! Ihr alter Kranker hat keine Lust, sich, wie man ihm das in Paris zutraut, dadurch lächerlich zu machen, daß er den Grafen Falkenstein bei sich empfängt. Er weiß zu gut, daß die Kirche in seinem Dorf nicht großartig genug ist, um die Blicke eines Mannes zu fesseln, dem Sankt Peter in Rom als Pfarrkirche eben recht wäre, und daß die armseligen Uhrmacherwerkstätten dem Protektor aller schönen Künste nicht imponieren können. Und was meine Werkstatt für französische Verse betrifft, so weiß man ja, daß sie schon lange nicht mehr auf der Höhe ist. Kurzum, Sie dürfen gewiß sein, daß ein großer Herr wie dieser Graf Falkenstein sich nicht einmal umdrehen wird, um einen Sterbenden sich anzuschauen, der kein anderes Verdienst hat als die zu lieben, die ebenso wie er denken. Mein Zustand würde mir auch gar nicht gestatten, mich überhaupt vor ihm sehen zu lassen. Ich gäbe eine wunderliche Figur in seiner Gegenwart ab, ich mit meinen dreiundachtzig Jahren und meinen dreiundachtzig Krankheiten. So wie ich bin, kann ich nur noch vor Gottes Antlitz erscheinen, nicht aber vor den Mächtigen dieser Erde.

Das Ende in Paris

204 An den Abbé Gaultier

Paris, 21. Februar 1778

Ihr Brief, mein Herr, scheint mir von einem ehrlichen Menschen zu kommen. Das genügt mir, um Ihren Besuch zu wünschen, wann immer es Ihnen paßt. Ich kann Ihnen freilich nichts anderes sagen, als was ich auch dem Enkel des berühmten und weisen Franklin gesagt habe, als ich ihm meinen Segen spendete: Gott und die Freiheit! Alle, die dabei waren, haben Tränen der Rührung vergossen. Ich schmeichle mir, daß es Ihnen ebenso ergehen wird.

Ich bin vierundachtzig Jahre alt. Bald werde ich vor Gott stehen, dem Schöpfer aller Welten. Sollten Sie mir für ihn etwas mitzuteilen haben, so ist es mir Pflicht und Ehre zugleich, Sie zu empfangen, trotz der Leiden, die mich plagen.

205 An den König Friedrich von Preußen

Paris, 1. April 1778

Sire! Der französische Edelmann, der Ihnen diesen Brief überbringt, kann Ihnen sagen, warum ich so lange nicht mehr die Ehre hatte, Ihnen zu schreiben: ich war damit beschäftigt, zwei Übeln aus dem Wege zu gehen, die mich hier in Paris verfolgten: dem Ausgepfiffenwerden und dem Tod.

Es ist spaßig genug, daß ich mit meinen vierundachtzig Jahren diesen beiden tödlichen Krankheiten glücklich entwischt bin. Das verdanke ich nur dem Umstand, daß ich Ihnen mein Leben geweiht habe. Ich habe mich auf Sie berufen, und schon war ich gerettet.

Mit Erstaunen und mit großer Genugtuung habe ich bei der Aufführung einer neuen Tragödie es erleben dürfen, daß das Publikum, das noch vor dreißig Jahren einen Konstantin und einen Theodosius als die Muster von Fürsten, ja von Heiligen betrachtet hat, mit unbeschreiblichem Jubel die Verse quittiert hat, die besagen, daß diese Konstantin und Theodosius nichts anderes als abergläubische Tyrannen waren. Ich habe noch zwanzig ähnliche Erlebnisse gehabt, die mir beweisen, daß die Philosophie zuletzt eben doch auf allen Gebieten Fortschritte gemacht hat. Ich würde kein Bedenken tragen, in einem Monat eine Lobrede auf Kaiser Julian zu halten: wenn die Pariser sich daran erinnern, daß er bei ihnen mit katonischer Strenge Recht gesprochen und für sie wie Cäsar gekämpft hat, bleiben sie ihm ewig dankbar. Es ist also doch wahr, daß die Menschen sich zuletzt aufklären lassen und daß diejenigen, die glauben, es lohne sich, sie in der Blindheit zu halten, auf die Dauer doch nicht fähig sind,

511

ihnen die Augen auszustechen. Der Dank dafür gebührt Eurer Majestät. Sie haben die Vorurteile besiegt wie Ihre anderen Feinde, Sie sind der Sieger über den Aberglauben und der Protektor der germanischen Geistesfreiheit.

Leben Sie länger als ich, um die von Ihnen begründeten Reiche zu festigen! Möge Friedrich der Große der unsterbliche Friedrich sein!

206 An Doktor Tronchin

26. Mai 1776

Der Patient der rue de Beaume hat Fieber. Sein irdischer Leib hat geschwollene Beine, auf denen sich rote Flecken zeigen. Er hat die ganze Nacht und auch jetzt noch unter krampfartigen Hustenanfällen zu leiden gehabt. Dreimal hat er Blut gespuckt. Er bittet um Verzeihung, daß er um eines Kadavers willen noch so viel Mühe verursacht.